Almuth Bartels
Monetarisierung und Individualisierung

BEITRÄGE ZUR UNTERNEHMENSGESCHICHTE

Herausgegeben von Hans Pohl und Günther Schulz

Band 32

Almuth Bartels

# Monetarisierung und Individualisierung

Historische Analyse der betrieblichen
Sozialpolitik bei Siemens (1945–1989)

Bibliografische Information der Deutschen Nationalbibliothek:
Die Deutsche Nationalbibliothek verzeichnet diese Publikation in der Deutschen
Nationalbibliografie; detaillierte bibliografische Daten sind im Internet über
<http://dnb.d-nb.de> abrufbar.

Dieses Werk einschließlich aller seiner Teile ist urheberrechtlich geschützt.
Jede Verwertung außerhalb der engen Grenzen des Urheberrechtsgesetzes
ist unzulässig und strafbar.
© Franz Steiner Verlag, Stuttgart 2013
Druck: AZ Druck und Datentechnik, Kempten
Gedruckt auf säurefreiem, alterungsbeständigem Papier.
Printed in Germany.
ISBN 978-3-515-10431-9

# DANKSAGUNG

Das vorliegende Buch ist eine leicht gekürzte und überarbeitete Fassung meiner Dissertation mit dem Titel „Monetarisierung und Individualisierung betrieblicher Sozialpolitik bei Siemens. Historische Analyse ausgewählter Aspekte betrieblicher Sozialpolitik bei Siemens von 1945 bis 1989", die im Wintersemester 2011/12 am Fachbereich Wirtschaftswissenschaften der Friedrich-Alexander-Universität Erlangen-Nürnberg angenommen wurde.

Ich möchte allen danken, die das Entstehen und die Publikation dieser Arbeit unterstützt und gefördert haben: Herr Prof. Dr. Wilfried Feldenkirchen vom Lehrstuhl für Wirtschafts-, Sozial- und Unternehmensgeschichte der Universität Erlangen-Nürnberg hat mich zu der Bearbeitung des Themas ermuntert und den Entstehungsprozess mit vielfältigen Anregungen und Ratschlägen begleitet. Nach seinem tödlichen Unfall im Jahr 2010 hat Herr Prof. Dr. Kai-Ingo Voigt, Lehrstuhl für Industrielles Management an der Universität Erlangen-Nürnberg, freundlicherweise die Betreuung und Begutachtung der Arbeit übernommen und mich jederzeit unterstützt. Frau Prof. Dr. Susanne Hilger, Institut für Wirtschaftsgeschichte an der Universität Düsseldorf, erstellte das Zweitgutachten. Sie hat mich fachlich begleitet und mir wertvolle Anregungen und Hinweise gegeben. Die Herausgeber der Reihe „Beiträge zur Unternehmensgeschichte", Herr Prof. Dr. Hans Pohl und Herr Prof. Dr. Günther Schulz, haben es ermöglicht, dass die Arbeit in dieser Reihe erscheinen kann.

Die Siemens AG hat die Drucklegung der Dissertation mit einem großzügigen Druckkostenzuschuss unterstützt. Dafür danke ich Herrn Dr. Christoph Wegener, Leiter des Siemens Historical Institute, und Herrn Dr. Frank Wittendorfer, Leiter der Sektion Siemens Corporate Archives. Für die Gewährung des uneingeschränkten Zugangs zum vorhandenen Quellenmaterial im Siemens-Archiv München gebührt ihnen ebenfalls mein Dank.

Viele Menschen haben den Entstehungsprozess der Arbeit mit vielfältigen Hilfestellungen begleitet. Die Mitarbeiterinnen und Mitarbeiter von Siemens Corporate Archives haben mich bei der Quellenrecherche, bei der Beschaffung von Unterlagen und bei der Beantwortung zahlreicher Fragen jederzeit sehr engagiert unterstützt. Dafür danke ich ganz besonders Herrn Dr. Frank Wittendorfer sowie Frau Alexandra Kinter, Frau Ute Schiedermeier, Herrn Dr. Florian Kiuntke und Herrn Dipl.-Archivar Christoph Frank M.A. Herrn Ladislaus Graf Erdödy bin ich für seine zahlreichen Hinweise und lebendigen Erinnerungen zu der Geschichte der Siemens-Belegschaftsaktien sehr verbunden. Das Team des Lehrstuhls für Wirtschafts-, Sozial- und Unternehmensgeschichte der Universität Erlangen-Nürnberg hat mich bis zum Abschluss des Promotionsverfahrens kontinuierlich unterstützt. Dafür danke ich vor allem Herrn Dr. Dennis Kirchberg und Frau Susanne Piehl. Den Mitgliedern des Arbeitskreises für Unternehmens-, Technik- und Organisationsgeschichte, insbesondere Frau Dr. Ute Engelen, danke ich herzlich für den anregenden fachlichen Gedankenaustausch. Frau Martina Leiber M.A. sei für ihr sprachliches Lektorat gedankt.

Danken möchte ich schließlich auch meiner Familie, die durch umfangreiche Unterstützung, Verständnis und Geduld die Fertigstellung der Arbeit ermöglicht hat. Mein Ehemann Volker Hohengarten hat den Entwicklungsprozess von Beginn an durch großes Interesse, konstruktives Feedback, Zuspruch und vielfältige Unterstützung begleitet und gefördert. Dafür bin ich ihm sehr dankbar.

Gewidmet ist die Arbeit meiner Mutter und dem Andenken an meinen Vater.

Almuth Bartels                                                                 Alfter, im Mai 2013

# INHALT

**Danksagung** .................................................................................................. 5
**Abbildungen** ................................................................................................ 13
**Abkürzungen** .............................................................................................. 15

| | | |
|---|---|---|
| **I.** | **Einleitung** ........................................................................... | 17 |
| 1. | Untersuchungsgegenstand und Problemstellungen ................ | 17 |
| 2. | Theoretischer Untersuchungsansatz ....................................... | 22 |
| 3. | Quellenlage und Forschungsstand .......................................... | 33 |
| 3.1 | Quellenlage ............................................................................. | 33 |
| 3.2 | Forschungsstand ..................................................................... | 36 |
| 4. | Aufbau der Untersuchung ....................................................... | 41 |

| | | |
|---|---|---|
| **II.** | **Betriebliche Sozialpolitik im Wandel: Begriffliche Grundlagen, theoretische Erklärungsansätze und Handlungsspielräume** | **45** |
| 1. | Definitionen und begriffliche Abgrenzungen ........................ | 45 |
| 2. | Theoretische Erklärungsansätze für die Bereitstellung betrieblicher Sozialleistungen ...................................................................... | 50 |
| 2.1 | Nicht-ökonomische Erklärungsansätze .................................. | 52 |
| 2.2 | Ökonomische Erklärungsansätze ............................................ | 53 |
| 3. | Handlungsspielräume betrieblicher Sozialpolitik ................... | 57 |
| 3.1 | Zwischen staatlicher Gesetzgebung und unternehmerischer Gestaltungsfreiheit ................................................................... | 57 |
| 3.2 | Entwicklungstendenzen und Perspektiven ............................. | 62 |

| | | |
|---|---|---|
| **III.** | **Grundzüge der Unternehmensentwicklung** ....................... | **67** |
| 1. | Die Unternehmensentwicklung im Überblick ........................ | 67 |
| 1.1 | Wiederaufbau und Erschließung nationaler und internationaler Märkte | 68 |
| 1.2 | Die Gründung der Siemens AG .............................................. | 71 |
| 1.3 | Neue Technologien und Geschäftsfelder ................................ | 74 |
| 1.4 | Umsatzentwicklung und Auslandsgeschäft ............................ | 76 |
| 1.5 | Die Mitarbeiter ........................................................................ | 78 |
| 1.6 | Fazit ......................................................................................... | 80 |
| 2. | Die Organisation der sozialpolitischen Arbeit im Unternehmen | 81 |
| 2.1 | Wiederaufbau der sozialpolitischen Abteilungen in Berlin und Erlangen .................................................................. | 82 |
| 2.2 | Neue Herausforderungen und wachsende Aufgabengebiete ... | 85 |
| 2.3 | Fazit ......................................................................................... | 90 |

| | | |
|---|---|---|
| **IV.** | **Ausgewählte Aspekte betrieblicher Sozialpolitik bei Siemens** ........ 93 | |
| 1. | Von der Inventurprämie zur Belegschaftsaktie: Maßnahmen der materiellen Mitarbeiterbeteiligung ..................... 93 | |
| 1.1 | Von der Treueprämie zum variablen Entgeltbestandteil: Die Erfolgsbeteiligung ............................................... 93 | |
| 1.1.1 | Begriffliche Grundlagen und historische Entwicklung ................ 93 | |
| 1.1.2 | Die Wiedereinführung der Erfolgsbeteiligung im Jahr 1951 ........... 97 | |
| 1.1.3 | Die Weiterentwicklung des EB-Systems in den 1950er und 1960er Jahren ................................................................. 103 | |
| 1.1.3.1 | Revidierung der Richtlinien im Jahr 1954 ............................ 103 | |
| 1.1.3.2 | Die Jahreszahlung ................................................... 106 | |
| 1.1.3.3 | Vermögenswirksame Anlage der Erfolgsbeteiligung ................... 109 | |
| 1.1.3.4 | Der Ertragsfaktor ..................................................... 110 | |
| 1.1.4 | Von der Treueprämie zum Führungsinstrument: Die Neuregelung der Erfolgsbeteiligung im Jahr 1968 ................ 111 | |
| 1.1.5 | „Aushöhlung" der Erfolgsbeteiligung in den 1970er Jahren ............ 118 | |
| 1.1.6 | „Anreiz für weitere Mitarbeit": Die Neuregelung der Erfolgsbeteiligung 1982 ........................ 120 | |
| 1.1.7 | Fazit ................................................................. 123 | |
| 1.2 | Vom Mitarbeiter zum Miteigentümer: Mitarbeiterkapitalbeteiligung durch Belegschaftsaktien ............... 126 | |
| 1.2.1 | Belegschaftsaktien: Begriffsbestimmung und historische Entwicklung ........................................................... 126 | |
| 1.2.2 | Die gesetzlichen Rahmenbedingungen ................................. 130 | |
| 1.2.3 | „Siemens-Arbeiter werden Aktionäre": Wiederaufbauprämie und Wiederaufbauzertifikate der Siemens & Halske AG .................... 134 | |
| 1.2.3.1 | Ausschüttung der Wiederaufbauprämie ................................ 135 | |
| 1.2.3.2 | Umtausch der Wiederaufbauzertifikate in Stammaktien ................ 138 | |
| 1.2.3.3 | Ziele und Ergebnisse ................................................. 139 | |
| 1.2.4 | Die Entwicklung in den 1950er und 1960er Jahren .................... 143 | |
| 1.2.4.1 | Die Aktienangebote von 1953 und 1954 ............................... 143 | |
| 1.2.4.2 | Neue Überlegungen und Pläne ......................................... 145 | |
| 1.2.4.3 | Das Aktienangebot von 1968 ......................................... 151 | |
| 1.2.4.4 | Ergebnisse ........................................................... 152 | |
| 1.2.5 | Die Entwicklung der allgemeinen Belegschaftsaktienangebote von 1969 bis 1989 ................................................... 154 | |
| 1.2.5.1 | Grundlagen und Prinzipien ........................................... 155 | |
| 1.2.5.2 | Das erste reguläre Angebot von 1969 ................................ 158 | |
| 1.2.5.3 | Festsetzung von Ausgabekurs und Aktienstückzahl .................... 162 | |
| 1.2.5.4 | Sonderaktionen ....................................................... 166 | |
| 1.2.5.5 | Kriterien für die Bezugsberechtigung ................................ 167 | |
| 1.2.5.6 | Anteil der Belegschaftsaktien am Grundkapital ....................... 171 | |
| 1.2.5.7 | „Wie Sie mehr aus Ihrem Geld machen können": Werbe- und Informationsmaßnahmen ................................... 173 | |
| 1.2.5.8 | Motive und Ziele der Belegschaftsaktienausgabe ..................... 175 | |

| | | |
|---|---|---|
| 1.2.6 | Die Rezeption der Aktienangebote durch die Mitarbeiter | 182 |
| 1.2.6.1 | Beteiligungsbereitschaft und Beteiligungsquote | 182 |
| 1.2.6.2 | Die Struktur der Belegschaftsaktionäre | 187 |
| 1.2.6.3 | Vermögensbildung der Mitarbeiter über das Unternehmen | 193 |
| 1.2.6.4 | Die Beteiligungsinteressen von Mitarbeitern, Betriebsrat und Gewerkschaften | 195 |
| 1.2.7 | Fazit | 198 |
| 1.3 | Gesamtfazit: Erfolgsbeteiligung und Belegschaftsaktien als Instrumente betrieblicher Vermögenspolitik | 202 |
| 2. | Von der sozialen Versorgungsleistung zum personalpolitischen Instrument: Die betriebliche Altersversorgung | 206 |
| 2.1 | Begriffliche Grundlagen | 207 |
| 2.2 | Gesetzliche Rahmenbedingungen und Durchführungsformen der betrieblichen Altersversorgung | 210 |
| 2.3 | Unterstützung in Notlagen und soziale Sicherung im Alter: Die Entwicklung der betrieblichen Altersversorgung bis zur Rentenreform 1957 | 217 |
| 2.3.1 | Die Ausgangssituation | 217 |
| 2.3.2 | Die Wiederaufnahme von Pensions- und Sonderleistungen in den Nachkriegsjahren | 218 |
| 2.3.3 | Die Entwicklung der Siemens-Pensionen bis 1957 | 225 |
| 2.3.4 | Die Auswirkungen der Rentenreform auf die Gestaltung der Siemens-Pensionen | 229 |
| 2.3.5 | Die finanzielle Entwicklung der Siemens-Altersfürsorge GmbH bis zur Rentenreform | 233 |
| 2.4 | Die Siemens-Pension als Ergänzung zur staatlichen Rente: Die betriebliche Altersversorgung von 1957 bis 1989 | 236 |
| 2.4.1 | Gestaltungsspielräume der Siemens-Altersfürsorge GmbH | 236 |
| 2.4.2 | Die Entwicklung der Pensionsleistungen | 243 |
| 2.4.2.1 | Tarifkreis | 243 |
| 2.4.2.2 | ÜT-Kreis | 246 |
| 2.4.3 | Die Anzahl der Leistungsempfänger | 248 |
| 2.4.4 | Die finanzielle Entwicklung der Siemens-Altersfürsorge GmbH bis 1989 | 251 |
| 2.5 | Intentionen und Zielsetzungen der betrieblichen Altersversorgung | 255 |
| 2.6 | Fazit | 258 |
| 3. | Vom Wohnungsbau zum Personaldarlehen: Die betriebliche Wohnungspolitik | 260 |
| 3.1 | Die Rahmenbedingungen nach dem Zweiten Weltkrieg | 262 |
| 3.2 | Wohnraumbeschaffung als Voraussetzung für den Wiederaufbau | 263 |
| 3.2.1 | Die Ausgangssituation | 263 |
| 3.2.2 | Standortpolitik und Wohnraumbeschaffung | 265 |
| 3.2.2.1 | Berlin | 266 |
| 3.2.2.2 | Erlangen | 269 |
| 3.2.2.3 | Weitere Standorte | 272 |

| | | |
|---|---|---|
| 3.3 | Mietwohnungsbau versus Personaldarlehen | 277 |
| 3.3.1 | Die Neugestaltung der betrieblichen Wohnungspolitik in den 1960er Jahren | 277 |
| 3.3.2 | Personaldarlehen als mittelbare Wohnraumhilfe | 281 |
| 3.4 | Betriebliche Wohnraumbeschaffung seit den 1970er Jahren | 284 |
| 3.5 | Motive und Ziele der betrieblichen Wohnungspolitik | 288 |
| 3.6 | Fazit | 290 |
| 4. | Von der Gesundheitsfürsorge zur Gesundheitsförderung: Die betriebliche Gesundheitspolitik | 293 |
| 4.1 | Die Siemens-Betriebskrankenkasse als Instrument betrieblicher Gesundheitspolitik | 294 |
| 4.2 | Prävention und Gesundheitsförderung nach 1945 | 303 |
| 4.2.1 | Die betriebsärztliche Versorgung | 303 |
| 4.2.1.1 | Wiederaufbau und Ausbau des betriebsärztlichen Dienstes | 303 |
| 4.2.1.2 | Prävention als zentrale arbeitsmedizinische Aufgabe | 306 |
| 4.2.2 | Menschengerechte Gestaltung der Arbeit | 309 |
| 4.2.3 | Gesundheitserziehung | 311 |
| 4.2.4 | Das Konzept der betrieblichen Gesundheitsförderung | 313 |
| 4.2.5 | Einzelne Aktionsfelder der betrieblichen Gesundheitspolitik | 315 |
| 4.2.5.1 | Gesundheitsbewusste Ernährung | 315 |
| 4.2.5.2 | Röntgenreihenuntersuchungen | 318 |
| 4.2.5.3 | Kreislauftrainingskuren | 319 |
| 4.2.5.4 | Erholungs- und Urlaubsmaßnahmen | 324 |
| 4.3 | Fazit | 329 |
| 5. | Von der Betriebsfürsorge zur Sozialberatung: Betriebliche Sozialarbeit im Wandel | 331 |
| 5.1 | Soziale Unterstützung in der Nachkriegszeit | 332 |
| 5.2 | Von der unterstützenden Betreuung zur psychisch-sozialen Beratung | 333 |
| 5.3 | „Hilfe zur Selbsthilfe" | 335 |
| 5.4 | Herausforderungen und Perspektiven der betrieblichen Sozialberatung | 337 |
| 5.5 | Fazit | 338 |
| 6. | Mitarbeiterkommunikation und betriebliche Freizeitgestaltung | 340 |
| 6.1 | Die Werkszeitschrift als Informationsmedium | 340 |
| 6.1.1 | Betriebliche Informationspolitik | 340 |
| 6.1.2 | Die „Siemens-Mitteilungen" als Informations- und Kommunikationsplattform | 342 |
| 6.2 | „Stätte der Begegnung": Das SiemensMuseum | 344 |
| 6.3 | Jubiläumsleistungen | 347 |
| 6.3.1 | Die zentrale Jubilar-Jahresfeier | 348 |
| 6.3.2 | Die Einzelfeier am Jubiläumstag | 351 |
| 6.3.3 | Individuelle Jubiläumsleistungen | 352 |
| 6.4 | Betriebliche Freizeitgestaltung | 354 |
| 6.4.1 | Leitlinien und Organisation betrieblicher Freizeitaktivitäten | 356 |
| 6.4.2 | Freizeitgemeinschaften | 357 |

| | | |
|---|---|---|
| 6.4.3 | Sportförderung | 358 |
| 6.4.3.1 | „Betriebssport ist Breitensport": Leitlinien der betrieblichen Sportförderung | 359 |
| 6.4.3.2 | Der Ausbau von Sportanlagen | 362 |
| 6.4.4 | Die Siemens-Werkbücherei | 363 |
| 6.4.5 | Weitere kulturelle Angebote | 367 |
| 6.5 | Fazit | 368 |

**V. Ergebnisse** ............ 371

**Quellen- und Literaturverzeichnis** ............ 381
    Quellen ............ 381
    Literatur ............ 389

**Register** ............ 405
    Personen ............ 405
    Firmen ............ 406

# ABBILDUNGEN

Abbildung 1: Aufbau der Arbeit ................................................................................ 43
Abbildung 2: Unternehmensstruktur der Siemens AG zum 1. Oktober 1969 ............... 72
Abbildung 3: Umsatzentwicklung Siemens & Halske AG, Siemens-Schuckertwerke AG, Siemens AG in Mio. DM (1949–1989) ............................................. 77
Abbildung 4: Entwicklung der Belegschaft (1945–1989) ........................................... 79
Abbildung 5: Schema der in einer betrieblichen Personalabteilung zusammengefassten Funktionen (1969) ............................................................... 89
Abbildung 6: Formen der Mitarbeiterbeteiligung ...................................................... 94
Abbildung 7: Komponenten zur Berechnung der Erfolgsbeteiligung (1950/51) .......... 98
Abbildung 8: Aufwendungen für die Erfolgsbeteiligung im Tarifkreis und Dividendensumme (1950/51–1963/64) ................................................. 105
Abbildung 9: Entwicklung der Teilnahmezahlen an der Erfolgsbeteiligung (1950/51–1967/68) ............................................................................. 111
Abbildung 10: Komponenten zur Berechnung der Erfolgsbeteiligung ab dem 1. Oktober 1968  113
Abbildung 11: Aufwendungen für die Erfolgsbeteiligung im Tarifkreis und im ÜT-Kreis in Mio. DM (1968/69–1981/82) ......................................... 119
Abbildung 12: Komponenten zur Berechnung der Erfolgsbeteiligung ab dem 1. Oktober 1982  121
Abbildung 13: Durchschnittlicher Erfolgsbeteiligungs-Betrag im Tarifkreis (1982/83–1989/90)  123
Abbildung 14: Ziele für die Mitarbeiterbeteiligungen in Groß- und Mittelunternehmen ......... 128
Abbildung 15: Beteiligungsstruktur beim Belegschaftsaktienangebot 1969 ............... 160
Abbildung 16: Höchst- und Tiefstkurse der Siemens-Aktie (1969–1978) .................. 163
Abbildung 17: Aktienstückzahlen und Ausgabekurse der Siemens-Aktie (1969–1989) ........ 164
Abbildung 18: Beteiligungsquote der Mitarbeiter in Prozent (1969–1989) ................ 183
Abbildung 19: Anzahl der Antragsteller und Stückzahl der insgesamt erworbenen Aktien (1969–1989) ......................................................................... 185
Abbildung 20: Börsenkurs und Beteiligung am Aktienangebot (1969–1989) ............. 192
Abbildung 21: Vermögensbildung der Mitarbeiter bei der Siemens AG (1963–1977) ....... 194
Abbildung 22: Vermögensbildung der Mitarbeiter über Siemens (1971–1981) .......... 195
Abbildung 23: Siemens-Aktien für Mitarbeiter, Muster-Depot (Stand 1989) ............. 196
Abbildung 24: Erfolgsbeteiligung und Aktienkauf als Grundlagen der Mitarbeiterbeteiligung  203
Abbildung 25: Interessenseiten der Mitarbeiterbeteiligung ...................................... 204
Abbildung 26: Die drei Säulen der Altersversorgung ............................................... 209
Abbildung 27: Anzahl der Leistungsempfänger in Westdeutschland sowie in Berlin und Ostdeutschland (1946/47–1956/57) ............................................. 227
Abbildung 28: Anzahl der Pensionäre auf 100 Aktive (1949/50–1956/57) ................ 228
Abbildung 29: Bandbreite der monatlichen Ruhegelder nach Dienstjahren und Pensionsstufen (ab 1. April 1958) ........................................................ 230
Abbildung 30: Zuwendungen, Aufwendungen und Rücklagen der Siemens-Altersfürsorge GmbH (25.6.1948–30.9.1957) ....................................... 235
Abbildung 31: Höchst- und Mindestsätze der monatlichen Ruhegelder nach Pensionsstufen und Dienstjahren zum 1. September 1973 .......................... 244
Abbildung 32: Durchschnittsbetrag der monatlichen Siemens-Pension (1968–1974) ....... 244
Abbildung 33: Grund- und Zusatzbeträge der monatlichen Siemens-Pension (Höchst- und Mindestsätze) nach Pensionsstufen und Dienstjahren zum 1. September 1987 ............................................................... 245
Abbildung 34: Ruhegehälter für den ÜT-Kreis ab 1. September 1987 ....................... 247

Abbildung 35: Anzahl der Leistungsempfänger in Westberlin, der BRD und der DDR
(1957/58–1973/74) ............................................................................................. 248
Abbildung 36: Anzahl der Leistungsempfänger in der BRD, der DDR und im Ausland
(1974/75–1988/89) ............................................................................................. 250
Abbildung 37: Anzahl der Leistungsempfänger pro 100 Aktive (1950–1989) ........................... 251
Abbildung 38: Aufwendungen, Zuwendungen und Pensionsrückstellungen der
Siemens-Altersfürsorge GmbH (1957/58–1988/89) ......................................... 252
Abbildung 39: Zugang an neugeschaffenen Wohnungen durch die
Siemens-Wohnungsgesellschaft (1950/51–1956/57) ........................................ 274
Abbildung 40: Wohnraumbeschaffung bei Siemens & Halske und den
Siemens-Schuckertwerken (1945/48–1960/61) ................................................ 275
Abbildung 41: Vergleich Siemens – andere Firmen. Beschaffte Wohnungen
je 100 Betriebsangehörige (1945–1960) ........................................................... 276
Abbildung 42: Anzahl der beschafften Wohneinheiten nach Art (Stand 30.9.1968) ................. 281
Abbildung 43: Anzahl der Personaldarlehen für Eigenheime und Eigentumswohnungen
(1968/69–1979/80) ............................................................................................. 285
Abbildung 44: Aufwendungen für Personaldarlehen zur Eigenheimfinanzierung
(1968/69–1979/80) ............................................................................................. 286
Abbildung 45: Firmeneigene und werkgeförderte Wohnungen (1970/71–1979/80) ................. 287
Abbildung 46: Wohnheimplätze (1970/71–1979/80) ................................................................. 288
Abbildung 47: Organisationsplan der Siemens-Betriebskrankenkasse
(Körperschaft öffentlichen Rechts) im Jahr 1963 ............................................. 297
Abbildung 48: Entwicklung der SBK-Mitgliederzahlen (1953–1986) ...................................... 301
Abbildung 49: Entwicklung der Leistungsausgaben je Mitglied (ohne Rentner)
in DM (1953–1979) ........................................................................................... 302

# ABKÜRZUNGEN

| | |
|---|---|
| AB | Abteilungsbevollmächtigter (ab 1965 verwendet, vorher „Oberbeamter") |
| Abb. | Abbildung |
| AEG | Allgemeine Elektricitäts-Gesellschaft |
| AG | Aktiengesellschaft |
| AT | Außertariflicher Angestellter |
| Aufl. | Auflage |
| BASF | Badische Anilin- & Soda-Fabrik AG |
| BBC | Brown, Boveri & Cie. |
| Bd./Bde. | Band/Bände |
| BMW | Bayerische Motorenwerke |
| BRD | Bundesrepublik Deutschland |
| BSHG | Bosch-Siemens Hausgeräte GmbH |
| btr. | betreff |
| bzw. | beziehungsweise |
| ca. | circa |
| DAF | Deutsche Arbeitsfront |
| ders./dies. | derselbe/dieselbe |
| DGB | Deutscher Gewerkschaftsbund |
| d.h. | das heißt |
| Dir. | Abteilungs- bzw. Fabrikdirektor (bis 1957) |
| Diss. | Dissertation |
| DM | Deutsche Mark |
| EAG | Elektrizitäts-Aktiengesellschaft vorm. Schuckert & Co. |
| EB | Erfolgsbeteiligung |
| ebd. | ebenda |
| EHS | Environmental Protection, Health Management and Safety |
| EStG | Einkommenssteuergesetz |
| f., ff. | folgende, fortfolgende |
| Gagfah | Gemeinnützige Aktiengesellschaft für Angestellten-Heimstätten |
| GB | Geschäftsbericht |
| GBR | Gesamtbetriebsrat |
| Gehag | Gemeinnützige Heimstätten AG |
| ggf. | gegebenenfalls |
| GHH | Gutehoffnungshütte |
| GmbH | Gesellschaft mit beschränkter Haftung |
| HdWW | Handwörterbuch der Wirtschaftswissenschaft |
| Hg. | Herausgeber |
| IBM | International Business Machines |
| IG Farben | I.G. Farbenindustrie AG |
| ITT | International Telephone and Telegraph Corporation |
| Kap. | Kapitel |
| KapAufStG | Kapitalaufstockungsgesetz |
| KapErhG | Kapitalerhöhungsgesetz |
| KAV | Kraftwerk-Union Altersversorgung GmbH |
| KdF | Kraft durch Freude |
| KWU | Kraftwerk Union |

| | |
|---|---|
| mind. | mindestens |
| NB | Normalbeteiligter |
| Nr. | Nummer |
| NSV | Nationalsozialistische Volkswohlfahrt |
| OB | Oberbeamter (ab 1965 ersetzt durch „Abteilungsbevollmächtigter") |
| o.J. | ohne Jahr |
| o.O. | ohne Ort |
| o.V. | ohne Verfasser |
| PersPol | Personalpolitische Abteilung |
| PersRef | Personalreferat |
| Prok. | Prokurist |
| PVS | Politische Vierteljahresschrift |
| RCA | Radio Corp. of America |
| RM | Reichsmark |
| s. | siehe |
| S. | Seite |
| S&H | Siemens & Halske |
| SAA | Siemens-Archiv-Akte |
| SAB | Siemens-Archiv, Bibliothek |
| SAF | Siemens-Altersfürsorge GmbH |
| SBK | Siemens-Betriebskrankenkasse |
| SBV | Siemens-Beamten-Verein |
| SE | Siemens-Elektrogeräte AG/GmbH |
| SHG | Siemens-Heimbau-Gesellschaft |
| SiWoGe | Siemens-Wohnungsgesellschaft mbH |
| sog. | sogenannte, -r |
| SozPolAbt | Sozialpolitische Abteilung |
| Sp. | Spalte |
| SSW | Siemens-Schuckertwerke GmbH |
| SubvAbG | Subventionsabbaugesetz |
| TU | Transformatoren Union AG |
| u.a. | und andere |
| ÜT | Übertariflich bezahlte(r) Mitarbeiter/-in |
| Verf. | Verfasser/-in |
| VermBetG | Vermögensbeteiligungsgesetz |
| vgl. | vergleiche |
| VVA | Veröffentlichungen von Angestellten (Archivsignatur) |
| VW | Volkswagenwerk |
| WP | Wichtige Persönlichkeiten (Archivsignatur) |
| Z | Zeitschrift |
| z.B. | zum Beispiel |
| ZBB | Zentralabteilung Betriebswirtschaft, Buchführung |
| ZBL | Zentrale Berliner Leitung |
| ZBR | Zentralabteilung Betriebswirtschaft, Rechnungswesen |
| ZDP | Zentrale Dienste Personal |
| ZFB | Zentralabteilung Finanzen, Bilanzierung |
| ZN | Zweigniederlassung |
| ZP | Zentral-Personalverwaltung (bis 1969, ab 1969 Zentralverwaltung Personal, ab 1972/73 Zentralbereich Personal) |
| ZPS | Zentralbereich Personal Sozialpolitik |

# I. EINLEITUNG

## 1. UNTERSUCHUNGSGEGENSTAND UND PROBLEMSTELLUNGEN

Die wissenschaftliche Auseinandersetzung mit betrieblicher Sozialpolitik nach 1945 wurde von der Unternehmensgeschichtsforschung bisher weitgehend vernachlässigt. Während die Entwicklung der staatlichen Sozialpolitik nach dem Zweiten Weltkrieg in vielfältiger Hinsicht untersucht ist, liegen für die betriebliche Sozialpolitik nach 1945 nur wenige Fallstudien vor, die sich entweder mit Einzelaspekten befassen oder das Thema als einen Randaspekt der Unternehmensentwicklung berücksichtigen. Damit wird der gesellschaftspolitischen Bedeutung der betrieblichen Sozialpolitik, ihrer Relevanz für die historische Forschung und auch der Rolle, die sie im Zeitverlauf für den Unternehmenserfolg einnimmt, nicht ausreichend Rechnung getragen. Thomas Welskopp bemängelte bereits 1994, dass „für viele Branchen die Fragen nach der Beziehung zwischen allgemeiner Unternehmenspolitik und betrieblicher Sozialpolitik, deren Funktionen, Zielsetzungen, Volumen, Verteilung und Wirkungen sowie nach der Konsequenz, mit der die Unternehmen ihre Zielsetzungen verfolgten, weiterhin ebenso offen für zukünftige Forschung [bleiben] wie die Frage nach den Ursachen und Formen der Verschiebungen zwischen den Einrichtungen und Leistungen betrieblicher Sozialpolitik unter wechselnden Rahmenbedingungen".[1] Daran hat sich bis heute nicht viel geändert.

Angesichts der Aktualität des Themas und der großen Bedeutung, die der *corporate social responsibility* heute in Unternehmen und in der Gesellschaft zugeschrieben wird, erstaunt dies.[2] Erst in jüngerer Zeit besteht zunehmendes Interesse an der betrieblichen Sozialpolitik von Unternehmen nach 1945, wie einige vor kurzem abgeschlossene Dissertationsprojekte zeigen. So hat sich Ute Engelen an der Universität Bielefeld in einer komparativen Untersuchung mit dem Wandel der betrieblichen Sozialpolitik am Beispiel des deutschen Volkswagenwerks in Wolfsburg und des französischen Automobilunternehmens Automobiles Peugeot in Sochaux von 1944 bis 1978 befasst.[3] Rüdiger Gerlach stellte in einem historischen Systemvergleich am Zentrum für Zeithistorische Forschung in Potsdam die betrieblichen Sozialleistungen der Volkswagenwerk AG denjenigen des VEB Sachsenring

---

1   Vgl. Welskopp, Thomas: Betriebliche Sozialpolitik im 19. und frühen 20. Jahrhundert. Eine Diskussion neuerer Forschungen und Konzepte und eine Branchenanalyse der deutschen und amerikanischen Eisen- und Stahlindustrie von den 1870er bis zu den 1930er Jahren, in: Archiv für Sozialgeschichte 34, 1994, S. 349.
2   Vgl. Backhaus-Maul, Holger / Biedermann, Christiane / Nährlich, Stefan / Polterauer, Judith (Hg.): Corporate Citizenship in Deutschland. Gesellschaftliches Engagement von Unternehmen. Bilanz und Perspektiven. 2. Aufl., Wiesbaden 2010, S. 22 f.
3   Engelen, Ute: Demokratisierung der betrieblichen Sozialpolitik? Das Volkswagenwerk in Wolfsburg und Automobiles Peugeot in Sochaux 1944–1980. (Wirtschafts- und Sozialgeschichte des modernen Europa, Bd. 2). Baden-Baden 2013.

von den 1950er Jahren bis in die 1980er Jahre gegenüber.[4] Stephanie Hagemann-Wilholt widmet sich an der Universität Bielefeld der Analyse von Sozialbilanzen deutscher Unternehmen im Spannungsfeld wissenschaftlicher, politischer und unternehmerischer Interessen in den 1970er Jahren.[5] Diese Fallbeispiele können ebenso wie die vorliegende Untersuchung dazu dienen, nicht nur die Geschichte der genannten Unternehmen aufzuarbeiten, sondern auch, um generalisierende Aussagen über Indikatoren von Wandlungsprozessen und Auswirkungen betrieblicher Sozialpolitik vor dem Hintergrund sich verändernder politischer, wirtschaftlicher und gesellschaftlicher Rahmenbedingungen nach dem Zweiten Weltkrieg zu treffen und damit zur Schließung eines Forschungsdesiderats beizutragen.

Die vorliegende Arbeit stellt die betriebliche Sozialpolitik des im Jahr 1847 gegründeten, bis in die Gegenwart global agierenden Elektro- und Elektronikkonzerns Siemens im Zeitraum von 1945 bis 1989 in den Vordergrund der Analyse. Das Unternehmen verfügt über eine lange sozialpolitische Tradition. Der Unternehmensgründer Werner von Siemens gilt neben Unternehmerpersönlichkeiten wie Alfred Krupp in Essen oder Ernst Abbé, als Teilhaber der Firma Carl Zeiss in Jena, als Pionier betrieblicher Sozialpolitik,[6] auch wenn er seinem Selbstverständnis nach in erster Linie Naturwissenschaftler und Erfinder war und sich mit dem Themenkomplex der betrieblichen Sozialpolitik als eigenständigem Handlungsfeld der Unternehmenspolitik nur am Rande beschäftigt hat.[7] Die Einrichtung der Siemens'schen Pensions-, Witwen- und Waisenkasse im Jahr 1872 – mehr als ein Jahrzehnt vor der Gründung der gesetzlich geregelten Alters- und Hinterbliebenenversorgung – wirkte nicht nur vorbildhaft für entsprechende Maßnahmen vieler anderer Unternehmen, sondern war auch wegweisend für die staatliche Sozialgesetzgebung. Fortschrittliche betriebliche Sozialpolitik und das Bekenntnis zur sozialpolitischen Verantwortung waren auch unter den Nachfolgern des Firmengründers als wesentliche Bestandteile der Unternehmenskultur nicht nur charakteristisch für das unternehmerische Selbstverständnis, sondern prägten auch die Außenwahrnehmung von Siemens.[8] Das Unternehmen galt traditionell als Vorreiter be-

---

4    Gerlach, Rüdiger: Betriebliche Sozialpolitik im historischen Systemvergleich. Das Volkswagenwerk und der VEB Sachsenring von den 1950er bis in die 1980er Jahre. Erscheint voraussichtlich 2013.
5    Die Arbeit von Stephanie Hagemann-Wilholt mit dem Arbeitstitel: „Gläserne Sozialpolitik? Sozialbilanzen deutscher Unternehmen im Spannungsfeld wissenschaftlicher, politischer und unternehmerischer Interessen" wurde im Jahr 2013 an der Universität Bielefeld eingereicht. Der Forschungsbedarf und das zunehmende Interesse an sozialpolitischen Fragestellungen spiegeln sich auch in einigen Dissertationsvorhaben zum Thema Armut am Lehrstuhl für Wirtschafts-, Sozial- und Umweltgeschichte der Universität Freiburg.
6    Vgl. Fischer, Wolfram: Die Pionierrolle der betrieblichen Sozialpolitik im 19. und beginnenden 20. Jahrhundert, in: Wilhelm Treue / Hans Pohl (Hg.): Betriebliche Sozialpolitik deutscher Unternehmen seit dem 19. Jahrhundert (Zeitschrift für Unternehmensgeschichte, Beiheft 12). Wiesbaden 1978, S. 45 und 50; Uhle, Carlhans: Betriebliche Sozialleistungen: Entwicklungslinien und Ansätze einer Erklärung ihrer Bereitstellung (Märkte, Branchen, Unternehmungen, Bd. 7). Köln 1987, S. 36–39.
7    Vgl. Burhenne, Karl: Werner Siemens als Sozialpolitiker. München 1932, S. 11.
8    „Das Haus Siemens hat von jeher mit an der Spitze der Unternehmen gestanden, die die soziale Fürsorge für Belegschaft und Pensionäre als besondere Verpflichtung ansehen", in: Der

trieblicher Sozialpolitik. Daher erscheint Siemens prädestiniert für eine Untersuchung, die die Funktionen, Wandlungsprozesse und Kontinuitäten betrieblicher Sozialpolitik vor dem Hintergrund gravierender politischer, wirtschaftlicher und gesellschaftlicher Veränderungen nach dem Zweiten Weltkrieg in den Blick nimmt.

Während die Geschichte der betrieblichen Sozialpolitik bei Siemens für den Zeitraum von der Unternehmensgründung Mitte des 19. Jahrhunderts bis zum Zweiten Weltkrieg quellenmäßig sehr gut dokumentiert und erforscht ist, existiert noch keine umfassende wissenschaftliche Darstellung, die die unternehmensspezifische Sozialpolitik für die Zeit nach 1945 aufarbeitet und in den Zusammenhang gesellschafts- und wirtschaftspolitischer Umfeldveränderungen stellt. Dies soll die vorliegende Untersuchung leisten. Der zeitliche Schwerpunkt der Arbeit liegt auf dem Zeitraum zwischen 1945 und 1989. Die vor dem Zweiten Weltkrieg ausgehend von Werner von Siemens und seinen Nachfolgern installierten und tradierten sozialpolitischen Einrichtungen werden als Grundlage für die Entwicklung nach 1945 überblicksartig skizziert. Das Jahr 1945 steht nach dem Ende des Zweiten Weltkriegs für eine Zäsur in der politischen, wirtschaftlichen und gesellschaftlichen Entwicklung Deutschlands und zugleich für einen alle Bereiche des öffentlichen und privaten Lebens umfassenden Neuanfang mit weit reichenden Folgen für die Gestaltung der Sozialpolitik.[9] Unter grundlegend veränderten Rahmenbedingungen begann 1945 auch ein neues Kapitel in der Unternehmensgeschichte. Das Ende des Untersuchungszeitraums im Jahr 1989 ist ebenfalls durch eine politische Wende gekennzeichnet. Der Fall der Mauer, die Wiedervereinigung Deutschlands und die politische Öffnung Osteuropas führten in den 1990er Jahren zu wirtschaftlichen und gesellschaftlichen Veränderungen mit langfristigen Auswirkungen auf die Gestaltung der betrieblichen Sozialpolitik in einer zunehmend globalisierten Arbeitswelt. Unternehmensintern bedeutete die Umorganisation in 15 Unternehmensbereiche, die den neuen Herausforderungen der Weltwirtschaft auf den internationalen Märkten Rechnung tragen sollte, einen strukturellen Einschnitt. Nicht zuletzt sprechen auch forschungspraktische Gründe für die Terminierung des Untersuchungszeitraums auf das Ende der 1980er Jahre. Die Quellenlage wird – je mehr sich die Untersuchung der Gegenwart nähert – lückenhafter, da zahlreiche Akten aus jüngerer Zeit noch nicht aus dem Geschäftsverkehr zur historischen Erschließung und Bewertung an das Unternehmensarchiv übergeben wurden. Der Untersuchungs-

---

Kurier, Nr. 127, 7. Jg., 4.6.1951, in: SAA 8625 (Pressestimmen zur wirtschafts- und sozialpolitischen Arbeit, 1930–1953); vgl. auch „Die Siemenswerke in Siemensstadt", Studie des Internationalen Arbeitsamts in Genf, 1930, zitiert nach Burhenne, 1932, S. 91: „Der Umstand, daß eine große Zahl von Mitgliedern der Betriebsräte ihre ganze Zeit den sozialen Beziehungen widmen, scheint den Arbeitnehmern die Gewähr zu geben, daß ihre Interessen und Wünsche zentralisiert, systematisch behandelt und mit den Vertretern der Firmenleitung in vollster Anerkennung der Grundsätze und Beachtung von Einzelheiten diskutiert werden können. [...] Siemensstadt ist zweifelsohne ein bemerkenswertes Beispiel der Aufrechterhaltung unmittelbarer persönlicher Beziehungen zwischen der Leitung und den Arbeitnehmern bei einer Firma größten Umfangs."

9 Vgl. Henning, Friedrich-Wilhelm: Das industrialisierte Deutschland 1914–1992. 8. Aufl., Paderborn 1993, S. 185.

bereich beschränkt sich auf die in Deutschland befindlichen Siemens-Unternehmen, teilweise unter Einbeziehung ihrer Tochtergesellschaften.

Das Forschungsinteresse richtet sich auf die Entwicklung der freiwilligen Leistungen und Instrumente der Siemens'schen Sozialpolitik, die sich im Zeitverlauf in Abhängigkeit zahlreicher Einflussfaktoren verändert haben. Im Zentrum der Arbeit stehen die historisch gewachsenen sozialpolitischen Kernbereiche: die Instrumente der materiellen Mitarbeiterbeteiligung – dazu gehören im Untersuchungszeitraum die Erfolgsbeteiligung und die Belegschaftsaktien –, die betriebliche Altersversorgung, die Wohnungsbaupolitik, die Maßnahmen zur Gesundheitsförderung und zur allgemeinen sozialen Betreuung sowie die betrieblichen Einrichtungen zur Mitarbeiterinformation und zur Freizeitgestaltung. Damit richtet sich die Untersuchung ausgehend von der Definition von Herbert Hax, der ein „enges" und ein „sehr weites" Begriffsverständnis von betrieblicher Sozialpolitik unterscheidet, auf freiwillige Maßnahmen des Unternehmens im engeren Sinn, die zum Vorteil der Beschäftigten, Rentner oder Familienangehörigen zusätzlich zum Arbeitsentgelt gewährt werden.[10] Dabei kann es sich nach Gaugler sowohl um Geld- oder Sachleistungen als auch um Dienstleistungen oder Nutzungsmöglichkeiten handeln.[11] Nicht in die Untersuchung einbezogen werden die einem weiter gefassten Begriffsverständnis entsprechenden Maßnahmen zur Arbeitsmarkt-, Betriebsverfassungs- und Lohnpolitik sowie zum Arbeitsschutz, da diese durch gesetzliche Regelungen oder tarifliche Vereinbarungen eng determiniert sind.[12] Ausgeklammert wird auch der sozialpolitische Komplex der betrieblichen Aus- und Weiterbildung, der den Rahmen der vorliegenden Arbeit sprengen würde.

Untersuchungsleitend ist die von Roland Reichwein formulierte These von der Ökonomisierung bzw. Monetisierung der betrieblichen Sozialpolitik nach 1945, die in einer Zunahme aller monetären Leistungen gegenüber einem Bedeutungsrückgang sozial bedingter Versorgungsleistungen zum Ausdruck kommt.[13] Reichwein begründet diesen Funktionswandel mit der politischen, wirtschaftlichen und gesellschaftlichen Entwicklung Deutschlands in den 1950er und 1960er Jahren, die durch den Ausbau der staatlichen Sozialpolitik, die prosperierende Wirtschaft, die damit verbundene allgemeine Erhöhung des Lebensstandards und die schließlich erreichte Vollbeschäftigung charakterisiert ist. „Monetisierung" oder der dafür in dieser Untersuchung verwendete synonyme Begriff „Monetarisierung" meint im Zusammenhang mit der vorliegenden Arbeit die Erhöhung des Geldzuflusses bzw. die Zunahme finanzieller Leistungen. Die These der Ökonomisierung bzw. der Monetarisierung der betrieblichen Sozialpolitik soll am Fallbeispiel Siemens überprüft wer-

---

10 Vgl. Hax, Herbert: Sozialpolitik II, betriebliche, in: Willi Albers / Karl Erich Born / Ernst Dürr / Anton Zottmann (Hg.): Handwörterbuch der Wirtschaftswissenschaft, Bd. 7. Stuttgart/New York/Tübingen/Göttingen/Zürich 1988, S. 77.
11 Vgl. Gaugler, Eduard: Betriebswirtschaftlich-soziologische Grundprobleme bei der Gewährung betrieblicher Sozialleistungen, in: Theodor Tomandl (Hg.): Betriebliche Sozialleistungen (Wiener Beiträge zum Arbeits- und Sozialrecht, Bd. 2). Wien/Stuttgart 1974, S. 5.
12 Vgl. Hax, 1988, S. 77.
13 Vgl. Reichwein, Roland: Funktionswandlungen der betrieblichen Sozialpolitik. Eine soziologische Analyse der zusätzlichen betrieblichen Sozialleistungen (Dortmunder Schriften zur Sozialforschung, Bd. 26). Köln/Opladen 1965, S. 169 f.

den. Dabei ist auch die Frage zu stellen, inwieweit sich der von Reichwein in den 1960er Jahren beschriebene Trend der Ökonomisierung der Sozialleistungen auch angesichts verlangsamten oder stagnierenden wirtschaftlichen Wachstums und sich wandelnder gesellschaftlicher Rahmenbedingungen in den 1970er und 1980er Jahren fortsetzt.

Darüber hinaus wird das Erkenntnisinteresse durch die Frage bestimmt, inwieweit sich der gesellschaftliche Individualisierungsprozess und der Wertewandel, der seit den 1960er Jahren Freiheits- und Selbstentfaltungswerte, das Streben nach Selbstbestimmung und Eigenverantwortung gegenüber Pflicht- und Akzeptanzwerten in den Vordergrund stellt,[14] auf die Veränderungsprozesse der betrieblichen Sozialpolitik auswirken. Im Hinblick auf die vorliegende Arbeit ist zu untersuchen, inwieweit die Gestaltung der betrieblichen Sozialpolitik als Versorgungspolitik der zunehmenden Individualisierung und dem Wandel der Werteorientierungen gerecht wird.

Schließlich geht es um die grundlegenden Fragen nach den Charakteristika, den spezifischen Konstanten des sozialpolitischen Systems von Siemens. Dabei sind auch die wesentlichen Einflussfaktoren, Motive, Funktionen und Ziele betrieblicher Sozialpolitik zu berücksichtigen. Die Analyse der Einflussfaktoren betrieblicher Sozialpolitik impliziert auch die Frage nach der Rolle der staatlichen Sozialpolitik und dem Wechselverhältnis zwischen betrieblichen und staatlichen Sozialmaßnahmen. Die staatliche Sozialgesetzgebung wurde nach 1945 erheblich ausgeweitet. Bis Mitte der 1960er Jahre erreichte der Sozialschutz ein so hohes Niveau wie noch nie zuvor.[15] Der Ausbau der staatlichen Einrichtungen hatte erhebliche Auswirkungen auf die Gestaltung der betrieblichen Sozialmaßnahmen, doch lässt sich die These vom „Schattendasein der betrieblichen Sozialpolitik"[16] angesichts der rechtlichen Normierung zahlreicher Leistungen mit Blick auf Siemens aufrechterhalten? Erfüllt die betriebliche Sozialpolitik nur eine „Lückenbüßerfunktion"[17]? Ist sie tatsächlich immer nur so gut, wie die gesetzliche Sozialpolitik es zulässt?[18]

---

14  Vgl. dazu Rödder, Andreas: Wertewandel und Postmoderne. Gesellschaft und Kultur der Bundesrepublik Deutschland 1965–1990. Stuttgart 2004, S. 12. Vgl. auch Schäfers, Bernhard: Gesellschaft der Bundesrepublik Deutschland, in: ders. / Wolfgang Zapf (Hg.): Handwörterbuch zur Gesellschaft Deutschlands (Lizenzausgabe für die Bundeszentrale für politische Bildung). Bonn 1998, S. 239; vgl. Müller-Schneider, Thomas: Freizeit und Erholung, in: Bernhard Schäfers / Wolfgang Zapf (Hg.): Handwörterbuch zur Gesellschaft Deutschlands (Lizenzausgabe der Bundeszentrale für politische Bildung). Bonn 1998, S. 226. Vgl. auch Barz, Heiner / Kampik, Wilhelm / Singer, Thomas / Teuber, Stephan: Neue Werte, neue Wünsche. Future Values. Wie sich Konsummotive auf Produktentwicklung und Marketing auswirken. Düsseldorf 2001, S. 79.

15  Vgl. Schmidt, Manfred G.: Sozialpolitik in Deutschland. Historische Entwicklung und internationaler Vergleich. 2. Aufl., Opladen 1998, S. 88.

16  Vgl. Sesselmeier, Werner: Was ist betriebliche Sozialpolitik? In: Sozialer Fortschritt 2/2003, S. 38.

17  Vgl. Schulz, Günther: Betriebliche Sozialpolitik in Deutschland seit 1850, in: Hans Pohl (Hg.): Staatliche, städtische, betriebliche und kirchliche Sozialpolitik vom Mittelalter bis zur Gegenwart (Vierteljahrschrift für Sozial- und Wirtschaftsgeschichte, Beiheft 95). Stuttgart 1991, S. 173.

18  Vgl. ebd.

Diese Fragen müssen sowohl für das in der vorliegenden Studie behandelte Fallbeispiel Siemens als auch aufgrund der Kürzungen im sozialen Bereich für die Zukunft neu gestellt werden. Die unternehmensspezifischen Motivationen, Zielsetzungen und Funktionsveränderungen sollen angesichts der sich wandelnden Rahmenbedingungen für Siemens erörtert werden, um abschließend die charakteristischen Merkmale des sozialpolitischen Systems des Unternehmens herauszuarbeiten. Die Untersuchung der einzelnen Leistungsbereiche erfolgt nach den für die Analyse betrieblicher Sozialpolitik bewährten Kriterien.[19] Gefragt wird nach den Rahmenbedingungen und der historischen Entwicklung der Leistungen, nach der Form und der Häufigkeit der Leistungsgewährung, nach Funktionen, Motiven, Zielen und Zielgruppen der Maßnahmen, nach ihren organisatorischen Strukturen und – soweit empirisch nachweisbar – nach der Rezeption und den erzielten Effekten.

## 2. THEORETISCHER UNTERSUCHUNGSANSATZ

„Angesichts der Unmöglichkeit, Unternehmensgeschichte repräsentativ zu schreiben, ist der explizite Theoriebezug daher zur Abgrenzung des Gegenstands und zur Auswahl der Quellen unerlässlich, soll die ins Auge gefasste Unternehmensgeschichte mehr sein als das Beanspruchen anekdotischer Evidenz".[20] Dieser von Werner Plumpe formulierten Forderung nach theoretisch-methodischer Fundierung einer unternehmenshistorischen Studie zur Steigerung ihres Erkenntniswerts soll die vorliegende Arbeit genügen. Das Fach Unternehmensgeschichte ist als wissenschaftliche Disziplin im Spannungsfeld zwischen Geschichts-, Sozial- und Wirtschaftswissenschaften durch eine Vielfalt von theoretischen und methodischen Ansätzen und Zugangsmöglichkeiten charakterisiert.[21] Ralf Ahrens und Friederike Sattler verweisen daher auf die besondere Eignung des Arbeitsfelds für die theoriegeleitete und interdisziplinäre Forschung,[22] wobei nach Ahrens „kaum ein Weg an einer pragmatischen, am Einzelfall orientierten Kombination von ‚ökonomischen' und ‚historischen' Zugängen zum Unternehmen vorbei[führt]. Einen abstrakt-theoretischen Generalschlüssel zur Unternehmensgeschichte" gebe es allerdings nicht – „nur zahlreiche, mehr oder weniger in sich schlüssige Theorieangebote aus den Wirtschafts- und Sozialwissenschaften, deren Nutzen von der jeweiligen Fragestel-

---

19 Vgl. zum Beispiel Conrad, Christoph: Erfolgsbeteiligung und Vermögensbildung der Arbeitnehmer bei Siemens (1847–1945), in: Zeitschrift für Unternehmensgeschichte, Beiheft 36, hg. v. Hans Pohl / Wilhelm Treue. Stuttgart 1986, S. 28; Hilger, Susanne: Sozialpolitik und Organisation. Formen betrieblicher Sozialpolitik in der rheinisch-westfälischen Eisen- und Stahlindustrie seit der Mitte des 19. Jahrhunderts bis 1933. Stuttgart 1996, S. 27.
20 Vgl. Plumpe, Werner: Unternehmen, in: Gerold Ambrosius / Dietmar Petzina / Werner Plumpe (Hg.): Moderne. Eine Einführung für Historiker und Ökonomen. 2. Aufl., München 2006, S. 83.
21 Vgl. dazu auch Erker, Paul: Aufbruch zu neuen Paradigmen. Unternehmensgeschichte zwischen sozialgeschichtlicher und betriebswirtschaftlicher Erweiterung, in: Archiv für Sozialgeschichte, 37, 1997, S. 322–325.
22 Vgl. Ahrens, Ralf / Sattler, Friederike: Unternehmensgeschichte, in: http://www.clio-online. de/default.aspx?tabid=40208219, abgerufen am 09.04.2013.

lung abhängt."²³ Auch Hartmut Berghoff unterstreicht die Relevanz einer theoriegeleiteten Unternehmensgeschichte, „die gleichwohl anschaulich und quellennah bleiben" sowie „übergeordnete Fragen aufgreifen bzw. entwickeln"²⁴ soll. Entsprechende Fragestellungen könnten „der Theorie, aktuellen Diskussionen der Öffentlichkeit oder allgemeinen Anliegen der Forschung entstammen".²⁵ Berghoff plädiert wie Ahrens und Sattler für Interdisziplinarität und Offenheit gegenüber theoretischen Angeboten und Anregungen auch anderer Fachbereiche und sieht gerade darin „den besonderen Reiz der Unternehmensgeschichte", die sich „durch multidimensionale Ansätze"²⁶ auszeichne. Daher erscheint es legitim, auch sozialwissenschaftliche Ansätze und Ergebnisse für die vorliegende Arbeit zu nutzen und daraus Erkenntnisgewinne für die unternehmenshistorische Forschung zu ziehen. Als theoriegeleitete Untersuchung entspricht die Studie den Ansprüchen einer wissenschaftlich-theoretischen und interdisziplinären Auseinandersetzung mit der Unternehmensgeschichte, die anhand übergeordneter Fragestellungen die relevanten Quellen zur betrieblichen Sozialpolitik bei Siemens analysiert und interpretiert.

Die Analyse der sozialpolitischen Wandlungsprozesse bei Siemens im Untersuchungszeitraum zwischen 1945 und 1989 soll anhand von zwei theoretischen Fragestellungen erfolgen, die auf sozialwissenschaftlichen Thesen basieren: Zum einen soll geprüft werden, ob die von Roland Reichwein formulierte These der zunehmenden Monetarisierung der betrieblichen Sozialpolitik nach 1945 geeignet ist, auch die Wandlungsprozesse der betrieblichen Sozialpolitik bei Siemens zu erklären. Zum anderen wird untersucht, inwieweit sich die gesellschaftliche Individualisierung und der Wertewandel seit den 1960er Jahren auf die Gestaltung der betrieblichen Sozialpolitik bei Siemens auswirken. Den Ausgangspunkt dafür bildet die Individualisierungsthese von Ulrich Beck, der als einer der profiliertesten deutschen Soziologen der Gegenwart zentrale Aspekte des Wertewandels und ihre Bedeutung für das Individuum in modernen Gesellschaften aufzeigte.

„Betriebliche Sozialleistungen umfassen alle über das direkte monatliche Gehalt (bzw. Lohn) hinausgehenden zusätzlichen Leistungen, unabhängig davon, ob sie als Geld- oder Sachleistungen erbracht werden".²⁷ Über diese allgemeine Definition hinaus liegen in der Fachliteratur zahlreiche weitere Definitionsansätze sowie verschiedene Systematisierungen betrieblicher Sozialleistungen vor; ein wesent-

---

23 Vgl. Ahrens, Ralf: Unternehmensgeschichte, Version: 1.0, in: Docupedia-Zeitgeschichte, 1.11.2010, URL: http://docupedia.de/zg/Unternehmensgeschichte, abgerufen am 09.04.2013.
24 Vgl. dazu Berghoff, Hartmut: Moderne Unternehmensgeschichte. Paderborn 2004, S. 8. Schließlich geht es nach Pierenkemper darum, „sinnvolle und erkenntnisleitende Forschungsprobleme zu formulieren, ehe man sich den Quellen und der [...] Archivarbeit zuwendet. Diese bildet [...] den Kern unternehmenshistorischen Forschens, denn es gilt die Geschichte eines Unternehmens aus den Quellen zu erarbeiten." Vgl. Pierenkemper, Toni: Was kann eine moderne Unternehmensgeschichte leisten? Und was sollte sie tunlichst vermeiden? In: ders. (Hg.): Unternehmensgeschichte. Stuttgart 2011, S. 222. Vgl. auch ders.: Unternehmensgeschichte – Perspektiven und Analyseansätze, in: ders. (Hg.): Unternehmensgeschichte. Stuttgart 2011, S. 50 f.
25 Vgl. Berghoff, 2004, S. 8.
26 Vgl. ebd.
27 Vgl. Jung, Hans: Personalwirtschaft, 3. Aufl., München/Wien 1999, S. 554.

liches Differenzierungsmerkmal ist die Unterscheidung in monetäre und nicht-monetäre Leistungen.[28] Die Forschung zeigt, dass in Abhängigkeit von den wirtschaftlichen, politischen und gesellschaftlichen Rahmenbedingungen die genannten Aspekte unterschiedlich ausgeprägt sein können.[29] Der Sozialwissenschaftler Roland Reichwein untersuchte schon früh diesen Sachverhalt anhand der Wandlungsprozesse der betrieblichen Sozialpolitik in den 1950er und 1960er Jahren und legte 1965 seine Arbeit über die „Funktionswandlungen der betrieblichen Sozialpolitik" vor. Er konstatierte eine zunehmende Ökonomisierung bzw. Monetisierung der betrieblichen Sozialpolitik von Unternehmen, die in einer sprunghaften Zunahme aller monetären Sozialleistungen, wie Gratifikationen oder Barleistungen, ihren Ausdruck fand.[30] Dazu zählt er Geldleistungen der Betriebe wie zum Beispiel das Weihnachts- und Urlaubsgeld, die Jahresabschlussprämien oder alle Formen der Ergebnisbeteiligung. Demgegenüber seien die sozial- und gesellschaftsbedingten Fürsorge- und Vorsorgeleistungen, wie zum Beispiel Belegschaftseinrichtungen zur sozialen Sicherung, zurückgegangen.[31] Diese zunehmende Kompensation der sozialen durch ökonomische Funktionen bewertet Reichwein als „Funktionsverlust".[32] Inwieweit es sich im Gesamtkonzept der betrieblichen Sozialpolitik tatsächlich um einen Verlust handelt und ob nicht vielmehr von einer Weiterentwicklung oder Neuausrichtung betrieblicher Sozialleistungen gesprochen werden kann, soll in der vorliegenden Arbeit überprüft werden.

Reichwein führt den Funktionswandel bzw. die „Ökonomisierung der betrieblichen Sozialpolitik"[33] auf drei Ursachen zurück, die auf der politischen, wirtschaftlichen und gesellschaftlichen Entwicklung Deutschlands in den 1950er und 1960er Jahren basieren: „1. die allgemeine Erhöhung des Lebensstandards der Arbeitnehmer, 2. der weitere Ausbau der staatlichen Sozialpolitik und 3. die anhaltende Vollbeschäftigung der Volkswirtschaft."[34] Der abnehmenden Bedeutung sozialer und gesellschaftsbezogener Funktionen betrieblicher Sozialpolitik, wie zum Beispiel der „Fürsorgefunktion" oder der „Disziplinierungsfunktion", die das Unternehmen als soziale Organisation mitgetragen haben, stünde eine Zunahme ihrer ökonomischen Funktionen gegenüber.[35] Diese sicherten den Bestand und die Leistungs-

---

28   Zu weiteren Definitionsansätzen des Begriffs „Betriebliche Sozialpolitik" ausführlich Kapitel II. 1. Zur Systematisierung betrieblicher Sozialleistungen vgl. auch Elšik, Wolfgang / Nachbagauer, Andreas: Materielle Anreize, in: Helmut Kasper / Wolfgang Mayrhofer (Hg.): Personalmanagement – Führung – Organisation. Wien 2009, S. 527; Hack, Andreas: Monetäre Anreizgestaltung in Gründungsunternehmen. Wiesbaden 2011, S. 11; Doyé, Thomas: Analyse und Bewertung von betrieblichen Zusatzleistungen. München 2000, S. 21 f.
29   Vgl. Elšik/Nachbagauer, 2009, S. 527; Mengel, Anja: Erfolgs- und leistungsorientierte Vergütung. 5. Aufl., Berlin 2008, S. 21; Oechsler, Walter A./Kastura, Birgit: Betriebliche Sozialleistungen – Entwicklungen und Perspektiven, in: Wolfgang Weber (Hg.): Entgeltsysteme. Lohn, Mitarbeiterbeteiligung und Zusatzleistungen. Festschrift zum 65. Geburtstag von Eduard Gaugler. Stuttgart 1993, S. 343 f.
30   Vgl. Reichwein, 1965, S. 169 f.
31   Vgl. ebd.
32   Vgl. ebd., S. 167.
33   Vgl. ebd., S. 168.
34   Vgl. ebd., S. 170.
35   Vgl. ebd., S. 167.

fähigkeit des Unternehmens als „Arbeits- und Produktionsstätte" sowie als „marktabhängige Wirtschaftseinheit".[36] Als ökonomische Funktionen führt Reichwein die „Leistungssteigerungs- bzw. die Belohnungsfunktion" sowie die „Bindungs- und die Werbungsfunktion" an, die sich auf regelmäßige Geldleistungen stützten.[37] Angesichts der konjunkturellen Entwicklung und des zunehmenden Wettbewerbsdrucks der Unternehmen seit Ende der 1950er Jahre hätten die monetären Komponenten der betrieblichen Sozialpolitik damit gegenüber den sozialen Funktionen an Gewicht gewonnen sowie „eine betriebliche Sozialpolitik sozialfürsorgerischen und karitativen Charakters immer überflüssiger"[38] gemacht.

Die Monetarisierungsthese von Reichwein, die einen Bezugspunkt für die vorliegende Untersuchung der Wandlungsprozesse der betrieblichen Sozialpolitik von Siemens im Untersuchungszeitraum bildet, ist eine besonders pointierte und richtungsweisende These, die aus einer Zeit resultiert, als sich signifikante Veränderungsprozesse bei der Gestaltung der betrieblichen Sozialpolitik und der sie determinierenden Rahmenbedingungen vollzogen und die Trends zukünftiger Entwicklungen betrieblicher Sozialpolitik in der jungen BRD absehbar erschienen. Die spätere Forschungsliteratur adaptierte Reichweins These vom Funktionswandel betrieblicher Sozialpolitik. So konstatierten Oechsler und Kastura eine stärkere Nutzung freiwilliger betrieblicher Sozialleistungen „im Sinne ökonomischer Interessen"[39] angesichts veränderter äußerer Rahmenbedingungen.

Die Diskussion über die Bedeutung monetärer und nicht-monetärer Zusatzleistungen als wichtige Faktoren für den Unternehmenserfolg wird bis heute geführt.[40] Auch in der Personalpolitik, deren Ziele seit den 1950er Jahren immer enger mit den Zielen der betrieblichen Sozialpolitik verbunden sind,[41] wird über die wachsende Bedeutung und Ausgestaltung monetärer Anreizsysteme sowie die Flexibilisierung und Individualisierung von Entgeltbestandteilen intensiv diskutiert.[42] Der hohe Stellenwert flexibler Zusatzleistungen im Rahmen leistungs- und erfolgsorientierter Vergütung ist unumstritten.[43] Monetäre Leistungen in Form von fixen oder variablen Lohnbestandteilen, Erfolgs- und Kapitalbeteiligungen oder sonstigen betrieblichen Leistungen haben im Zusammenhang mit der Honorierung der Arbeitsleistung zu allen Zeiten eine herausragende Bedeutung: Sie tragen zur Existenzsicherung und zur Aufrechterhaltung des Lebensstandards sowie zur Bedürf-

---

36 Vgl. ebd.
37 Vgl. ebd., S. 166f.
38 Vgl. ebd., S. 170.
39 Vgl. Oechsler/Kastura, 1993, S. 342f.
40 Vgl. z.B. Albach, Horst: Monetäre und nicht-monetäre Anreize, in: Zeitschrift für Betriebswirtschaft, 59. Jg., 1989, H. 8, S. 929; Hack, 2011, S. 11.
41 Vgl. Oechsler/Kastura, 1993, S. 354.
42 Vgl. dazu Wagner, Dieter / Grawert, Achim / Doyé, Thomas / Langmeyer, Heiner / Legel, Alexander: Flexibilisierung und Individualisierung von Entgeltbestandteilen, in: Ernst Zander / Dieter Wagner (Hg.): Handbuch des Entgeltmanagements. München 2005, S. 153–180.
43 Vgl. Bellmann, Lutz / Frick, Bernd: Umfang, Bestimmungsgründe und wirtschaftliche Folgen betrieblicher Zusatz- und Sozialleistungen, in: Bernd Frick / Renate Neubäumer / Werner Sesselmeier (Hg.): Die Anreizwirkungen betrieblicher Zusatzleistungen. München/Mering 1999, S. 95.

nisbefriedigung bei.[44] Die Gestaltung entsprechender Anreizsysteme in der betrieblichen Sozial- und Personalpolitik erfolgte im Zeitverlauf vor dem Hintergrund sich verändernder wirtschaftlicher, politischer und gesellschaftlicher Entwicklungen.[45] Ihre Bedeutung und Anreizfunktionen sind, wie von Reichwein aufgezeigt, insbesondere nach dem Zweiten Weltkrieg aufgrund der Arbeitsmarktlage und des Fachkräftemangels in Zeiten der prosperierenden Wirtschaft und der Vollbeschäftigung gestiegen.[46]

Die Aktualität dieser Thematik erschließt sich aus der vor allem seit den 1990er Jahren zunehmenden Relevanz erfolgs- und leistungsorientierter Anreiz- und Entgeltsysteme, die die Bedeutung monetärer Komponenten bei modernen Vergütungssystemen angesichts eines sich wandelnden Wettbewerbsumfelds unterstreicht.[47] Erfolgsabhängige Entlohnung und Mitarbeiterkapitalbeteiligungssysteme gehören heute zum Führungsinstrumentarium neuer Vergütungskonzepte, die darauf ausgerichtet sind, unternehmerisches Denken und Handeln zu fördern, die Motivation und die Identifikation mit dem Unternehmen zu stärken und damit den Unternehmenserfolg zu erhöhen.[48] Antje Kurdelbusch analysierte in ihrer 2002 erschienenen sozialwissenschaftlichen Dissertation mit dem Aufwärtstrend variabler Vergütungssysteme in deutschen Großunternehmen seit der Mitte der 1990er Jahre einen Aspekt der Monetarisierung, die durch eine „Individualisierung und Vermarktlichung der Lohnfindungssysteme"[49] charakterisiert ist. Dabei geht es nicht nur um eine quantitative Ausdehnung, sondern auch um qualitative Veränderungen durch den Ausbau von Lohnanreizen und Flexibilisierungen.[50] Als ursächlich für diese

---

44  Wunderer, Rolf: Führung und Zusammenarbeit. 9. Aufl., Köln 2011, S. 194.
45  Verschiedene Formen von Mitarbeiterbeteiligungen wie Erfolgs-, Vermögens- und Kapitalbeteiligungen, zum Beispiel in Form von Belegschaftsaktien, haben eine lange Tradition und wurden schon lange vor dem Zweiten Weltkrieg in Deutschland vielfach praktiziert. Darüber hinaus konnten zahlreiche über das reguläre Entgelt hinausgehende monetäre Maßnahmen wie Gratifikationen zu bestimmten Anlässen, Prämien oder zusätzliche Sonderleistungen zur Erhöhung der Mitarbeiter- und Leistungsmotivation etabliert werden, die sich im Laufe der Zeit teilweise auch zu festen Einkommensbestandteilen entwickelt haben. Vgl. dazu Kap. IV. 1. Vgl. auch Schanz, Günter: Entwicklungsstadien und Perspektiven der Mitarbeiterbeteiligung, in: Wolfgang Weber (Hg.): Entgeltsysteme. Lohn, Mitarbeiterbeteiligung und Zusatzleistungen. Festschrift zum 65. Geburtstag von Eduard Gaugler. Stuttgart 1993, S. 271–283.
46  Vgl. Reichwein, 1965, S. 170; vgl. auch Oechsler/Kastura, 1993, S. 344; Mengel, 2008, S. 21.
47  Vgl. Elšik/Nachbagauer, 2009, S. 537; vgl. auch Seifert, Theresia: Gestaltungsmöglichkeiten eines Anreizsystems für Führungskräfte. Aachen 2001, S. 1. Zur Aktualität des Themas vgl. auch Graf, Annika: Boni fürs Volk. Erfolgsbeteiligungen in der Industrie, in: http://www.spiegel.de/karriere/berufsleben/erfolgbeteiligungen-in-der-autobranche-boni-fuers-volk-892349.html, abgerufen am 04.04.2013.
48  Vgl. Kurdelbusch, Antje: Variable Vergütung in deutschen Großunternehmen: Entgeltsysteme zwischen Flexibilisierung und Flächentarifvertrag. Bochum 2003, S. 19, 211 (Online-Publikation); Seifert, 2001, S. 1; Wunderer, 2011, S. 406.
49  Vgl. Kurdelbusch, 2003, S. 114, 215: Die variablen Vergütungsformen sind in hohem Maße abhängig von Markteinflüssen und implizieren ein erhöhtes Einkommensrisiko.
50  Hermann Moderegger hatte bereits 1995 eine Flexibilisierung von Personal-Zusatzleistungen konstatiert, die zunehmend an den Unternehmenserfolg und die individuelle Leistung der Mitarbeiter gekoppelt würden. Vgl. Moderegger, Hermann A.: Betriebliche Sozialleistungen. Vom Fürsorge- zum Leistungsprinzip? In: Personal, 1995, H. 4, S. 187.

Entwicklung identifiziert Kurdelbusch exogene Faktoren wie die Internationalisierung und den zunehmenden Wettbewerbsdruck auf den Produkt- und Kapitalmärkten, die staatliche Unterstützung von Gewinn- und Kapitalbeteiligungen sowie die Öffnung der Gewerkschaften und Betriebsräte gegenüber der variablen Vergütung. Wie bei Reichwein zeigt auch diese Analyse die Relevanz monetärer Anreize in Zeiten sich verändernder wirtschaftlicher Rahmenbedingungen.

Das monetäre Anreizinstrumentarium ist groß und kann zielgruppengerecht eingesetzt werden. Während sich – wie zum Beispiel bei Siemens – Erfolgsbeteiligungen oder Belegschaftsaktienangebote an alle Beschäftigten richten, gibt es darüber hinaus viele spezielle variable Vergütungsprogramme für Führungskräfte. Seit Ende der 1990er Jahre gehören aktienbasierte Entgeltsysteme bei zahlreichen börsennotierten Kapitalgesellschaften in Deutschland zu den festen Bestandteilen der Entgeltgestaltung für Führungskräfte.[51] Optionsprogramme, Aktienpläne, virtuelle Aktien oder Stock Option-Modelle sind aufgrund ihrer hohen Ertragsmöglichkeiten zwar attraktiv, allerdings stehen diese Formen der Kapitalbeteiligungen in Zeiten schwankender Aktienmärkte auf dem Prüfstand.[52] Weitere vor allem für Führungskräfte interessante monetäre Leistungen sind zielvereinbarungsgestützte Boni oder Deferred Compensation Systems.[53] Diese variablen Entgeltinstrumente spielen nicht nur als monetäre Einzelmaßnahmen, sondern auch bei sogenannten Cafeteria-Modellen als wählbare Optionen eine große Rolle. Cafeteria-Ansätze sind vor allem in den USA verbreitete Gestaltungsformen betrieblicher Sozialpolitik; sie sind auf die Flexibilisierung und Individualisierung der einzelnen Sozialleistungen ausgerichtet und sollen jedem Mitarbeiter die Möglichkeit geben, aus einem vorgegebenen Budget und Angebot seinen individuellen Bedürfnissen entsprechend auszuwählen.[54]

Die Monetarisierung der betrieblichen Sozialpolitik und der allgemeine ökonomische Wandel seit den 1950er Jahren stehen in engem Zusammenhang mit einem grundlegenden Wandel der Werteorientierungen seit Beginn der 1960er Jahre.[55] Betriebliche Sozialleistungen beziehen sich immer auf Menschen, deren individuelle Erwartungen und Bedürfnisse sich mit sich wandelnden gesellschaftlichen

---

51 Vgl. dazu Joest, Andreas: Aktienbasierte Entgeltgestaltung. Motivation, Rechnungslegung, Unternehmenswert. Hamburg 2010, S. 1, 3; Wunderer, 2011, S. 406–408; Hack, 2011, S. 17.
52 Vgl. Doyé, 2000, S. 313, sowie Wagner/Graewert/Doyé/Langemeyer/Legel, 2005, S. 177.
53 Vgl. dazu Wunderer, 2011, S. 408, und Wagner/Graewert/Doyé/Langemeyer/Legel, 2005, S. 166f.
54 Der seit den 1960er Jahren in den USA praktizierte Cafeteria-Ansatz ist in Deutschland aufgrund restriktiver steuerlicher Rahmenbedingungen nicht so weit verbreitet wie in den USA. Der Vorteil dieses Sozialleistungssystems wird darin gesehen, dass freiwillige Leistungen nicht automatisch gewährt, sondern durch die gezielte individuelle Auswahl bewusster wahrgenommen werden und eine höhere Wirkung entfalten können. Vgl. dazu Elšik/Nachbagauer, 2009, S. 528–530; vgl. auch Wagner, Dieter: Cafeteria-Systeme – Grundsätzliche Gestaltungsmöglichkeiten, in: Cafeteria-Systeme, in: Ernst Zander / Dieter Wagner (Hg.): Handbuch des Entgeltmanagements. München 2005, S. 139–152; vgl. auch Enthammer, Markus: Entwicklung eines Instruments zur Messung des Nutzens betrieblicher Zusatzleistungen aus der Sicht von Mitarbeiterinnen und Mitarbeitern. Diss. Wien 2012, S. 11f. (Online-Publikation); vgl. dazu auch Kap. II. 3.2.
55 Vgl. dazu auch Jung, Hans: Personalwirtschaft, 7. Aufl., München/Wien 2006, S. 836.

und wirtschaftlichen Rahmenbedingungen ebenfalls verändern. Daher ist die Frage zu stellen, inwieweit sich diese gesellschaftlichen Veränderungen ebenfalls in der Gestaltung der betrieblichen Sozialpolitik widerspiegeln.[56] Neben der Monetarisierung steht demnach die Frage nach den Auswirkungen des gesellschaftlichen Individualisierungsprozesses und des Wertewandels seit den 1960er Jahren auf die Gestaltung und die Funktionen der betrieblichen Sozialpolitik im Mittelpunkt des Erkenntnisinteresses der vorliegenden Untersuchung. Bezugspunkt für diese Fragestellung ist die von Ulrich Beck 1983 formulierte Individualisierungsthese[57] als eine zentrale These zur Erklärung gesellschaftlicher Wandlungsprozesse in den letzten Jahrzehnten, die den Ausgangspunkt einer bis in die Gegenwart geführten wissenschaftlichen Debatte bildet.[58] In enger inhaltlicher Verbindung mit der Individualisierung stehen die Thesen zum Wertewandel von Robert Inglehart und Helmut Klages.[59]

Individualisierung, nach Beck verstanden als eine „*Herauslösung* aus historisch vorgegebenen Sozialformen und -bindungen im Sinne traditionaler Herrschafts- und Versorgungszusammenhänge (,Freisetzungsdimension'), *Verlust von traditionalen Sicherheiten* im Hinblick auf Handlungswissen, Glauben und leitende Normen (,Entzauberungsdimension') und [...] *eine neue Art der sozialen Einbindung* (,Kontroll- bzw. Reintegrationsdimension')",[60] ist kein Phänomen des 20. Jahrhunderts, determiniert aber in besonderem Maß das Verhältnis zwischen Individuum und Gesellschaft vor dem Hintergrund der ökonomischen Wohlstandssteigerung nach dem Zweiten Weltkrieg.[61] Die Lösung aus traditionellen sozialen Bin-

---

56 Nach Oechsler/Kastura erfordert der gesellschaftliche Wertewandel eine Anpassung der betrieblichen Sozialleistungen an die veränderten Wertehaltungen der Mitarbeiter; vgl. Oechsler/Kastura, 1993, S. 344, 355.
57 Vgl. den grundlegenden Aufsatz dazu von Beck, Ulrich: Jenseits von Stand und Klasse? Soziale Ungleichheiten, gesellschaftliche Individualisierungsprozesse und die Entstehung neuer sozialer Formationen und Identitäten. In: Reinhard Kreckel (Hg.): Soziale Ungleichheiten. Göttingen 1983, S. 35–74.
58 Vgl. Schroer, Markus: Individualisierung, in: Nina Baur / Hermann Korte / Martina Löw / Markus Schroer (Hg.): Handbuch Soziologie. Wiesbaden 2008, S. 139. Schroer unterscheidet drei Argumentationslinien: Klassiker I: Karl Marx, Max Weber, Emile Durkheim, Ferdinand Tönnies, Georg Simmel, G. H. Mead; Klassiker II: Kritische Theorie, Talcott Parsons, Norbert Elias; aktuelle Theorien: Zygmunt Bauman, Michel Foucault, Niklas Luhmann, Kommunitarismus, Ulrich Beck, Anthony Giddens, J.C. Kaufmann; vgl. ebd., S. 141. Vgl. dazu auch Gasteiger, Nepomuk: Der Konsument. Verbraucherbilder in Werbung, Konsumkritik und Verbraucherschutz 1989–1945. Frankfurt 2010, S. 213f. Der Begriff „Individualisierung" wird neben der Verwendung in Bezug auf gesellschaftliche Strukturen und Prozesse auch in der betriebswirtschaftlichen Literatur, insbesondere in organisatorisch-personalwirtschaftlichen Zusammenhängen, genutzt. Vgl. dazu Ruppert, Regina: Individualisierung von Unternehmen. Konzeption und Realisierung. Göttingen 1994, S. 15–18.
59 Vgl. dazu Inglehart, Robert: The Silent Revolution. Changing Values and Political Styles Among Western Publics. Princeton 1977; Klages, Helmut: Wertorientierungen im Wandel. Rückblick, Gegenwartsanalyse, Prognosen. Frankfurt a. M. 1984.
60 Vgl. Beck, Ulrich: Risikogesellschaft. Auf dem Weg in eine andere Moderne. Frankfurt a. M. 1987, S. 206.
61 Ebd., S. 205. Nach Beck finden sich „individualisierte" Lebensstile bereits in der Renaissance, in der höfischen Kultur des Mittelalters, in der Befreiung der Bauern aus der ständischen

dungen und normativen Zwängen, die mit einer Zunahme der Wahl- und Entscheidungsmöglichkeiten und einer Pluralisierung der Lebensstile verbunden ist, hat seit 1945 auch zu einem Wandel von Arbeitsbeziehungen und -verhältnissen, zu neuen Familien- und Haushaltsstrukturen, veränderten Wohnformen, zunehmenden Bildungsmöglichkeiten und einem Wandel des Freizeitverständnisses und -verhaltens geführt.[62]

Beck unterstreicht in seiner Individualisierungsthese insbesondere die wachsenden Möglichkeiten und individualisierten Verhaltensweisen des Menschen.[63] Dem Einzelnen werden erheblich mehr Gestaltungsspielräume zugemessen als in der Vergangenheit. So erfordert der Weg von der klassischen Industriegesellschaft zur „Risikogesellschaft"[64] nach Beck die zunehmende Eigenleistung der Individuen: „Individualisierung rückt das Selbstentfaltungspotenzial, das individuelle Tun ins Zentrum. Auf eine Formel gebracht: Die Gestaltung der *vorgegebenen* Biografie wird zur *Aufgabe* des Individuums, zum Projekt".[65] Zugleich geht die Individualisierung angesichts der Herauslösung aus traditionellen Versorgungsbezügen mit einem zunehmenden Sicherheitsbedürfnis einher, das in der Bundesrepublik Deutschland durch ein gut ausgebautes staatliches Sozialleistungssystem aufgefangen wird.[66] Beck versteht Individualisierung als einen „in sich ambivalenten und widersprüchlichen Prozess".[67] Er impliziert einen permanenten Wechsel von der Befreiung des Individuums aus Zwängen und der Chance auf eine selbstbestimmte Lebensführung einerseits sowie andererseits die Wiedereinbindung und Herausbildung neuer Zwänge, die an die Stelle der alten treten.[68]

Die Individualisierung – im soziologischen und gesellschaftsgeschichtlichen Verständnis – geht einher mit einem Wandel in der Werteorientierung, der allgemein als eine von mehreren Erklärungen für die gesellschaftlichen Wandlungsprozesse seit Mitte der 1960er Jahre angesehen wird.[69] Werte werden in der historischen Wertewandelsforschung verstanden „als allgemeine und grundlegende Ori-

---

Hörigkeit oder im 19. und beginnenden 20. Jahrhundert in der Lockerung der Familienbindungen; vgl. dazu Beck, 1987, S. 206.

62 Vgl. ebd., S. 208; vgl. auch Schäfers, 1998, S. 238.
63 Vgl. Hradil, Stefan: Vom Wandel des Wertewandels – Die Individualisierung und eine ihrer Gegenbewegungen, in: Wolfgang Glatzer / Roland Habich / Karl Ulrich Mayer (Hg.): Sozialer Wandel und gesellschaftliche Dauerbeobachtung. Opladen 2002, S. 33.
64 Beck, 1987 (Titel: „Risikogesellschaft").
65 Vgl. Beck, Ulrich: Das Zeitalter des „eigenen Lebens". Individualisierung als „paradoxe Sozialstruktur und andere offene Fragen", in: Politik und Zeitgeschichte, 29, 2001, S. 3. Vgl. auch Beck, Ulrich / Beck-Gernsheim, Elisabeth: Individualisierung in modernen Gesellschaften: Perspektiven und Kontroversen einer subjektorientierten Soziologie, in: Ulrich Beck (Hg.): Riskante Freiheiten. Individualisierung in modernen Gesellschaften, Frankfurt 1994, S. 12 f.
66 Zapf, Wolfgang / Breuer, Sigrid / Hampel, Jürgen / Krause, Peter / Mohr, Hans-Michael / Wiegand, Erich: Individualisierung und Sicherheit. Untersuchungen zur Lebensqualität in der Bundesrepublik Deutschland. München 1987, S. 138.
67 Schroer, 2008, S. 140.
68 Vgl. ebd., S. 152.
69 Vgl. Tagungsbericht HT 2012: „Gab es den Wertewandel?" Tagung vom 25.09.2012 bis 28.09.2012 in Mainz, in: H-Soz-u-Kult, 18.10.2012, http://hsozkult.geschichte.hu-berlin.de/tagungsberichte/id=4423, abgerufen am 18.10.2012.

entierungsstandards [...], die für das Denken, Reden und Handeln auf individueller und auf kollektiver Ebene als verbindlich akzeptiert werden, gleich ob sie explizit artikuliert oder implizit angenommen werden".[70] Von Wertewandel wird gesprochen, „wenn sich neue Werte in der Gesellschaft bilden, andere verschwinden oder wenn die Intensität bestimmter Werte zu- oder abnimmt bzw. deren Rangordnung sich ändert."[71] Dem amerikanischen Politikwissenschaftler Robert Inglehart zufolge hat seit Mitte der 1960er Jahre in westlichen Wohlstandsgesellschaften eine Verschiebung in der Werteorientierung von materialistischen und sicherheitsorientierten Werten hin zu postmaterialistischen, auf Selbstverwirklichung und Emanzipation ausgerichtete Werte stattgefunden.[72] Als Ursachen dafür gelten die Steigerung des materiellen Lebensstandards in den Wirtschaftswunderjahren, die auf die durch die individuelle Not und Verknappung von Gütern geprägte Nachkriegszeit folgten, der Ausbau des Wohlfahrtsstaates, die Bildungsexpansion und die wachsenden individuellen Entfaltungsmöglichkeiten. Verantwortlich für die individuellen Werteorientierungen sind Inglehart zufolge die sozioökonomischen Prägungen bzw. die Knappheit materieller Güter in den Jugendjahren: So würden Menschen, die in Phasen des materiellen Mangels, zum Beispiel in Kriegsjahren, aufgewachsen seien, eher materielle Werte anstreben, während Menschen, die in materiellem Wohlstand aufwüchsen, sich vielmehr an postmateriellen Werten orientierten.[73]

Der deutsche Soziologe Helmut Klages kam in den 1980er Jahren bei seinen Forschungen zum Wertewandel zu differenzierteren Ergebnissen. Er stellte einen Wandel von bürgerlichen Pflicht- und Akzeptanzwerten – wie Disziplin, Gehorsam, Pünktlichkeit und Sparsamkeit – hin zu Freiheits- und Selbstentfaltungswerten – wie dem Streben nach individueller Autonomie, Selbstständigkeit und Eigenverantwortung – fest und sprach von einem Wertewandlungsschub, der seit Mitte der 1960er Jahre eingesetzt habe.[74] Im Gegensatz zu Inglehart lehnt er die Trennung von materialistischen und postmaterialistischen Werten ab und sieht keinen Widerspruch zwischen „neuen" und „alten" Werten, die durchaus auch kombinierbar sind.[75] So haben auch Herlyn, Scheller und Tessin in ihrer empirischen Studie

---

70 Vgl. Rödder, Andreas: Wertewandel im geteilten und vereinten Deutschland, in: Kirche und Gesellschaft, hg. v. d. Katholischen Sozialwissenschaftlichen Zentralstelle Mönchengladbach, Nr. 389, 2012, S. 4; vgl. auch Dietz, Bernhard / Neumaier, Christopher: Vom Nutzen der Sozialwissenschaften für die Zeitgeschichte, in: Vierteljahrshefte für Zeitgeschichte, 60, 2012, S. 302.
71 Vgl. Rosenstiel, Lutz von: Wertewandel, in: Alfred Kieser / Gerhard Reber / Rolf Wunderer (Hg.): Handwörterbuch der Führung. Stuttgart 1998, Sp. 2175.
72 Inglehart, 1977, S. 21. Vgl. auch Rödder, 2004, S. 12; vgl. auch ders., 2012, S. 4.
73 Vgl. Inglehart, 1977, S. 23. Ingleharts Konzept gründet auf der Sozialisationshypothese und der Mangelhypothese nach Adam Maslow. Demnach ist die Befriedigung materieller Bedürfnisse Voraussetzung für die Befriedigung postmaterieller Bedürfnisse. Vgl. dazu auch Wunderer, 2011, S. 183 f., und Gasteiger, 2010, S. 221.
74 Klages, 1984. Vgl. ders.: Werte und Wertewandel, in: Bernhard Schäfers / Wolfgang Zapf (Hg.): Handwörterbuch zur Gesellschaft Deutschlands (Lizenzausgabe der Bundeszentrale für politische Bildung). Bonn 1998, S. 699; vgl. auch Hradil, 2002, S. 32; Gasteiger, 2010, S. 222 f.; Rödder, 2004, S. 12.
75 Vgl. Klages, 1998, S. 699; vgl. auch Dietz/Neumaier, 2012, S. 299; vgl. auch Klein, Markus / Pötschke, Manuela: Gibt es einen Wertewandel hin zum „reinen" Postmaterialismus? Eine

"Neue Lebensstile in der Arbeiterschaft?" herausgearbeitet, dass der Individualisierungsprozess in der Arbeiterschaft weniger zu einer Ablösung des traditionellen Lebensstils, sondern vielmehr zu einer teilweise auch „widersprüchlichen Integration ‚moderner', gleichsam individualisierter Lebensstilelemente in das alte konventionelle Lebensmodell"[76] geführt habe, wobei das Ausmaß des Prozesses in Abhängigkeit vom Alter, dem Einkommen und dem Bildungsstand zu sehen ist.

Die gesellschaftliche Individualisierung und die skizzierten Veränderungen der Wertehaltungen hatten im Untersuchungszeitraum gravierende Auswirkungen auf die Arbeitswelt. Sie führten zu einem tiefgreifenden Wandel der Einstellungen und Erwartungen von Arbeitnehmern gegenüber der Arbeit, deren Stellenwert gegenüber der Bedeutung von Freizeit abnahm.[77] Klassische Arbeitstugenden wie Disziplin, Gehorsam, Pflichterfüllung, Fleiß, Unterordnung sowie reine Arbeitsausführung ohne Entscheidungskompetenzen traten gegenüber emanzipatorischen Werten wie Verantwortung, Selbstbestimmung, Partizipation, Initiative und Autonomie in den Hintergrund.[78] Neue Arbeitswerte wie Sinn und Spaß an der Arbeit, anspruchsvolle Aufgaben und Entwicklungschancen sowie kommunikative Kompetenzen wie die Bereitschaft zur Teamarbeit und Offenheit gegenüber Kollegen und Vorgesetzten spielten eine zunehmend wichtigere Rolle.[79] Gefordert waren „mehr Flexibilität und Individualität im Arbeitsleben",[80] es ging um eine stärkere Berücksichtigung individueller Bedürfnisse und Erwartungen der Arbeitnehmer sowie eine Aufwertung individueller Arbeits- und Freizeitpräferenzen.[81]

Die Auswirkungen der Neuausrichtung zentraler Werte und kultureller Orientierungsmuster auf die Arbeitsbeziehungen hat Ruth Rosenberger im Bereich der betrieblichen Personalpolitik untersucht und für den Zeitraum zwischen 1945 und dem Beginn der 1970er Jahre einen tiefgreifenden Wandel in westdeutschen Unternehmen konstatiert.[82] Die Forderung zeitgenössischer Personalexperten nach einem neuen, individualisierten Verständnis betrieblicher Personalpolitik zielte auf das veränderte Bild eines selbstverantwortlich handelnden und selbstbewussten

---

Zeitreihenanalyse der Wertorientierungen der westdeutschen Bevölkerung zwischen 1970 und 1997, in: Zeitschrift für Soziologie, Jg. 29, 2000, H. 3, S. 204.
76  Vgl. Herlyn, Ulfert / Scheller, Gitta / Tessin, Wulf: Neue Lebensstile in der Arbeiterschaft? Eine empirische Untersuchung in zwei Industriestädten. Opladen 1994, S. 229, vgl. dazu auch S. 231.
77  Vgl. Wunderer, 2011, S. 185; vgl. auch Müller-Schneider, 1998, S. 226.
78  Vgl. Höckels, Astrid: Möglichkeiten zur Sicherung von Humankapital im Unternehmen. Eine Analyse aus institutionenökonomischer Sicht. Frankfurt a. M./Berlin/Bern/Brüssel/New York/Oxford/Wien 2000, S. 42; Jung, 2006, S. 839.
79  Vgl. Wunderer, 2011, S. 176, 186f.
80  Oechsler/Kastura, 1993, S. 344.
81  Klages, 1984, S. 107, und Höckels, 2000, S. 42.
82  Vgl. Rosenberger, Ruth: Von der sozialpolitischen zur personalpolitischen Transformationsstrategie. Zur Verwissenschaftlichung betrieblicher Personalpolitik in westdeutschen Unternehmen 1945–1980, in: Hartmut Berghoff / Werner Plumpe / Jakob Tanner (Hg.): Zeitschrift für Unternehmensgeschichte, Jg. 50, 2005, S. 67. Vgl. auch dies.: Experten für Humankapital. Die Entdeckung des Personalmanagements in der Bundesrepublik Deutschland. München 2008.

Mitarbeiters.[83] Ute Engelen thematisiert in ihrer vergleichenden geschichtswissenschaftlichen Analyse über Volkswagen und Peugeot zwischen 1944 und 1980 den Prozess der Individualisierung und die damit verbundene Pluralisierung der Lebensstile als einen wichtigen Faktor zur Demokratisierung der betrieblichen Sozialpolitik.[84] Sie konkretisiert dies am Beispiel der betrieblichen Eigenheimförderung, die seit den frühen 1960er Jahren deutliches Wachstum erfahren und sich in den 1970er Jahren weiter verstärkt habe.[85] Damit wurde den sich im Zuge des steigenden Wohlstands verändernden individuellen Bedürfnissen, Wünschen und Erwartungen der Arbeitnehmer Rechnung getragen. Auch Christina Lubinski berücksichtigte in ihrer 2010 vorgelegten Untersuchung über Familienunternehmen in Westdeutschland seit den 1960er Jahren die Werteveränderungen und die Individualisierung der Lebensentwürfe als einen Faktor für die gravierenden Veränderungsprozesse in der Arbeitswelt.[86]

Die Relevanz der mit sozialwissenschaftlichen Analysekriterien erhobenen Ergebnisse für die aktuelle geschichtswissenschaftliche Forschung zeigen die Veranstaltung „Gab es den Wertewandel?" auf dem Historikertag im September 2012 in Mainz sowie die interdisziplinäre Tagung zum Thema „Wertewandel zwischen Moderne und Postmoderne. Neue Schlaglichter auf den gesellschaftlich-kulturellen Wandel seit den 1960er Jahren" im April 2012 in Mainz.[87] Der Mainzer Historiker und Wertewandelsforscher Andreas Rödder sieht die Aufgabe des Historikers darin, „die sozialwissenschaftlichen Forschungen und Ergebnisse zu Wertveränderungen kritisch zu reflektieren, sie zu ergänzen und zu differenzieren", um aus distanzierter Perspektive „Kontinuitäten und Brüche [...] bei Werten und Wertewandelsprozessen" zu beurteilen und einzuordnen.[88] In diesem Sinne analysiert die vorliegende

---

83 Vgl. Rosenberger, 2005, S. 71. Vgl. auch ebd., S. 72: Stärker in den Vordergrund sollten nun Maßnahmen treten wie „Fortbildungs-, Informations- und Schulungseinrichtungen, mit deren Hilfe jeder einzelne Arbeitnehmer soweit als möglich individuell angesprochen, gefördert, integriert würde und folglich viel motivierter arbeite".
84 Vgl. Engelen, 2012, S. 134; vgl. dazu auch Engelen, 2013.
85 Vgl. ebd., S. 135.
86 Vgl. Lubinski, Christina: Familienunternehmen in Westdeutschland. Corporate Governance und Gesellschafterkultur seit den 1960er Jahren (Schriftenreihe zur Zeitschrift für Unternehmensgeschichte, Bd. 21, hg. v. Christian Kleinschmidt / Werner Plumpe / Raymond Stokes). München 2010, S. 278, 282, 284.
87 Vgl. Tagungsbericht HT 2012: „Gab es den Wertewandel"? Vgl. auch Tagungsbericht „Wertewandel zwischen Moderne und Postmoderne. Neue Schlaglichter auf den gesellschaftlich-kulturellen Wandel seit den 1960er Jahren" vom 12.04.2012 bis 14.04.2012 in Mainz, in: H-Soz-u-Kult, 22.09.2012, http://hsozkult.geschichte.hu-berlin.de/tagungsberichte/id=4390, abgerufen am 22.9.2012. Die Diskussion über Möglichkeiten und Grenzen der Nutzung sozialwissenschaftlicher Theorien für die zeitgeschichtliche Forschung haben Rüdiger Graf und Christoph Priemel Ende 2011 in ihrem Aufsatz über die „Zeitgeschichte in der Welt der Sozialwissenschaften" angestoßen. Vgl. Graf, Rüdiger / Priemel, Christoph: Die Zeitgeschichte in der Welt der Sozialwissenschaften. Legitimität und Originalität einer Disziplin, in: Vierteljahrshefte für Zeitgeschichte, 59, 2011, S. 479–508. Sie plädieren für eine Historisierung sozialwissenschaftlicher Ergebnisse durch die Zeitgeschichte und betrachten es als „Aufgabe zeithistorischer Forschung, sich mit konstruktiver Skepsis in theoretische Debatten einzubringen". Vgl. Graf/Priemel, 2011, S. 508, vgl. auch S. 507, und Dietz/Neumaier, 2012, S. 295.
88 Tagungsbericht „Wertewandel zwischen Moderne und Postmoderne. Neue Schlaglichter auf

geschichtswissenschaftliche Arbeit unter Nutzung sozialwissenschaftlicher Forschungsergebnisse die Bedeutung der Monetarisierung sowie der Individualisierung und des damit verbundenen Wertewandels für die betriebliche Sozialpolitik von Siemens und kann damit für den Bereich der Arbeitswelt und der Arbeitsbeziehungen auch einen Beitrag zu der Frage leisten, „wann, wie und warum sich Werte wandelten".[89]

## 3. QUELLENLAGE UND FORSCHUNGSSTAND

### 3.1 Quellenlage

Die empirische Grundlage der Untersuchung bilden Quellen aus dem Siemens-Archiv in München. Die ergiebige Quellenlage im Siemens-Archiv, das im Jahr 1907 als eines der ältesten Unternehmensarchive in Deutschland gegründet wurde und über eine reichhaltige Überlieferung unternehmensbezogenen Akten- und Bildmaterials verfügt, lässt neue Forschungsergebnisse erwarten. Zahlreiche teilweise neu erschlossene und bislang ungenutzte Bestände mit relevantem Material zu vielfältigen Aspekten der Unternehmensentwicklung wie auch zu den unterschiedlichen, in der vorliegenden Arbeit behandelten Themenkomplexen der betrieblichen Sozialpolitik konnten im Archiv eingesehen werden, wobei die Dokumentation zu den einzelnen inhaltlichen Aspekten recht heterogen ist. Einen Überblick über die Unternehmensentwicklung sowie über allgemeine sozialpolitische Entwicklungen und Schwerpunktsetzungen im relevanten Untersuchungszeitraum bieten die Geschäftsberichte der Siemens & Halske AG und der Siemens-Schuckertwerke AG bzw. ab 1966 der Siemens AG. Einblicke in sozialpolitische Entscheidungen und Entscheidungsprozesse ermöglichen Vorstandsprotokolle, Niederschriften über Wirtschaftsausschusssitzungen zwischen Unternehmensvertretern und dem Betriebsrat, Protokolle über die Besprechungen zwischen Vertretern der Firmenleitung und dem Verhandlungsausschuss des Gesamtbetriebsrats sowie Rundschreiben der Personal- und Sozialpolitischen Abteilung. Als hilfreiche Quelle für alle behandelten Aspekte der betrieblichen Sozialpolitik erwiesen sich die Jahresberichte der Zentral-Personalverwaltung (bis 1969), der Zentralverwaltung Personal (ab 1969) bzw. des Zentralbereichs Personal (1972/73), die neben kurzen Darstellungen der Entwicklungen im zurückliegenden Geschäftsjahr auch umfangreiches statistisches Material enthalten. Diese Berichte sind bis in das Geschäftsjahr 1975/76 im Siemensarchiv überliefert. Für den Zeitraum von 1975/76 bis 1989/90 konnte unmittelbar vor Fertigstellung der Arbeit Einblick in Sozialberichte und Dokumentationen aus der Registratur der Abteilung Corporate Human Resources der Siemens AG genommen werden, die im Wesentlichen statistische Angaben enthalten.[90]

den gesellschaftlich-kulturellen Wandel seit den 1960er Jahren". Zu den Methoden der historischen Wertewandelsforschung vgl. auch Dietz, Bernhard: Wertewandel in den Führungsetagen der deutschen Wirtschaft im 20. Jahrhundert, in: swissfuture, 1, 2011, S. 15 f.
89  Ebd.
90  Ich danke Herrn Dr. Frank Wittendorfer, dem Leiter der Sektion Siemens Corporate Archives,

Der äußerst heterogene Schriftverkehr der Personal- und Sozialpolitischen Abteilungen und weiterer mit sozialpolitischen Themen befasster Unternehmensstellen wie der Zentralen Finanzabteilung lässt Erkenntnisse über konzeptionelle Überlegungen, Rahmenbedingungen und Hintergründe sozialpolitischer Aktivitäten zu und gibt auf der Ebene der Standorte und Werke Aufschlüsse über Erfahrungen bei der Umsetzung entsprechender Maßnahmen. Zwei von der Personalabteilung herausgegebene Druckschriften „Dokumentation zur Personalpolitik 1950–1974" und „Meilensteine einer unternehmerischen Personal- und Bildungspolitik 1975–1991" sowie periodisch für Informations- und Kommunikationszwecke angefertigte Zusammenstellungen von Datenmaterial für interne Zwecke und für die gesellschaftspolitische Kommunikation geben einen Überblick über die wichtigsten Daten und Fakten betrieblicher Sozial- und Personalpolitik.[91]

Sozialpolitische Konzeptionen und Entscheidungen sind immer auch abhängig von handelnden Personen mit Entscheidungsbefugnis. Daher geben intern gehaltene oder öffentliche Vorträge, Stellungnahmen oder Veröffentlichungen der im Untersuchungszeitraum maßgebenden Personen in der Leitung der Personalpolitischen Abteilung wie Gisbert Kley, Joachim von Oertzen oder Hans Hugo Schlitzberger auch Auskunft über Hintergründe, Schwerpunkte, Zielsetzungen und zukünftige Weichenstellungen der betrieblichen Sozialpolitik. Die anlässlich der bis 1981 jährlich stattfindenden Jubilarfeiern gehaltenen Grundsatzreden der jeweiligen Vorstands- und Aufsichtsratsvorsitzenden, die auch sozialpolitisch relevante Themen berührten, hatten programmatische Bedeutung. Eine weitere aussagekräftige Quelle der unternehmerischen Selbstdarstellung ist die 1919 gegründete, in monatlichem Turnus erscheinende Mitarbeiterzeitschrift. Die „Siemens-Mitteilungen", die nach kriegsbedingter Unterbrechung 1951 wieder aufgelegt wurden, spiegeln das ganze Spektrum sozialpolitischer Themen und Fragestellungen im Betrachtungszeitraum. Die Hauszeitschrift war Forum für die Bekanntgabe sozialpolitischer Maßnahmen, sie informierte über Hintergründe, Zielsetzungen und Verfahrensweisen bei der praktischen Umsetzung von Maßnahmen, ließ aber auch Raum für Erfahrungen und Anliegen der Beschäftigten.

Über das allgemeine themenübergreifende Quellenmaterial hinaus gestaltete sich die Quellensituation für die einzelnen sozialpolitischen Einrichtungen im Untersuchungszeitraum in qualitativer und quantitativer Hinsicht sehr unterschiedlich. Während die Zeit bis Ende der 1960er Jahre quellenmäßig generell gut abgedeckt ist, wird die Überlieferung zu einzelnen sozialpolitischen Themenbereichen in den 1970er und 1980er Jahren lückenhaft. Eine Ausnahme stellt das Thema der materiellen Mitarbeiterbeteiligung dar, das im gesamten Untersuchungszeitraum gut belegt ist. Insbesondere die umfangreichen Aktenbestände zur Belegschaftsaktienaus-

---

der diese noch nicht erschlossenen Berichte für die vorliegende Untersuchung zugänglich gemacht hat.
91 Vgl. Dokumentation zur Personalpolitik 1950–1974. Druckschrift, hg. v. d. Siemens AG 1974, und Meilensteine einer unternehmerischen Personal- und Bildungspolitik 1975–1991. Druckschrift, hg. v. d. Siemens AG 1991, in: SAA 14/Ls 692, und Betriebliche Sozialpolitik in Stichworten. Zusammenstellung von Informationen für Vorträge und Diskussionen, Ausgaben 1971, 1972, 1980, in: SAA 31103.

## 3. Quellenlage und Forschungsstand

gabe, die über die Unterlagen zur Umsetzung der jährlichen Aktienangebote hinaus auch Einblicke in konzeptionelle Überlegungen, Zielsetzungen und Hintergründe der Maßnahme sowie zur zeitgenössischen unternehmens- und gesellschaftspolitischen Bedeutung der Vermögensbildung bieten, ermöglichten erstmals eine über die finanzwirtschaftliche Dimension hinausgehende Aufarbeitung dieses Themenkomplexes. Als hilfreich für dieses Thema erwies sich darüber hinaus die interne Ausarbeitung von Ladislaus Erdödy zur Eigenkapitalfinanzierung des Hauses Siemens,[92] die die finanzwirtschaftlichen Aspekte der Belegschaftsaktien thematisiert, sozialpolitische Dimensionen allerdings nur am Rande berührt. Das im Untersuchungszeitraum mehrfach umgestaltete System der Erfolgsbeteiligung lässt sich aufgrund von Unterlagen zu den jährlichen Beteiligungsverfahren und -konditionen sowie interner Ausarbeitungen über Intentionen und Ziele der Mitarbeiterbeteiligung gut rekonstruieren und bewerten.

Für die Erarbeitung des Themas „Betriebliche Altersversorgung" konnte neben ergiebigem Aktenmaterial aus den 1950er und 1960er Jahren auf die Jahresberichte und Bilanzen der Siemens-Altersfürsorge GmbH zurückgegriffen werden. Die betriebliche Wohnungspolitik ist für die 1950er und 1960er Jahre gut dokumentiert, danach – wohl auch aufgrund der abnehmenden Bedeutung der betrieblichen Wohnraumbeschaffung und fehlender Überlieferung im Archiv – nur noch lückenhaft belegt. Die Geschäftsberichte der firmeneigenen Siemens-Wohnungsgesellschaft mbH liegen bis zum Geschäftsjahr 1982/83 im Siemens-Archiv vor. Die vielfältigen Aspekte der betrieblichen Gesundheitspolitik sind durch unterschiedlich aussagekräftiges Material überliefert. Zur Entwicklung der Siemens-Betriebskrankenkasse (SBK) konnten die Jahresberichte der SBK eingesehen werden. Unterlagen über die Besprechungen und Tagungen der Betriebsärzte, Rundschreiben, Richtlinien, Vorträge zu gesundheitspolitischen Themen, Materialien über firmeneigene Erholungsmaßnahmen und -einrichtungen liefern ein facettenreiches Bild über die Entwicklung gesundheitspolitischer Fragestellungen und ihre Bewältigung.

Vergleichsweise wenig Quellen lagen zur sozialen Betreuung und Beratung vor. Als hilfreich für die inhaltliche Erschließung dieses Themenkomplexes erwiesen sich neben Berichten in den „Siemens-Mitteilungen" zwei von der langjährigen Leiterin der betrieblichen Sozialberatung Lenore Riedrich herausgegebene Materialsammlungen zur betrieblichen Sozialarbeit bei Siemens.[93] Darüber hinaus wurde für aktuelle Aufgabenfelder Informationsmaterial von der Abteilung Corporate Human Resources zur Verfügung gestellt. Die Bereiche Mitarbeiterkommunikation und betriebliche Freizeitgestaltung sind durch heterogenes Material belegt. Die Mitarbeiterzeitschrift „Siemens-Mitteilungen" als wichtiges Informations- und Kommunikationsforum ist für den Untersuchungszeitraum lückenlos im Siemens-Archiv überliefert. Detaillierte Einzelheiten über Jubiläumsleistungen und -feier-

---

92 Vgl. Erdödy, Ladislaus: Ausgewählte Kapitel zur Eigenkapitalfinanzierung des Hauses Siemens. Interne Veröffentlichung München 2004, in: SAA L 497.
93 Vgl. 75 Jahre Sozialarbeit bei Siemens, 1911–1986, zusammengestellt von Lenore Riedrich, hg. v. d. Siemens AG, 1985, und Sozialberatung bei Siemens, hg. v. d. Siemens AG, 1982, beide in: 14/Lt 337. Lenore Riedrich leitete von 1967 bis 1982 die betriebliche Sozialberatung.

lichkeiten lassen sich aus neu erschlossenem Aktenmaterial entnehmen. Für die betrieblichen Sport-, Bildungs- und Unterhaltungsangebote liegt unterschiedlich ergiebiges Aktenmaterial vor, wobei die 1970er und 1980er Jahre allerdings nur unzureichend dokumentiert sind.

Alle bislang genannten Quellen und Materialien spiegeln die Unternehmensperspektive wider. Da der Siemens-Betriebsrat über kein eigenes Archiv verfügt, können die Sichtweisen von Mitarbeitern, Mitarbeiterinnen und des Betriebsrats und ihre Partizipation an sozialpolitischen Entscheidungsprozessen nur über die Protokolle der Wirtschaftsausschusssitzungen sowie über Niederschriften der Besprechungen zwischen Vertretern der Firmenleitung und dem Verhandlungsausschuss des Gesamtbetriebsrats nachvollzogen oder insoweit zum Ausdruck gebracht werden, als sie explizit in den Akten vermerkt sind.

## 3.2 Forschungsstand

Betriebliche Sozialpolitik gewinnt als Gegenstand wissenschaftlicher Forschung seit den 1970er Jahren des 20. Jahrhunderts zunehmend an Bedeutung. Das 1977 zum Thema „Betriebliche Sozialpolitik deutscher Unternehmen" veranstaltete Symposium der Gesellschaft zur Unternehmensgeschichte gab Impulse zur Erforschung sozialpolitischer Aspekte in unterschiedlichen Unternehmen. So erschienen im Rahmen des Forschungsprojekts zur „Erfolgsbeteiligung und Vermögensbildung von Arbeitnehmern ausgewählter deutscher Unternehmen von der Mitte des 19. Jahrhunderts bis zum Zweiten Weltkrieg" Arbeiten über Siemens, Krupp und Unternehmen der privaten Versicherungswirtschaft.[94] Darüber hinaus wurden themen- oder branchenspezifische Untersuchungen zu sozialpolitischen Fragestellungen vorgelegt, die sich ebenfalls auf die Zeit vor 1945 konzentrieren. Hervorzuheben ist die Arbeit von Susanne Hilger über „Organisation und Sozialpolitik", die die Formen betrieblicher Sozialpolitik in der rheinisch-westfälischen Eisen- und Stahlindustrie seit Mitte des 19. Jahrhunderts bis 1933 analysiert und die Wechselwirkungen zwischen betrieblicher Sozialpolitik und sich wandelnden Organisationsstrukturen herausarbeitet.[95] Anne Nieberding interpretiert in ihrer 2003 erschienenen Dissertation „Unternehmenskultur im Kaiserreich"[96] über die Gießerei J.M. Voith und die Farbenfabriken vorm. Friedr. Bayer & Co. die betriebliche Sozialpolitik als Maßnahme der innerbetrieblichen Integration. Der Zeitraum nach dem Zweiten Weltkrieg ist im Hinblick auf sozialpolitische Fragestellungen bislang nur

---

94 Vgl. Conrad, 1986; Stercken, Vera / Lahr, Reinhard: Erfolgsbeteiligung und Vermögensbildung der Arbeitnehmer bei Krupp. Von 1811–1945 (Zeitschrift für Unternehmensgeschichte, Beiheft 71). Stuttgart 1992; Kalbaum, Günter: Erfolgsbeteiligung und Vermögensbildung der Arbeitnehmer in der privaten Versicherungswirtschaft (1920–1948), (Zeitschrift für Unternehmensgeschichte, Beiheft 77). Stuttgart 1993.
95 Vgl. Hilger, 1996.
96 Nieberding, Anne: Unternehmenskultur im Kaiserreich. Die Gießerei J.M. Voith und die Farbenfabriken vorm. Friedr. Bayer & Co. München 2003. Vgl. darüber hinaus auch Langerbein, Birgitt: Pionierentscheidungen in der betrieblichen Sozialpolitik dargestellt am Beispiel der Versorgung im Krankheitsfall und der Altersversorgung. Paderborn 1983.

unzureichend erforscht. Betriebliche Sozialpolitik wurde zwar als Teilaspekt der Unternehmenspolitik im Rahmen umfassender Firmengeschichten thematisiert, aber nicht als eigenständiger Untersuchungsgegenstand mit spezifischer methodischer Herangehensweise analysiert.[97] Einzelstudien zur betrieblichen Sozialpolitik nach 1945 blieben rar.

Über die „Sozialgeschichte der Daimler-Benz AG von 1945 bis 1985" liegt die Arbeit des ehemaligen Personalleiters des Unternehmens, Richard Osswald, aus dem Jahr 1986 vor, die jedoch stark durch die Unternehmenssicht geprägt ist.[98] Neueren Datums ist der von Klaus Tenfelde in Zusammenarbeit mit weiteren Autoren im Jahr 2007 herausgegebene und aus Beiträgen sowohl von Wissenschaftlern als auch von Praktikern aus der Verbands- und Betriebsratsarbeit bestehende Band „Stimmt die Chemie?", der sich mit verschiedenen Dimensionen der betrieblichen Mitbestimmung und Sozialpolitik in der Geschichte des Bayer-Konzerns von den Anfängen im 19. Jahrhundert bis ins 21. Jahrhundert befasst.[99] Markus Raasch legte mit seiner ebenfalls 2007 veröffentlichten Dissertation „Wir sind Bayer" eine mentalitätsgeschichtliche Untersuchung des Unternehmens für den Zeitraum von 1917 bis 1997 vor, die auch sozialpolitische Aspekte umfasst, diese jedoch nicht in den Vordergrund der Untersuchung stellt.[100] Mehrere Dissertationsprojekte, auf die bereits eingangs hingewiesen wurde, lassen – wie auch die vorliegende Arbeit – neue Forschungsergebnisse zur betrieblichen Sozialpolitik nach 1945 erwarten. Hervorzuheben ist die im Jahr 2013 erscheinende Dissertation von Ute Engelen, die am Beispiel des Volkswagenwerks in Wolfsburg und von Automobiles Peugeot in Sochaux untersucht, inwiefern sich die Gestaltung betrieblicher Sozialleistungen im Zeitraum von 1944 bis 1980 gewandelt hat, welche Akteure dabei eine Rolle spielten und inwieweit von einer Demokratisierung der betrieblichen Sozialpolitik gesprochen werden kann.[101] Rüdiger Gerlach analysiert in seiner ebenfalls voraussichtlich 2013 erscheinenden Arbeit die betriebliche Sozialpolitik im Systemver-

---

97  Vgl. dazu für den Industriebereich Abelshauser, Werner (Hg.): Die BASF. Eine Unternehmensgeschichte. München 2002; Gall, Lothar (Hg.): Krupp im 20. Jahrhundert. Die Geschichte des Unternehmens vom Ersten Weltkrieg bis zur Gründung der Stiftung. Berlin 2002; Wessel, Horst A.: Kontinuität im Wandel. 100 Jahre Mannesmann 1890–1990. Gütersloh 1990; Feldenkirchen, Wilfried: Von der Werkstatt zum Weltunternehmen. 2. aktualisierte Aufl., München/Zürich 2003 (Feldenkirchen, 2003 a). Für die Finanzbranche vgl. auch Gall, Lothar / Feldmann, Gerald D. / James, Harold / Holtfrerich, Carl-Ludwig / Büschgen, Hans E.: Die Deutsche Bank 1870–1955. München 1995.

98  Vgl. Osswald, Richard: Lebendige Arbeitswelt. Die Sozialgeschichte der Daimler-Benz AG von 1945 bis 1985. Stuttgart 1986.

99  Vgl. Tenfelde, Klaus / Czikowsky, Karl-Otto / Mittag, Jürgen/ Moitra, Stefan / Nietzard, Rolf (Hg.): Stimmt die Chemie? Mitbestimmung und Sozialpolitik in der Geschichte des Bayer-Konzerns. Essen 2007.

100 Vgl. Raasch, Markus: „Wir sind Bayer". Eine Mentalitätsgeschichte der deutschen Industriegesellschaft am Beispiel des rheinischen Dormagen (1917–1997). (Düsseldorfer Schriften zur Neueren Landesgeschichte und zur Geschichte Nordrhein-Westfalens, Bd. 78). Essen 2007.

101 Vgl. Engelen, 2013. Vgl. auch dies.: An Opportunity to abolish Social Benefits? Two Automobile Manufacturers in the Crisis of the 1970s, in: Christian Kleinschmidt / Werner Plumpe / Raymond Stokes: Zeitschrift für Unternehmensgeschichte, 57. Jg., 2012, H. 2, S. 129–153.

gleich am Beispiel der Sozialleistungen der Volkswagenwerk AG und des VEB Sachsenring von den 1950er bis in die 1980er Jahre.[102]

Die Geschichte der Siemens-Unternehmen ist seit Ende des 19. Jahrhunderts Gegenstand öffentlichen und wissenschaftlichen Interesses. Selbstzeugnisse, wie die 1892 veröffentlichten und im Jahr 2004 in 19. Auflage erschienenen Lebenserinnerungen des Firmengründers Werner von Siemens, seine wissenschaftlichen und technischen Abhandlungen oder der überlieferte Briefwechsel zwischen den Siemens-Brüdern lassen interessante Einblicke in eine Zeit gravierender technologischer, wirtschaftlicher, politischer und gesellschaftlicher Umwälzungen zu.[103] Wissenschaftliche und populärwissenschaftliche Untersuchungen dokumentieren seit dem letzten Jahrzehnt des 19. Jahrhunderts die vielfältigen Aspekte der Unternehmensgeschichte und ihrer prägenden Persönlichkeiten. Die erste, wissenschaftlichen Standards verpflichtete Studie über „Die Unternehmungen der Brüder Siemens" aus dem Jahr 1906 verfasste Richard Ehrenberg, Professor für Nationalökonomie in Rostock.[104] 1916 veröffentlichte Conrad Matschoß, Ingenieur und seit 1916 Vorsitzender des Vereins Deutscher Ingenieure (VDI), der neben Ehrenberg als Pionier einer wissenschaftlich orientierten Firmengeschichtsschreibung in Deutschland gilt, eine Biografie über Werner von Siemens.[105] Im Vordergrund der allgemeinen Siemens-Unternehmensgeschichtsschreibung standen in der Folgezeit personenbezogene Darstellungen über Werner von Siemens, seine Brüder und Nachfolger aus der Familie in der Unternehmensspitze[106] neben technikhistorischen Arbeiten, die die innovativen Entwicklungen und Erfolge von Siemens umfassend behandelten. Dabei ist sowohl auf eine umfangreiche von Unternehmensmitarbeitern verfasste Firmen- und Festschriftenliteratur als auch auf wissenschaftliche Studien- und Diplomarbeiten sowie Dissertationen zu verweisen, die zahlreiche Einzelaspekte beleuchten.[107]

---

102 Gerlach, Rüdiger: Betriebliche Sozialpolitik im historischen Systemvergleich. Das Volkswagenwerk und der VEB Sachsenring von den 1950er bis in die 1980er Jahre. Erscheint voraussichtlich 2013.

103 Vgl. Siemens, Werner von: Lebenserinnerungen, hg. v. Wilfried Feldenkirchen. 19. Aufl., München 2004; Ders.: Wissenschaftliche und technische Arbeiten. Bd. 1: Wissenschaftliche Abhandlungen und Vorträge. 2. Aufl., Berlin 1889; Bd. 2: Technische Arbeiten. 2. Aufl., Berlin 1891; Heintzenberg, Friedrich: Aus einem reichen Leben. Werner von Siemens in Briefen an seine Familie und an Freunde. Stuttgart 1953; Matschoß, Conrad: Werner Siemens. Ein kurzgefaßtes Lebensbild nebst einer Auswahl seiner Briefe, 2 Bde. Berlin 1916.

104 Ehrenberg, Richard: Die Unternehmungen der Brüder Siemens. Jena 1906. Zu den Anfängen der Unternehmensgeschichtsschreibung als wissenschaftlicher Disziplin. Vgl. zu Ehrenberg auch Pierenkemper, Toni: Unternehmensgeschichte. Eine Einführung in ihre Methoden und Ergebnisse. Stuttgart 2000, S. 32 f.

105 Matschoß, 1916.

106 Vgl. Pole, William: Wilhelm Siemens. Berlin 1890; Scott, J. D.: Siemens Brothers 1858–1958. London 1958; Siemens, Georg: Carl Friedrich von Siemens – Ein großer Unternehmer. 2. Aufl., Freiburg/München 1962; Goetzeler, Herbert / Schoen, Lothar: Wilhelm und Carl Friedrich von Siemens. Die zweite Unternehmergeneration. Stuttgart 1986; Siemens plc (Hg.): Sir William Siemens – a Man of Vision. London 1993; Feldenkirchen, Wilfried / Posner, Eberhard: Die Siemens-Unternehmer. Kontinuität und Wandel 1847–2005. München/Zürich 2005.

107 Vgl. die ständig aktualisierte Bibliografie: „Wissenschaftliche Arbeiten. Eine Bibliographie

Umfassende, an technischen Fragestellungen orientierte Gesamtdarstellungen über die Unternehmensentwicklung legten Georg Siemens mit seiner 1949 erschienen und 1961 – allerdings unter Verzicht auf Quellenangaben – überarbeiteten zweibändigen „Geschichte des Hauses Siemens", Sigfried von Weiher und Herbert Goetzeler mit ihrer 1972 in erster und 1981 in dritter Auflage veröffentlichten Arbeit über „Weg und Wirken der Elektrotechnik 1847–1980" sowie Bernhard Plettner mit der 1994 erschienenen Publikation „Abenteuer Elektrotechnik" vor.[108] Wirtschafts- und sozialhistorische Entwicklungen treten gegenüber technischen Aspekten erst in jüngerer Zeit in das Zentrum der Aufmerksamkeit. Hervorzuheben sind für diese Sichtweise die Arbeiten des Wirtschafts- und Unternehmenshistorikers Wilfried Feldenkirchen, der seit Mitte der 1980er Jahre zahlreiche Einzelaspekte der Unternehmensentwicklung von der Unternehmensgründung bis zur Wende ins 21. Jahrhundert vor dem Hintergrund wirtschaftlicher, politischer und gesellschaftlicher Veränderungen analysierte und der differenzierte Einblicke in Themenfelder wie wirtschaftliche Verflechtungen, Internationalisierung, Unternehmensfinanzierung bis hin zur Markengeschichte und Unternehmenskultur ermöglicht. Unter seinen Veröffentlichungen sind drei Gesamtdarstellungen hervorzuheben: In der 1992 veröffentlichten und 1996 in zweiter Auflage erschienenen Biografie „Werner von Siemens. Erfinder und internationaler Unternehmer" legt Feldenkirchen den Schwerpunkt auf die unternehmerische Bedeutung des Firmengründers, die in der Firmenhistorie gegenüber seiner herausragenden technischen Bedeutung bis dahin zurückstand.[109] Die 1995 herausgegebene und mit einem umfangreichen Quellenanhang versehene Untersuchung „Siemens 1918–1945" thematisiert erstmals in differenzierter Weise die Rolle des Unternehmens in der Weimarer Republik und im Nationalsozialismus und schreibt damit ein neues Kapitel in der Siemens-Unternehmensgeschichte.[110] Mit der 1997 in erster Auflage erschienenen und 2003 überarbeiteten Veröffentlichung „Siemens. Von der Werkstatt zum Weltunternehmen" liefert Feldenkirchen ein umfassendes Bild der Unternehmensentwicklung von der Gründung bis zum Ende des 20. Jahrhunderts und analysiert die Konstanten des langfristigen Unternehmenserfolgs.[111]

Sozialpolitische Fragestellungen wurden in der unternehmensgeschichtlichen Forschung vor allem für die Zeit vor 1945 eingehend untersucht. Die erste umfassende Darstellung der sozialpolitischen Grundsätze und Handlungsfelder des Firmengründers Werner von Siemens legte Karl Burhenne, ein Schüler Richard Ehrenbergs, Leiter des Siemensarchivs und nach dem Ersten Weltkrieg als erster Leiter der neugegründeten Sozialpolitischen Abteilung einer der maßgeblichen Sozial-

---

aus dem SiemensForum" im Siemens-Archiv.
108 Siemens, Georg: Der Weg der Elektrotechnik: Geschichte des Hauses Siemens, 2 Bde. 2. Aufl., München 1961. Weiher, Sigfried von / Goetzeler, Herbert: Weg und Wirken der Siemens-Werke im Fortschritt der Elektrotechnik 1947–1980. 3., aktualisierte Auflage, Berlin/München 1981; Plettner, Bernhard: Abenteuer Elektrotechnik. München 1994.
109 Feldenkirchen, Wilfried: Werner von Siemens. Erfinder und internationaler Unternehmer. 2., aktualisierte Aufl., München/Zürich 1996.
110 Ders.: Siemens 1918–1945. München/Zürich 1995.
111 Ders.: Von der Werkstatt zum Weltunternehmen. 2., aktualisierte Aufl., München/Zürich 2003.

politiker des Unternehmens, im Jahr 1932 vor.[112] In seiner Arbeit gelangt er zu einer durchaus modernen Einordnung des sozialpolitischen Handelns Werner von Siemens' als eine aus rationalen Motiven kalkulierte, auf den Interessenausgleich von Arbeitnehmern und Arbeitgebern gerichtete Strategie zur Wahrung der unternehmerischen Interessen.[113]

Unter den aufgrund des zunehmenden Interesses an unternehmens-, wirtschafts- und sozialpolitischen Fragestellungen seit Ende der 1960er Jahre erschienenen Monographien können an dieser Stelle nur einige herausragende Arbeiten genannt werden. Jürgen Kocka legte 1967 mit seiner Dissertation über die „Unternehmensverwaltung und Angestelltenschaft am Beispiel Siemens 1847–1914" eine grundlegende und zahlreiche Aspekte der Unternehmensentwicklung umfassende Studie vor, die die Entstehung des industriellen Managements und die Binnenbeziehungen im Unternehmen unter sich verändernden Rahmenbedingungen bis zum Ersten Weltkrieg analysiert und den Ausgangspunkt für die nachfolgenden, sozialgeschichtlich orientierten Untersuchungen bildet.[114] Die bereits erwähnte, 1986 erschienene Arbeit von Christoph Conrad liefert eine fundierte Analyse der „Erfolgsbeteiligung und Vermögensbildung der Arbeitnehmer bei Siemens zwischen 1847 und 1945", an die die vorliegende Arbeit zeitlich anknüpft.[115] Carola Sachse versteht in ihrer 1990 veröffentlichten Dissertation „Siemens, der Nationalsozialismus und die moderne Familie. Eine Untersuchung zur sozialen Rationalisierung in Deutschland im 20. Jahrhundert" unter Einbeziehung geschlechterspezifischer Fragestellungen die betriebliche Sozialpolitik des Unternehmens als Ausdruck von Rationalisierungsbestrebungen, die sich nicht nur auf die innerbetriebliche soziale Disziplinierung richten, sondern auch auf das Privatleben, auf Familienstrukturen und Geschlechtercharaktere auswirken.[116]

Heidrun Homburg erforscht in ihrer 1991 veröffentlichten Studie „Rationalisierung und Industriearbeit. Arbeitsmarkt – Management – Arbeiterschaft im Siemens-Konzern Berlin. 1900–1939", die auf ihrer 1982 vorgelegten Dissertation basiert, die Wechselbeziehungen zwischen betrieblicher Rationalisierung und der Arbeitsmarktsituation sowie die Einbettung betrieblicher Sozialpolitik in die allgemeine Produktions- und Beschäftigungspolitik der Siemens-Unternehmen.[117] Mit den Zusammenhängen zwischen der Situation und den Erfahrungen der Arbeiter-

---

112 Burhenne, 1932.
113 Vgl. ebd., S. 88f.
114 Kocka, Jürgen: Unternehmensverwaltung und Angestelltenschaft am Beispiel Siemens 1847–1914. Zum Verhältnis von Kapitalismus und Bürokratie in der deutschen Industrialisierung (Industrielle Welt. Schriftenreihe des Arbeitskreises für moderne Sozialgeschichte, Bd. 11). Stuttgart 1969.
115 Conrad, 1986.
116 Sachse, Carola: Siemens, der Nationalsozialismus und die moderne Familie. Eine Untersuchung zur sozialen Rationalisierung in Deutschland im 20. Jahrhundert. Hamburg 1990; vgl. dazu auch Homburg, Heidrun: Rationalisierung und Industriearbeit. Das Beispiel des Siemens-Konzerns Berlin 1900–1939 (Schriften der Historischen Kommission zu Berlin, Bd. 1). Berlin 1991, S. 22.
117 Homburg, 1991; zu den Arbeiten von Conrad, Sachse und Homburg vgl. auch Welskopp, 1994, S. 345, 347f.

schaft während der Weltwirtschaftskrise und ihrer Einbindung in das „Dritte Reich" befasst sich Wolfgang Zollitsch in seiner 1986 als Dissertation vorgelegten und 1990 veröffentlichten Untersuchung am Beispiel der Konzerne Siemens, Krupp und IG Farben zwischen 1928 und 1936.[118] Die betriebliche Sozialpolitik bei Siemens sieht er in diesem Betrachtungszeitraum im Spannungsfeld zwischen Tradition und Modernität.[119] Erwähnenswert ist darüber hinaus die Studie von Wolfgang Ribbe und Wolfgang Schäche zur Geschichte und Architektur des Industriestandorts Siemensstadt als ein grundlegender Beitrag zur Industriekultur, die die Bedeutung des betrieblichen Wohnungsbaus und der sozialen Infrastruktur des in den ersten beiden Jahrzehnten des 20. Jahrhunderts neu entstandenen Stadtteils thematisiert.[120] Während sich die vorgestellten Arbeiten im Wesentlichen auf den Zeitraum vor 1945 konzentrieren, liegen für die Zeit nach 1945 keine vergleichbaren sozialhistorischen Studien vor, die sich mit der betrieblichen Sozialpolitik des Unternehmens befassen. Nur wenige Einzelaspekte wurden im Rahmen von inhaltlich begrenzten Fach- und Diplomarbeiten angerissen.[121]

## 4. AUFBAU DER UNTERSUCHUNG

Die vorliegende Untersuchung ist in fünf Teile gegliedert, wobei der vierte, empirische Teil das Kernstück der Arbeit darstellt. Zunächst werden in der Einleitung (Teil I) die Problemstellung, die Quellenlage und der Forschungsstand, der theoretische Untersuchungsansatz sowie die Vorgehensweise thematisiert. Angesichts der Vielzahl von Definitionen und Erklärungsmustern zur betrieblichen Sozialpolitik ist auch eine begriffliche Abgrenzung und theoretische Einordnung erforderlich. Ziel von Teil II, „Betriebliche Sozialpolitik im Wandel", ist es daher, vor dem Hintergrund der wissenschaftstheoretischen Auseinandersetzung um den Terminus „Betriebliche Sozialpolitik" die wichtigsten ökonomisch und nicht-ökonomisch fundierten Erklärungsansätze darzustellen sowie Abgrenzungen vorzunehmen, um eine Einordnung für die vorliegende Arbeit zu ermöglichen. Dazu gehört auch die

---

118 Zollitsch, Wolfgang: Arbeiter zwischen Weltwirtschaftskrise und Nationalsozialismus (Kritische Studien zur Geschichtswissenschaft, Bd. 88). Göttingen 1990.
119 Vgl. ebd., S. 119.
120 Ribbe, Wolfgang / Schäche, Wolfgang: Die Siemensstadt. Geschichte und Architektur eines Industriestandorts. Berlin 1985.
121 Vgl. zum Beispiel Boog, Hartmut: Die freiwilligen Sozialleistungen des Hauses Siemens, Diplomarbeit Braunschweig 1969, in: SAA 14/Le 621; Rappl, Harald: Bildungspolitische Maßnahmen der kaufmännischen Ausbildung in unternehmensgeschichtlicher Betrachtung unter besonderer Berücksichtigung der Abiturientenausbildung. Dargestellt im Spiegel des Hauses Siemens von 1893/1910–1976. Diplomarbeit am Fachbereich Betriebswirtschaft der Ludwig-Maximilians-Universität München, 1979, in: SAB 38/8/89. Vogt, Britta: „Wir gehören zur Familie". Das Unternehmensleitbild der Siemens AG anhand der Selbstdarstellung. Marburg 2005; Braunmiller, Alexandra: Betriebliche Renten und Pensionen im 19. und 20. Jahrhundert am Beispiel Siemens, Krupp, Daimler. Bachelorarbeit am Institut für Kulturwissenschaften, Fachgebiet Wirtschafts-, Sozial- und Agrargeschichte der Universität Hohenheim, 2010, in: SAA 23557.

Diskussion um Motive und Ziele für die Bereitstellung betrieblicher Sozialleistungen, die für die vorliegende Arbeit eine große Bedeutung hat. Die anschließende überblicksartige Darstellung der Handlungsspielräume betrieblicher Sozialpolitik zwischen staatlicher Gesetzgebung und unternehmerischer Gestaltungsfreiheit macht die zeitspezifischen Rahmenbedingungen sichtbar, unter denen Konzepte betrieblicher Sozialpolitik erarbeitet und realisiert wurden. Der sich den theoretischen Erörterungen anschließende Teil III befasst sich mit den unternehmensspezifischen Rahmenbedingungen für die Gestaltung der betrieblichen Sozialpolitik bei Siemens und skizziert die Grundzüge der Unternehmensentwicklung. Besondere Berücksichtigung findet die Organisation der sozialpolitischen Arbeit im Unternehmen.

Im Mittelpunkt der Arbeit steht Teil IV, der die zentralen Aspekte der betrieblichen Sozialpolitik im Zeitraum von 1945 bis 1989 auf der Basis der im Siemens-Archiv vorliegenden Quellen aufarbeitet, darstellt und analysiert. Die Anordnung der hier untersuchten sozialpolitischen Einrichtungen orientiert sich an der systematischen Einteilung in materielle und immaterielle Maßnahmen. Den materiellen Maßnahmen werden Leistungen zugeordnet, die mit einem unmittelbaren Geldzufluss und finanziellen Vorteilen verbunden sind, vermögensbildende Wirkungen haben oder der sozialen und finanziellen Absicherung dienen. Dazu gehören Modelle der finanziellen Mitarbeiterbeteiligung wie die Erfolgsbeteiligung (IV.1.1), die Ausgabe der Belegschaftsaktien (IV.1.2) und der Themenkomplex der betrieblichen Altersversorgung (IV.2). Die betriebliche Wohnungspolitik (IV. 3) wird ebenfalls in die materiellen Maßnahmen einbezogen, da durch die Anmietung von Betriebswohnungen finanzielle Vorteile realisiert werden und mit der Vergabe von Wohnbaudarlehen ein Geldzufluss verbunden ist. Die den immateriellen Maßnahmen zugeordneten Einrichtungen zielen auf das körperliche und psychosoziale Wohlbefinden der Beschäftigten und ihre Integration in das Unternehmen. Dazu gehören das betriebliche Gesundheitswesen – angefangen von der Siemens-Betriebskrankenkasse bis hin zum betriebsärztlichen Dienst und den Maßnahmen zur Prävention und Rehabilitation (IV.4) –, die soziale Betreuung (IV.5) sowie die sportlichen und kulturellen Unterhaltungsangebote im Rahmen der Freizeitgestaltung und die Einrichtungen zur Förderung der Mitarbeiterkommunikation (IV.6).

Die Anordnung der einzelnen Kapitel innerhalb der beiden übergeordneten Kategorien der materiellen und immateriellen Einrichtungen erfolgt in chronologischer Weise nach dem Zeitpunkt ihrer Gründung. Eine Ausnahme bildet das Kapitel über die Belegschaftsaktien (IV.1.2). Diese sozialpolitische Maßnahme wurde als jüngste der hier behandelten Leistungen erst nach dem Zweiten Weltkrieg aufgelegt, während die Wurzeln aller anderen Einrichtungen teilweise bis in das letzte Drittel des 19. Jahrhunderts bzw. in die ersten beiden Jahrzehnte des 20. Jahrhunderts zurückreichen. Aufgrund der inhaltlich begründeten Zusammengehörigkeit von Erfolgsbeteiligung und Belegschaftsaktien als Maßnahmen der finanziellen Mitarbeiterbeteiligung werden die Belegschaftsaktien im Anschluss an die Erfolgsbeteiligung behandelt. Die Vorgehensweise innerhalb der einzelnen Kapitel ist chronologisch. Ein Fazit am Ende jedes Kapitels fasst die erarbeiteten Ergebnisse zusammen und bewertet sie kritisch. Teil V beinhaltet die Zusammenfassung, Systematisierung und kritische Bewertung der in den einzelnen Kapiteln erarbeiteten

Ergebnisse. Im Hinblick auf die eingangs formulierten Fragestellungen und erkenntnisleitenden Ausgangsthesen der Monetarisierung und Individualisierung sollen die wesentlichen Motive, Zielsetzungen, Funktionen und Einflussfaktoren betrieblicher Sozialpolitik unter den sich wandelnden Rahmenbedingungen nach dem Zweiten Weltkrieg herausgearbeitet und erörtert werden, um nicht nur das spezifische sozialpolitische System von Siemens zu charakterisieren, sondern auch, um generalisierende Erkenntnisse über die Wandlungsprozesse betrieblicher Sozialpolitik nach dem Zweiten Weltkrieg zu erhalten.

Abb. 1: Aufbau der Arbeit

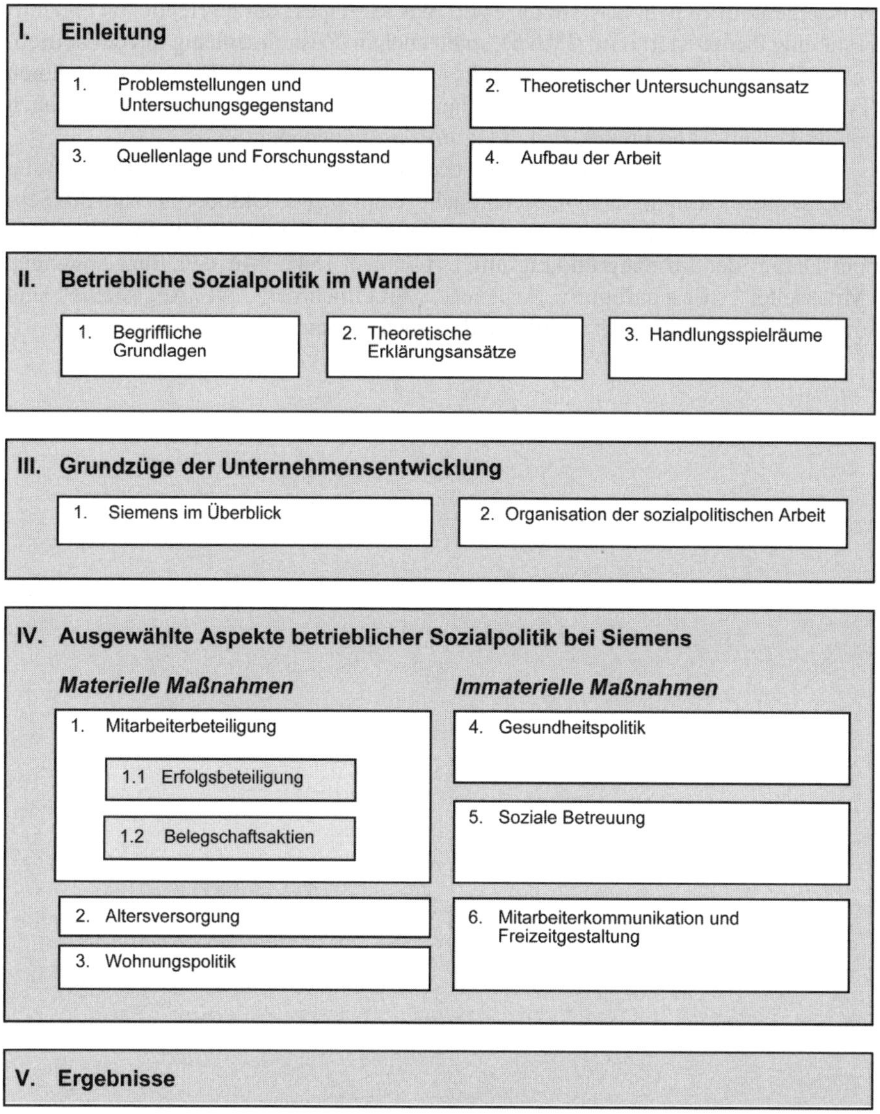

**I. Einleitung**
- 1. Problemstellungen und Untersuchungsgegenstand
- 2. Theoretischer Untersuchungsansatz
- 3. Quellenlage und Forschungsstand
- 4. Aufbau der Arbeit

**II. Betriebliche Sozialpolitik im Wandel**
- 1. Begriffliche Grundlagen
- 2. Theoretische Erklärungsansätze
- 3. Handlungsspielräume

**III. Grundzüge der Unternehmensentwicklung**
- 1. Siemens im Überblick
- 2. Organisation der sozialpolitischen Arbeit

**IV. Ausgewählte Aspekte betrieblicher Sozialpolitik bei Siemens**

*Materielle Maßnahmen*
- 1. Mitarbeiterbeteiligung
  - 1.1 Erfolgsbeteiligung
  - 1.2 Belegschaftsaktien
- 2. Altersversorgung
- 3. Wohnungspolitik

*Immaterielle Maßnahmen*
- 4. Gesundheitspolitik
- 5. Soziale Betreuung
- 6. Mitarbeiterkommunikation und Freizeitgestaltung

**V. Ergebnisse**

Aus der für die einzelnen Themen unterschiedlich ergiebigen Quellenlage resultiert die voneinander abweichende Länge der einzelnen Kapitel, die zugleich auch die unterschiedliche Relevanz der entsprechenden Maßnahmen spiegelt. So nehmen die materiellen und finanziellen Einrichtungen erheblich mehr Raum ein als die immateriellen Leistungen. Einzelne Maßnahmen können nicht immer eindeutig und überschneidungsfrei zugeordnet werden. Die Siemens-Betriebskrankenkasse, die als Bestandteil der betrieblichen Gesundheitspolitik behandelt wird (IV.4.1), ist auch ein Instrument der finanziellen und sozialen Absicherung. Die Vergabe von Personaldarlehen als finanzielle Leistung wird im Kapitel der betrieblichen Wohnungsbaupolitik untersucht (IV.3.4), da diese in erster Linie auf den Erwerb von Wohneigentum zielten. Das Thema Sport, das als Aspekt der betrieblichen Freizeitgestaltung thematisiert wird (IV.6.5), spielt auch im Zusammenhang mit der betrieblichen Gesundheitsförderung eine Rolle. Die betrieblichen Erholungsmaßnahmen (IV.4.3.5.4), die innerhalb der Gesundheitspolitik behandelt werden, stehen auch mit der Urlaubs- und Freizeitgestaltung im Zusammenhang.

Abschließend zwei Hinweise zum besseren Verständnis und zur Erleichterung des Leseflusses: Ein Siemens-Geschäftsjahr reicht vom 1. Oktober bis zum 30. September des Folgejahres. Diese Einteilung hat historische Gründe und resultiert aus dem Datum der Firmengründung am 1. Oktober 1847. Mit den Bezeichnungen „Mitarbeiter", „Beschäftigte", „Arbeiter", „Arbeitnehmer" und „Angestellte" sind sowohl männliche als auch weibliche Personen gemeint.

## II. BETRIEBLICHE SOZIALPOLITIK IM WANDEL: BEGRIFFLICHE GRUNDLAGEN, THEORETISCHE ERKLÄRUNGSANSÄTZE UND HANDLUNGSSPIELRÄUME

### 1. DEFINITIONEN UND BEGRIFFLICHE ABGRENZUNGEN

Der Begriff der betrieblichen Sozialpolitik ist im Hinblick auf Definitionsansätze, Funktionen und Zielsetzungen durch eine Vielzahl unterschiedlicher Erklärungsansätze charakterisiert, die sich im Zeitverlauf vor dem Hintergrund gewandelter politischer, wirtschaftlicher, technologischer und gesellschaftlicher Rahmenbedingungen entsprechend verändert haben. Betriebliche Sozialpolitik wurde in der Vergangenheit immer wieder in Abgrenzung zur staatlichen Sozialpolitik interpretiert.[1] Definiert man in diesem Sinne Sozialpolitik nach Lampert als das „(staatliche) politische Handeln, das darauf abzielt, die wirtschaftliche und/oder gesellschaftliche Stellung von als schwach angesehenen Gruppen durch den Einsatz geeignet erscheinender Mittel im Sinne der in einer Gesellschaft verfolgten wirtschaftlichen und sozialen (Grund-)Ziele zu verbessern",[2] dann ließe sich betriebliche Sozialpolitik „als eine Sozialpolitik verstehen, bei der die Stelle des Akteurs nicht der Gesetzgeber einnimmt, sondern der Unternehmer, und bei der der Geltungsbereich nicht das Staatsgebiet ist, sondern der Betrieb".[3] Diese Argumentation greift allerdings zu kurz und trifft nicht den Kern dessen, was betriebliche Sozialpolitik ausmacht.

Während staatliche Sozialpolitik darauf ausgerichtet ist, ein Mindestmaß an materieller Sicherheit und Chancengleichheit zu gewährleisten, lässt sich diese Zielsetzung nicht ohne Weiteres auf die betriebliche Sozialpolitik übertragen, die unterschiedliche Zielgruppen fokussierte und nach Status differenzierte.[4] In diesem Sinne richtete sich bereits die betriebliche Wohlfahrtspflege in der zweiten Hälfte des 19. Jahrhunderts nicht nur auf sozial schwache Mitarbeitergruppen, sondern band durch zahlreiche Maßnahmen insbesondere auch sozial besser gestellte Facharbeiter, Meister und leitende Angestellte in die betrieblichen Sozialmaßnahmen ein.[5] Ungeachtet dessen sind im Zeitverlauf von Unternehmen zahlreiche Impulse für die Gestaltung staatlicher Sozialpolitik ausgegangen; sie gewährten zum Bei-

---

1 Vgl. Hilger, 1996, S. 38.
2 Lampert, Heinz: Sozialpolitik, staatliche, in: Willi Albers / Karl Erich Born / Ernst Dürr / Anton Zottmann (Hg.): Handwörterbuch der Wirtschaftswissenschaft, Bd. 7. Stuttgart/New York/Tübingen/Göttingen/Zürich 1988, S. 61.
3 Schulz, 1991, S. 137.
4 Vgl. ebd., S. 176; vgl. auch Welskopp, 1994, S. 334.
5 Vgl. Hilger, 1996, S. 31.

spiel im Falle von Krankheit, Invalidität oder Alter Unterstützung, lange, bevor entsprechende staatliche Regelungen getroffen wurden.[6]

Der Begriff „betriebliche Sozialpolitik" gewann als wissenschaftlicher Terminus um die Wende vom 19. zum 20. Jahrhundert langsam an Bedeutung.[7] Beurteilte die Literatur aus der Zeit der Jahrhundertwende die über Lohn und Gehalt hinausgehenden Maßnahmen und Einrichtungen von Unternehmen zur Verbesserung der materiellen Lage der Arbeiter vorwiegend unter dem Aspekt der patriarchalen Fürsorge und als Wohlfahrtspflege oder auch als Erziehungsangelegenheit, so setzte sich in den ersten Jahrzehnten des 20. Jahrhunderts eine differenziertere Betrachtungsweise durch.[8] Richtungsweisende Impulse sowohl für die wissenschaftliche Diskussion als auch für die Praxis betrieblicher Sozialpolitik gingen von dem 1928 von Goetz Briefs gegründeten Berliner Institut für Betriebssoziologie und soziale Betriebslehre aus, das es sich zur Aufgabe gemacht hatte, „sowohl die Tatbestände der sozialen Beziehungen und Prozesse als Gegenstand der Betriebssoziologie wie die Maßnahmen zur optimalen Gestaltung der sozialen Betriebsverhältnisse – die soziale Betriebspolitik"[9] zu erforschen.

In der heutigen Forschung wird ein „engerer" und ein „sehr weiter" Gebrauch des Begriffs unterschieden. Betriebliche Sozialpolitik im engeren Sinn – zur besseren Abgrenzung auch als „Sozialleistungspolitik" bezeichnet – richtet sich auf Leistungen, die den Arbeitnehmern zusätzlich zum Arbeitsentgelt gewährt werden. Da ein Teil dieser Leistungen durch gesetzliche und tarifvertragliche Regelungen bestimmt wird, kommen als Instrumente einer betrieblichen Sozialpolitik nur die darüber hinausgehenden freiwilligen Sozialleistungen in Frage.[10] Dieses „engere"

---

6 Vgl. Hax, 1988, S. 84; vgl. auch Fischer, 1978, S. 34, sowie Schulz, 1991, S. 141.
7 Vgl. Hilger, 1996, S. 38.
8 Thalheim, Karl C.: Grundfragen der betrieblichen Sozialpolitik, in: Archiv für angewandte Soziologie, Jg. IV, 1931/32, S. 123; vgl. auch Pohl, Hans (Hg.): Betriebliche Sozialpolitik deutscher Unternehmer seit dem 19. Jahrhundert (ZUG-Beiheft 12), Wiesbaden 1978, S. 8; vgl. auch Schulz, 1991, S. 138; Hilger, 1996, S. 38.
9 Vgl. Geck, Ludwig Heinrich Adolph: Die sozialen Arbeitsverhältnisse im Wandel der Zeit. Eine geschichtliche Einführung in die Betriebssoziologie. Berlin 1931 (Geleitwort). Vgl. auch ders.: Grundfragen der betrieblichen Sozialpolitik (Schriften des Vereins für Socialpolitik, Bd. 181), Leipzig 1935, S. 62; ders.: Soziale Betriebsführung. Zugleich Einführung in die Betriebssoziologie. 2. Aufl., Essen 1953, S. 114.
10 Vgl. Hax, 1988, S. 77; Schulz, 1991, S. 138; Gaugler, 1974, S. 5. Hemmer definiert in diesem Sinne betriebliche Sozialleistungen als „alle Leistungen, die dem Arbeitnehmer über den vereinbarten Lohn oder das vereinbarte Gehalt hinaus aus Aufwendungen des Arbeitgebers sowohl während seiner aktiven Dienstzeit wie nach seinem Ausscheiden aus dem aktiven Dienstverhältnis zugute kommen". Dabei sei es irrelevant, ob die Leistungen „direkt als Geld gezahlt werden oder indirekt auf Vorteilen beruhen". Vgl. Hemmer, Edmund: Freiwillige Sozialleistungen der Betriebe. Köln 1982, S. 7. In jedem Falle bedeuten sie für den Arbeitnehmer eine Verbesserung und Sicherung seines Lebensstandards oder Lebensunterhalts. Das verengte Begriffsverständnis verwendet auch Reichwein, der in den 1960er Jahren seine Definition betrieblicher Sozialpolitik aus betriebswirtschaftlicher Perspektive auf die freiwilligen betrieblichen Sozialleistungen beschränkt, als „Summe aller derjenigen betriebspolitischen Maßnahmen (...), die eine Unternehmensleitung auf Grund eigener freier oder wenigstens widerrufbarer Entscheidungen durchführt, die – über Lohn und Gehalt sowie über die gesetzlichen und tariflichen Sozialleistungen hinaus – auf die wirtschaftliche Besserstellung und

Begriffsverständnis wird der vorliegenden Arbeit zugrunde gelegt. Demgegenüber zielt betriebliche Sozialpolitik in einem sehr weiten Sinn auf „die Gesamtheit aller betrieblichen Maßnahmen, die dazu bestimmt sind, über das Arbeitsentgelt hinaus die Lage der Arbeitnehmer in der Industriegesellschaft zu verbessern, Nachteile und Mängel am Arbeitsplatz und außerhalb des Betriebes auszugleichen oder zur Absicherung gegen bestimmte Lebens- und Arbeitsrisiken beizutragen".[11] Danach fällt neben den eigentlichen betrieblichen Sozialleistungen im engeren Sinne eine Fülle weiterer arbeitspolitischer Maßnahmen an, „insbesondere die Gestaltung der Arbeitsbedingungen, des Lohnsystems und der Personalplanung, Systeme der Erfolgsbeteiligung und Vermögensbildung sowie Mitwirkungs- und Mitbestimmungsregelungen."[12]

Zur systematischen Strukturierung der Vielzahl betrieblicher Sozialleistungen liegen in der Fachliteratur unterschiedliche Klassifizierungen vor, wobei jedoch nie alle Sozialleistungen überschneidungsfrei zugeordnet werden können.[13] Gemäß dem weiteren oder engeren Verständnis von betrieblicher Sozialpolitik fallen die Erklärungen zu Art und Umfang betrieblicher Sozialmaßnahmen äußerst unter-

---

soziale Sicherung der Betriebsangehörigen gerichtet sind und die folglich als Kosten zu Buche schlagen", vgl. Reichwein, 1965, S. 63. Reichwein lässt dabei den Begriff bewusst offen für alle betriebspolitischen Maßnahmen, die die genannten Wirkungen haben.

11 Hax, 1988, S. 77.

12 Vgl. ebd. Dorothea Alewell zufolge sind Gegenstand der betrieblichen Sozialpolitik „alle Aktivitäten und Entscheidungen (...), die mit der Konzeption und grundsätzlichen Gestaltung betrieblicher Sozialleistungen einhergehen", vgl. Alewell, Dorothea: Sozialpolitik, betriebliche, in: Eduard Gaugler / Walter A. Oechsler / Wolfgang Weber (Hg.): Handwörterbuch des Personalwesens. 3. Aufl., Stuttgart 2004, Sp. 1774. Dazu gehört sowohl die Beschäftigung mit Visionen, Strategien, Zielen und Leitlinien sozialpolitischen Handelns im Unternehmen als auch ihre praktische Umsetzung in konkreten Sozialleistungen und Sozialeinrichtungen. Letztere umfassen nach Kolb als Bestandteile des gesamten betrieblichen Anreiz- bzw. Kompensationssystems ein breites Spektrum gesetzlich, tariflich oder betrieblich beeinflussbarer bzw. freiwilliger betrieblicher Leistungen, die den Mitarbeitern neben dem Direktentgelt gewährt werden. Vgl. Kolb, Meinulf: Sozialleistungen, betriebliche und Sozialeinrichtungen, in: Eduard Gaugler / Walter A. Oechsler / Wolfgang Weber (Hg.): Handwörterbuch des Personalwesens. 3. Aufl., Stuttgart 2004, Sp. 1741 f.

13 Fritz Huhle, der bereits in den 1950er Jahren über 300 verschiedene Arten freiwilliger betrieblicher Sozialleistungen dokumentiert hat, differenziert nach der Form der Leistungsgewährung (Geldleistungen, Sachleistungen, Nutzungsgewährungen), der Häufigkeit des Leistungsempfangs (Dauerleistungen, periodische Leistungen, einmalige Leistungen) sowie nach dem Empfängerkreis (aktive Mitarbeiter oder Teilgruppen der Belegschaft und deren Angehörige bzw. Hinterbliebene, ehemalige Mitarbeiter und deren Angehörige, Betriebsfremde). Vgl. Huhle, Fritz: Die betrieblichen Sozialleistungen. Eine Begriffsanalyse (Sozialpolitische Schriften, H. 7). Berlin 1957, S. 11 f.; vgl. auch Gaugler, 1974, S. 5–7. Im Hinblick auf die Nachfrager betrieblicher Sozialpolitik ist hinzuzufügen, dass neben den Arbeitnehmern auch Betriebsräte als indirekte Adressaten gelten können. Da der Betriebsrat bei der Form, Ausgestaltung und Verwaltung betrieblicher Sozialleistungen Mitwirkungsrechte besitzt, ist nicht zuletzt auch aus Profilierungsgründen ein Interesse an der Gestaltung bestimmter Leistungen anzunehmen. Aus der Unternehmensperspektive stellt die Gewährung bestimmter Leistungen eine Möglichkeit dar, Betriebsräte zu Konzessionen in anderen Streitfragen zu bewegen. Vgl. auch Herder-Dorneich, Philipp: Sozialpolitik, betriebliche, in: Waldemar Wittmann u. a. (Hg.): Handwörterbuch der Betriebswirtschaft, Bd. 3. Stuttgart 1993, Sp. 3921 f.

schiedlich aus.[14] Grundsätzlich lassen sie sich nach Kolb durch folgende Merkmale charakterisieren: Sie sind auf den (Produktions-)Faktor Arbeit bezogen, ökonomisch und/oder sozial motiviert, nicht unmittelbar an die Arbeitsleistung gebunden, das heißt, sie werden neben der Vergütung gewährt, sie sind in unterschiedlichsten Formen gestaltet (Geld- oder Sachwerte, Dienstleistungen oder Nutzungsmöglichkeiten), für die Unternehmen mit Kosten verbunden und gesetzlich, tariflich oder freiwillig begründet.[15]

Betriebliche Sozialleistungen können sich sowohl aus materiellen als auch aus immateriellen Elementen zusammensetzen. Zahlreiche Autoren unterscheiden direkte monetäre Zahlungen, die in einem unmittelbaren Zusammenhang mit der Arbeitsleistung stehen, wie zum Beispiel Gratifikationen oder Jahresprämien, die Gewährung von Versicherungs- und Versorgungsansprüchen (z.B. Altersversorgung), die Bereitstellung von Gütern oder Dienstleistungen durch das Unternehmen (z.B. Weiterbildungsangebote, Berufskleidung, Dienstwagen, Kantinenessen) und die Bewilligung sonstiger geldwerter Rechte oder Leistungen.[16] Gaugler stellt den auf eine materielle Besserstellung der Mitarbeiter zielenden Sozialleistungen, die er unter dem Begriff der quantitativen Sozialpolitik subsumiert, die Maßnahmen einer qualitativen Sozialpolitik gegenüber, die „den Persönlichkeitswert und die Subjektstellung des Mitarbeiters im betrieblichen Leistungsprozess fördern".[17] Dabei bezieht er alle Sozialmaßnahmen ein, „die der Betrieb seinen Mitarbeitern [...] neben dem Arbeitsentgelt und neben einer Erfolgsbeteiligung in Geld- und Sachwerten sowie in der Form von Dienstleistungen und Nutzungsmöglichkeiten gewährt."[18]

---

14 Vgl. dazu u.a. Uhle, 1987, S. 16–21; Gneveckov, Jürgen: Zur Sozialpolitik der industriellen Unternehmung: Theoretische Analyse der Zusammenhänge und der Auswirkungen. Passau 1982, S. 17–22.
15 Vgl. Kolb, 2004, Sp. 1743.
16 Vgl. dazu Abraham, Martin: Betriebliche Sozialleistungen und die Regulierung individueller Arbeitsverhältnisse. Endogene Kooperation durch private Institutionen (Beiträge zur Gesellschaftsforschung, Bd. 17). Frankfurt a. M. 1996, S. 56; vgl. auch Kolb, 2004, Sp. 1744, sowie Alewell, 2004, Sp. 1775; Sesselmeier, 2003, S. 31. Andere Systematisierungen finden sich z.B. bei Sadowski, Dieter: Der Handel mit Sozialleistungen – Zur Ökonomie und Organisation der betrieblichen Sozialpolitik, in: Die Betriebswirtschaft, Jg. 44, 1984, S. 583, der eine grobe Unterteilung in Güter (Mahlzeiten, Werkswagen, Sportanlage) und Dienstleistungen (Beratungsdienste, Bankleistungen, Versicherungsleistungen) vornimmt, oder Gaugler, Eduard: Sozialpolitik, betriebliche, in: Eduard Gaugler / Walter A. Oechsler / Wolfgang Weber (Hg.): Handwörterbuch des Personalwesens, Bd. 5. 2. Aufl., Stuttgart 1992, Sp. 2101, der die Leistungen und Einrichtungen der betrieblichen Sozialpolitik in vier Gruppen zusammenfasst: betriebliche Leistungen zur Erhaltung und Förderung der Lebenssicherheit der Mitarbeiter bei Krankheit, Unfall, Invalidität, im Alter und bei Notfällen, betriebliche Leistungen zur Verbesserung der Lebenshaltung der Mitarbeiter (Nahrung, Kleidung, Wohnung u.a.), betriebliche Maßnahmen zum Schutz der Arbeitskraft und zur Förderung der Leistungsfähigkeit der Mitarbeiter (Schaffung guter Arbeitsbedingungen, Förderung von Urlaub und Erholung, medizinische Betreuung, Arbeitsschutz und Unfallverhütung, berufliche Aus- und Fortbildung), betriebliche Aktivitäten zum Schutz der Menschenwürde und Förderung der Persönlichkeit der Mitarbeiter (Anerkennungen bei Arbeitsjubiläen, Maßnahmen zur Befriedigung kultureller Bedürfnisse, Förderung der außerbetrieblichen Lebensgestaltung).
17 Gaugler, 1974, S. 18f.
18 Ebd., S. 5.

## 1. Definitionen und begriffliche Abgrenzungen

Die vorliegende Arbeit differenziert in materielle und immaterielle Maßnahmen und überprüft den in der Ausgangsthese dargelegten Trend der zunehmenden Bedeutung monetärer Leistungen.

Betriebliche Sozialleistungen sind durch unterschiedliche Rechtsgrundlagen determiniert, die sich im Zeitverlauf verändern können. Sie basieren sowohl auf gesetzlichen oder tarifvertraglichen Regelungen, Betriebsvereinbarungen, vertraglichen Abmachungen mit einzelnen Arbeitnehmern oder werden als freiwillige Leistungen des Arbeitgebers gewährt.[19] Während das Arbeit gebende Unternehmen bei der Einführung freiwilliger oder zusätzlicher Sozialleistungen in Abstimmung mit dem Betriebsrat als Initiator fungiert, handelt es bei gesetzlich oder tariflich vorgeschriebenen Maßnahmen als „Exekutivorgan einer überbetrieblichen Sozialpolitik".[20] Allerdings sind auch die von den Unternehmen auf freiwilliger Basis geschaffenen Sozialleistungen nach der erstmaligen Bereitstellung nicht mehr beliebig reduzierbar und veränderbar.[21] Rechtliche Ansprüche auf bestimmte Sozialleistungen können zum Beispiel durch Gewohnheitsrecht bzw. betriebliche Übung, Betriebsvereinbarungen oder durch individuelle Abmachungen mit einzelnen Arbeitnehmern entstehen.[22] Darüber hinaus schränken äußere Einflussfaktoren wie die Sozialpolitik eines Konkurrenten oder Sachzwänge im Wettbewerb um qualifizierte Mitarbeiter den Grad der Freiwilligkeit bei der Gewährung betrieblicher Sozialleistungen ein.[23] In der betrieblichen Praxis beinhaltet ein Sozialleistungspaket sowohl gesetzliche und tarifliche als auch freiwillige betriebliche Leistungen. Unumstritten ist die Wechselwirkung freiwilliger betrieblicher sowie gesetzlicher und tariflicher Leistungen.[24] So wird der Handlungsspielraum für die Gestaltung freiwilliger betrieblicher Leistungen durch die gesetzlich oder tariflich vereinbarten Sozialleistungen eingeschränkt. Zugleich gehen immer mehr zunächst freiwillig

---

19 Vgl. Uhle, 1987, S. 20.
20 Ebd., S. 17; vgl. auch Gaugler, 1992, Sp. 2101. In der Literatur umstritten ist die Fragestellung, ob die auf gesetzlicher oder tariflicher Basis konzipierten Sozialleistungen aufgrund der eingeschränkten Freiwilligkeit ihrer Gewährung durch die Unternehmen begrifflich den betrieblichen Sozialleistungen zuzurechnen sind. Zum einen wird im Hinblick auf die Kostenseite eine Abgrenzung der drei unterschiedlich rechtlich fundierten Leistungsarten als nicht sinnvoll erachtet, da in allen drei Fällen die Unternehmen als Kostenträger fungieren. Vgl. Kolb, 2004, Sp. 1743. Erschwerend kommt hinzu, dass bei der amtlichen statistischen Erfassung nicht zwischen tarifvertraglichen und freiwilligen betrieblichen Sozialleistungen unterschieden wird. Vgl. Kruse, Uwe / Kruse, Silke: Renaissance oder Abbau freiwilliger betrieblicher Sozialleistungen? In: Sozialer Fortschritt 12/2002, S. 301. Auf der anderen Seite erscheint es sinnvoll, die freiwilligen von den gesetzlich und tariflich fundierten Sozialleistungen abzugrenzen und Letztere nicht unter den Begriff der betrieblichen Sozialpolitik zu subsumieren, da sie nicht oder kaum betrieblich beeinflussbar sind. So Alewell, 2004, Sp. 1775; vgl. auch Kolb, 2004, Sp. 1743. Die Frage der begrifflichen Zuordnung zur betrieblichen Sozialpolitik erscheint allerdings aufgrund der betrieblichen Praxis, die sowohl freiwillige als auch gesetzlich und tariflich fundierte Sozialleistungen berücksichtigt, rein akademisch.
21 Vgl. Alewell, 2004, Sp. 1775.
22 Vgl. Hax, 1988 S. 81; Uhle, 1987, S. 19.
23 Alewell, 2004, S. 1775.
24 Vgl. dazu auch Hemmer, 1982, S. 9.

geschaffene Einrichtungen in tarifvertragliche oder gesetzliche Regelungen ein.[25] Die Nutzung von Handlungsspielräumen für die betriebliche Sozialpolitik von Siemens angesichts der Ausweitung der staatlichen Sozialmaßnahmen nach 1945 wird ebenfalls Gegenstand der vorliegenden Arbeit sein.

## 2. THEORETISCHE ERKLÄRUNGSANSÄTZE FÜR DIE BEREITSTELLUNG BETRIEBLICHER SOZIALLEISTUNGEN

Zielsetzungen und Erklärungsansätze betrieblicher Sozialpolitik haben sich vor dem Hintergrund historischer Gegebenheiten, unternehmerischer Einstellungen und Traditionen sowie ökonomischer Erfordernisse im Zeitverlauf gewandelt. Die einschlägige Literatur analysiert und systematisiert unterschiedliche Determinanten für die Bereitstellung betrieblicher Sozialleistungen; sie reichen von der humanitären, sozialethisch motivierten Fürsorge altruistischer Unternehmer bis hin zum Verständnis von Sozialleistungen als spezifischer Form eines zeitlich verzögerten Entgelts. In der aktuellen wissenschaftlichen Diskussion stehen an Effizienzüberlegungen orientierte ökonomische Erklärungsansätze aus den Wirtschaftswissenschaften gesellschaftswissenschaftlichen Theorien, die vor allem im 19. Jahrhundert dominierten, im Vordergrund.[26] Ökonomische Zielsetzungen rücken vor allem angesichts verstärkter staatlicher Sozialmaßnahmen und einer verbesserten sozialen Lage der Industriearbeiter seit Beginn des 20. Jahrhunderts in den Fokus sozialpolitischer Konzepte von Unternehmen.[27]

In der wissenschaftlichen Diskussion hat es neben der Nennung von Einzelmotiven[28] immer auch Bestrebungen gegeben, Motive und Ziele in eine systematische Ordnung zu bringen. Die Unterschiede zwischen den einzelnen Ansätzen sind auf die ihnen zugrunde liegenden ökonomisch oder nicht-ökonomisch bedingten Motivationen zurückzuführen. Neuere Arbeiten nehmen Einteilungen vor, die sich grob in nicht-ökonomische oder metaökonomische und ökonomische Erklärungsansätze strukturieren lassen: So grenzt Schulz von wirtschaftlichen Nützlichkeitserwägungen dominierte Motive ab von philanthropischen, humanitären, religiösen

---

25 Vgl. Gaugler, 1974, S. 7.
26 Vgl. Lutz, Roman: Determinanten betrieblicher Zusatzleistungen. Diskussionspapiere des Lehrstuhls für VWL, insbes. Arbeitsmarkt- und Regionalpolitik, Prof. Dr. Claus Schnabel an der Friedrich-Alexander-Universität Erlangen-Nürnberg, Nr. 35, Mai 2005, S. 4.
27 Vgl. Wetzel, Walter: Industriearbeit, Arbeiterleben und betriebliche Sozialpolitik im 19. Jahrhundert. Eine Untersuchung der Lebens- und Arbeitsbedingungen von Industriearbeitern am Beispiel der chemischen Industrie in der Region Untermain (Europäische Hochschulschriften, Reihe V Volks- und Betriebswirtschaft, Bd. 2313). Frankfurt a. M./Berlin/Bern/New York/Paris/Wien 1997, S. 216; vgl. auch Uhle, 1987, S. 149; Lutz, 2005, S. 7.
28 Vgl. z. B. Gaugler, 1974, S. 7, sowie ders., 1992, Sp. 2103 f. Karl C. Thalheim unterschied 1932 herrschaftspolitische, produktionspolitische sowie sozialethische und religiös-karitative Motive, vgl. Thalheim, 1931/32, S. 121–132. Neben wirtschafts- und sozialwissenschaftlichen Erklärungsansätzen für die Motive und Ziele sozialpolitischen Handelns von Unternehmen unterscheidet z. B. Gneveckov verschiedene Wissenschaftsdisziplinen. Vgl. Gneveckov, 1982, S. 29–40.

sowie sozialethischen Beweggründen, die vom Menschenbild geprägt sind.[29] Wöhe trennt ökonomische und soziale Motivbündel und Uhle gliedert in markt- und sozialökonomische Ansätze auf der einen sowie nicht-ökonomische sozialethische Theorien auf der anderen Seite.[30]

Sozialpolitische Handlungsweisen lassen sich allerdings nur schwer auf einzelne Motivationen reduzieren; vielmehr wirken in der betrieblichen Praxis mehrere Motive zusammen, die einander ergänzen oder überlagern. Daher sind kaum Leistungen zu identifizieren, die ausschließlich dem sozialen (nicht-ökonomischen) oder dem wirtschaftlichen (ökonomischen) Zweck dienen.[31] So hält Hax eine Beurteilung sozialpolitischer Maßnahmen nach den zugrunde liegenden Motiven für nicht sinnvoll und plädiert für eine ergebnisorientierte Bewertung der Inhalte und Erfolge.[32] Darüber hinaus ist zu berücksichtigen, dass Motive und Ziele nach Unternehmen, Unternehmensbranche sowie der Struktur der Beschäftigten variieren. Im Zeitverlauf betrachtet ist in Abhängigkeit von allgemeinen wirtschaftlichen, politischen, gesellschaftlichen und technologischen Rahmenbedingungen ein Bedeutungswandel festzustellen, den Reichwein bereits 1965 in seiner zukunftsweisenden Publikation über die „Funktionswandlungen der betrieblichen Sozialpolitik" herausgearbeitet hat: „Die sozialen Funktionen der Sozialleistungen haben sich aus ehemals dominanten in rezessive Funktionen verwandelt, während die ökonomischen Funktionen in der gegenwärtigen betrieblichen Sozialpolitik die Rolle der dominanten Funktionen übernommen haben."[33] Auch wenn aus oben genannten Gründen eine scharfe Abgrenzung ökonomischer und nicht-ökonomischer Theorien nicht immer überschneidungsfrei möglich ist, sollen zugunsten einer klaren Systematisierung die wesentlichen Ansätze beider Sichtweisen im Folgenden zusammengefasst werden.

---

29 Vgl. Schulz, 1991, S. 147.
30 Vgl. Wöhe, Günter / Döring, Ulrich: Einführung in die Allgemeine Betriebswirtschaftslehre. 20. Aufl., München 2000, S. 235; Uhle, 1987, S. 133–287; anders zum Beispiel Alewell, 2004, Sp. 1777–1782, die vier Hauptgruppen von Argumenten unterscheidet: paternalistische, sozialethisch begründete Für- und Vorsorge, Erhöhung des direkten Nutzens der Gesamtkompensation, Steigerung der Leistungsbeiträge der Mitarbeiter, erwünschte Intransparenz der Gesamtkompensation.
31 Vgl. Uhle, 1987, S. 149; Gaugler, 1974, S. 7; ders., 1992, Sp. 2103; Hemmer, 1982, S. 10.
32 Vgl. Hax, 1988, S. 78.
33 Vgl. Reichwein, 1965, S. 167. Reichwein analysiert als sog. „manifeste" Funktionen: Fürsorge und Vorsorge, Disziplinierung, Erziehung und Ausbildung, Leistungssteigerung und Belohnung, Bindung an den Betrieb und Verbesserung des Betriebsklimas, Werbung von Arbeitskräften und „soziale Konkurrenz", Abwehr gewerkschaftlicher Einflüsse und Kooperation mit der Gewerkschaft. Zu den „latenten Herrschaftsfunktionen" zählt er Legitimation und Integration. Vgl. ders., S. 78–164. Auch Wöhe, 2000, S. 235, weist angesichts eines zunehmenden Wettbewerbsdrucks auf den Absatzmärkten darauf hin, dass „ökonomische Motive (Motivation zur Leistungssteigerung, Akquisition und langfristige Bindung fähiger Mitarbeiter) gegenüber sozialen Motivationen (Fürsorge für Mitarbeiter, soziale Gerechtigkeit) in den Vordergrund treten."

## 2.1 Nicht-ökonomische Erklärungsansätze

Als „sicherlich einer der ältesten und ursprünglichsten Antriebe betrieblicher Sozialpolitik und zugleich derjenige, in dem am meisten selbstlose, altruistische und karitative Motive der Unternehmer eingegangen sind",[34] spielt das soziale Fürsorge- und Versorgungsdenken engagierter Unternehmer im Verlauf der historischen Entwicklung eine zentrale Rolle. Im Zuge der Industrialisierung gaben sozialethische Motive patriarchalisch gesinnter Unternehmer den Ausschlag für die Begründung der Betriebswohlfahrtspflege, die vor dem Aufbau entsprechender staatlicher Sozialeinrichtungen einen unverzichtbaren Beitrag zur Sicherung gegen Not- und Mangellagen leisteten.[35] Werner von Siemens unterschied sich als vergleichsweise moderner Unternehmer von Persönlichkeiten wie Alfred Krupp oder Ernst Abbé,[36] die einer streng patriarchalen Denkweise verhaftet waren. Seine sozialpolitische Grundeinstellung resultierte aus einer Mischung aus unternehmerischem Kalkül und patriarchalischer Verantwortung, die er selbst einmal als „gesunden Egoismus"[37] bezeichnete. Er vertrat die Einstellung, dass soziale Probleme nur auf der Basis des Zugeständnisses und gegenseitigen Interessenausgleichs gelöst werden könnten.[38]

Im Rahmen soziologischer Theorien wird seit Ende des 19. Jahrhunderts die These von der Feudalisierung durch betriebliche Sozialmaßnahmen diskutiert. Betriebliche Leistungen werden darin als Herrschaftsmittel interpretiert, um die Abhängigkeit der Arbeitnehmer vom Unternehmen zu verstärken.[39] Organisationssoziologische Ansätze werten betriebliche Sozialleistungen als Mittel der Entsolidarisierung und Statusdifferenzierung. Die durch entsprechende Leistungen geschaffene verstärkte Loyalität zum Unternehmen könne die Solidarität der Arbeitnehmer untereinander untergraben und sie gemeinsamen Gewerkschaftszielen entfremden.[40] Eine gezielte Entsolidarisierung der Belegschaft würde darüber hinaus

---

34  Vgl. Reichwein, 1965, S. 78.
35  Vgl. Uhle, 1987, S. 133. Welskopp definiert Patriarchalismus als ein „auf persönlichen, hausrechtlich begründeten Autoritätsbeziehungen beruhendes System der Unternehmensführung […], das auf der inszenierten Omnipräsenz und Allgewalt des Unternehmers am Ort der Produktion beruht und auf seiner notwendigen Kehrseite auch die sozialpolitische Komplementierung dieser Unternehmenspolitik an die Persönlichkeit – und in der Regel das Charisma – des Unternehmers koppelt". Vgl. Welskopp, 1994, S. 342. Vgl. auch Hilger, Susanne: „Kapital und Moral" in der Wirtschaftsgeschichte. Eine Einführung, in: Susanne Hilger (Hg.): Kapital und Moral. Ökonomie und Verantwortung in historisch-vergleichender Perspektive, Köln 2007, S. 15 f.
36  Vgl. Fischer, 1978, S. 45; vgl. dazu auch Schulz, 1991, S. 143–152; Uhle, 1987, S. 36–45; Dräger, Werner: Betriebliche Sozialpolitik zwischen Autonomie und Reglementierung (1918–1977), in: Wilhelm Treue / Hans Pohl (Hg.): Betriebliche Sozialpolitik deutscher Unternehmen seit dem 19. Jahrhundert (Zeitschrift für Unternehmensgeschichte, Beiheft 12). Wiesbaden 1978, S. 58–69.
37  Burhenne, 1932, S. 14; Feldenkirchen, 1996, S. 204.
38  Vgl. Feldenkirchen, 1996, S. 203 f. Kocka charakterisierte die Führungskultur in der Ära des dominierenden Unternehmensgründers von Siemens modifizierend als „liberalen Patriarchalismus". Vgl. Kocka, 1969, S. 233.
39  Vgl. Uhle, 1987, S. 140; Reichwein, 1965, S. 191 f.
40  Vgl. Uhle, 1987, S. 142 f.

durch Statusdifferenzierungen innerhalb der Arbeitnehmerschaft – etwa durch die Gewährung bestimmter Sozialleistungen an ausgewählte Empfängergruppen – hervorgerufen. Fürstenberg versteht Sozialpolitik als „Antwort auf bestimmte Herausforderungen und Spannungssituationen" und sieht ihre vordringliche Aufgabe innerhalb des Betriebs darin, die durch divergierende unternehmerische Ziele auf der einen Seite und persönliche Ziele der Arbeitnehmer auf der anderen Seite entstandenen grundsätzlichen Spannungsverhältnisse „im Sinne eines von den Beteiligten akzeptierten Ausgleichs"[41] zu gestalten. Neuere organisationssoziologisch orientierte Arbeiten schreiben betrieblichen Sozialleistungen, die als Teil der Tauschbeziehung zwischen Arbeitnehmer und Arbeitgeber verstanden werden, Eigenschaften zur Vermeidung von Opportunismusproblemen in der Arbeitgeber-Arbeitnehmer-Beziehung zu.[42] Als selektive Anreize trügen sie dazu bei, die zur Verwirklichung des Organisationszwecks erforderliche Kooperationsbereitschaft zwischen Arbeitgebern und Arbeitnehmern zu erreichen und zu erhöhen. Durch die effizientere Ausgestaltung der Arbeitsverhältnisse könne eine Steigerung der Produktivität und damit ein ökonomischer Zweck erreicht werden.[43]

## 2.2 Ökonomische Erklärungsansätze

Im Rahmen ökonomischer Ansätze werden betriebliche Sozialleistungen nicht aus altruistischen Einstellungen oder karitativen Motiven, sondern unter dem Aspekt der Rentabilität und als Methode zur Steuerung des Mitarbeiterverhaltens gewährt und erscheinen damit „ökonomisch kalkuliert".[44] Sozialpolitisches Handeln sei aus dieser Perspektive nur dann zu legitimieren, wenn es eine effizienzsteigernde Wirkung zeige.[45] Ein wichtiges Motiv der an Nützlichkeitserwägungen ausgerichteten

---

41   Vgl. Fürstenberg, Friedrich: Perspektiven betrieblicher Sozialpolitik im entwickelten Wohlfahrtsstaat Bundesrepublik Deutschland, in: Wilhelm Treue / Hans Pohl (Hg.): Betriebliche Sozialpolitik deutscher Unternehmen seit dem 19. Jahrhundert (Zeitschrift für Unternehmensgeschichte, Beiheft 12). Wiesbaden 1978, S. 81. Bereits Thalheim wies in den 1930er Jahren auf die Bedeutung betrieblicher Sozialpolitik zur Herstellung des innerhalb des Betriebs gestörten sozialen Gleichgewichts hin. Er sieht das „Sozialproblem des Kapitalismus" vorwiegend darin begründet, „dass das Proletariat in das Gesamtgefüge der Gesellschaft nicht richtig einbalanciert ist. So geht also die autonome Sozialpolitik des Betriebes zunächst einmal darauf aus, innerhalb des Betriebes selbst das gestörte soziale Gleichgewicht wiederherzustellen". Vgl. Thalheim, 1931/32, S. 124.
42   Vgl. Abraham, 1996, S. 54.
43   Vgl. Abraham, Martin / Prosch, Bernhard: Arbeitsbeziehungen und selektive Anreize am Beispiel der Carl-Zeiss-Stiftung, in: Reinhard Wittenberg (Hg.): Person – Situation – Institution – Kultur. Günter Büschges zum 65. Geburtstag. Berlin 1991, S. 198 f.
44   Backes-Gellner, Uschi / Pull, Kerstin: Die Praxis betrieblicher Sozialpolitik. Ergebnisse einer länderübergreifenden Betriebsbefragung, in: Werner Schönig / Ingrid Schmale (Hg.): Gestaltungsoptionen in modernen Gesellschaften. Festschrift für Prof. Dr. h. c. Jürgen Zerche zum 60. Geburtstag. Regensburg 1998, S. 249; vgl. auch Kruse/Kruse, 2002, S. 299.
45   Vgl. Schmähl, Winfried: Sozialpolitisches Handeln von Unternehmen zwischen staatlichen Pflichtaufgaben und Eigenverantwortung der Mitarbeiter, in: Winfried Schmähl: Betriebliche

betrieblichen Sozialpolitik war bereits im letzten Drittel des 19. Jahrhunderts die Gewinnung und Bindung einer qualifizierten Facharbeiterschaft.[46]

Reichwein zufolge wurden betriebliche Sozialleistungen bereits in den 1960er Jahren in der Wahrnehmung der Arbeitnehmer nicht mehr als fürsorgliche Unterstützung, sondern vielmehr als betriebsbedingt oder als Entlohnung angesehen. So basierte die zunehmende Kompensation sozialer durch ökonomische Funktionen insbesondere auch auf arbeitsmarktpolitischen Motiven und zielte auf leistungssteigernde sowie bindungsfördernde Effekte.[47] Gegen die bindende Wirkung betrieblicher Sozialleistungen richtete sich vor allem die gewerkschaftliche Agitation in den 1950er und 1960er Jahren; sie sah darin eine unter dem Schlagwort „goldene Fesseln" subsumierte Einschränkung der Freiheit der Arbeitnehmer.[48]

Die aktuelle, ökonomisch orientierte Fachliteratur unterscheidet mehrere theoretische Erklärungsansätze für die Gewährung betrieblicher Sozialleistungen, die auch Überschneidungen aufweisen können.[49] Allen im Folgenden dargestellten Hypothesen liegt das Verständnis von betrieblicher Sozialpolitik als Mittel zur Erreichung allgemeiner unternehmenspolitischer Ziele zugrunde.[50] Die Konzepte der Neuen Institutionenökonomie fragen in erster Linie nach der Effizienz der betrieblichen Sozialpolitik für das Unternehmen. Der als Substitutions- bzw. Humankapitalhypothese bezeichnete Ansatz, der auf den Arbeiten Sadowskis basiert, interpretiert die Bereitstellung betrieblicher Sozialleistungen als „,emotionsfreie[n]' Verkauf von Gütern und Dienstleistungen an ein besonderes Marktsegment, die Belegschaft [...], die durch Lohnverzicht bezahlt."[51] Dabei geht es um einen einvernehmlichen Tausch von Sozialleistungen gegen Entgelt, bei dem sowohl Arbeitgeber als auch Arbeitnehmer – wie Sadowski am Beispiel der betrieblichen Altersversorgung aufzeigt – durch steuerliche Subventionen sowie durch administrative Kostenvorteile profitieren.[52] Der Tausch von Sozialleistungen gegen Lohnverzicht ist jedoch nur realisierbar, wenn bestimmte nachgefragte Leistungen durch das Unternehmen profitabler und billiger als durch externe Wettbewerber angeboten werden können.[53] Vor diesem Hintergrund ist die Gewährung entsprechender Sozialleistungen nur in dem Fall effizient, wenn der Nutzen für die Arbeitnehmer höher ist als der Nutzen des monetären Äquivalents.[54] Zugleich erscheinen Zusatzleistungen für die Beschäftigten nur dann akzeptabel, wenn sie die gewünschten Leistungen durch

---

    Sozial- und Personalpolitik. Neue Herausforderungen durch veränderte Rahmenbedingungen. Frankfurt a. M. 1999, S. 13.
46  Vgl. Hilger, 1996, S. 37.
47  Vgl. Reichwein, 1965, S. 166 f.
48  Vgl. Langerbein, 1983, S. 170; vgl. auch Mittelstädt, Armin: Betriebliche Sozialpolitik. Relikt vergangener Zeiten, überflüssiger Luxus oder Gestaltungsebene mit Zukunft? in: Angestelltenkammer Bremen / Armin Mittelstädt (Hg.): Betriebliche Sozialpolitik. Relikt vergangener Zeiten, überflüssiger Luxus oder Gestaltungsebene mit Zukunft? Hamburg 1993, S. 12.
49  Vgl. Lutz, 2005, S. 7, 11.
50  Vgl. Sesselmeier, 2003, S. 33; vgl. auch Schmähl, 1999, S. 30.
51  Vgl. Sadowski, 1984, S. 579.
52  Vgl. ebd., S. 584.
53  Vgl. ebd., S. 583.
54  Vgl. Bellmann/Frick, 1999, S. 106.

das Unternehmen billiger erhalten als am Markt oder wenn sie diese extern gar nicht erwerben können. Aus der Unternehmensperspektive ist die Aufrechterhaltung dieses betriebsspezifischen Tauschhandels nur so lange rentabel, wie das Unternehmen seine relativen Kostenvorteile nicht vollständig an die Belegschaft weitergeben muss.[55] Generell ist aus betriebswirtschaftlicher Perspektive die Bereitstellung betrieblicher Sozialleistungen nur dann zu rechtfertigen, wenn sich der Nutzen für das Unternehmen bei gleichem Kosteneinsatz als höher erweist als ein entsprechendes Entgelt.[56]

Der Motivations- bzw. Effizienzlohnhypothese zufolge besteht die Funktion betrieblicher Sozialleistungen in erster Linie darin, die Mitarbeitermotivation und die Arbeitszufriedenheit zu beeinflussen sowie die Identifikation mit dem Unternehmen zu erhöhen und damit die Produktivität zu steigern.[57] Leistungsanreize könnten sich positiv auf Leistungsfähigkeit, Leistungsbereitschaft und Leistungsniveau auswirken und damit letztlich zu einer Reduktion der „user costs of labor" beitragen, indem zum Beispiel Fehlzeiten verringert und Fluktuationsneigungen reduziert würden.[58] Frick/Bellmann/Frick negieren allerdings aufgrund empirischer Untersuchungen die mit der Motivationshypothese verbundenen positiven Auswirkungen betrieblicher Sozialleistungen auf die Arbeitsproduktivität und die Ertragslage des Unternehmens.[59]

Als ebenso unzutreffend bewerten sie die „Macht- bzw. Selbstbedienungshypothese", die einen gewollt unzureichenden Wissensstand der Mehrheit der Beschäftigten über die Bereitstellung betrieblicher Sozialleistungen unterstellt.[60] Im Mittelpunkt dieses Ansatzes steht die Frage, wer bevorzugt von der Gewährung betrieblicher Sozialleistungen profitiert. Sie ist in Abhängigkeit davon zu beantworten, „inwiefern es einigen der am Verteilungsprozess Beteiligten gelingt, die übrigen Teilnehmer von der Plausibilität ihrer Zweckbehauptungen und der Legitimität ihrer Ansprüche zu überzeugen".[61] Entscheidend dafür sind politische Ressourcen wie die Definitionsgewalt und die Diskursfähigkeit der Akteure.

---

55 Vgl. ebd; vgl. auch Sadowski, 1984, S. 583–585, sowie Frick, Bernd / Bellmann, Lutz / Frick, Joachim: Betriebliche Zusatzleistungen in der Bundesrepublik Deutschland: Verbreitung und Effizienzfolgen, in: Zeitschrift für Führung und Organisation, 69. Jg., 2000, H. 2, S. 83.
56 Vgl. Kruse/Kruse, 2002, S. 299.
57 Vgl. ebd., vgl. auch Frick/Bellmann/Frick, 2000, S. 84, sowie Frick, Bernd / Frick, Joachim / Schwarze, Johannes: Zusatzleistungen, Arbeitszufriedenheit und Fluktuationsneigung: Empirische Analysen mit dem „Sozio-ökonomischen Panel", in: Bernd Frick / Renate Neubäumer / Werner Sesselmeier (Hg.): Die Anreizwirkungen betrieblicher Zusatzleistungen. München/Mering 1999, S. 15 f., und Jirjahn, Uwe / Stephan, Gesine: Betriebliche Sonderzahlungen: Theoretische Überlegungen und empirische Befunde, in: Bernd Frick / Renate Neubäumer / Werner Sesselmeier (Hg.): Die Anreizwirkungen betrieblicher Zusatzleistungen. München/Mering 1999, S. 41, sowie Uhle, 1987, S. 179.
58 Vgl. Bellmann/Frick, 1999, S. 84; Uhle, 1987, S. 179.
59 Vgl. Frick/Bellmann/Frick, 2000, S. 88.
60 Vgl. Frick/Frick/Schwarze, 1999, S. 23.
61 Vgl. ebd., S. 16; vgl. auch Backes-Gellner, Uschi / Pull, Kerstin: Betriebliche Sozialpolitik und Maximierung des Shareholder Value: Ein Widerspruch? Eine empirische Analyse alternativer Erklärungsansätze, in: Zeitschrift für Betriebswirtschaft 69/1999, S. 56.

Verhandlungsmodelle gehen davon aus, dass die Gewährung betrieblicher Sozialleistungen kein einseitiger Akt des Arbeitgebers ist, sondern das Resultat eines innerbetrieblichen Verhandlungsprozesses zwischen der Unternehmensleitung und der Arbeitnehmerseite.[62] Die Verhandlungen könnten sowohl in kollektiver Form zwischen Unternehmensleitung und Betriebsrat als auch in individueller Form zwischen Unternehmensleitung und einzelnen Arbeitnehmern stattfinden. Die Bereitstellung betrieblicher Sozialleistungen wird dabei – wie Jirjahn/Stephan am Beispiel von Sonderzahlungen aufzeigen – als eine Art „rent sharing"[63] aufgefasst, wonach Arbeitgeber und Arbeitnehmer gemeinsam erwirtschaftete Renten untereinander aufteilen.[64] Den Ausgang des Verhandlungsprozesses bestimmen mehrere Determinanten: die zu verteilende Rente, die Verhandlungsmacht der beteiligten Parteien, sich diese Rente anzueignen, sowie die Verhandlungsspielräume der Verhandlungspartner.[65] Die Verhandlungen können in expliziter oder impliziter Weise erfolgen. Während explizite Verhandlungen zwischen Arbeitgeber- und Arbeitnehmerseite in der Realität stattfinden, handelt es sich bei der impliziten Form um eine fiktive oder auch vorweggenommene Verhandlung, bei der der Arbeitgeber seine einseitige Entscheidung über die Gewährung von Leistungen davon abhängig macht, was er dem Arbeitnehmer bei einer real stattfindenden Verhandlung zuzugestehen gezwungen wäre.[66]

So können innerbetriebliche Entscheidungsprozesse aus mikropolitischer Perspektive „als Folge formeller wie informeller Aushandlungsprozesse begriffen werden, die prinzipiell offen und auch durch die Arbeitnehmer und deren Interessenvertreter steuerbar"[67] sind. Im Mittelpunkt steht dabei das interessengeleitete Handeln unterschiedlicher Akteure wie des Betriebsrats, der Gewerkschaften oder des Managements, die durch formelle und informelle Regeln an ein Gesamtsystem gebunden sind. Mikropolitik wird damit „zum Ausdruck eines allgegenwärtigen Phänomens sozialer Beziehungen von Akteuren im Ringen um Interessen und Identität."[68] Im Hinblick auf die vorliegende Arbeit kann die mikropolitische Perspektive dazu beitragen, die Interessen des Betriebsrats und der Unternehmenslei-

---

62 Vgl. dazu Pull, Kerstin / Sadowski, Dieter: Recht als Ressource. Die Aushandlung freiwilliger Leistungen in Betrieben. Trier 1996, S. 2f.
63 „Rentsharing" bezeichnet ein Konzept, nach dem Arbeitgeber und Arbeitnehmer gemeinsam erwirtschaftete Renten untereinander aufteilen. Vgl. Pull, Kerstin: Übertarifliche Entlohnung und freiwillige betriebliche Leistungen. Personalpolitische Selbstregulierung als implizite Verhandlung. München/Mering 1996, S. 65. „Unternehmensspezifische Renten können aus unvollkommenen Produktmärkten, beziehungsspezifischen Investitionen sowie aus erfolgreichen Innovationen resultieren, die nicht sofort von anderen Unternehmen imitiert werden". Vgl. Jirjahn/Stephan, 1999, S. 36.
64 Vgl. Jirjahn/Stephan, 1999, S. 36.
65 Vgl. Pull/Sadowski, 1996, S. 5.
66 Vgl. Pull, 1996, S. 69; vgl. auch Backes-Gellner/Pull, 1999, S. 55.
67 Süß, Dietmar: Mikropolitik und Spiele: Zu einem neuen Konzept für die Arbeiter- und Unternehmensgeschichte, in: Jan-Otmar Hesse / Christian Kleinschmidt / Karl Lauschke (Hg.): Kulturalismus: Neue Institutionenökonomik oder Theorienvielfalt. Eine Zwischenbilanz der Unternehmensgeschichte (Bochumer Schriften zur Unternehmens- und Industriegeschichte, Bd. 9). Essen 2002, S. 117.
68 Ebd., S. 119.

tung sowie ihre Einfluss- und Verhandlungsmöglichkeiten bei der Gestaltung betrieblicher Sozialleistungen auszuloten. Dagegen vernachlässigen die effizienzorientierten Ansätze der Neuen Institutionenökonomik weitere Einflussfaktoren betrieblicher Sozialpolitik, wie z.B. die persönlichen Interessen oder das Machtstreben einzelner Akteure sowie die Rahmenbedingungen für die Entwicklung einzelner Sozialleistungen.

Die Marketinghypothese (Wettbewerbsansatz) begründet die Bereitstellung betrieblicher Sozialleistungen mit einer Verbesserung der Wettbewerbsposition auf dem Arbeits- und Absatzmarkt.[69] Die programmatische Herausstellung sozialpolitischer Leitideen solle dazu beitragen, das Unternehmen als attraktiven Arbeitgeber zu positionieren, um in Zeiten der Vollbeschäftigung und Arbeitskräfteknappheit Wettbewerbsvorteile zu erzielen.[70] Durch interne und externe Marketingmaßnahmen könnten betriebliche Sozialleistungen im Rahmen der Public-Relations-Politik das Firmenimage positiv beeinflussen.[71]

Für eine Identifizierung der mit betrieblichen Sozialleistungen verbundenen Wirkungen weist Gaugler auf die Schwierigkeiten der Evaluation hin.[72] Betriebliche Sozialleistungen werden häufig in einem sozialpolitischen Mix kombiniert und nehmen zusätzlich mit anderen Faktoren Einfluss auf die Mitarbeiter, sodass die Wirkung einer einzelnen Maßnahme kaum zu isolieren ist. Bellmann/Frick kommen unter Verwendung umfangreicher ökonometrischer Tests zu der Schlussfolgerung, dass sich mit der Bereitstellung betrieblicher Sozialleistungen weder nachweisbare Wirkungen auf Arbeitsproduktivität, Arbeitsmotivation und -zufriedenheit sowie Loyalität ableiten lassen, noch dass Einflüsse auf die Personalfluktuation und Fehlzeiten feststellbar sind.[73] Damit sehen sie die oben dargestellte Substitutionshypothese bestätigt, die betriebliche Zusatzleistungen als eine spezifische Form der Entlohnung interpretiert.[74]

## 3. HANDLUNGSSPIELRÄUME BETRIEBLICHER SOZIALPOLITIK

### 3.1 Zwischen staatlicher Gesetzgebung und unternehmerischer Gestaltungsfreiheit

Das Jahr 1945 stellte im Hinblick auf die Gestaltung der betrieblichen Sozialpolitik keine Zäsur dar, vielmehr ist eine Kontinuität bei den betrieblichen Unterstützungs- und Versorgungsleistungen festzustellen, die insbesondere in Krisenzeiten auch schon vor dem Zweiten Weltkrieg als unmittelbare Nothilfe staatliche Maßnahmen teilweise ergänzten oder auch ersetzten. Pohl charakterisiert die betriebliche Sozialpolitik nach 1949 durch zwei Entwicklungen: Auf der einen Seite konkurrierten die

---

69  Vgl. Lutz, 2005, S. 10.
70  Vgl. Schulz, 1991, S. 148; Hax, 1988, S. 77; Gaugler, 1974, S. 8.
71  Vgl. Lutz, 2005, S. 10; Kruse/Kruse, 2002, S. 299.
72  Vgl. Gaugler, 1974, S. 11 f.
73  Vgl. Bellmann/Frick, 1999, S. 115; Frick/Bellmann/Frick, 2000, S. 83.
74  Vgl. Bellmann/Frick, 1999, S. 115; Frick/Frick/Schwarze, 1999, S. 29.

etablierten Sozialleistungssysteme vor allem in Großunternehmen zunehmend mit öffentlichen Sozialeinrichtungen, auf der anderen Seite wurden freiwillige Sozialleistungen durch die staatliche Sozialgesetzgebung immer weiter ausgehöhlt.[75] Dies ist insoweit zutreffend, da die Ausweitung der staatlichen Sozialpolitik neue Rahmenbedingungen für die Gestaltung der betrieblichen Sozialpolitik und die unternehmerische Handlungsfreiheit durch gesetzliche Regelungen und tarifvertragliche Vereinbarungen sowie die damit auferlegten Kosten einengte. Dennoch blieb Spielraum für eine autonome betriebliche Sozialpolitik.[76] Daher ist das Argument der eingeschränkten Möglichkeiten betrieblicher Sozialpolitik durch neue tarifliche Vereinbarungen oder gesetzliche Vorgaben nicht ganz zutreffend, „offen kann doch nur die Frage sein", wie der Vorsitzende des Siemens-Gesamtbetriebsrats auf der Betriebsräteversammlung Ende 1972 formulierte, „ob dieses Unternehmen bereit ist, Pioniertaten im Sinne des Firmengründers auf freiwilliger Basis und selbstverständlich im Rahmen des finanziell Möglichen zu vollbringen".[77]

Nachdem die unmittelbare Nachkriegszeit zunächst durch die Kontrollratsgesetze und die Rechtssetzungen in den Besatzungszonen geprägt war, wurde die Gestaltung der Sozialpolitik in der Bundesrepublik Deutschland durch zwei Zielsetzungen determiniert: die Überwindung der Kriegs- und Nachkriegsfolgen sowie die Realisierung der sozialen Sicherung als Voraussetzung für die freie Entfaltung des Menschen in der Wirtschaft.[78] Die sozialpolitischen Bestrebungen richteten sich zunächst auf die Bewältigung der Kriegsfolgelasten durch das Gesetz zur Versorgung der Kriegsopfer (1950) sowie das Lastenausgleichsgesetz (1952), das als neuer sozialpolitischer Maßnahmenkomplex die durch die Kriegsfolgen unterschiedlich verteilten Lasten unter den Bürgern auszugleichen suchte.[79] Gleichzeitig standen der Wiederaufbau der Sozialversicherung, deren Vermögen zum großen Teil verloren gegangen war, sowie die Wiedererrichtung einer freiheitlichen sozialpartnerschaftlichen Arbeitsverfassung im Fokus staatlicher Bestrebungen.[80] Nachdem durch die Währungsreform die wirtschaftspolitischen Voraussetzungen für die Entstehung der Sozialen Marktwirtschaft geschaffen waren, wurde die Sozialpolitik

---

75 Vgl. Pohl, Hans (Hg.): Staatliche, städtische, betriebliche und kirchliche Sozialpolitik vom Mittelalter bis zur Gegenwart (Vierteljahrschrift für Sozial- und Wirtschaftsgeschichte, Beiheft 95). Stuttgart 1991, S. 38; vgl. dazu auch Dräger, 1978, S. 63.
76 Vgl. Dräger, 1978, S. 63.
77 Vgl. o. V.: Ist das Unternehmen bereit, Pioniertaten zu vollbringen? In: Siemens-Mitteilungen 12/1972, S. 4.
78 Vgl. Gladen, Albin: Geschichte der Sozialpolitik in Deutschland. Eine Analyse ihrer Bedingungen, Formen, Zielsetzungen und Auswirkungen. Wiesbaden 1974, S. 114; Hockerts, Hans Günter: Sozialpolitik in der Bundesrepublik Deutschland, in: Hans Pohl (Hg.): Staatliche, städtische, betriebliche und kirchliche Sozialpolitik vom Mittelalter bis zur Gegenwart (Vierteljahrschrift für Sozial- und Wirtschaftsgeschichte, Beiheft 95). Stuttgart 1991, S. 362.
79 Vgl. Lampert, Heinz / Althammer, Jörg: Lehrbuch der Sozialpolitik. 7. Aufl., Berlin 2004, S. 90.
80 Vgl. Schmidt, 1998, S. 78; vgl. auch Henning, Friedrich-Wilhelm: Das industrialisierte Deutschland 1914–1976. 4. Aufl., Paderborn 1978, S. 237.

auf der Basis der freiheitlich-demokratischen Grundordnung durch eine Vielzahl von Sozialgesetzen weiterentwickelt.[81]

Im Bereich der Sozialversicherung erfolgte 1951 die Wiedereinführung der paritätischen Selbstverwaltung. Der Arbeitsschutz wurde durch zahlreiche Maßnahmen wie zum Kündigungsschutz (1951), Mutterschutz-, Jugendarbeitsschutz- oder Schwerbeschäftigtengesetz weiterentwickelt und das Fürsorgewesen grundlegend neu gestaltet.[82] 1957 brachte die Rentenreform als eine der wichtigsten sozialpolitischen Errungenschaften der 1950er Jahre die Erhöhung und Anpassung der Renten an das Lohnniveau sowie als Neuerung die Dynamisierung der Renten.[83] 1969 wurde die Lohnfortzahlung im Krankheitsfall für Arbeiter gesetzlich verankert. Eine besondere Rolle nahm auch die Wohnungsbau- und Wohnungspolitik ein, die ab 1950 durch umfangreiche Wohnprogramme in Gang gesetzt wurde. In der Arbeitsmarkt- und Betriebsverfassungspolitik stellten die Institutionalisierung der Mitbestimmung durch das Betriebsrätegesetz 1946 des Alliierten Kontrollrats, das Montanmitbestimmungsgesetz von 1951, das Betriebsverfassungsgesetz von 1952 und das Mitbestimmungsgesetz von 1976 sowie das Personalvertretungsgesetz von 1955, das 1974 novelliert wurde, bedeutende Meilensteine bei der Regelung der innerbetrieblichen Einflussnahme durch die Arbeitnehmer dar.[84] Die Vermögensbildungspolitik wurde seit den 1960er Jahren durch die Förderung entsprechender Maßnahmen intensiviert. Auch die Bildungspolitik rückte zur Herstellung von Chancengleichheit in den Vordergrund staatlicher Initiativen. Bis Mitte der 1960er Jahre hatte die soziale Sicherung auf der Grundlage des wirtschaftlichen Aufschwungs einen Stand erreicht, der so hoch war wie nie zuvor.[85]

Sozialer Ausgleich, Bekämpfung öffentlicher Armut und Chancengleichheit bildeten wichtige Ziele auf dem Weg zur angestrebten Demokratisierung der Gesellschaft – Sozialpolitik wurde als ein Instrument zur aktiven Gesellschaftsgestaltung verstanden.[86] 1972 erfolgte die Anpassung der Rentenversicherung an die veränderten wirtschaftlichen und gesellschaftlichen Rahmenbedingungen der BRD. Weitere Schwerpunkte bildeten die Erweiterung der Mitbestimmungsrechte der Arbeitnehmer durch das Mitbestimmungsgesetz (1976), die Humanisierung der Arbeitsbedingungen sowie die Verbesserung sozialer Dienstleistungen.[87] 1974 wurde mit dem Gesetz zur Verbesserung der betrieblichen Altersversorgung (Betriebsrentengesetz) erstmals eine gesetzliche Regelung zur betrieblichen Altersversorgung getroffen, die die Anwartschaften bei Bestehen einer Pensionszusage regelte. Die allgemeine Verschlechterung der ökonomischen Grundlagen in der ersten Hälfte der 1970er Jahre leitete die „Sozialpolitik der mageren Jahre" ein und führte ab

---

81  Vgl. Lampert/Althammer, 2004, S. 98.
82  Vgl. Gladen, 1974, S. 119.
83  Vgl. Henning, 1978, S. 239; Gladen, 1974, S. 119; Schmidt, 1998, S. 81–86.
84  Vgl. dazu Schulz, 1991, S. 169; Heymann, Christina: Betriebliche Sozialleistungen. Neue Trends im Sozialleistungssystem (Konstanzer Schriften zur Sozialwissenschaft, Bd. 2). Diplomarbeit Konstanz 1989, S. 16; Uhle, 1987, S. 93.
85  Vgl. Schmidt, 1998, S. 89.
86  Vgl. Alber, Jens: Der Sozialstaat in der Bundesrepublik 1953–1983. Frankfurt a. M./New York 1989, S. 63.
87  Vgl. ebd.

Mitte der 1970er Jahre zu einem sozialpolitischen Konsolidierungskurs, der mit der Kürzung zahlreicher Sozialleistungen verbunden war.[88] Trotz schlechterer wirtschaftlicher Rahmenbedingungen gelang es, den sozialpolitischen Schutz bis in die 1980er Jahre – unter besonderer Forcierung der Familienpolitik – weiter auszubauen und die Sozialleistungsquote bis zur Wiedervereinigung 1989 zu stabilisieren.[89]

Für Unternehmen bestand angesichts der expansiven Entwicklung der staatlichen Sozialpolitik die Herausforderung darin, betriebliche Sozialmaßnahmen entsprechend den neuen Anforderungen zeitgemäß weiterzuentwickeln und durch gezielte Maßnahmen in Einzelbereichen wichtige komplementäre Funktionen wahrzunehmen. Dabei lässt sich im Betrachtungszeitraum ein Bedeutungswandel bzw. Paradigmenwechsel in der betrieblichen Sozialpolitik konstatieren, der auch die Ausgangsthese der Ökonomisierung und Monetarisierung stützt. Doch zunächst standen in der unmittelbaren Nachkriegszeit Versorgungsleistungen für die in Not geratenen Belegschaftsmitglieder und ihrer Familien mit dem elementar Nötigsten im Mittelpunkt sozialer Bemühungen. Die Ausweitung des werkgeförderten Wohnungsbaus angesichts der nach dem Krieg herrschenden Wohnungsnot, betriebliche Initiativen zur Gesundheitsvorsorge und -beratung, Unfallverhütung und Arbeitssicherheit sowie die Ergänzung der staatlichen Rentenpolitik durch die betriebliche Altersversorgung stellten in der Folgezeit Schwerpunkte des sozialpolitischen Handelns von Unternehmen dar.[90]

Fungierten betriebliche Sozialmaßnahmen nach dem Zweiten Weltkrieg angesichts der schlechten sozialen Lage weiter Bevölkerungsteile und des noch nicht vollständig ausgebauten staatlichen Netzes im Wesentlichen zur Linderung sozialer Notlagen, so verloren die fürsorgerische Komponente und der Versorgungscharakter betrieblicher Sozialpolitik mit dem wirtschaftlichen Aufschwung und den steigenden Realeinkommen an Gewicht. In Zeiten der Vollbeschäftigung und des hohen Arbeitskräftebedarfs seit Ende der 1950er Jahre ging es vor allem um die Gewinnung qualifizierter Arbeitskräfte und um die Eindämmung von Fluktuationsbewegungen durch finanzielle Beschäftigungs- und Leistungsanreize. Betriebliche Sozialleistungen erhielten gegenüber dem ursprünglichen Versorgungscharakter die Funktion von Zusatzleistungen, die mit Anreizeffekten verbunden wurden.[91] Zudem traten erweiterte Möglichkeiten zur Teilhabe am wirtschaftlichen Erfolg durch neue Erfolgsbeteiligungsmodelle oder die Ausgabe von Belegschaftsaktien in den Mittelpunkt sozialpolitischer Überlegungen, unter dem gesellschaftspolitischen Ziel der Vermögensbildung wurden die entsprechenden betrieblichen Maßnahmen im Rahmen der weiterentwickelten gesetzlichen Möglichkeiten forciert.[92]

---

88  Vgl. ebd.
89  Vgl. Lampert/Althammer, 2004, S. 99.
90  Vgl. Pohl, 1991, S. 38; Dräger, 1978, S. 65. Trotz der verbesserten staatlichen Absicherung durch die Rentenreform nahm die Zahl der Unternehmen mit einer betrieblichen Altersversorgung zu. Vgl. Uhle, 1987, S. 101.
91  Vgl. Schulz, 1991, S. 173.
92  Vgl. dazu ebd. und Dräger, 1978, S. 65.

Reichwein hat diesen in den veränderten wirtschaftlichen und politischen Rahmenbedingungen der ersten beiden Jahrzehnte nach dem Zweiten Weltkrieg begründeten Funktionswandel als Ökonomisierung bzw. Monetisierung der betrieblichen Sozialpolitik beschrieben.[93] Die These von der erheblichen Ausweitung aller monetären Sozialleistungen führt er im Hinblick auf die politische, wirtschaftliche und gesellschaftliche Entwicklung Deutschlands in den 1950er und 1960er Jahren auf drei Faktoren zurück: erstens auf die allgemeine Erhöhung des Lebensstandards der Arbeitnehmer, die sozialfürsorgerische Versorgungsleistungen des Arbeitgebers überflüssig machten, zweitens auf den Ausbau der staatlichen Sozialpolitik, die zum Beispiel durch die gesetzliche Alterssicherung die Bedeutung der betrieblichen Altersversorgung erheblich einschränkte, sowie drittens auf die seit Ende der 1950er Jahre herrschende permanente Vollbeschäftigung, die zu einem Wettbewerb um qualifizierte Arbeitskräfte führte.[94] Als Beispiele für monetäre Leistungen nennt Reichwein Gratifikationen und Barleistungen wie das Weihnachts- und Urlaubsgeld, das 13. Monatsgehalt oder die verschiedenen Formen der Ergebnisbeteiligung, deren Zunahme er vor allem auf die angespannte Arbeitsmarktlage in den 1960er Jahren zurückführte.[95] Im Gegenzug sah er einen Bedeutungsrückgang sozial- bzw. gesellschaftsbedingter Sozialleistungen wie Für- und Vorsorgeleistungen mit Ausnahme der betrieblichen Altersvorsorge als ökonomische Leistung. Beispiele für gesellschaftsbedingte Sozialeinrichtungen sind Kindergärten, Werkbüchereien, Spiel- und Sportanlagen, kulturelle Veranstaltungen, Betriebsausflüge oder Betriebsfeste.[96] Dieser in der vorliegenden Untersuchung bei Siemens aufzuzeigende Paradigmenwechsel in der betrieblichen Sozialpolitik ist auch vor dem Hintergrund eines gesellschaftlichen Wertewandels von der Versorgungsmentalität zu mehr Selbstbestimmung und Eigenverantwortung zu werten. Damit einher gehen in der Literatur als zeitgemäß betrachtete sozialpolitische Zielsetzungen wie die Förderung der Selbsthilfe der Arbeitnehmer durch verschiedene betriebliche Möglichkeiten der individuellen Eigentums- und Vermögensbildung, die das Streben nach Unabhängigkeit und Eigenverantwortung unterstützen.[97]

Neben gezielt auf eine materielle Besserstellung gerichtete Leistungen wurden verstärkt betriebliche Maßnahmen forciert, die auf den Ausbau innerbetrieblicher Sozialbeziehungen zielten und den Menschen als „social man" und Individuum in den Mittelpunkt des Arbeitsprozesses stellten. Diese von Gaugler als Übergang von einer quantitativen zu einer qualitativen Sozialpolitik gewertete Entwicklung äußerte sich zum Beispiel in der Intensivierung der betrieblichen Aus- und Weiterbildung sowie der innerbetrieblichen Information, der Übertragung von Aufgaben zur Selbstverwaltung, in den Bemühungen um eine Humanisierung der betrieblichen

---

93 Vgl. Reichwein, 1965, S. 168.
94 Vgl. ebd., S. 170.
95 Vgl. ebd., S. 169.
96 Vgl. ebd., S. 207.
97 Vgl. Kador, Fritz-Jürgen: Gestaltung betrieblicher Sozialleistungen. Thesen und Grundsätze aus Sicht der Arbeitgeberverbände, in: Angestelltenkammer Bremen / Armin Mittelstädt (Hg.): Betriebliche Sozialpolitik. Relikt vergangener Zeiten, überflüssiger Luxus oder Gestaltungsebene mit Zukunft? Hamburg 1993, S. 19.

Organisation, mehr Selbstverantwortung und Eigeninitiative sowie flexiblen Arbeitszeitregelungen.[98]

Die Gewerkschaften standen der betrieblichen Sozialpolitik kritisch bzw. ablehnend gegenüber. Sie wandten sich insbesondere in den 1950er und 1960er Jahren gegen die als „Sozialklimbim" bezeichneten betrieblichen Zusatzleistungen, in denen sie ein betriebliches Herrschaftsinstrument und ein Almosen sahen, die aber tatsächlich vorenthaltener Lohn seien.[99] Diese grundsätzlich ablehnende Position wird nicht mehr vertreten, betriebliche Sozialleistungen werden heute befürwortet, wobei eine aktive Mitwirkung und Mitgestaltung bei der betrieblichen Sozialpolitik angestrebt wird.[100]

### 3.2 Entwicklungstendenzen und Perspektiven

Tief greifende Strukturwandlungen in Wirtschaft, Gesellschaft und Arbeitswelt stellen die betriebliche Sozialpolitik in Gegenwart und Zukunft vor neue Herausforderungen. Die rasanten Fortschritte auf dem Gebiet der Kommunikations- und Informationstechnologie, die fortschreitende weltwirtschaftliche Integration durch die Globalisierung und die damit verbundene Intensivierung des Wettbewerbs haben gravierende Auswirkungen auf die Arbeitswelt und den Arbeitsmarkt. Soziodemographische Strukturveränderungen durch die zunehmende Alterung der Bevölkerung und die Schrumpfung der Erwerbsphase durch längere Ausbildungszeiten und früheres Ausscheiden aus dem Erwerbsleben erfordern Neuorientierungen in der Berufs- und Arbeitswelt.[101] Im Zuge des gesellschaftlichen Wertewandels in den industrialisierten Ländern treten seit den 1970er Jahren postmaterielle und postmoderne Werte wie Freiheit, Unabhängigkeit und Selbstverwirklichung gegenüber traditionellen Werten der 1950er und 1960er Jahre wie Recht und Ordnung, Leistung und Disziplin oder Streben nach materiellem Wohlstand in den Vorder-

---

98  Vgl. Gaugler, 1974, S. 19; vgl. auch Dräger, 1978, S. 65; Pohl, 1991, S. 38.
99  So heißt es in der zeitgenössischen Argumentation (1957): „Eine überspitzte betriebliche Sozialpolitik schränkt die Verfügungsgewalt der Arbeitnehmer über den ihnen zustehenden Anteil am Gesamtertrag ein. Sie entwöhnt sie der von ihnen zu fordernden Selbstverantwortung und nimmt ihnen schließlich die Möglichkeit, nach besten Kräften eigenverantwortlich Vorsorge gegen die Wechselfälle des Lebens zu treffen. Wer gegen eine solche Bevormundung nicht aufsteht, verkauft seine persönliche Freiheit für ein Linsengericht", zitiert nach Mittelstädt, 1993, S. 12.
100 Vgl. Klein-Schneider, Hartmut: Gestaltungsinteressen der Gewerkschaften bei betrieblichen Sozialleistungen, in: Angestelltenkammer Bremen / Armin Mittelstädt, 1993, S. 25 f. Ziele sind dabei u. a. die Mitgestaltung und Einflussnahme auf Art, Umfang, Ausgestaltung und Verwaltung der betrieblichen Sozialleistungen, die Verbindlichkeit der Leistungszusagen, überprüfbare Kriterien für die Vergabe der Leistungen, keine tatsächliche Bindung an das Unternehmen über soziale Leistungen.
101 Vgl. Schmähl, 1999, S. 15, 22.

grund.[102] Erwerbsarbeit wird nicht allein als Pflichterfüllung gesehen, sondern auch als Möglichkeit zur Selbstverwirklichung.[103]

Angesichts des skizzierten Wandels der Arbeitswelt und gesellschaftlicher Wertevorstellungen setzt sich der bereits angesprochene Trend der Monetarisierung und Individualisierung fort. Betriebliche Leistungen mit ausschließlichem Sozialcharakter verlieren weiter an Attraktivität gegenüber auf die materielle Besserstellung gerichteten Maßnahmen sowie Leistungen, die dem Streben des Einzelnen nach mehr Unabhängigkeit, Eigenverantwortung und Selbstentfaltung entgegenkommen und den Arbeitnehmer in seinem gesamten Lebensbereich einschließen.[104] Herder-Dorneich folgert daraus für die betriebliche Sozialpolitik das Eintreten in eine neue Phase der „sozialen Aktivierung", in der der Schwerpunkt die Schaffung verbesserter Selbstverwirklichungschancen der Arbeitnehmer sein wird.[105] Hax analysiert aktuelle und zukunftsorientierte Betätigungsfelder der betrieblichen Sozialpolitik insbesondere dort, wo die Verhältnisse am Arbeitsplatz unmittelbar betroffen sind, und weist in diesem Zusammenhang auf Maßnahmen wie die Verbesserung der physischen Arbeitsbedingungen sowie neue Formen der Arbeitsorganisation hin, die mehr individuellen Raum zur Selbstbestimmung und Partizipation bei der Gestaltung der eigenen Arbeitsumwelt geben.[106] Andere Autoren heben die Bedeutung von Weiterbildung und qualifizierenden Maßnahmen als unabdingbare Voraussetzungen zur Erhaltung der employability in der Wissensgesellschaft hervor.[107]

Oechsler, der Reichweins in den 1960er Jahren vertretene These vom Funktionswandel und der Ökonomisierung betrieblicher Sozialleistungen weiterentwickelt und ausdifferenziert hat, prognostiziert die zukünftigen arbeitsmarktpolitischen Konsequenzen des Übergangs von der (stabilen) Industriegesellschaft zur flexiblen Informationsgesellschaft. Angesichts des im Zuge des fortschreitenden demographischen Wandels zukünftig zu erwartenden Mangels an qualifizierten Fachkräften, die den Arbeitsmarkt der mobilen und fluiden Gesellschaft prägen, sieht er mit einer ansteigenden Arbeitslosigkeit und der Zunahme flexibler Beschäftigungsverhältnisse – wie befristeter oder Teilzeitarbeitsverhältnisse – gravierende Lücken in der sozialen Absicherung und damit neue soziale Problemlagen.[108] Die zukünftigen Funktionen betrieblicher Sozialleistungen müssten daher in erster Linie auf dem Gebiet der Beschäftigungs- und Versorgungssicherung und dem Schutz vor sozialer Armut liegen.[109] Die Sicherung der Altersversorgung als eine ureigene

---

102 Vgl. Oechsler, Walter A.: Funktionen betrieblicher Sozialleistungen im Wandel der Arbeitswelt, in: Eduard Gaugler / Günther Wiese (Hg.): Gegenwartsprobleme und Zukunftsperspektiven betrieblicher Sozialleistungen. Baden-Baden 1996, S. 30. Vgl. auch Barz/Kampik/Singer/Teuber, 2001, S. 79.
103 Vgl. Oechsler, 1996, S. 30.
104 Vgl. Dibbern, Detlef: Betriebliche Sozialpolitik als unternehmerische Herausforderung, in: Personalführung, H. 8–9, 1988, S. 593 f.; vgl. auch Kador, 1993, S. 19.
105 Vgl. Herder-Dorneich, 1993, Sp. 3926.
106 Vgl. Hax, 1988, S. 85.
107 Vgl. Schmähl, 1999, S. 30; Kador, 1993, S. 19; Gaugler, 1992, Sp. 2106.
108 Vgl. Oechsler, 1996, S. 29.
109 Vgl. ebd., S. 34.

und gerade heute wieder zentrale Funktion betrieblicher Sozialpolitik stellen zahlreiche weitere Autoren in den Vordergrund ihrer Überlegungen über aktuelle und zukünftige Anforderungen an die betriebliche Sozialpolitik und betonen vor dem Hintergrund des abgesenkten Niveaus staatlicher Alterssicherung nicht zuletzt auch die Anreizfunktion dieser Leistungen.[110]

Sesselmeier sieht eine wachsende Bedeutung betrieblicher Sozialpolitik gegenüber gesetzlichen oder tariflichen Maßnahmen und bewertet ihre zukünftige Rolle im Kontext der sozioökonomischen Veränderungen, die sich in einem grundlegenden Strukturwandel der Wirtschafts- und Arbeitswelt sowie in der demographischen Entwicklung manifestiert.[111] Maßnahmen zur betrieblichen Weiterbildung und zur Erhaltung der Leistungsfähigkeit angesichts des zunehmenden technischen Fortschritts, eine der Verlängerung der Lebensarbeitszeit entsprechende altersgerechte Ausgestaltung der Arbeitsplätze und adäquate Arbeitszeitpolitik, Instrumente zur Stärkung der Arbeitnehmerbindung in bestimmten, durch eine Übernachfrage nach Arbeitskräften gekennzeichneten Qualifikationsbereichen oder Maßnahmen zur Integration von aufgrund der nationalitätenspezifischen Zusammensetzung heterogener werdenden Belegschaften stellen zeitgemäße Herausforderungen für die betriebliche Sozialpolitik dar.[112] Ferner muss sie dem Bedürfnis nach mehr Flexibilität und Sicherheit gerecht werden.

Als ein Beispiel für eine aktuelle Gestaltungsform betrieblicher Sozialpolitik gilt das in den USA entwickelte, auch in Deutschland praktizierte Cafeteria-Verfahren.[113] Das auf der von amerikanischen Organisationssoziologen entwickelten Anreiz-Beitrags-Theorie basierende System stellt die Frage in den Mittelpunkt, welche Anreize angeboten werden müssen, um neue Mitarbeiter zu gewinnen sowie die beschäftigten Mitarbeiter zu einer Maximierung ihrer Beiträge im Sinne der organisatorischen Ziele zu motivieren.[114] Dabei geht es nicht um eine Ausdehnung bzw. Maximierung des vorhandenen Sozialleistungsangebots, sondern um eine optimale Aufteilung durch die an den realen Bedürfnissen der Mitarbeiter orientierte Gestaltung der einzelnen Leistungselemente. Mitarbeiter erhalten im Rahmen des Cafeteria-Ansatzes die Möglichkeit, ihr persönliches Sozialleistungsmenü nach individuellen Präferenzen aus vorgegebenen Alternativen auszuwählen.[115] Der Vorteil dieses Verfahrens wird in der motivationalen Wirkung der ausgewählten Sozialleistun-

---

110 Vgl. Schmähl, 1999, S. 33; Hax, 1988, S. 85; Kador, 1993, S. 19; Heymann, 1989, S. 45; Andresen, Boy-Jürgen: Betriebliche Altersversorgung im 21. Jahrhundert, in: Boy-Jürgen Andresen / Norbert Rößler / Jochen Rühmann: Betriebliche Altersversorgung im 21. Jahrhundert. Rechtliche, personalpolitische und finanztechnische Herausforderungen (Festschrift für Wolfgang Förster zum 60. Geburtstag). Köln 2001, 49 f.; Mittelstädt, 1993, S. 14.
111 Vgl. Sesselmeier, 2003, S. 35 f.
112 Vgl. ebd., S. 37 f.
113 Vgl. Wagner, Dieter: Cafeteria-Systeme, in: Eduard Gaugler / Walter A. Oechsler / Wolfgang Weber (Hg.): Handwörterbuch des Personalwesens. 3. Aufl., Stuttgart 2004, Sp. 633; vgl. auch Kruse/Kruse, 2002, S. 305.
114 Vgl. Freimuth, Joachim: Cafeteria-Systeme. Ein Ansatz zur Flexibilisierung betrieblicher Sozialleistungen, in: Personalführung, H. 8–9, 1988, S. 600.
115 Vgl. Wagner, 2004, Sp. 632; Uhle, 1987, S. 121 f.; Heymann, 1989, S. 58.

gen gesehen.[116] Durch die bedürfnisorientierte Gestaltung des Sozialleistungsangebots werde die Vielfalt der einzelnen Leistungen bewusster wahrgenommen. Betriebliche Sozialleistungen könnten dadurch ihre Anreizfunktion besser entfalten, während sie derzeit unter den gegebenen Umständen nach dem „Gießkannenprinzip" gestreut würden. Als Bezugsgruppen von Cafeteria-Systemen gelten in erster Linie Führungskräfte, leitende Mitarbeiter sowie Angehörige oberer Tarifgruppen.[117] Ihre Befürworter sehen das flexible und bedarfsorientierte Sozialleistungsangebot im Rahmen des Personalmarketings vor allem bei der Rekrutierung von Fachkräften in stagnierenden oder rückläufigen Arbeitsmärkten als überzeugendes Argument und weisen zugleich auf den Bindungseffekt bereits vorhandener Mitarbeiter sowie den positiven Effekt auf die Fluktuationsrate hin.[118] Kritiker befürchten mit Recht in den von Kruse/Kruse auch als „Prototypen individualisierter Entgeltsysteme" interpretierten Cafeteria-Modellen eine Demontage des Sozialen und warnen vor einer Verwässerung der Leistungen, die als Individualleistungen allein auf ihre Anreizfunktion reduziert würden.[119]

Aktuelle und zukünftige Aufgabenfelder betrieblicher Sozialpolitik werden angesichts des beschriebenen Wandels der Rahmenbedingungen dem Paradigmenwechsel von sozial bedingten Versorgungsleistungen zu ökonomisch bedingten, monetären Leistungen, die ein größeres Maß an Eigenverantwortung und individuellem Freiraum ermöglichen und dem gesellschaftlichen Wertewandel und dem Streben nach Freiheit, Unabhängigkeit und Selbstverwirklichung entsprechen, Rechnung tragen müssen.

---

116 Vgl. Freimuth, 1988, S. 600.
117 Vgl. Wagner, 2004, Sp. 631.
118 Vgl. Freimuth, 1988, S. 604.
119 Vgl. Kruse/Kruse, 2002, S. 305; Oechsler, 1996, S. 3.

## III. GRUNDZÜGE DER UNTERNEHMENSENTWICKLUNG

### 1. DIE UNTERNEHMENSENTWICKLUNG IM ÜBERBLICK

Keimzelle der heutigen Siemens AG ist die am 1. Oktober 1847 von Werner von Siemens (1816–1892) und Johann Georg Halske (1814–1890) in Berlin gegründete „Telegraphen-Bauanstalt von Siemens & Halske".[1] Auf der Basis zukunftsweisender Erfindungen engagierte sich das Unternehmen sowohl in der Nachrichten- als auch in der Energietechnik[2] und expandierte innerhalb weniger Jahrzehnte zu einem international agierenden Elektrokonzern. Bis 1914 war das nach dem Tod von Werner von Siemens zunächst von seinen Söhnen Wilhelm von Siemens (1855–1919) und Arnold von Siemens (1853–1918) geleitete Unternehmen zu einem vielfach verflochtenen, multinationalen Konzern herangewachsen, der 82.000 Mitarbeiter beschäftigte und in über 50 Ländern über Vertretungen oder Niederlassungen verfügte.

Carl Friedrich von Siemens (1872–1941),[3] der jüngste Sohn des Firmengründers, verfolgte nach dem Ersten Weltkrieg das strategische Ziel, ein Universalunternehmen der Elektrotechnik zu bilden, einzelne Arbeitsgebiete jedoch spezialisierten Tochter- und Beteiligungsgesellschaften zu übertragen. Damit entstand ein System rechtlich selbstständiger, wirtschaftlich, technisch und organisatorisch eng zusammenarbeitender Stammgesellschaften, Tochterunternehmen und Beteiligungen, die alle unter dem Dach des „Hauses Siemens" zusammengefasst waren.[4] Bereits Mitte der zwanziger Jahre gehörte Siemens wieder zu den weltweit größten Elekt-

---

1 Zur Unternehmensentwicklung vgl. Feldenkirchen, 2003 a. Zu Werner von Siemens vgl. Feldenkirchen, 1996 und ders.: Unternehmensgeschichte, Unternehmenskultur und kulturelles Management bei Siemens, in: Karl Albrecht Schaftschneider (Hg.): Wirtschaft, Gesellschaft und Staat im Umbruch. Festschrift der Wirtschafts- und Sozialwissenschaftlichen Fakultät der Friedrich-Alexander-Universität Erlangen-Nürnberg 75 Jahre nach Errichtung der Handelshochschule Nürnberg. Nürnberg 1995, S. 47 f.

2 1903 entstand die Siemens-Schuckertwerke GmbH durch Zusammenlegung der starkstromtechnischen Aktivitäten von Siemens & Halske und der Elektrizitäts-Aktiengesellschaft vorm. Schuckert & Co.

3 Carl Friedrich von Siemens war neben seiner unternehmerischen Tätigkeit Reichstagsabgeordneter der Deutschen Demokratischen Partei und engagierte sich durch die Übernahme zahlreicher Ämter und Ehrenämter in Wirtschaft, Wissenschaft und Gesellschaft. Vgl. Feldenkirchen/Posner, 2005, S. 86–111.

4 Um die Siemens & Halske AG als Kern des Hauses entstanden zahlreiche Tochtergesellschaften wie z.B. die Osram GmbH KG (1919), die Gesellschaft für elektrische Apparate mbH (1920), die Siemens-Bauunion GmbH KG (1921), die Siemens-Planiawerke AG (1929), die Klangfilm GmbH (1929) oder die Vereinigte Eisenbahn-Signalwerke GmbH (1929). Im elektromedizinischen Bereich wurde mit der 1932 gegründeten Siemens-Reiniger-Werke AG die größte elektromedizinische Spezialfirma der Welt errichtet, vgl. Feldenkirchen, 2003 a, S. 178, 233.

rokonzernen. Unter der nationalsozialistischen Regierung und durch den 1936 verkündeten Vierjahresplan, der Wirtschaft und Armee kriegsbereit machen sollte, bestimmte die rüstungsbezogene staatliche Nachfrage die wirtschaftliche Aufwärtsentwicklung des Unternehmens. 1939 beschäftigte Siemens über 180.000 Mitarbeiter und stand mit einem Umsatz von knapp 1,4 Milliarden Reichsmark an der Spitze der deutschen Elektroindustrie.[5] Der politische und wirtschaftliche Zusammenbruch führte am 20. April 1945 zur Schließung der Siemenswerke in Berlin. Bei Kriegsende war ein großer Teil der Siemens-Produktionsanlagen zerstört, die Gesamtverluste beliefen sich auf 2,54 Milliarden Reichsmark – dies entsprach vier Fünfteln der Gesamtsubstanz.[6]

## 1.1 Wiederaufbau und Erschließung nationaler und internationaler Märkte

Trotz der erheblichen Zerstörungen und Demontagen nach Kriegsende und der schwierigen wirtschaftlichen Rahmenbedingungen der unmittelbaren Nachkriegszeit gelang es erstaunlich schnell, die Funktionsfähigkeit des Unternehmens wiederherzustellen und die Grundlagen für die Wiedererlangung der Wettbewerbsfähigkeit auf den Weltmärkten zu schaffen. Eine wesentliche Voraussetzung für den raschen Wiederaufbau bestand in der Schwerpunktverlagerung der geschäftlichen Aktivitäten von Berlin in den Westen und Süden Deutschlands. Bereits wenige Monate vor Kriegsende hatten die Siemens-Vorstände in München, Hof an der Saale bzw. Erlangen und Mülheim a. d. Ruhr sogenannte Gruppenleitungen installiert, um die Handlungsfähigkeit des Unternehmens im Besatzungsfall sicherzustellen.[7] Aufgrund der unsicheren politischen Lage Berlins und der unterschiedlichen Entwicklung der sowjetischen Zone und der Bizone der Alliierten in der Folgezeit sowie mit Blick auf die Gründung der Bundesrepublik Deutschland beschloss die Unternehmensleitung zum 1. April 1949 die endgültige Umsiedlung der Firmensitze von

---

5 Der Mangel an Arbeitskräften, der durch Einberufungen verstärkt wurde, und die Ausweitung der Kapazitäten führten ab Ende 1940 zur Beschäftigung von Zwangsarbeitern, deren Anzahl sich 1944 bei einer Gesamtbelegschaft von 244.000 Mitarbeitern auf 50.000 belief. Vgl. ebd., S. 174.

6 Vgl. Feldenkirchen, Wilfried: Der Wiederaufbau des Hauses Siemens nach dem Zweiten Weltkrieg (1945 bis zum Beginn der 50er Jahre), in: Horst A. Wessel (Hg.): Geschichte der Elektrotechnik 15, Demontage – Enteignung – Wiederaufbau. Teil 1: Die elektrotechnische Industrie nach 1945. Berlin/Offenbach 1997, S. 177 (Feldenkirchen, 1997 a).

7 Nachdem die Firmenleitung im Herbst 1944 in Schweden Informationen über die Pläne der Alliierten zur Aufteilung Deutschlands in Besatzungszonen erhalten hatte, sollte mit der Einrichtung der außerhalb von Berlin gelegenen Gruppenleitungen Vorsorge für den Fall getroffen werden, dass die Leitung des Hauses aufgrund der militärischen Lage nicht mehr auf auswärts gelegene Werke und Geschäftsstellen einwirken konnte. In den ersten beiden Februarwochen machten sich ca. 20 zu den Gruppenleitungen abgeordnete Mitarbeiter in Kohlevergaserwagen auf den Weg. Vgl. dazu Z-Rundschreiben Nr. 337 vom 19.12.1945 btr. Schaffung von „Gruppenleitungen außerhalb Berlins für S & H und SSW, in: SAA Rundschreibensammlung. Vgl. Tacke, Gerd: Vom Aschenhaufen zum Weltunternehmen – Das Haus Siemens nach dem Zweiten Weltkrieg. ZFE-Kolloquium München am 17.1.1989 (unveröffentlichtes Manuskript), S. 10–11, in: SAA WP; Feldenkirchen, 1997 a, S. 178 f.

Siemens & Halske nach München und der Siemens-Schuckertwerke nach Erlangen; Berlin blieb jeweils als zweiter Firmensitz erhalten.[8] Erlangen als Stammsitz der Siemens-Reiniger-Werke war im Krieg weitgehend unzerstört geblieben, lag nur rund 20 Kilometer nördlich von Nürnberg, dem nach Berlin wichtigsten Standort der Siemens-Schuckertwerke, und besaß Standortvorteile wie eine intakte Infrastruktur, eine Universität sowie das Entgegenkommen der Stadtverwaltung und der amerikanischen Besatzungsbehörde bei der Ansiedlung.[9] Auch München verfügte über Produktionsstätten, die ihren Ursprung in der 1927 eingerichteten Fabrik für Fernsprechgeräte in der Hofmannstraße hatten, und war Universitätsstandort, was im Hinblick auf die Nachwuchsrekrutierung einen Vorteil darstellte. Hermann von Siemens (1885–1986), der nach dem Tod von Carl Friedrich von Siemens den Vorsitz der Aufsichtsräte von S&H und SSW übernommen hatte, richtete sein Büro in München ein, Ernst von Siemens (1903–1990), ein Enkel des Firmengründers, übernahm den Vorstandsvorsitz von Siemens & Halske und Günther Scharowsky (1891–1953) wurde Vorstandsvorsitzender der Siemens-Schuckertwerke.[10]

Die Wiederaufnahme der Produktion war aufgrund fehlender Maschinen und Rohstoffe zunächst nur in eingeschränktem Maße möglich und durch Reparaturarbeiten, öffentliche Montage- und Instandsetzungsaufträge sowie die Herstellung von Notfertigungen für den alltäglichen Bedarf geprägt, bevor die Produktion einfacher elektrotechnischer Erzeugnisse wieder anlaufen konnte.[11] Erst mit der Währungsunion 1948 setzte unter der tradierten Zielsetzung, die ganze Elektrotechnik zu bearbeiten, langsam die Rückkehr zum ursprünglichen Produktionsspektrum ein. Der Ausbau der Werkstätten und die positive Entwicklung in der Folgezeit wurden vor allem durch Aufträge aus dem Bereich des öffentlichen Bahn- und Nachrichtenwesens, durch den Bedarf der Industrie an elektrischen Aufrüstungen, den Bau von Kraftwerken und die verstärkte Produktion privater Konsumgüter, die im Zuge des Wirtschaftswunders mit der steigenden Kaufkraft der Bevölkerung eine immer größere Bedeutung einnahmen, bestimmt.

Eine wichtige Voraussetzung für die erstaunlich schnelle Wiederherstellung der Funktionsfähigkeit und die wirtschaftlichen Erfolge in der Nachkriegszeit be-

---

8   Diese Neuorganisation wollte das Neben- und Gegeneinander von Berlin und dem Westen beenden und eine einheitliche und verantwortliche Führung des Hauses auf den verschiedenen Arbeitsgebieten gewährleisten, die auch die besondere Lage Berlins berücksichtigte. Vgl. Z-Rundschreiben Nr. 1 der Siemens & Halske AG, München 25. März 1949, in: SAA 52/Ls 631.
9   Vgl. Feldenkirchen, 2003 a, S. 269.
10  Hermann von Siemens, Sohn von Arnold von Siemens, hatte nach seiner Entlassung aus amerikanischer Internierung bereits am 1. Mai 1948 seine Funktion als Aufsichtsratsvorsitzender beider Gesellschaften wieder aufgenommen. Ernst von Siemens, Sohn von Carl Friedrich von Siemens, hatte 1945 die Gruppenleitung von Siemens & Halske in München übernommen und war beauftragt, die Gesamtinteressen des Hauses Siemens treuhänderisch wahrzunehmen. Günther Scharowsky hatte die Gruppenleitung der Siemens-Schuckertwerke inne und war wesentlich am Wiederaufbau der Werke in Erlangen beteiligt. Der Vorstandsvorsitz lag von 1945 bis 1949 bei Wolf-Dietrich von Witzleben (1886–1970).
11  Siemens-Fachleute setzten z.B. Einrichtungen von öffentlichen Versorgungsbetrieben, Verkehrsanlagen sowie von Post und Bahn instand. Notfertigungen waren z.B. Kochtöpfe, nichtelektrische Haushaltsgeräte wie Handkarren, Kochkisten oder Behelfsöfen. Vgl. Feldenkirchen, 2003 a, S. 271 f.

stand darin, dass das Unternehmen, anders als zum Beispiel die IG Farben, von einer Dekartellierung verschont blieb. Nach den Vorstellungen der Besatzungsmächte über die Zerschlagung von Kartellen und Monopolvereinigungen sollten die Stammfirmen Siemens & Halske und die Siemens-Schuckertwerke getrennt sowie Siemens & Halske innerhalb der westdeutschen Gruppenleitungen dezentralisiert werden. Durch geschickte Verhandlungsführung gelang es den Siemens-Vorständen, die Alliierten davon zu überzeugen, dass eine Trennung der Stammfirmen aufgrund der notwendigen wechselseitigen Zulieferungen nicht realisierbar sei.[12] Bis auf einige wenige Entflechtungsmaßnahmen wurden die Dekartellisierungspläne – auch vor dem Hintergrund der gewandelten Deutschlandpolitik der Alliierten – nicht mehr weiterverfolgt. Grundlegende Bedeutung für die erfolgreichen Wiederaufbauaktivitäten hatte die Bereitstellung von Kapital. Bis zur Währungsreform konnte in Westdeutschland auf vorhandene flüssige Mittel zurückgegriffen werden, während die Berliner Betriebe aufgrund der Sperrung von Bankguthaben und des Verlustes der Bargeldbestände auf die finanzielle Unterstützung der westdeutschen Betriebe und die Aufnahme von Krediten angewiesen waren.[13] Nach der Währungsreform trugen die ERP-Kredite[14] im Rahmen des Marshallplans zu einer Beschleunigung der Wiederaufbauaktivitäten in Westdeutschland, im Wesentlichen aber in Berlin, bei.

Bereits 1950 war das Produktionsniveau der Vorkriegszeit erreicht und Siemens & Halske und die Siemens-Schuckertwerke spielten neben den Elektrofirmen AEG und Brown, Boveri & Cie. zu Beginn der 1950er Jahre wieder eine entscheidende Rolle in der deutschen Elektroindustrie.[15] Zu den Schwerpunkten des Produktionsprogramms zählten die Nachrichtentechnik, die Energietechnik, die Medizintechnik, die Mess- und Signaltechnik, das Rundfunkgeschäft und zunehmend auch die Herstellung von Konsumgütern, wie z.B. von Haushaltsgeräten. Der engen Verflechtung von Datenverarbeitung und Systemtechnik trug Siemens 1954 durch die Bildung des Arbeitsbereichs „Nachrichtenverarbeitung" Rechnung. Mit der Gründung der Siemens-Electrogeräte AG im Jahr 1957 für die Herstellung von Haushaltsgeräten wurden die Konsumgüteraktivitäten des Hauses zusammengefasst und deutlich aufgewertet.

Auch das Auslandsgeschäft erfuhr nach der Währungsreform neuen Auftrieb, blieb aber zunächst gegenüber dem Inlandsgeschäft noch unbedeutend. Bis Mitte der 1950er Jahre konnten in über 30 Ländern Siemens-Gesellschaften oder Vertretungen zurückerworben oder aufgebaut sowie die konfiszierten Auslandsgesellschaften und die Besitzrechte an Siemens-Patenten und Marken zurückerworben werden. Kontakte und Absatzmöglichkeiten bestanden in Ländern Westeuropas, des Mittelmeerraums und des Mittleren Ostens.[16] Die vor dem Krieg erfolgreichen überseeischen Geschäfte entwickelten sich aufgrund der erstarkten amerikanischen

---

12  Vgl. Feldenkirchen, 2003 a, S. 265.
13  Vgl. Feldenkirchen, 1997 a, S. 191.
14  Das European Recovery Program wurde 1948 zur wirtschaftlichen Unterstützung der europäischen Länder ins Leben gerufen.
15  Vgl. Feldenkirchen, 1997 a, S. 195.
16  Vgl. Feldenkirchen/Posner, 2005, S. 137 f. Zu Beginn der 1950er Jahre besaßen die Siemens-

Konkurrenz und des Fehlens von Handelsverträgen zunächst nur langsam. Firmenvertreter knüpften Kontakte zu amerikanischen Wettbewerbern wie Westinghouse,[17] Western Electric, ITT und RCA und schlossen Verträge zum Austausch von Patenten und Know-how. Auch nach Japan bestanden Beziehungen, so mit dem japanischen Unternehmen Fusi Denki Seizo KK. Beispiele für erfolgreiche Abschlüsse sind das 1956 unter der Federführung von Siemens fertiggestellte 300-MW-Kraftwerk San Nicolàs in Argentinien, aber auch das Landesfernmeldenetz für Saudi-Arabien oder der 1957 erteilte Auftrag für das Stahlwerk Rourkela in Indien, die den wachsenden Exportanteil am Geschäft forcierten. Im Geschäftsjahr 1956/57 machte das Exportgeschäft bereits rund ein Viertel des Gesamtgeschäfts der Stammgesellschaften aus.[18] Um die Auslandsabteilungen von Siemens & Halske und der Siemens-Schuckertwerke besser zu koordinieren, entstand 1952 die Zentralverwaltung Ausland. Mitte der 1960er Jahre war die frühere Weltmarktposition wieder erreicht. Im Geschäftsjahr 1966/67 entfielen von einem Gesamtumsatz von 7,94 Mrd. DM 42 Prozent auf das Auslandsgeschäft.[19] Zugleich stellte Siemens ein Fünftel des deutschen Elektroexports.[20] Dieser Aufwärtstrend fand auch in den Belegschaftszahlen Ausdruck, die sich von rund 81.000 im Jahr 1950 auf rund 254.000 im Jahr 1966, davon etwa 34.000 im Ausland, verdreifachten.[21]

### 1.2 Die Gründung der Siemens AG

Mitte der 1960er Jahre konnte die Phase des Wiederaufbaus als endgültig abgeschlossen betrachtet werden, die Weltmarktstellung war wieder erreicht.[22] Die vorausgegangene expansive wirtschaftliche Entwicklung im In- und Ausland und die technologischen Fortschritte, die die Kernbereiche Nachrichtentechnik und Energietechnik immer weiter zusammenwachsen ließen, erforderten nicht zuletzt auch aufgrund des hohen Investitionsbedarfs und der sich verschärfenden internationalen Wettbewerbssituation rund 20 Jahre nach Kriegsende eine Bündelung aller Aktivitäten durch eine organisatorische Angleichung der drei Stammgesellschaften Siemens & Halske AG, Siemens-Schuckertwerke AG und Siemens-Reiniger-Werke

---

Gesellschaften bereits einen Anteil von rund 30 % an der deutschen Elektroausfuhr, vgl. Feldenkirchen, 1997 a, S. 197.

17 Vgl. dazu Feldenkirchen, Wilfried: Die Beziehungen zwischen Siemens und Westinghouse von den Anfängen bis in die Gegenwart, in: Michael Wala (Hg.): Gesellschaft für Demokratie im transatlantischen Kontext. Festschrift für Reinhard R. Doerries zum 65. Geburtstag (USA-Studien, Bd. 11). Stuttgart 1999, S. 329–343.
18 Vgl. Feldenkirchen, 2003 a, S. 281.
19 Vgl. Geschäftsbericht der Siemens AG 1966/67, in: SAA 15/Lg 969, S. 13; vgl. auch Feldenkirchen, 2003 a, S. 295.
20 Vgl. Feldenkirchen/Posner, 2005, S. 138.
21 Vgl. Feldenkirchen, Wilfried (Hg.): Siemens 1847–1997. Daten, Zahlen, Fakten. Begleitheft zu: ders. (Hg.): 150 Jahre Siemens. Das Unternehmen von 1847–1997. München 1997, S. 20 (Feldenkirchen, 1997 d). Vgl. auch ders. (Hg.): 150 Jahre Siemens. Das Unternehmen von 1847–1997. München 1997, S. 64 (Feldenkirchen, 1997 c).
22 Vgl. Feldenkirchen/Posner, 2005, S. 152.

AG, um Siemens als Gesamtkonzern unter einer einheitlichen Führung besser auf den Weltmärkten zu profilieren.[23]

Die Gründung der Siemens AG durch die gesellschaftsrechtliche Zusammenfassung im Oktober 1966 war der erste Schritt zu einer grundlegenden Neuordnung des Hauses. Im Oktober 1969 trat die sogenannte Grundordnung der Siemens AG in Kraft, in der die Unternehmensstruktur den Erfordernissen der Technik und der Märkte entsprechend in sechs Unternehmensbereiche, fünf Zentralabteilungen so-

Abb. 2: Unternehmensstruktur der Siemens AG zum 1. Oktober 1969

**Unternehmensbereiche**                                                      **Zentralabteilung**

| **B** | **D** | **E** | **I** | **Med** | **N** | |
|---|---|---|---|---|---|---|
| Bauelemente | Datentechnik | Energietechnik | Installations-technik | Medizinische Technik | Nachrichten-technik | **ZB** Betriebswirtschaft |
| Geschäftsbereiche:<br>• Halbleiter<br>• Passive Bauelemente<br>• Röhren | Geschäftsbereiche:<br>• Datenverarbeitung<br>• Fernschreib- und Datenverkehr<br>• Eisenbahnsignaltechnik<br>• Signalgeräte | Geschäftsbereiche:<br>• Energieversorgung<br>• Industrie<br>• Meß- und Prozeßtechnik<br>• Verkehr, Transport, Forschungsstätten | Geschäftsbereiche:<br>• Installationsanlagen und Klimatechnik<br>• Installationsgeräte und Beleuchtungstechnik<br>• Starkstromkabel und -Leitungen<br>• Zähler/Autoinstallation | Arbeitsgebiete:<br>• Röntgen<br>• Elektromedizin<br>• Hörgeräte<br>• Dental | Geschäftsbereiche:<br>• Fernsprechtechnik<br>• Weitverkehrstechnik<br>• Nachrichtenkabeltechnik | Hauptabteilungen Unternehmensplanung<br>• Rechnungswesen<br>• Organisation, Zentraleinkauf, Revision |
| Hauptabteilung:<br>• Kaufmännische Leitung | Hauptabteilungen:<br>• Zentrallaboratorium<br>• Fertigung<br>• Kaufmännische Leitung | Hauptabteilungen:<br>• Werke<br>• GemeinsameTechnische Aufgaben<br>• Kaufmännische Leitung | Hauptabteilung:<br>• Kaufmännische Leitung | Hauptabteilungen:<br>• Entwicklung<br>• Fertigung, Vertrieb<br>• Kaufmännische Leitung | Hauptabteilungen:<br>• Zentrallaboratorium<br>• Kaufmännische Leitung | **ZF** Finanzen<br>Hauptabteilungen:<br>• Finanzierung<br>• Bilanzierung<br>• Beteiligungsverwaltung<br>• Rechtsabteilung<br>• Steuerabteilung |
| Fertigungsstätten:<br>Berlin<br>Heidenheim<br>München<br>Regensburg<br>Málaga/Spanien<br>Sabugo/Portugal<br>Sulmona/Italien<br>Wien<br>Porto Alegre/Brasilien<br>Pretoria | Fertigungsstätten:<br>Augsburg<br>Berlin<br>Braunschweig<br>München<br>Evora/Portugal<br>Lanklaar/Belgien<br>Melbourne<br>Pretoria | Fertigungsstätten:<br>Amberg<br>Bad Neustadt/Saale<br>Berlin<br>Bremen<br>Cham<br>Karlsruhe<br>München<br>Nürnberg<br>Wesel<br>Würzburg<br>Cavenago/Italien<br>Cornellà/Spanien<br>Eskilstuna/Schweden<br>Sabugo/Portugal<br>Trondheim/Norwegen<br>Wien<br>Andheri/Indien<br>Bogotá<br>Buenos Aires<br>Kalwa/Indien<br>Karachi/Pakistan<br>Melbourne<br>Mexiko<br>Rosslyn/Südafrika<br>Sao Paulo | Fertigungsstätten:<br>Berlin<br>Neustadt/Coburg<br>Regensburg<br>Cornellà/Spanien<br>Mudanya/Türkei<br>Trondheim/Norwegen<br>Wien<br>Sao Paulo | Fertigungsstätten:<br>Bensheim<br>Erlangen<br>Kemnath<br>Madrid<br>Mailand<br>Paris<br>Stockholm<br>Wien<br>Bombay | Fertigungsstätten:<br>Berlin<br>Bocholt<br>Bruchsal<br>Gladbeck<br>München<br>Speyer<br>Helsinki<br>Istanbul<br>Mudanya/Türkei<br>Oostkamp/Belgien<br>Thessaloniki<br>Wien<br>Zürich<br>Buenos Aires<br>Melbourne<br>Pretoria<br>Rosslyn/Südafrika<br>Sao Paulo | **ZP** Personal<br>Hauptabteilungen:<br>• Personalpolitik<br>• Steuerpolitik<br><br>**ZT** Technik<br>Hauptabteilungen:<br>• Zentrale Forschung und Entwicklung<br>• Zentrale Fertigungsaufgaben<br>• Vertrags- und Patentabteilung<br>• Zentrale Bauabteilung<br><br>**ZV** Vertrieb<br>Hauptabteilungen:<br>• Zentrale Vertriebsaufgaben<br>• Zentralverwaltung Zweigniederlassungen<br>• Zentralverwaltung Ausland<br>• Zentralvertrieb Ost<br>• Werbung und Design |
| Zweigniederlassungen in:<br>Berlin<br>Bremen<br>Dortmund<br>Düsseldorf<br>Essen<br>Frankfurt<br>Hamburg | Hannover<br>Köln<br>Mannheim<br>München<br>Nürnberg<br>Saarbrücken<br>Stuttgart | Auslandsgesellschaften in:<br>Äthiopien<br>Afghanistan<br>Algerien<br>Argentinien<br>Australien<br>Belgien/Luxemburg<br>Brasilien | Dänemark<br>Finnland<br>Frankreich<br>Griechenland<br>Großbritannien<br>Indien<br>Indonesien<br>Iran | Irland<br>Italien<br>Japan<br>Kanada<br>Kenia<br>Kolumbien<br>Marokko<br>Mexiko | Mittelamerika<br>Niederlande<br>Norwegen<br>Österreich<br>Pakistan<br>Peru<br>Portugal<br>Schweden | Schweiz<br>Spanien<br>Südafrika<br>Türkei<br>Uruguay<br>USA<br>Venezuela |

*Organisationsplan in Anlehnung an den Geschäftsbericht der Siemens AG 1968/69, S.14f., in: SAA 15/Lg 969.*

23    Vgl. Feldenkirchen, Wilfried / Bartels, Almuth: Werner von Siemens München 2000, S.133.

wie Zweigniederlassungen und Auslandsgesellschaften neu gegliedert wurde, um auch nach außen hin eine transparente Struktur zu schaffen, die effektiver und kostengünstiger arbeiten konnte. „Um die siebziger Jahre erfolgreich bestehen zu können, müssen wir schneller in unseren Aktionen und Reaktionen werden, flexibler und gezielter in der Planung und Verwirklichung unserer Geschäftspolitik und klarer in der Zuordnung der unternehmerischen Verantwortung sein", heißt es im Geschäftsbericht 1968/69.[24] Die technischen Arbeitsgebiete wurden in der neuen Matrixorganisation in die sechs weitgehend selbstständigen Unternehmensbereiche Bauelemente, Datentechnik, Energietechnik, Installationstechnik, Medizinische Technik und Nachrichtentechnik zusammengefasst, denen die fünf Zentralabteilungen für Betriebswirtschaft, Finanzen, Personal, Technik und Vertrieb gegenüberstanden, die die Unternehmensbereiche beraten und koordinieren sollten.

Unter Wahrung des Grundsatzes, auf den zentralen Kerngebieten der Elektrotechnik aktiv zu sein, aber nicht in fremde Bereiche zu expandieren, wurden einzelne Teilbereiche – wie bereits in der Vergangenheit praktiziert – ausgegliedert oder in Kooperationen mit anderen Partnern eingebracht. Beispiele sind die 1957 gegründete Siemens-Electrogeräte AG, die 1967 in der Bosch-Siemens Hausgeräte GmbH aufging, der gemeinsame Plattenvertrieb von Deutsche Grammophon und Philips (1962), die Gründung der Kraftwerk Union AG (KWU) im Jahr 1969 mit der AEG sowie im selben Jahr die Bildung der Transformatoren Union AG mit demselben Partner. Dagegen wurden Tochtergesellschaften, die nicht mehr in das Geschäftsportfolio passten oder nur Randgebiete bearbeiteten, verkauft, wie die Siemens-Bauunion GmbH KG im Jahr 1972 oder die Siemens-Planiawerke AG für Kohlefabrikate im selben Jahr.[25] 1971 wurde die Grundordnung nochmals überarbeitet, die Konzentration auf die wichtigsten und zukunftsweisenden Gebiete der Elektrotechnik betont, aber erstmals in der langjährigen Unternehmensgeschichte aufgrund der zunehmenden wirtschaftlichen und technologischen Komplexität der Anspruch revidiert, auf allen Gebieten der Elektrotechnik tätig zu sein.[26] Dies geschah auch unter zunehmendem Kostendruck und angesichts des internationalen Wettbewerbs, der sich durch die Ölkrise 1973 erheblich verschärfen sollte.[27] Neben amerikanischen traten verstärkt auch japanische Unternehmen als Konkurrenten auf.

Die durch die Umstrukturierungsphase eingeleitete Neuausrichtung des Hauses fand auch Ausdruck in einem Wechsel der Führungsspitze. Als Ernst von Siemens, der bereits 1968 den Vorstandsvorsitz des Unternehmens niedergelegt hatte, 1971 auch als Aufsichtsratsvorsitzender der Siemens AG zurücktrat, endete eine Ära, in der die Siemens-Familie den „Chef des Hauses" stellte, der als Eigentümer-

---

24 Vgl. Geschäftsbericht der Siemens AG 1968/69, S. 14, in: SAA 15/Lg 969.
25 Im Vergleich mit anderen Unternehmen lässt sich die Beteiligungspolitik nach dem Zweiten Weltkrieg als zurückhaltend charakterisieren: Siemens beteiligte sich zwischen 1952 und 1972 an etwa 20 Gesellschaften, während die AEG im selben Zeitraum 50 Unternehmensbeteiligungen tätigte. Vgl. Feldenkirchen/Posner, 2005, S. 140. Vgl. zur Beteiligungspolitik auch Feldenkirchen, 2003 a, S. 376 f.
26 Vgl. Feldenkirchen/Bartels, 2000, S. 134 f., 159.
27 Vgl. Feldenkirchen, 2003 a, S. 320.

Unternehmer und Vorsitzender des Vorstands und Aufsichtsrats die Leitlinien und Interessen des Unternehmens vertrat und die letzte Entscheidungs-, Berufungs- und Schlichtungsinstanz darstellte.[28] Peter von Siemens (1911–1986), ein Urenkel des Firmengründers und Neffe von Ernst von Siemens, trat die Nachfolge seines Onkels im Aufsichtsrat an.[29] 1971 fand auch ein Wechsel in der Vorstandsspitze statt: Mit Bernhard Plettner (1914–1997)[30] übernahm erstmals ein angestellter Manager, der nicht der Siemens-Familie angehörte, die Unternehmensführung. Plettner übte diese Funktion bis zum Jahr 1981 aus und wechselte dann in den Vorstand des Aufsichtsrats. Der Vorstandsvorsitz ging danach auf Karlheinz Kaske (1928–1998)[31] über.

### 1.3 Neue Technologien und Geschäftsfelder

Technische Innovationen, die Veränderungen von Standorten und Märkten sowie die Verschärfung des nationalen und internationalen Wettbewerbs prägten die weitere Entwicklung des neuausgerichteten Unternehmens in den 1970er und 1980er Jahren. Technologieschübe waren in fast allen Arbeitsbereichen zu verzeichnen, wobei die Entwicklung und Anwendung von Bauelementen des Bereichs Halbleiter als Basis und Querschnittstechnologie gravierenden Einfluss auf die Entwicklung nahezu aller Arbeitsgebiete der Elektrotechnik nahm.[32] Siemens-Wissenschaftlern war es 1953 – fast gleichzeitig und unabhängig von amerikanischen Forschern – gelungen, das Zonenziehverfahren für die Gewinnung des für integrierte Schaltungen notwendigen hochreinen Siliziums zu entwickeln, für das Siemens ein Patent erhielt.[33] Die Miniaturisierung der Bauelemente führte schließlich zur Mikroelektronik, die zur Schlüsseltechnologie des Unternehmens wurde. 1965 stellte Siemens die erste in Europa serienmäßig gefertigte integrierte Schaltung vor, die in der Mikroelektronik einen bedeutenden Innovationsschub bewirkte.[34] Mit dem 1983 entwickelten 256-Megabit-Chip, dem 1988 gemeinsam mit Philips realisierten 4-Megabit-Chip oder den nächsten Generationen des 16-Megabit-Chips und des 64-Me-

---

28  Der Vorstandsvorsitz war bereits im Oktober 1968 auf Gerd Tacke (1906–1997) übergegangen, vgl. Feldenkirchen/Posner, 2005, S. 152 f. Tacke hat die Gründung der Siemens AG und die Organisationsentwicklung entscheidend vorangetrieben. Vgl. dazu auch ebd., S. 149.
29  Die Familie hielt Anfang der 1970er Jahre noch etwa 13 Prozent des Aktienkapitals, jedoch alle Aktien mit Mehrfachstimmrechten. Vgl. Feldenkirchen/Posner, 2005, S. 163.
30  Bernhard Plettner wurde 1959 in den Vorstand der Siemens-Schuckertwerke AG berufen, 1961 zum stellvertretenden Vorstandsvorsitzenden und 1962 zum Vorstandsvorsitzenden ernannt. Er war bis 1988 Vorsitzender des Aufsichtsrats der Siemens AG. Vgl. Feldenkirchen/Posner, 2005, S. 161.
31  Karlheinz Kaske übernahm 1977 die Leitung des Unternehmensbereichs Energietechnik. Er war 1980 stellvertretender Vorstandsvorsitzender und hatte den Vorstandsvorsitz von 1981 bis 1992 inne.
32  Vgl. Feldenkirchen, 2003 a, S. 311.
33  Vgl. Plettner, 1994, S. 182 f.
34  1967 wurden alle Halbleiteraktivitäten im Unternehmen zusammengefasst, vgl. Feldenkirchen/Bartels, 2000, S. 140.

gabit-Speicherchips gemeinsam mit IBM fand Siemens Anschluss an die Weltspitze.[35] 1987 wurde der neue Unternehmensbereich Halbleiter gegründet.

Die Möglichkeiten der Mikroelektronik, große Datenmengen schnell zu verarbeiten, beeinflussten auch den Bereich der Informations- und Kommunikationstechnologie. Die ersten Mikroprozessoren und Speicherchips kamen in den 1970er Jahren auf den Markt, ihre Kapazitäten vervielfachten sich in einem rasanten Tempo, Computer wurden bei sinkenden Preisen immer kleiner und fanden im Verlauf der weiteren Entwicklung Einsatz im Alltag. Der sich abzeichnenden Verschmelzung von Daten- und Nachrichtentechnik entsprach Siemens 1984 organisatorisch mit der Gründung des Bereichs Kommunikations- und Datentechnik, die 1990 mit der Übernahme der Nixdorf Computer AG zur Siemens Nixdorf Informationssysteme AG führte.[36]

Im Bereich Energietechnik erfolgte 1977 die vollständige Übernahme der AEG-Anteile an der Kraftwerk Union AG (KWU), die als 100-prozentige Tochter bei der Siemens AG verblieb, sowie an der Transformatoren Union AG (TU). Ab 1987 führte Siemens die Aktivitäten der KWU und der TU mit Teilen der Unternehmensbereiche Energie- und Automatisierungstechnik sowie Installations- und Automobiltechnik zu einem neuen Unternehmensbereich KWU zusammen. Ebenfalls 1977 übernahm Siemens die Anteile an der Osram GmbH von der AEG. Nachdem das Unternehmen 1978 auch die Osram-Anteile von der General Electric Co. erworben hatte, verblieb der Lampenhersteller als 100-prozentige Tochter im Besitz von Siemens und wurde seit 1989 als Unternehmensbereich mit eigener Rechtsform geführt.[37] Auch in den Bereichen der Verkehrstechnik, zum Beispiel durch Anwendungen der Eisenbahnsignaltechnik, der Automobiltechnik oder für die Flugsicherung, dem Geschäft mit Stromkabeln und -leitungen, der Installations- und Automobiltechnik oder in der medizinischen Technik war Siemens aktiv.

Am Ende des Betrachtungszeitraums verfügte die Siemens AG als Systemanbieter über ein außerordentlich breites Leistungsspektrum – angefangen von Bauelementen über Büro-, Nachrichten-, Produktions-, Energie- und Medizintechnik bis zur Verkehrstechnik und Automobilelektronik.[38] Die wachsende Größe des Unternehmens erwies sich jedoch angesichts immer kürzerer Innovationszyklen und der zunehmenden Globalisierung der Märkte als nachteilig, sodass die Unternehmensbereiche 20 Jahre nach der Umorganisation von 1969 in einer weiteren Strukturreform neu geordnet wurden, um mehr Flexibilität zu gewährleisten.[39] „In Vorbereitung auf den immer rascheren Technologiewandel, die zunehmende globale Ausrichtung der Märkte, neue Kundenkreise und neue Marktsegmente haben wir nun eine durchgreifende Weiterentwicklung der Siemens-Organisation vorgenommen", heißt es im Geschäftsbericht 1989.[40] Die bestehenden Unternehmensbereiche wurden in 15 kleinere und beweglich operierende Einheiten gegliedert, die

---

35 Vgl. ebd., S. 141.
36 Vgl. Feldenkirchen, 2003 a, S. 384.
37 Vgl. ebd., S. 389 f.
38 Vgl. Geschäftsbericht der Siemens AG 1988/89, in: SAA 15/Lg 969, S. 1.
39 Vgl. Feldenkirchen, 2003 a, S. 302.
40 Vgl. Geschäftsbericht der Siemens AG 1989, in: SAA 15/Lg 969, S. 8.

mehr Eigenverantwortung erhielten: Energieerzeugung, Energieübertragung und -verteilung, Anlagentechnik, Antriebs-, Schalt- und Installationstechnik, Automatisierungstechnik, Daten- und Informationstechnik, Private Kommunikationssysteme, Öffentliche Kommunikationsnetze, Sicherungstechnik, Verkehrstechnik, Automobiltechnik, Medizinische Technik, Halbleiter, Passive Bauelemente und Röhren, Peripherie- und Endgeräte. Hinzu kamen die beiden selbstständigen Geschäftsgebiete Elektromechanische Komponenten und Audio- und Videosysteme sowie die Bereiche mit eigener Rechtsform, wie z. B. die Osram GmbH.

### 1.4 Umsatzentwicklung und Auslandsgeschäft

Umsatz- und Belegschaftszahlen sind bis zum Ende des Betrachtungszeitraums insgesamt gewachsen, auch wenn konjunkturbedingte Einbrüche, Phasen leichten Rückgangs oder Stagnation zu verzeichnen waren. Trotz der ersten Nachkriegsrezession, die erstmals seit den 1950er Jahren im Geschäftsjahr 1966/67 einen sinkenden Inlandsumsatz zur Folge hatte, ist die zweite Hälfte der 1960er Jahre insgesamt durch eine expansive Entwicklung gekennzeichnet.[41] So war im Geschäftsjahr 1969/70 fast eine Verdopplung des Umsatzes gegenüber 1965/66 von 6,5 auf 12,6 Mrd. DM zu verzeichnen.[42] Dass die Umsatzzahlen innerhalb der folgenden beiden Jahrzehnte auf fast das Fünffache ansteigen sollten, ist vor allem auf die forcierte Erschließung der Auslandsmärkte zurückzuführen. So lagen bereits die Herausforderungen der 1970er Jahre trotz der ungünstigen Rahmenbedingungen durch die Öl- und Währungskrise, die den internationalen Wettbewerb verschärfte, in der Stärkung der internationalen Wettbewerbsfähigkeit, insbesondere in Westeuropa, den USA und im asiatisch-pazifischen Raum.[43]

Im Geschäftsjahr 1974/75 machte das Auslandsgeschäft bereits fast die Hälfte des Gesamtumsatzes aus. Rund die Hälfte des Auslandsumsatzes wiederum entfiel auf Westeuropa; Asien und Amerika hielten etwa gleiche Anteile von 15 Prozent am Siemens-Weltgeschäft, während Afrika, Australien und Osteuropa mit jeweils ca. 5 Prozent eine untergeordnete Rolle spielten. Siemens beschäftigte zur selben Zeit bei einer Gesamtbelegschaft von 296.000 Mitarbeitern rund 89.000 Mitarbeiter im Ausland, die in 130 Ländern tätig waren.[44] 1979/80 wurde mit einem Gesamtumsatz von 32 Milliarden DM erstmals die Grenze von 30 Mrd. DM überschritten, das Auslandsgeschäft machte mittlerweile 54 Prozent des Gesamtgeschäfts aus – davon entfiel mehr als die Hälfte auf das Überseegeschäft.[45]

---

41  Geschäftsbericht der Siemens AG 1966/67 in: SAA 15/Lg 969, S. 13. Der Gesamtumsatz stieg gegenüber dem Geschäftsjahr 1965/66 um 1,4 Prozent an. Damit hatte sich die Gesamtumsatzzunahme, die seit 1958/59 immer zwischen 9 und 13 Prozent gelegen hatte, erheblich verringert, Feldenkirchen, 2003 a, S. 319.
42  Vgl. Feldenkirchen, 1997 d, S. 22.
43  Vgl. Feldenkirchen/Posner, 2005, S. 162.
44  Vgl. Feldenkirchen, 2003 a, S. 335 f.
45  Vgl. ebd., S. 321.

Während in den 1970er Jahren vor allem Produkte aus den Bereichen Energie-, Nachrichten-, Installations- und Datentechnik ins Ausland exportiert wurden, gewann in den 1980er Jahren insbesondere die Elektronische Datenverarbeitung an Gewicht und sorgte für ein kontinuierliches Wachstum. Nachdem Mitte der 1980er Jahre Umsatzeinbrüche aufgrund des Kursverfalls des US-Dollars sowie geringer Nachfrage auf dem Kraftwerksmarkt überwunden werden konnten, stieg der Umsatz bis zum Ende des Jahrzehnts auf über 60 Mrd. DM an – drei Viertel des Geschäfts wurden in Westeuropa getätigt, etwas mehr als 10 Prozent entfielen auf die USA.[46] Damit haben sich die Gesamtumsatzzahlen innerhalb eines Jahrzehnts verdoppelt.

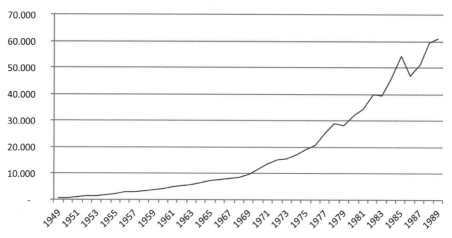

Abb. 3: Umsatzentwicklung Siemens & Halske AG, Siemens-Schuckertwerke AG, Siemens AG in Mio. DM (1949–1989)

*Eigene Darstellung nach Zahlen in: Siemens 1847–1997, 1997, S. 22.*

Die Auslandsgeschäfte nahmen in den einzelnen Regionen aufgrund unterschiedlicher Voraussetzungen verschiedene Verläufe. In Westeuropa gelang es schnell, Märkte in Österreich, Italien oder in der Schweiz zu erschließen, während in Ländern mit großen nationalen Märken wie Großbritannien oder Frankreich länderspezifische Marktregulierungen den Markteintritt erschwerten.[47] Der ursprünglich starke Absatzmarkt Osteuropa hatte nach 1945 aufgrund der politischen Rahmenbedingungen – mit der Errichtung von Planwirtschaften und Enteignungen an Auslandsvermögen – völlig an Bedeutung verloren, eine Verbesserung der Situation trat zwar mit den 1972 von der BRD ratifizierten Ostverträgen ein, eine entscheidende Veränderung war allerdings erst seit der Öffnung der mittel- und osteuropäischen Staaten nach 1989 zu beobachten.[48] Mit Beginn der 1970er Jahre wurden die USA,

---

46  Im Geschäftsjahr 1988/89 wurde ein Umsatz von 61,128 Mrd. DM erzielt, vgl. Feldenkirchen, 1997 d, S. 22; Geschäftsbericht der Siemens AG 1988/89, S. 1, 31, in: SAA 15/Lg 969.
47  Vgl. Feldenkirchen/Posner, 2005, S. 185.
48  Vgl. Feldenkirchen, 2003 a, S. 343; Geschäftsbericht der Siemens AG 1989/90, S. 31, in:

auf die in dieser Zeit fast ein Drittel des Weltelektromarkts entfiel, als strategisch wichtiger Absatzmarkt gezielt in Angriff genommen. Zahlreiche Patent-, Lizenz- und Erfahrungsaustauschverträge, durch die Siemens Anfang der 1970er Jahre mit über 200 amerikanischen Firmen verbunden war, bildeten die Basis für den Ausbau des USA-Geschäfts, das in den 1980er Jahren durch die Übernahme verschiedener Gesellschaften forciert werden konnte.[49]

In Japan, China und den südostasiatischen Ländern, in denen Siemens bereits in der zweiten Hälfte des 19. Jahrhunderts Absatzmärkte erschlossen hatte,[50] war die bis dahin erreichte Marktposition nach dem Zweiten Weltkrieg verloren gegangen. Erst in den 1970er und 1980er Jahren konnte das Unternehmen dort wieder langsam aktiv werden. Die geschäftlichen Verbindungen zu China wurden seit Mitte der 1980er Jahre durch die 1985 erfolgte Unterzeichnung eines „Memorandum[s] über eine umfassende Kooperation zwischen der Maschinenbau-, Elektro- und Elektronikindustrie der Volksrepublik China und der Siemens AG", das sich im Wesentlichen auf Technologie- und Know-how-Transfer bezog, intensiviert und nahmen in der Folgezeit durch Großprojekte in den Bereichen Energie- und Automatisierungstechnik, Medizin- und Kommunikationstechnik schnell einen erfolgreichen Verlauf.[51] 1990 machte der Anteil des asiatisch-pazifischen Raums am Gesamtumsatz von Siemens 6 Prozent aus, eine weitere systematische Ausweitung dieser Wachstumsmärkte wurde angestrebt.[52]

### 1.5 Die Mitarbeiter

Die Belegschaftszahlen, die sich mit 40.000 Mitarbeitern nach dem Zweiten Weltkrieg aufgrund hoher Kriegsverluste, Zerstörungen und Beschlagnahmungen von Fabrikationsstätten und Gesellschaften um ein Sechsfaches gegenüber der in der Endphase des Kriegs erreichten Mitarbeiterzahlen reduziert hatten, stiegen in der Wiederaufbauphase rasch an und verdoppelten sich bis 1950 auf etwas über 80.000 Beschäftigte.[53] Bis zum Ende des Wirtschaftswunder-Booms Mitte der 1960er Jahre erreichten die Beschäftigtenzahlen die Höhe von weltweit rund 254.000 Mitarbeitern, davon über 220.000 Mitarbeiter in Deutschland, während im Zuge der Nachkriegsrezession 1967 ein leichter Rückgang eintrat.[54] Die erhebliche Steigerung der Inlandszahlen ist bis zum Mauerbau 1961 vor allem auf Zuwanderungen

---

SAA 15/Lg 969.
49  Vgl. Feldenkirchen, 2003 a, S. 339 f.; Feldenkirchen/Posner, 2005, S. 164, 182 f.
50  Vgl. dazu Kirchberg, Dennis: Analyse der internationalen Unternehmertätigkeit des Hauses Siemens in Ostasien vor dem Zweiten Weltkrieg. Diss. Erlangen-Nürnberg 2010 (Online-Publikation).
51  Vgl. Feldenkirchen, 2003 a, S. 344 f.; Feldenkirchen/Posner, 2005, S. 184.
52  Vgl. Feldenkirchen, 2003 a, S. 345; Geschäftsbericht der Siemens AG 1989/90, S. 31, in: SAA 15/Lg 969.
53  1950 lagen die Mitarbeiterzahlen bei 81.341, davon arbeiteten 252 im Ausland. Vgl. Feldenkirchen, 1997 d, S. 20; Feldenkirchen, 2003 a, S. 363.
54  Die Mitarbeiterzahlen reduzierten sich 1967 auf rund 242.000, vgl. Feldenkirchen, 1997 d, S. 20.

aus dem Gebiet der DDR und seit den 1960er Jahren auf die Einstellung von „Gastarbeitern" aus Italien, Griechenland, Spanien, Jugoslawien und der Türkei zurückzuführen.[55] 1970 arbeiteten rund 289.000 Beschäftigte für das Unternehmen, davon mehr als ein Viertel im Ausland.[56]

In der ersten Hälfte der 1970er Jahre waren aufgrund der Ölkrise und struktureller Veränderungen Schwankungen zwischen weltweit rund 306.000 Mitarbeitern (1970/71) und 296.000 Mitarbeitern (1974/75) – davon 89.000 im Ausland – zu konstatieren. Die Belegschaftszahl hatte sich fünf Jahre später, im Geschäftsjahr 1979/80, auf fast 344.000 erhöht, davon arbeitete mit rund 109.000 Beschäftigten über ein Drittel im Ausland.[57] Konjunkturbedingte Rückgänge gab es zu Beginn der 1980er Jahre, als die Beschäftigtenzahl auf 313.000 im Jahr 1983 sank.[58] Bis zum Ende des Betrachtungszeitraums im Geschäftsjahr 1988/89 erhöhten sich die Belegschaftszahlen wieder auf rund 365.000 Mitarbeiter, davon waren rund 138.000 Mitarbeiter im Ausland tätig.[59]

Abb. 4: Entwicklung der Belegschaft (1945–1989)

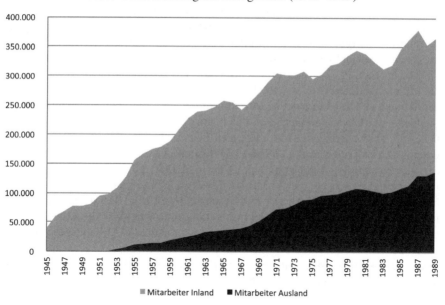

*Eigene Darstellung nach Siemens 1847–1997, 1997, S. 20, und Angaben aus dem Siemens-Archiv.*

Mit dem grundlegenden technologischen Wandel seit den 1960er Jahren, der zu nachhaltigen Veränderungen von Arbeitsstrukturen und Qualifikationsanforderungen an die Mitarbeiter führte, veränderten sich auch die Beschäftigungsstrukturen.

55   Vgl. Feldenkirchen, 2003 a, S. 364.
56   Vgl. Feldenkirchen, 1997 d, S. 20.
57   Vgl. ebd.
58   Vgl. ebd.
59   Vgl. ebd., S. 22; Geschäftsbericht der Siemens AG 1989/90, S. 1, in: SAA 15/Lg 969.

Tätigkeiten mit höheren Qualifikationsanforderungen, wie z.B. Ingenieursaufgaben, nahmen zu, während einfache Fertigungsaufgaben durch zunehmenden Einsatz von Mechanisierungs- und Automatisierungsprozessen stark zurückgingen. Damit erhöhte sich der Anteil der qualifiziert Ausgebildeten mit Universitäts- oder Fachhochschulabschluss, der Techniker, Meister und Kaufleute, während der Anteil der un- sowie angelernten Arbeiter sank. Der Anteil der Facharbeiter veränderte sich dagegen bis zum Ende des Betrachtungszeitraums 1989 nur wenig. Entfielen 1962 noch 200 gewerbliche Mitarbeiter auf 100 Angestellte, so betrug das Verhältnis 1989 nur noch 79 gewerbliche Mitarbeiter zu 100 Angestellten.[60] Seit 1983 waren bei Siemens insgesamt mehr Angestellte beschäftigt als gewerbliche Mitarbeiter.

## 1.6 Fazit

Die Entwicklung von Siemens nach 1945 ist durch mehrere Phasen charakterisiert. Nach erheblichen Verlusten durch den Zweiten Weltkrieg erfolgte ein schneller Wiederaufbau, die Wiederaufnahme der Produktion und die Wiedererlangung der Wettbewerbsfähigkeit auf den Märkten waren in den 1950er Jahren erreicht. Die expansive Entwicklung der geschäftlichen Aktivitäten im Inland, vor allem auch die zunehmende Präsenz im Ausland, trug dazu bei, dass bis Mitte der 1960er Jahre die frühere Weltmarktstellung wiedergewonnen werden konnte. Mit der Gründung der Siemens AG 1966 und der Neustrukturierung des Unternehmens 1969 bündelte Siemens seine breit gestreuten Aktivitäten, um den technologischen und wirtschaftlichen Herausforderungen der kommenden Jahrzehnte gerecht zu werden. Mit dem Grundsatz der Konzentration auf die wichtigsten und zukunftsweisenden Gebiete der Elektrotechnik gelang es in den 1970er und 1980er Jahren trotz Phasen konjunkturbedingter Krisen, die Umsatz- und Belegschaftszahlen kontinuierlich zu erhöhen. Als Schlüsseltechnologie und Wachstumsmotor erwies sich die Entwicklung und Anwendung der Mikroelektronik, die Einfluss auf fast alle Arbeitsgebiete nahm. Eine wachsende wirtschaftliche Bedeutung hatte das Auslandsgeschäft, das Mitte der 1970er Jahre bereits fast die Hälfte des Gesamtumsatzes ausmachte. Wichtige Zukunftsmärkte wurden damals neben den Aktivitäten in Westeuropa vor allem in den USA und im asiatisch-pazifischen Raum identifiziert. Am Ende des Betrachtungszeitraums hatte das Unternehmen aufgrund in- und ausländischer Aktivitäten eine solche Größe angenommen, dass vor dem Hintergrund der globalisierten Weltmärkte eine neue organisatorische Aufgliederung der Unternehmensbereiche in kleinere, marktnahe und flexibel agierende Einheiten als Weichenstellung in das 21. Jahrhundert erforderlich wurde.

---

60  Vgl. Sozialbericht 1988/89 der Siemens AG, S. 2, in: SAA 14/Lk 408. Zwischen 1970 und der Mitte der 1990er Jahre stieg der Anteil der technisch tätigen Mitarbeiter von 22 auf 41 Prozent, der Anteil der kaufmännischen Mitarbeiter von 15 auf 21 Prozent, während sich der Anteil der angelernten Arbeiter von 40 Prozent auf 18 Prozent und der Facharbeiter von 23 auf 20 Prozent reduzierte. Vgl. Feldenkirchen, 2003 a, S. 365 und 425.

## 2. DIE ORGANISATION DER SOZIALPOLITISCHEN ARBEIT IM UNTERNEHMEN

Die organisatorische Verankerung sozial- und personalpolitischer Themen im Unternehmen reicht bis zum Beginn des 20. Jahrhunderts zurück. Im Jahr 1904 setzten Siemens & Halske und die Siemens-Schuckertwerke einen Betriebs-Ausschuss ein, der in Fragen, die das Verhältnis der beiden Siemens-Firmen zu ihren Arbeitern betrafen, gemeinsam beraten und entscheiden sollte.[61] 1907 wurde eine Kommission für soziale Angelegenheiten installiert, die wichtige Arbeiter- und Angestelltenfragen auf der Vorstandsebene behandelte. Ein Meilenstein in der Geschichte der betrieblichen Sozialpolitik bestand 1919 in der Gründung einer Sozialpolitischen und einer Wirtschaftspolitischen Abteilung, die der an sozialpartnerschaftlichen Vorstellungen orientierten Neuausrichtung der Sozial- und Personalpolitik in der Weimarer Republik und der zunehmenden Bedeutung sozial- und wirtschaftspolitischer Themen im Unternehmen gerecht werden sollte.[62] Aufgabe der Sozialpolitischen Abteilung war es, die „grundsätzlichen Fragen des Angestellten- und Arbeiterverhältnisses für den gesamten Konzern"[63] zu bearbeiten, die Umsetzung der sozialpolitischen Gesetzgebung im Unternehmen zu gewährleisten sowie die Interessen des Unternehmens bei der Beratung neuer sozialpolitischer Gesetze wahrzunehmen. Darüber hinaus wurde ein Personalreferat eingerichtet, das sich mit grundsätzlichen Personal-Angelegenheiten der Angestellten, insbesondere der Führungskräfte, befasste und diese nach einheitlichen Gesichtspunkten regelte.[64] Vor dem

---

61 Vgl. Entwicklung und Organisation der Sozialpolitischen Abteilung, Ausarbeitung 1943, S. 1, in: SAA 9907.

62 Vgl. Bekanntmachung der Direktion der Siemens & Halske Aktiengesellschaft an die Werke, Abteilungen und die auswärtigen Geschäftsstellen vom 22. September 1919, in: SAA 9907; vgl. auch dazu die Vorlage von Dr. Fellinger und Dr. Burhenne vom 21.9.1919, S. 1, in: SAA 12489. Die gesetzliche Ausgestaltung der Betriebsverfassung durch das Hilfsdienstgesetz, das Betriebsrätegesetz und die Anerkennung der Arbeitnehmervertretungen durch die Arbeitgeberseite schufen neue Voraussetzungen für die Gestaltung der betrieblichen Sozialpolitik.

63 Vgl. Bekanntmachung der Direktion der Siemens & Halske Aktiengesellschaft an die Werke, Abteilungen und die auswärtigen Geschäftsstellen vom 22. September 1919, Anlage: Tätigkeitsbericht der Sozialpolitischen Abteilung vom 22. September 1919, in: SAA 9907. Die Sozialpolitische Abteilung wurde zunächst in drei Hauptreferate für Arbeiterfragen, Angestelltenfragen und gemeinsame Fragen gegliedert – ebenfalls zugeordnet waren die Betriebskrankenkasse und das Büro für die Wohlfahrtseinrichtungen – und in der Folgezeit aufgrund komplexer werdender Aufgabenstellungen immer weiter differenziert. 1929 verzeichnete der Arbeitsplan der Sozialpolitischen Abteilung neben den Büros für Arbeiterfragen, Angestelltenfragen und allgemeine sozialpolitische Fragen weitere Büros für arbeitsrechtliche Streitfragen, für Bildungswesen, für die Betriebskrankenkasse, die Pensions-Kassen, die Wohnungs-Gesellschaft sowie ein Zentral-Büro. Vgl. Arbeitsplan der Sozialpolitischen Abteilung, Stand 1929, in: SAA 12489. Vgl. auch die Organisationspläne „Arbeitsgebiet der Sozialpolitischen Abteilung der Siemens & Halske AG und Siemens-Schuckertwerke GmbH nach dem Stande vom 1. April 1924" und „Arbeitsgebiet der Sozialpolitischen Abteilung der Siemens & Halske AG und Siemens-Schuckertwerke GmbH nach dem Stande vom 1. Januar 1926", beide in: SAA 12489.

64 Die Vorbereitung und Durchführung der Beschlüsse des Personalreferats erfolgte durch das Referat für Angestelltenfragen, vgl. „Arbeitsgebiet der Sozialpolitischen Abteilung der Sie-

Zweiten Weltkrieg bestand damit ein komplexes, differenziert gegliedertes System, das alle sozialpolitischen Fragestellungen innerhalb des Unternehmens sowie ihre Vertretung gegenüber Behörden und überbetrieblichen Gremien in umfassender Weise abdeckte und sowohl den unternehmenseigenen Erfordernissen als auch den sozialgesetzlichen Rahmenbedingungen gerecht wurde.

### 2.1 Wiederaufbau der sozialpolitischen Abteilungen in Berlin und Erlangen

Nach 1945 hatte die völlig neue Situation, die sich dem traditionell in Berlin konzentrierten Unternehmen nach dem Krieg durch die Bildung der Gruppenleitungen und den verstärkten Aufbau neuer Standorte außerhalb Berlins stellte, gravierende Konsequenzen für die organisatorische Gestaltung der sozial- und personalpolitischen Arbeit in und außerhalb Berlins. Aufgrund der voneinander abweichenden politischen und wirtschaftlichen Rahmenbedingungen der in den einzelnen Besatzungszonen gelegenen Unternehmensteile nahm die Entwicklung in Berlin und in Westdeutschland zunächst einen unterschiedlichen Verlauf, der auf die jeweiligen Erfordernisse, Notwendigkeiten und Belegschaftsstrukturen in den einzelnen Besatzungszonen zurückzuführen war. Bei der Neuorganisation musste daher vor allem der Tatsache, dass die Betriebe nicht mehr in Berlin konzentriert waren, Rechnung getragen werden.

In Berlin gehörte die Sozialpolitische Abteilung zu den ersten Abteilungen, die nach dem Kriegsende ihre Arbeit wieder aufnahm, um die grundlegenden personellen Voraussetzungen für den Wiederaufbau und das Anlaufen der Produktion zu schaffen. Im Vordergrund standen die Klärung von Fragen des Arbeitseinsatzes, Bestrebungen um die Wiederbeschäftigung ehemaliger Mitarbeiter, Fragen der Sozialversicherung, des Gesundheitsschutzes oder der Werksverpflegung.[65] Zu den weiteren Aufgaben der Sozialpolitischen Abteilung gehörte die Durchführung der von den Besatzungsmächten erlassenen Befehle, Gesetze und Verordnungen, soweit sie sozialpolitische Inhalte betrafen.[66] Darüber hinaus galt es, in Zusammenarbeit mit den Behörden und den Arbeitnehmerschaftsvertretern das gesamte Arbeitsgebiet der betrieblichen Sozialpolitik wieder neu aufzubauen. Die Sozialpolitische Abteilung firmierte 1945 unter der Leitung von Karl Burhenne[67] als gemeinsame Dienststelle von Siemens & Halske und den Siemens-Schuckertwerken unter der Oberleitung des 1945 neu berufenen Vorstandsvorsitzenden Wolf-Dietrich von Witzleben.[68]

---

mens & Halske AG und Siemens-Schuckertwerke GmbH nach dem Stande vom 1. April 1924", in: SAA 12489.
65  Vgl. Sozialpolitische Abteilung, Geschäftsbericht 1945/46, S. 1, in: SAA 10976-4.
66  Vgl. ebd., S. 2.
67  Karl Burhenne (1882–1963) war seit 1907 bei Siemens beschäftigt. 1909 übernahm er die Leitung des Siemens-Archivs und wurde 1919 der erste Leiter der neugegründeten Sozialpolitischen Abteilung, der er bis 1951 vorstand.
68  Vgl. D-Rundschreiben 4/45 vom 15.12.1945, in: SAA 7536–1. Wolf-Dietrich von Witzleben, der nach dem Ersten Weltkrieg in die Siemens AG eintrat, war enger Mitarbeiter von Carl Friedrich von Siemens und leitete zwischen 1927 bis 1941 dessen Büro. 1930 übernahm er die

## 2. Die Organisation der sozialpolitischen Arbeit im Unternehmen 83

1946 umfasste das Arbeitsgebiet der Sozialpolitischen Abteilung jeweils ein Referat für Arbeiterfragen und für Angestelltenfragen, die sich mit Fragen des Arbeitsvertrags- und -einsatzes befassten, ein Referat für allgemeine Fragen, das sich unter anderem um die Bekanntgabe und Durchführung allgemeiner sozialpolitischer gesetzlicher Vorschriften kümmerte, das Zentralbüro, das für das Berichts- und Rechnungswesen sowie für die Führung der Zentralkarteien und die allgemeine Verwaltung zuständig war, das Büro für die Verwaltung sozialer Einrichtungen wie der Heime in Siemensstadt oder der außerhalb Berlins gelegenen Erholungsheime in Koserow, Ahlbeck, Neuhof, Belzig sowie einige Sonderreferate wie das Referat für Personenversicherung und ärztliche Versorgung, das Referat für technisches Bildungswesen mit Bücherei und Quellenkartei und das Referat für kulturelles Bildungswesen.[69]

Entscheidungen über sozialpolitische Angelegenheiten wurden nicht allein von der Unternehmensvertretung getroffen, sondern waren auch durch das Mitbestimmungsrecht der Betriebsräte determiniert, das sich auf personal- und sozialpolitische Themen wie die Durchführung der gesetzlichen, tarifvertraglichen und betrieblichen Vorschriften, ihre Überprüfung in politischer, sozialer und charakterlicher Hinsicht bei Einstellungen und Entlassungen sowie bei wesentlichen Umbesetzungen, das Einspruchsrecht bei Kündigungen, die Mitarbeit bei den sozialen Einrichtungen der Firmen, die Bekämpfung der Unfälle, die Ausbildung und Behandlung der Lehrlinge, die Beschäftigung von Schwerarbeitsbehinderten, die Festsetzung von Strafen und Verwarnungen oder die Verteilung von Firmenerzeugnissen an die Beschäftigten bezog.[70]

Die formelle Basis für die Mitwirkung der Arbeitnehmervertretungen wurde mit dem am 10. April 1946 vom Kontrollrat erlassenen Betriebsrätegesetz gelegt. Die auf dieser Grundlage ordnungsgemäß gewählten Betriebsräte lösten die Ende Mai 1945 durch die russische Besatzungsmacht mit der Unterstützung der Gemeindeverwaltung vorläufig eingesetzten Vertrauensleute ab.[71] Am 5. Juli 1946 wählten die Betriebsräte an Stelle der bisherigen Hauptvertrauensmänner einen Gesamtbetriebsrat, der sich aus fünf Mitgliedern zusammensetzte und sich mit Fragen befasste, die von grundsätzlicher Bedeutung für die Betriebe der Siemensfirmen waren. Ihre rechtlich verbindliche Grundlage fand die Zusammenarbeit zwischen Firmenleitung und Betriebsvertretungen durch die am 24. Mai 1947 geschlossene „Vereinbarung über die Zusammenarbeit der Siemensfirmen mit ihren Betriebsräten in Berlin" vom 24. Mai 1947, die die Organisation und Zuständigkeit der Betriebsräte, ihr Mitbestimmungsrecht auf sozialpolitischem Gebiet sowie die Art und

---

Leitung des Personalreferats, 1934 wurde er zum stellvertretenden und 1939 zum ordentlichen Vorstandsmitglied der beiden Siemens-Gesellschaften ernannt. Von 1945 bis 1949 war er Vorstandsvorsitzender beider Siemens-Gesellschaften. Er war Mitbegründer der Baden-Badener Unternehmergespräche.

69 Vgl. „Arbeitsgebiet der Sozialpolitischen Abteilung, Stand 1. November 1946", in: SAA 12489.
70 Sozialpolitische Abteilung, Geschäftsbericht 1945/46, S. 31, in: SAA 10976-4.
71 Vgl. Ausarbeitung: 50 Jahre Zentral-Personalverwaltung, S. 43, in: SAA 15476, und Sozialpolitische Abteilung, Geschäftsbericht 1945/46, S. 30, in: SAA 10976-4.

das Ausmaß ihrer Mitwirkung in Fragen der Unternehmensentwicklung sowie ihr Recht auf Stellungnahme zu bestimmten Fragestellungen regelte.[72]

Eine große Herausforderung bei der Durchführung sozialpolitischer Maßnahmen bestand vor der organisatorischen Wiedervereinigung der getrennten Firmenteile 1949 auch darin, sowohl die in Berlin als auch in den Gruppenleitungen vorherrschenden aktuellen Themen zu berücksichtigen und im gegenseitigen Einvernehmen eine einheitliche sozialpolitische Linie des Hauses Siemens – insbesondere bei den freiwilligen sozialen Leistungen – zu gewährleisten.[73] Aufgrund der in der unmittelbaren Nachkriegszeit herrschenden schwierigen Verkehrsbedingungen sowie der politischen Verhältnisse, die Reisen aus Berlin nach Westdeutschland erschwerten, gestaltete sich der gegenseitige Kontakt bisweilen nicht einfach. Auch die unterschiedlichen Rahmenbedingungen in Westdeutschland und Berlin erschwerten das Zustandekommen einvernehmlicher Entscheidungen. So sah sich die Gruppenleitung Erlangen aufgrund besserer finanzieller Möglichkeiten viel eher imstande, soziale Maßnahmen, wie zum Beispiel die Gewährung von Jubiläumsgeschenken, Unterstützung in Krankheitsfällen, Sterbegeldbeihilfen und Pensionen fortzuführen, während diese Leistungen in Berlin noch nicht erbracht werden konnten. Maßnahmen wie Trennungszulagen, Familienheimfahrten und Fahrgeldzuschüsse resultierten aus den unterschiedlichen lokalen Gegebenheiten, allerdings wurden von Erlangen – wie Karl Burhenne im September 1947 in einem Schreiben an den für die personal- und sozialpolitischen Belange der in Westdeutschland gelegenen Betriebe zuständigen Kurt Meissner monierte – „aber auch da eigene Wege beschritten, wo eine Störung der Einheitlichkeit durch die Verhältnisse nicht geboten erscheint. Ich denke hierbei z.B. an die Behandlung des Pfingst-Dienstags, namentlich aber an die Jubilarbehandlung, auch an die gegenwärtigen Überlegungen, ob den Jubilaren ein Wochenlohnvertrag oder zum mindesten die Vorrechte eines solchen zugebilligt werden sollen. Auch das Vorhaben, aus Anlass des bevorstehenden Firmenjubiläums einen zusätzlichen Urlaubstag zu gewähren, dürfte hierzu gehören."[74] Burhenne mahnte eine bessere gegenseitige Verständigung im Vorfeld der Einführung sozialpolitischer Maßnahmen an, um wieder ein gewisses Maß an Einheitlichkeit zu erreichen.

Die Voraussetzungen für die einheitliche Gestaltung der Personal- und Sozialpolitik wurden letztlich erst durch die Wiedervereinigung der Firmenteile und die endgültige Umsiedlung der Firmensitze von Berlin nach München (Siemens & Halske) bzw. Erlangen (Siemens-Schuckertwerke) unter Beibehaltung von Berlin als zweitem Firmensitz am 1. April 1949 geschaffen. Gerd Tacke, dem bereits im

---

72 Vgl. Vereinbarung über die Zusammenarbeit der Siemensfirmen mit ihren Betriebsräten in Berlin, in: SAA 7407.
73 Während die Sozialpolitische Abteilung in Berlin als gemeinsame Dienststelle von S&H und SSW unter der Leitung von Karl Burhenne stand, zeichnete bei der Gruppenleitung West Dr. Kurt Meissner für das Personalreferat und die sozialpolitischen Belange der im Westen gelegenen Betriebe und Verwaltungen verantwortlich. Vgl. D-Rundschreiben Nr. 4/45, Stand Dezember 1945, in: SAA 7536-1, und Sozialpolitische Abteilung, Geschäftsbericht 1945/46, S. 2, in: SAA 10976-4.
74 Vgl. dazu Schreiben von Karl Burhenne an Kurt Meissner vom 5. September 1947, in: SAA 12493.

Frühjahr 1948 alle Teilbereiche der späteren Zentral-Personalabteilung – das Personalreferat, das Hauptpersonalbüro, die Sozialpolitische Abteilung sowie das kaufmännische Ausbildungswesen der Gruppenleitungen von S&H und SSW – unterstellt worden waren, übernahm die Leitung der Zentral-Personalverwaltung (ZP), in der die Sozialpolitische Abteilung, das Personalreferat, die Hauptpersonalbüros, die Kaufmännische Abteilung und das Siemens-Archiv zusammengefasst wurden und die eigene Vertretungen in Berlin, Erlangen und München besaß.[75] Innerhalb der ZP arbeiteten die Sozialpolitische Abteilung und das Personalreferat unter gemeinsamer Führung durch den ZP-Chef eng zusammen.[76] Gerd Tacke hatte seinen Hauptsitz in München; sein Vertreter für Berlin war Karl Burhenne und im Westen vertrat ihn Kurt Meissner, der seit 1945 bei der „Gruppenleitung West" das Personalreferat geleitet hatte. Meissner und Burhenne zeichneten darüber hinaus in ihren jeweiligen Gebieten für die Sozialpolitische Abteilung verantwortlich.[77]

## 2.2 Neue Herausforderungen und wachsende Aufgabengebiete

1951 übernahm Gisbert Kley[78] (1904–2001) die Leitung der Zentral-Personalverwaltung. Zu diesem Zeitpunkt umfasste die Aufgabenstellung der Sozialpolitischen Abteilung laut ZP-Rundschreiben „die Behandlung aller grundsätzlichen sozialpolitischen und sozialrechtlichen Fragen. Ihr obliegt insbesondere die Bekanntgabe und Auslegung gesetzlicher und tarifvertraglicher Bestimmungen, die Ausarbeitung von Firmenrichtlinien auf dem Gebiete der betrieblichen Sozialpolitik, die Unterstützung der Betriebe in allen sozialen Fragen und die Verwaltung der sozialen Einrichtungen. Die Sozialpolitische Abteilung hat die Federführung in allen Angelegenheiten, die die Zusammenarbeit zwischen Firmenleitung und den zentralen Vertretungen der Betriebsräte betreffen."[79] Dem Personalreferat blieb die Behandlung von Grundsatzfragen der Personalführung und -verwaltung der Angestellten,

---

75  Vgl. Tacke, Gerd: Ein Beitrag zur Geschichte der Siemens AG (als Manuskript gedruckt), 1977, S. 87, in: unverzeichnete Akten im Zwischenarchiv. Organisationsplan der GL/Personalreferat von S&H/SSW, Erlangen, 1.3.1948, in: SAA 12489 und ZP-Rundschreiben Nr. 1, München/Erlangen 12. April 1950, in: SAA Rundschreibensammlung. Vgl. auch Ausarbeitung: 50 Jahre Zentral-Personalverwaltung, in: SAA 15476, S. 53.
76  Vgl. Jahresbericht der Zentral-Personalverwaltung 1968/69, S. 8, in: SAA 10597.
77  Nach dem Ausscheiden von Burhenne aus dieser Funktion übernahm Meissner im Mai 1951 die Gesamtleitung der Sozialpolitischen Abteilung für Berlin, Erlangen und München. Vgl. ZP-Rundschreiben Nr. 6 vom 16. Mai 1951, in: SAA Rundschreibensammlung.
78  Dr. jur. Gisbert Kley war ab 1945 als Ministerialrat im Staatsdienst tätig, bevor er 1950 in die Siemens & Halske AG und die Siemens-Schuckertwerke eintrat. 1951 wurde er Leiter der Zentral-Personalverwaltung und 1959 Mitglied des Vorstands. Neben seiner Siemens-Tätigkeit war er unter anderem Mitglied des Deutschen Bundestags, Berater der von der Bundesregierung eingesetzten Sachverständigen-Kommission zur Frage der Mitbestimmung (Biedenkopf-Kommission), Mitglied des Geschäftsführenden Vorstands des Wirtschaftsrats der CDU e.V., Mitglied des Präsidiums der Bundesvereinigung der Deutschen Arbeitgeberverbände, Vorsitzender des Arbeitskreises Evangelischer Unternehmer in der Bundesrepublik Deutschland.
79  ZP-Rundschreiben Nr. 7 vom 30. Juni 1956, in: SAA 12489.

ferner die Bearbeitung der Personalangelegenheiten der übertariflichen Angestellten, insbesondere der Einkommensregelungen, Ernennungen, Beförderungen, Ruhegehaltsabkommen und Pensionierungen sowie aller personeller Angelegenheiten, die zentral behandelt werden mussten, wie z. B. die Beantwortung von Gesuchen und Beschwerden, die in Personalangelegenheiten an die Firmenleitung gerichtet werden, vorbehalten.

Die Aufgabenteilung zwischen den jeweiligen Abteilungen in Berlin und den in Westdeutschland liegenden Unternehmensteilen war in der Folgezeit dadurch gekennzeichnet, dass die im Westen gelegenen Abteilungen sich eher mit den Grundsatzfragen der Sozialpolitik befassten und richtliniengebende Aufgaben wahrnahmen, während in Berlin verstärkt ausführende Funktionen erfüllt wurden, wobei dieser Standort bei Entscheidungen oder Rundschreiben grundsätzlicher Natur einbezogen war.[80] Dieser Zustand spiegelte nicht zuletzt auch die den einzelnen Unternehmensstandorten zukommende Bedeutung wider, dessen Gewicht sich nach dem Zweiten Weltkrieg von Berlin nach Westdeutschland verschoben hatte.

Die Organisation der gesamten Zentral-Personalverwaltung und damit auch der Sozialpolitischen Abteilung wurde in den folgenden Jahren mehrfach den sich immer wieder verändernden Rahmenbedingungen, Erfordernissen und umfassender werdenden Aufgabenstellungen angepasst. Dem Organisationsplan vom 1. Oktober 1957 zufolge umfasste die Sozialpolitische Abteilung die Hauptreferate „Allgemeine Fragen der Sozialpolitik" – darunter als Unterabteilung die Bereiche „Arbeitsschutz", „Angestelltenfragen/Auslandsfragen/Erfolgsbeteiligung – Altersversorgung/Arbeiter/Arbeitsrecht" sowie „Lohngestaltung/Gewerbliche Ausbildungsfragen" und „Siemens-Mitteilungen".[81] Neben ihrer bereits im Juni 1951 definierten Zuständigkeit für alle grundsätzlichen sozialpolitischen und arbeitsrechtlichen Fragen wurde nun als weitere Aufgabenstellung ihre Mitarbeit bei verschiedenen Institutionen wie der Bundesvereinigung der Deutschen Arbeitgeberverbände, beim Gesamtverband der metallindustriellen Arbeitgeberverbände, der Arbeitgeberverbände der Metallindustrie oder dem Bundesverband der Betriebskrankenkassen fixiert.[82] Darüber hinaus stellte die Sozialpolitische Abteilung den Arbeitgebervertreter im Vorstand und in der Vertreterversammlung der Siemens-Betriebskrankenkasse. Zusätzlich hatte sie die Geschäftsführung der Siemens-Altersfürsorge GmbH, der Hertha von Siemens-Stiftung und der Fürsorgestiftung Siemensstadt GmbH inne und ihr unterstand auch das Personal der Siemens-Altersfürsorge GmbH und der Hauptverwaltung der Siemens-Betriebskrankenkasse. 1964 umfasste die Sozialpolitische Abteilung über die für 1957 genannten Referate hinaus eigene Referate für „Frauenarbeit", „Information – Jugend" – dazu gehörten auch die „Siemens-Mitteilungen" –, für „Ausland", „Lohnpolitik/Lohngestaltung", „Be-

---

80 Vgl. Vortragsmanuskript „Die Aufgaben der Sozialpolitischen Abteilung Berlin" vom 16. Dezember 1959, S. 2 f., in: SAA 12489.
81 Vgl. Organisationsplan der Sozialpolitischen Abteilung, Stand: 1. Oktober 1957, in: SAA 12489; ZP-Rundschreiben Nr. 27, München/Erlangen, den 25.9.1957, in: SAA 12489.
82 ZP-Rundschreiben Nr. 27, München/Erlangen, den 25.9.1957, S. 2, in: SAA 12489.

richtswesen", „Sozialversicherung" sowie für die „Siemens-Altersfürsorge" und die „Siemens-Betriebskrankenkasse".[83]

1967 gliederte sich die Zentral-Personalverwaltung in den Bereich der Sozialpolitischen Abteilung, die die bereits für 1964 genannten Referate in den Unterabteilungen SozPol I, SozPol II und SozPol III neu zusammenfasste, sowie in die Personalpolitische Abteilung – das frühere Personalreferat –, die Hauptpersonalabteilung, das Referat Aus- und Weiterbildung, die Abteilung Kaufmännisches Bildungswesen und das „Werner-von-Siemens-Institut für Geschichte des Hauses Siemens".[84] Letzteres hatte die Aufgabe, die allgemeine Öffentlichkeit über das Leben und Wirken von Werner von Siemens und die Entwicklung der Elektrotechnik am Beispiel von Siemens zu informieren.[85]

Die Ausgliederung der Grundsatzarbeit für Bildungsfragen in das eigenständige „Referat Aus- und Weiterbildung" dokumentierte die seit den 1960er Jahren vor dem Hintergrund des technischen, wirtschaftlichen und gesellschaftlichen Wandels, der grundlegenden Veränderungen der Arbeits- und Beschäftigungsstrukturen, der beschriebenen Qualifikationsveränderungen und des sich verschärfenden internationalen Wettbewerbs zunehmende Bedeutung der innerbetrieblichen Aus- und Weiterbildungsaufgaben. Das Referat erhielt die Zuständigkeit für die Behandlung aller grundsätzlichen Fragen der Aus- und Weiterbildung, hatte die Maßnahmen und Richtlinien auf diesem Gebiet wirksam und wirtschaftlich zu gestalten, dafür zu sorgen, dass die bestehenden Grundsätze in Fragen der Aus- und Weiterbildung im ganzen Hause einheitlich angewandt wurden, und hatte die Meinungen des Hauses auf bildungspolitischem Gebiet nach außen hin, insbesondere gegenüber den Verbänden, zu vertreten.[86] Die damit begonnene eigenständige Entwicklung des Bereichs Aus- und Weiterbildung setzte sich 1969 in der Gründung der „Bildungspolitischen Abteilung" (BPA) fort. Diese bearbeitete alle grundsätzlichen und über-

---

83   ZP-Rundschreiben Nr. 41 vom 2. Januar 1964, in: SAA 12493, vgl. auch die Dokumentation zur Personalpolitik 1950–1974, hg. v. d. Siemens AG, 1974, S. 22, in: SAA 14/Ls 692. Im Bereich der Personalpolitik wurde das Personalreferat 1956 in sechs Referate gegliedert und befasste sich mit grundsätzlichen Fragen auf den Gebieten Personalführung, -betreuung und -verwaltung, der Personenversicherungen, des Darlehens- und Unterstützungswesens, der allgemeinen Nachwuchspflege, der Aus- und Weiterbildung der Altersversorgung im ÜT-Kreis, des Personalberichtswesens sowie des Personalwesens Ausland. Mit der Einrichtung einer „Hauptpersonalabteilung" wurde zugleich eine gemeinsame Leitung für die Hauptpersonalbüros München, Erlangen und Berlin geschaffen. Der Organisationsplan von 1960 gliedert das Personalreferat in die Unterreferate „Allgemeine Personalführung", „Versicherungen, Darlehen", Nachwuchs", Ausland", Vertragsrecht" und Auswertung", vgl. die Dokumentation zur Personalpolitik 1950–1974, S. 22, in: 14/Ls 692. Vgl. auch ZP-Organisationsplan, Stand 1. Februar 1962, in: SAA unverzeichnete Akten im Zwischenarchiv, Bestand Personalabteilung München, Ordner: Personalorganisation, Arbeitsplatzkontrolle, Stiftung für personal- und sozialpolitische Forschung.
84   ZP-Rundschreiben Nr. 51, in: SAA 12493.
85   Vgl. dazu auch IV., 6.2: Von der „Werner von Siemens-Gedächtnisausstellung" zur Stätte der Begegnung: Das SiemensMuseum.
86   Vgl. interne Notiz vom November 1967, in: SAA unverzeichnete Akten im Zwischenarchiv, Bestand Personalabteilung München, Ordner: Personalorganisation, Arbeitsplatzkontrolle, Stiftung für personal- und sozialpolitische Forschung.

greifenden Fragen der Aus- und Weiterbildung, koordinierte die zentralen und dezentralen Aus- und Weiterbildungsmaßnahmen des Unternehmens sowie die Anwerbung und Betreuung von Hochschulabsolventen und vertrat das Unternehmen in bildungspolitischen Gremien.[87]

Die Neuorganisation der Siemens AG zum 1. Oktober 1969 hatte auch Auswirkungen auf die Organisation der Sozial- und Personalpolitik und führte zur Änderung der bisherigen Bezeichnung „Zentral-Personalverwaltung" in „Zentralverwaltung Personal". Joachim von Oertzen[88] übernahm als Nachfolger von Gisbert Kley die Gesamtleitung.[89] Für das Personalwesen war im Vorfeld der Umstrukturierung eine Vorstandskommission eingesetzt worden, mit der Zielvorgabe, die Personalorganisation in sich geschlossener, für alle Beteiligten überschaubarer, beweglicher und schlagkräftiger zu machen, ihren Wirkungsgrad zu erhöhen und die personalorganisatorische Terminologie zu vereinheitlichen.[90] Ein wichtiger Schritt in diese Richtung bestand in der Etablierung einer „funktionalen Gliederung" der Personalabteilung in die vier Gruppen Personalplanung und Personalentwicklung, Bildung und Information, Sozialaufgaben und Personalverwaltung.[91] Diese neue Gliederung ist Ausdruck einer Verlagerung des Schwergewichts in der Personalarbeit von administrativen Tätigkeiten hin zu Beratungs- und Unterstützungsfunktionen.[92] Sie dokumentiert auch die auf der Betriebsebene in der Personalabteilung zusammengefasste Verantwortung für alle betrieblichen Personal-, Sozial- und Bildungsfragen, wobei sich die Betreuungsfunktionen sowohl auf Arbeiter als auch auf Angestellte erstreckten.[93]

---

87   Vgl. Jahresbericht der Zentralabteilung Personal 1969/70, S. 28, in: SAA 10597.
88   Joachim von Oertzen, geb. 1915, trat 1948 in die Siemens-Schuckertwerke AG ein, übernahm 1966 die Leitung der Zentral-Vertriebsverwaltung und wurde 1969 Leiter der Zentralabteilung Personal sowie stellvertretendes Mitglied des Vorstands der Siemens AG.
89   Z-Rundschreiben Nr. 19/69 vom 15. September 1969, in: SAA Rundschreibensammlung.
90   Vgl. Gemeinsame Vorstandssitzung vom 26.10.1964, zitiert nach der Dokumentation zur Personalpolitik 1950–1974, S. 23, in: SAA 14/Ls 692; Vgl. auch Schreiben von D. Bremeier an Dr. Kley vom 12. August 1964: „Die gegenwärtige Personalorganisation ist m. E. nicht schlagkräftig. Sie entspricht nicht den heutigen Erfordernissen und ist nicht in der Lage, die grossen, vom Produktionsfaktor Arbeit auf uns zukommenden Aufgaben rechtzeitig zu meistern", in: SAA unverzeichnete Akten im Zwischenarchiv, Bestand Personalabteilung München, Ordner: Personalorganisation, Arbeitsplatzkontrolle, Stiftung für personal- und sozialpolitische Forschung.
91   Die Struktur sollte die bisherige Gliederung nach Belegschaftsgruppen ersetzen. Dokumentation zur Personalpolitik 1950–1974, S. 24, in: SAA 14/Ls 692; vgl. auch Schreiben des Personalreferats btr. Neugestaltung der Personalorganisation – Fakten und Argumente zur Diskussion, München, 8. November 1966, S. 4, in: SAA unverzeichnete Akten im Zwischenarchiv, Bestand Personalabteilung München, Ordner: Personalorganisation, Arbeitsplatzkontrolle, Stiftung für personal- und sozialpolitische Forschung.
92   Vgl. Feldenkirchen, 2003 a, S. 362.
93   Dokumentation zur Personalpolitik 1950–1974, S. 24, in: SAA 14/Ls 692; vgl. auch Jahresbericht der Zentral-Personalverwaltung 1968/69, S. 28 f., in: SAA 10579; vgl. auch Feldenkirchen, 2003 a, S. 362. Als neue Abteilung wurde der Bereich „Personalentwicklung Führungskreis" geschaffen, der die Sicherstellung und systematische Förderung des Führungsnachwuchses gewährleisten sollte, vgl. Dokumentation zur Personalpolitik 1950–1974, S. 23, in: SAA 14/Ls 692.

Abb. 5: Schema der in einer betrieblichen Personalabteilung zusammengefassten Funktionen (1969)

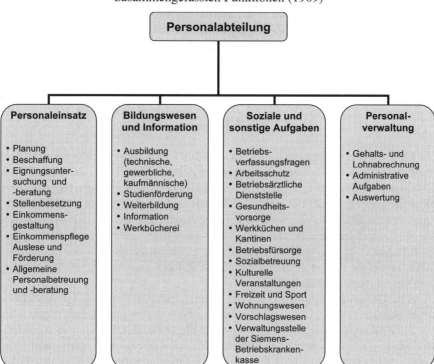

*Eigene Darstellung nach: Jahresbericht der Zentral-Personalverwaltung 1968/69, Anlage 12, in: SAA 10579.*

1973 wurde ein neuer Hauptbereich Bildungspolitik eingerichtet, der den gewachsenen Anforderungen an die betriebliche Bildung Rechnung tragen sollte.[94] Der neue Bereich umfasste die gewerbliche, kaufmännische und technische Bildung sowie die Leitung der Bildungszentren München, Erlangen und Feldafing und auch das Werner-von-Siemens-Institut für Geschichte des Hauses Siemens.

Auswirkungen auf die Struktur des Personalbereichs hatte auch die 1989 umgesetzte Neuorganisation. Für Zentralabteilungen, Zentralstellen und Zentrale Dienste galt es, kleine qualifizierte Führungsstäbe zu etablieren, die sich auf unternehmensweite Grundsatzaufgaben konzentrierten. Dienstleistungsfunktionen sollten klar von Stabsaufgaben getrennt sowie eigenständig geführt werden und ihre Leistungen zu marktüblichen Bedingungen erbringen.[95] Auch die Neuordnung des Personalbereichs, die mit Hilfe der externen Unternehmensberatung McKinsey sowie von Siemens-Personalfachleuten in die Wege geleitet wurde, hatte sich an diesen allgemeinen Vorgaben zu orientieren und setzte diese durch eine Konzentration

---

94 Dokumentation zur Personalpolitik 1950–1974, S. 22, in: SAA 14/Ls 692.
95 Vgl. Feldenkirchen, 2003 a, S. 363.

von ZP auf Grundsatzaufgaben, die Bildung eines eigenständigen Dienstleistungsbereichs „Zentrale Dienste Personal" (ZDP), die Stärkung der Führungskräfteentwicklung für obere und oberste Führungsfunktionen, die Einrichtung einer Hauptabteilung bei ZU „Personalentwicklung Führungskreis" (ZU F) und die Konzentration der Aufgaben der Referate Personal bei gleichzeitigem Ausbau ihrer Funktionen auf den Gebieten Personalplanung und Führungskräfteentwicklung in die Praxis um.[96]

## 2.3 Fazit

Die Organisation der Personal- und Sozialpolitik von Siemens im Rahmen der Zentral-Personalverwaltung bzw. ab 1969 in der Zentralabteilung Personal stand nach 1945 unter der Maßgabe, von zentraler Seite eine den Zeitumständen angemessene, effiziente Gestaltung der Personal- und Sozialarbeit auf allen Ebenen des Unternehmens zu gewährleisten. Grundlegende Fragen der Sozial- und Personalpolitik vertrat die Zentralabteilung Personal gegenüber dem Betriebsrat und den Wirtschaftsausschüssen.[97] Als integraler Bestandteil der Unternehmenspolitik des Hauses Siemens wurde die Personal- und Sozialpolitik in ihrer grundsätzlichen Ausrichtung vom Gesamtvorstand determiniert.

Die Organisationsentwicklung der Zentralabteilung Personal mit den klassischen Bereichen der Sozial- und Personalpolitik – seit Beginn der siebziger Jahre trat die Bildungspolitik als weiterer eigenständiger Bereich hinzu – ist charakterisiert durch eine fortschrittliche und an den sich verändernden wirtschaftlichen, gesellschaftlichen und technologischen Rahmenbedingungen sowie an den Erfordernissen des stetig expandierenden Unternehmens angepasste Gestaltung der Sozial- und Personalpolitik. Bis in die 1960er Jahre bestand die nach dem Zweiten Weltkrieg geschaffene Organisation in den Grundzügen unverändert. Bei der Umorganisation 1969 wurde den veränderten Verhältnissen, darunter auch der Tatsache, dass die Betriebe nicht mehr in Berlin konzentriert waren, Rechnung getragen. Veränderungen ergaben sich im Laufe der Zeit insofern, als die ZP eine Reihe von Aufgaben, die zentral behandelt wurden, delegiert, neue Schwerpunkte gesetzt sowie Schwerpunktverlagerungen vorgenommen hat. So wurde Ende der sechziger Jahre der Notwendigkeit einer systematischen Heranziehung und Förderung des Führungsnachwuchses durch die Einrichtung einer Abteilung „Personalentwicklung Führungskreis" und zu Beginn der siebziger Jahre der wachsenden Bedeutung der innerbetrieblichen Bildungsarbeit durch die Schaffung eines eigenen Bereichs Bildungspolitik entsprochen. Die betrieblichen Sozialmaßnahmen richteten sich – wie im Verlauf der Arbeit zu zeigen sein wird – nicht gleichermaßen an alle Mitarbeiter, sondern waren je nach Art der Leistung an bestimmte Voraussetzungen, etwa ein bestimmtes Dienstalter, geknüpft und mit personalpolitischen Intentionen, wie zum Beispiel der Rekrutierung von Nachwuchskräften, verbunden. Die Neurogani-

---

96 Vgl. Meilensteine einer unternehmerischen Personal- und Bildungspolitik, 1991, S. 54 f., in: SAA 14/Ls 692.
97 Vgl. Feldenkirchen, 2003 a, S. 362.

sation des Personalbereichs 1989 stand im Zeichen der unternehmensweiten Neuorganisation mit dem Ziel der Bildung flexiblerer Strukturen, der weitgehenden Trennung von Stabs- und Dienstleistungsfunktionen und der stärkeren Fokussierung der Aufgaben, um eine Steigerung der Effizienz und eine Senkung der zentralen Kostenumlagen zu erzielen.[98]

---

98 Vgl. ebd., S. 362 f.

# IV. AUSGEWÄHLTE ASPEKTE BETRIEBLICHER SOZIALPOLITIK BEI SIEMENS

## 1. VON DER INVENTURPRÄMIE ZUR BELEGSCHAFTSAKTIE: MASSNAHMEN DER MATERIELLEN MITARBEITERBETEILIGUNG

Maßnahmen zur finanziellen Beteiligung von Arbeitnehmern am Unternehmenserfolg haben eine lange Tradition, bei Siemens lassen sie sich bis zu den Anfängen des Unternehmens in die zweite Hälfte des 19. Jahrhunderts zurückverfolgen. Nach dem Zweiten Weltkrieg gewann das sozialpolitische Instrument der Erfolgsbeteiligung vor dem Hintergrund der gesellschaftspolitisch angestrebten und durch zahlreiche gesetzliche Maßnahmen geförderten Vermögensbildung in Arbeitnehmerhand besondere Bedeutung. Von Unternehmen als Belohnungs- und Motivationsinstrument sowie zur Mitarbeiterbindung eingesetzt und mit leistungs- und produktivitätssteigernden Wirkungen verbunden, von Gewerkschaften als vorenthaltener Lohn kritisch bewertet und abgelehnt, gehört die Erfolgsbeteiligung bis in die Gegenwart zu den wichtigsten monetären Leistungen bei Siemens. Demgegenüber stellt die Ausgabe von Belegschaftsaktien in Deutschland ein vergleichsweise junges Beteiligungsinstrument dar, das im Unternehmen 1969 als fortlaufendes System etabliert wurde. Der durch die staatliche Gesetzgebung steuerlich begünstigte Erwerb von Belegschaftsaktien beruhte auf den Prinzipien der Freiwilligkeit und Eigenverantwortung beim Vermögensaufbau und trug wie die Erfolgsbeteiligung dem gesellschaftspolitischen Ziel der Vermögensbildung Rechnung. Die Gestaltung der Erfolgsbeteiligung und die Entwicklung der Belegschaftsaktien sind im Betrachtungszeitraum in Abhängigkeit von konjunkturellen Rahmenbedingungen und von der wirtschaftlichen Situation des Unternehmens zu bewerten. Auch die Motive, Ziele und Funktionen der Erfolgs- und Kapitalbeteiligung haben sich im Zeitverlauf gewandelt. Beide Instrumente stellen im Betrachtungszeitraum die Grundlagen für die Beteiligung am wirtschaftlichen Erfolg des Unternehmens dar und sind – wie im Folgenden zu zeigen sein wird – Ausdruck der Monetarisierung der betrieblichen Sozialpolitik bei Siemens.

### 1.1 Von der Treueprämie zum variablen Entgeltbestandteil: Die Erfolgsbeteiligung

#### *1.1.1 Begriffliche Grundlagen und historische Entwicklung*

Die Erfolgsbeteiligung ist im Rahmen materieller Mitarbeiterbeteiligungsmodelle in Deutschland neben der Kapitalbeteiligung (Fremdkapital- und Eigenkapitalbeteiligung), Aktienoptionen oder Zeit-Wertpapieren die am weitesten verbreitete

Form der materiellen Mitarbeiterbeteiligung.[1] Neben den materiellen Beteiligungsformen gibt es die immaterielle Beteiligung als Teilhabe an Entscheidungsprozessen im Unternehmen, die auf der gesetzlich verankerten Mitbestimmung sowie auf freiwilligen Partizipationsmöglichkeiten basiert.

Abb. 6: Formen der Mitarbeiterbeteiligung

```
                        Mitarbeiterbeteiligung
                       /                      \
                  materiell               immateriell
                 /    |    \               /        \
        Kapital-  Erfolgs-  Sonstige   Gesetzliche  Freiwillige
        beteiligung beteiligung Beteiligungs- Mitbestimmung Partizipation
                               formen
        Fremdkapital- Gewinn-    Aktienoptionen
        beteiligung  beteiligung
        Eigenkapital- Ertrags-   Zeit-Wertpapiere
        beteiligung  beteiligung
                     Leistungs-
                     beteiligung
```

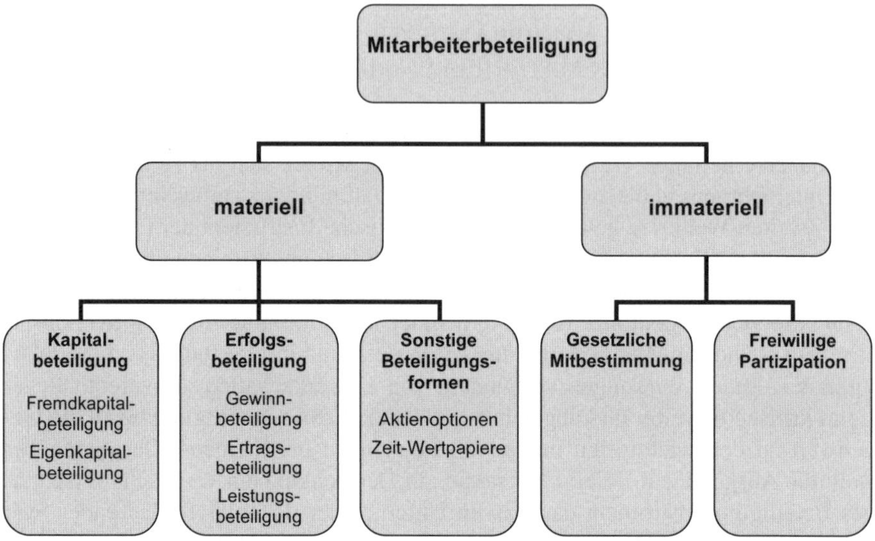

*Quelle: Backes-Gellner/Kay/Schröer/Wolff, 2002, S. 5.*

Das vorliegende Kapitel beleuchtet die materielle Mitarbeiterbeteiligung in Form der Erfolgsbeteiligung, die ebenfalls von Siemens angebotene Kapitalbeteiligung durch Belegschaftsaktien wird im folgenden Kapitel behandelt. Anders als die Kapitalbeteiligung kann die Erfolgsbeteiligung individuell im Arbeitsvertrag geregelt werden, sie ermöglicht jedoch keine Beteiligung an der Unternehmenssubstanz.[2]

Während bis 1950 die finanzielle Beteiligung von Arbeitnehmern am Unternehmenserfolg fast ausschließlich mit dem Begriff „Gewinnbeteiligung" bezeichnet wurde, setzte sich seit den 1950er Jahren der Begriff „Erfolgsbeteiligung" als Oberbegriff für alle Beteiligungsformen durch, „bei denen die Arbeitnehmer zusätzlich zu Lohn und Gehalt eine vom Unternehmenserfolg abhängige finanzielle Zuwendung erhalten".[3] Dabei kann die Beteiligung sowohl auf freiwilliger Basis

---

1 Vgl. Backes-Gellner, Uschi / Kay, Rosemarie / Schröer, Sanita / Wolff, Karin: Mitarbeiterbeteiligung in kleinen und mittleren Unternehmen. Verbreitung, Effekte, Voraussetzungen (Schriften zur Mittelstandsforschung, Nr. 92 NF). Wiesbaden 2002, S. 5, 20; Volz, Peter: Mitarbeiterbeteiligung in Europa, Japan und den USA. In: Friedrich-Ebert-Stiftung (Hg.): Staatliche Rahmenbedingungen für finanzielle Beteiligungsmodelle. Bonn 2007, S. 8.
2 Vgl. Backes-Gellner/Kay/Schröer/Wolff, 2002, S. 10.
3 Vgl. Pohl, Hans / Wessel, Horst A.: Einführung in das Forschungsprojekt: Erfolgsbeteiligung und Vermögensbildung von Arbeitnehmern ausgewählter deutscher Unternehmen von der Mitte des 19. Jahrhunderts bis zum Zweiten Weltkrieg, in: Conrad, Christoph: Erfolgsbeteili-

erfolgen, als auch durch tarifvertragliche Regelungen determiniert sein.[4] Die Ausschüttung der Erfolgsbeteiligung als zusätzliches Entgelt ist als variabler Vergütungsbestandteil an den Gewinn, an den Ertrag oder an die Erreichung bestimmter Leistungskennziffern geknüpft – danach werden der Bemessungsgrundlage zufolge die drei Formen der Gewinn-, Leistungs- oder Ertragsbeteiligung unterschieden.[5] Die am häufigsten und auch von Siemens bereits seit Ende des 19. Jahrhunderts praktizierte Form der Erfolgsbeteiligung ist die Gewinnbeteiligung, die sich an dem in der Bilanz ausgewiesenen Unternehmensgewinn orientiert.[6] Den Mitarbeitern wird ihr Anteil allerdings nur ausgegeben bzw. zugeteilt, wenn tatsächlich ein Gewinn erzielt wird.[7] Im Vergleich zu den beiden anderen Beteiligungsformen, der Leistungs- und der Ertragsbeteiligung, ist bei der Gewinnbeteiligung die Relation zwischen der Leistung der Arbeitnehmer und der Höhe ihres Erfolgsanteils allerdings am niedrigsten.[8]

Gegenüber der Gewinnbeteiligung steht bei der Leistungsbeteiligung als zweiter Form der Erfolgsbeteiligung die Leistung eines Mitarbeiters, einer Mitarbeitergruppe bzw. der Abteilung oder der Gesamtbelegschaft als Bemessungsgrundlage im Vordergrund – die Mitarbeiter sollen einen Anteil an dem Betriebserfolg erhalten, der durch eigene Leistungssteigerungen in ihren jeweiligen Arbeitsbereichen erzielt wurde.[9] Als dritte Möglichkeit der Erfolgsbeteiligung gilt die Ertragsbetei-

---

    gung und Vermögensbildung der Arbeitnehmer bei Siemens (1847–1945), hg. v. Hans Pohl / Wilhelm Treue (Zeitschrift für Unternehmensgeschichte, Beiheft 36). Stuttgart 1986, S. 12. Bei der Erfolgsbeteiligung werden alle Beteiligungsmodelle zusammengefasst, bei denen dem einzelnen Mitarbeiter durch das Unternehmen zusätzlich zu seinem Lohn bzw. Gehalt ein gewisser Anteil am Unternehmenserfolg gewährt wird. In den meisten Fällen erhalten die Beschäftigten einen Bonus bzw. eine Tantieme als Zusatz zu ihrer Entlohnung. Vgl. Krüger, Claudia: Mitarbeiterbeteiligung. Unternehmensfinanzierung und Mitarbeitermotivation. Köln 2008, S. 146.

4   Vgl. Lesch, Hagen / Stettes, Oliver: Eine theoretische und empirische Analyse auf Basis des IW-Zukunftspanels (Forschungsberichte aus dem Institut der deutschen Wirtschaft Köln, Nr. 35). Köln 2008, S. 4.

5   Vgl. Backes-Gellner/Kay/Schröer/Wolff, 2002, S. 9.

6   Vgl. dazu Conrad, 1986, S. 60 ff.

7   Vgl. Rosette, Christine / Schneider, Hans J.: Mitarbeiter-Beteiligung. Eine Strategie zum Unternehmenserfolg. Bamberg 1986, S. 30. Unterformen der Gewinnbeteiligung sind die Gesamtgewinnbeteiligung, die Ausschüttungsgewinnbeteiligung und die Substanzgewinnbeteiligung. Bei der Gesamtgewinnbeteiligung, die sich in der Praxis durchgesetzt hat, stellen der in der Jahresbilanz ausgewiesene Gewinn oder eine bereinigte Gewinngröße die Ausgangsbasis für die Beteiligung dar; die Ausschüttungsgewinnbeteiligung orientiert sich an der Höhe des Gewinns, der an die Kapitaleigner ausgeschüttet wird; im Gegensatz dazu bildet bei der Substanzgewinnbeteiligung nicht der ausgeschüttete, sondern der einbehaltene Gewinn die Basis für die Mitarbeiterbeteiligung. Vgl. Pohl/Wessel, 1986, S. 13; Rosette/Schneider, 1986, S. 30.

8   Vgl. Pohl/Wessel, 1986, S. 13.

9   Vgl. ebd., S. 12. Unterschieden werden die Produktionsbeteiligung, die Kostenersparnisbeteiligung und die Produktivitätsbeteiligung. Bei der Produktionsbeteiligung bildet die Produktmenge die Ausgangsbasis der Beteiligung. Bei einer über die vereinbarte Normmenge hinaus erzielten Produktmenge wird ein bestimmter Erfolgsanteil an die Mitarbeiter gezahlt. Bei der Kostenersparnisbeteiligung wird die Verringerung der entstandenen Kosten gegenüber einer Normgröße honoriert. Bei der Produktivitätsbeteiligung bildet das Verhältnis der produzierten

ligung, die neben der Leistung der Arbeitnehmer auch Markteinflüsse als Beteiligungsbasis berücksichtigt; sie lässt sich in die Umsatzbeteiligung, die Netto- oder Rohertragsbeteiligung und die Wertschöpfungsbeteiligung differenzieren.[10] Mit der Einführung von Beteiligungsmodellen, die Unternehmen auf freiwilliger Basis durchführen, werden bestimmte Motive und Ziele verfolgt und spezifische Effekte und Wirkungen verbunden. Im Zeitverlauf haben sich die Motivationen und Schwerpunkte den zeitspezifischen Rahmenbedingungen entsprechend immer wieder verändert. Sie reichen von sozialen Zielsetzungen über die Gestaltung flexibler Entgeltbestandteile bis hin zur Förderung des Zusammenhalts zwischen Unternehmern, Kapitaleignern und Mitarbeitern und der Schaffung von Anreizen zur Motivations- und Leistungssteigerung.[11] Häufig werden mit materiellen Mitarbeiterbeteiligungen nicht nur einzelne Ziele, sondern auch ganze Zielbündel angestrebt.[12]

Arbeitgeberverbände und Gewerkschaften bewerten das sozialpolitische Instrument der Erfolgsbeteiligung unterschiedlich. Die Bundesvereinigung der Deutschen Arbeitgeberverbände befürwortete 1951 die Erfolgsbeteiligung als Maßnahme, „Lohn und Gehalt nach der Ertragsfähigkeit des einzelnen Betriebs zu erhöhen und die Beziehungen zwischen Unternehmer und Arbeitnehmern nach der menschlichen Seite zu vertiefen, den einzelnen Arbeitnehmer aus dem reinen Lohnempfänger zum Mitarbeiter zu machen und auf diese Weise den Geist der Verbundenheit am gemeinsamen Werk zwischen Unternehmen und Arbeitnehmer zu fördern".[13] Daher stießen alle Maßnahmen auf Zustimmung, die die Arbeitnehmer am Unternehmenserfolg beteiligten und damit sowohl die persönlichen Leistungen als auch die Gesamtproduktivität der Werke steigerten. Die Gewerkschaften vertraten dagegen die Position, dass der mit der Erfolgsbeteiligung ausgeschüttete Gewinn vorenthaltener Lohn sei, und befürchteten eine Stärkung des Betriebsegoismus bei gleichzeitiger Schwächung des Einflusses der Gewerkschaften.[14]

 Menge zu den entstandenen Kosten die Ausgangsbasis zur Berechnung der Beteiligung. Vgl. Rosette/Schneider, 1986, S. 26 f., und Pohl/Wessel, 1986, S. 12 f.

10 Bei der Umsatzbeteiligung (auch Bruttoertragsbeteiligung) ist der (von Preisschwankungen bereinigte) Gesamtumsatz Ausgangsbasis für die Beteiligung; bei der Wertschöpfungsbeteiligung wird der Beteiligungsanteil aus der Differenz zwischen dem Rohertrag und den Aufwendungen des Unternehmens für Fremdleistungen errechnet; die Netto- oder Rohertragsbeteiligung errechnet sich, wenn vom Rohertrag neben den Aufwendungen für Fremdleistungen weitere Aufwendungen wie Abschreibungen und Eigenkapitalzinsen abgezogen werden, vgl. Pohl/Wessel, 1986, S. 13; Rosette/Schneider, 1986, S. 28 f.; Backes-Gellner/Kay/Schröer/Wolff, 2002, S. 10.

11 Vgl. Gaugler, Eduard: Mitarbeiterbeteiligung am Unternehmenserfolg, in: Felix R. FitzRoy / Kornelius Kraft (Hg.): Mitarbeiterbeteiligung und Mitbestimmung im Unternehmen. Berlin/New York 1987, S. 12 f.; Schneider, Hans: Erfolgsbeteiligung der Arbeitnehmer in: Eduard Gaugler / Walter A. Oechsler / Wolfgang Weber (Hg.): Handwörterbuch des Personalwesens. Stuttgart 2004, Sp. 712.

12 Vgl. Backes-Gellner/Kay/Schröer/Wolff, 2002, S. 11; vgl. dazu auch Jung, 2006, S. 609.

13 Vgl. Mitteilung der Sozialpolitischen Abteilung btr. Erklärung der Bundesvereinigung der Deutschen Arbeitgeberverbände zur Frage der „Gewinnbeteiligung" vom 15.6.1951, S. 2, in: SAA 12792.

14 Vgl. ebd., S. 1. Vgl. auch Aktenvermerk der Sozialpolitischen Abteilung vom 5. November 1951, S. 9, in: SAA 12792.

Die Beteiligung von Arbeitnehmern am Gewinn des Unternehmens hat eine lange Tradition und wird seit der Industrialisierung diskutiert. Ausgehend von Impulsen aus Großbritannien hat es im deutschsprachigen Raum in verschiedenen Betrieben bereits Mitte des 19. Jahrhunderts erste Bemühungen gegeben, Mitarbeiter am wirtschaftlichen Erfolg teilhaben zu lassen.[15] Die Telegraphen-Bauanstalt von Siemens & Halske zahlte erstmals 1858 sogenannte Inventurprämien als Gewinnbeteiligung an Angestellte und Lohnarbeiter aus, ab 1866 stand dafür ein fester Betrag des Reingewinns zur Verfügung.[16] Neben motivations- und leistungssteigernden Wirkungen sollten angesichts eines akuten Facharbeitermangels und einer hohen Mitarbeiterfluktuation Anreize gesetzt werden, um qualifizierte Fachkräfte für das Unternehmen zu gewinnen und eine Stammbelegschaft aufzubauen.[17] Bis zur Wende vom 19. zum 20. Jahrhundert entwickelte sich die Gewinnbeteiligung bei Siemens zu einem festen Einkommensbestandteil. Im Geschäftsjahr 1927/28 führte das Unternehmen eine vom Geschäftserfolg abhängige Jahresprämie für Arbeiter und Tarifangestellte ein. Die letztmalige Auszahlung der Prämie erfolgte im Kriegsjahr 1944.[18]

*1.1.2 Die Wiedereinführung der Erfolgsbeteiligung im Jahr 1951*

Im März 1951 kündigten die Firmenleitung von S&H und SSW und der Hauptausschuss der Siemens-Betriebsräte die Wiedereinführung der Erfolgsbeteiligung (EB) an, die in Kontinuität zu der von Werner von Siemens 1858 erstmals realisierten Inventurprämie sowie des im Geschäftsjahr 1927/28 eingeführten allgemeinen Gewinnbeteiligungssystems realisiert wurde. Das System sollte „klar, einfach und übersichtlich"[19] und für alle Belegschaftsgruppen einheitlich gestaltet sein. Als

---

15 Eines der frühesten erfolgreichen Modelle war das Beteiligungssystem des Nationalökonomen Johann Heinrich von Thünen (1773–1850), der auf seinem Gut in Tellow in Mecklenburg-Vorpommern seine Landarbeiter bereits 1847 am Ertrag des Gutes beteiligte und die Beteiligungssumme bei ihrer Pensionierung als Beitrag zur Altersversorgung auszahlte. Vgl. Gaugler, 1987, S. 12, 19. Im Jahr 1898 richtete Ernst Abbé eine Erfolgsbeteiligung bei den Zeiss-Werken in Jena ein. Vgl. ebd., S. 13. Vgl. zur historischen Entwicklung der Gewinnbeteiligung auch Kurdelbusch, 2002, S. 46f. Einer vom Verein für Sozialpolitik in Auftrag gegebenen Umfrage im Zeitraum von 1873 bis 1877 zufolge hatten bis zum Jahr 1878 in Deutschland insgesamt 54 Unternehmen eine Gewinnbeteiligung eingeführt. Vgl. Krüger, 2008, S. 20.
16 Vgl. Conrad, 1986, S. 63; vgl. auch Burhenne, 1932, S. 64. Leitende Angestellte erhielten sog. Tantiemen – dies waren prozentual und vertraglich festgelegte Beteiligungen am Gewinn des Gesamtgeschäfts oder Teilen des Gesamtgeschäfts.
17 „Es war mir schon früh klar geworden, dass eine befriedigende Weiterentwicklung der stetig wachsenden Firma nur herbeizuführen sei, wenn ein freudiges, selbsttätiges Zusammenwirken aller Mitarbeiter zur Förderung ihrer Interessen erwirkt werden könnte. Um dieses zu erzielen, schien es mir erforderlich, alle Angehörigen der Firma nach Maßgabe ihrer Leistungen am Gewinne zu beteiligen" – so begründete Werner von Siemens rückblickend die Einführung dieser Maßnahme. Vgl. Siemens, 2004, S. 268.
18 Vgl. Feldenkirchen, 1995, S. 424.
19 Vgl. Aktennotiz der Zentral-Personalabteilung „Gewinnbeteiligung" vom 7.11.1950, S. 1, in: SAA 12792. Die vor dem Zweiten Weltkrieg praktizierte Aufteilung in Abschlussprämie, Son-

Bemessungsgrundlage für die Errechnung der Erfolgsbeteiligung wurde die Dividende herangezogen: „Vergleiche mit verschiedenen Beteiligungs-Systemen des In- und Auslandes haben uns zu der Überzeugung geführt, daß die Grundgedanken des früher bei uns üblichen Verfahrens auch heute noch die beste Lösung darstellen und – mit einigen Verbesserungen – auch für die Zukunft anwendbar sind. Unser System ging bekanntlich davon aus, daß der wirtschaftliche Erfolg des Unternehmens in der Dividende zum Ausdruck kommt; sie bietet daher auch den besten Maßstab für die Höhe einer Beteiligung",[20] so heißt es in der unternehmensinternen Bekanntmachung zur Erfolgsbeteiligung im März 1951.

Abb. 7: Komponenten zur Berechnung der Erfolgsbeteiligung (1950/51)

```
                    ┌─────────────────────┐
                    │  Erfolgsbeteiligung │
                    │     (1950/51)       │
                    └─────────────────────┘
                              │
        ┌─────────────────────┼─────────────────────┐
        │                     │                     │
  ┌───────────┐         ┌───────────┐         ┌───────────┐
  │ Einkommen │         │ Dienstalter│         │ Dividende │
  │ (Leistung)│         │(Firmentreue)│        │ (Ertrag)  │
  └───────────┘         └───────────┘         └───────────┘
   Nach 10              Firmenzugehörigkeit   Mischdividende
   Einkommensgruppen    mindestens 3 Jahre    S&H/SSW (muss mind.
   gestaffelte Grundbeträge                   1 Prozent betragen)
```

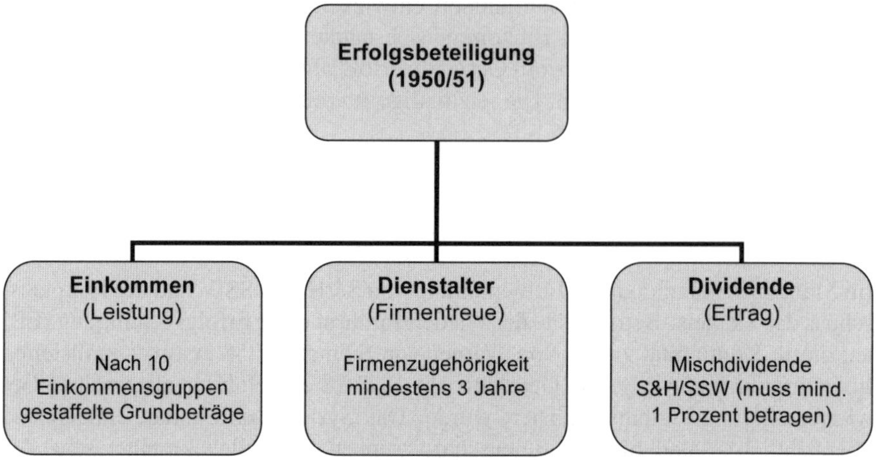

*Eigene Darstellung nach Denkschrift der Sozialpolitischen Abteilung über die Möglichkeiten einer Neuregelung der Erfolgsbeteiligung vom 5. März 1966, S. 2, in: SAA 12791.*

  derzuwendungen und besondere Zuwendungen sollte entfallen. Auf den für das System vor 1945 verwandten Begriff der Gewinnbeteiligung wurde bewusst verzichtet, da dieser sich auf die Ausschüttung vom Reingewinn bezog und die Ausschüttung an die Arbeitnehmer vor der Feststellung und Verteilung des Reingewinns erfolgen sollte. Vgl. Denkschrift der Zentral-Personalverwaltung, Erlangen, im Mai 1950, S. 1, in: SAA 14/Lh 309.
20 Vgl. Bekanntmachung vom März 1951, in: SAA 14/Lh 309,1; vgl. dazu auch Gemeinsame Sitzung des Vorstandes der Siemens & Halske A.G. und der Siemens-Schuckertwerke A.G. am 8. November 1950, in: SAA S 1, S. 2, in der „Herr Tacke über das Ergebnis der bisherigen internen Verhandlungen über die Wiedereinführung einer laufenden Gewinnbeteiligung" berichtete. Er wies „bezüglich der Neuregelung dieser Frage auf die Notwendigkeit der Beachtung von drei Prinzipien hin. Einmal müsse eine Vereinfachung der bisherigen komplizierten Regelung angestrebt werden; weiter sei es zweckmäßig, die Beteiligungen in geeigneter Form augenfälliger als bisher zu machen, und drittens müsse, mit Rücksicht auf die Unübersehbarkeit der weiteren Entwicklung, auch dafür Sorge getragen werden, daß diese Neugewährung von Beteiligungsansprüchen zu keinen Risiken für die Gesellschaft führt. Von diesen Grundgedanken ausgehend solle die Gewinnbeteiligung grundsätzlich wie früher mit einer Mischdividende von S&H und SSW in der Weise gekoppelt werden, daß die Zahl der Faktoren, mit denen der Grundbetrag der Beteiligung zwecks Feststellung ihres Gesamtbetrages zu multiplizieren ist, dem jeweiligen Prozentsatz der Mischdividende entspricht, also z.B. bei einer Mischdividende von 2 % 2 beträgt."

Die Höhe der Erfolgsbeteiligung errechnete sich aus Grundbeträgen, die nach Einkommensstufen festgesetzt und mit Punkten multipliziert wurden. Die Zahl der Punkte wiederum ergab sich aus dem Dienstalter und der Höhe der Mischdividende.[21] Die Mischdividende wurde aus den Dividenden von Siemens & Halske und den Siemens-Schuckertwerken gebildet, um eine einheitliche Behandlung der Mitarbeiter der beiden Siemensfirmen zu gewährleisten. Im Gegensatz zu dem vor 1945 praktizierten System, in dem Abschlussprämien und sonstige Beteiligungen erst gezahlt wurden, wenn die Mischdividende 4 Prozent überstieg, sollte die Beteiligung nun auch schon bei einer Mischdividende von mindestens 1 Prozent gewährt werden. Gleichzeitig wurden Prozentsätze der Mischdividende, die über 4 Prozent lagen, für die Höhe der Erfolgsbeteiligungen doppelt gewertet, um auch die Belegschaft an dem darin zum Ausdruck kommenden positiven Geschäftsergebnis mit einem höheren prozentualen Anteil zu beteiligen. Nachdem die Aufsichtsräte der Siemens & Halske AG und der Siemens-Schuckertwerke AG für S&H für das Geschäftsjahr 1951/52 eine Dividende von 4 Prozent und für SSW eine Dividende von 5 Prozent genehmigt hatten, konnte für die Erfolgsbeteiligung 1950/51 eine Mischdividende von 4,5 Prozent als Beteiligungsbasis angesetzt werden.[22]

Aufgrund der veränderten Mitarbeiterstruktur wurde mit der Verkürzung der Mindestbetriebszugehörigkeit als Teilnahmevoraussetzung von – wie zuletzt 1943/44 angewandt – fünf Dienstjahren auf drei Jahre nach vollendeter Ausbildung und nach vollendetem 17. Lebensjahr eine weitere Neuerung in der Gestaltung des Beteiligungssystems vollzogen.[23] Von der Kürzung der Wartezeit profitierten die nach dem Zweiten Weltkrieg neu eingestellten und am Wiederaufbau aktiv beteiligten Beschäftigten, die noch keine entsprechend lange Betriebszugehörigkeit vorweisen konnten und sonst unberücksichtigt geblieben wären. Der Betriebsrat hatte

---

21 Die Grundbeträge wurden nach 12 Einkommensgruppen gestaffelt. Innerhalb der Gruppen galten die gleichen Grundbeträge. Die Staffelung erfolgte in Schritten von 5 DM, angefangen von der Gruppe mit dem niedrigsten Einkommen bis 150 DM mit einem Grundbetrag von 5 DM bis zur höchsten Einkommensgruppe über 650 DM monatlich mit einem Grundbetrag von 30 DM. Für alle außertariflichen Angestellten wurde ein Grundbetrag von einheitlich 45 DM festgelegt.
Die Punkte wurden wie folgt errechnet:
a) nach der Höhe der Mischdividende:
bis zu 4% Mischdividende für jedes Prozent je 1 Punkt
über 4% der Mischdividende für jedes Prozent, das 4% Mischdividende übersteigt, je 2 Punkte
b) nach dem Dienstalter:
nach Vollendung des 3. Dienstjahres 1 Punkt
nach Vollendung des 5. Dienstjahres ein weiterer Punkt zusammen 2 Punkte
nach Vollendung des 7. Dienstjahres ein weiterer Punkt zusammen 3 Punkte
nach Vollendung des 10. Dienstjahres ein weiterer Punkt zusammen 4 Punkte
Vgl. Bekanntmachung btr. Erfolgsbeteiligung vom März 1951, in: SAA 14/Lh 309, und Mitteilung des Personalreferats an die S&H und SSW-Personalabteilungen btr. Erfolgsbeteiligungen vom 28.12.1951, in: SAA 14/Lh 309,1.
22 Vgl. Bekanntmachung vom 5. April 1952, in: SAA 14/Lh 309.
23 Vgl. Bekanntmachung btr. Erfolgsbeteiligung vom März 1951, in: SAA 14/Lh 309; Geschäftsbericht 1950/1951 der Siemens & Halske Aktiengesellschaft: Bericht für das 104. Geschäftsjahr, 1.10.1950–30.9.1951, S. 10, in: SAA 15/Lg 969.

im Hinblick auf die hohe Zahl neueingestellter Mitarbeiter sogar zunächst für einen völligen Wegfall und später für eine nur zweijährige Mindestdienstzeit plädiert.[24] Allerdings sollten – wie von der Unternehmensleitung gefordert – insbesondere das Dienstalter und die gewachsenen Erfahrungen und Leistungen der dienstälteren Mitarbeiter honoriert werden, weil der Unternehmenserfolg „nicht nur auf den augenblicklichen Leistungen seiner Mitarbeiter, sondern zu einem erheblichen Teil auch auf den in der Vergangenheit innerhalb unserer Betriebe gewonnenen Erfahrungen" beruhe. „Es handele sich hierbei um eine Gemeinschaftsleistung, die erst nach einer entsprechenden Einarbeitung und Eingewöhnung der einzelnen Mitarbeiter jeweils ihr Maximum erreiche [...]. Es habe also seinen Sinn, daß der einzelne Mitarbeiter erst in das Unternehmen hineinwachsen müsse, bevor er an der Erfolgsbeteiligung teilnehme."[25]

Der Grundbetrag als ein Multiplikationsfaktor zur Berechnung der individuellen Erfolgsbeteiligung neben der Dividende und dem Dienstalter war nach dem tatsächlichen Einkommen gestaffelt und richtete sich nicht mehr – wie dies noch in der Abschlussprämie bis 1943/44 der Fall war – nach der Zugehörigkeit zu bestimmten Tarifgruppen.[26] Unter der Prämisse, dass die individuelle Einkommenshöhe einen Gradmesser für die Wertigkeit der Arbeit und damit auch für die Leistung darstellt, sollte durch dieses Verfahren gewährleistet werden, dass die Erfolgsbeteiligung stärker der Leistung des Einzelnen angepasst wurde, als dies bei Zugrundelegung einer weit gröberen Aufgliederung nach einkommensmäßig vergleichbaren Tarifgruppen der Fall gewesen wäre, zumal dadurch auch Leistungssteigerungen oder Mehrarbeitsleistungen ebenso wie Arbeitsausfälle infolge von Fehlzeiten oder Kurzarbeit ihren Niederschlag in der Höhe der Beteiligung fanden.[27] Als Grundlage galt bei der Errechnung der individuellen Erfolgsbeteiligung das durchschnittliche Monatseinkommen im Geschäftsjahr 1950/51, basierend auf der 48-Stunden-Woche.[28]

Ein Vergleich der Höhe der Erfolgsbeteiligungen in den verschiedenen Dienstaltersstufen ergibt eine deutlich höhere Beteiligungssumme bei den dienstältesten Betriebsangehörigen: Diejenigen Mitarbeiter, die schon zehn Jahre oder länger im Unternehmen beschäftigt waren, erhielten in allen Einkommensstufen eine fast

---

24 Vgl. Denkschrift der Zentral-Personalverwaltung, Erlangen, im Mai 1950, S. 10, 12, in: SAA 14/ Lh 309,1. Vgl. auch Niederschrift über eine Besprechung zwischen Firmenleitung und Hauptausschuss der Siemens-Betriebsräte über Wiederaufbauprämie und Gewinnbeteiligung am 29.11.1951 in Erlangen vom 1. 12.1950, S. 3, in: SAA 12792.

25 Vgl. Aktenvermerk btr. Firmenleitungsbesprechung mit GBR am 16.2.1955 in München über die Neuregelung der Erfolgsbeteiligung vom 16.3.1955, in: SAA 12792.

26 Der Tarifkreis erhielt bis zum Geschäftsjahr 1943/44 eine Abschlussprämie nach bestimmten Tabellensätzen in Relation zum Durchschnittseinkommen der einzelnen Gruppen. Voraussetzung war ein Mindestdienstalter von fünf Jahren bei Beginn des Geschäftsjahres. Der Kreis der Außertariflichen Mitarbeiter erhielt nach entsprechenden Grundsätzen Sonderzuwendungen, OB (Oberbeamte) und NB (Normalbeteiligten) erhielten eine Normalbeteiligung.

27 Vgl. Meißner, Kurt: Die Erfolgsbeteiligung, in: Siemens-Mitteilungen, 3/1952, S. 14; vgl. auch Denkschrift der Zentral-Personalverwaltung, Erlangen, im Mai 1950, S. 11, in: SAA 14/ Lh 309.

28 Vgl. Bekanntmachung btr. Erfolgsbeteiligung vom März 1951, in: SAA 14/Lh 309.

## 1. Von der Inventurprämie zur Belegschaftsaktie

doppelt so hohe Beteiligung wie ihre dienstjüngeren Kollegen, die eine fünf- bis siebenjährige Betriebszugehörigkeit nachweisen konnten.[29] Dieses Verfahren entsprach der Zielsetzung, zwei für die weitere Entwicklung des Unternehmens unverzichtbare Mitarbeitergruppen zugleich entsprechend zu bedienen und zu motivieren: zum einen die Gruppe der dienstjüngeren Arbeitskräfte, die durch die Verkürzung der Wartezeit von fünf auf drei Jahre nun viel früher beteiligungsberechtigt waren und einen zusätzlichen Leistungsanreiz erhielten,[30] zum anderen die Gruppe der langjährigen erfahreneren Mitarbeiter, für die die relativ höhere Beteiligung eine Anerkennung der Betriebsverbundenheit und damit eine Treueprämie darstellen sollte.[31] Auf beide Mitarbeitergruppen war das Unternehmen in der Wiederaufbauphase nach dem Zweiten Weltkrieg stark angewiesen. Das sozialpolitische Instrument der Erfolgsbeteiligung fungierte dabei als fluktuationshemmende Maßnahme und sollte dazu beitragen, das „Betriebsinteresse und die Betriebsverbundenheit zu fördern",[32] sowie „als ein wesentliches Mittel des betrieblichen Zusammenhaltes gegenüber anderweitigen Bestrebungen der Gewerkschaften"[33] dienen. Darüber hinaus wurde in theoretischen Erörterungen von Unternehmensseite insbesondere auf die Honorierung der Betriebstreue, die Steigerung der Produktivität sowie den vergrößerten Spielraum für die betriebliche Lohnpolitik in Verhandlungen mit Gewerkschaften hingewiesen.[34] Die Wiedereinführung der Erfolgsbeteiligung in der oben beschriebenen Form fand auch die Zustimmung der Siemens-Betriebsräte.[35] Dieser entsprach damit allerdings nicht der damals in Gewerk-

---

29 Vgl. Berechnungen nach Tabelle in Bekanntmachung btr. Erfolgsbeteiligung vom März 1951, in: SAA 14/Lh 309.
30 Vgl. Meißner, Kurt: Die Erfolgsbeteiligung, in: Siemens-Mitteilungen 3/1952, S. 14.
31 „Zur Begründung der Bedingung einer 5-jährigen Dienstzeit ist anzuführen, dass das wirtschaftliche Ergebnis eines Geschäftsjahres nicht nur von den Leistungen dieses eng abgegrenzten Zeitraumes abhängig ist, sondern auf jahrelangen Bemühungen und Erfahrungen beruht. Abgesehen davon, dass während der ersten Jahre der Firmenzugehörigkeit Anlernkosten, Anlaufzeiten und andere unmittelbar nicht messbare Einflüsse den Anteil des Einzelnen an der Gesamtleistung seines Betriebes herabsetzen, erscheint es gerechtfertigt, dem Belegschaftsmitglied erst nach einer bestimmten Dienstzeit eine Beteiligung an der Gewinnausschüttung zuzuerkennen. In diesem Sinne soll die Beteiligung zugleich eine Anerkennung der Betriebsverbundenheit darstellen; von demjenigen, der der Firma länger als 5 Jahre angehört, ist zu erwarten, dass er seine Lebensarbeit mit der Firma verbinden will", vgl. Denkschrift der Zentral-Personalverwaltung, Erlangen, im Mai 1950, S. 12, in: SAA 14/Lh 309,1, und Becker, Reinhart: Die Erfolgsbeteiligung im Hause Siemens seit 1866 – ein notwendiger Bestandteil zur Verwirklichung des Partnerschaftsgedankens? Diplomarbeit, eingereicht an der Universität Regensburg, 1974, S. 74 f., in: Siemensarchiv, Bibliothek.
32 Vgl. Meißner, Siemens-Mitteilungen, 3/1952, S. 15 f.
33 Vgl. Aktennotiz von Gisbert Kley vom 30.11.1954, in: SAA 12792.
34 Vgl. Aktenvermerk btr. Gewinnbeteiligung vom 5. November 1951, S. 4–6, in: SAA 12792. Als weitere Faktoren standen die Frage des „gerechten Lohns" und der „reibungslose Ablauf des wirtschaftlichen Geschehens" zur Diskussion.
35 Niederschrift über eine Besprechung der Firmenleitung und Hauptausschuss der Siemens-Betriebsräte über Wiederaufbauprämie und Gewinnbeteiligung am 29.11.1950 in Erlangen vom 1.12.1950, S. 4, in: SAA 12792: „Abschließend wurde festgestellt, dass über die grundsätzlichen Fragen der Gewinnbeteiligung Einvernehmen besteht und dass diese in der firmenseitig vorgeschlagenen Form durchgeführt werden soll".

schaftskreisen verbreiteten und vom Deutschen Gewerkschaftsbund vertretenen Forderung, „höchstmögliche Reallöhne gleichmässig über das ganze Jahr zu garantieren, statt durch niedrige Reallöhne im Laufe des Jahres Mittel für Gewinnbeteiligungen anzusammeln."[36] Die Gewerkschaften lehnten die Gewinnbeteiligung ab, weil sie darin einen vorenthaltenen Lohn sahen.

Für die im Geschäftsjahr 1950/51 erstmalig nach Kriegsende wieder aufgelegte Erfolgsbeteiligung für Arbeiter, Tarifangestellte und Außertarifliche Mitarbeiter (AT) wurde ein Bruttobetrag von rund 9,51 Mio. DM aufgewendet – dies entsprach einem Anteil von 2,4 Prozent der Personalkosten, die sich aus Löhnen und Gehältern, Jahreszahlungen und sozialen Aufwendungen zusammensetzten.[37] Davon erhielt ein Arbeiter als Erfolgsbeteiligung durchschnittlich brutto 167,40 DM im Jahr, ein Tarifangestellter durchschnittlich brutto 271,50 DM und ein außertariflich bezahlter Mitarbeiter durchschnittlich brutto 835,30 DM. Im Vergleich dazu bewegte sich das monatliche Durchschnittseinkommen für Tarifangestellte und Arbeiter bei S&H und SSW im Geschäftsjahr 1950/51 zwischen 200 und 400 DM, es tendierte bei Arbeitern eher zur unteren und bei Angestellten zur oberen Grenze, das heißt, die Höhe der Erfolgsbeteiligung machte mehr als die Hälfte eines Monatseinkommens aus[38] – sie ist also nicht mit einem 13. Monatsgehalt gleichzusetzen. 46,5 Prozent aller Arbeiter (26.630 Beschäftigte), 64,3 Prozent aller Tarifangestellten (13.596 Beschäftigte) und 95 Prozent aller außertariflichen Beschäftigten (1.632 Mitarbeiter) partizipierten 1951 an dieser Maßnahme.[39] Diese anteilmäßige Verteilung zeigt, dass sich die Erfolgsbeteiligung nicht gleichermaßen an alle Mitarbeiter richtete, sondern nach Dauer der Betriebszugehörigkeit differenzierte, also zwischen Stammbelegschaft und kurzfristig bzw. weniger als drei Jahre lang Beschäftigten unterschied. Da die Fluktuationsrate mit steigender Position und steigendem Einkommen geringer wurde, profitierte die Zielgruppe mit höheren Einkommen in größerem Maße als die unteren Einkommensgruppen, die Erfolgsbeteiligung hatte also auch einen statusdifferenzierenden Effekt. Darüber hinaus erzielten die besser bezahlten Einkommensgruppen aufgrund ihres höheren Einkommens, das als ein Bemessungsfaktor herangezogen wurde, deutlich höhere Erfolgsbeteiligungen als die unteren Einkommensstufen. Dies lässt darauf schließen, dass die Erfolgsbeteiligung als sozialpolitische Maßnahme die Zielgruppe der mit mehr Verantwortung ausgestatteten Beschäftigten in höheren Positionen fokussierte, um diese an das Unternehmen zu binden und ihre Leistungsbereitschaft zu steigern.

---

36  Vgl. Denkschrift der Zentral-Personalverwaltung, Erlangen, im Mai 1950, S. 2, in: SAA 14/ Lh 309; vgl. auch Rosette/Schneider, 1986, S. 97.
37  Vgl. Denkschrift der Sozialpolitischen Abteilung über die Möglichkeiten einer Neuregelung der Erfolgsbeteiligung vom 5. März 1966, Anlage 4, in: SAA 12791.
38  Vgl. Jahresbericht 1951/52 der Zentral-Personalverwaltung, Anlage 7, in: SAA 12386.
39  Vgl. ebd., S. 12f., in: SAA 12386.

### 1.1.3 Die Weiterentwicklung des EB-Systems in den 1950er und 1960er Jahren

Das im Geschäftsjahr 1950/51 neu aufgelegte Beteiligungssystem wurde in den Folgejahren mehrfach den sich wandelnden wirtschaftlichen Rahmenbedingungen und der Entwicklung des Umsatzes und der Belegschaft angepasst. Die Unternehmensentwicklung, die bis Mitte der 1960er Jahre durch steigende Umsätze gekennzeichnet war, wirkte sich positiv auf die Ausschüttung der Dividenden und damit auch auf die Höhe der Erfolgsbeteiligung aus. So erlaubte bereits der Umsatz des folgenden Geschäftsjahres 1951/52, der mit einem Zuwachs von 178 Millionen gegenüber dem vorangegangenen Geschäftsjahr erstmals die Milliardengrenze überschritt,[40] eine Steigerung der Dividende bei Siemens & Halske von 4 auf 6 Prozent. Da die Dividende der Siemens-Schuckertwerke wie im vorangegangen Geschäftsjahr 5 Prozent betrug, konnte eine Mischdividende von 5,5 Prozent ermittelt werden.[41] Um die mit der positiven wirtschaftlichen Entwicklung einhergehenden steigenden Einkommen der Tarifangestellten und Arbeiter bei der Erfolgsbeteiligung berücksichtigen zu können, wurde die Staffelung der Einkommensgruppen zur Ermittlung der Grundbeträge um zwei weitere Einkommensgruppen erweitert.[42] Der insgesamt vom Unternehmen für die Erfolgsbeteiligung aufgewendete Bruttobetrag von rund 15,7 Mio. DM in 1951/52 hatte sich gegenüber dem Vorjahr um rund ein Drittel erhöht; auch die Höhe der EB stieg gegenüber 1950/51 bei Arbeitern auf durchschnittlich 250 DM, bei Tarifangestellten auf 414 DM und bei Außertariflichen Mitarbeitern auf 1.159 DM an.[43] Die ansteigende Tendenz bei der EB setzte sich auch im Geschäftsjahr 1952/53 auf der Basis einer Mischdividende von 6,5 Prozent sowie gestiegener Grundbeträge aufgrund von Lohnerhöhungen fort.[44]

#### 1.1.3.1 Revidierung der Richtlinien im Jahr 1954

In den ersten drei Jahren seit der Einführung der Erfolgsbeteiligung war eine Erhöhung der Teilnehmerzahl um etwas mehr als 20 Prozent, von 48.800 (1950/51) auf 53.300 beteiligte Beschäftigte (1952/53), sowie ein Anstieg der Grundbeträge infolge von Tariferhöhungen um rund 19 Prozent zu konstatieren.[45] Die Beteiligungs-

---

40  Vgl. Geschäftsbericht der S & H AG und der SSW AG 1951/52, S. 13, in: SAA 15/Lg 969.
41  Vgl. Bekanntmachung btr. Erfolgsbeteiligung 1951/52 vom 15. April 1953, in: SAA 14/Lh 309.
42  Vgl. Jahresbericht der Zentral-Personalverwaltung 1951/52, S. 11, in: SAA 12386, und Bekanntmachung btr. Erfolgsbeteiligung 1951/52 vom 15. April 1953, in: SAA 14/Lh 309,1. Neu hinzu kamen die Gruppen über 700 bis 750 DM (Grundbetrag 32,50 DM) und über 750 DM (Grundbetrag 35 DM).
43  Vgl. Jahresbericht 1952/53 der Zentral-Personalverwaltung, S. 10f., in: SAA 12386. Anteilsmäßig erhielten rund 52 % aller Arbeiter, rund 61 % aller Tarifangestellten und rund 92 % aller Außertariflichen eine Erfolgsbeteiligung.
44  Vgl. Jahresbericht 1953/54 der Zentral-Personalverwaltung, S. 13, in: SAA 12386. Der geringste ausgezahlte Betrag belief sich dabei auf 54 DM, der höchste Betrag auf 1.260 DM.
45  Vgl. Erfolgsbeteiligung für die Belegschaft seit 1950/51, Anlage in Aktenvermerk „Erfolgsbeteiligung für das Geschäftsjahr 1981/82" vom 6. Juni 1983, in: SAA 23699.

summe war im selben Zeitraum stärker angestiegen als die Dividendensumme, was zum einen auf die Erhöhung der Dividendensätze, zum anderen auf die Punkteverdoppelung für die über 4 Prozent hinausgehenden Dividendenteile zurückgeführt werden konnte.[46] Dadurch sah sich die Unternehmensleitung, die einen weiteren Anstieg dieser Tendenz prognostizierte,[47] veranlasst, die bisher geltenden Richtlinien für die Erfolgsbeteiligung zu revidieren. Sie berief sich hierbei auf eine Abänderungsklausel, die eine Neuregelung der 1951 erlassenen Richtlinien für den Fall vorsah, „wenn eine wesentliche Veränderung in den wirtschaftlichen Verhältnissen oder in Zahl oder Zusammensetzung der Belegschaft eintritt und sich hierdurch das Verhältnis von Beteiligungs- und Dividendensumme verschiebt".[48] Die Orientierung an den drei Komponenten Dividende, Grundbetrag und Dienstalter zur Berechnung der EB wurde in den 1954 überarbeiteten und im Geschäftsjahr 1954/55 in Kraft getretenen Richtlinien beibehalten. Statt der Mischdividende sollte nun allein die Dividende der Siemens & Halske AG maßgebend sein und für jedes Prozent Dividende sollte ein halber Dividendenpunkt gewährt werden. Um in Zukunft bei der Ausschüttung der Erfolgsbeteiligung flexibler zu sein und der wirtschaftlichen Lage besser Rechnung tragen zu können, wurde die Zusammensetzung der Erfolgsbeteiligung in einen festen und in einen variablen Bestandteil gesplittet. Während der feste Teil wie bisher auf feststehenden Berechnungsgrundlagen basierte – für jedes Prozent S&H-Dividende wurde ein halber Punkt berechnet –, sollte der variable Zuschlag jährlich jeweils neu von den Vorständen von S&H und SSW beschlossen werden.[49] Die bisher praktizierte Verdoppelung der Dividendenpunkte bei einer Dividende von mehr als 4 Prozent entfiel; dafür wurde jedoch angestrebt, „wenn die wirtschaftliche Lage es erlaubt, dem einzelnen Empfänger bei einer S&H-Dividende von acht Prozent nicht weniger zu zahlen, als dies bei einer Mischdividende von 6,5 Prozent (8 Prozent S&H-Dividende) bisher geschah."[50] Gleichzeitig wurden die Grundbeträge erhöht.

Im Geschäftsjahr 1954/55 setzte Siemens erstmals die neuen Richtlinien um. Die Höhe des Zuschlags, der 1954/55 noch 100 Prozent der festen Beteiligung entsprach,[51] wurde im weiteren Zeitverlauf bis auf 20 Prozent des festen Beteiligungsbetrags im Geschäftsjahr 1962/63 reduziert. Dadurch und aufgrund des er-

---

46 Vgl. Schreiben von Gisbert Kley an Direktor Gipkens vom 4.9.1954, in: SAA 12792.
47 Vgl. Aktenvermerk der Sozialpolitischen Abteilung vom 3. Mai 1954, S. 6, in: SAA 12792.
48 Vgl. Bekanntmachung „Erfolgsbeteiligung" vom 8. September 1954, in: SAA 14/Lh 309.
49 „Die Entwicklung der wirtschaftlichen Verhältnisse, insbesondere auch der Löhne und Gehälter, läßt sich heute für die künftigen Jahre nicht voraussagen. Es kommt hinzu, daß sich auch die steuerlichen Bestimmungen, die das wirtschaftliche Ergebnis beeinflussen, oftmals ändern. Die Erfolgsbeteiligung im vollen Umfange für einen längeren Zeitraum festzulegen, hat sich daher als nicht möglich erwiesen. Für einen Teil der Erfolgsbeteiligung wollen wir aber wie bisher feste Berechnungsgrundlagen anwenden. Ein weiterer Teil der Erfolgsbeteiligung soll von Vorstandsbeschlüssen abhängig sein, die für S & H und SSW von Jahr zu Jahr einheitlich ergehen werden. Dadurch kann der wirtschaftlichen Lage jeweils besser Rechnung getragen werden." Vgl. Bekanntmachung zur Erfolgsbeteiligung vom Mai 1955, in: SAA 14/Lh 309.
50 Vgl. Bekanntmachung zur Erfolgsbeteiligung vom Mai 1955, in: SAA 14/Lh 309.
51 Vgl. Bekanntmachung „Erfolgsbeteiligung" vom 31. Januar 1956, in: SAA 14/Lh 309.

heblich verminderten Dividendenfaktors trat die mit der Neuregelung angestrebte Entlastung bei den Unternehmensaufwendungen für die Erfolgsbeteiligung ein, auch wenn der absolute Betrag der Aufwendungen aufgrund von Dividendenerhöhungen, der Zunahme der Beschäftigtenzahl und tariflicher Lohnerhöhungen anstieg.[52] Das Ziel, dass die EB-Aufwendungen die Dividendensumme nicht überschreiten sollten, konnte im Geschäftsjahr 1956/57 erstmals wieder erreicht werden.[53] In den Folgejahren verdreifachten sich die Firmenaufwendungen für die EB (inklusive Zuschlag und Sozialversicherung) im Kreis der tariflich bezahlten Mitarbeiter von 30,2 Millionen DM im Geschäftsjahr 1954/55 auf 90,1 Millionen DM in 1963/64.[54] Die Anzahl der beteiligungsberechtigten Arbeiter und Angestellten war im selben Zeitraum von rund 60.000 Mitarbeitern – das waren knapp 54 Prozent aller Arbeiter und Tarifangestellten 1954/55 auf rund 111.500 Beschäftigte und damit 65,1 Prozent der Belegschaftsangehörigen in 1963/64 – angestiegen. Der prozentuale Anteil der Aufwendungen für die EB an den Personalkosten stieg kontinuierlich von 2,2 Prozent in 1954/55 auf 4,9 Prozent in 1963/64 an.[55]

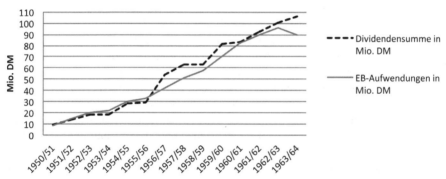

Abb. 8: Aufwendungen für die Erfolgsbeteiligung im Tarifkreis und Dividendensumme (1950/51–1963/64)

*Eigene Darstellung nach Daten der Sozialpolitischen Abteilung: Möglichkeiten einer Neuregelung der Erfolgsbeteiligung vom 5. März 1966, Anlage 6, in: SAA 12791.*

Bis zu seiner grundlegenden Überarbeitung im Jahr 1969 wurden die Basisbestandteile des EB-Systems mit leichten Variationen beibehalten. Ein Diskussionspunkt in Verhandlungen mit dem Betriebsrat war wiederholt die Forderung nach der Verkürzung der dreijährigen Anwartschaftszeit, die schließlich im Geschäftsjahr 1957/58 von den bisher geltenden drei auf zweieinhalb Jahre herabgesetzt wurde.[56] Durch

---

52 Vgl. Sozialpolitische Abteilung: Möglichkeiten einer Neuregelung der Erfolgsbeteiligung vom 5. März 1966, S. 4, in: SAA 12791.
53 Vgl. ebd.
54 Vgl. ebd., Anlage 6.
55 Vgl. ebd., Anlage 4.
56 Die weiteren Beteiligungsvoraussetzungen, wie die Vollendung des 17. Lebensjahrs, eine vollendete Ausbildung und die Voraussetzung eines ungekündigten Dienstverhältnisses blieben vorerst bestehen. Vgl. SozPolAbt-Rundschreiben Nr. 392 vom 29.10.1958, in: SAA 14/Lh 309.

die variablen Konstanten wie die jährlich vom Vorstand neu zu beschließenden Zuschläge war es dem Unternehmen möglich, die EB-Aufwendungen im Zeitverlauf der wirtschaftlichen Situation des Unternehmens und der Tarifentwicklung anzupassen. Die EB-Aufwendungen stiegen aufgrund der wachsenden Zahl der Empfänger und des Erreichens höherer Dienstaltersstufen sowie auch durch die mit den laufenden Tariferhöhungen verbundenen Einkommenssteigerungen kontinuierlich an. Daher sah sich der Vorstand im Geschäftsjahr 1961/62 veranlasst, den freiwilligen Zuschlag zu der EB um rund 30 Prozent zu kürzen, um die durch die Tariferhöhungen entstandenen erheblichen Mehrkosten auszugleichen.[57] Damit erwies sich die Erfolgsbeteiligung für das Unternehmen als ein leicht zu handhabendes, variables Instrument, das zwar in seinen Grundkomponenten – der Orientierung an Einkommen, Dienstalter und Dividende – im Betrachtungszeitraum unverändert blieb, das aber in diesem System in seiner konkreten Ausgestaltung an sich wandelnde Rahmenbedingungen und aktuelle Entwicklungen, wie zum Beispiel Lohnerhöhungen, angepasst werden konnte und dem Unternehmen größere Entscheidungsfreiheiten bot, als dies bei Lohnerhöhungen der Fall gewesen wäre.

*1.1.3.2 Die Jahreszahlung*

Eine weitere Veränderung wurde mit der Einführung einer freiwilligen Jahreszahlung für Arbeiter und Tarifangestellte im Geschäftsjahr 1963/64 vorgenommen, die sich auch an Mitarbeiter mit weniger als zweieinhalb Dienstjahren sowie an Lehrlinge und Auszubildende richtete.[58] Dafür entfielen der freiwillige Zuschlag zur Erfolgsbeteiligung und die bisherige Weihnachtszuwendung. In Fällen, in denen der Gesamtbetrag an EB und der neuen Jahreszuwendung geringer war als der Gesamtbetrag, den der einzelne an Weihnachtszuwendung 1963 und EB 1962/63 erhalten hatte, wurde ein Ausgleich gewährt. Neu war gegenüber den bisher geltenden Regelungen zudem, dass für die Erfolgsbeteiligung auch Dienstzeiten vor dem vollendeten 17. Lebensjahr angerechnet wurden, wobei auch Lehrlinge einbezogen waren. Hinter der Herabsetzung der Altersgrenze stand die Argumentation, dass das

---

„Der Verhandlungsausschuß erneuert seinen Antrag, die Anwartschaftszeit für die Erfolgsbeteiligung von 3 auf 2 Jahre herabzusetzen. Firmenseits wird darauf hingewiesen, daß eine solche Erweiterung des Teilnehmerkreises zu einer Verringerung der Sätze in den anderen Dienstaltersstufen führen würde." Vgl. Niederschrift über die Besprechung zwischen Vertretern der Firmenleitung und dem Verhandlungsausschuss des Gesamtbetriebsrates am 4.1.1956 in München, S. 7, in: SAA S 6.

57 Vgl. Schreiben von Dr. Kley vom 4.12.1962 btr. EB, in SAA 14/Lh 309,2. Es wurde jedoch darauf hingewiesen, dass die meisten Beteiligungsempfänger einen höheren Gesamtbetrag an Erfolgsbeteiligung und Zuschlag als im Vorjahr erhielten, da der größte Teil der Beteiligungsempfänger inzwischen – vor allem infolge der beträchtlichen Erhöhung der Tariflöhne und -gehälter und wegen Aufrückens in höhere Dienstaltersstufen – in höhere Einkommensstufen aufgerückt war. Vgl. auch das Schreiben der Sozialpolitischen Abteilung vom 21.1.1963 btr. Erfolgsbeteiligung 1961/62, in: SAA 14/Lh 309.

58 Vgl. Erfolgsbeteiligung und Jahreszuwendung im Hause Siemens, Ausarbeitung der Sozialpolitischen Abteilung vom 19. Juli 1965, S. 3, in: SAA 12791.

vollendete 17. Lebensjahr dem Zeitpunkt entspreche, zu dem ausgebildete Facharbeiter in der Regel produktiv tätig und voll leistungsfähig sein könnten.[59] Ausbildungszeiten zählten zwar nach wie vor nicht als Dienstzeit, sie wurden aber für die zweieinhalbjährige Wartezeit berücksichtigt.[60] Während die jährliche Auszahlung der Erfolgsbeteiligung auf einer Betriebsvereinbarung beruhte, handelte es sich bei der Jahreszuwendung um eine freiwillige Leistung, über die jedes Jahr neu entschieden werden sollte. Da die Jahreszuwendung an keine Wartezeit gekoppelt war, profitierten vor allem dienstjüngere Mitarbeiter, die noch keine EB erhielten. So war es auch ein Ziel dieser sozialpolitischen Maßnahme, der als unverhältnismäßig hoch konstatierten Fluktuation jüngerer Mitarbeiter, insbesondere bei Siemens & Halske, entgegenzuwirken und Anreize für die Beschäftigung neuer, junger Arbeitskräfte zu schaffen.[61] Die Fluktuationsraten waren seit den 1950er Jahren vor dem Hintergrund der angespannten Arbeitsmarktsituation insbesondere bei Lohnempfängern erheblich angestiegen und vor allem auf Belegschaftskündigungen zurückzuführen. Während sich bei den Angestellten von S&H und SSW die Kündigungen durch Beschäftigte zwischen 1950/51 und 1962/63 verdoppelt hatten, verdreifachten sich die Belegschafts-Kündigungen im selben Zeitraum bei den gewerblichen Mitarbeitern.[62] Dagegen hatten sich die vom Unternehmen ausgesprochenen Kündigungen bei Angestellten auf ein Viertel verringert, bei Arbeitern hatten sie sich in etwa halbiert. Als eine der wesentlichen Ursachen für die starken Fluktuationsbewegungen in Zeiten von Wirtschaftswachstum, Vollbeschäftigung und Arbeitskräftemangel[63] wurde das Siemens-Lohnniveau identifiziert, das, wie Vergleichsuntersuchungen mit anderen Unternehmen der Metallindustrie gezeigt hatten, insbesondere bei den Akkord- und Zeitlöhnen in allen Tarifgebieten unter den Durchschnittsverdiensten der Branche lag.[64] Lohnerhöhungen erschienen dem Unternehmen zu diesem Zeitpunkt allerdings als wirtschaftlich nicht realisierbar.[65]

Die Jahreszahlung implizierte einen Ausgleich für die Wartezeit in der EB und die hohe Bewertung der Firmentreue in den oberen Dienstaltersstufen, wobei der erhebliche Stellenwert des Dienstalters in firmeninternen Auseinandersetzungen auch immer wieder in Frage gestellt wurde: „Betriebs- und Firmentreue werden nüchterner und sachlicher betrachtet: Man versteht es, daß ein großes Unternehmen auf einen Stamm treuer Mitarbeiter Wert legen muß; man findet richtig, daß diese dem Unternehmer nützliche Treue auch ihre Anerkennung findet; aber man erblickt, von einem kritischen Standpunkt, Grenzen solcher Anerkennung. Man sagt, die

---

59  Außerdem war die Facharbeiterausbildung von vier auf dreieinhalb Jahre verkürzt worden. Vgl. Unterlagen für die Sitzung der Vorstandskommission für sozialpolitische Fragen am 30. Juni 1964, S. 8 f. (zum Anschreiben von Dr. Kley vom 16. Juni 1964), in: SAA 12791.
60  Vgl. Jahresbericht der Zentral-Personalverwaltung 1964/65, S. 15, in: SAA 12492.
61  Vgl. Unterlagen für die Sitzung der Vorstandskommission für sozialpolitische Fragen am 30. Juni 1964 vom 15. Juni 1964, in: SAA 12791.
62  Vgl. Löhne und Gehälter. Ausarbeitung der Sozialpolitischen Abteilung vom 15.3.1964, S. 11, in: SAA 12791.
63  Vgl. Lampert/Althammer, 2004, S. 89.
64  Vgl. ebd. Zum Lohnniveau und den Fluktuationsbewegungen vgl. auch die Ausarbeitung der Sozialpolitischen Abteilung „Löhne und Gehälter" vom 15. März 1964, S. 3, in: SAA 12791.
65  Vgl. ebd., S. 2.

Firmenverbundenheit solle durch Jubiläumsgeschenke, Jubilarfeiern und insbesondere durch die Altersversorgung ihre Anerkennung finden; eine ‚Erfolgsbeteiligung' müsse in erster Linie die Leistung in Betracht ziehen, die Firmentreue müsse höchstens zweitrangig bewertet werden. Verständlich ist, daß die große Zahl der Beteiligungsempfänger anders denkt: man hält, was man hat, und weiß oder ahnt, daß ein anderes System auch eine andere Verteilung des Gesamtbetrages zur Folge haben könnte",[66] so heißt es 1961 in einem Schreiben des Leiters der Sozialpolitischen Abteilung zum allgemeinen Stimmungsbild. Dem gegenüber stand die Beobachtung einer „wachsende[n] Unruhe über eine nachlassende Berücksichtigung der Firmentreue" unter den älteren Mitarbeitern, die sich „im Zuge der fortschreitenden Rationalisierung ohnedies Sorgen machten".[67] Um die Verbundenheit auch der dienstjüngeren Mitarbeiter zum Unternehmen in Zukunft verstärkt zu festigen, dadurch dem Unternehmen die in seinen Betrieben ausgebildeten Facharbeiter zu erhalten, der Fluktuation entgegenzuwirken und die Anwerbung neuer Arbeitskräfte zu erleichtern, wurde die Diskussion über eine Herabsetzung der Wartezeit im Unternehmen intensiv geführt.[68] Eine grundsätzliche Entscheidung in dieser Frage sollte allerdings erst am Ende des Jahrzehnts fallen. Durch die Jahreszuwendung wurden die beteiligungsberechtigten Mitarbeiter überwiegend besser gestellt als zuvor, die Summe von Erfolgsbeteiligung und Jahreszuwendung lag in den meisten Fällen höher als der Vorjahresbetrag aus EB, Zuschlag und Weihnachtszuwendung.[69]

Die Jahreszuwendung machte rund 35 Prozent eines Monatsverdiensts aus, sie betrug durchschnittlich rund 182 DM bei Arbeitern und rund 267 DM bei Tarifangestellten.[70] Mit der neuen Jahreszuwendung, von der vor allem dienstjüngere Mitarbeiter profitierten, hatte das Unternehmen ein Instrument geschaffen, das angesichts der angespannten Arbeitsmarktlage und des Arbeitskräftemangels seit den ausgehenden 1950er Jahren dazu beitragen sollte, Fluktuationsbewegungen einzudämmen. Lohnerhöhungen als ein adäquates Mittel beim im Vergleich zu anderen Unternehmen der Metallindustrie niedrigen Lohnniveau bei Siemens schienen zum damaligen Zeitpunkt wirtschaftlich nicht durchführbar und sollten umgangen wer-

---

66 Vgl. Schreiben von Dr. Dräger an Dr. Kley vom 16.1.1961, in: SAA 12791.
67 Vgl. Schreiben von Dr. Dräger an Direktor Dr. Kley vom 7.6.1968: „Die Diskussion ergab, daß die Belohnung der Firmentreue gerade dem Arbeiter gegenüber in der betrieblichen Praxis immer wieder hervorgehoben wird, beginnend beim Einstellungsgespräch, dann nach Ablauf der Probezeit und schließlich bei allen Auseinandersetzungen über den Lohn und die Arbeitsbedingungen".
68 Vgl. Schreiben von Dr. Dräger an Dr. Kley vom 24.8.1961, in: SAA 12791.
69 Vgl. Erfolgsbeteiligung und Jahreszuwendung im Hause Siemens, Ausarbeitung vom 19.7.1965, S. 4, in: SAA 12791.
70 Vgl. Jahresbericht der Zentral-Personalverwaltung 1964/65, S. 15, in: SAA 12492. Für den Fall, dass sich bei der Auszahlung der EB 63/64 ergeben sollte, dass die Summe von Jahreszuwendung und EB für den Einzelnen geringer sein sollte als das letzte Mal Weihnachtszuwendung, EB und Zuschlag zusammengerechnet, sollte ein Ausgleich geschaffen werden, vgl. ebd., S. 16. Vgl. auch Unterlagen für die Sitzung der Vorstandskommission für sozialpolitische Fragen am 30. Juni 1964, erstellt von der Sozialpolitischen Abteilung vom 15. Juni 1964, S. 5, in: SAA 12791.

den. Mit der freiwilligen Jahreszuwendung, über die jährlich neu entschieden werden konnte, bewahrte sich das Unternehmen die Flexibilität, um auch veränderten Rahmenbedingungen entsprechend handeln zu können. Die Jahreszuwendung wurde letztmalig vor Weihnachten 1968 gezahlt und danach in die Erfolgsbeteiligung einbezogen.[71]

Während die Erfolgsbeteiligung im Tarifkreis als „eine klare zusätzliche Leistung der Firmen"[72] gewertet wurde, die nach dem beschriebenen Verfahren ablief, lagen der EB im übertariflichen Kreis (ÜT-Kreis) ein anderes Verständnis und andere Gestaltungsmaßstäbe zugrunde. Die EB wurde im ÜT-Kreis als Bestandteil des regulären Einkommens betrachtet und nach Grundbeträgen berechnet, die in Abhängigkeit von der Aufgabe und Verantwortung individuell festgelegt wurden. Für die einzelnen Rangstufen galten bestimmte Einkommensspannen."[73] Da sich die Bemessungsgrundlage nicht an einem Tarifeinkommen orientierte, trat hier die Problematik der aufgrund von Tariferhöhungen verursachten höheren Aufwendungen nicht auf. Auch eine Jahreszuwendung war für übertariflich bezahlte Angestellte nicht vorgesehen. Nach dem Prinzip „Mehr Verantwortung – mehr Erfolgsbeteiligung" war das ÜT-Einkommen in sehr viel höherem Maße von dem Unternehmenserfolg und der Dividende abhängig als das eines tariflich bezahlten Arbeiters oder Angestellten, denn „es sei ja gerade der Sinn der Erfolgsbeteiligung im übertariflichen Kreis, daß diese Führungskräfte in guten Jahren relativ hoch und in schlechten Jahren relativ niedrig verdienten".[74]

*1.1.3.3 Vermögenswirksame Anlage der Erfolgsbeteiligung*

Die erste Hälfte der 1960er Jahre war auch von der Einführung staatlicher Förderungsmaßen zur Vermögensbildung geprägt. Das erste Vermögensbildungsgesetz vom 12. Juli 1961 und das zweite Vermögensbildungsgesetz vom 1. Juli 1965 sollten durch die steuerliche Begünstigung bestimmter Anlagebeträge zur Erhöhung der Sparbereitschaft und damit zur allgemeinen privaten Vermögens- und Kapitalbildung der Arbeitnehmer beitragen.[75] Damit wurde die Möglichkeit eröffnet, die

---

71 Vgl. Jahresbericht der Zentral-Personalverwaltung 1968/69, S. 20, in: SAA 10557.
72 Vgl. Schreiben der Zentral-Personalverwaltung an die Herren Vorstandsmitglieder von S & H und SSW vom 7.2.1955, in: SAA 12792.
73 Vgl. Erfolgsbeteiligung und Jahreszuwendung im Hause Siemens, Ausarbeitung vom 19.7.1965, S. 4, in: SAA 12791. „Berücksichtigt man das allgemeine Gehaltsniveau dieser Schichten, so würden wir, falls wir keine Erfolgsbeteiligung hätten, höhere Monatsgehälter zahlen müssen, als dies jetzt geschieht." Vgl. Schreiben der Zentral-Personalverwaltung an die Herren Vorstandsmitglieder von S & H und SSW vom 7.2.1955, in: SAA 12792.
74 Erfolgsbeteiligung im ÜT-Kreis", Schreiben von Dr. Kley vom 18.6.1963, in: SAA 12791. „Deshalb ist im Durchschnitt das Einkommen eines Werkzeugmachers zu 15%, dagegen das eines Vorstandsmitgliedes zu 65% vom Erfolg des Unternehmens abhängig. Dies bedeutet, dass bei einem Rückgang der Geschäfte ein Vorstandsmitglied bis zu zwei Dritteln seines Einkommens einbüßen kann." Vgl. Jürgen Lüders: Lebhaftes Interesse der Aktionäre, in: Siemens-Mitteilungen 4/1959, S. 6.
75 Vgl. Lampert/Althammer, 2004, S. 405.

Erfolgsbeteiligung im Sinne des Vermögensbildungsgesetzes anzulegen. Während die Sparbeiträge in der Sozialversicherung beitragsfrei blieben, übernahm das Unternehmen die Lohn- und Kirchensteuer.[76] In den ersten drei Geschäftsjahren nach Einführung des Ersten Vermögensbildungsgesetzes legte jeder dritte EB-Empfänger Teile der Erfolgsbeteiligung nach dem Vermögensbildungsgesetz an, davon investierten zwei Drittel der Mitarbeiter in das Prämiensparen und ein Drittel wählte Bausparverträge oder Direktzahlungen zum Bau oder Erwerb von Eigenheimen; insgesamt belief sich der Sparbetrag der Siemens-Beschäftigten auf rund 27 Mio. DM.[77] Im Zeitraum zwischen 1962 bis 1967, also in den ersten fünf Jahren, in denen nach dem Ersten und Zweiten Vermögensbildungsgesetz gespart werden konnte, wurden bereits 71 Mio. DM vermögenswirksam angelegt.[78]

*1.1.3.4 Der Ertragsfaktor*

Die Auswirkungen der ersten Nachkriegsrezession in der Bundesrepublik Deutschland, die im Geschäftsjahr 1966/67 bei Siemens zu einer erstmaligen Verringerung des Inlandsabsatzes nach dem Zweiten Weltkrieg führten,[79] wirkten sich auf die Höhe der Erfolgsbeteiligung aus, die in der Folgezeit durch die Einführung sogenannter Tarif- und Ertragsfaktoren gemindert wurde. Bemessungsgrundlage blieb zunächst das individuelle Durchschnittseinkommen im Geschäftsjahr. Ab 1966/67 war allerdings das Tarifniveau maßgebend, das im Durchschnitt des Jahres 1965/66 erreicht worden war. Spätere Tariferhöhungen wurden durch den Tariffaktor herausgerechnet, was dazu führte, dass die tatsächlichen Einkommen bei der Berechnung um 1,2 % bis 2,8 % gekürzt wurden.[80] Darüber hinaus bildete neben der Dividende die Zuführung zur freien Rücklage zusätzlich einen Maßstab des Ertrags. Für den Fall, dass diese Zuführung weniger als die Hälfte der Dividendenausschüttung betrug, sollte die EB durch einen Ertragsfaktor verringert werden.[81] Der Ertragsfaktor kam 1966/67 zur Anwendung, da den Rücklagen weniger als 50 Prozent der Dividendensumme zugeführt werden konnten – statt 70 Mio. nur 20 Mio. DM – und führte zu einer zehnprozentigen Kürzung der EB. Dieser Kürzungsbetrag wurde allerdings durch eine Sondervergütung wieder kompensiert, um anzuerkennen, dass die Mitarbeiter zu den Bemühungen, „den Rückgang des Ertrages in engen

---

76 Vgl. SozPol-Rundschreiben Nr. 526 vom 19. Dezember 1962, in: SAA unverzeichnete Akten aus dem Zwischenarchiv, vgl. auch Niederschrift über die Besprechung der Firmenleitung mit dem Verhandlungsausschuss des Gesamtbetriebsrates am 16.9.1965 in München, in: SAA S 6.
77 Vgl. Erfolgsbeteiligung und Jahreszuwendung im Hause Siemens, Ausarbeitung vom 19.7.1965, S. 4, in: SAA 12791. Vgl. auch o. V.: Sie wissen zu sparen, in: Süddeutsche Zeitung vom 30.8.1965 und „Vermögensbildung 1965 im Hause Siemens", Bericht vom 27.10.1965, in: SAA unverzeichnete Akten aus dem Zwischenarchiv (Ordner 07/9.3.1: Besondere Firmenleistg./Vermögensbildung/Allgemeines).
78 Vgl. ebd.
79 Vgl. Geschäftsbericht der Siemens AG 1966/67, S. 11, in: SAA 15/Lg 969.
80 Vgl. Ausarbeitung Erfolgsbeteiligung vom 19.7.1966, S. 2, in: SAA 12790; vgl. auch Jahresbericht der Zentral-Personalabteilung 1967/68, S. 17, in: SAA 10597.
81 Vgl. Ausarbeitung Erfolgsbeteiligung vom 19.7.1966, S. 2, in: SAA 12790.

Grenzen zu halten, in tatkräftiger und verständnisvoller Mitarbeit erheblich beigetragen"[82] hatten. Die Sondervergütung sollte in Form einer Stammaktie der Siemens AG gewährt und der darüber hinaus verbleibende Betrag entweder ausgezahlt oder alternativ in weitere Aktienkäufe investiert werden.[83] Im darauffolgenden Geschäftsjahr 1967/68 wurde die Berücksichtigung des Ertragsfaktors zwar noch einmal in Betracht gezogen, aber nicht mehr angewendet.

Die Teilnehmerzahl an der Erfolgsbeteiligung verdreifachte sich im Zeitraum seit der Einführung im Geschäftsjahr 1950/51 insgesamt von rund 43.800 Teilnahmeberechtigten bis zur Neuregelung im Geschäftsjahr 1967/68 auf rund 135.600 Beschäftigte – das war in 1967/68 etwas mehr als die Hälfte der Gesamtbelegschaft. Davon stieg die Anzahl der EB-Berechtigten im Tarifkreis von rund 40.250 Beschäftigten (1950/51) auf rund 123.275 Beschäftigte (1967/68) an, die Zahl der beteiligten ÜT-Mitarbeiter erhöhte sich im selben Zeitraum um rund 3.550 Beschäftigte auf rund 12.335 ÜT-Mitarbeiter.

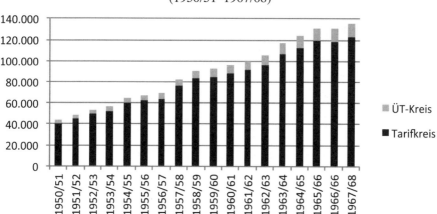

Abb. 9: Entwicklung der Teilnahmezahlen an der Erfolgsbeteiligung (1950/51–1967/68)

*Eigene Darstellung nach Aktenvermerk btr. Erfolgsbeteiligung für das Geschäftsjahr 1981/82 vom 6. Juni 1983, Anlage 1, in: SAA 23699.*

*1.1.4 Von der Treueprämie zum Führungsinstrument: Die Neuregelung der Erfolgsbeteiligung im Jahr 1968*

Zum Geschäftsjahr 1968/69 erfolgte die seit der zweiten Hälfte der 1960er Jahre im Unternehmen kontrovers diskutierte Neuregelung der Erfolgsbeteiligung.[84] Den Hintergrund für die Neugestaltung bildeten die zunehmend angespannte wirtschaft-

---

82  Vgl. Jahresbericht der Zentral-Personal-Verwaltung 1966/67, S. 17, in: SAA 12386.
83  Dokumentation zur Personalpolitik 1950–1974, S. 14, in: SAA 14/Ls 692.
84  Vgl. dazu Bericht der Zentral-Personalverwaltung an die Betriebsleitungen von S&H, SSW und SE über Verhandlungen mit dem Gesamtbetriebsrat vom 19. August 1966, in: SAA S 6.

liche Lage, arbeitsmarktpolitische Motive sowie neue Schwerpunktsetzungen innerhalb der betrieblichen Sozialpolitik. Im Sommer 1966 hatte die Firmenleitung in einer gemeinsamen Vorstandssitzung der Siemens & Halske AG und Siemens-Schuckertwerke AG bereits beschlossen, eine angesichts der wirtschaftlichen Lage als notwendig erachtete Verminderung des Personalaufwands auch durch Kürzungen im sozialpolitischen Bereich durchzuführen und mit dem Gesamtbetriebsrat darüber zu verhandeln.[85] Zu diesen Maßnahmen sollten auch Einsparungen bei der Erfolgsbeteiligung gehören.

Bei der Neuregelung wurde eine Reihe von Änderungen wirksam, die die Firmenleitung im Einvernehmen mit dem Gesamtbetriebsrat im Herbst 1968 bekannt gab:[86]

– Bemessungsgrundlage war nicht mehr der Durchschnittsverdienst des Bezugsjahrs, sondern die Lohn- und Gehaltsgruppe unter Berücksichtigung der persönlichen Leistung.
– Die Wartezeit für die Teilnahmeberechtigung, die bisher 2,5 Jahre betragen hatte, entfiel.
– Jubilare erhielten alljährlich einen Zuschlag von 10 Prozent ihrer Erfolgsbeteiligung.
– Die Jahreszahlung wurde auf die Erfolgsbeteiligung angerechnet.

---

[85] Vgl. Gemeinsame Vorstandssitzung der Siemens & Halske AG und der Siemens-Schuckertwerke AG am 27./28. 6.1966, in: SAA S 1, und Bericht der Zentral-Personalverwaltung an die Betriebsleitungen von S&H, SSW und SE über Verhandlungen mit dem Gesamtbetriebsrat vom 19. August 1966, S. 2, in: SAA S 6. Zur Wirtschaftslage vgl. auch Plumpe, Werner: Wirtschaftskrisen. Geschichte und Gegenwart. München 2012, S. 94 f.
[86] Vgl. SozPol-Rundschreiben Nr. 706 vom 19. September 1968, in: SAA 14/Lh 309.

Abb. 10: Komponenten zur Berechnung der Erfolgsbeteiligung
ab dem 1. Oktober 1968

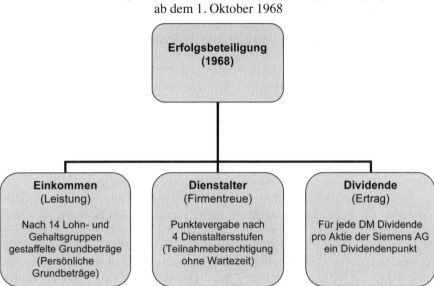

*Eigene Darstellung nach SozPol-Rundschreiben Nr. 706 vom 19. September 1968, in:
SAA 14/ Lh 309.*

Ein grundsätzliches Problem der bisherigen EB-Regelung wurde vor allem darin gesehen, dass der Aufwand für die Erfolgsbeteiligung auf der bislang geltenden Bindung an das Einkommen durch die tariflichen Lohn- und Gehaltserhöhungen erheblich angestiegen war.[87] Um nun zu vermeiden, dass die Tariferhöhungen auch ohne eine individuelle Leistungsverbesserung zu ständig wachsenden Beteiligungsprämien führten, setzte die Firmenleitung anstatt des effektiven Einkommens Lohn- und Gehaltsgruppen als Bemessungsbasis ein; die beiden weiteren Faktoren für die Berechnung der Erfolgsbeteiligung – die Dividende und das Dienstalter – blieben erhalten. Die Lohn- und Gehaltsgruppen, nach denen sich die Grundbeträge nun richteten, wurden 14 Beteiligungsstufen zugeordnet. Die Normalgrundbeträge, die zwischen 33 DM in der niedrigsten und 90 DM in der höchsten Stufe lagen, errech-

---

[87] Vgl. dazu den Bericht der Zentral-Personalverwaltung an die Betriebsleitungen von S&H, SSW und SE über Verhandlungen mit dem Gesamtbetriebsrat vom 19. August 1966, S. 3, in: SAA S 6: „Nach den Richtlinien der Erfolgsbeteiligung richtet sich der Grundbetrag nach dem Monatseinkommen im Durchschnitt des Geschäftsjahres. Das hat in der Vergangenheit bekanntlich dazu geführt, daß sich Tarifsteigerungen auch auf die Höhe der EB auswirkten und damit den Aufwand für die EB von Jahr zu Jahr steigerten. Deshalb stand zur Debatte, das errechnete Monatseinkommen durch einen jährlich festzulegenden Faktor, der die Auswirkungen tariflicher Lohn- und Gehaltserhöhungen auf die EB ausschlösse, zu vermindern." Vgl. auch „Wir wollen an der Erfolgsbeteiligung als einer bewährten Einrichtung unseres Hauses festhalten", Interview mit Dr. Kley, dem Leiter der Zentral-Personalverwaltung, und Ferdinand Turek, dem Vorsitzenden des Gesamtbetriebsrates, in: Siemens-Mitteilungen 10/1968, S. 2.

neten sich nach dem Durchschnitt der Verdienste aller Tarifgebiete, sodass die an den verschiedenen Siemens-Standorten beschäftigten Mitarbeiter vergleichbarer Tarifgruppen unabhängig von regionalen Tarifunterschieden gleichgestellt wurden.[88] Dieser jedem Beteiligungsempfänger nach Abschluss eines Geschäftsjahrs mitgeteilte Grundbetrag war maßgebend für die Höhe der individuellen Erfolgsbeteiligung und wurde mit derjenigen Punktzahl multipliziert, die sich aus der Höhe der Dividende und dem Dienstalter ergab. Innerhalb der einzelnen Tarifgruppen sollte bei diesem neuen Verfahren nun auch die persönliche Leistung stärker honoriert werden.[89] Daher erhöhte sich der Normalgrundbetrag „entsprechend dem Verdienstanteil, der im Durchschnitt des Geschäftsjahres bei regelmäßiger Arbeitszeit über den Tarifverdienst hinaus erzielt wurde", zu einem persönlichen Grundbetrag.[90] Die „optimale Leistungsentfaltung" wurde in diesem Zusammenhang als „eines der Hauptziele der betrieblichen Sozialpolitik"[91] bezeichnet.

Die Arbeitsmarktsituation und der Wettbewerb um qualifizierte Arbeitskräfte war Anlass dafür, bei der Neuregelung auch dienstjüngere Mitarbeiter, die bisher eine zweieinhalbjährige Wartezeit zu absolvieren hatten, in die Erfolgsbeteiligung einzubeziehen.[92] Junge Mitarbeiter sollten früher am wirtschaftlichen Erfolg beteiligt werden als bisher, um die zukünftigen Herausforderungen motiviert zu bewältigen, so Gisbert Kley, der Leiter der Zentral-Personalverwaltung.[93] Die Firmenleitung hatte erkannt, dass besondere Anreize geschaffen werden mussten, um auf dem hart umkämpften Arbeitsmarkt auch jüngere Mitarbeiter an das Unternehmen zu binden, zumal andere Firmen mit Weihnachtszuwendungen oder anderen Jahreszahlungen ebenfalls erhebliche Sonderleistungen gewährten. Einen ersten Schritt in diese Richtung stellte bereits die im Geschäftsjahr 1963/64 eingeführte Jahreszahlung dar, die auch alle neu eingetretenen Mitarbeiter erhielten. Durch den Fortfall der Wartezeit waren nun alle Mitarbeiter – mit Ausnahme von Lehrlingen und Auszubildenden – beteiligungsberechtigt, die sich bis zum Auszahlungstag der EB in

---

88 Vgl. Informationen/Argumente für die obere Führungsschicht des Hauses Siemens, hg. v. d. Zentralabteilung Personal vom 25.2.1970, in: SAA 14/Lh 309.

89 Vgl. Aktenvermerk: Erfolgsbeteiligung; Probleme der Leistungsbezogenheit beim Übergang von Einkommensstufen auf Tarifgruppen vom 23. April 1968, S. 2, in: SAA unverzeichnete Akten aus dem Zwischenarchiv (Ordner 07, 9.2. Besondere Firmenleistungen/Erfolgsbeteiligung/Allgemeines).

90 Vgl. Bekanntmachung über die Neuregelung der Erfolgsbeteiligung ab Geschäftsjahr 1968/69 vom 16. September 1968 als Anlage zum SozPol-Rundschreiben Nr. 706 vom 19. September 1968, in: SAA 14/Lh 309.

91 Vgl. Aktenvermerk: Erfolgsbeteiligung; Probleme der Leistungsbezogenheit beim Übergang von Einkommensstufen auf Tarifgruppen vom 23. April 1968, S. 2, in: SAA unverzeichnete Akten aus dem Zwischenarchiv (Ordner 07, 9.2. Besondere Firmenleistungen/Erfolgsbeteiligung/Allgemeines).

92 Vgl. Niederschrift über eine Sitzung des Arbeitsausschusses für Personal- und Sozialfragen am 11. Februar 1970 in München, S. 1, in: SAA unverzeichnete Akten aus dem Zwischenarchiv/Protokolle Vorstandskommission/ZP-Besprechungen.

93 Vgl. auch o. V.: Wir wollen an der Erfolgsbeteiligung als einer bewährten Einrichtung unseres Hauses festhalten, Interview mit Dr. Gisbert Kley, dem Leiter der Zentral-Personalverwaltung, und Ferdinand Turek, dem Vorsitzenden des Gesamtbetriebsrates, in: Siemens-Mitteilungen 10/1968, S. 3.

einem ungekündigten Beschäftigungsverhältnis befanden. Der Ausschluss von Lehrlingen und Auszubildenden von der EB wurde damit begründet, dass mit der EB die Mitarbeit am Erfolg des Unternehmens berücksichtigt werden sollte, die Tätigkeit der beiden genannten Gruppen aber durch den Ausbildungszweck und noch nicht durch eine Arbeitsleistung bestimmt sei, die im engeren Sinn zum Erfolg des Unternehmens beitrage.[94]

Während die Neuregelung für dienstjüngere Mitarbeiter Verbesserungen gegenüber den bisherigen Regelungen schuf, reduzierte sie die Zahl der Dienstalterspunkte für die dienstälteren Mitarbeiter. Die Firmenleitung war von der Voraussetzung ausgegangen, dass für die neue Erfolgsbeteiligung bei gleicher Beschäftigtenzahl der bisherige Gesamtaufwand nicht überschritten werden dürfe, und hatte durch eine Minderung in den oberen Dienstaltersstufen einen gewissen Ausgleich für den Fortfall der Wartezeit geschaffen.[95] Auch wenn der Gesamtbetriebsrat es „lieber gesehen" hätte, „wenn die Dienstälteren besser und die Dienstjüngeren vielleicht nicht ganz so gut weggekommen wären"[96] – so Ferdinand Turek, der Vorsitzende des Gesamtbetriebsrats – akzeptierte er die Neuregelung, da den Interessen der Dienstälteren durch entsprechende Ausgleichszahlungen zur Wahrung des Besitzstands sowie durch Zuschläge für alle Jubilare Rechnung getragen wurde.[97] In der internen Kommunikation wurde die Berücksichtigung des Dienstalters und der Firmenverbundenheit in den Vordergrund gestellt und in den Siemens-Mitteilungen hervorgehoben, dass die Firmenleitung „an den in langjähriger Tradition überlieferten Grundsätzen der Sozialpolitik festhalte, unbeschadet der Notwendigkeit, sich wirtschaftlichen Situationen und veränderten Zeitverhältnissen anzupassen".[98] Damit sollten insbesondere der dienstälteren Stammbelegschaft Ängste vor Verlust von Besitzständen genommen werden. Für den Fall, dass die EB aufgrund der neuen Tabellenwerte bei gleicher Dividende und gleicher persönlicher Leistung niedriger ausfallen sollte als der Gesamtbetrag, den der Einzelne für das Geschäftsjahr 1967/68 als Jahreszuwendung und Erfolgsbeteiligung erhalten hatte, war für zunächst fünf Jahre eine Ausgleichszahlung garantiert. Gleichzeitig wurde für Mitarbeiter, die bereits ein Dienstjubiläum begangen hatten, ein sogenannter Jubilarzu-

---

94 Informationen/Argumente für die obere Führungsschicht des Hauses Siemens, hg. v. d. Zentralabteilung Personal vom 25.2.1970, S. 2, in: SAA 14/Lh 309,3. Bei einem Dienstantritt während des Geschäftsjahrs wurde die Erfolgsbeteiligung anteilig gezahlt.

95 Vgl. Niederschrift über eine Sitzung des Arbeitsausschusses für Personal- und Sozialfragen am 11. Februar in München, S. 2, in: SAA unverzeichnete Akten aus dem Zwischenarchiv (Protokolle Vorstandskommission/ZP-Besprechungen)

96 Vgl. auch o. V.: Wir wollen an der Erfolgsbeteiligung als einer bewährten Einrichtung unseres Hauses festhalten, Siemens-Mitteilungen 10/1968, S. 3.

97 Die auch im Vorfeld schon vielfach diskutierte Abschaffung der Wartezeit war in den Verhandlungen mit den Betriebsräten zunächst auf Widerstand gestoßen, da diese „der Verbesserung der Beteiligungsbedingungen für die Dienstjüngeren wesentlich geringere Bedeutung beimaßen als den Auswirkungen auf die Dienstälteren." Vgl. auch Ausarbeitung von Dr. Kley, „Erfolgsbeteiligung im Tarifkreis", vom 13. September 1968, S. 1, in: SAA 12791.

98 Bericht der Zentral-Personalverwaltung an die Betriebsleitungen von S&H, SSW und SE über Verhandlungen mit dem Gesamtbetriebsrat vom 19. August 1966, S. 7, in: SAA S 6. Vgl. auch o. V.: Wir wollen an der Erfolgsbeteiligung als einer bewährten Einrichtung unseres Hauses festhalten", Siemens-Mitteilungen 10/1968, S. 4.

schlag von zehn Prozent auf die Erfolgsbeteiligung eingeführt.[99] Bemessungsgrundlage für diesen jährlich gezahlten Zuschlag war die im jeweiligen Einzelfall berechnete Erfolgsbeteiligung.

Letztlich liege die Abschaffung der bisherigen Wartezeit auch im Interesse der Dienstälteren, denn „guter Nachwuchs sichert den Erfolg von morgen",[100] so die Argumentation von Kley. Mit der Neuregelung der Erfolgsbeteiligung wurde 1968 die seit über einem Jahrzehnt während Diskussion unter den beteiligten Unternehmensstellen und mit dem Betriebsrat über die Bewertung der Betriebstreue für den Unternehmenserfolg beendet. Das Ergebnis war eine Prioritätenverschiebung in der Zielsetzung der Erfolgsbeteiligung von dem Verständnis als Treueprämie hin zu einem Führungsinstrument zur Schaffung von Anreizeffekten für jüngere Mitarbeiter, wobei aber auch die langjährige Betriebsverbundenheit Berücksichtigung fand. Der darin zum Ausdruck kommende klare Paradigmenwechsel wurde auch unter rein pragmatischen Gesichtspunkten, angesichts der Entwicklungen auf dem Arbeitsmarkt, vollzogen. Inzwischen zahlten zahlreiche Branchen ihren Mitarbeitern jährliche Gratifikationen, die einem 13. Monatsgehalt entsprachen,[101] so dass der Wegfall der Wartezeit reine Notwendigkeit war, um neue Mitarbeiter zu akquirieren und dienstjüngere Beschäftigte zu halten. Die Novellierung des tradierten Systems wurde von der Vorstandskommission für sozial- und personalpolitische Fragen wie folgt legitimiert: „Die übereinstimmende Meinung geht dahin, dass die Firmentreue beim derzeitigen System der EB nach den heutigen Erkenntnissen zu hoch bewertet werde. Einerseits sei zu bedenken, daß die Firmentreue nicht nur durch die EB belohnt werde (berufliches Fortkommen, Gehaltsentwicklung, Altersversorgung); andererseits sei der mit der EB heute verbundene Ausgleich gegenüber dem Gehalts- und Lohnniveau anderer Unternehmen bei den Dienstjüngeren zu gering."[102]

Die Erfolgsbeteiligung für den ÜT-Kreis wurde ebenfalls mit Wirkung zum 1. Oktober 1968 neu geregelt. Dabei entfiel die bisherige Staffelung nach Dienstaltersstufen und auch – wie schon bei den Tarifangestellten – die Wartezeit.[103] Die Dienstaltersstufen wurden vor allem aufgegeben, um die Funktion des Führungskreises und seine Verantwortung im Unternehmen stärker in den Vordergrund zu stellen. Die Erfolgsbeteiligung sollte einen rein leistungsbezogenen Teil des Entgelts darstellen und durch den Wegfall der Dienstalterspunkte dazu beitragen, auch jüngere Spitzenkräfte von außen zu gewinnen.[104] Als Ausgleich zum Wegfall der

---

99 Vgl. SozPol-Rundschreiben Nr. 706 vom 19.9.1968, in: SA 14/Lh 309. Das Dienstjubiläum wurde nach 25-jähriger Betriebszugehörigkeit begangen.
100 Vgl. auch o.V.: Wir wollen an der Erfolgsbeteiligung als einer bewährten Einrichtung unseres Hauses festhalten", Siemens-Mitteilungen 10/1968, S. 3.
101 Vgl. Becker, 1974, S. 91, in: Siemens-Archiv, Bibliothek.
102 Vgl. Niederschrift über das Ergebnis der Sitzung der Vorstandskommission für sozial- und personalpolitische Fragen am 16. April 1968 in München, S. 8, in: SAA unverzeichnete Akten aus dem Zwischenarchiv/Protokolle Vorstandskommission/ZP-Besprechungen.
103 Vgl. Dokumentation zur Personalpolitik 1950–1974, S. 15, in: SAA 14/Ls 692.
104 Vgl. Niederschrift über das Ergebnis der Sitzung der Vorstandskommission für sozial- und personalpolitische Fragen am 16. April 1968, S. 9, in: SAA unverzeichnete Akten aus dem Zwischenarchiv (Protokolle Vorstandskommission/ZP-Besprechungen); vgl. auch Becker, 1974, S. 96, in: Siemens-Archiv, Bibliothek.

Dienstalterspunkte wurde die bisherige Spannbreite der Grundbeträge vervierfacht.[105] Bei der Erfolgsbeteiligung für das Geschäftsjahr 1970/71 entfiel für den ÜT-Kreis auch die Beschränkung, dass nur diejenigen Mitarbeiter beteiligungsberechtigt waren, die sich am Auszahlungstag in einem ungekündigten Dienstverhältnis befanden. Darin manifestiert sich für den ÜT-Kreis neben dem leistungsbetonten Prinzip die Funktion der Erfolgsbeteiligung als ein vertraglich zugesicherter variabler Einkommensbestandteil.

Im Zusammenhang mit der Neuregelung wurde die Jahreszuwendung, die letztmalig vor Weihnachten 1968 gezahlt worden war, abgeschafft bzw. in die EB miteinbezogen. Dafür erhielten Lohnempfänger, Tarifangestellte, Lehrlinge und Auszubildende ab 1969 ein Weihnachtsgeld von 100 DM.[106] Das Weihnachtsgeld, das vor dem Hintergrund des guten Geschäftsergebnisses gewährt wurde, erfüllte als eine zusätzliche Leistung an die Belegschaft eine Kompensationsfunktion und sollte für die 1970 geplante Abschaffung des zwischen Firmenleitung und Gesamtbetriebsrat lange umkämpften freien Pfingstdienstags entschädigen.[107] Im März 1970 kam die Erfolgsbeteiligung zur Auszahlung. Im Tarifkreis erhielten insgesamt 178.000 Betriebsangehörige, davon 120.300 Lohnempfänger und 57.600 Tarifangestellte, eine Beteiligung.[108] Im Durchschnitt ergab sich pro Beteiligungsempfänger ein Betrag von rund 900 DM – bei Lohnempfängern 712 DM, bei Angestellten 1.296 DM. In Relation dazu lag das Durchschnittsgehalt der Tarifangestellten im Geschäftsjahr 1969/70 bei monatlich 1.337 DM und der Durchschnittslohn betrug 918 DM[109]. Die Erfolgsbeteiligung machte also bei Angestellten ein knappes 13. Monatsgehalt aus und erreichte bei Arbeitern rund 78 Prozent eines durchschnittlichen Lohns. Das Weihnachtsgeld, das anstelle einer vereinbarten Vorauszahlung auf die EB vor Weihnachten 1969 gezahlt wurde, erforderte eine zusätzliche Investition von 185 Mio. DM.[110]

---

105 Vgl. Dokumentation zur Personalpolitik, S. 15, in: SAA 14/Ls 692.
106 SozPol-Rundschreiben Nr. 752, in: SAA 14/Lh 309.
107 So der Gesamtbetriebsratsvorsitzende Turek: „Ich mache auch keinen Hehl daraus, daß es uns dieses Weihnachtsgeld leichter gemacht hat, den harten Brocken Pfingstdienstag zu schlucken", vgl. o. V.: Vermögensbildung gewinnt an Bedeutung, in: Siemens-Mitteilungen 11/1969, S. 5.
108 Vgl. Niederschrift über eine Sitzung des Arbeitsausschusses für Personal- und Sozialfragen am 11. Februar 1970 in München, S. 2, in: SAA unverzeichnete Akten aus dem Zwischenarchiv (Protokolle Vorstandskommission/ZP-Besprechungen).
109 Vgl. Jahresbericht 1969/70 der Zentralabteilung Personal, S. 9 f., in: SAA 10597. Insgesamt wurden (unter Einbeziehung der Jahreszuwendung) rund 160,5 Mio. DM für die Erfolgsbeteiligung ausgeschüttet. Vgl. Erfolgsbeteiligung für die Belegschaft seit 1950/51, Anlage zu Aktenvermerk „Erfolgsbeteiligung für das Geschäftsjahr 1981/82 vom 6. Juni 1983, in: SAA 23699.
110 Vgl. Jahresbericht 1969/70 der Zentralabteilung Personal, Anlage 7, in: SAA 10597.

*1.1.5 „Aushöhlung" der Erfolgsbeteiligung in den 1970er Jahren*

Das EB-System wurde nach der Novellierung 1968 in seinen Grundsätzen unter Anpassung an veränderte Rahmenbedingungen bis zum Beginn der 1980er Jahre weitgehend beibehalten. Per Tarifabkommen über die Absicherung eines Teils des 13. Monatsgehalts vom Dezember 1971 sowie per Neufassung vom Juni 1976 wurde erstmals ein Bestandteil der betrieblichen Jahreszahlung in Form der Erfolgsbeteiligung und des Weihnachtsgelds tariflich abgesichert.[111] Sofern die Erfolgsbeteiligung und das Weihnachtsgeld diesen tariflich abgesicherten Betrag nicht decken konnten, was insbesondere bei dienstjüngeren Mitarbeitern aufgrund der geringeren Höhe der EB oder auch im Falle der Verminderung der EB durch Fehlzeiten eintrat, mussten Ausgleichszahlungen geleistet werden, die sich für das Unternehmen im Geschäftsjahr 1972/73 auf zusätzlich 2,5 Millionen DM beliefen.[112] In den drei Folgejahren wurden rund 55 Prozent der für die EB und das Weihnachtsgeld aufgebrachten Beträge auf das 13. Monatsgehalt angerechnet[113] – mit ansteigender Tendenz. Für die erforderlichen Ausgleichszahlen wendete Siemens 1973/74 zusätzlich 6,1 Mio. DM auf, 1974/75 waren es bereits 7,0 Mio. DM.[114] Im Geschäftsjahr 1976/77 fielen die EB-Beträge in den ersten beiden Dienstaltersstufen, trotz einer vorhergegangenen Erhöhung der Grundbeträge im Jahr zuvor, niedriger aus als der tariflich abgesicherte Teil eines 13. Monatseinkommens, sodass diese Beschäftigten gar keine zusätzlichen EB-Zahlungen mehr erhielten.[115] Dieser Trend setzte sich in den Folgejahren fort. 1978/79 entfielen von den Gesamtaufwendungen für die EB, das Weihnachtsgeld 1979 und den tariflich abgesicherten Teil eines 13. Monatseinkommens in Höhe von 252 Mio. DM 72 Prozent auf die tariflich abgesicherten und nur noch 28 Prozent auf die freiwilligen betrieblichen Leistungen.[116]

Betrugen die Jahreszahlungen durch die Erfolgsbeteiligung und die Jahreszuwendung vor der Neuregelung der EB 1968 in der vierten Dienstaltersstufe mehr als zwei Monatseinkommen, so war in den Folgejahren der EB-Anteil am Monatseinkommen durch die Entdynamisierung der EB und die tarifliche Weiterentwicklung der Einkommen beträchtlich gesunken.[117] 1980 lag er in der ersten Dienstaltersstufe nur bei rund 20 Prozent und in der höchsten Dienstaltersstufe bei rund 70 Prozent eines durchschnittlichen Siemens-Monatseinkommens. Durch die Verschmelzung der tariflichen Ansprüche mit den freiwilligen betrieblichen Leistungen war das EB-System derart ausgehöhlt worden, dass eine Reformierung unausweichlich war, um den Beteiligungscharakter der EB wieder hervorzuheben und die

---

111 Vgl. Jahresbericht Zentralbereich Personal 1972/73, S. 8, in: SAA 10597.
112 Vgl. ebd.
113 Vgl. Jahresbericht Zentralbereich Personal 1974/75, S. 8, in: SAA 10597, und Jahresbericht Zentralbereich Personal 1975/76, S. 5, in: SAA 10597.
114 Vgl. ebd.
115 Vgl. Jahresbericht Zentralbereich Personal 1977/78, S. 6, in: SAA 10598.
116 Vgl. Jahresbericht Zentralbereich Personal 1979/80, S. 6, in: SAA 11057.
117 Ausarbeitung ZPS 11 „Jahreszahlungen im Tarifkreis" von ZPS 11 vom 14.4.1980, S. 4, in: SAA 23698.

gewünschten Anreizeffekte zu erzielen. Die Notwendigkeit einer Umgestaltung der bisherigen Regelungen resultierte auch aus der Tatsache, dass – wie Vergleichsuntersuchungen mit anderen Unternehmen der Metallindustrie gezeigt hatten – Siemens bei den Jahreszahlungen nicht nur seine frühere Spitzenposition verloren hatte, „sondern ans Ende der Rangliste"[118] gerutscht war, denn zahlreiche Unternehmen der Metallbranche – wie z.B. Daimler-Benz, Opel, Bosch, Ford oder BMW – entrichteten bereits über die Absicherung des 13. Monatsgehalts hinausgehende Jahreszusatzzahlungen, die teilweise 30 bis 40 Prozent über den von Siemens gezahlten Leistungen lagen.[119] Die Aushöhlung der Erfolgsbeteiligung in den 1970er Jahren ist auch vor dem Hintergrund konjunktureller Einbrüche und des seit der Ölkrise steigenden Kostendrucks zu bewerten.

Abb. 11: Aufwendungen für die Erfolgsbeteiligung im Tarifkreis und im ÜT-Kreis in Mio. DM (1968/69–1981/82)

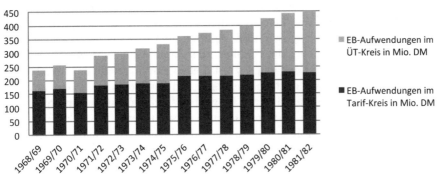

*Eigene Darstellung nach Aktenvermerk: Erfolgsbeteiligung für das Geschäftsjahr 1981/82 vom 6. Juni 1983, in: SAA 23699.*

Die Aufwendungen für die EB, die 1981/82 insgesamt rund 450 Millionen DM ausmachten, verteilten sich fast hälftig mit rund 223 Millionen DM auf den ÜT-Kreis und mit rund 227 Millionen DM auf den Tarifkreis und machten insgesamt 2,6 Prozent des Personalaufwands aus.[120] Dabei standen 1981/82 auf der Empfängerseite rund 24.000 ÜT-Angestellte rund 160.000 Mitarbeitern des Tarifkreises gegenüber. Der durchschnittliche EB-Betrag für einen ÜT-Angestellten lag damit rund sechseinhalb Mal höher als die durchschnittliche Beteiligungssumme für einen Tarifangestellten. Auch in den vorangegangenen Geschäftsjahren lag die Erfolgsbeteiligung für den einzelnen Mitarbeiter des ÜT-Kreises um ein Vielfaches über der EB der tariflich angestellten Mitarbeiter, was auf die im Vergleich zum Tarifkreis höheren Grundbeträge zurückzuführen ist. Zugleich nahm die Erfolgsbeteiligung einen

---

118  Ebd.
119  Vgl. Jahreszahlungen im Tarifkreis, S. 4, und Anlage 5. Die Vergleichsuntersuchung wurde im Mai 1979 durchgeführt. Bei den laufenden Einkommen lag Siemens im Durchschnitt der Metallindustrie, bewegte sich zum Teil aber auch darunter.
120  Vgl. Aktenvermerk: Erfolgsbeteiligung für das Geschäftsjahr 1981/82 vom 6. Juni 1983, Anlage 1, in: SAA 23699; vgl. auch Geschäftsbericht 1981/82, S. 58, in: SAA 15/Lg 969.

deutlich höheren Stellenwert bei der individuellen Bemessung des Gesamteinkommens eines ÜT-Mitarbeiters ein. Das nach Rangstufen zugeordnete ÜT-Gehalt, für das je nach Rang mehrere in Gehaltsstufen unterteilte Gehaltsspannen vorgegeben waren, machte die Basis und den Hauptteil des Einkommens aus. Hingegen bildete die Erfolgsbeteiligung einen leistungsabhängigen und variablen Einkommensbestandteil, für dessen Bemessung ein erheblicher Differenzierungsspielraum genutzt werden konnte.[121]

Die für die Berechnung der EB zugrunde gelegten „Grundbetragsspannen" waren allerdings nicht wie beim Gehalt in festgelegte Stufen unterteilt, sondern wurden so bemessen, dass der Anteil der EB am Gesamteinkommen in Relation zum wachsenden Einfluss auf den Unternehmenserfolg erheblich zunehmen konnte.[122] So lag die Obergrenze einer EB-Grundbetragsspanne um 100 Prozent über der Untergrenze derselben Spanne. Darüber hinaus wurde ÜT-Mitarbeitern zur Förderung der Vermögensbildung ein zusätzlicher Grundbetrag zur Erfolgsbeteiligung angeboten, der sich an der jeweiligen Rangstufe orientierte. Diese Zusatz-EB musste für den Ankauf von Siemens-Aktien verwendet werden, lediglich 312 DM konnten in andere vermögenswirksame Anlagen investiert werden.[123] Durch diese obligatorische Umwandlung eines Großteils der Zusatz-EB in eine Mitarbeiterkapitalbeteiligung wurde die Kopplung des Instruments Erfolgsbeteiligung im ÜT-Kreis an das Geschäftsergebnis nochmals verstärkt und ihre Funktion als ein variabler und individueller erfolgsabhängiger Entgeltbestandteil deutlich hervorgehoben. Dieses leistungsorientierte Verfahren, das den persönlichen Einfluss des Einzelnen für den Unternehmenserfolg betonte und auf identifikationsstiftende Effekte zielte, scheint erfolgreich gewesen zu sein, da die Fluktuation in Führungskreisen nur gering war.[124]

*1.1.6 „Anreiz für weitere Mitarbeit":*
*Die Neuregelung der Erfolgsbeteiligung 1982*

Die beschriebene Aushöhlung der Erfolgsbeteiligung in den 1970er Jahren führte schließlich im Dezember 1982 bei sich stabilisierenden wirtschaftlichen Rahmenbedingungen und wieder kontinuierlichem Wachstum zu einer Neuregelung der EB, die erstmals für das Geschäftsjahr 1982/83 Anwendung fand. Ziel war es, die Erfolgsbeteiligung als tradierte Einrichtung Siemens'scher Sozialpolitik unter Anpassung an die veränderten Rahmenbedingungen auch zukünftig zu ermöglichen.[125] Als ein wesentliches Instrument betrieblicher Sozialpolitik sollte die Beteiligung der Mitarbeiter am wirtschaftlichen Erfolg des Unternehmens „die Anerkennung ihrer Mitwirkung und langjährigen Firmenzugehörigkeit" zum Ausdruck bringen

---

121 Vgl. Einkommensbemessung im ÜT-Kreis, ZP-Mitteilung vom 9.8.1973, S. 1 und 9, in: SAA 22321.
122 Vgl. ebd., S. 2.
123 Vgl. ebd., S. 3f.
124 Vgl. Becker, 1974, S. 98, in: Siemens-Archiv, Bibliothek.
125 Vgl. Baake, Werner: Erfolgsbeteiligung 82/83, in: Siemens-Mitteilungen 2/1984, S. 11.

und zugleich „Anreiz für weitere Mitarbeit sein".[126] Als freiwillige soziale Leistung wurde die neu konzipierte Erfolgsbeteiligung zusätzlich zum tariflich abgesicherten Teil eines 13. Monatseinkommens gezahlt und nicht mehr – wie zuvor praktiziert – verrechnet.

Die tradierten Grundbestandteile wie die Orientierung an der Dividende, am Dienstalter und an den nach Lohn- und Gehaltsgruppen gestaffelten Grundbeträgen wurden beibehalten. Die Staffelung der Grundbeträge in sieben Gehaltsgruppen folgte der Überlegung, dass die individuelle Leistung, die der Einzelne für den Unternehmenserfolg erbringt, von seiner beruflichen Qualifikation abhänge, die wiederum in seiner tariflichen Eingruppierung Niederschlag finde. Neu eingeführt wurde eine siebenjährige Wartezeit – danach erstreckte sich die Teilnahmeberechtigung auf alle Mitarbeiter, die am Ende des Geschäftsjahrs mindestens sieben Dienstjahre vorweisen konnten und bis zum Auszahlungstag in einem ungekündigten Beschäftigungsverhältnis standen. Um für die verschiedenen Tarifgebiete in der BRD einheitliche Bemessungsgrundlagen herzustellen, wurde die Einteilung in sieben Beteiligungsstufen vorgenommen, die nach zwei Dienstaltersstufen gestaffelt wurden: von sieben bis neun Dienstjahren und ab zehn Dienstjahren. Die Berechnung des individuellen EB-Betrags ergab sich aus der Multiplikation von Dividende und Grundbetrag.[127]

Abb. 12: Komponenten zur Berechnung der Erfolgsbeteiligung ab dem 1. Oktober 1982

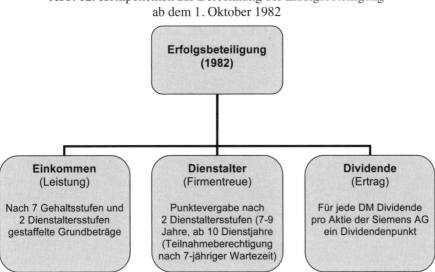

*Eigene Darstellung nach Werner Baake: Erfolgsbeteiligung 82/83, in: Siemens-Mitteilungen 2/1984, S.10f.*

---

126 Richtlinien für die Erfolgsbeteiligung im Tarifkreis, Anlage zum ZP-Rundschreiben Nr. 8/83 vom 13.12.1982, in: SAA 14/Lh 309,3.
127 Vgl. Baake, Siemens-Mitteilungen 2/1984, S. 11.

Die siebenjährige Wartezeit basierte auf der Erkenntnis, dass in den Jahren vor 1982 durch die Anrechnung der Jahreszahlungen auf das 13. Monatsgehalt die effektive Begünstigung durch die EB erst nach durchschnittlich sieben Dienstjahren einsetzte, das heißt, dass für die Dienstjüngeren bereits keine Rest-EB verblieben war und daher durch die Einführung der Wartezeit keine Veränderung zum Negativen eintrat.[128] Gleichzeitig war die Erfahrung ausschlaggebend, dass der Schwerpunkt der Fluktuation innerhalb der ersten sieben Dienstjahre lag, die EB aber denjenigen Mitarbeitern zugutekommen sollte, „die durch mehrjährige Firmenzugehörigkeit ihre Verbundenheit mit dem Unternehmen bekundet, keine Fluktuationskosten verursacht und über einen längeren Zeitraum bereits zum Erfolg des Unternehmens beigetragen haben".[129] Die Zielgruppe der Mitarbeiter mit sieben und mehr Dienstjahren umfasste zum Zeitpunkt der Neuregelung rund zwei Drittel aller Beschäftigten, „die auch künftig in den Genuß einer wirkungsvollen, von tariflichen Einflüssen unabhängigen EB kommen"[130] sollten. Neben der Wartezeit bestand eine weitere Neuerung in der vollen Berücksichtigung der im Unternehmen verbrachten Ausbildungszeit als Dienstzeit.

An der ersten Auszahlung nach der neuen Regelung, die im März 1984 für das Geschäftsjahr 1982/83 erfolgte, partizipierten 106.000 Mitarbeiter – und damit 70 Prozent aller Mitarbeiter des Tarifkreises; davon gehörten 12 Prozent der ersten Dienstaltersstufe und mit 88 Prozent die große Mehrheit der zweiten Dienstaltersstufe an.[131] Die Höhe der Beträge entsprach im ersten Auszahlungsjahr sowohl in der ersten als auch in der zweiten Dienstaltersstufe durchschnittlich einem Viertel eines Monatseinkommens. Von 1983/84 bis zum Ende des Betrachtungszeitraums (GJ 1989/90) bewegten sich die EB-Zahlungen zwischen rund 29 Prozent (1987/88) und 37 Prozent (1984/85) der monatlichen Bezüge.

---

128 Vgl. ebd.
129 Ausarbeitung von ZPS 11: Jahreszahlungen im Tarifkreis vom 14.4.1980, S. 10, in: SAA 23698.
130 Vgl. ebd.
131 Vgl. ZP-Rundschreiben 8/1983 vom 13.12.1982, in: SAA 14/Lh 309.

## 1. Von der Inventurprämie zur Belegschaftsaktie 123

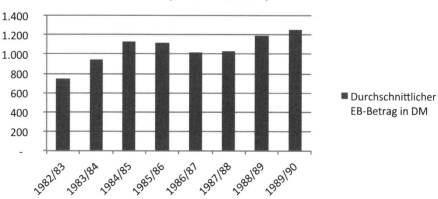

Abb. 13: Durchschnittlicher Erfolgsbeteiligungs-Betrag im Tarifkreis (1982/83–1989/90)

*Eigene Darstellung nach ZP-Rundschreiben 1/1983 vom 13.12.1982 und weiteren Quellen, siehe Anmerkung.*[132]

Im ÜT-Kreis blieb die EB nach wie vor einzelvertraglich geregelter, variabler Einkommensbestandteil.

### 1.1.7 Fazit

Das Instrument der Erfolgsbeteiligung erlebte in den 1950er Jahren – von Arbeitgeberverbänden als Instrument zur Steigerung der Produktivität und der Betriebsverbundenheit befürwortet, von Gewerkschaften als vorenthaltener Lohn abgelehnt – in zahlreichen deutschen Unternehmen eine Renaissance.[133] Zentrale Elemente des 1951 in Tradition des 1858 vom Unternehmensgründer eingeführten EB-Systems bei Siemens blieben im gesamten Betrachtungszeitraum die Orientierung an der Dividende, am Dienstalter und an der persönlichen Leistung, die in Einkommensgruppen bemessen wurde. Die Gestaltung der Erfolgsbeteiligung im Betrachtungszeitraum ist in Abhängigkeit von konjunkturellen Rahmenbedingungen und der wirtschaftlichen Situation des Unternehmens zu bewerten. Veränderungen durch die allgemeine wirtschaftliche Entwicklung, tariflich determinierte Einkommensentwicklungen, steigende Umsatz- und Belegschaftszahlen sowie durch die staatliche Sozialgesetzgebung führten im Zeitverlauf zu Anpassungen an die jeweiligen Gegebenheiten und erforderten Modifikationen bei den einzelnen Grundkomponenten des Systems, sei es bei der Wartezeit, bei der Bemessung der Grundbeträge

---

132 Vgl. auch Aktenvermerk „Erfolgsbeteiligung im Tarifkreis März 1985 vom 28.5.1985"; Aktenvermerk „Erfolgsbeteiligung im Tarifkreis März 1986 vom 10.4.1986"; Aktenvermerk „Erfolgsbeteiligung im Tarifkreis März 1987 vom 24.4.1987"; Aktenvermerk „Erfolgsbeteiligung im Tarifkreis März 1988 vom 12.4.1988"; Aktenvermerk „Erfolgsbeteiligung im Tarifkreis März 1989 vom 12.5.1989"; Aktenvermerk „Erfolgsbeteiligung im Tarifkreis März 1990 vom 27.4.1990", alle Akten in: SAA 23699.
133 Vgl. Backes-Gellner/Kay/Schröer/Wolff, 2002, S. 1.

oder bei der Bewertung der Dividende. Damit erwies sich die Erfolgsbeteiligung für das Unternehmen als variables Instrument, das in Abhängigkeit von den jeweiligen Rahmenbedingungen zugunsten der eigenen Erfordernisse leicht gesteuert werden konnte und dem Unternehmen größere Entscheidungsfreiheit und Flexibilität bot, als dies bei Lohnerhöhungen möglich gewesen wäre. So bestand eine Zielsetzung der Erfolgsbeteiligung auch darin, höhere Löhne, die teilweise von anderen Unternehmen gezahlt wurden, zu kompensieren. Die Ausgestaltung der einzelnen Bestandteile der EB war häufig auch Ergebnis von Aushandlungsprozessen zwischen der Unternehmensleitung und dem Betriebsrat.

Das 1951 nach neuen Prinzipien gestaltete System berücksichtigte den Ertrag des Unternehmens, die individuelle Leistung und die Firmentreue bzw. die Dauer der Zugehörigkeit zum Unternehmen. Dementsprechend errechnete sich die Höhe der individuellen Erfolgsbeteiligung nach einem Punktesystem aus der Dividende, der individuellen Einkommenshöhe und den Dienstjahren. Die Bezugsberechtigung der EB war gegenüber einer vor dem Zweiten Weltkrieg geltenden fünfjährigen Betriebszugehörigkeit nur noch an eine dreijährige Wartezeit geknüpft. Dadurch sollten in den Wiederaufbaujahren insbesondere neue Mitarbeiter gewonnen und für jüngere Arbeitnehmer, auf deren Arbeitskraft das Unternehmen in den Wiederaufbaujahren dringend angewiesen war, Motivationsanreize geschaffen werden. Zugleich erhielten dienstältere Arbeitskräfte, die ihre langjährigen Erfahrungen in den Wiederaufbau der Werke einbrachten, eine in Abhängigkeit von der Anzahl ihrer Dienstjahre höhere Erfolgsbeteiligung, um letztlich „das Betriebsinteresse und die Betriebsverbundenheit zu fördern".[134] Bis auf Veränderungen bei einzelnen Komponenten blieb das beschriebene System bis Ende der 1960er Jahre im Wesentlichen bestehen.

Wegen der angespannten wirtschaftlichen Lage durch die erste Nachkriegsrezession 1966/67 und veränderter Schwerpunktsetzungen innerhalb der betrieblichen Sozialpolitik wurde das System der Erfolgsbeteiligung mit Wirkung zum 1. Oktober 1969 neu geregelt. Der Aufwand für die EB war aufgrund der Bindung an die durch Tariferhöhungen mittlerweile erheblich angestiegenen Einkommen beträchtlich gewachsen. Um die direkten Auswirkungen von Tariferhöhungen auf die Höhe der EB in Zukunft auszuschalten, wurde die Bindung an das Tarifeinkommen durch eine Kopplung an 14 Beteiligungsstufen ersetzt, die die persönlichen Leistungen bzw. Leistungsunterschiede stärker berücksichtigten. Aufgrund der Notwendigkeit, jüngere Mitarbeiter und potenzielle Nachwuchskräfte im Wettbewerb um qualifizierte Arbeitskräfte für das Unternehmen zu gewinnen und längerfristig zu binden sowie der Tatsache Rechnung zu tragen, dass in zahlreichen Branchen bereits Gratifikationen gezahlt wurden, die einem 13. Monatsgehalt entsprachen, entfiel die Wartezeit für die Teilnahmeberechtigung; auf der anderen Seite fiel das Dienstalter bei der Berechnung der EB weniger stark ins Gewicht. Dieser Paradigmenwechsel bei der Neugestaltung der Erfolgsbeteiligung kann als Kompromiss zwischen der Bewahrung traditioneller Elemente und der Anpassung an die veränderten Rahmenbedingungen gewertet werden. Gegenüber dem verstärkten Bemü-

---

134 Vgl. Meißner, Siemens-Mitteilungen 3/1952, S. 15.

hen, finanzielle Motivationsanreize zur Gewinnung jüngerer Mitarbeiter zu schaffen, blieb die Berücksichtigung des Dienstalters zwar erhalten, fiel allerdings bedeutungsmäßig ab. Für das Unternehmen bestand auf der Kostenseite ein bedeutender Vorteil der Neuregelung darin, dass sich nun die zwischen den Tarifpartnern ausgehandelten Tariferhöhungen nicht mehr direkt auf die EB auswirkten; zugleich wurde durch die Einrichtung der Beteiligungsstufen, die eine individuelle Einordnung ermöglichten, das Leistungsprinzip stärker hervorgehoben.

Seit den 1970er Jahren kam es wegen der durch die Ölkrise rezessiven Entwicklung und konjunkturellen Einbrüchen zu einer Aushöhlung der Erfolgsbeteiligung, da sie mit dem tariflich abgesicherten 13. Monatsgehalt verrechnet wurde. Dies führte dazu, dass die Erfolgsbeteiligung ihren Beteiligungscharakter verlor und in Bezug auf dieses sozialpolitische Instrument gegenüber anderen Unternehmen der Metallindustrie, die über das 13. Monatsgehalt hinausgehende Jahreszusatzzahlungen entrichteten, zurückfiel. Nachdem sich die wirtschaftlichen Rahmenbedingungen mit der ausklingenden Rezession zu Beginn der 1980er Jahre stabilisiert hatten und das Unternehmen wieder ein kontinuierliches Wachstum verzeichnen konnte, kam es im Jahr 1982 zu einer Neuregelung, die auf eine klare Trennung der Erfolgsbeteiligung von der tariflichen Absicherung betrieblicher Sonderzahlungen zielte und die den Beteiligungscharakter der EB als freiwillige betriebliche Sozialleistung wieder stärker hervorheben sollte. Neben der Honorierung der Firmentreue ging es im Wettbewerb um qualifizierte Arbeitskräfte darum, Fluktuationsbestrebungen einzudämmen und Anreize für die weitere Mitarbeit zu schaffen.

Damit sind die wesentlichen Ziele der Erfolgsbeteiligung im Betrachtungszeitraum genannt. Sollte in den Wiederaufbaujahren unmittelbar nach dem Zweiten Weltkrieg in erster Linie das reguläre Einkommen durch ein zusätzliches, erfolgsabhängiges Arbeitsentgelt aufgebessert werden, so verlagerte sich die Schwerpunktsetzung in den 1960er Jahren auf den Einsatz der materiellen Mitarbeiterbeteiligung als Führungsinstrument, um Motivationseffekte, eine Steigerung und Verbesserung der Arbeitsleistung und damit eine erhöhte Produktivität zu erzielen sowie Fluktuationsbewegungen einzudämmen. Ob die angestrebten Produktivitätseffekte tatsächlich eintreten, ist allerdings theoretisch und empirisch umstritten. So weisen Sadowski und Pull auf den „eindeutig distributiven Charakter" von Gewinnbeteiligungsmodellen gegenüber sozialpolitischen Einrichtungen wie der betrieblichen Altersversorgung hin, von der sowohl Arbeitgeber als auch Arbeitnehmer profitieren.[135] Im ÜT-Kreis war die Erfolgsbeteiligung als variabler Entgeltbestandteil konzipiert und erfüllte damit in sehr viel stärkerer Weise die Funktion eines individuellen Leistungsanreizes. Die Höhe der Erfolgsbeteiligung, für deren Berechnung ein größerer Differenzierungsspielraum als für die Berechnung des ÜT-Grundgehalts bestand, orientierte sich an der persönlichen Leistung und nahm mit steigender Verantwortung für den Unternehmenserfolg zu. Durch die Auszahlung einer Zusatz-Erfolgsbeteiligung in Form von Aktien wurde ein weite-

---

135 Vgl. Sadowski, Dieter / Pull, Kerstin: Können betriebliche Sozialleistungen die staatliche Sozialpolitik entlasten? In: Winfried Schmähl (Hg.): Betriebliche Sozial- und Personalpolitik. Neue Herausforderungen durch veränderte Rahmenbedingungen (Schriften des Zentrums für Sozialpolitik, Bd. 9). Frankfurt/New York 1999, S. 95.

rer variabler Einkommensbestandteil geschaffen und die Höhe des Gesamteinkommens zusätzlich an den Unternehmenserfolg gekoppelt. Höhere Dienstgrade profitierten damit – sowohl in Bezug auf die Anzahl der Teilnahmeberechtigten als auch hinsichtlich der Höhe der Erfolgsbeteiligung – in deutlich größerem Maße von diesem sozialpolitischen Instrument als untere Einkommensgruppen, was auf eine statusdifferenzierende Wirkung sowie eine stärkere Fokussierung der Zielgruppe der mit mehr Verantwortung ausgestatteten und besser bezahlten Beschäftigten schließen lässt.

1.2 Vom Mitarbeiter zum Miteigentümer: Mitarbeiterkapitalbeteiligung durch Belegschaftsaktien

*1.2.1 Belegschaftsaktien: Begriffsbestimmung und historische Entwicklung*

Belegschaftsaktien lassen sich nach Siebke definieren als eine „Form der Kapitalbeteiligung, durch die der Arbeitnehmer Anteile am Grundkapital der arbeitgebenden Aktiengesellschaft erwirbt. Die Übernahme der Belegschaftsaktie finanziert der Arbeitnehmer in der Regel durch teilweise Eigenleistung bei gleichzeitigen Zuwendungen des Arbeitgebers. Unternehmen räumen dabei Vorzugskurse ein und übernehmen oftmals die mit dem Erwerb und der Verwaltung der Aktien verbundenen Steuern und Gebühren."[136] In der älteren Fachliteratur wird neben den mit einer Aktienausgabe verbundenen finanziellen Aspekten vor allem die sozialpolitische Motivation hervorgehoben, die bei der Auflegung von Belegschaftsaktien eine zentrale Rolle spielt.[137] Dass „die herkömmliche Aktie primär als ein Instrument der Kapitalbeschaffung" gilt, während „bei der Mitarbeiteraktie das sozialpolitische Moment im Vordergrund" steht, betonen zum Beispiel Seidel und Brauns.[138] Belegschaftsaktien stellen keine eigene Gattung dar und sind grundsätzlich – abgesehen von der bereits genannten Art ihres Erwerbs und einer verhängten Sperrfrist – den an der Börse zu erwerbenden Aktien gleichgestellt.[139] Aus diesem Grund lehnte

---

136 Siebke, Jürgen: Belegschaftsaktie, in: Erwin Dichtel / Otmar Issing (Hg.): Vahlens Großes Wirtschaftslexikon, Bd. 4. München 1987, S. 197. Vgl. ebd.: „Die Aktie darf innerhalb von fünf Jahren nicht veräußert werden, und der gewährte Kursvorteil darf 50 % des Börsenkurses oder 300 DM (bis Ende 1981 500 DM) für den einzelnen Arbeitnehmer pro Kalenderjahr nicht übersteigen." Vgl. auch Joest, 2010, S. 16–18.

137 So definiert Steinbrink die Belegschaftsaktie als eine „Aktie, die von der arbeitgebenden Gesellschaft an ihre Mitarbeiter ausgegeben wird, wobei die sozialpolitische Motivation der Unternehmensleitung eine dominierende Rolle spielen muß". Vgl. Steinbrink, K.: Belegschaftsaktie, in: Hans E. Büschgen (Hg.): Handwörterbuch der Finanzwirtschaft. Stuttgart 1976, Sp. 135.

138 Vgl. Seidel, Frank / Brauns, Birgit: Belegschaftsaktien (Schriftenreihe der Forschungsstelle für Betriebswirtschaft und Sozialpraxis). München 1966, S. 7. Auch Petersen hebt hervor, dass es sich bei der Belegschaftsaktie um eine Aktie handelt, „die als Mittel betrieblicher Sozialpolitik von der betreffenden Aktiengesellschaft an ihre Belegschaftsmitglieder ausgegeben wird." Vgl. Peterssen, Klaus: Die Belegschaftsaktie (Betriebswirtschaftliche Schriften, Heft 24). Berlin 1968, S. 16.

139 Vgl. auch Baus, Josef: Die Belegschaftsaktie im Lichte der betrieblichen Personalpolitik (Bo-

## 1. Von der Inventurprämie zur Belegschaftsaktie

Siemens die Verwendung des Begriffs „Belegschaftsaktie" im Betrachtungszeitraum vehement ab, da er suggeriere, dass es sich dabei um einen besonderen Typ von Wertpapieren handele. Wiederholt haben Verantwortliche im Unternehmen darauf hingewiesen, dass die Belegschaftsaktie eine normale, an der Börse gehandelte Aktie sei, mit dem gleichen Stimmrecht, dem gleichen Recht auf den Bezug junger Aktien bei Kapitalerhöhungen und dem gleichen Dividendenanspruch wie alle anderen Siemens-Aktien – bis auf die aus gesetzlichen Gründen bestehende Festlegungsfrist von fünf Jahren, die die Rechtsnatur der Aktien aber nicht berühre.[140]

An eine Aktienbeteiligung werden unterschiedliche Motive und Erwartungen sowohl seitens des aktienausgebenden Unternehmens als auch seitens der bezugsberechtigten Mitarbeiter geknüpft. Zahlreiche Arbeiten folgen der für die Unternehmensperspektive von Peterssen 1968 vorgenommenen Kategorisierung in soziale, ökonomische und politische Ziele der Ausgabe von Belegschaftsaktien.[141] Guski und Schneider kristallisierten auf der Grundlage ihrer 1983 vorgenommenen, auch für aktuelle Arbeiten immer wieder herangezogenen Untersuchung diejenigen, in Teilaspekten auch für die Erfolgsbeteiligung relevanten Motivkategorien heraus, die die von ihnen befragten Unternehmen für eine Beteiligung am bedeutsamsten erachteten, wobei sie die Priorisierung der Ziele bei Groß- und Größtunternehmen im Vergleich zu mittleren und kleineren Unternehmen unterschieden.[142]

---

chumer Wirtschaftswissenschaftliche Studien, Nr. 49). Bochum 1978, S. 5.
140 Vgl. dazu Vortrag Dr. Närger anlässlich der Informationstagung über das Thema „Unternehmensbezogene Vermögensbildung in der Praxis" am 9. Juni 1976 in der Carl Friedrich von Siemens-Stiftung in München, S. 1, in: SAA 12190-1, und Vermögensbildung bei Siemens – Zehn Jahre Siemens-Aktien für Mitarbeiter, Manuskript von Werner Baake vom 8.2.1978, in: SAA 12190-1, S. 3f. Vgl. dazu auch Notiz an Herrn Dr. Närger vom 24. Januar 1975, in: SAA 12190-2. Darüber hinaus scheint es uns wichtig, alle Formulierungen zu vermeiden, die den Kreis der Aktienerwerber unter unseren Mitarbeitern als eine Aktionärsgruppe erscheinen lassen. (…) Diese vermeintliche Gruppe ist nichts anderes als ein Bestandteil der rund 220.000 inländischen Arbeitnehmer, die nach unseren Aktionärserhebungen am Kapital der Siemens AG beteiligt sein dürften.
141 Vgl. Peterssen, 1968, S. 54–70; so auch Peez, Christoph: Die Problematik der Mitarbeiterbeteiligung durch Belegschaftsaktien. Frankfurt 1983, S. 42–63.
142 Vgl. Guski, Hans-Günter / Schneider, Hans J.: Betriebliche Vermögensbeteiligung in der Bundesrepublik Deutschland. Ergebnisse, Erfahrungen und Auswirkungen in der Praxis. Köln 1983, S. 111f.

Abb. 14: Ziele für die Mitarbeiterbeteiligungen in Groß- und Mittelunternehmen

| Ziel | Zielinhalt | Größt- und Großunternehmen Rang: | Mittelgroße und kleinere Unternehmen Rang: |
|---|---|---|---|
| Vermögensbildung | Vermögensverteilung, Ergänzung der Geldvermögensbildung | 1 | 7 |
| Gesellschaftspolitik | Beteiligung am Produktivvermögen, Sicherung und Ausbau der Wirtschaftsordnung, Verhinderung gewerkschaftlicher Fonds-Lösungen | 2 | 6 |
| Finanzierung | Erhöhung des Eigenkapitals, Verbesserung der Kapitalstruktur, zusätzliche Liquidität | 3 | 3 |
| Personalpolitik | Abrundung des Sozialleistungspakets, materielle Verbesserung, personalpolitische Maßnahme, zusätzliche Altersversorgung | 4 | 2 |
| Motivation | Produktivität, Arbeitsleistung, Kostenbewusstsein, Interesse, Einsatz, Identifikation, Mitdenken, wirtschaftliches Verständnis | 5 | 1 |
| Partnerschaft | Abbau der Konfrontation zwischen Kapital und Arbeit, verstärkte Mitverantwortung, Mitsprache und Mitwirkung an der Willensbildung, Eigentümer-Mentalität, Verbesserung des Betriebsklimas, Teilhabe am Erfolg, Anspruch auf den Gewinn, leistungsbezogenes Entgelt | 6 | 4 |
| Mitarbeiterpotenzial | Reduzierung der Fluktuation, Bindung an den Betrieb, Betriebstreue, verbesserte Position am Arbeitsmarkt, Fehlzeitenverringerung | 7 | 5 |

*Quelle: Guski/Schneider, 1983, S.113.*

## 1. Von der Inventurprämie zur Belegschaftsaktie

Eine Befragung des Wirtschafts- und Sozialwissenschaftlichen Instituts des DGB bei Geschäftsführungen und Betriebsräten von Unternehmen mit praktizierender Kapitalbeteiligung aus dem Jahr 1990 kam zu ähnlichen Ergebnissen. Danach nannten die Geschäftsführungen der befragten Aktiengesellschaften am häufigsten das Ziel „Vermögensbildung in Arbeitnehmerhand", weitere Motive bestanden in der „Schaffung von Leistungsanreizen", der „Stärkung der Eigenkapitalbasis" und der „Verminderung der Fluktuation".[143] Nicht nur Unternehmen, sondern auch ihre Mitarbeiter verbinden bestimmte Interessen mit der finanziellen Partizipation am Unternehmenserfolg. Neben finanziellen Aspekten wie der zusätzlichen Möglichkeit der Vermögensbildung oder der Verbesserung der Liquidität wird in der Literatur auf ein erhöhtes Interesse an der wirtschaftlichen Entwicklung des Unternehmens und einer verstärkten Integration ins Betriebsgeschehen hingewiesen, wobei diese Effekte nur schwer nachweisbar sind.[144]

Belegschaftsaktien sind ein wichtiges Instrument der betrieblichen Sozialpolitik, die außerhalb Deutschlands über eine lange Tradition verfügen. Schon im 19. Jahrhundert waren Beteiligungen von Arbeitnehmern an „ihrem" Unternehmen bekannt, wobei England und die USA als die Ursprungsländer dieses sozialpolitischen Instruments gelten. Hier wurden die Chancen der Anlageform sehr viel früher erkannt als in Europa.[145] Die in Deutschland in der Zeit vor dem Zweiten Weltkrieg gestarteten Versuche zur Einführung von Belegschaftsaktien blieben letztlich wenig erfolgreich.[146] Größere Bedeutung erlangte die Belegschaftsaktienidee in Deutschland erst nach dem Zweiten Weltkrieg, als aus gesellschafts- und wirtschaftspolitischen Gründen verstärkt Möglichkeiten gesucht wurden, Arbeitnehmer in den Kapital- und Vermögensbildungsprozess einzubeziehen.

---

143 Vgl. Schäfer, Claus: Betriebliche Kapitalbeteiligung der Arbeitnehmer: Verbreitung, Strukturen, Wirkungen, in: Bruno Köbele / Bernd Schütt (Hg.): Erfolgsbeteiligung. Ein neuer Weg zur Vermögensbildung in Arbeitnehmerhand. Köln 1992, S. 118 f., 140.

144 Guski/Schneider, 1983, S. 44 f.

145 Vgl. Wehrli, Max: Mitbeteiligung der Arbeitnehmer durch Belegschaftsaktien. Problematik und Erfahrungen. Diss. Zürich 1969, S. 83; vgl. auch Rosen, Rüdiger von: Chancen der Mitarbeiterbeteiligung, Börsen-Zeitung vom 5.12.1997, S. 11.

146 Als erstes Unternehmen im deutschsprachigen Raum gilt die Messingfabrik Borchert in Berlin, die 1867 Belegschaftsaktien ausgab. Vgl. Kurdelbusch, 2002, S. 58. Ein weiteres Beispiel für Deutschland ist das Hüttenwerk Tanne AG in Tanne im Harz, das bei seiner Gründung Anfang der 1880er Jahre den überwiegenden Teil seiner Aktien an seine Hüttenarbeiter verkaufte. Vgl. Peez, 1983, S. 19. Nach dem Ersten Weltkrieg sprach sich erstmals Hugo Stinnes 1920 für die Ausgabe von Belegschaftsaktien aus. Der erste bedeutende Schritt in diese Richtung wurde von der Friedrich Krupp AG, Essen, mit einer Ende 1921 vollzogenen Gewinn- und Vermögensbeteiligung der Beschäftigten unternommen. Vgl. Dietrich, Yorck: Eigentum für jeden. Die vermögenspolitischen Initiativen der CDU und die Gesetzgebung 1950–1961 (Forschungen und Quellen zur Zeitgeschichte, Bd. 29). Düsseldorf 1996, S. 35. Nachdem sich die Arbeitnehmerkapitalbeteiligung trotz des starken Widerstands der Gewerkschaften bei Krupp zunächst gut entwickelt hatte, scheiterte dieser erste großangelegte Versuch letztlich an den wirtschaftlichen Rahmenbedingungen, da Inflation und Weltwirtschaftskrise dazu führten, dass keine Mindestdividende mehr gewährleistet werden konnte. Vgl. Gall, 2002, S. 148; vgl. auch Fritsch, Ulrich: Die Belegschaftsaktie und andere Formen unternehmensbezogener Vermögensbildung. Düsseldorf 1976, S. 8; Baus, 1976, S. 1; Peez, 1983, S. 20.

Der Gedanke der breiten Vermögensstreuung und der Beteiligung der Arbeiter am Unternehmen war nicht neu, sondern knüpfte an sozialreformerische Ideen katholischer Gelehrter, Politiker und Gewerkschafter seit Ende des 19. Jahrhunderts an.[147] Unternehmerische Bemühungen zur Realisierung des „Partnerschaft-Gedankens" und der „Miteigentum-Vorschläge" seitens katholischer Sozialpolitiker – wie zum Beispiel Oswald von Nell-Breunings, der den Gedanken des Investivlohns als Teil des Arbeitsentgeltes, der nicht bar ausbezahlt, sondern vom Arbeitgeber zugunsten des Arbeitnehmers angelegt wird, 1950 erstmals zur Diskussion stellte[148] – und der Deutschen Angestellten-Gewerkschaft gaben hierbei neue Impulse. 1959 erfolgte mit der Volksaktie durch eine Grundkapitalaufstockung bei der Preußischen Bergwerks- und Hütten AG (Preussag) die erstmalige Ausgabe verbilligter Aktien bei der Privatisierung von Bundesvermögen.[149] Die Siemens & Halske AG war nach dem Zweiten Weltkrieg das erste Unternehmen in Deutschland, das – wie im folgenden Kapitel erläutert wird – seinen Mitarbeitern zu Beginn der 1950er Jahre in einer einmaligen Aktion Belegschaftsaktien anbot.[150]

*1.2.2 Die gesetzlichen Rahmenbedingungen*

Die vermögenspolitische Diskussion in Deutschland führte seit den 1950er Jahren zu einer Reihe gesetzlicher Maßnahmen, die auf eine breitere Streuung des Vermögens und eine stärkere Kapitalbeteiligung von Arbeitnehmern am Arbeit gebenden Unternehmen zielten.[151] Belegschaftsaktien gehören zu den von der Sparförderung begünstigten Anlageformen, wobei verschiedene gesetzliche Möglichkeiten zur Verminderung der arbeitnehmerseitigen Finanzierungslast beim Erwerb von Belegschaftsaktien genutzt werden können: das Kapitalerhöhungsgesetz, das Sparprämiengesetz und die fünf Vermögensbildungsgesetze. Eines der wichtigsten Instrumente der Vermögenspolitik ist das Vermögensbildungsgesetz, das vermögenswirksame Leistungen – also Geldleistungen, die der Arbeitgeber für den Arbeitnehmer erbringt und die in einer der vom Gesetz vorgesehenen Vermögensanlageformen

---

147 Vgl. Dietrich, Yorck: Vermögenspolitik, in: Günther Schulz (Hg.): Geschichte der Sozialpolitik in Deutschland seit 1945, Bd. 3, 1949–1957, Bundesrepublik Deutschland. Bewältigung der Kriegsfolgen, Rückkehr zur sozialpolitischen Normalität. Köln 2005, S. 889.
148 Der Jesuitenpater Oswald von Nell-Breuning verfolgte den Gedanken des Investivlohns, dem eine herausragende Bedeutung für die katholische Soziallehre zukam. Seine Theorie vom „Sparen ohne Konsumverzicht" zielte darauf ab, den Lohnzuwachs zu sparen anstatt zu konsumieren, um am allgemeinen Vermögenszuwachs zu partizipieren. Vgl. Dietrich, 1996, S. 67 f.; vgl. auch Becher, Paul: Die bisherigen Bemühungen für eine produktive Vermögensbildung aus dem katholischen Raum, in: Kirchenamt der evangelischen Kirche in Deutschland und Sekretariat der Deutschen Bischofskonferenz (Hg.): Beteiligung am Produktiveigentum. Hannover/Bonn 1993, S. 22.
149 Vgl. auch Schulz, Günther: Gesamtbetrachtung, in: ders. (Hg.): Geschichte der Sozialpolitik in Deutschland seit 1945, Bd. 3, 1949–1957, Bundesrepublik Deutschland. Bewältigung der Kriegsfolgen, Rückkehr zur sozialpolitischen Normalität. Köln 2005, S. 947.
150 Vgl. Dietrich, 1996, S. 53.
151 Vgl. Dietrich, 2005, S. 887.

## 1. Von der Inventurprämie zur Belegschaftsaktie

zugunsten des Arbeitnehmers angelegt werden – finanziell begünstigt.[152] Nach dem Ersten Vermögensbildungsgesetz aus dem Jahr 1961 und dem Zweiten entsprechenden 312-Mark-Gesetz aus dem Jahr 1965 stellte das Dritte Vermögensbildungsgesetz vom 27. Juni 1970 (624-Mark-Gesetz) einen großen Fortschritt für die Vermögensbildungspolitik dar. Es brachte die Umstellung in der Begünstigung der vermögenswirksamen Leistung von der bis dahin gewährten Lohnsteuer- und Sozialabgabefreiheit auf das Prämiensystem und schuf die Grundlage für die tarifvertragliche Vereinbarung vermögenswirksamer Leistungen.[153] Gleichzeitig wurde die Einführung einer nicht sozialabgabenpflichtigen Arbeitnehmer-Sparzulage bis zur Höhe festgelegter Einkommensgrenzen (24.000 DM bzw. bei Zusammenveranlagung 48.000 DM zuzüglich 1.800 DM je Kind) beschlossen.[154] Die nach dem 624-Mark-Gesetz vermögenswirksam angelegten Beträge flossen im Wesentlichen in Sparverträge mit Kreditinstituten, Bausparverträge und Lebensversicherungen.[155]

Vor diesem Hintergrund war es Ziel des am 1. Januar 1984 in Kraft getretenen Vermögensbeteiligungsgesetzes (VermBetG), über die genannten Anlagen hinaus auf der einen Seite die Vermögensbildung der Arbeitnehmer vor allem durch Kapitalbeteiligungen gezielt zu fördern und auf der anderen Seite zu einer Stärkung der Investitionskraft der Unternehmen durch verbesserte Kapitalausstattung beizutragen.[156] Das Vermögensbeteiligungsgesetz setzte sich aus zwei Teilen zusammen: dem Vierten Vermögensbildungsgesetz (936 DM-Gesetz) und dem erweitertem

---

152 Vgl. Siebke, Jürgen: Vermögensbildungsgesetz, in: Erwin Dichtel / Otmar Issing (Hg.): Vahlens Großes Wirtschaftslexikon, Bd. 4. München 1987, S. 1950.
153 Vgl. ebd.; vgl. auch Schultz, Reinhard: Gewinn- und Kapitalbeteiligung der Arbeitnehmer (Vermögensbildung), (Innenpolitik in Theorie und Praxis, Bd. 15, hg. v. Lutz-Rainer Reuter / Rüdiger Voigt). München 1987, S. 177.
154 Peez, 1983, S. 37.
155 1982 verteilten sich die nach dem 624-Mark-Gesetz angelegten Beträge auf folgende Anlagearten: 40% Sparverträge mit Kreditinstituten, 36% Bausparvertrag, 22% Lebensversicherung, 2% Kapitalbeteiligung, vgl. Schultz, 1987, S. 178.
156 Vgl. ebd., S. 180. Vgl. auch Entwurf eines Gesetzes zur Förderung der Vermögensbildung der Arbeitnehmer durch Kapitalbeteiligungen (Vermögensbeteiligungsgesetz), das am 22.7.1983 dem Bundesrat vorgelegt wurde: „Durch gezielte wirtschaftliche Anreize sollen Beteiligungen der Arbeitnehmer am Produktivkapital der Wirtschaft angeregt werden. Es dient der Festigung einer auf privatem Eigentum an Produktivmitteln beruhenden Wirtschaftsordnung, wenn immer mehr Arbeitnehmer persönliches Eigentum am Produktivvermögen besitzen. Zugleich werden die Voraussetzungen für eine partnerschaftliche Integration der Arbeitnehmer in ihr arbeitgebendes Unternehmen verbessert. Vgl. dazu auch Lutter, Marcus: Die zieladäquate Umsetzung des 4. Vermögensbildungs-Gesetzes in der unternehmensrechtlichen Praxis, in: Gert Laßmann / Eberhard Schwark (Hg.): Beteiligung der Arbeitnehmer am Produktivvermögen. Grachter Symposion vom 8. und 9. März 1984 (Zeitschrift für Unternehmens- und Gesellschaftsrecht, Sonderheft 5). Berlin/New York 1985, S. 89–95; vgl. dazu auch Guski, Hans-Günter / Schneider, Hans J.: Betriebliche Vermögensbeteiligung. Bestandsaufnahme 1986 (Beiträge zur Wirtschafts- und Sozialpolitik des Instituts der deutschen Wirtschaft Bd. 145). Köln 1986, S. 8 f.; vgl. auch Stehle, Heinz: Mitarbeiterbeteiligung – ein Mittel zur Leistungssteigerung und Unternehmensfinanzierung (Rechtsratgeber für die Wirtschaftspraxis, Bd. 12). Stuttgart 1985, S. 39 f.

§ 19 a Einkommenssteuergesetz.[157] Nach den Bestimmungen des 936-DM-Gesetzes wurde der Förderbetrag von 624 DM auf 939 DM angehoben, wobei der Staat für die gegenüber dem Dritten Vermögensbildungsgesetz hinzugekommenen 312 DM nur dann eine Arbeitnehmer-Sparzulage gewährte, wenn dieser Betrag für eine Kapitalbeteiligung oder ein Arbeitnehmer-Darlehen angelegt wurde.[158] Neben der Erhöhung des Förderbetrags wurde der Anlagekatalog um weitere Formen der Kapitalbeteiligung erweitert.[159] Während sich das Vierte Vermögensbildungsgesetz in erster Linie an die Arbeitnehmer richtete, sollte der neu geschaffene § 19 a Einkommenssteuergesetz (EStG) durch die steuerliche Begünstigung der verbilligten Überlassung von Vermögensbeteiligungen an die Arbeitnehmer vor allem Anreize für unternehmerische Angebote bieten.[160]

Das Fünfte Vermögensbildungsgesetz von 1987, das die Förderung vereinfachen sollte, enthielt zunächst je nach Anlageform unterschiedliche Förderungssätze und Höchstbeiträge. Während die Arbeitnehmer-Sparzulage bei Geld- oder Kontensparen und Lebensversicherungen 1987 nur 16 Prozent ausmachte, betrug sie dagegen beim Bausparen und dem Erwerb von Beteiligungen 23 Prozent – diese Sätze erhöhten sich bei drei oder mehr Kindern des Begünstigten um 10 Prozent.[161] Darüber hinaus belief sich der geförderte Höchstbetrag beim Erwerb von Beteiligungen (Genussscheinen, Genussrechten, Genossenschaftsanteilen, Aktien, Aktienfonds-Anteilen, Kuxen, Wandel- und Gewinnschuldverschreibungen, typischen stillen Beteiligungen, Arbeitnehmerdarlehen an den Arbeitgeber) im Gegensatz zu den anderen Anlageformen, die bis maximal 624 DM pro Jahr gefördert wurden, auf 939 DM pro Jahr.[162]

Neben dem Vermögensbildungsgesetz erfuhren Belegschaftsaktien bis zum November 1980 eine weitere Förderung durch das Sparprämiengesetz. Nach die-

---

157 Vgl. Guski/Schneider, 1986, S. 8. Zum 4. Vermögensbildungsgesetz vgl. auch Aktennotiz „Vermögensbildung" von ZP vom 7.12.1983, in: SAA 12150-1. Vgl. auch Schneider, Hans-J./ Fritz, Stefan / Zander, Ernst: Erfolgs- und Kapitalbeteiligung der Mitarbeiter. 6. Aufl., Düsseldorf 2007, S. 55–58.
158 Stehle, 1985, S. 45; Schultz, 1987, S. 178–181; Besters, Hans: Volkswirtschaftliche und gesellschaftspolitische Aspekte der Beteiligung der Arbeitnehmer am Produktivvermögen, in: Gert Laßmann / Eberhard Schwark (Hg.): Beteiligung der Arbeitnehmer am Produktivvermögen. Grachter Symposion vom 8. und 9. März 1984 (Zeitschrift für Unternehmens- und Gesellschaftsrecht, Sonderheft 5). Berlin/New York 1985, S. 3.
159 Seit dem 1.1.1984 konnten Arbeitnehmer vermögenswirksame Leistungen auch in Genussscheinen und Genussrechten, Geschäftsanteilen einer Genossenschaft, typischen stillen Beteiligungen und Arbeitnehmerdarlehen, die durch eine Bankbürgschaft oder durch eine Versicherung gesichert sind, anlegen. Vgl. Schultz, 1987, S. 181.
160 Vgl. Guski/Schneider, 1986, S. 8.
161 Vgl. Fuest, Winfried / Hemmer, Edmund / Strasser, Simon (Hg.): Vermögensbildung in Arbeitnehmerhand. Eine Dokumentation (Kölner Texte & Thesen 38). Köln 1997, S. 20.
162 Ab 1994 beträgt der Förderungshöchstbetrag für alle Anlageformen einheitlich 936 DM. Auch die Arbeitnehmer-Sparzulage wurde vereinheitlicht und für alle Anlageformen auf 10 Prozent festgelegt. Gleichzeitig hob der Gesetzgeber die Einkommensgrenzen für die Gewährung der Arbeitnehmer-Sparzulage von 24.000 DM bzw. 48.000 DM auf 27.000 DM für Alleinstehende und 54.000 DM für Ehepaare an. Vgl. Fuest/Hemmer/Strasser, 1997, S. 21. Vgl. auch Backes-Gellner/Kay/Schröer/Wolff, 2002, S. 16.

sem Gesetz, das ein wichtiges Instrument der staatlichen Sparförderung darstellt, konnten Belegschaftsaktien im Rahmen eines Wertpapiersparvertrags prämienbegünstigt angelegt werden.[163] Allerdings wurde diese Begünstigung im Zuge der Sanierung des Bundeshaushalts durch das Subventionsabbaugesetz (SubvAbG) vom 26. Juni 1981 nur noch für Sparverträge gewährt, die vor dem 13. November 1980 abgeschlossen worden sind. Dies gilt auch für Wertpapiersparverträge mit Belegschaftsaktien, bei denen die Sparbeiträge ausschließlich durch vermögenswirksame Leistungen im Sinne des Vermögensbildungsgesetzes finanziert werden. Wird jedoch eine Arbeitnehmer-Sparzulage in Anspruch genommen, entfällt die Prämienbegünstigung, auch wenn der Wertpapiersparvertrag vor dem 13. November 1980 abgeschlossen wurde.[164] Prämienberechtigt sind alle Steuerpflichtigen mit einem Einkommen bis zu 24.000 DM (Alleinstehende) bzw. 48.000 DM (Ehepaare), wobei sich die zu versteuernde Einkommensgrenze für jedes Kind um 1.800 DM erhöht. Die Festlegungsfristen betragen sechs Jahre bei einem allgemeinem Sparvertrag bzw. sieben Jahre bei einem Sparratenvertrag sowie bei einem vermögenswirksamen Sparvertrag.

Weiterhin relevant als Finanzierungshilfe für den Erwerb von Belegschaftsaktien ist das Kapitalerhöhungsgesetz (KapErhG), wobei die staatliche Förderung durch eine steuerliche Begünstigung der verbilligten Überlassung der Aktien an die Mitarbeiter erfolgt.[165] Nach § 8 des „Gesetzes über steuerrechtliche Maßnahmen bei Erhöhung des Nennkapitals aus Gesellschaftsmitteln und bei Überlassung von eigenen Aktien an Arbeitnehmer"[166] vom 2. November 1961 (Neufassung 10. Oktober 1967) blieben Belegschaftsaktien zum Vorzugskurs steuer- und sozialversicherungsfrei, wenn:
1. zwischen der Gesellschaft und dem Arbeitnehmer eine Vereinbarung getroffen wird, wonach die Aktien einer Veräußerungssperre von fünf Jahren unterliegen,
2. der durch den Vorzugskurs eingeräumte geldwerte Vorteil pro Aktie nicht höher ist als der halbe Börsenkurs am Tag der Beschlussfassung über die Ausgabe der verbilligten Aktien,
3. der sich zugunsten des Arbeitnehmers ergebende Kursunterschied pro Aktie nicht höher als 500 DM ist.

1984 sind die entsprechenden Regelungen des früheren § 8 Kapitalerhöhungsgesetzes in den neu geschaffenen § 19 a Einkommensteuergesetz übernommen und erweitert worden.[167] In diesem Zusammenhang wurde unter anderem auch (in Anlehnung

---

163 Vgl. Siebke, Jürgen: Sparprämiengesetz, in: Erwin Dichtel / Otmar Issing (Hg.): Vahlens Großes Wirtschaftslexikon, Bd. 4. München 1987, S. 1713 f.
164 Vgl. dazu Peez, 1983, S. 38.
165 Vgl. Stehle, 1985, S. 40.
166 Vgl. dazu § 8 Abs.1. Das Gesetz ersetzte eine im Hinblick auf die Ausgabe von Belegschaftsaktien identische Regelung vom 30. Dezember 1959, vgl. dazu auch Wehrli, 1969, S. 97 f. Vgl. dazu Ausarbeitung „Belegschaftsaktien" von ZP vom 24. September 1968, S. 1 f., und Notiz der Steuerabteilung btr. „Ausgabe von Belegschaftsaktien" vom 21. Juni 1968, beide Dokumente in: SAA 12185-2.
167 Vgl. Stehle, 1985, S. 40.

an das Vermögensbildungsgesetz) die Sperrfrist der Aktien von fünf auf sechs Jahre verlängert.

Der gesetzlich vorgegebene Rahmen, den Siemens bei der Unterbreitung des Belegschaftsangebots von 1969 zugrunde legte, wurde im Betrachtungszeitraum in einigen Teilbereichen verändert. Der steuerfreie Kursvorteil, der bei der Einführung der Belegschaftsaktienausgabe noch 500 DM betrug, verringerte sich mit dem zweiten Haushaltsstrukturgesetz (im Zuge der Haushaltssanierung) zum 1. Januar 1981 auf 300 DM. Mit der zweiten Stufe des Vermögensbeteiligungsgesetzes, die am 1. Januar 1987 in Kraft trat, wurde – wie auch von Siemens in Schreiben an Bundesministerien immer wieder gefordert – die steuerliche Begünstigung der Arbeitnehmerbeteiligung am Produktivkapital durch eine Erhöhung des Lohnsteuerfreibetrags von 300 DM auf 500 DM wieder verbessert.[168]

Ein wichtiges Grundprinzip des Siemens-Belegschaftsaktienmodells bestand – wie noch zu zeigen sein wird – darin, alle Möglichkeiten der staatlichen Mitfinanzierung so weit wie möglich auszuschöpfen, um die Finanzierungslast der Mitarbeiter gering zu halten. Daher orientierten sich die Verantwortlichen bei der Konzeption der Aktienangebote im Wesentlichen an den entsprechenden gesetzlichen Vorgaben. Da sich die Ausgestaltung der genannten gesetzlichen Rahmenbedingungen im Betrachtungszeitraum zum Beispiel in Bezug auf die Höhe der vermögenswirksamen Leistungen oder des Steuerfreibetrags veränderte, mussten die Belegschaftsaktienangebote – wie im Folgenden ausgeführt – entsprechend angepasst werden, um alle Vorteile optimal ausschöpfen zu können.

### 1.2.3 „Siemens-Arbeiter werden Aktionäre": Wiederaufbauprämie und Wiederaufbauzertifikate der Siemens & Halske AG

Der Entschluss der Siemens & Halske AG, seinen Mitarbeitern einschließlich der Tochtergesellschaft Siemens-Schuckertwerke AG zu Beginn der fünfziger Jahre Aktien bzw. zunächst so genannte Wiederaufbauzertifikate anzubieten, die nach der Wertpapierbereinigung im Frühjahr 1952 in Aktien umgetauscht werden konnten, wurde von der zeitgenössischen Presse als beachtenswertes Experiment gewürdigt, das höchstes Interesse zu beanspruchen hätte – „schon aus dem einen Grunde, weil es für die praktische Einführung von Arbeiteraktien keineswegs gleichgültig ist, w e r damit in Westdeutschland den Anfang macht. Geht die Initiative hier schon

---

168 Vgl. Fuest/Hemmer/Strasser, 1997, S. 18, 21; vgl. auch Baake, Werner: Stetigkeit verzinst sich gut. Erfolgsbeteiligung und Aktienerwerb, in: Siemens-Mitteilungen 2/1987, S. 6–7. Der Siemens-Vorstand hatte sich bereits 1983 an die Bundesregierung gewandt und auf die Nachteile des auf 300 DM gekürzten Freibetrags hingewiesen, die dazu geführt hatten, dass das Angebot an die 300-DM-Begrenzung angepasst und entsprechend reduziert wurde. Vgl. dazu Brief des Vorstands der Siemens AG an den Bundesminister für Arbeit und Sozialordnung Herrn Norbert Blüm vom 20. Mai 1983, in: SAA 12168. Vgl. dazu auch Willi Meier: Mehr Spielraum notwendig, in: Siemens-Mitteilungen 1/1986, S. 3. Ab 1994 führte das Gesetz zur Bekämpfung des Missbrauchs und zur Bereinigung des Steuerrechts (StMBG) vom 21. Dezember 1993 dazu, dass der steuer- und sozialversicherungsfreie Höchstbetrag bei der Vermögensbeteiligung von Arbeitnehmern erneut von 500 DM auf 300 DM gesenkt wurde.

von einem der größten privaten Arbeitgeber der Bundesrepublik aus, so kommt überdies noch hinzu, daß die beiden Siemens-Gesellschaften über eine bedeutende sozialpolitische Tradition verfügen und dass man ihnen eine sichere und glückliche Hand in Bezug auf die richtige Einschätzung der Dinge zutrauen darf"[169] – so ein Kommentar anlässlich der Bekanntmachung dieser sozialpolitischen Maßnahme in der Zeitung „Volkswirt" im Februar 1951. Die finanzielle Grundlage dieser auch anderen Unternehmen zur Nachahmung empfohlenen Aktion[170] bildete die Ausschüttung einer Wiederaufbauprämie an die Mitarbeiter.

*1.2.3.1 Ausschüttung der Wiederaufbauprämie*

Aufgrund der hohen Verluste nach dem Zweiten Weltkrieg war es dem Unternehmen in den ersten Jahren nach Kriegsende jedoch noch nicht möglich, individuelle Beteiligungen und Dividenden anzubieten, da zunächst alle verfügbaren Mittel in den Wiederaufbau, allem voran in die Errichtung und den Ausbau von Arbeitsstätten, investiert wurden.[171] Im Geschäftsjahr 1949/50 gelang es erstmalig nach dem Zweiten Weltkrieg, „ein Ergebnis zu erzielen, das uns eine Ausschüttung möglich macht,"[172] wie es in einer Aufzeichnung der Zentralen Personalabteilung zur Einführung einer Wiederaufbauprämie und Gewinnbeteiligung im November 1950 heißt. Überlegungen über die möglichen Formen einer Ausschüttung gab es schon im Vorfeld; so war in einer im Frühjahr 1950 von der Personalabteilung in Auftrag gegebenen Denkschrift bereits angeregt worden, der Belegschaft eine Anerkennung für den Wiederaufbau der Betriebe nach dem Zweiten Weltkrieg in Form einer besonderen Zuwendung zu gewähren.[173] In diesem Zusammenhang wurde auf das Beispiel der Siemens-Reiniger-Werke sowie anderer deutscher Unternehmen verwiesen, die ihre Mitarbeiter schon an den Erträgen der Jahre 1948 und 1949 beteiligt hatten.

In der gemeinsamen Sitzung der Vorstände der Siemens & Halske AG und der Siemens-Schuckertwerke AG am 8. November 1950 wurde über die in Aussicht genommene Wiederaufbauprämie diskutiert und als Anlass für dieses Vorhaben

---

169 Vgl. „Siemens-Arbeiter werden Aktionäre", in: Der Volkswirt 6/1951 vom 9.2.1951, S. 13, in: SAA 12417. Der folgende Text lautet: „Dies zeigt schließlich die ganze Anlage des Experiments, das eine zahlenmäßig sehr bedeutende Belegschaft von Angestellten und Arbeitern umfassen wird, von der etwa die Hälfte auf Westberlin entfällt. Es ist im übrigen klar, dass der freie Entschluß der Siemens-Firmenleitung, einen Teil ihrer Belegschaften zu Aktionären zu machen, in hohem Grade geeignet erscheint, die 3.600 großen und kleinen Aktiengesellschaften des Bundesgebietes (einschließlich Westberlins) zur Nachahmung anzureizen."
170 „Das Haus Siemens hat damit, gerade jetzt, da das Mitbestimmungsrecht immer noch heftig diskutiert wird, ein Beispiel sozialer Haltung gegeben, das nachahmenswert ist", vgl. Artikel „Arbeiter-Aktionäre", in: Die Zeit 7/1951 vom 15.2.1951, S. 6.
171 Vgl. Franz Sonnenschein: „Zur Frage der Gewinnbeteiligung", in: SAA 12417.
172 Vgl. Aufzeichnung über Wiederaufbauprämie und Gewinnbeteiligung der ZP (S&H/SSW) vom 20.11.1950, S. 2, in: SAA 12417.
173 Vgl. Ausarbeitung der Zentral-Personalverwaltung zur Gewinnbeteiligung, Erlangen, im Mai 1950, S. 12, in: SAA 14/Lh 309.

drei Gründe genannt: „einmal die Tatsache [...], daß es den Firmen im Jahr 1947, anlässlich des hundertjährigen Jubiläums von S&H, nicht möglich war, ihren Belegschaftsmitgliedern irgendwelche Zuwendungen zu machen, zweitens die Wiederaufbauleistungen der Belegschaft seit 1945 und drittens die Tatsache, daß für 1949/50 noch keine Normalbeteiligung gezahlt werden kann."[174] Nachdem die Einzelheiten über die Ausschüttung der Wiederaufbauprämie Ende November 1950 in einer Besprechung zwischen der Firmenleitung und dem Hauptausschuss der Siemens-Betriebsräte abschließend erörtert worden waren,[175] gab die Firmenleitung im Dezember 1950 den Beschluss bekannt, Beschäftigten mit mehrjähriger Betriebszugehörigkeit als einmalige Zuwendung eine sogenannte Wiederaufbauprämie zu gewähren. „Diese Prämie soll Ausdruck des Dankes und der Anerkennung für die aufopferungsvolle Mitarbeit der Belegschaft am Wiederaufbau sein. Wenn wir die schweren Jahre nach dem Zusammenbruch überwunden haben und wenn unser Haus heute wieder, zwar nicht in seinem alten Umfange, aber doch gefestigt dasteht, so verdanken wir das zu einem wesentlichen Teil dem erfolgreichen Wirken der Belegschaft, die unserem Hause unter schwierigen Verhältnissen die Treue bewahrt hat, ungeachtet der harten Entbehrungen, die der Einzelne sich in seinem persönlichen Leben auferlegen musste."[176]

Als Stichtag für die Bezugsberechtigung der Prämie galt der 1. Oktober 1947 – der Tag des hundertsten Firmenjubiläums. An der Ausschüttung sollten alle Belegschaftsmitglieder teilhaben, die mindestens während der Zeit vom 1.10.1947 bis zum 30.9.1950 bei der Siemens & Halske AG oder bei der Siemens-Schuckertwerke AG ununterbrochen beschäftigt waren. Auch Zeiten der Kriegsgefangenschaft wurden als Firmendienstzeit angerechnet, sodass Heimkehrer, die bis zum Auszahlungstag wieder im Dienst der Firma standen, ebenfalls von der Wiederaufbauprämie profitieren konnten.[177] Berücksichtigt wurden auch Mitarbeiter, die von Tochtergesellschaften übergetreten waren, ehemalige Mitarbeiter, die nach dem 30.9.1950 pensioniert wurden, sowie Hinterbliebene von Belegschaftsmitgliedern, die die geforderte Dienstzeit erfüllt hatten.[178] Nicht angerechnet wurden Lehr- oder sonstige Ausbildungszeiten sowie Zeiten vor Vollendung des 17. Lebensjahrs. Anfangs geäußerte Überlegungen, die Bezugsberechtigung an die Voraussetzung einer

---

174 Vgl. Gemeinsame Sitzung der Vorstände der Siemens & Halske AG und der Siemens-Schuckertwerke AG am 8. November 1950, in: SAA S 1. Eine Erfolgsbeteiligung konnte erst im Geschäftsjahr 1950/51 ausgeschüttet werden. Zur Wiederaufbauprämie vgl. auch Erdödy, 2004, S. 168–172, in: SAA L 497.
175 Vgl. Niederschrift über eine Besprechung zwischen Firmenleitung und Hauptausschuss der Siemens-Betriebsräte über Wiederaufbauprämie und Gewinnbeteiligung am 29.11.1950 in Erlangen, in: SAA unverzeichnete Akten aus dem Zwischenarchiv (Ordner 07/9.2.: Besondere Firmenleistungen/Erfolgsbeteiligung/Allgemeines).
176 Vgl. Bekanntmachung zur Wiederaufbauprämie vom Dezember 1950, in: SAA 14/Lh 309.
177 Vgl. SozPolAbt-Rundschreiben Nr. 100 vom 23. Januar 1951, in: SAA 12417; vgl. auch Niederschrift über eine Besprechung zwischen Firmenleitung und Hauptausschuss der Siemens-Betriebsräte über Wiederaufbauprämie und Gewinnbeteiligung am 29.11.1950 in Erlangen, S. 2, in: SAA unverzeichnete Akten aus dem Zwischenarchiv (Order 07/9.2.: Besondere Firmenleistungen/Erfolgsbeteiligung/Allgemeines).
178 Vgl. Bekanntmachung btr. Wiederaufbauprämie vom Januar 1951, in: SAA 14/Lh 309.

fünfjährigen Dienstzeit zu koppeln, wurden fallengelassen, weil dadurch eine große Anzahl von Beschäftigten, insbesondere Flüchtlinge, die am Wiederaufbau der Betriebe wesentlich beteiligt waren, unberücksichtigt geblieben wäre.[179]

Die Prämien sollten sich auf die Höhe eines halben Monatseinkommens zum Stichtag 1.10.1950 belaufen.[180] Als Bemessungsgrundlage wurde der auf der Basis einer 48-stündigen Wochenarbeitszeit berechnete Bruttoverdienst des Monats Oktober 1950 zugrunde gelegt. Um die Berechnung zu vereinfachen, wurden Einkommensgruppen mit festen Prämienbeträgen gebildet – angefangen bei einem Mindestverdienst von bis zu 160 DM wurden die Einkommen in Gruppen bis zu einer Höchstgrenze von 600 DM gestaffelt.[181] Die Firmenleitung ging von einem geschätzten Gesamtbetrag von 7,5 Millionen DM für die Prämienzahlungen aus.[182] Diese Summe machte mit rund 23 Prozent fast ein Viertel der im Geschäftsjahr 1949/50 entrichteten freiwilligen sozialen Aufwendungen aus und entsprach 3,1 Prozent der im selben Jahr gezahlten Löhne und Gehälter.[183]

Die Besonderheit der Wiederaufbauprämie bestand darin, dass sie in einem gewissen Umfang in Form von Stammaktien der Siemens & Halske AG ausgegeben werden sollte. Die Ausgabe der Aktien war jedoch erst nach der Kapitalumstellung und nach der Wertpapierbereinigung möglich, sodass als Übergangslösung zunächst Aktienzertifikate ausgegeben wurden, die für einen späteren Umtausch in Siemens & Halske-Stammaktien vorgesehen waren.[184] Die Einzelheiten der Prämienausschüttung gestalteten sich wie folgt: Da die Firmenleitung davon ausging, dass in den unteren Einkommensstufen eher der Wunsch bestünde, Bargeld anstelle von Aktien zu erhalten, wurde die Wiederaufbauprämie bis zu einem Monatseinkommen von einschließlich 200 DM ausschließlich in bar ausgezahlt. Empfänger von Monatseinkommen von über 200 DM bis einschließlich 600 DM erhielten die Prämie teils in bar und teils in Anrechten auf DM-Stammaktien von Siemens & Halske und in der Einkommensgruppe über 600 DM wurden ausschließlich Zertifikate gewährt.[185] Darüber hinaus erhielten die Prämienempfänger die Möglichkeit, für je DM 80 Barprämie ein Aktienzertifikat oder für je 40 DM Barprämie ein Halb-Zertifikat zu ordern.[186] Auf je ein Zertifikat oder auf je zwei Halb-Zertifikate sollte

---

179 Vgl. Ausarbeitung „Gewinnbeteiligung" der Zentral-Personalverwaltung, Erlangen, im Mai 1950, S. 12, in: SAA 14/Lh 309.
180 Vgl. Aufzeichnung über Wiederaufbauprämie und Gewinnbeteiligung der ZP vom 20. November 1950, S. 2, in: SAA 12417.
181 Vgl. ebd. und Bekanntmachung vom Dezember 1950, in: SAA 14/Lh 309.
182 Vgl. Aufzeichnung über Wiederaufbauprämie und Gewinnbeteiligung der ZP vom 20. November 1950, S. 2, in: SAA 12417.
183 Eigene Berechnungen nach Angaben im Geschäftsbericht der Siemens & Halske Aktiengesellschaft 1950/51, S. 11, in: SAA 15/Lg 969.
184 Vgl. 51. Geschäftsbericht der Siemens & Halske Aktiengesellschaft für die Zeit vom 1.10.1947- 30.9.1950, S. 16, in: SAA 15/Lg 969.
185 Vgl. dazu Bekanntmachung btr. Wiederaufbauprämie vom Dezember 1950, in: SAA 14/Lh 309, und Aufzeichnung über Wiederaufbauprämie und Gewinnbeteiligung der ZP (S&H/SSW) vom 20.11.1950, S. 2, in: SAA 12417.
186 Vgl. Bekanntmachung btr. Wiederaufbauprämie, Januar 1951, in: SAA 14/Lh 309.

später eine Aktie von 100 DM ausgegeben werden.[187] Nach einem vorläufigen Zwischenbericht vom 20. Januar 1951 wurden rund 45.000 Zertifikate und rund 19.000 Halbzertifikate von den zuständigen Personalabteilungen für die Mitarbeiter angefordert.[188] Damit sollte knapp die Hälfte der zu dem Zeitpunkt der Ausgabe beschäftigten rund 76.000 Belegschaftsmitglieder Zertifikate bzw. später dafür S&H-Aktien erhalten.[189]

*1.2.3.2 Umtausch der Wiederaufbauzertifikate in Stammaktien*

Der Umtausch der Zertifikate, die bei der Zahlung der Wiederaufbauprämie ausgegeben worden waren, in S&H-Stammaktien erfolgte nach vorheriger Anmeldung ab der ersten Märzwoche des Jahres 1952. Für jedes Voll-Zertifikat oder für zwei Halb-Zertifikate wurde eine S&H-Stammaktie im Nennwert von 100 DM ausgegeben. Besitzer von Halb-Zertifikaten, die der Hälfte des Werts eines Voll-Zertifikats entsprachen, konnten entweder ihr Zertifikat durch Zuzahlung eines entsprechenden Betrags an die Firma bzw. durch den Erwerb eines weiteren Halbzertifikats von einem anderen Belegschaftsmitglied ergänzen, um dafür eine S&H-Stammaktie zu erhalten oder sich gegen Rückgabe des Halb-Zertifikats an die Firma den entsprechenden Betrag auszahlen lassen. Der für die Ergänzung oder Rückgabe einzelner Halb-Zertifikate in Frage kommende Betrag wurde auf der Basis des Durchschnittskurses der S&H-Stammaktie an der Münchener Börse in der Zeit vom 18. Februar bis 22. Februar auf 73,50 DM festgesetzt.[190] Die Aktien konnten rund 20 Prozent unter ihrem Börsenkurs ausgegeben und in Übereinstimmung mit der damaligen Börsennotierung zum Kurs von 80 Prozent auf die Wiederaufbauprämie angerechnet werden.[191] Die Gesamtsumme der umgetauschten Aktien belief sich auf nominal rund 6 Mio. DM.[192] Die Höhe des Grundkapitals betrug Ende des Geschäftsjahres 1951/52 240 Mio. DM.[193]

Das Procedere des Umtauschs der Zertifikate in Aktienurkunden gestaltete sich äußerst kompliziert.[194] Da die meisten Mitarbeiter kein eigenes Wertpapierdepot besaßen, wurde der Umtausch durch die Lohn- und Personalbüros vorgenommen. Jeder Zertifikats-Inhaber musste seinem Lohn- oder Personalbüro zunächst einmal seine Zertifikate zum Umtausch anmelden. Diese forderten daraufhin die

---

187 Vgl. Merkblatt „Siemens-Zertifikate" vom Dezember 1950, in: SAA 12417.
188 Vgl. Zertifikate-Zwischenbericht an Herrn Dir. Dr. Siebert vom 20. Januar 1951, in: SAA 12417.
189 Vgl. Schreiben an den Bundesminister für wirtschaftlichen Besitz des Bundes vom 30.12.1958, in: SAA 12192.
190 Vgl. Bekanntmachungen vom 8.2.1952 und vom 25. 2.1952, in: SAA 14/Lh 309.
191 Vgl. Umtausch von S&H-Zertifikaten in S&H-Aktien, in: Siemens-Mitteilungen 2/1952, S. 24. Vgl. auch Schreiben an den Bundesminister für wirtschaftlichen Besitz des Bundes vom 30.12.1958, in: SAA 12192.
192 Vgl. Schreiben an den Bundesminister für wirtschaftlichen Besitz des Bundes vom 30.12.1958, in: SAA 12192. Vgl. auch Erdödy, 2004, S. 170, in: SAA L 497.
193 Vgl. Geschäftsbericht der Siemens & Halske AG 1951/52, S. 16, in: SAA 15/Lg 969.
194 Zum Ablauf des Umtauschverfahrens vgl. SozPolAbt-Rundschreiben Nr. 150 vom 6.2.1952 und SozPolAbt-Rundschreiben Nr. 153 vom 23.2.1952, beide in: SAA 14/Lh 309.

notwendige Zahl neuer DM-Aktien bei der Zentral-Finanzabteilung an und gaben diese Aktien anschließend unter Rücknahme der Zertifikate an die Mitarbeiter aus, die mit der Aushändigung der Aktienurkunde die vollen Aktionärsrechte erhielten – wie das Stimmrecht in der Hauptversammlung und rückwirkend ab dem 1.10.1951 das Recht auf Dividende, die für das Geschäftsjahr 1950/51 wieder in Aussicht gestellt wurde.[195] Weil damals noch die Aktienurkunde und der Dividendenbogen die Voraussetzung für die Ausübung dieser Rechte darstellten, wurden die Belegschaftsaktionäre durch Veröffentlichungen in den Siemens-Mitteilungen besonders darauf hingewiesen, diese Dokumente nicht zu beschädigen, zu lochen oder zu beschriften.[196] Der Umtausch, der ursprünglich innerhalb eines Monats abgewickelt werden sollte, zog sich jedoch erheblich in die Länge, da sich herausstellte, dass einige der zum Umtausch vorgesehenen Zertifikate teilweise verloren oder nicht mehr auffindbar waren. Noch Jahre später erschienen Bekanntmachungen in den Siemens-Mitteilungen, die auf immer noch nicht getauschte und abgeholte Siemens-Aktien aufmerksam machten, und Banken wiesen noch zu Beginn der siebziger Jahre darauf hin, dass Aktien zum Umtausch bereitlägen.[197]

*1.2.3.3 Ziele und Ergebnisse*

Die Siemens & Halske AG war nach dem Zweiten Weltkrieg das erste Unternehmen in der BRD, das seinen Mitarbeitern als Anerkennung für die beim Wiederaufbau erbrachten Leistungen Aktien anbot. Die Firmenleitung begründete die Ausgabe der Wiederaufbauzertifikate mit dem Ziel, einen Gedanken verwirklichen zu wollen, „welcher der Verbundenheit der Belegschaft mit unserem Hause sichtbaren Ausdruck geben soll", indem Belegschaftsmitglieder zu „Teilhabern unseres Hauses werden". Zugleich wies sie auf die Originalität dieser Maßnahme hin: „Es ist das erste Mal in der Geschichte unseres Hauses, daß ein solcher Schritt getan wird. Wir glauben, hierdurch einen wesentlichen Beitrag im Sinne der Zusammengehörigkeit von Belegschaft und Unternehmen zu leisten, und setzen damit zugleich die Tradition fort, die in unserem Hause von jeher gegolten hat".[198]

Neben der genannten Motivation einer verstärkten Bindung der Mitarbeiter an das Unternehmen und einer Erhöhung ihrer Identifikation mit dem Haus waren finanzielle Gründe für die Ausgabe von Aktienzertifikaten maßgebend. Aufgrund der Finanzlage war es dem Unternehmen nur möglich, von dem für die Wiederaufbauprämie zur Verfügung gestellten Gesamtbetrag von 7,5 Millionen DM einen

---

195 Vgl. o.V.: Umtausch von S&H-Zertifikaten in S&H-Aktien, in: Siemens-Mitteilungen, 2/1952, S. 24. Vgl. auch Merkblatt über die S&H-Stammaktien, das anlässlich des Umtauschs an die Mitarbeiter ausgehändigt wurde, in: SAA 12417. Vorstand und Aufsichtsrat von S&H haben nach Feststellung der Bilanz für das Geschäftsjahr 1950/51 der Hauptversammlung am 13. Mai 1952 eine Dividendenausschüttung von 4 Prozent vorgeschlagen, vgl. Siemens-Mitteilungen 3/1952, S. 35.
196 Vgl. Siemens-Mitteilungen 2/1952, S. 22.
197 Vgl. Erdödy, 2004, S. 171, in: SAA L 497.
198 Vgl. Bekanntmachung btr. Wiederaufbauprämie vom Dezember 1950, in: SAA 14/Lh 309.

Barbetrag in Höhe von rund 3,5 Millionen DM freizumachen, sodass der Restbetrag von etwa 4 Millionen auf andere Weise aufgebracht werden musste.[199] In einem Ende 1958 verfassten Schreiben an die Regierung wies die Firmenleitung selbst darauf hin, dass die Aktion auf einem „doppelten Motiv" basierte: Zum einen sollte sie eine damals sehr erwünschte Kassenentlastung bringen, zum anderen bei der Belegschaft das Bewusstsein der Verbundenheit mit dem Unternehmen stärken.[200] In dem oben beschriebenen Verfahren wurde eine gangbare und geeignete Lösung gefunden, die sowohl den Möglichkeiten der Firmenleitung als auch den Bedürfnissen der Mitarbeiter entgegenkommen sollte.

Mit der Ausgabe der Zertifikate machte die Unternehmensleitung auch darauf aufmerksam, dass es sich bei der Aktienanlage im eigenen Unternehmen um ein gutes Mittel für wertbeständiges Sparen handele, und sprach die Empfehlung aus, die Wertpapiere als langfristige Sparanlage zu betrachten und zu behalten.[201] Dass die meisten Belegschaftsmitglieder ihren Besitz an Zertifikaten bzw. S&H-Stammaktien wie „Sparer" ansehen würden und „den darin liegenden Dauerwert" beachteten, der sich letztlich aus der inneren Substanz und dem Ertragswert der Firma ergäbe – wie noch in einem Bericht über die Belegschaftsaktien in den Siemens-Mitteilungen vom Mai 1952 unterstellt wurde –,[202] entsprach allerdings eher einer Wunschvorstellung. Trotz der ein Jahr nach Ausgabe der Zertifikate deutlich erkennbaren Kurssteigerungen, die bereits im Februar 1952 eine Verdopplung des Werts ergeben hatten,[203] verkaufte ein erheblicher Teil der Belegschaftsaktionäre die Aktien sofort, um mit dem Erlös dringende Lebensbedürfnisse nach Nahrung, Kleidung oder notwendigem Hausrat zu befriedigen. Dies erscheint vor allem angesichts der Tatsache verständlich, dass erst im Jahr 1951 der private Pro-Kopf-Verbrauch der Bevölkerung an das Niveau des Jahres 1936 herankam und der Kalorienstand der Nahrung je Einwohner erst 1953/54 wieder den Vorkriegsstand erreichte.[204] Einem Schreiben der Unternehmensleitung aus dem Dezember 1958 zufolge wurde vermutet, dass „unmittelbar nach der Ausgabe dieser Belegschaftsaktien etwa ein Drittel des Gesamtbetrages von fast nominal DM sechs Mio. S&H-Aktien zum Teil über die Banken, zum Teil aber auch über Einzelhandelsgeschäfte in an-

---

199 Vgl. Merkblatt „Siemens-Zertifikate" vom Dezember 1950: „Bei der Ausschüttung der Wiederaufbauprämie konnten wir mit Rücksicht auf die gegenwärtige Finanzlage und die große Zahl der Empfänger Barzuwendungen nur in begrenzter Höhe vorsehen. Ein erheblicher Teil der Prämie wird daher in Zertifikaten gewährt, die später in Siemens & Halske-Aktien umgetauscht werden." In: SAA 12417. Vgl. auch Gedanken zur Durchführung der Wiederaufbauprämie, Berlin-Siemensstadt, im Dezember 1950, S. 2 (verfasst von der Berliner Betriebsvertretung, d. Verf.), in: SAA 12417.
200 Vgl. Schreiben an den Bundesminister für wirtschaftlichen Besitz des Bundes vom 30.12.1958, in: SAA 12192.
201 Vgl. Siemens-Mitteilungen, 2/1952, S. 24, vgl. auch Merkblatt „Siemens-Zertifikate", in: SAA 12417.
202 Vgl. Siebert, K: Unsere Belegschaftsaktien ... kurz belichtet und berichtet, in: Siemens-Mitteilungen 3/1952, S. 35.
203 Vgl. Siebert, K: Umtausch von S&H-Zertifikaten in S&H-Aktien, in: Siemens-Mitteilungen, 2/1952, S. 24.
204 Vgl. Abelshauser, Werner: Deutsche Wirtschaftsgeschichte seit 1945 (Lizenzausgabe für die Bundeszentrale für politische Bildung), Bonn 2005, S. 339.

dere Hände überging".²⁰⁵ 1959 schätzten Siemens-Verantwortliche, dass sich noch etwa knapp 50 Prozent der damals ausgegebenen S&H-Aktien in den Händen von Belegschaftsmitgliedern befänden, wobei der Prozentsatz bei den Arbeitern wesentlich niedriger angenommen wurde als bei den Angestellten mit mittlerem und höherem Einkommen.²⁰⁶

Die sofortige Veräußerung der Aktien war möglich, weil keine Sperrfrist mit der Aktiengewährung verbunden war. Obwohl die Firmenleitung bei der Aktienausgabe darauf aufmerksam gemacht hatte, dass es sich dabei um eine vermögensbildende Maßnahme handeln sollte, hatte sie sich andererseits nicht dazu entschließen können, ein Veräußerungsverbot oder eine Sperrfrist an die Aktiengewährung zu knüpfen – einem Kommentar in der Zeitung „Volkswirt" zufolge „vermutlich in der richtigen Annahme, dass eine solche Veräußerungsbeschränkung die Wertschätzung auf Empfängerseite über Gebühr beeinträchtigen musste".²⁰⁷ Die Ausgabe der Wiederaufbauzertifikate war angesichts des allgemeinen großen Nachholbedarfs an Konsumgütern auch unternehmensintern umstritten und bereits im Vorfeld ließ sich erkennen, dass diese Maßnahme nicht unbedingt auf ungeteilte Zustimmung bei der Belegschaft stoßen würde. In einer im Dezember 1950 verfassten Denkschrift zur Durchführung der Wiederaufbauprämie wies die Berliner Betriebsvertretung darauf hin, dass „die Aufbauprämie nach den hinter uns liegenden schweren, sorgenvollen Jahren bei den Empfängern ein freudiges Gefühl auslösen und ihnen die Möglichkeit zur Wiederbeschaffung lang entbehrter materieller Güter geben soll".²⁰⁸ Dies sei jedoch bei den Zertifikaten nicht möglich. Daher kam die Berliner Betriebsvertretung zu dem Ergebnis, dass das gewählte Verfahren „mit nahezu an Sicherheit grenzender Wahrscheinlichkeit in der Belegschaft statt der an sich erwarteten Freude eine sehr erhebliche Enttäuschung hervorrufen" würde, die mit der Gefahr einhergehe, dass dadurch „auch der Gedanke der Beteiligung der Belegschaftsmitglieder als Klein-Aktionäre auf lange Zeit in Mißkredit kommt".²⁰⁹ Die von dem Gremium daher vorgeschlagene Lösung, „den Gedanken der Hergabe von Zertifikaten anstelle von Bargeld"²¹⁰ zurückzustellen, konnte jedoch aufgrund der Finanzlage nicht verwirklicht werden, da die Wiederaufbaumaßnahmen und der weitere Ausbau der Fertigungsstätten einen erheblichen Kapitalbedarf erforderten, der in der Anfangszeit nur durch die Aufnahme kurzfristiger Kredite gedeckt werden

---

205 Vgl. Schreiben an den Bundesminister für wirtschaftlichen Besitz des Bundes vom 30.12.1958, in: SAA 12417.
206 Vgl. Schreiben von S&H an Franz Lorenz, Chefredakteur der Zeitschrift „Echo der Zeit" vom 13.5.1959, in: SAA 12192.
207 Vgl. Der Volkswirt 6/1951, S. 13, in: SAA 12417.
208 Vgl. Gedanken zur Durchführung der Wiederaufbauprämien, Berlin-Siemensstadt, im Dezember 1950, S. 1 und 5; in: SAA 12417. „Die wirtschaftliche Lage der Belegschaft ist bis in die hohen Einkommensstufen hinein durch akute Geldknappheit gekennzeichnet. Überall besteht die dringende Notwendigkeit, endlich auch einmal in der privaten Sphäre wieder zu einem gewissen Aufbau zu kommen." Vgl. ebd., S. 5.
209 Vgl. ebd., S. 7.
210 Vgl. ebd. sowie dazu auch Aktennotiz über eine Besprechung mit der Berliner Firmenleitung betreffs Wiederaufbauprämie am 15.12.1950, in: SAA 12417.

konnte.²¹¹ Ab 1950 standen zusätzlich ERP-Kredite in größerem Umfang bereit.²¹² Damit sind die Wiederaufbauaktivitäten des Unternehmens im Wesentlichen durch Fremdkapital finanziert worden.²¹³ Vor dem Hintergrund dieser finanziellen Situation und der Liquiditätsschwierigkeiten fiel die Entscheidung der Unternehmensleitung, einen Teil der Wiederaufbauprämie als Aktienzertifikate auszugeben. Im Mai 1951 stellte der Hauptausschuss der Siemens-Betriebsräte jedoch fest, dass der Umtausch der inzwischen an die Beschäftigten ausgeteilten Zertifikate nicht in dem ursprünglich befürchteten Ausmaß eingetreten sei.²¹⁴ Daraus auf eine hohe Bereitschaft der Mitarbeiter zur langfristigen Anlage des Wertpapiers zu schließen, erscheint allerdings angesichts des kompliziert gestalteten Umtauschverfahrens nicht zulässig.

Die Veräußerung der Wiederaufbauzertifikate durch einen großen Teil der Siemens-Mitarbeiter wurde auch von Guido Fischer, einem der Begründer der deutschen Betriebssoziologie, im Oktober 1951 bei einem Vortrag über „Sozial- und wirtschaftspolitische Fragen der Ertragsbeteiligung" beim Deutschen Betriebswirtschaftler-Tag thematisiert. Fischer vertrat die These, dass eine Ertragsbeteiligung nur dann den beabsichtigten Erfolg haben könne, wenn die psychologischen Voraussetzungen für eine derartige Wirkung bzw. ein entsprechendes „soziales Klima" bereits zuvor im Betrieb geschaffen worden sei.²¹⁵ Allerdings habe man „bei einem grossen Elektrokonzern [...] offenbar diese psychologischen Voraussetzungen ausser Acht gelassen, als man im vorigen Jahre eine Wiederaufbauprämie in Form von Kleinaktien an die Belegschaft ausgeschüttet habe; infolgedessen seien die Kleinaktien zum grössten Teil zum Betriebe zurückgeflossen bzw. hätten sie anderweitig den Besitzer gewechselt."²¹⁶ Diese Vermutung, die angesichts der von der Betriebsvertretung geäußerten Haltung durchaus ihre Berechtigung hatte, wurde unternehmensseitig heftig dementiert. Hingewiesen wurde vor allem darauf, dass die Veräußerung eines gewissen Teils der Wiederaufbauzertifikate „vielmehr ganz einfach darauf beruhe, dass unsere Männer kein Geld haben, um den immer noch sehr grossen Nachholebedarf zu decken, und dass sie deshalb unter bewusster Inkaufnahme eines augenblicklichen Verlustes die Zertifikate in die dringend benötigten Bargeldmittel umgetauscht hätten".²¹⁷ Dieses Argument ist angesichts der zu Beginn der 1950er Jahre noch nicht dem Vorkriegsstand angeglichenen Versorgung mit Grund-

---

211 Am 30.9.1949 bestanden in der konsolidierten Rechnung kurzfristige Kredite in Höhe von 83,4 Mio. DM, dagegen machten mittel- und langfristige Kredite nur 16,2 Mio. DM aus. Vgl. Feldenkirchen, Wilfried: Die Finanzierung des Wiederaufbaus im Hause Siemens nach 1945, in: Horst A. Wessel (Hg.): Geschichte der Elektrotechnik 15, Demontage – Enteignung – Wiederaufbau. Teil 1: Die elektrotechnische Industrie nach 1945. Berlin/Offenbach 1997, S. 119 (Feldenkirchen, 1997 b).
212 Vgl. ebd., S. 120.
213 Vgl. Geschäftsbericht 1951/52, S. 16, in: SAA 15/Lg 969.
214 Vgl. Niederschrift über die Sitzung der Firmenleitung mit dem Hauptausschuss der Siemens-Betriebsräte am 28.5.1951, in: SAA S 6.
215 Vgl. Notiz von Franz Sonnenschein an Herrn Dr. Dräger btr. Wiederaufbauprämie vom 11.10.1951, in: SAA 12417.
216 Vgl. ebd.
217 Vgl. ebd.

lebensmitteln gerechtfertigt, gleichzeitig trifft auch Fischers Argument der fehlenden „psychologischen Voraussetzungen" zu, da seitens der Beschäftigten zu Beginn der 1950er Jahre keine Vorkenntnisse und Erfahrungen über risikobehaftete Anlagen wie Aktien vorausgesetzt werden konnten. Dass die Unternehmensleitung in Kenntnis der wirtschaftlichen Situation der Mitarbeiter und trotz der von der Betriebsvertretung geäußerten Vorbehalte an den Wiederaufbauzertifikaten festhielt, weist auf den hohen Kostendruck und die Notwendigkeit der Kapitalbeschaffung für Wiederaufbaumaßnahmen zu Beginn der 1950er Jahre hin – und dies auch mit Hilfe der eigenen Mitarbeiter.

Aufgrund des Rücklaufs der Zertifikate Rückschlüsse auf eine gegebenenfalls mangelnde Bindung bzw. Identifikationsbereitschaft der Mitarbeiter mit dem Unternehmen zu ziehen – denn mit diesen Zielen wurde die Maßnahme verbunden –, erscheint nicht zulässig. Die Quellen dokumentieren, dass die Wertpapiere nicht als langfristige Anlage, sondern aufgrund der wirtschaftlichen Situation als dringend benötigter Bargeldersatz betrachtet werden mussten und deswegen veräußert wurden. Letztlich musste auch die Unternehmensleitung das Scheitern eingestehen und rückblickend selbstkritisch feststellen, dass „die Aktion zu früh gestartet war".[218] Der Zeitpunkt für den Erwerb einer zwar erfolgversprechenden, aber langfristig orientierten Wertpapieranlage war angesichts der schwierigen wirtschaftlichen Verhältnisse der Wiederaufbaujahre äußerst ungünstig, da er nicht den aktuellen Bedürfnissen eines großen Teils der bezugsberechtigten Mitarbeiter entsprach, denen es der Maslowschen Bedürfnishierarchie[219] zufolge zunächst um die finanzielle und materielle Grundversorgung ging.

### 1.2.4 Die Entwicklung in den 1950er und 1960er Jahren

#### 1.2.4.1 Die Aktienangebote von 1953 und 1954

Nach den ersten Erfahrungen mit der Ausgabe von Stammaktien, die von den Mitarbeitern durch den Umtausch von Wiederaufbauzertifikaten im Frühjahr 1952 erworben werden konnten, unternahm Siemens in den beiden Folgejahren zwei weitere Versuche, eigene Aktien unter den Beschäftigten zu platzieren. Diese sind auch vor dem Hintergrund der finanziellen Situation in der ersten Hälfte der 1950er Jahre zu bewerten, die – wie schon angesprochen – durch hohen Investitionsbedarf gekennzeichnet waren. Neben der Ausweitung der inländischen Fertigungsstätten zur Bewältigung des nach der Währungsreform sprunghaft angestiegenen Auftragseingangs wurden nach der Aufhebung des von den Alliierten verhängten Verbots von Auslandsinvestitionen im Jahr 1952 nach und nach die bei Kriegsende konfiszierten

---

218 Schreiben von S&H an Franz Lorenz, Chefredakteur der Zeitschrift „Echo der Zeit" vom 13.5.1959, in: SAA 12192. Vgl. auch Schreiben an den Bundesminister für wirtschaftlichen Besitz des Bundes vom 30.12.1958, S. 2, in: SAA 12417: „Der Zeitpunkt, zu dem wir diese Aktion durchführten, war für den Gedanken, Daueraktionäre unter unseren Belegschaftsmitgliedern zu werben, nicht günstig".
219 Vgl. dazu Maslow, Abraham A.: Motivation und Persönlichkeit. Olten 1977, S. 74–78.

ausländischen Gesellschaften wiedererworben.[220] Da der inländische Kapitalmarkt in den frühen 1950er Jahren für eine Kapitalerhöhung noch nicht reif und der ausländische Markt wegen der noch laufenden Londoner Schuldenverhandlungen noch nicht zugänglich war, wurde die Ausgabe einer Wandelschuldverschreibung als sinnvollste Möglichkeit für die Beschaffung der notwendigen Kapitalmittel beschlossen.[221] Aufgrund der beschränkten Finanzierungsmöglichkeiten stellte die Ausgabe von Belegschaftsaktien einen weiteren gangbaren Weg der Kapitalbeschaffung dar.

Auf eine Anregung des Hauptausschusses der Betriebsräte hin eröffnete die Firmenleitung jeweils im Frühjahr der Jahre 1953 und 1954 den Mitarbeitern die Möglichkeit, im Zusammenhang mit der Auszahlung der Erfolgsbeteiligung S&H-Stammaktien oder S&H-Vorzugsaktien ohne Stimmrecht zu erwerben. Gegenüber den Stammaktien war bei Vorzugsaktien ohne Stimmrecht eine Mindestdividende garantiert.[222] Die Bestellungen konnten bis zum 12. Juli 1953 bzw. bis zum 10. Mai 1954 an die zuständigen Lohn- und Personalbüros gerichtet werden, die diese dann wöchentlich an die Zentrale Finanzverwaltung München zur Abwicklung weiterleiteten.[223] Der Kaufpreis der Aktien entsprach dem aktuellen Börsenkurs am Beschaffungstag und das Unternehmen übernahm lediglich die bei der Beschaffung der Aktien anfallenden Bankspesen. Bei einem Angebot zu einem niedrigeren Vorzugspreis hätte der geldwerte Vorteil zu dieser Zeit noch versteuert werden müssen – erst seit Ende der sechziger Jahre sollten die veränderten gesetzlichen Regelungen dafür in einem gewissen Rahmen Steuerfreiheit gewähren. In der ersten Hälfte der fünfziger Jahre war daher die Motivation, zu den genannten Konditionen Aktien zu erwerben, nicht sehr hoch, was sich auch in den eher als niedrig anzusehenden Kaufzahlen widerspiegelte, die einem nominalen Wert von rund 250.000 DM entsprachen.[224] Über die Gründe der Firmenleitung, zu diesem Zeitpunkt Aktien im Rahmen der Erfolgsbeteiligung anzubieten, geben die Quellen keine Auskunft –

---

220 Vgl. Feldenkirchen, 2003 a, S. 282.
221 Vgl. ebd., S. 353. 1953 stellte ein Konsortium eine Kreditlinie von 40 Mio. DM zur Verfügung.
222 Vgl. S&H/SSW-ZP-Rundschreiben Nr. 13 vom 23. Mai 1953 und ZP-Bekanntmachung vom 15. März 1954, beide in: SAA Rundschreibensammlung. In einem Schreiben der S&H/SSW-ZP vom 22.3.1954 wurde erläutert, dass „der Börsenkurs der S&H-Vorzugsaktien ohne Stimmrecht etwa 2 – 3 Punkte niedriger zu liegen pflegt als derjenige der S&H-Stammaktien. Auf beide Aktienarten wird bei Ausschüttung einer Dividende derselbe Dividendensatz gezahlt; Vorzugsaktien ohne Stimmrecht sind aber mit dem Anspruch auf eine Mindestdividende von 1,75 % ausgestattet, ein Anspruch, der auch in Verlustjahren nicht verloren geht, sondern auf die folgenden Geschäftsjahre übertragen wird. Wird 2 Jahre lang keine Dividende gezahlt, so erhalten die Inhaber von Vorzugsaktien Stimmrecht." In: SAA Rundschreibensammlung. Von einer allgemeinen Bekanntgabe dieser Möglichkeit, S&H-Aktien zu erwerben, sollte jedoch Abstand genommen werden, die Information sollte nur über die Betriebsräte erfolgen. Vgl. ZP-Rundschreiben Nr. 13 vom 23. Mai 1953, in: SAA Rundschreibensammlung. Ein entsprechender Antrag des Hauptausschusses, den Erwerb von S&H-Aktien im Zuge der Erfolgsbeteiligung 1950/51 zu ermöglichen, war gescheitert. Vgl. Niederschrift über die Sitzung der Firmenleitung mit dem Hauptausschuss der Siemens-Betriebsräte am 3.11.1952 in München, in: SAA S 6.
223 Vgl. dazu Anträge in: SAA 12195: Aktienerwerb aus Erfolgsbeteiligung 1953 und 1954.
224 Vgl. Erdödy, 2004, S. 173, in: SAA L 497.

vermutlich sollten durch die Vergütung eines Teils der Erfolgsbeteiligung in Aktien die Barbestände geschont und die Liquidität des Unternehmens erhöht werden.

*1.2.4.2 Neue Überlegungen und Pläne*

Während Siemens nach den beiden Maßnahmen zur Vergabe von Belegschaftsaktien der Jahre 1953 und 1954 von weiteren Versuchen in dieser Richtung zunächst Abstand nahm, begannen einige Aktiengesellschaften in Deutschland mit der Ausgabe von Belegschaftsaktien. So hatte bereits die Bayer AG im Jahr 1953 ein fortlaufendes Angebot zu Vorzugspreisen gestartet, 1955 bot die BASF ihren Mitarbeitern Belegschaftsaktien an, 1955 und 1957 räumte die Demag AG ihren Arbeitnehmern ein Bezugsrecht auf dann emittierte Aktien ein. Die Mannesmann AG gab 1957 erstmals Belegschaftsaktien aus, 1960 folgte die Hoechst AG diesem Beispiel, 1964 gab die Allianz Versicherungs-AG erstmals Aktien aus und im Bankensektor schloss sich 1965 die Bayerische Hypotheken- & Wechsel-Bank AG dieser Praxis an.[225] Trotz dieser Beispiele, die von den zuständigen Abteilungen bei Siemens aufmerksam beobachtet, analysiert und in die eigenen Überlegungen mit einbezogen wurden, blieb es vorerst bei theoretischen Konzeptionen und Planungen, die sich anhand der Akten nachvollziehen lassen und die mit dem sozialpolitischen Instrument der Belegschaftsaktien verbundenen Motive, Ziele und Erwartungen der Unternehmensleitung angesichts der gesetzlichen Rahmenbedingungen sehr gut widerspiegeln.

Im Jahr 1956 zog das Unternehmen wiederum in Erwägung, den Mitarbeitern für einen Teil der jährlichen Erfolgsbeteiligung S&H-Aktien anzubieten. Vor dem Hintergrund steigender Investitionsverpflichtungen aufgrund der sich weiter erhöhenden Bestelleingänge und der Ausdehnung des Geschäftsumfangs, zu dem auch das immer wichtiger werdende Auslandsgeschäft beitrug, das im Geschäftsjahr 1956/57 bereits rund ein Viertel des Gesamtumsatzes ausmachte, wurde ein weiterer Zwischenkredit aufgenommen, der die Grundlage für erhebliche Investitionssteigerungen in den Geschäftsjahren 1954/55 und 1955/56 schuf.[226] Mitte der 1950er Jahre war der inländische Kapitalmarkt so weit gefestigt, dass 1955 schließlich die erste Kapitalerhöhung nach der Währungsreform erfolgen konnte.[227] Um zur Befriedigung des angesichts der weiteren Expansion bestehenden hohen Kapitalbedarfs alle Möglichkeiten auszuschöpfen, erschien die Ausgabe von Aktien an die Mitarbeiter aus Mitteln der Erfolgsbeteiligung als eine weitere Lösung, um Kapital im Unternehmen zu halten. Im Vorfeld dieser Überlegungen war bereits ein Schreiben an alle Mitarbeiter ergangen, um den potenziellen Bedarf zu ermitteln.[228] Die für dieses Vorhaben benötigten Aktien sollten aus einer Kapitalerhöhung be-

---

225 Fritsch, 1976, S. 14.
226 Vgl. Feldenkirchen, 2003 a, S. 353. Die Investitionssteigerungen beliefen sich auf 232 Mio. DM im Geschäftsjahr 1954/55 und auf 311 Mio. DM in 1955/56.
227 Vgl. ebd., S. 351.
228 Vgl. Schreiben „An alle Belegschaftsmitglieder" vom 26.3.1956, in: SAA 12192. Über die Ergebnisse dieser Befragung sind keine Unterlagen vorhanden.

schafft werden und die Mitarbeiter – wie bereits 1953 und 1954 praktiziert – das Recht erhalten, selbst zu entscheiden, ob sie die jährliche Erfolgsbeteiligung dafür verwenden wollten oder stattdessen eine Barauszahlung bevorzugten.[229] Die zu erwerbenden S&H-Aktien waren zur mittel- oder langfristigen Anlage gedacht und sollten den „Charakter eines Dauerbesitzes"[230] erhalten; dies wollten die Verantwortlichen durch die Einführung einer Sperrfrist von drei Jahren erreichen. Während dieser Frist sollten die Aktien in einer zentralen Verwaltungsstelle verbleiben und die Mitarbeiter dafür zunächst Zertifikate mit Dividendenberechtigung erhalten.

Als Zielsetzung dieser geplanten Aktienausgabe wurde in einem internen Aktenvermerk auf ausschließlich sozial-, gesellschafts- und wirtschaftspolitische Gründe verwiesen, wobei „die Bedeutung als Finanzierungsmittel von S&H [...] demgegenüber völlig in den Hintergrund" träte. Die Aktion solle vielmehr dem Zweck dienen, „den Belegschaftsmitgliedern auf diesem Wege zu einem Anteil an der Substanz und am Ertrag ‚ihrer' Firma zu verhelfen, gleichzeitig aber auch die vielfach noch falschen Vorstellungen von ‚Aktien' und ‚Kapital' zu beseitigen und darüber hinaus auch den Gedanken des Wertpapiersparens zu fördern."[231] Zudem sollten die Mitarbeiter „an dem Bestand unserer Gesellschaftsordnung interessiert werden".[232] Nicht zuletzt wurde angesichts des angeführten, auch von der Bundesregierung angestrebten gesellschaftspolitischen Ziels einer breiteren Vermögensstreuung auf eine „entgegenkommende Behandlung etwaiger lohnsteuerlicher Fragen"[233] spekuliert. Diese trat allerdings nicht ein, sodass die Realisierung des Aktienangebots an den damaligen fiskalischen Bestimmungen scheiterte. Die neuen Aktien hätten – wie bereits bei der Aktienausgabe 1953 und 1954 geschehen – nur auf der Basis des jeweiligen Börsenkurses zur Verfügung gestellt werden können und ein gegebenenfalls gewährter Kursvorteil wäre als Zuwendung an die Beschäftigten behandelt und damit zu versteuern gewesen. Einem Schreiben der Unternehmensleitung aus dem Jahr 1958 zufolge ließen die Finanzbehörden den Verweis darauf, dass es sich bei einer Pari-Emission nicht um eine Zuwendung des Unternehmens an seine Mitarbeiter, sondern um den Verzicht der Altaktionäre auf das ihnen gesetzlich zustehende Bezugsrecht zugunsten der Mitarbeiter, also um ein Geschenk von Dritten, handele, damals nicht gelten. Die Zustimmung der Behörden zu einer lohnsteuerfreien Ausgabe neuer Aktien unterhalb des Börsenkurses konnte auch nicht durch den Hinweis, dass die Aktien mit einer Verkaufssperre von ein bis drei Jahren belegt würden, gewonnen werden. Eine Verfügungsbeschränkung in Form einer solchen Verkaufssperre hätte verschiedenen Gutachten von

---

229 Vgl. Schreiben der Siemens & Halske AG und Siemens-Schuckertwerke AG an den Bundesminister für wirtschaftlichen Besitz des Bundes vom 30. Dezember 1958, S. 2 f., in: SAA 12192.
230 Vgl. Aktenvermerk von Siemens & Halske AG/Siemens-Schuckertwerke AG vom 14.8.1956, in: SAA 12192.
231 Vgl. ebd.
232 Vgl. Schreiben der Siemens & Halske AG und Siemens-Schuckertwerke AG an den Bundesminister für wirtschaftlichen Besitz des Bundes vom 30. Dezember 1958, S. 3, in: SAA 12192.
233 Vgl. Aktenvermerk von Siemens & Halske AG/Siemens-Schuckertwerke AG vom 14.8.1956, S. 2, in: SAA 12192.

## 1. Von der Inventurprämie zur Belegschaftsaktie

Siemens-Hausbanken zufolge zu einer Unterbewertung von etwa 45 Prozent gegenüber dem jeweiligen Börsenkurs geführt. Die Finanzbehörden wollten die Verfügungsbeschränkung jedoch nur mit etwa 30 Prozent des Börsenkurses bewerten.[234] Da dieser Anreiz von Siemens damals als nicht ausreichend erachtet wurde, um den Mitarbeitern ein entsprechendes Aktienangebot zu unterbreiten, wurden alle weiteren Überlegungen in diese Richtung zunächst eingestellt.

Weitere Schritte in Bezug auf die Ausgabe von Belegschaftsaktien sollten erst wieder unternommen werden, wenn sich die entsprechenden gesetzlichen Rahmenbedingungen verändert hätten, wie es das Unternehmen Ende 1958 in einem Brief an den Bundesminister für wirtschaftlichen Besitz des Bundes unmissverständlich zu verstehen gab: „Solange die fiskalischen Vorschriften nicht dahingehend geändert werden, daß die Ausgabe von neuen Aktien an eigene Belegschaftsmitglieder zu Kursen unterhalb der jeweiligen Börsennotiz keine Lohn- bzw. Einkommenssteuerpflicht auslöst, beabsichtigen wir nicht, uns mit dieser Frage, die wir […] aus verschiedenen Gründen für bedeutungsvoll halten, erneut zu befassen."[235] In diesem Sinne hatte das Unternehmen bereits 1957 eine Anregung des Betriebsrats, Kleinaktien an die Belegschaft zu günstigen Kursen auszugeben, mit Hinweis auf Schwierigkeiten, die der Fiskus hinsichtlich der steuerlichen Behandlung mache, abgelehnt und statt dessen den Kauf von Siemens-Obligationen empfohlen.[236]

In der Folgezeit wurde das Thema Belegschaftsaktien zwar immer wieder theoretisch erörtert, aber zunächst keine weiteren Realisierungsversuche unternommen. Dies lässt sich auch darauf zurückführen, dass sich die finanzielle Lage des Unternehmens entspannt hatte. Siemens stand seit Mitte der 1950er Jahre als solide finanziertes Unternehmen da,[237] sodass auch unter Liquiditätsgesichtspunkten kein dringender Handlungsbedarf bestand. Die allgemein erhobene gesellschaftspolitische Forderung nach „Vermögensbildung in Arbeitnehmerhand" und die Schaffung entsprechender gesetzlicher Rahmenbedingungen zur Förderung der Vermögensbildung durch das Sparprämiengesetz, die Vermögensbildungsgesetze sowie das Belegschaftsaktiengesetz gaben der Diskussion in den 1960er Jahren neue Impulse. Dennoch überwog bei einigen Siemens-Verantwortlichen nach wie vor eine ablehnende Haltung. „Würden wir nicht durch bessere Löhne die Leute viel mehr an das Haus Siemens fesseln als durch das Angebot von Vorteilen, zumal wenn diese Vorteile, wie im Falle der Belegschaftsaktien, letzten Endes doch nur von denjenigen in Anspruch genommen würden, die sowieso feste Siemens-Leute sind, insbesondere von den Bessergestellten? Ich glaube, das finanzielle Opfer, diesen Kreisen billige Aktien zu geben, lohnt sich nicht",[238] so 1962 eine Notiz des Generalbevoll-

---

[234] Dies hätte zur Folge gehabt, dass den Mitarbeitern die neuen Aktien zum Kurs von 150 % hätten abgerechnet werden müssen, gegenüber einem Börsenkurs von etwa 220 %. Vgl. Schreiben der Siemens & Halske AG und Siemens-Schuckertwerke AG an den Bundesminister für wirtschaftlichen Besitz des Bundes vom 30.12.1958, S. 3, in: SAA 12192.
[235] Vgl. ebd., S. 4.
[236] Vgl. Auszug aus der Niederschrift über die Firmenleitungsbesprechung am 7.3.1957, in: SAA 12192, S. 2.
[237] Vgl. Geschäftsbericht 1958/59, S. 13, in: SAA 15/Lg 969, und Feldenkirchen, 1997 b, S. 133.
[238] Vgl. Notiz von Helmut Spiecker an Dr. Adolf Lohse vom 8.1.1962, in: SAA 12192.

mächtigten der Zentralen Finanzabteilung Helmut Spiecker, an den Finanzvorstand von S&H, Dr. Adolf Lohse, der dieser Auffassung zustimmte. Dagegen kämen für die Vermögensbildung der Arbeitnehmer bei Siemens drei andere Anlageformen in Frage:
1. Sparbeiträge nach dem Sparprämiengesetz
2. Geldanlage nach dem Wohnungsbauprämiengesetz (über Bausparkassen)
3. Finanzierung von Familienheimen oder Eigentumswohnungen.[239]

Trotz dieser zunächst negativen Einstellung zur Ausgabe von Belegschaftsaktien wurde dieses Thema im Unternehmen in den folgenden Jahren unter verschiedensten Gesichtspunkten weiter erörtert, wohl zum einen aufgrund der inzwischen erfolgten Ausgabe von Belegschaftsaktien bei anderen deutschen Aktiengesellschaften, zum anderen auch angesichts der gesellschaftspolitischen Relevanz des Themas Vermögensbildung und entsprechender gesetzgeberischer Maßnahmen.[240] Ein Aspekt der im Sommer 1964 intensiv geführten Diskussion gipfelte in der Fragestellung, ob Belegschaftsaktien unter Wahrung der Vorschriften des „Gesetzes über steuerrechtliche Maßnahmen bei Erhöhung des Nennkapitals aus Gesellschaftsmitteln und bei Überlassung von eigenen Aktien an Arbeitnehmer" ausgegeben werden sollten.[241] Mit den gesellschafts-, arbeits- und steuerrechtlichen Voraussetzungen befassten sich zwei Exposés, in denen darauf hingewiesen wurde, dass bei der Ausgabe von Belegschaftsaktien zu Vorzugskursen unter bestimmten Voraussetzungen Steuerfreiheit gewährleistet werden könne:

a) Arbeitgeber und Arbeitnehmer müssten bei der Überlassung der Aktien eine Sperrfrist von fünf Jahren vereinbaren.
b) Der dem Arbeitnehmer gewährte Kursvorteil dürfe 50 Prozent des Börsenkurses nicht überschreiten.
c) Der dem Arbeitnehmer zukommende Kursvorteil dürfe insgesamt DM 500 pro Jahr nicht überschreiten.[242]

Im Zusammenhang mit der Sperrfrist wurde unter Verweis auf die von der Hoechst AG mit der Ausgabe von Belegschaftsaktien gemachten Erfahrungen, dass bei einer fünfjährigen Sperre die Beteiligung der Arbeiter mit einem Drittel der erworbenen Aktien erheblich niedriger war als bei den Angestellten mit zwei Dritteln, die Überlegung geäußert, zugunsten einer breiteren Beteiligung der Arbeiter auf den steuerlichen Vorteil zu verzichten und Belegschaftsaktien mit einem geringen Kursabschlag anzubieten.[243] Die Lohnsteuer auf den Kursvorteil, der auf 25 bis 30 Prozent geschätzt wurde, sollte in diesem Fall von Siemens übernommen werden. Weiterhin thematisiert wurden die Höhe des Kursabschlags, der den Mitarbeitern ge-

---

239 Keinesfalls sollten jedoch die Mitarbeiter dazu verleitet werden, S&H-Aktien zu einem Vorzugskurs zu erwerben. Vgl. Notiz von Helmut Spiecker an Dr. Adolf Lohse vom 5.10.1962, in: SAA 12192.
240 Vgl. dazu auch Abelshauser, 2005, S. 351.
241 Vgl. Exposé über die „Ausgabe von Belegschaftsaktien" vom 1. Juni 1965, S. 1, in: SAA 12192.
242 Vgl. „Steuerliches Exposé zum Thema: Belegschaftsaktien" vom 18. Juni 1964, verfasst von Dr. Kahr, in: SAA 12192, sowie „Aktenvermerk, betrifft: Ausgabe von Belegschaftsaktien" vom 19. Juni 1964 mit Ergänzung vom 10. Juni 1965, verfasst von Dr. Bottermann, in: SAA 12192.
243 Vgl. Ausarbeitung vom 29. Juni 1964, S. 2 und 4, in: SAA 12192.

währt werden könnte, sowie die Größe des zu platzierenden Aktienvolumens. Darüber hinaus stand zur Debatte, welche Belegschaftsmitglieder Aktien erhalten sollten und nach welchen Gesichtspunkten eine mögliche Staffelung der Zuteilung vorgenommen werden könnte. Allerdings kam die Firmenleitung letztlich aufgrund diverser Berechnungen über Zuteilungsmöglichkeiten und der sich daraus ergebenden Belastungen für das Unternehmen zu dem Ergebnis, dass der finanzielle Aufwand für die Ausgabe von Belegschaftsaktien zu hoch sei.[244] So heißt es in einer Notiz der Zentralen Finanzabteilung zur Vorlage für den S&H-Vorstand vom 14. August 1964: „Unsere Überlegungen lassen sich dahingehend zusammenfassen, dass eine nachhaltige Placierung eines nennenswerten Aktienbetrages bei unserer Belegschaft mit einem unverhältnismäßig hohen Aufwand verbunden wäre, der, personalpolitisch gesehen, sicherlich zweckvoller eingesetzt werden könnte. Es wird daher vorgeschlagen, von der Ausgabe von Belegschaftsaktien abzusehen."[245]

Im Verlauf der weiteren Diskussion kam eine Ausarbeitung der Zentralabteilung Finanzen aus dem Jahr 1965 zu dem Ergebnis, dass unter der Prämisse eines möglichst nachhaltigen Platzierungserfolgs von Belegschaftsaktien der zu gewährende Kursvorteil nicht so groß sein sollte wie bei den zuvor diskutierten Vorschlägen, was vor allem den Vorteil einer geringeren Belastung des Unternehmens mit sich brächte.[246] Dagegen würde eine Aktienausgabe zu einem besonders niedrigen Kurs eher dazu anreizen, die Aktien lediglich unter dem Gesichtspunkt der Ausnutzung des Kursvorteils zu beziehen, um sie so früh wie möglich zur Realisierung eines Gewinns wieder zu veräußern. Ferner wurde dafür plädiert, in Bezug auf die Ausgabe der Belegschaftsaktien sowohl von einer „Schenkung" als auch von einer „Zuteilung" zu Lasten eines Teils der Erfolgsbeteiligung Abstand zu nehmen. Von letzterer Möglichkeit wurde deshalb abgesehen, da man befürchtete, dass ein Großteil der zur Erfolgsbeteiligung Berechtigten „dem Gedanken des Aktiensparens noch nicht aufgeschlossen gegenüberstehen"[247] und daher eine längerfristige Anlage nicht erreicht werden könne. Diese Argumentation ist gerechtfertigt, weil in Deutschland keine gewachsene Kleinanleger-Aktienkultur bestand. Darüber hinaus bedeute „Zuteilung" zwangsweises Sparen eines Teils der Erfolgsbeteiligung, Sparen sollte jedoch aus freier Willensentscheidung geschehen.

---

244 Vgl. dazu den Verweis über eine Zusammenstellung aus dem Jahr 1964, die den Kreis der potenziellen Belegschaftsaktienbezieher auf die Empfänger der Erfolgsbeteiligung begrenzt: „Die Zahl der Erfolgsbeteiligungsberechtigten ist [...] für 1963/64 mit rund 127.000 angegeben. Bei Zuteilung einer Aktie über nom. DM 100 pro Kopf und einem Kursabschlag von 250 % trat für das Haus eine Belastung von 31'9 ein. Andere Zuteilungskonzeptionen führten in aller Regel zu noch höheren Belastungen." Vgl. Exposé über die „Ausgabe von Belegschaftsaktien" vom 1. Juni 1965, S. 2, in: SAA 12192, und Berechnungen in einer „Notiz zur Vorlage für den S & H-Vorstand" vom 14. August 1964, S. 2, in: SAA 12192.
245 Vgl. „Notiz von ZF zur Vorlage für den S & H-Vorstand" vom 14. August 1964, S. 2, in: SAA 12192.
246 Vgl. Exposé von ZF über die „Ausgabe von Belegschaftsaktien" vom 1. Juni 1965, S. 3, in: SAA 12192.
247 Vgl. ebd., S. 4.

Die Option, den Mitarbeitern lediglich eine günstige Bezugsmöglichkeit einzuräumen, von der nach eigener freier Entscheidung Gebrauch gemacht werden könnte, bildete die Grundlage für weitere Planungen, die anlässlich der 150. Wiederkehr des Geburtstages von Werner von Siemens sowie des 100. Jubiläums des dynamoelektrischen Prinzips 1966 angestellt wurden. Im Zusammenhang mit dem Doppeljubiläum sollten den Mitarbeitern Siemens-Aktien zum Vorzugspreis angeboten werden, wobei lediglich über die Veräußerung eigener Aktien ernsthaft diskutiert wurde – von dem Gedanken einer Zuwendung als Jubiläumsgeschenk oder einer Zuteilung im Rahmen der Erfolgsbeteiligung hatte man bereits Abstand genommen.[248] Darüber hinaus sind diese Überlegungen auch vor dem Hintergrund der allgemeinen ungünstigen wirtschaftlichen Entwicklung seit Mitte der sechziger Jahre – der ersten Nachkriegsrezession – zu bewerten. Das Unternehmen plante aufgrund der sich verschlechternden Rahmenbedingungen Einschnitte bei den freiwilligen Sozialleistungen – so zum Beispiel eine Kürzung der Erfolgsbeteiligung –, die durch das Angebot der Belegschaftsaktien kompensiert werden sollten. So heißt es in einer Notiz im Juni 1966, dass eine derartige Offerte geeignet sein dürfte, „die psychologischen Wirkungen abzuschwächen, die eine Änderung unseres Erfolgsbeteiligungs-Systems und der mögliche Abbau von Sozialmaßnahmen nach sich ziehen könnte".[249]

Darüber hinaus zielte Siemens mit der Ausgabe von Belegschaftsaktien auf die auch schon bei den früheren Überlegungen immer wieder thematisierte Förderung des Sparwillens der Mitarbeiter und nicht zuletzt auch auf „das Interesse an dem Gedeihen unseres Unternehmens und an der Bewertung unserer Aktien"[250] ab. Die Beteiligungsquote wurde bei einem möglichen Aktienangebot aufgrund von Erfahrungen der Aktienunternehmen BASF, Bayer und Hoechst auf höchstens 15 Prozent geschätzt. Gedacht war zunächst an ein einmaliges Angebot, wobei Folgeangebote in regelmäßigen Abständen auf der Basis der dann bestehenden Erfahrungen nicht ausgeschlossen wurden. Diese Planungen wurden erstmals 1968 realisiert und mit Kürzungen bei der Erfolgsbeteiligung kombiniert.

---

248 Vgl. „Anlage zum Vorschlag von WpA für die Ausgabe von Belegschaftsaktien" vom 3. Mai 1966, in: SAA 12192.

249 Vgl. Entwurf einer Notiz von ZF über die Ausgabe von Belegschaftsaktien vom 16. Juni 1966, in: SAA 12192.

250 „Gleichzeitig erreichen wir damit, dass ein erheblicher Betrag von Siemens-Aktien, der sonst möglicherweise das Angebot an den Börsen vergrößern und damit kursdrückend wirken könnte, wieder langfristig placiert wird. [...] Wir könnten dann sogar – nach dem ermutigenden Beispiel der Farbennachfolger – in regelmäßigen Abständen vagabundierendes Aktienmaterial aus dem Markt nehmen und es – wenn auch unter finanziellen Opfern – im Kreise unserer Belegschaft wieder langfristig placieren. Damit können wir – auch im Hinblick auf die Erfahrungen der Großchemie – darauf vertrauen, daß die Zeittendenz dem Aktiensparen förderlich ist und dass ein zunehmend größerer Teil unserer Belegschaft bereit sein wird, seine längerfristigen Ersparnisse in Siemens-Aktien anzulegen." Vgl. Entwurf einer Notiz über die Ausgabe von Belegschaftsaktien vom 16. Juni 1966, in: SAA 12192.

## 1.2.4.3 Das Aktienangebot von 1968

1968 unterbreitete die Siemens AG seinen Beschäftigten schließlich erstmals seit den 1950er Jahren wieder ein allgemeines Angebot über Belegschaftsaktien, das als Kompensationsmaßnahme für die gleichzeitige Kürzung der Erfolgsbeteiligung fungieren sollte. Nachdem das Geschäftsjahr 1966/67 durch steigende Kosten, sinkende Erlöse und rückläufige Erträge gekennzeichnet war, hatte der Vorstand der Siemens AG in seiner Sitzung am 29. Januar 1968 beschlossen, die Erfolgsbeteiligung der Mitarbeiter um 10 Prozent zu kürzen.[251] „Mit Rücksicht auf die besonderen Anstrengungen und das verständnisvolle Verhalten unserer Mitarbeiter gegenüber den Maßnahmen, die infolge der ungünstigen wirtschaftlichen Entwicklung notwendig wurden",[252] erhielten die Beteiligungsempfänger zum Ausgleich eine freiwillige Sondervergütung in der Höhe des Kürzungsbetrags – und zwar in Form von Siemens-Aktien. Der Vorteil der Aktienausgabe gegenüber der Barauszahlung bestand für das Unternehmen darin, dass Barreserven gespart und die Liquidität erhalten bzw. erhöht werden konnte. Um diejenigen Mitarbeiter, bei denen die Kürzung der Erfolgsbeteiligung unter dem Verrechnungswert für eine Siemens-Aktie lag, bzw. um diejenigen, bei denen der Kürzungsbetrag nicht in vollem Umfang durch die Aktienzuteilung ausgeglichen werden konnte, nicht zu benachteiligen, wurde ihnen eine Barvergütung gewährt sowie die Möglichkeit eingeräumt, eine Siemens-Aktie gegen Zuzahlung des Differenzbetrags zwischen dem EB-Kürzungsbetrag und dem Aktien-Verrechnungswert zu erwerben.[253] Eine Anlage der Aktien nach dem Vermögensbildungsgesetz war jedoch aus abwicklungstechnischen Gründen nicht möglich.[254] Die mit der Aktienübernahme anfallenden Nebenkosten wie zum Beispiel Bankspesen und Depotgebühren gingen zu Lasten von Siemens.

Das Angebot für den Tarifkreis richtete sich an Betriebsangehörige, die am 5. März 1968 – dem letzten Termin der Antragstellung – in einem ungekündigten Beschäftigungs- bzw. Ausbildungsverhältnis standen. Dieser Personenkreis konnte eine Aktie mit dem Nennwert von 50 DM der Siemens AG, die ab dem Geschäftsjahr 1968/69 dividendenberechtigt war und erstmals im Anschluss an die Hauptversammlung im Frühjahr 1970 an einer Dividendenausschüttung teilnahm, zum Verrechnungskurs von 262,90 DM übernehmen.[255] Dieser Übernahmebetrag wurde aus den März-Bezügen einbehalten sowie – wenn diese dazu nicht ausreichten – aus den Bezügen des Folgemonats entnommen. Übertariflich bezahlte Mitarbeiter er-

---

251 Vgl. Vorlage für den Zentralausschuss vom 3. Januar 1968, in: SAA 12176.
252 Vgl. Entwurf zu einem Rundschreiben der Sozialpolitischen Abteilung vom 16.1.1968, in: SAA 12176. Vgl. auch Entwurf btr. Erfolgsbeteiligung für 1966/67 vom 12. Januar 1968, in: SAA 12176.
253 Vgl. Schreiben der Siemens AG an das Bayerische Staatsministerium der Finanzen vom 26.1.1968, in: SAA 12176.
254 Vgl. Anlage zum SozPol-Rundschreiben Nr. 682 vom 8. Februar 1968, in: SAA 12176.
255 Der Übernahmepreis entsprach dem Tageskurs der Siemens-Stammaktie vom 29.1.1968, dem Tag des Vorstandsbeschlusses, an der Münchener Börse abzüglich eines Betrags von je 8 DM für die vorgeschlagene Dividende 1966/67 und für die unterstellte Dividende 1967/68, vgl. Anlage zum SozPol-Rundschreiben Nr. 682 vom 8. Februar 1968, in: SAA 12176.

hielten für je 262,90 DM ihrer Sondervergütung eine Siemens-Aktie im Nennbetrag von 50 DM, gegebenenfalls verbleibende Restbeträge der Sondervergütung wurden entweder in bar ausgezahlt oder konnten unter Hinzuzahlung der Differenzsumme für den Erwerb einer weiteren Aktie zum selben Vorzugspreis verwendet werden.[256] Für die Verwahrung der Aktien errichtete die Zentralabteilung Finanzen bei der Deutschen Bank AG München ein „Sammeldepot für die Siemens-Belegschaft". Da die Aktien erstmals nach der Hauptversammlung 1970 dividendenberechtigt waren und die Deutsche Bank gegen eine Ausgabe von nicht börsenfähigen Aktien große Bedenken erhob, wurden sie erst nach der Hauptversammlung 1969 auf die Wertpapierdepots der Mitarbeiter übertragen oder – wenn kein Wertpapierdepot unterhalten wurde – die Aktienurkunde per Einschreiben von der Deutschen Bank an die Privatadresse zugesandt.[257] Dabei wurden 34.000 Aktien an rund 15.000 Beschäftigte ausgegeben. Der Nennwert dieser Aktien von rund 1,7 Mio. DM entsprach 0,2 Prozent des Grundkapitals.[258]

*1.2.4.4 Ergebnisse*

Nach den ersten Erfahrungen mit Belegschaftsaktien durch die Ausgabe von Wiederaufbauzertifikaten bot das Unternehmen in den Jahren 1953 und 1954 wiederum S&H-Stammaktien an, die aus der Erfolgsbeteiligung finanziert werden konnten. Über die Gründe der Firmenleitung geben die Quellen keine Auskunft – allerdings liegt die Vermutung nahe, dass – wie schon bei der Wiederaufbauprämie – angesichts des hohen Investitionsbedarfs insbesondere in der ersten Hälfte der 1950er Jahre ein Vorteil darin gesehen wurde, die Bargeldreserven zu schonen und die Liquidität des Unternehmens zu erhöhen. Da die Aktien jedoch zum Börsenpreis und nicht – wie später möglich – zu einem Vorzugspreis bezogen werden mussten, war das Interesse an diesem Angebot nicht sehr hoch.

Dass nach diesen – auch im Vergleich zu entsprechenden Aktionen anderer Unternehmen – frühen Angeboten noch rund eineinhalb Jahrzehnte verstreichen sollten, bevor Ende der 1960er Jahre zu völlig anderen Konditionen erneut Belegschaftsaktien angeboten wurden, ist sowohl auf unternehmensinterne als auch auf gesellschafts- und wirtschaftspolitische Rahmenbedingungen zurückzuführen. Unternehmensinterne Analysen kamen Ende der fünfziger Jahre aufgrund der Erfahrungen mit den Wiederaufbauzertifikaten zu dem Ergebnis, dass die Zeit für die Belegschaftsaktie als Mittel einer langfristigen Vermögensbildung noch nicht reif sei. Die finanzielle Lage schien bei einem Großteil der angesprochenen Zielgruppen der Arbeiter und Angestellten in den Jahren des wirtschaftlichen Wiederaufbaus noch nicht gefestigt genug, um eine langfristige Anlage überhaupt in Erwä-

---

256 Vgl. Erdödy, 2004, S. 174 f., in: SAA L 497, sowie Entwurf btr. Erfolgsbeteiligung für 1966/67 vom 12. Januar 1968, in: SAA 12176.
257 Vgl. Anlage zum SozPol-Rundschreiben Nr. 682 vom 8. Februar 1968, in: SAA 12176, und Entwurf btr. Erfolgsbeteiligung für 1966/67 vom 12. Januar 1968, in: SAA 12176.
258 Vgl. Erdödy, 2004, S. 176, in: SAA L 497. Vgl. auch Jahresbericht der Zentral-Personalverwaltung 1967/68, S. 18, in: SAA 10597.

gung ziehen zu können. Ferner bestanden – wie auch Belegschaftsaktienausgaben anderer Unternehmen zeigten – bei vielen Mitarbeitern erhebliche, oft auf Unkenntnis beruhende Vorbehalte gegenüber der Form des Aktiensparens.[259] Es herrschte die allgemeine Auffassung, dass Aktien ein Spielzeug für Kapitalisten, aber nichts für den kleinen Mann seien.[260] Die Unternehmensleitung befürchtete, dass die Aktie als Instrument der langfristigen Vermögensbildung nicht entsprechend gewürdigt würde, und sah daher zunächst von einem Angebot ab.

Aus der Perspektive des Unternehmens trugen darüber hinaus steuer- und aktienrechtliche Hindernisse dazu bei, dass entsprechende Aktienangebote für die Mitarbeiter nicht attraktiv genug gestaltet werden konnten – diese Auffassung vertraten Siemens-Verantwortliche mit der Forderung nach einer Änderung der fiskalischen Rahmenbedingungen Ende der fünfziger Jahre gegenüber den zuständigen Behörden. Nicht zuletzt war es auch der als zu hoch geschätzte finanzielle Aufwand, der das Unternehmen in den sechziger Jahren trotz der Erarbeitung zahlreicher Konzepte bei der Realisierung eines Angebots immer wieder zögern ließ. Als weitere Ursache ließe sich die Tatsache anführen, dass trotz einiger Versuche anderer Unternehmen in Deutschland zunächst kaum Erfahrungen mit der Ausgabe von Belegschaftsaktien bestanden. Die Praxis derjenigen Firmen, die in der Zwischenzeit bereits Belegschaftsaktien ausgegeben hatten – wie zum Beispiel die Allianz AG, die Mannesmann AG, die Hoechst AG, die Bayer AG oder die BASF AG – wurde zwar aufmerksam beobachtet,[261] doch schien aufgrund unterschiedlicher Ausgangsbedingungen und Zielvorstellungen keine Übertragung auf die spezifische Situation bei Siemens möglich, sodass eigene Modelle erarbeitet werden mussten.

Im Laufe der 1960er Jahre trug die Schaffung von für eine Belegschaftsaktienausgabe attraktiven gesetzlichen Rahmenbedingungen dazu bei, dass auch die Aktie als Instrument der unternehmensbezogenen Vermögensbildung wieder zunehmend in das Zentrum der Aufmerksamkeit trat. Die von Siemens 1968 realisierte Aktienausgabe hatte allerdings eher den Charakter einer Sondervergütung in Form von Siemens-Aktien als Kompensation für die im selben Geschäftsjahr gekürzte Erfolgsbeteiligung bzw. für geplante Einschnitte in weiteren sozialpolitischen Bereichen. Erst im darauffolgenden Geschäftsjahr sollte erstmals ein Belegschaftsaktienangebot unter Ausschöpfung aller aktien- und steuerrechtlichen Möglichkeiten als System konzipiert und umgesetzt werden.

---

259 Vgl. Dietrich, 1996, S. 53.
260 Vgl. „Wie Mitarbeiter zu Aktionären werden können", in: Süddeutsche Zeitung vom 25.8.1983, in: SAA 20/Lt 393.
261 Vgl. dazu Ausarbeitung vom 25. Juni 1964, in: SAA 12192.

### 1.2.5 Die Entwicklung der allgemeinen Belegschaftsaktienangebote von 1969 bis 1989

„Die Überlassung von Belegschaftsaktien an unsere Mitarbeiter könnte – vor allem, wenn sie jährlich wiederholt wird – zu einer beträchtlichen Verstärkung unserer Eigenmittel führen und einen besonderen Anreiz zur verstärkten Eigentumsbildung unserer Mitarbeiter bieten" – so heißt es in einer Aktennotiz der Zentralabteilungen Finanzen und Personal im September 1968 anlässlich der für das Folgejahr geplanten Einführung von Belegschaftsaktien.[262] Erklärtes Ziel der Unternehmensleitung war es, durch die Einführung von Belegschaftsaktien ein neues sozialpolitisches Instrument zu etablieren, das sowohl aus finanziellen Erwägungen als auch aus personal- und sozialpolitischen Gründen als erstrebenswert angesehen wurde. So erhofften sich die Verantwortlichen, dass „unter anderem [...] dadurch die Argumentation in der Mitbestimmungsfrage günstig beeinflusst" sowie der „Gedanke einer verstärkten Vermögensbildung [...] maßgeblich gefördert werden"[263] könne. Damit wurden zwei zentrale Themenfelder angesprochen, die die sozialpolitische Diskussion in den 1960er Jahren beherrschten und die bei der Einführung des Systems der Belegschaftsaktienausgabe bei Siemens – wie noch zu zeigen sein wird – eine maßgebliche Rolle spielten.[264]

In seiner Sitzung am 10. Januar 1969 beschloss der Vorstand der Siemens AG die Ausgabe steuerlich begünstigter Belegschaftsaktien unter teilweiser Ausnutzung von genehmigtem Kapital.[265] Gegenüber früheren Aktienangeboten der 1950er Jahre hatten sich die gesetzlichen Rahmenbedingungen verändert, sodass der Aktienerwerb für die Mitarbeiter finanziell attraktiv wurde: Nach dem Kapitalerhöhungsgesetz blieben nun Belegschaftsaktien zum Vorzugspreis unter bestimmten Voraussetzungen steuer-und sozialversicherungsfrei. Außerdem war nun eine Anlage nach dem Vermögensbildungsgesetz möglich.[266] Das daraufhin offerierte erste Angebot von 1969 unterschied sich von den vorherigen, singulär angelegten Aktienaktionen für die Mitarbeiter darin, dass es unter Ausschöpfung aller aktien- und steuerrechtlichen Möglichkeiten als System konzipiert worden war, das auch in

---

262 Vgl. dazu ZF/ZP Entwurf „Belegschaftsaktien" vom 18.9.1968, in: SAA 12185-2.
263 Vgl. Notiz „Belegschaftsaktien – Besprechung am 23. August 1968" vom 27.8.1968, S. 1. Vgl. dazu auch Entwurf „Belegschaftsaktien" von ZF/ZP vom 18. 9.1968, S. 1, und Ausarbeitung „Belegschaftsaktien" von ZF/ZP vom 24.9.1968, S. 1, alle Dokumente in: SAA 12185-2.
264 Die Frage der Mitbestimmung, in der es um die Ausweitung der Mitbestimmungsrechte des Betriebsrats und damit um die Beteiligung der Arbeitnehmer und Gewerkschaften an der Gestaltung der Wirtschaft ging, stand seit dem Zweiten Weltkrieg im Mittelpunkt gewerkschaftlicher Forderungen. Am 10. Oktober 1967 verabschiedete der Deutsche Gewerkschaftsbund seine Vorschläge zur Beteiligung des Betriebsrats bei sozial- und sozialpolitischen Entscheidungen und zur Ausdehnung seiner Mitbestimmungsrechte. Die Diskussion mündete 1972 in der Novellierung des Betriebsverfassungsgesetzes, das die Handlungsmöglichkeiten des Betriebsrats insbesondere in sozialen und personellen Angelegenheiten erweiterte. Vgl. Richardi, Reinhard: Arbeitsverfassung und Arbeitsrecht, in: Hans Günter Hockerts (Hg.): Geschichte der Sozialpolitik in Deutschland seit 1945, Bd. 5, 1966–1974, Bundesrepublik Deutschland. Eine Zeit vielfältigen Aufbruchs. Köln 2005, S. 232f.
265 Vgl. Auszug aus dem Vorstandsprotokoll vom 10.1.1969, in: SAA 12185-2.
266 Zu den gesetzlichen Rahmenbedingungen vgl. Kap. IV. 1.2.2.

den Folgejahren ohne grundsätzliche Änderungen angewandt werden sollte. Die Unternehmensleitung setzte auf positive Impulse durch fortlaufende Angebote, denn „eine gewisse Regelmäßigkeit der Durchführung könnte möglicherweise dazu führen, den Kreis der Interessenten allmählich zu vergrößern, da sich das Thema stärker ‚einspielen' könnte", hieß es in einer Besprechung der Zentralabteilung Finanzen im Juli 1968.[267]

### 1.2.5.1 Grundlagen und Prinzipien

Im Vorfeld des Aktienangebots hatten sich die zuständigen Abteilungen Finanzen und Personal umfassend über die Verfahren anderer Aktiengesellschaften bei der Überlassung von Belegschaftsaktien informiert, um daraus Schlussfolgerungen für die Gestaltung eines an den eigenen Anforderungen und Zielsetzungen ausgerichteten Modells ziehen zu können. Untersucht wurden unter anderen die Verfahren der Rosenthal AG, der Hoechst AG, der Bayerischen Hypotheken- und Wechselbank, der Bayerischen Vereinsbank, der Allianz Versicherungs-AG, der Bayer AG, der BASF AG und der Mannesmann AG. Unter verschiedenen Kriterien – dem Zeitpunkt der Überlassung von Aktien, den persönlichen Voraussetzungen der Belegschaftsmitglieder (Dauer der Betriebszugehörigkeit, Rang, Mindestgehalt, Erhalt von Erfolgsbeteiligung, Jahresprämie usw.), den Bezugsbedingungen (Kurs, Gesamtvorteil pro Belegschaftsmitglied, der Zahl der Aktien pro Belegschaftsmitglied, der Übernahme der Börsenumsatzsteuer) und dem Ergebnis der Aktienüberlassung (Zahl der Berechtigten, Teilnahme) wurde die Praxis dieser Unternehmen analysiert, um die folgenden Konditionen für die eigene Aktienausgabe zu erarbeiten.[268]

Die Überlassung der Belegschaftsaktien sollte unter Ausnutzung steuerlicher und sozialversicherungsrechtlicher Vergünstigungen an die Mitarbeiter des Tarifkreises und des ÜT-Kreises erfolgen, das heißt, es sollten die im „Gesetz über steuerrechtliche Maßnahmen bei Erhöhung des Nennkapitals aus Gesellschaftsmitteln und bei Überlassung von eigenen Aktien an Arbeitnehmer" vom 2. November 1961 (Neufassung 10. Oktober 1967) geschaffenen Möglichkeiten genutzt werden. Danach blieben Belegschaftsaktien zu einem Vorzugskurs steuer- und sozialversicherungsfrei, wenn erstens der durch den Vorzugskurs eingeräumte geldwerte Vorteil 50 Prozent des Börsenkurses am Tag der Beschlussfassung über die Aktienausgabe durch den Vorstand nicht überschritt, zweitens der geldwerte Vorteil beim Arbeitnehmer im Kalenderjahr 500 DM überstieg und drittens zwischen der Firma und dem Arbeitnehmer eine Sperrfrist vereinbart wurde, die je nach Emissionszeitpunkt zwischen viereinhalb und fünf Jahren lag.[269] Um für die Mitarbeiter einen Anreiz zum Aktiensparen zu schaffen, hatte das Angebot zu einem Vorzugspreis zu erfolgen, der nennenswert unter dem Tageskurs lag, um damit bis zum Ende der Sperr-

---

267 Vgl. Notiz von ZF vom 1.7.1968, in: SAA 12185-2.
268 Vgl. dazu auch Erdödy, 2004, S. 177–179, in: SAA L 497.
269 Vgl. Ausarbeitung „Belegschaftsaktien" von ZF/ZP vom 24.9.1968, S. 1 f., in: SAA 12185-2.

frist eine ausreichende Sicherheit gegen mögliche Kursrückschläge zu bieten.[270] Angehörige des ÜT-Kreises sollten über das allgemeine Angebot hinaus ein Recht auf den Bezug weiterer Aktien zum gleichen Vorzugspreis erhalten, wobei der über den im Belegschaftsaktiengesetz vorgesehene hinausgehende geldwerte Vorteil von 500 DM zu versteuern wäre.[271] Um die Motivation für die Übernahme der Belegschaftsaktien zu erhöhen, wurde den Mitarbeitern empfohlen, den Kauf der Aktien mit den Vorteilen des Sparprämiengesetzes und des Zweiten Vermögensbildungsgesetzes („312-DM-Gesetz") zu verbinden.[272]

Der Kreis der Bezugsberechtigten sollte möglichst groß sein, wobei nicht nur an eine Überlassung von Aktien an Mitarbeiter der Siemens AG im Inland – darin eingeschlossen auch ins Ausland versetzte oder abgeordnete Mitarbeiter, die mit ihrer Erfolgsbeteiligung oder ihrem jeweiligen Märzgehalt in Deutschland steuerpflichtig waren –, sondern auch an Mitarbeiter von Tochter- und Beteiligungsgesellschaften gedacht war. Letztere sollten aus personalpolitischen Gründen zu den gleichen Bedingungen wie die Angehörigen der Siemens AG Belegschaftsaktien erwerben können, wobei die Entscheidung darüber der jeweiligen Geschäftsleitung überlassen bleiben sollte.[273] Mitarbeiter der Auslandsgesellschaften sollten nicht in diese Maßnahme einbezogen werden, da die im Inland geltenden steuerlichen Vergünstigungen nicht angewendet werden konnten und auch einschränkende devisenrechtliche Bestimmungen dagegen sprachen.[274] Vorerst nicht berücksichtigt wurden auch Vorstandsmitglieder und Pensionäre, da Letztere im Sinne des Belegschaftsaktiengesetzes nicht als Arbeitnehmer galten.[275] Die Überlassung der Aktien sollte im Monat der Auszahlung der Erfolgsbeteiligung erfolgen, um die finanzielle Belastung der Mitarbeiter aus dem regulären Monatseinkommen so gering wie möglich zu halten.[276]

Die Ausgabe der Belegschaftsaktien beruhte auf den drei Prinzipien „Freiwilligkeit, Individualität und Eigenleistung".[277] Mit dem Prinzip der Freiwilligkeit entsprach das Unternehmen der freiheitlichen Wirtschafts- und Gesellschaftsordnung,

---

270  Vgl. ebd., S. 2.
271  Vgl. Notiz „Belegschaftsaktien – Besprechung am 23. August 1968" vom 27.8.1968, S. 4, in: SAA 12185-2.
272  Vgl. Notiz vom 27.8.1968, S. 1, und Ausarbeitung „Belegschaftsaktien" von ZF/ZP vom 24.9.1968, S. 7, beide Dokumente in: SAA 12185-2.
273  Vgl. dazu Ausarbeitung „Belegschaftsaktien" von ZF/ZP vom 24.9.1968, S. 4, in: SAA 12185-2. „Ferner ist zu beachten, dass bei den Beteiligungsgesellschaften – voraussichtlich mit Ausnahme der SE – der gewährte Vorteil versteuert werden muß, da das Gesetz von 1961 nicht anwendbar sei. Wenn in diesen Fällen die gesetzlichen Abzüge (Steuern und Sozialversicherungsbeiträge) nicht zu Lasten der Mitarbeiter gehen sollen, sind sie von den Gesellschaften zu übernehmen." Vgl. ebd.
274  Vgl. Erdödy, 2004, S. 178, in: SAA L 497.
275  Vgl. dazu Notiz „Belegschaftsaktien/Kreis der nach dem Gesetz vom 2.11.1961 Begünstigten" vom 12.9.1968, S. 1, und Notiz „Belegschaftsaktien" – Besprechung am 11.9.1968, S. 2, beide Dokumente in: SAA 12185-2.
276  Vgl. dazu Ausarbeitung „Belegschaftsaktien" von ZF/ZP vom 24.9.1968, S. 4, in: SAA 12185-2.
277  Vgl. dazu Vermögensbildung bei Siemens – Zehn Jahre Siemens-Aktien für Mitarbeiter, S. 3, in: SAA 12190-1. Baake, Siemens-Mitteilungen 2/1987, S. 7; Wenn die Mitarbeiter das Börsenfieber ergreift, in: Süddeutsche Zeitung vom 22.12.1988 (Artikel auch in: SAA 20/Lt 393).

in der Arbeitnehmer nicht zu kapitalmäßigen Beteiligungen gezwungen werden können.[278] Das Prinzip der Freiwilligkeit sollte unterstreichen, dass der Aktienerwerb auf Wunsch der Mitarbeiter erfolgte und auch die Art und Weise der Finanzierung bzw. die Nutzung der vermögenswirksamen Leistungen oder sonstiger steuerbegünstigter Möglichkeiten für diese Anlage den Mitarbeitern überlassen blieb. Um dem Grundsatz der Individualität zu entsprechen und gleichzeitig dem Schutz des Bankgeheimnisses Rechnung zu tragen, legten die Initiatoren großen Wert darauf, dass die Aktien nicht – wie bei manchen Unternehmen üblich – zentral oder in Sammeldepots aufbewahrt wurden, sondern dass jeder Aktienbesitzer sein eigenes Privatdepot bei einem Kreditinstitut zu führen hatte.[279] Allerdings war dieses Verfahren nicht unumstritten, denn einige Mitarbeiter beschwerten sich in der Anfangszeit über hohe Depotgebühren, die sich vor allem bei niedrigen Depotbeständen ertragsmindernd auswirkten. Die daraufhin vom Unternehmen angestellten Überlegungen über eine Sammelverwahrung wurden jedoch nicht weiter verfolgt, da sich hierdurch der Verwaltungsaufwand und die damit verbundenen Kosten für Siemens erhöht hätten. Zudem gab die für die Bearbeitung zuständige Abteilung zu bedenken, dass sich die Depotgebühren mit zunehmendem Aktienerwerb relativieren würden.[280]

Mit dem Prinzip der Individualität war zugleich eine Anonymisierung der Belegschaftsaktionäre verbunden. Dies entsprach auch der Intention des Unternehmens, diejenigen Mitarbeiter, die Siemens-Aktien erworben hatten, gegenüber den Altaktionären keinesfalls als eine eigene, möglicherweise bevorzugte Gruppe innerhalb der Siemens-Aktionäre erscheinen zu lassen. Aus diesem Grund wies die Finanzabteilung Anfang 1975 darauf hin, dass in der Öffentlichkeitsdarstellung alle Formulierungen vermieden werden sollten, „die den Kreis der Aktienerwerber unter unseren Mitarbeitern als eine Aktionärsgruppe erscheinen lassen. Hiermit meinen wir Formulierungen wie „die Belegschaft der Siemens AG hält ... % des Grundkapitals" oder „nach der Familie Siemens bilden die Mitarbeiter des Hauses mit ... % die größte Aktionärsgruppe".[281] Diese vermeintliche Gruppe sei nichts anderes als ein Teil der zu diesem Zeitpunkt beschäftigten rund 220.000 inländischen Arbeitnehmer, die am Kapital der Siemens AG beteiligt wären. Hinter der geforderten Anonymisierung der Belegschaftsaktionäre stand sicherlich auch die Absicht, letztere gegenüber den Altaktionären als eine durch den verbilligten Erwerb der Aktien bevorzugte Gruppe nicht weiter hervorzuheben, zumal auf der Hauptversammlung im Frühjahr 1973 von Seiten der Aktionäre die Frage gestellt worden war, ob die Ausgabe von Aktien an die Mitarbeiter zu Vorzugspreisen noch

---

278 Vgl. dazu Krüger, 2008, S. 113 f.
279 Vgl. Vermögensbildung bei Siemens – Zehn Jahre Siemens-Aktien für Mitarbeiter, S. 3, in: SAA 12190-1. Vortrag Dr. Närger über „Unternehmensbezogene Vermögensbildung in der Praxis" am 9. Juni 1976, S. 2, in: SAA 12190-2.
280 Vgl. Entwurf „Verwaltung der Belegschaftsaktien" vom 23.8.1971 und Schreiben „Depotgebühren für Belegschaftsaktien" vom 4. Oktober 1971, beide Dokumente in: SAA 12190-2.
281 Vgl. Notiz an Herrn Dr. Närger „Darstellung der Ausgabe von Siemens-Aktien an Mitarbeiter" vom 24.1.1975, in: SAA 12190-2.

gerechtfertigt sei.[282] Darüber hinaus trug die Individualisierung dazu bei, eine Solidarisierung bzw. Organisierung der Belegschaftsaktionäre mit entsprechenden Mitbestimmungsforderungen zu erschweren.[283]

Mit dem dritten Grundprinzip der Eigenleistung wurde betont, dass es sich bei den Belegschaftsaktien nicht um ein Geschenk der Firma handelte, sondern dass die Aktien durch die Mitarbeiter selbst finanziert werden mussten, wobei eine Kopplung mit der Erfolgsbeteiligung ermöglicht wurde. Der Aktienerwerb erfolgte zwar zu einem vergünstigten Kaufpreis – wobei die Differenz zum Börsenkurs eine Zuwendung des Arbeitgebers darstellte – erforderte aber eine entsprechende Eigenleistung des Arbeitnehmers. Mit diesem Grundsatz stand Siemens in der Tradition einer streng subsidiären Ausrichtung betrieblicher Spar- und Eigentumsförderung, die Geschenke ohne Gegenleistung vermied und die Eigenleistung des Arbeitnehmers in den meisten Fällen voraussetzte.[284] Charakteristische Züge dieser vor allem von sozialreformistischen Einflüssen geprägten betrieblichen Sozialpolitik lassen sich auch in der Argumentation von Unternehmen und Verbänden in der Bundesrepublik wiederfinden. So wertete der Arbeitgeberverband Gesamtmetall als wichtige Voraussetzung für eine Breitenwirkung der betrieblichen Vermögensbildung sowohl die Anlage des Kapitals im Betrieb des Arbeitgebers als auch die Freiwilligkeit der Beteiligten und die Beteiligung am Produktivvermögen auf individueller Basis.[285]

*1.2.5.2 Das erste reguläre Angebot von 1969*

Die Einzelheiten der ersten, auf Regelmäßigkeit angelegten Ausgabe von Belegschaftsaktien im Jahr 1969, die eine wegweisende Funktion einnahm, regelte ein zu diesem Zweck eingerichteter Vorstandsausschuss, der am 23. Januar desselben Jahres tagte.[286] Dieser beschloss, jedem Arbeitnehmer der Gesellschaften Siemens AG, Siemens-Electrogeräte GmbH, Vacuumschmelze GmbH, Deutsche Grammophon GmbH, Sigri Elektrographit GmbH und der Tela Versicherungs Aktiengesellschaft für Technische Anlagen bis zu drei Aktien der Siemens AG im Nennwert von 50 DM zum Ausgabepreis von 156 DM zu überlassen. Da aus dem genehmigten Kapital nicht mehr als etwa 5 bis 6 Mio. DM für die Aktienausgabe in Anspruch genommen werden sollten, wurden jedem Beschäftigten zunächst nur zwei Aktien angeboten, um sich einen Überblick über die Bestellungen zu verschaffen.[287] In einem nächsten Schritt bot das Unternehmen darüber hinaus eine dritte Aktie zu den gleichen

---

282 Vgl. dazu Meier, Willi: Zeichen einer Partnerschaft, in: Siemens-Mitteilungen 4/1973, S. 3.
283 So war die Frage der Vertretung der Belegschaftsaktionäre auf der Hauptversammlung im Frühjahr 1973 bereits aufgeworfen, von der Unternehmensleitung jedoch zurückgewiesen worden. Vgl. dazu Meier, Siemens-Mitteilungen 4/1973, S. 3.
284 Vgl. Dietrich, 1996, S. 36; vgl. auch Schulz, 1991, S. 146.
285 Vgl. Fuest/Hemmer/Strasser, 1997, S. 60 und 74.
286 Der Ausschuss, dem die Herren Tacke, Lehmann, von Linde und Närger angehörten, tagte am 23. Januar 1969. Vgl. dazu Beschluss des Ausschusses des Vorstands der Siemens Aktiengesellschaft über die Ausgabe von Belegschaftsaktien am 23.1.1969, in: SAA 12185-2.
287 Vgl. Auszug aus dem Vorstandsprotokoll vom 10.1.1969, in: SAA 12185-2.

Konditionen an.²⁸⁸ Im Gegensatz zur Aktienausgabe im vorangegangenen Jahr 1968, die als Sondervergütung in Form von Siemens-Aktien angelegt war und den Mitarbeitern zugeteilt wurde, basierte die Nutzung dieses Aktienangebots – wie in den Grundprinzipien konzipiert – auf Freiwilligkeit.

Bezugsberechtigt waren alle inländischen Mitarbeiter einschließlich der Lehrlinge und Auszubildenden der Siemens AG und der genannten Gesellschaften, die bis zum 30. September 1968 in das Unternehmen eingetreten waren und am 30. März 1969 in einem ungekündigten Beschäftigungs- bzw. Arbeitsverhältnis standen.²⁸⁹ Der Vorzugspreis pro Belegschaftsaktie entsprach den bereits genannten 156 DM, um bei einem Erwerb von bis zu drei Aktien die vermögenswirksamen Leistungen, die bei 312 DM – bzw. bei Mitarbeitern mit drei oder mehr Kindern bei 468 DM lagen, voll ausschöpfen zu können. Außerdem hatte die Siemens-Aktie diesen Kurs seit Ende der 1950er Jahre nicht unterschritten und die Unternehmensleitung ging davon aus, dass dieser Fall auch in Zukunft nicht eintreten würde und man so den Mitarbeitern einen „gewissen Sicherheitspuffer"²⁹⁰ bieten könnte – zumal der Börsenkurs zum Zeitpunkt der Festsetzung des Ausgabekurses bei 303 DM – also nahezu 50 Prozent höher als der Vorzugspreis – lag.²⁹¹ Der Kaufpreis für die Aktien wurde aus den Märzbezügen des Jahres 1969 einbehalten. Da zum selben Zeitpunkt die Erfolgsbeteiligung für das zurückliegende Geschäftsjahr ausgeschüttet wurde, konnten viele Mitarbeiter das Aktienangebot nutzen, ohne das laufende Einkommen zur Aktienfinanzierung in Anspruch nehmen zu müssen. Diese Belegschaftsaktien, die bereits für das vorangegangene Geschäftsjahr 1967/68 dividendenberechtigt waren, mussten im Depot eines Geldinstituts auf den Namen des Mitarbeiters in Verwahrung gegeben und durften fünf Jahre lang nicht veräußert werden – Stichtag für den Beginn der Sperrfrist war der 1. Januar 1969.

Die im Vorfeld rund um das Aktienangebot insbesondere in den Siemens-Mitteilungen platzierten Aufklärungs- und Informationsmaßnahmen wiesen auf die mit dem Erwerb der Belegschaftsaktien verbundenen Vorteile für die Mitarbeiter hin, Risiken wurden an dieser Stelle nicht thematisiert.²⁹² Hervorgehoben wurde vor allem der geringe Ausgabepreis, der erheblich unter dem Börsenkurs lag. Der geldwerte Vorteil – also die Differenz zwischen dem Börsenkurs der Siemensaktie am Tag der Beschlussfassung durch den Vorstand und dem Vorzugspreis – blieb nach dem Belegschaftsaktiengesetz steuer- und sozialversicherungsfrei. Darüber hinaus betonten die Initiatoren bei Siemens, dass der Kaufpreis der Aktien bei der Anwendung des Zweiten Vermögensbildungsgesetzes bis zur Höchstgrenze von 312 DM bzw. 468 DM ebenfalls steuer- und sozialversicherungsfrei blieb und dass das Un-

---

288 Vgl. ZP-Bekanntmachung 3/69 vom 10. März 1969, in: SAA Rundschreibensammlung.
289 Vgl. Beschluss des Ausschusses des Vorstands der Siemens Aktiengesellschaft über die Ausgabe von Belegschaftsaktien am 10.1.1969, in: SAA 12185-2, und Baake, Werner: Wie man Belegschaftsaktien erwerben kann, in: Siemens-Mitteilungen 2/69, S. 2.
290 Vgl. Vortrag Dr. Närger über „Unternehmensbezogene Vermögensbildung in der Praxis" am 9. Juni 1976, in: SAA 12190-1.
291 Vgl. Beschluss des Ausschusses des Vorstands der Siemens Aktiengesellschaft über die Ausgabe von Belegschaftsaktien am 10.1.1969, in: SAA 12185-2, und Baake, Siemens-Mitteilungen 2/1969, S. 2.
292 Vgl. Baake, Siemens-Mitteilungen 2/1969, S. 2.

ternehmen die mit der Überlassung der Belegschaftsaktien verbundenen Kosten wie Börsenumsatzsteuer und Übertragungsspesen vom Unternehmen übernahm. Ferner wurden die mit der wachsenden Größe eines Depots einhergehenden Dividendeneinnahmen in Aussicht gestellt.

Die Beteiligung der Belegschaft an der Aktienofferte, die im Vorfeld auf 30.000 bis 40.000 Mitarbeiter geschätzt worden war,[293] übertraf alle Erwartungen. Rund 47.000 der bezugsberechtigten inländischen Mitarbeiter der Siemens AG – das war fast ein Viertel der im Geschäftsjahr 1968/69 220.140 Mitarbeiter zählenden Belegschaft im Inland – machten von dem Belegschaftsaktienangebot Gebrauch und erwarben insgesamt 128.000 Aktien.[294] Es beteiligten sich 11.700 Arbeiter – das waren 10 Prozent aller Arbeiter, 24.826 Tarifangestellte und daher mit 44 Prozent nahezu jeder zweite Tarifangestellte sowie mit 10.528 Personen 85 Prozent der übertariflich bezahlten Angestellten bzw. Führungskräfte, also die große Mehrzahl der letztgenannten Gruppe.[295] Damit waren 53 Prozent aller Beschäftigten, die das Aktienangebot wahrnahmen, Tarifangestellte, 22 Prozent außertariflich bezahlte Angestellte und 25 Prozent Arbeiter.

Abb. 15: Beteiligungsstruktur beim Belegschaftsaktienangebot 1969

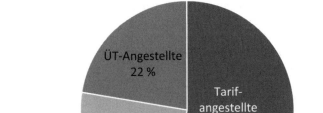

*Eigene Darstellung nach Ausarbeitung von ZF/ZP „Belegschaftsaktien 1970" vom 16.10.1969, in: SAA 12172.*

---

293 Vgl. Ausarbeitung von ZP/ZP „Belegschaftsaktien" vom 24.9.1968, S. 7, in: SAA 12185-2.
294 Vgl. Geschäftsbericht der Siemens AG 1968/69, S. 13, in: SAA 15/Lg 969.
295 Vgl. Ausarbeitung von ZF/ZP „Belegschaftsaktien 1970" vom 16.10.1969, in: SAA 12172. Die Gesamtbelegschaft der Siemens AG setzte sich im September 1969 zu 63,5 Prozent aus Arbeitern und zu 36,5 Prozent aus Angestellten zusammen. Vgl. Jahresbericht 1968/69 der Zentral-Personalverwaltung, Anlage 1, in: SAA 10597.

## 1. Von der Inventurprämie zur Belegschaftsaktie

Eine Untersuchung der Sozialpolitischen Abteilung aus dem Jahr 1970 lässt Schlüsse über die Nutzung gesetzlicher Möglichkeiten zur Aktienfinanzierung beim Angebot 1969 zu. Danach haben im Kalenderjahr 1969 rund 86.000 Angestellte und Arbeiter der Siemens AG – und damit 38,5 Prozent aller Berechtigten – vermögenswirksam gespart. 49,1 Prozent, also fast die Hälfte aller Teilnehmer, wählten als Anlageart die Belegschaftsaktien, 31,9 Prozent entfielen auf eher traditionelle Sparformen wie zum Beispiel das Prämiensparen, 16 Prozent auf das Bausparen und 3 Prozent auf sonstige Arten wie Entschuldung und andere.[296]

Die Beschaffung der Belegschaftsaktien 1969 hatte für das Unternehmen auch finanzielle Auswirkungen auf die Kapitalstruktur und die Liquidität. Eine Kapitalerhöhung von 6,8 Mio. DM sollte den Aktienbedarf bei der Siemens AG und den beteiligten Tochtergesellschaften decken.[297] Die Überlassung von Belegschaftsaktien bei gleichzeitiger Kapitalerhöhung aus dem genehmigten Kapital bot gegenüber der Möglichkeit, die benötigten Aktien ohne gleichzeitige Kapitalerhöhung auf dem Markt zu erwerben, den Vorteil, dass sowohl das Grundkapital als auch die gesetzlichen Rücklagen erhöht werden konnten.[298] Die Deutsche Bank zeichnete die Aktien zum Tageskurs mit der Folge, dass die Siemens AG das entsprechende Agio abzüglich Emissionskosten der gesetzlichen Rücklage zuführen konnte. Dann verkaufte die Deutsche Bank die Aktien zum gleichen Kurs an die Siemens AG, die sie wiederum an die Mitarbeiter veräußerte. Dieses Verfahren bot für das Unternehmen den Vorteil eines hohen Agios und einer damit verbundenen hohen Rücklagendotierung.[299] Gleichzeitig wurde der Ertragssteueraufwand durch die Gewährung eines Vermögensvorteils an die Mitarbeiter gemindert.[300] Damit verbesserte sich die Liquidität um die der Gesellschaft neu zufließenden Mittel.

Die positive Resonanz bestärkte die Unternehmensleitung in der Fortsetzung der Belegschaftsaktienausgabe nach dem erstmals im Jahr 1969 etablierten Verfahren unter Anpassung an die sich in den Folgejahren verändernden gesetzlichen Rahmenbedingungen. Die im Vorfeld der Aktieneinführung angestrebten positiven Effekte durch kontinuierliche jährliche Angebote setzten ein. Bereits unmittelbar nach der ersten Aktienausgabe berichtete der Gesamtbetriebsrat im Oktober 1969, dass das Interesse am Erwerb von Belegschaftsaktien weiterhin gestiegen sei.[301] Dies ist vermutlich auf die bereits erkennbar gewordenen Kursgewinne zurückzuführen.

---

296 Vgl. Schreiben der Sozialpolitischen Abteilung vom 22.10.1970 btr. Vermögensbildung 1969, in: SAA 12190-2.
297 Vgl. Erdödy, 2004, S. 182, in: SAA L 497.
298 Vgl. Ausarbeitung von ZF/ZP „Belegschaftsaktien" vom 24.9.1968, S. 2 f., in: SAA 12185. Vgl. dazu auch Backes-Gellner/Kay/Schröer/Wolff, 2002, S. 35 f.
299 Vgl. Erdödy, 2004, S. 183, in: SAA 497.
300 Vgl. Ausarbeitung von ZF/ZP „Belegschaftsaktien" vom 24.9.1968, in: SAA 12185, S. 2 f.
301 Vgl. Ausarbeitung von ZF/ZP „Belegschaftsaktien 1970" vom 16.10.1969, in: SAA 12172.

*1.2.5.3 Festsetzung von Ausgabekurs und Aktienstückzahl*

Da Belegschaftsaktien zu den von der Sparförderung der Bundesrepublik begünstigten Anlageformen gehören, konnten verschiedene, im einleitenden Kapitel bereits erörterte Möglichkeiten der staatlichen Beteiligung an der Finanzierung genutzt werden.[302] So beruhte die Verminderung der arbeitnehmerseitigen Finanzierungslast sowohl auf den Bestimmungen der Vermögensbildungsgesetze und des Sparprämiengesetzes als auch auf den Vorgaben des Kapitalerhöhungsgesetzes. Weil die Ausgestaltung dieser gesetzlichen Rahmenbedingungen im Betrachtungszeitraum zum Beispiel in Bezug auf die Höhe der vermögenswirksamen Leistungen oder die Höhe des Steuerfreibetrags variierte, wurden die Belegschaftsaktienangebote entsprechend angepasst, um alle Vorteile optimal ausschöpfen zu können. Für einen höheren Anreiz bei den aktiven Mitarbeitern wurde neben der Anlage des Aktien-Kaufpreises nach dem Vermögensbildungsgesetz seit 1970 auch rückwirkend für 1969 die Anlage nach dem Sparprämiengesetz ermöglicht – für diesen Fall galt allerdings eine Sperrfrist von sechs Jahren.[303]

Bei der Festsetzung des Ausgabekurses, die per Vorstandsbeschluss erfolgte, wurden sowohl die Vorgaben des Belegschaftsaktiengesetzes als auch die Höhe der vermögenswirksamen Leistungen berücksichtigt, um zu gewährleisten, dass die Aktien steuer- und sozialversicherungsfrei erworben und vermögenswirksam angelegt werden konnten. Zum einen sollte der Ausgabekurs so niedrig wie möglich gestaltet werden, wobei die Differenz zum Börsenkurs gemäß den Richtlinien des Belegschaftsaktiengesetzes am Tag der Beschlussfassung nicht weniger als 50 Prozent betragen durfte. Ziel war es, den Aktienerwerb durch den niedrigen Ausgabekurs finanziell so attraktiv wie möglich erscheinen zu lassen. Zum zweiten orientierte sich der Vorzugspreis an der Höhe der vermögenswirksamen Leistungen, die nach Möglichkeit voll ausgeschöpft werden sollte. Ein Kompromiss, der die beiden Vorgaben in optimaler Weise verband, wurde bei der Festlegung des ersten Ausgabekurses auf 156 DM gefunden – dieser Vorzugspreis konnte immerhin eineinhalb Jahrzehnte, bis 1984, beibehalten werden. „Der Preis fügte sich vielmehr bequem in die damals bestehende 312-Mark-Regelung ein, […] und es war ein Kurs, den die Siemens-Aktie seit Ende der 50er Jahre nicht unterschritten hatte und nach menschlichem Ermessen so leicht auch in der Zukunft nicht unterschreiten würde. Bei der Heranführung unserer Mitarbeiter an den Besitz von haftendem Produktivvermögen mit all seinen Chancen und Risiken haben wir hier also einen gewissen

---

302 Vgl. Peez, 1983, S. 35; vgl. auch „10 Jahre Aktien für Mitarbeiter", S. 4, in: SAA 12190-1, und Teil IV, Kap. 1.2.2.
303 Vgl. Ausarbeitung von ZF/ZP „Belegschaftsaktien 1970" vom 16.10.1969, S. 3; in: SAA 12171. Die Anlage nach dem Sparprämiengesetz war bei der ersten Aktienüberlassung 1969 aus praktischen Gründen noch nicht möglich, da die Aufwendungen für den Erwerb nach dem Gesetz zwingend „an oder über ein Kreditinstitut" zu leisten waren. Siemens behielt dagegen den Kaufpreis aus den März-Bezügen der Mitarbeiter ein. Nachträglich wurde aufgrund einer Gesetzesnovelle auch für 1969 die Anlage nach dem Sparprämiengesetz noch ermöglicht. Vgl. dazu auch Niederschrift über die 66. Sitzung der Firmenleitung mit den Wirtschaftsausschüssen der Siemens AG und der SE GmbH am 21.11.1969 in Karlsruhe, in: SAA S 3.

Sicherheitspuffer in den Einstandskurs hineingelegt",[304] so der damalige Finanzvorstand Heribald Närger. Die Risiken wurden allerdings nicht außer Acht gelassen. Die Verantwortlichen wiesen darauf hin, dass die Siemens-Aktie zwar kein Spekulationspapier sei, sondern zu den langfristigen Anlagepapieren zähle. Trotzdem sei jedem Mitarbeiter zu empfehlen, sich für unmittelbare Notfälle zunächst ein angemessenes Sparguthaben anzulegen, um nicht während eines vielleicht gerade ungünstigen Börsenklimas Aktien verkaufen zu müssen.[305] Allerdings hat der Börsenkurs der Siemens-Aktie im Betrachtungszeitraum selbst in Baisse-Zeiten den Ausgabekurs nie unterschritten, so dass das mit der Festlegung des Kurses angestrebte Ziel eines verminderten Kursrisikos erreicht wurde.

Abb. 16: Höchst- und Tiefstkurse der Siemens-Aktie (1969–1978)

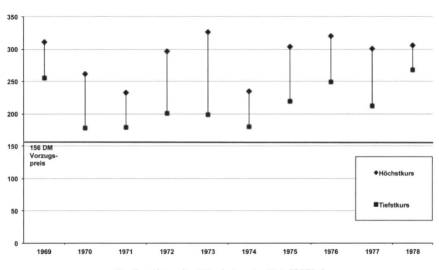

*Quelle: Aktien für Mitarbeiter, in: SAA 12150-1.*

Der Vorzugspreis von 156 DM pro Aktie wurde erst nach 1984 wegen des stark steigenden Börsenkurses der Aktie erhöht, um den Aktienkauf auch weiterhin steuer- und sozialversicherungsfrei zu halten. 1985 machte der Börsenkurs, der am 26. September 1984 mit 440 DM den höchsten Stand seit der Währungsreform 1948 erreichte, erstmals eine Anhebung des Vorzugspreises auf 195 DM pro Aktie notwendig.[306] 1986 wurde der Kaufpreis auf 258 DM und im Folgejahr 1987 auf 300 DM angehoben.[307] 1988 sollte der Ausgabekurs laut Beschluss vom Juli 1987

304 Vgl. Vortrag Dr. Närger über „Unternehmensbezogene Vermögensbildung in der Praxis" am 9. Juni 1976, in: SAA 12190-1. Vgl. dazu auch Niederschrift über die 68. Sitzung der Firmenleitung mit den Wirtschaftsausschüssen der Siemens AG und der SE GmbH am 26./27.5.1969 in Berlin, S. 24, in: SAA S 3.
305 Vgl. Niederschrift über die 70. Sitzung der Firmenleitung mit den Wirtschaftsausschüssen der Siemens AG und der SE GmbH am 10.11.1970 in München, S. 19, in: SAA S 3.
306 Vgl. Baake, Werner: Attraktiv wie eh und je, in: Siemens-Mitteilungen 10/1984, S. 8.
307 ZP-Rundschreiben Nr. 30/1985 vom 18.9.1985 und ZP-Rundschreiben 37/1986 vom 8.9.1986,

333 DM betragen.[308] Da das Kursniveau aller deutschen Unternehmen und damit auch der Siemens-Aktie aufgrund des Börsenkrachs bis zum Herbst desselben Jahren drastisch fiel, hob die Firmenleitung diesen Beschluss am 27. Oktober 1987 wieder auf und unterbreitete per Beschluss vom 29. Oktober 1987 ein neues Angebot, das den Ausgabekurs auf 233 DM – also 100 DM niedriger als ursprünglich vorgesehen – ansetzte.[309] Dies war das erste Mal in der Geschichte der Belegschaftsaktienausgabe bei Siemens, dass ein einmal gefasster Beschluss über den Ausgabekurs aufgrund veränderter Rahmenbedingungen verworfen und neu gefasst wurde.

Abb. 17: Aktienstückzahlen und Ausgabekurse der Siemens-Aktie (1969-1989)

| Jahr | Aktienstückzahl pro Mitarbeiter | Ausgabekurs pro Aktie in DM |
| --- | --- | --- |
| 1969 | 3 | 156 |
| 1970 (Frühjahr) | 4 | 156 |
| 1970 (Herbst) | 1 | 156 |
| 1971 | 8 | 156 |
| 1972 | 8 | 156 |
| 1973 (Frühjahr) | 5 | 156 |
| 1973 (Herbst) | 1 | kostenlos |
| 1974 | 7 | 156 |
| 1975 | 7 | 156 |
| 1976 | 5 | 156 |
| 1977 | 4 | 156 |
| 1978 | 5 | 156 |
| 1979 | 4 | 156 |
| 1980 | 5 | 156 |
| 1981 | 4 | 156 |
| 1982 | 5 | 156 |
| 1983 | 4 | 156 |
| 1984 | 2 | 156 |
| 1985 | 2 | 195 |
| 1986 | 1 | 258 |
| 1987 | 1 | 300 |
| 1988 | 1 | 233 |
| 1989 | 3 | 230 |

*Darstellung nach Auszug aus „Entwicklung des Allgemeinen Angebots seit Einführung 1969", interne Zusammenstellung von ZP BA 3/99, in: SAA 23697.*

beide Dokumente in: SAA 20/Lt 393; vgl. für das Angebot 1988 den Artikel: o.V.: Aktienangebot 88, in: Siemens-Mitteilungen 10/1987, S. 9.

308 Vgl. Beschluss über das Angebot von Siemens-Aktien vom 6. Juli 1987, in: SAA 12152-2.
309 Vgl. dazu Beschluss über die Aufhebung des Beschlusses vom 6. Juli 1987 über das Angebot von Siemens-Aktien 1988 und Beschluss über das Angebot von Siemens-Aktien 1988 vom 29. Oktober 1987, in: SAA 12152-2.

Mit der auch von Siemens immer wieder geforderten Wiederanhebung der gesetzlichen Grenze für den Steuerfreibetrag von 300 DM auf 500 DM, die mit der zweiten Stufe des Vermögensbeteiligungsgesetzes ab 1. Januar 1987 in Kraft trat, vergrößerte sich der Spielraum für die betriebliche Förderung der Vermögensbildung.[310] Allerdings wurde der erhöhte Steuerfreibetrag beim Angebot 1987 nicht ausgeschöpft. Dies geschah erst im Jahr 1989, als bis zu drei Stammaktien zum Ausgabekurs von je 230 DM bezogen werden konnten.[311]

Siemens hat mit seinen allgemeinen Angeboten grundsätzlich immer nur so viele Aktien offeriert, dass der Steuervorteil im Rahmen des Kapitalerhöhungsgesetzes bei Inanspruchnahme des gesamten Angebots voll ausgenutzt werden konnte.[312] Da seit den achtziger Jahren der Vorzugspreis dem steigenden Börsenkurs nicht entsprechend folgte, erhöhte sich der steuerfreie Betrag pro Aktie und führte zu einer Verringerung der angebotenen Stückzahl.[313] Während in den siebziger Jahren von einem Mitarbeiter noch bis zu acht Aktien erworben werden konnten, wurde die Anzahl der angebotenen Aktien 1984 und 1985 auf zwei und von 1986 bis 1988 auf nur eine Aktie beschränkt; 1989 belief sich die Offerte auf drei Aktien.[314]

Als Fazit für die Festsetzung von Ausgabekurs und Aktienstückzahl lässt sich festhalten, dass die Festsetzung des Vorzugspreises in erster Linie darauf ausgerichtet war, die steuerlichen Maximalbeträge voll auszuschöpfen. Daher ist die Preisgestaltung als eine Kompromisslösung zwischen einem möglichst niedrigen Vorzugspreis, der unter Berücksichtigung der gesetzlichen Vorgaben nicht weniger betragen durfte als die Hälfte des Börsenkurses, und einer hohen Ausnutzung des Vermögensbildungsgesetzes zu verstehen. Zugleich sollte der niedrige Ausgabekurs, der in der Tat nie unterschritten wurde, den anfangs mit dem vermögenspolitischen Instrument der Aktie noch nicht vertrauten Mitarbeitern eine gewisse Sicherheit vor Kursrisiken bieten. Das beschriebene Verfahren der Preisgestaltung war allerdings mit einem gewissen Arbeitsaufwand verbunden, denn der Preis musste jedes Jahr in entsprechender Relation zum Börsenkurs am Tag der Beschlussfassung und sowie unter Beachtung der jeweiligen gesetzlichen Rahmenbedingungen neu berechnet werden.

Den von Fritsch und Guski durchgeführten Untersuchungen zufolge machte ein Großteil der Aktiengesellschaften, die wie Siemens Mitte der siebziger Jahre Belegschaftsaktien ausgaben, von den steuerlichen Möglichkeiten des Kapitalaufstockungsgesetzes (KapAufStG) Gebrauch und gewährte einen Kursabschlag von

---

310 Vgl. dazu Siemens-Mitteilungen 2/1987, S. 7. Seit Verabschiedung des Belegschaftsaktiengesetzes im Jahr 1960 betrug dieser steuerfreie Kursvorteil 500 DM. Mit dem zweiten Haushaltsstrukturgesetz wurde er 1981 auf 300 DM gesenkt.
311 Vgl. o. V.: Aktienangebot '89, in: Siemens-Mitteilungen 10/1988, S. 8 f.
312 Vgl. Schubert, Falk: Zehn Jahre Vermögensbildung bei Siemens, in: Siemens-Mitteilungen 7/1973, S. 4.
313 Vgl. dazu Schreiben von ZFF 1 (Herr Erdödy) an Herrn Mahlich vom 30.7.1987, in: SAA 12152-1.
314 Vgl. Meier, Willi: Viele Faktoren tragen zur guten Entwicklung bei, in: Siemens-Mitteilungen 2/1985, S. 5, und interne Aufstellung „Aktien für Mitarbeiter zum Vorzugspreis seit 1969", Ausarbeitung von ZP BA 3/99, in: SAA 23697.

bis zu 50 Prozent.³¹⁵ Es gab allerdings auch Unternehmen, die andere Regelungen trafen. So hat Bayer zum Beispiel einen verhältnismäßig niedrigen Abschlag von 5 bis 8 Prozent unter dem Börsenkurs gewährt und eine nur kurze Sperrfrist von 18 Monaten vereinbart.³¹⁶ Auch BASF nutzte die gesetzlichen Möglichkeiten des Kapitalaufstockungsgesetzes damals nicht, um den Mitarbeitern eine jederzeitige Verfügbarkeit über ihre Aktien zu ermöglichen, und gestaltete daher den Abschlag zum Börsenkurs mit ca. 10 Prozent verhältnismäßig gering.³¹⁷ Siemens hat im Vergleich dazu gute Konditionen eingeräumt, die in der Folgezeit zu einer hohen Beteiligungsbereitschaft führten.

*1.2.5.4 Sonderaktionen*

Über die einmal jährlich konzipierten allgemeinen Angebote hinaus gab es im Betrachtungszeitraum jeweils im zweiten Halbjahr der Jahre 1970 und 1973 zwei zusätzliche Aktienangebote. Zum einen erhielten die Mitarbeiter im zweiten Halbjahr 1970 die Möglichkeit – auf der Basis des dritten Vermögensbildungsgesetzes von 1970 und nach den Bedingungen des Tarifvertrags in der Metallindustrie, der vermögenswirksame Leistungen von 312 DM im Jahr vorsah – aus den vermögenswirksamen Leistungen in Höhe von 26 DM pro Monat eine Belegschaftsaktie zu erwerben. Der Kaufpreis von 156 DM machte genau die Summe der für die Monate Juli bis Dezember anfallenden vermögenswirksamen Leistungen aus.

Eine weitere Sonderaktion stellte die unentgeltliche Überlassung der so genannten „Herbstaktie 1973" dar, bei der ebenfalls nicht den Regeln der alljährlichen Ausgabe von Siemens-Aktien zum Vorzugspreis entsprochen wurde, vielmehr hatte diese Aktion „eher den Charakter eines stabilitätsorientierten ‚Nachschlags'".³¹⁸ Angesichts des Tarifstreits 1973, in dem es um die Mitbestimmungsfrage ging, sowie aufgrund des Abschlusses im öffentlichen Dienst, der seinen Mitarbeitern ein volles 13. Monatsgehalt zugesichert hatte, wurden bei Siemens ebenfalls Forderungen nach Lohnerhöhungen und Sonderzahlungen laut: „Die Situation in unseren Betrieben ist durch diese Entwicklung schwieriger geworden. Eine Reihe von Betriebsräten, die bislang stillgehalten haben, fordern – unter Hinweis auf das Geschehen in Nachbarbetrieben und bei der öffentlichen Hand – nunmehr gleichfalls einen ‚Nachschlag' [...] Die Vorsitzenden unseres GBR haben uns am 17.9. erklärt, daß der GBR seine früher bezogene stabilitätsfreundliche Haltung nicht mehr aufrechterhalten könne; er werde nunmehr gedrängt, einen ‚Nachschlag' zu fordern."³¹⁹ Zur

---

315 Vgl. dazu Guski, Hans-Günter / Schneider, Hans J.: Betriebliche Vermögensbeteiligung in der Bundesrepublik Deutschland. Köln 1977, S. 77; vgl. auch Fritsch, 1976, S. 25.
316 Vgl. Fritsch, 1976, S. 25.
317 Vgl. ebd.; Guski/Schneider, 1977, S. 176.
318 Vgl. dazu Schreiben von Dr. Günter Schöne an Herrn Direktor Dr. K. Gaertner, Deutsche Bank AG, vom 3. Oktober 1973, in: SAA 12134. Vgl. Aktenvermerk „Siemens-Aktie Herbst 1973" vom 3.10.1973 mit Verweis auf ZP-Rundschreiben 1/1974 vom 1.10.1974, in: SAA 42 ZP-ZPS.
319 Vgl. Aktenvermerk von ZP zur Tarifsituation vom 21.9.1973, S. 2, in: SAA 12133. Vgl. dazu auch Erdödy, 2004, S. 206, in: SAA L 497.

Verhinderung von Streiks sollte nun eine firmenspezifische Lösung gefunden werden, die „der Belegschaft als Erfolg gemeinsamer Verhandlungen zwischen Firmenleitung und GBR und nicht als Folge des Druckes radikaler Kräfte erscheint".[320] Als Ergebnis dieser Überlegungen traf die Unternehmensleitung mit dem Gesamtbetriebsrat eine Vereinbarung, wonach jeder Angehörige des Tarifkreises unentgeltlich und steuerfrei eine Firmenaktie oder auf Wunsch stattdessen einen Geldbetrag in Höhe von 200 DM brutto erhielt. Die Anzahl der Betriebsangehörigen einschließlich der Lehrlinge, die in den Genuss dieser Vergütung kommen sollten, lag in dieser Zeit bei 194.000 Mitarbeitern.[321] Siemens übernahm die gesetzlichen Abzüge, die Börsenumsatzsteuer und die Nebenkosten. Die Aktie wurde nicht nach den Bestimmungen des Belegschaftsaktiengesetzes ausgegeben und konnte auch nicht nach dem Vermögensbildungsgesetz oder dem Sparprämiengesetz angelegt werden. Sie war allerdings bereits ab dem 1. Oktober 1972 dividendenberechtigt und unterlag einer Sperrfrist bis zum Ende des Jahres 1974.[322] Rund 99.500 Mitarbeiter[323] nutzten dieses Angebot, die anderen rund 94.000 Beschäftigten entschieden sich für die Auszahlung von 200 DM abzüglich Steuern und Sozialabgaben.

Aus mikropolitischer Perspektive lässt sich die Herbstaktie im Tarifstreit 1973 als Ergebnis eines Aushandlungsprozesses zwischen den Akteuren Gesamtbetriebsrat und Management bewerten.[324] Sie fungierte als Friedensangebot der Firmenleitung an die Belegschaft bzw. als Stillhalteabkommen zur Streikverhinderung, um den Konflikt durch betriebsinterne Lösungen beizulegen.

*1.2.5.5 Kriterien für die Bezugsberechtigung*

Der Kreis der Bezugsberechtigten sollte sich im Wesentlichen auf die Stammbelegschaft erstrecken. Voraussetzung für die Beteiligungsberechtigung war eine Beschäftigungsdauer von mindestens einem Vierteljahr. Siemens setzte diese im Vergleich zu anderen finanziellen Maßnahmen (Beispiel Erfolgsbeteiligung) relativ kurze Betriebszugehörigkeit voraus, um vielen Mitarbeitern den Erwerb von Siemens-Aktien zu ermöglichen. Dadurch wurden in der Regel alle Beschäftigten der

---

320 Vgl. Aktenvermerk von ZP zur Tarifsituation vom 21.9.1973, S. 3, in: SAA 12133. Vgl. dazu auch Schreiben von ZP zur Tariflage vom 1.10.1973, in: SAA 12133: „Wir haben die Tatsache zu verzeichnen, dass in einer Reihe von Betrieben eine Beunruhigung der Belegschaft eingesetzt hat, denen die Betriebsräte nur noch mit dem Hinweis auf schwebende Verhandlungen zwischen Firmenleitung und Gesamtbetriebsrat begegnen konnten. Firmenleitung und Gesamtbetriebsrat sind davon ausgegangen, dass eine angesichts der Gesamtsituation nicht mehr vermeidbare Maßnahme rechtzeitig durch eine gemeinsame Vereinbarung getroffen werden und man sich nicht von radikalen Kräften, die teilweise von außen an die Betriebe einwirken, dazu zwingen lassen sollte".
321 Vgl. Schreiben der Steuerabteilung an Herrn Dr. Baake (Sozialpolitische Abteilung) vom 20.9.1973 btr. Zahlung einer einmaligen Vergütung in bar bzw. in Aktien der Siemens AG, S. 1, in: SAA 12133.
322 Vgl. Eil-Nachricht 4/1973 des Zentralbereichs Personal vom 26.9.1973, in: SAA 12133.
323 Vgl. Erdödy, 2004, S. 199, in: SAA L 497.
324 Vgl. dazu Süß, 2002, S. 117.

Siemens AG bzw. der beteiligten Tochtergesellschaften in diese sozialpolitische Maßnahme einbezogen, die bis zum 1. Oktober des Jahres der Antragstellung in das Unternehmen eingetreten waren und zum 1. Januar des darauf folgenden Kalenderjahrs (bzw. Anfang März in den Anfangsjahren der Aktienausgabe) in einem ungekündigten Beschäftigungs- oder Ausbildungsverhältnis standen. Die Überlassung der Aktien erfolgte allerdings nicht schon zum 1. Januar, sondern erst im März, um die Finanzierung des Aktienkaufs aus der in diesem Monat ausgeschütteten Erfolgsbeteiligung zu ermöglichen.

Siemens-Pensionäre, die im Bundesgebiet oder in Westberlin lebten, waren seit dem Angebot von 1970 bis zum Ende des Betrachtungszeitraums ebenfalls bezugsberechtigt.[325] Als zum 1. Januar 1984 der § 19 a des Einkommensteuergesetzes (EStG) den früheren § 8 des Kapitalaufstockungsgesetzes ablöste, wurde nur noch die Überlassung von Vermögensbeteiligungen bei bestehenden Dienstverhältnissen steuerlich begünstigt. Dennoch hielt die Siemens AG aus personalpolitischen Gründen ihr Aktienangebot an die Pensionäre weiterhin aufrecht – allerdings mit der Einschränkung, dass der durch die verbilligte Überlassung der Aktien verursachte geldwerte Vorteil versteuert werden musste.[326] Mitte der achtziger Jahre wies der Gesetzgeber darauf hin, dass die Siemens AG nach § 71 Abs.1 des Aktiengesetzes eigene Aktien nur für die Ausgabe an Mitarbeiter erwerben dürfte.[327] Um dieser Vorgabe gerecht zu werden, aber dennoch Pensionären den Aktienerwerb zum Vorzugspreis zu ermöglichen, erarbeitete die verantwortliche Abteilung ein Modell, nach dem Letztere mit Unterstützung des Unternehmens die Aktien direkt am Markt erwerben konnten.[328] Die Wertpapiere unterlagen dann einer privatrechtlichen Sperrfrist von fünf Jahren und mussten voll versteuert werden.

Pensionäre wurden jedoch nicht – wie die Siemens-Mitarbeiter – automatisch zum Aktienbezug aufgefordert oder gesondert angeschrieben, da sich die Belegschaftsaktien in erster Linie an aktive Beschäftigte richten sollten und als Anerken-

---

325 Während sie 1969 nach dem Zweiten Vermögensbildungsgesetz nicht als Arbeitnehmer angesehen wurden und daher nicht partizipieren konnten, bezog man sich (bei der Aktion) 1970 auf § 8 des Kapitalerhöhungsgesetzes, das den Arbeitnehmerbegriff des Lohnsteuerrechts verwandte. Danach konnten auch Pensionäre den steuerlichen Freibetrag zur Nutzung des Kursvorteils geltend machen. Vgl. Notiz von ZFS vom 28.11.1969, in: SAA 12172; vgl. auch Merkblatt für die Leistungsempfänger der SAF zum Erwerb von Siemens-Aktien 1970, in: SAA 12172. Ab 1994 erhielten Pensionäre keine Belegschaftsaktien mehr.
326 Vgl. dazu Schreiben vom Justitiar der Siemens AG Karl Beusch an den Aktienrechtsspezialisten Prof. Dr. Marcus Lutter vom 19. März 1987, in: SAA 12152-1.
327 Vgl. ebd.
328 Vgl. dazu Aktenvermerk „Ausgabe von Aktien an Pensionäre" vom 16.7.1987, in: SAA 12171: Die Deutsche Bank, die die Aktien bei einer Kapitalerhöhung im Auftrag von Siemens zeichnete, übertrug nur die für die Mitarbeiter bestimmten Aktien auf ein Depot der Siemens AG. Die Siemens AG verkaufte und übereignete die Aktien dann an die Mitarbeiter. Die für die Pensionäre bestimmten Aktien wurden von der Deutschen Bank auf ein neu eingerichtetes Depot der DB zugunsten der Pensionäre übertragen. Daraufhin wies die Siemens AG die Deutsche Bank an, diese Aktien zum Börsenkurs an die Siemens AG abzurechnen, und Siemens belastete den abzurechnenden Vorzugskurs an die Pensionäre. Durch diese Vorgehensweise hat das Unternehmen nicht das Eigentum an den für die Pensionäre bestimmten Aktien erlangt und nicht gegen § 71 des Aktiengesetzes verstoßen.

nung für die im zurückliegenden Geschäftsjahr geleistete Arbeit gedacht waren.[329] Dass von Seiten des Unternehmens dennoch zahlreiche Anstrengungen unternommen wurden, eine Aktienausgabe an Pensionäre trotz hierfür ungünstiger gesetzlicher Vorgaben rechtlich möglich zu machen, zeigt die diskrepante Haltung bei der Einbeziehung der pensionierten Mitarbeiter in die Belegschaftsaktienausgabe. Auf der einen Seite kann die Kapitalbeteiligung für Pensionäre als Treueprämie und als Zeichen der Zugehörigkeit zur „Siemens-Familie" gedeutet werden, die sich auch über das Erwerbsleben hinaus erstreckte und damit zur Kontinuität und Stabilität innerhalb der Gruppe der Anteilseigner beitragen konnte. Auf der anderen Seite stellte sie allerdings einen zusätzlichen Kostenfaktor dar und schien angesichts des Paradigmenwechsels hin zu einer zunehmenden Versachlichung und Entpersonalisierung des Arbeitsverhältnisses nicht mehr zeitgemäß.[330]

Mitarbeiter inländischer Beteiligungsgesellschaften konnten nur Belegschaftsaktien erwerben, wenn die jeweiligen Gesellschaften an der Aktienaktion teilnahmen – diese wurden zu diesem Zweck jedes Jahr von der Muttergesellschaft kontaktiert. Allerdings mussten die Bedingungen der Aktienausgabe, zum Beispiel der Vorzugskurs und die Sperrfristen, an die Konditionen der Siemens AG angepasst und die mit der Belegschaftsaktienausgabe verbundenen Kosten von der Gesellschaft selbst getragen werden.[331] Für ausländische Tochtergesellschaften galten dieselben Bedingungen wie für die Beteiligungsgesellschaften. Voraussetzung war, dass die Siemens-Aktie an der Börse des entsprechenden Landes gehandelt wurde, ein freier Devisenverkehr gegeben war und dass der im Inland im Vordergrund stehende Vermögensbildungscharakter der Mitarbeiteraktie auch im Ausland gewährleistet wurde.[332] Wie aus der in den Akten dokumentierten Korrespondenz der 1970er und 1980er Jahre hervorgeht, zeigten sich zwar einige Landesgesellschaften wie Finnland, Kolumbien oder Österreich am Erwerb von Belegschaftsaktien interessiert, doch blieb Siemens Niederlande, die erstmals im Geschäftsjahr 1974/75 ihren Mitarbeitern Belegschaftsaktien anbot, die einzige Landesgesellschaft, die im Betrachtungszeitraum von dieser sozialpolitischen Maßnahme Gebrauch machte.[333]

---

329 Vgl. Notiz „Belegschaftsaktien – Besprechung bei Herrn Dr. Tacke am 7.8.1969, in: SAA 12172; Niederschrift über die Besprechung am 1. Oktober 1969 in München wegen der „Ausgabe von Belegschaftsaktien 1970", in: SAA 12172; Notiz „Belegschaftsaktien – Besprechung am 15.9.1969", Merkblatt für die Leistungsempfänger der SAF zum Erwerb von Siemens-Aktien 1970, in: SAA 12172.

330 1994 konnten Pensionäre erstmals nicht mehr am allgemeinen Angebot teilnehmen.

331 Aus einer Liste über die „Anzahl der an Beteiligungsgesellschaften ausgegebene Belegschaftsaktien" vom 25.5.1983 geht hervor, dass im Zeitraum 1969 bis 1983 insgesamt 24 Gesellschaften (konsolidiert und nicht konsolidiert) Belegschaftsaktien bezogen und an ihre Mitarbeiter ausgegeben haben, darunter Gesellschaften wie KWU, TU, Hell, BSHG, Polygram, Tela, Bergmann, Constructa und Zuse. Vgl. Liste in: SAA 12190-1.

332 Vgl. dazu Betriebliche Sozialpolitik in Stichworten, 1980, S. 153, in: SAA unverzeichnete Akten im Zwischenarchiv (Bestand ZP Mch). Außerdem durften die Konditionen zum Bezug der Aktien nicht vorteilhafter sein als diejenigen im Inland.

333 Vgl. auch Brief von ZFF an die Personalabteilung Siemens Helsinki vom 13.5.1986: „Das Angebot von Belegschaftsaktien sollte daher gut überlegt sein, weil die Maßnahme eine gewisse Kontinuität voraussetzt und nicht bei eventuellen mäßigen Erträgen der Gesellschaft

Für im Ausland lebende Firmenangehörige der Siemens AG stellte sich die Situation grundsätzlich anders dar. Ursprünglich hatte die Unternehmensleitung geplant, die gesamte Auslandsbelegschaft in das Angebot einzubeziehen, ein Gedanke, der sich jedoch aufgrund der unterschiedlichen rechtlichen Rahmenbedingungen in den einzelnen Ländern nicht realisieren ließ.[334] So konnten zum Beispiel die Depotbanken im Ausland nicht verpflichtet werden, die in Deutschland gesetzlich vorgeschriebenen Sperrfristen von fünf oder sechs Jahren einzuhalten. Zudem gab es keine Steuerfreiheit für den geldwerten Vorteil. Unter Verweis darauf, dass der besondere Anreiz zum Aktienerwerb für Mitarbeiter vor allem durch die deutsche Gesetzgebung geschaffen worden war, nach der die damit verbundenen finanziellen Vorteile steuer- und sozialversicherungsfrei blieben, und dass im Inland darüber hinaus hierfür staatliche Prämien in Anspruch genommen werden konnten, beschloss die Firmenleitung, die Ausgabe von Belegschaftsaktien nicht auf das Ausland auszudehnen. Für im Ausland wohnende Pendler, zum Beispiel aus Frankreich oder Österreich, denen ein Aktienbezug aus devisenrechtlichen Gründen verwehrt blieb, wurden Ausnahmeregelungen gefunden.[335]

Festzuhalten ist, dass der Kreis der Bezugsberechtigten im Wesentlichen auf Deutschland beschränkt blieb, da die Konzeption der Maßnahme auf die rechtlichen Rahmenbedingungen im Inland ausgerichtet war und das Angebot für die Mitarbeiter durch die Ausnutzung steuerlicher Begünstigungen besonders attraktiv gestaltet werden konnte. Um dem Grundsatz der Gleichbehandlung zu entsprechen, bemühte sich das Unternehmen gegebenenfalls um Ausnahmeregelungen. Zum anderen ging das Bestreben dahin, durch die Kopplung der Bezugsberechtigung an eine relativ kurze Zugehörigkeitsdauer zum Unternehmen – die auch von zahlrei-

umgehend eingestellt werden kann. [...] Es wäre sicherlich wenig sinnvoll, Mitarbeitern Aktien anzubieten, die nach Ablauf der Sperrfrist nicht oder nur mit Schwierigkeiten veräußert werden können, weil die verwahrenden Kreditinstitute mit dem Handel ausländischer Wertpapiere – speziell den deutschen – nicht so versiert sind," in: SAA 12194, darin auch weitere Korrespondenz mit Landesgesellschaften. Zu Siemens Niederlande vgl. auch Jahresbericht des Zentralbereichs Personal 1974/75, S. 57, in: SAA 10597.

334 Vgl. Schreiben von der Zentralverwaltung Ausland/Zentralabteilung Personal an die Direktionen der Auslandsgesellschaften, Stützpunkt Auslandsfabriken, vom 3.11.1969, in: SAA 12172.
335 Einschränkende devisenrechtliche Bestimmungen standen in einer Reihe von Ländern dem Transfer einheimischer Währung in das Ausland entgegen. Eine Ausnahme bildeten die Pendler aus Frankreich oder Österreich sowie einige deutsche Mitarbeiter, die zwar im Ausland wohnten, aber an grenznahen Standorten in Deutschland – z. B. in Karlsruhe oder in Traunreut – beschäftigt waren und täglich pendelten. (Vgl. dazu Aktennotiz „Ausgabe von Siemens-Aktien an pendelnde Mitarbeiter vom 12. November 1973, in: SAA 12134.) Damit diese sog. Pendler als Gebietsfremde im Sinne der devisenrechtlichen Vorschriften ebenfalls in die Belegschaftsaktienangebote einbezogen werden konnten, beantragte das Unternehmen eine Sondergenehmigung bei der Landeszentralbank in Bayern. Als Begründung wurde angegeben, dass es „personalpolitisch außerordentlich unbefriedigend wäre, innerhalb der Belegschaft ein und desselben Standorts Unterscheidungen vornehmen zu müssen, die sich an der Zufälligkeit des Wohnsitzes orientierten", vgl. „Antrag auf Genehmigung der Ausgabe von Siemens-Aktien an gebietsfremde Mitarbeiter" von ZPS, Dr. Baake, an die Landeszentralbank in Bayern vom 16. November 1973, in: SAA 12134. Diesem Antrag gab die Landeszentralbank statt, vgl. dazu Schreiben der Landeszentralbank in Bayern vom 29.11.1973 btr.: § 52 (1) Nr. 3 AWV, in: SAA 12134.

chen anderen Unternehmen vorausgesetzt wurde[336] – möglichst viele Mitarbeiter zu beteiligen, was aufgrund der Zielvorstellung, Belegschaftsaktien als allgemeines sozialpolitisches Instrument zu etablieren, verständlich erscheint. Die Einbeziehung von Pensionären konnte im Betrachtungszeitraum trotz rechtlicher Hürden immer wieder ermöglicht werden. Dabei spielten in den Anfangsjahren der Aktienausgabe personalpolitische Motive wie die Betriebsbindung und die Dokumentation der Zugehörigkeit zur Siemens-Familie ebenso eine Rolle wie die Herstellung von Kontinuität und Stabilität innerhalb der Gruppe der Belegschaftsaktionäre.

### 1.2.5.6 Anteil der Belegschaftsaktien am Grundkapital

Angaben darüber, wie hoch der Anteil der Belegschaftsaktien am Grundkapital der Siemens AG ist (bzw. darüber, welcher Anteil am Grundkapital von den Mitarbeitern der Siemens AG gehalten wird), können nur auf der Basis von Schätzungen gemacht werden. Zum einen ist es nicht möglich, festzustellen, wie viele Belegschaftsaktien nach Ablauf der Sperrfristen von den Mitarbeitern wieder verkauft wurden. Zum anderen kann nicht nachvollzogen werden, in welchem Umfang Siemens-Aktien von Mitarbeitern über den Erwerb von Belegschaftsaktien hinaus an der Börse bezogen wurden.

Dass die kontinuierliche Ausgabe von Belegschaftsaktien generell Auswirkungen auf die Zusammensetzung des Aktionärskreises der Siemens AG hat, ist offensichtlich. Die seit 1969 steigende Beteiligungsquote von Siemens-Mitarbeitern an der Aktienofferte korrespondierte daher mit einem immer größer werdenden Arbeitnehmeranteil am Grundkapital der Siemens AG, wie er in den seit 1970 von Siemens durchgeführten regelmäßigen Aktionärsstrukturerhebungen registriert wurde. Bei der erstmals durchgeführten Erhebung über die Zahl und die soziologische Schichtung aller Siemens-Aktionäre zum Stichtag 15. August 1970, die das Unternehmen mit Hilfe von Kreditinstituten im In- und Ausland durchgeführt hat, zeigte sich, dass zum Stichtag rund 285.000 Aktionäre am Kapital der Siemens AG beteiligt waren.[337] Mehr als die Hälfte des Grundkapitals entfiel auf inländische Privatpersonen. Der in dieser Gruppe von den Gehalts- und Lohnempfängern gehaltene hohe Anteil am Inlandsbesitz von 17 Prozent wurde vor allem auf die Tatsache zurückgeführt, „daß die inländische Siemens-Belegschaft in den letzten Jahren mehrfach Gelegenheit hatte, Aktien der Siemens AG zu Vorzugskursen zu erwerben."[338] Die in der Folgezeit jeweils mit mehrjährigem Abstand durchgeführten Erhebungen ergaben weitere Zunahmen der Aktionärszahlen auf 352.000 zum Stichtag 15. August 1973 und auf 377.000 Aktionäre zum Stichtag 1976, wobei sich

---

336 Vgl. dazu Fritsch, 1976, S. 21 f.
337 Die Aktionäre wurden in die vier Gruppen Privatpersonen, Banken, Versicherungen und Investmentfonds, Unternehmen der gewerblichen Wirtschaft sowie Stiftungen, öffentliche Haushalte usw. gegliedert. Vgl. dazu: „Die Zusammensetzung unseres Aktionärskreises 1971" und „Die Zusammensetzung unseres Aktionärskreises 1974", beide Druckschriften in: SAA 12594.
338 Vgl. „Die Zusammensetzung unseres Aktionärskreises 1971", S. 2, in: SAA 12594.

der Aktienanteil der inländischen Arbeitnehmer von 25 Prozent im Jahr 1973 auf 30 Prozent im Jahr 1976 erhöhte.[339]

Unternehmensinternen Angaben aus dem Jahr 1976 zufolge lag die Zahl der von den Siemens-Aktionären im Zeitraum von 1969 bis 1976 erworbenen Aktien bei rund 2,4 Mio. Stück Aktien im Nominalwert von 120 Mio. DM – dies entsprach einem Anteil von 7,5 Prozent am Grundkapital.[340] Nach einer Untersuchung von Fritsch aus dem Jahr 1975 verfügte Siemens im Vergleich mit insgesamt 30 befragten Unternehmen zu diesem Zeitpunkt über den höchsten Prozentanteil an Belegschaftsaktien, gefolgt von der BASF Aktiengesellschaft mit 6 Prozent und der G.M. Pfaff AG mit 3 Prozent Anteil am Grundkapital.[341] Eine siemensinterne Untersuchung aus dem Jahr 1982, die auf der Grundlage vorhandener Zahlen und Hochrechnungen basierte, errechnete als Ergebniszahl einen Maximalsatz von inzwischen 10 Prozent Belegschaftsaktien am Siemens-Grundkapital, wobei darauf hingewiesen wurde, dass Schätzungen hinsichtlich des Verkaufs freigewordener Aktien nicht möglich waren.[342] Zum selben Zeitpunkt betrug der gesperrte Aktienanteil 6,1 Prozent.

Für den gesamten Betrachtungszeitraum liegen keine kontinuierlich erhobenen Angaben vor. Es lässt sich jedoch feststellen, wie viele Belegschaftsaktien in diesem Zeitraum an die Mitarbeiter verkauft wurden. Eigenen Berechnungen zufolge betrug die Summe der im Zeitraum 1969 bis 1989 von den Mitarbeitern erworbenen Belegschaftsaktien 9,3 Millionen Stück im Nominalwert von rund 466 Millionen DM — dies entsprach einem Anteil am Grundkapital von 18,7 Prozent.[343] Dieser Prozentsatz stellt einen Maximalwert dar, der nur unter der Voraussetzung, dass keiner der Belegschaftsaktionäre im Betrachtungszeitraum seine Aktien verkauft hat, Geltung hätte. Er lässt ebenfalls nur eine ungefähre Schlussfolgerung darüber zu, welchen Anteil die Mitarbeiter am Grundkapital halten, da auch Aktien außerhalb der Belegschaftsaktienangebote erworben werden konnten.

Generell lässt sich feststellen, dass nennenswerte Größenordnungen bei der Beteiligung der Mitarbeiter am Grundkapital nur dann erreicht werden können, wenn das Aktienangebot über eine gewisse Anzahl von Jahren kontinuierlich fortgeführt wird,[344] was bei Siemens innerhalb eines Zeitraums von 20 Jahren unter der Voraussetzung, dass keine Aktien verkauft wurden, immerhin zu einem geschätzten

---

339 Vgl. „377.000 Siemens-Aktionäre", Erhebung 1976, in: SAA 20/Lt 393.
340 Vortrag von Dr. Närger über „Unternehmensbezogene Vermögensbildung in der Praxis" am 9. Juni 1976, S. 3, in: SAA 12190-1; Werner Baake: „Vermögensbildung – Beteiligung am Produktivvermögen", Manuskript für die DGfP-Zeitschrift vom 26. April 1976, S. 4, in: SAA 12190-2.
341 Vgl. Fritsch, 1976, S. 18.
342 Vgl. dazu Notiz an Herrn Dr. Närger vom 2. April 1982, in: SAA 12190-1.
343 Eigene Berechnungen auf der Basis von Zahlen in Erdödy, 2004, S. 199, in: SAA L 497: Erwerb von Siemens-Aktien durch Mitarbeiter und Pensionäre seit 1969 Siemens AG und Beteiligungsgesellschaften (Aktienstückzahl und Nominalwert), sowie S. 282 (Entwicklung des Grundkapitals durch Ausgabe neuer Aktien). Die Höhe des Nominalwerts der im Zeitraum 1969 bis 1989 verkauften Belegschaftsaktien betrug 466.236.600 DM. Das Grundkapital betrug zum 30.9.1989 2.489.924.750 DM.
344 Fritsch, 1976, S. 18.

maximalen Prozentsatz von rund 19 Prozent geführt hat. Auf diesen Effekt hatte Siemens im Vorfeld der Einführung des Belegschaftsaktiensystems auch gesetzt.[345] Im Vergleich zu anderen Unternehmen ist diese Ergebniszahl als hoch zu bewerten. Die Hoechst AG, die im Jahr 1960 Belegschaftsaktien einführte, erreichte beispielsweise bis 1988 einen Anteil am Grundkapital von 8,1 Prozent.[346] Bei Daimler-Benz entsprachen die Belegschaftsaktien im Zeitraum von 1973 bis 1984 einem Anteil am Grundkapital von etwas über 1 Prozent.[347]

*1.2.5.7 „Wie Sie mehr aus Ihrem Geld machen können"*[348]*:*
*Werbe- und Informationsmaßnahmen*

Eine große Bedeutung für den Erfolg der Belegschaftsaktienofferten wird vor allem in den Anfangsjahren der Information und Werbung zugeschrieben. So konnte die Erhöhung der Beteiligungsquote bei Siemens in manchen Jahren auf spezielle Informationsmaßnahmen zurückgeführt werden. Auch im Betrachtungszeitraum durchgeführte wissenschaftliche Untersuchungen, wie z.B. von Guski und Schneider, weisen der Aufklärung und Information der Mitarbeiter den „absolut stärksten Einfluß" zu, da bei Beginn einer Beteiligungsaktion erfahrungsgemäß „weithin Unkenntnis und psychologische Schranken des Misstrauens bei den Arbeitnehmern gegenüber der Aktie" herrschten, die als ein „heißes Papier" wahrgenommen würde.[349] Erläuterungen in Werkszeitschriften, Diskussionen in Betriebsversammlungen und auch persönlich gehaltene Anschreiben seien wichtige Maßnahmen guter Aufklärungsarbeit, wobei die persönliche Ansprache als das letztlich geeignetste Mittel empfohlen wurde. Auf den hohen Stellenwert des persönlichen Gesprächs zwischen Vorgesetzten und Mitarbeitern wurde auch bei Siemens in den „Quiriner Briefen", der Zeitschrift für die Meister des Unternehmens, immer wieder hingewiesen.[350] Dass die Mitarbeiterkommunikation gerade bei der Einführung von Beteiligungssystemen eine sehr wichtige Rolle spielt, bestätigt auch eine im Jahr 2001 vom Deutschen Aktieninstitut in Auftrag gegebene Umfrage über Beteiligungssysteme für breite Mitarbeiterkreise.[351]

Siemens hat vor allem in der Anfangszeit diese Instrumente intensiv genutzt, denn der Informationsbedarf war bei der Einführung der Belegschaftsaktien 1969

---

345 Vgl. Notiz von ZF vom 1.7.1968, in: SAA 12185-2.
346 Vgl. Bundesvereinigung der deutschen Arbeitgeberverbände (Hg.): Betriebliche Vermögensbeteiligung. Gestaltungsmöglichkeiten der Mitarbeiter-Kapitalbeteiligung – ihre Vorteile und Probleme. Dokumentation der Fachtagung der Bundesvereinigung der Deutschen Arbeitgeberverbände. Köln/Bergisch Gladbach 1988, S. 73.
347 Vgl. Osswald, 1986, S. 168.
348 Vgl. Wendt, Kurt: Wie Sie mehr aus Ihrem Geld machen können, in: Siemens-Mitteilungen 1/1969, S. 3.
349 Vgl. Guski/Schneider, 1977, S. 48.
350 Vgl. dazu Quiriner Brief Nr. 8/1975 vom 13.11.1975, in: SAA 12135.
351 Vgl. dazu Deutsches Aktieninstitut / Hewitt: Beteiligungssysteme für breite Mitarbeiterkreise. Ergebnisse einer Umfrage, Studien des Deutschen Aktieninstituts, H. 13, hg. v. Rüdiger von Rosen, Frankfurt am Main 2001, S. 24 f.

besonders hoch, da die Mitarbeiter kaum Erfahrungen hinsichtlich des Aktiensparens besaßen.[352] Daher lagen die inhaltlichen Schwerpunkte der kommunikativen Begleitmaßnahmen zunächst sowohl auf einer allgemeinen Information über „das Wesen der Aktie"[353] als auch auf speziellen Hinweisen zur Siemensaktie und zu den Möglichkeiten des Aktienerwerbs. So erschien im Januar 1969 in den Siemens-Mitteilungen ein allgemein gehaltener Artikel unter der Überschrift „Wie Sie mehr aus Ihrem Geld machen können", der über verschiedene Anlageformen und insbesondere über die Chancen und Risiken des Aktienbesitzes informierte.[354] Im Februarheft desselben Jahres ging es ganz konkret um die Nutzung des neuen Belegschaftsaktienangebots.[355]

Die Verantwortlichen legten gegenüber einer teilweise „reißerischen" innerbetrieblichen Werbung, wie sie angeblich bei Thyssen und Mannesmann beobachtet worden war,[356] großen Wert auf eine sachliche und umfassende Aufklärung der Belegschaft durch Vortragsveranstaltungen sowie durch informative Beiträge in den monatlich erscheinenden Siemens-Mitteilungen, in den „Quiriner Briefen"[357] und durch Sonderschriften, wie z.B. „Was wissen Sie über Aktien?"[358] oder „Aktien für Mitarbeiter".[359] Darüber hinaus erfolgte alljährlich eine rechtzeitige Information über das aktuelle Angebot durch Informationsstände, Bekanntmachungen am Schwarzen Brett sowie durch die Übersendung von Antragsvordrucken zum Aktienbezug mit ausführlichem Merkblatt an die bezugsberechtigten Mitarbeiter.[360] Nachdem das jährliche Procedere der Aktienausgabe bei der Belegschaft einen gewissen Bekanntheitsgrad erreicht hatte, beschränkten sich die Werbemaßnahmen auf Ankündigungen an Schwarzen Brettern und Artikel in den Siemens-Mitteilungen, die regelmäßig und zeitnah zum Bestellzeitraum der Aktien erschienen. Diese informierten sowohl über die aktuellen Belegschaftsaktienangebote im Rahmen der vermögenspolitischen Maßnahmen des Unternehmens als auch über wirtschaftliche Entwicklungen und Hintergründe des Aktienhandels.[361] Über die innerbetrieblichen Maßnahmen hinaus stellte Siemens sein Engagement für die Belegschaftsaktienidee auch in der externen Öffentlichkeit dar. Interessierte Firmen, Verbände und Bildungseinrichtungen wurden über entsprechende Maßnahmen,

---

352 Vgl. auch Erdödy, 2004, S. 203, in: SAA L 497.
353 Vgl. Notiz „Belegschaftsaktien – Besprechung bei Herrn Dr. Tacke am 7.8.1969", vom 11.8.1969, in: SAA 12172.
354 Vgl. Wendt, Siemens-Mitteilungen 1/1969, S. 3 f.
355 Vgl. Baake, Siemens-Mitteilungen 2/1969, S. 2.
356 Vgl. Aktienangebot an Mitarbeiter, Vergleich von Thyssen: Mannesmann: Siemens, in: SAA 12190-2.
357 Vgl. z.B. Quiriner Brief für die Meister des Hauses Siemens, ZP-Information Nr. 8/1975 vom 13.11.1975, in: SAA 12135.
358 O.V.: Was wissen Sie über Aktien? Druckschrift 1973, in: SAA 12134.
359 „Aktien für Mitarbeiter", 1983, in: SAA 12150-1.
360 Vgl. dazu zum Beispiel für das Jahr 1976: Merkblatt zum Antrag „Siemens-Aktien 1976", in: SAA 12136; Bekanntmachung „Siemens-Aktien 1976" vom 24. September 1975, in: SAA 12136. Vgl. auch Erdödy, 2004, S. 204, in: SAA L 497.
361 Vgl. Warkocz, Manuela: Wo Aktien gehandelt werden. Ein Besuch in der Börse, in: Siemens-Mitteilungen 11/1984, S. 6 f.

Zielsetzungen und Ergebnisse eingehend informiert und auch Presse, Funk und Fernsehen in ihrer Berichterstattung über die Aktivitäten von Siemens unterstützt.

*1.2.5.8 Motive und Ziele der Belegschaftsaktienausgabe*

„Da kann sich jeder selbst als Unternehmer fühlen"[362] – mit diesen Worten fasste Werner Baake, einer der Hauptinitiatoren der systematischen Belegschaftsaktienausgabe bei Siemens – eine Leitidee dieser sozialpolitischen Maßnahme 20 Jahre nach der erstmaligen Offerte prägnant zusammen. Hinter dieser Aussage steht eine Vielzahl von gesellschafts-, sozial- und personalpolitischen sowie finanzwirtschaftlichen Motiven und Zielen, die mit der Einführung der Belegschaftsaktien verbunden wurden.[363] Als vorrangiges gesellschaftspolitisches Ziel von Mitarbeiterkapitalbeteiligungen wird in der Literatur – wie bereits eingangs beschrieben – die Beteiligung am Produktivvermögen und damit die Sicherung der Wirtschaftsordnung thematisiert.[364] Die seit den sechziger Jahren intensiv geführte vermögenspolitische Diskussion wurde von dem Gedanken geleitet, dass eine breitere Beteiligung der Arbeitnehmer am Produktivvermögen zu einer breiteren Vermögensstreuung und zu einer größeren Verteilungsgerechtigkeit führe. Diese Forderung fand in dem damals geläufigen Schlagwort „Vermögensbildung in Arbeitnehmerhand" ihren Ausdruck.[365] Durch die Beteiligung von Mitarbeitern am Eigenkapital und damit am Produktivkapital des Arbeit gebenden Unternehmens sollte eine Identifizierung der Arbeitnehmer mit der sozialen Marktwirtschaft und damit zugleich eine Stabilisierung der bestehenden Gesellschafts- und Wirtschaftsordnung sowie des gesamtwirtschaftlichen Gleichgewichts erreicht werden.[366] Siemens betrachtete die Unterstützung der staatlichen Förderungsmaßnahmen zur Vermögensbildung als eine der „wichtigsten sozialpolitischen Aufgaben unserer Zeit".[367] Mit dem sozialpolitischen Instrument der Belegschaftsaktien werde daher – wie es in einer Wirtschaftsausschusssitzung von Vertretern des Unternehmens und des Betriebsrats heißt – das Ziel verfolgt, in gesellschaftspolitischer Hinsicht einen Beitrag zur Vermögensbildung zu leisten.[368]

Bei der Verwirklichung dieses Ziels sah sich das Unternehmen in einer Schlüsselrolle, da in Kreisen der Wirtschaft die Auffassung vertreten wurde, dass die Beteiligung breiter Teile der Bevölkerung am Produktivvermögen mit unternehmensbezogenen Lösungen besser und rationeller zu erreichen sei als über eine staatlich

---

362 Vgl. Artikel „Soziales Experiment feiert Jubiläum", in: SAA 12160.
363 Vgl. Gaugler, 1987, S. 12.
364 Vgl. Kapitel 1.2.1 und Guski/Schneider, 1983, S. 111 f.
365 Vgl. Seidel/Brauns, 1966, S. 5; Jungen, Elke: Mitarbeiterbeteiligung. Gesellschafts- und arbeitsrechtliche Probleme im Zusammenhang mit Belegschaftsaktien und Aktienoptionen (Rechtswissenschaftliche Forschung und Entwicklung, Bd. 644). Diss. Augsburg 2000, S. 27.
366 Vgl. Peez, 1983, S. 61–65; Jungen, 2000, S. 27 f.; Wehrli, 1969, S. 34 f.; Peterssen, 1968, S. 68–70.
367 Vgl. Betriebliche Sozialpolitik in Stichworten, 1971, Punkt 2.4, S. 2, in: SAA 31103.
368 Vgl. Niederschrift über die Sondersitzung des Wirtschaftsausschusses der Siemens AG am 17. März 1969 in München, in: SAA S 3.

verordnete überbetriebliche Vermögensbeteiligung.[369] „Nur wer sein Grundrecht auf Eigentum verwirklichen kann, wird ein aktives Mitglied unserer Gesellschaft sein, denn wirtschaftliche Unabhängigkeit und die Verantwortung für das Eigentum fördern wichtige Eigenschaften, die zu einem ‚mündigen Bürger' gehören", so der Wortlaut einer internen Veröffentlichung zum Thema Vermögensbildung durch Belegschaftsaktien.[370] An Bedeutung gewinnen in diesem Zusammenhang die Freiwilligkeit und der Anstoß zur Eigeninitiative und finanziellen Eigenbeteiligung, die als Grundprinzipien der Belegschaftsaktienausgabe gelten.[371] Die Funktion der Belegschaftsaktie als Mittel zur breiten Eigentumsstreuung galt auch bei anderen Unternehmen im Betrachtungszeitraum als Motiv für die Aktienausgabe an die Mitarbeiter, da es sich – wie es zum Beispiel zur Mannesmann-Firmengeschichte heißt – damit am besten zeigen ließ, „dass niemand vom Eigentum an den Produktivmitteln der Wirtschaft ausgeschlossen sein muß, daß die Teilnahme für jeden gleich nützlich ist und diejenige Wirtschaftsordnung zum Wohl aller am besten funktioniert, die auch von allen getragen wird".[372]

Über die oben genannte Zielsetzung hinaus erfüllt die Mitarbeiterkapitalbeteiligung – wie es in einer Siemens-Veröffentlichung heißt – die gesellschaftspolitische Funktion, „den vermeintlichen sozialen Gegensatz zwischen Arbeit und Kapital zu überbrücken".[373] So bewertete das Unternehmen die Ausgabe der Belegschaftsaktien als „Zeichen echter Partnerschaft" und als „Bindeglied zwischen dem Unternehmen und dem Stamm seiner Belegschaft".[374] Indem Mitarbeiter zu Miteigentümern und mitverantwortlichen Partnern des wirtschaftlichen Geschehens werden, tragen sie auch Verantwortung für das Unternehmen, was die aus der fremdbestimmten Arbeit resultierende Konfliktsituation mildern soll – eine Vorstellung, die auf die katholische Soziallehre zurückgeht.[375] Der bereits nach dem Ersten Weltkrieg verfolgte Gedanke der betrieblichen Partnerschaft[376] fand nach dem Zweiten Weltkrieg in der Mitbestimmungsdiskussion seinen Ausdruck. Der Partnerschaftsgedanke hat – wie die zeitgenössische Literatur der 1960er und 1970er Jahre zeigt – bei der Einführung von Belegschaftsaktien sicherlich eine gewisse Rolle gespielt, allerdings ist er im Zeitverlauf gegenüber anderen Zielsetzungen in den Hintergrund getreten, zumal die Kapitalbeteiligung der Mitarbeiter in der Praxis vergleichsweise klein ist, als dass sie sich als Miteigentümer oder Unternehmer fühlen könnten.[377]

---

369 Vgl. Fritsch: Die Belegschaftsaktie in der Bundesrepublik und anderen Industrieländern, Vortrag in der Carl Friedrich von Siemens-Stiftung am 9. Juni 1976, S. 1, in: SAA 12190-2.
370 „Zehn Jahre Siemens-Aktien für Mitarbeiter", hg. v. Siemens AG 1978, S. 8, in: SAA 41.A1.
371 Vgl. dazu Ludsteck, Walter: Wenn die Mitarbeiter das Börsenfieber ergreift, in: Süddeutsche Zeitung vom 22.12.1988, S. 22 (auch in: SAA 20/Lt 393).
372 Vgl. Wessel, 1990, S. 354.
373 Vgl. Meier, Siemens-Mitteilungen 4/1973, S. 3.
374 Vgl. ebd.
375 Vgl. dazu Seidel/Brauns, 1966, S. 6; Peterssen, 1968, S. 60 f.; Peez, 1983, S. 55; Dietrich, 1996, S. 28, 67 f.; Jungen, 2000, S. 27. So verfolgte der Jesuitenpater Oswald von Nell-Breuning den Gedanken des Investivlohns. Vgl. Dietrich, 1996, S. 67 f.; Becher, 1993, S. 22.
376 Vgl. dazu Dietrich, 1996, S. 49 f.
377 Vgl. auch Cereghetti, Marco: Die Besteuerung von Mitarbeiteraktien und Mitarbeiteroptionen

## 1. Von der Inventurprämie zur Belegschaftsaktie

Der Aspekt der Vermögensbildung, der der Priorisierung von Guski und Schneider zufolge ein herausragendes Motiv für die Belegschaftsaktienausgabe darstellt und auch von Siemens als ein wesentliches und langfristiges sozialpolitisches Ziel identifiziert wurde,[378] richtet sich auf die Erweiterung der wirtschaftlichen Bewegungsfreiheit und auf die Verbesserung der Existenzgrundlage und des Lebensstandards der Mitarbeiter – damit verbunden werden positive Effekte auf die Zufriedenheit der Mitarbeiter, die Arbeitsleistung und das Betriebsklima, die allerdings nur schwer nachweisbar sind.[379] In diesem Zusammenhang wurde von Unternehmensseite auch auf die „dritte Säule der sozialen Sicherung", die private Eigenvorsorge, hingewiesen, die sowohl durch das Belegschaftsaktienangebot als auch durch das System der Erfolgsbeteiligung verstärkt würde.[380] Darüber hinaus sollte das Ziel, „die Arbeitnehmerschaft dieses Landes an das Aktiensparen heranzuführen",[381] auch eine erzieherische Intention erfüllen. Um festzustellen, inwieweit sich die Ausgabe der Belegschaftsaktien auf das generelle Kaufverhalten der Mitarbeiter an der Börse auswirkte, hat das Unternehmen Mitte der siebziger Jahre eine Anzahl repräsentativer Banken und Sparkassen untersuchen lassen, in wie vielen Mitarbeiterdepots sich außer den gesperrten Siemens-Aktien auch Aktien anderer Gesellschaften befanden. Die Auswertung ergab, dass dies im Durchschnitt bei jedem vierten bis fünften Depotkonto der Fall war, was unter dem Aspekt des Aktiensparens als eine „sehr ermutigende Zahl" gewertet wurde – auch wenn aus technischen Gründen nicht feststellbar war, ob die Aktien anderer Gesellschaften zeitlich vor oder nach den Siemens-Aktien erworben wurden.[382]

Auf das personalpolitische Motiv der Steigerung der Mitarbeitermotivation und den Belohnungscharakter der Belegschaftsaktien hat die Unternehmensleitung selbst immer wieder hingewiesen.[383] Dahinter stand die Erkenntnis, dass jemand, der Anteile an einem Unternehmen besitzt, sowohl besser über gesamtwirtschaftliche Zusammenhänge informiert als auch stärker am eigenen, Arbeit gebenden Unternehmen interessiert ist, sich eher damit identifiziert und ein stärkeres Bewusst-

---

als Einkommen und als Vermögen. Diss. Zürich 1994, S. 8. Zudem wird auch darauf hingewiesen, dass ein partnerschaftlicher Umgang auf einer vertrauensvollen Zusammenarbeit mit Mitarbeitern und Gewerkschaften basiert und eine unternehmerische Gesamtaufgabe ist, also nicht allein mit der Einführung von Belegschaftsaktien bewerkstelligt werden kann. Vgl. dazu: Betriebliche Vermögensbeteiligung, 1988, S. 62.

378 Vgl. Baake, Werner: 3 Aktien zum Vorzugspreis, in: Siemens-Mitteilungen 10/1988, S. 9, vgl. auch Guski/Schneider, 1983, S. 113.
379 Vgl. Peez, 1983, S. 57 f.; Cereghetti, 1994, S. 5; vgl. dazu auch Teil IV, Kapitel 1.2.6.4: Beteiligungsinteressen von Mitarbeitern, Betriebsrat und Gewerkschaften.
380 Vgl. „Siemens-Mitarbeiter als Aktionäre", in: SAA 20/Lt 393; vgl. zu den drei Säulen der sozialen Sicherung auch Teil IV, Kap. 2.1.
381 Vgl. Vortrag Dr. Närger über „Unternehmensbezogene Vermögensbildung in der Praxis" am 9. Juni 1976, S. 6, in: SAA 12190-1.
382 Vgl. ebd.
383 Ursprünglich sollte sich das Aktienangebot als Anerkennung für die im zurückliegenden Geschäftsjahr geleistete Arbeit sogar nur an die aktiven Mitarbeiter richten und zu weiteren Leistungen motivieren – dies war unter anderem auch ein Grund, warum Pensionäre bei der ersten Aktienausgabe 1969 gar nicht einbezogen wurden. Vgl. dazu Notiz „Belegschaftsaktien – Besprechung bei Herrn Dr. Tacke am 7.8.1969", in: SAA 12172.

sein für Kosteneinsparungen, effektive Arbeitsprozesse, die Steigerung der Produktivität und damit den Unternehmenserfolg aufweist.[384] Motivationsförderung gilt auch bei anderen Unternehmen als wichtige Zielsetzung der Ausgabe von Belegschaftsaktien, wobei sich allerdings der Motivationseffekt generell empirisch kaum nachweisen lässt.[385] Nicht zuletzt ist durch den Aktienbesitz ein ökonomischer Anreiz zur Leistungssteigerung gegeben, der sich in einer erhöhten Dividende bzw. einem höheren Substanzwert der Aktie ausdrückt. Neuere Motivationsförderungsmodelle, wie zum Beispiel die Ausgabe von *stock options* an Entscheidungsträger des obersten Managements, die bei Siemens seit Ende der 1990er Jahre praktiziert werden, setzen ebenfalls auf diesen Effekt. Führungskräfte sollen dazu motiviert werden, im Interesse der *shareholder* zu handeln, indem sie *stock options* erwerben und veräußern können.

Weitere personalpolitische Ziele wie die Bildung eines leistungsfähigen Mitarbeiterstamms, die Minderung der Personalfluktuation und die Erhöhung der Betriebsbindung gehören ebenfalls zu vorrangigen Zielen von Belegschaftsaktienangeboten, wobei auch hier positive Einflüsse zwar angenommen, jedoch nur schwer nachgewiesen werden können.[386] Die „persönliche Verbundenheit des Arbeitnehmers mit seinem Betrieb durch die Kapitalbeteiligung (und sei sie noch so gering) am eigenen Unternehmen, an dessen Unternehmenssubstanz zu stärken" stand – wie in Siemens-Veröffentlichungen und Äußerungen von Verantwortlichen immer wieder betont – als „große Zielsetzung"[387] hinter der Ausgabe der Siemens-Aktien an die Mitarbeiter. Darin ist auch ein Grund für die eher ablehnende Haltung von Gewerkschaften gegenüber dieser betriebsbezogenen Maßnahme zu sehen, die eine zu enge Bindung an das Unternehmen ablehnten und stattdessen überbetriebliche Formen der Gewinnbeteiligung favorisierten.[388] Der Faktor der Betriebsbindung spielt bei der Ausgabe von Belegschaftsaktien eine bedeutende Rolle und wird von zahlreichen Unternehmen immer wieder als ein wichtiges Motiv genannt, ist aber ebenfalls nur schwer verifizierbar.[389] Daher verband die BASF AG von Anfang an Prämienzahlungen mit der Möglichkeit zum Erwerb von Belegschaftsaktien, der bis zum Nettobetrag der entsprechenden Prämie mit Sonderkonditionen verbunden war.[390] Auch die Mannesmann AG zog die Ausgabe von Aktien des eigenen Unternehmens gegenüber anderen Anlagemöglichkeiten wie Kommunalobligationen oder Anteilen an Aktienfonds vor, um die Teilnahme der Mitarbeiter an den Erfolgen und an der Fortentwicklung des Konzerns zum Ausdruck zu bringen.[391]

In Verbindung mit den identifikationsfördernden Effekten der Belegschaftsaktien wurde auch ihre Wirkung als Verteidigungsmaßnahme gegen unerwünschte

---

384 Vgl. Krüger, 2008, S. 28; vgl. auch Vermögensbildung bei Siemens – 10 Jahre Siemens-Aktien für Mitarbeiter, S. 8, in: SAA 12190-1.
385 Vgl. Jungen, 2000, S. 25.
386 Ebd., S. 25 f.; Peterssen, 1968, S. 64 f.; Krüger, 2008, S. 29.
387 Vgl. Vortrag Dr. Närger über „Unternehmensbezogene Vermögensbildung in der Praxis" am 9. Juni 1976, S. 7, in: SAA 12190-1.
388 Vgl. dazu auch Dietrich, 2005, S. 892 f.
389 Vgl. Peez, 1983, S. 49.
390 Vgl. Abelshauser, 2002, S. 419.
391 Wessel, 1990, S. 354.

## 1. Von der Inventurprämie zur Belegschaftsaktie

Übernahmeversuche diskutiert.[392] Mit der Platzierung der Aktien in „freundliche" Hände war die Erwartung verbunden, dass sich die Mitarbeiteraktionäre gegenüber der Unternehmensleitung solidarisch verhalten. Der Wunsch nach einer Kanalisierung der Mitwirkungsrechte der Belegschaftsaktionäre spielte vor allem vor dem Hintergrund der Ölkrise in der ersten Hälfte der siebziger Jahre – und nicht nur bei Siemens – eine gewisse Rolle, denn es bestanden latente Ängste vor „Überfremdung" bzw. die Besorgnis, ein potenzieller Großanleger könnte die Aktienmehrheit übernehmen, ein Szenario, wie es zum Beispiel bei Daimler-Benz im Jahr 1974 befürchtet wurde.[393] Ein hoher Mitarbeiteranteil am Grundkapital wurde allgemein als Schutz vor einer Überfremdung bzw. als Sicherung dafür angesehen, dass die Mitarbeiter mit ihren ureigenen Interessen – wie dem Erhalt ihrer Arbeitsplätze – auch die Interessen des Unternehmens wahrnehmen würden. Allerdings bestand bei Siemens keine Übernahmegefahr und es ist auch zu bezweifeln, ob der vergleichsweise kleine Aktienanteil in den Händen der Mitarbeiter sie hätte abwenden können.

Über die gesellschafts-, sozial- und personalpolitischen Ziele hinaus wird in der einschlägigen Literatur auf die betriebs- bzw. finanzwirtschaftlichen Aspekte des Instruments Belegschaftsaktie hingewiesen. Zum einen ist mit der Ausgabe von Belegschaftsaktien eine Verbesserung der Eigenkapitalausstattung und Liquidität verbunden, wobei der Finanzierungsaspekt jedoch – wie auch in den Untersuchungen von Guski und Schneider nachgewiesen – keine entscheidende Bedeutung einnimmt.[394] Auch Siemens setzte auf diesen Effekt und erhoffte sich davon eine Verstärkung der Eigenmittel.[395] Werden Belegschaftsaktien im Rahmen der Erfolgsbeteiligung bezogen – wie es bei Siemens möglich ist –, kann damit eine für das Unternehmen kostengünstige Form der Leistungsvergütung mit finanziellen und ideellen Anreizen für die Belegschaft verbunden werden. Die Auszahlungen des Unternehmens verringern sich und der Cash Flow steigt entsprechend.[396] Auch wenn diesem Effekt in der Literatur keine große Bedeutung eingeräumt wird, ist doch auf die bei Siemens erreichten, außerordentlich hohen Beteiligungsquoten von bis zu 70 Prozent hinzuweisen, die zu erheblichen Liquiditätssteigerungen

---

392 Cereghetti, 1994, S. 6; Helbling, Christof: Mitarbeiteraktien und Mitarbeiteroptionen in der Schweiz (Schweizer Schriften zum Handels- und Wirtschaftsrecht Bd. 185). Diss. Zürich 1998, S. 38 f.; Peez, 1983, S. 55.

393 Dieses Szenario beherrschte zum Beispiel Daimler-Benz im Jahr 1974, als Großaktionär Quandt 14 Prozent seiner Anteile an den kuwaitischen Staat verkaufte und Großaktionär Flick die Absicht hatte, seine 39 Prozent an den Iran zu veräußern, was jedoch letztlich nicht realisiert wurde. Flick behielt 10 Prozent und verkaufte 29 Prozent an die Deutsche Bank. Vgl. dazu Feldenkirchen, Wilfried: Vom Guten das Beste. Von Daimler und Benz zur Daimler-Chrysler AG. Bd. 1: Die ersten 100 Jahre 1883–1983. München 2003, S. 344 f.

394 Vgl. Guski/Schneider, 1986, S. 32. Vgl. dazu auch Bundesverband der Deutschen Arbeitgeberverbände, 1988, S. 65.

395 Vgl. dazu ZF/ZP Entwurf „Belegschaftsaktien" vom 18.9.1968, in: SAA 12185-2.

396 Vgl. Rosen, Rüdiger von: Aktienorientierte Vergütungssysteme, Vortrag auf dem Kapitalmarkt-Kolloquium der Ludwig-Maximilians-Universität München am 3.6.1997, S. 11. http://www.dai.de/internet/dai/dai20.nsf/0/6F25203648D4C5EAC125748900328D3D/$FILE/2461373D1BFBF39EC125747C0053B0BC.pdf?openelement&cb_content_name_utf=aktienverguetung.pdf, abgerufen am 1.7.2011, S. 11.

führten. Zusätzliche Liquiditätsvorteile für das Unternehmen entstanden durch die Möglichkeit des Aktienerwerbs aus Mitteln der Erfolgsbeteiligung, so dass das Kapital im Unternehmen verblieb. 1989 machte der Nominalwert der durch Siemens-Mitarbeiter im selben Jahr erworbenen Belegschaftsaktien 1,6 Prozent des Grundkapitals aus.[397]

Zur Verfolgung unternehmenspolitischer Ziele und in Aushandlungsprozessen mit dem Betriebsrat wurden Belegschaftsaktien als Verhandlungsmasse eingesetzt. So fungierte die unentgeltliche Überlassung der sog. „Herbstaktie 1973" als Kompromisslösung im Tarifstreit 1973 und als Mittel zur Streikverhinderung. Darüber hinaus spielten Belegschaftsaktien eine wichtige Rolle als Kompensation für Einschnitte bei anderen sozialpolitischen Maßnahmen. Die 10-prozentige Kürzung der Erfolgsbeteiligung im Geschäftsjahr 1967/68 wurde durch eine freiwillige Sondervergütung in Höhe des Kürzungsbetrags – und zwar in Form von Siemens-Aktien – ausgeglichen. Auch die Streichung des bis 1970 als Firmenfeiertag geltenden freien Pfingstdienstags sollte mit dem Verweis auf das zunehmende Engagement des Unternehmens in der Förderung der betrieblichen Vermögensbildung durch die Ausgabe von Belegschaftsaktien abgefedert werden.[398]

Ein weiterer angestrebter Effekt der Ausgabe von Belegschaftsaktien liegt in der positiven Wirkung auf das Image des Unternehmens, denn durch die Demonstration wirtschaftlicher Leistungsfähigkeit und sozialen Verantwortungsbewusstseins wird das Vertrauen relevanter Zielgruppen wie Kunden, Partner, Investoren sowie der allgemeinen Öffentlichkeit erhöht.[399] So hat die Einführung der Belegschaftsaktien bei Siemens nicht zuletzt dazu beigetragen, das Image des Unternehmens als traditionell sozialpolitisch fortschrittliches Unternehmen[400] zu untermauern – was angesichts eines zunehmend schärfer werdenden Konkurrenzkampfs um Marktanteile einen nicht zu unterschätzenden Wettbewerbsvorteil darstellte. Öffentliche Akzeptanz erfuhr diese Maßnahme im Jahr 1982 durch die Verleihung des Hermann-Lindrath-Preises durch die Europäische Vereinigung für Eigentumsbildung an den damaligen Ehrenvorsitzenden des Aufsichtsrats, Peter von Siemens. Damit gewürdigt wurde die „Förderung der Belegschaftsaktienidee, die seit vielen Jahren in der Siemens AG mit bemerkenswerten Erfolgen praktiziert und darüber hinaus auch beispielhaft für die Förderung dieser vermögenspolitischen Initiative in der Bundesrepublik Deutschland geworden ist."[401]

---

397 Eigene Berechnungen nach Zahlenangaben in Erdödy, 2004, S. 199 und 282, in: SAA L 497: 1989 machte der Nominalwert der an Siemens-Mitarbeiter verkauften Belegschaftsaktien 39.304.000 DM aus, das Grundkapital betrug 2.487.614.900 DM.
398 Schreiben des Vorstandsvorsitzenden Dr. Gerd Tacke an den Betriebsrat des Dynamowerkes Berlin vom 5.12.1969, in: SAA 7491.
399 Jungen, 2000, S. 26; Stehle, 1985, S. 15; Peez, 1983, S. 51; Peterssen, 1968, S. 68.
400 Vgl. „Siemens-Arbeiter werden Aktionäre", in: Der Volkswirt 6/1951 vom 9.2.1951, S. 13, in: SAA 12417.
401 Vgl. Brief der Hermann-Lindrath-Gesellschaft e.V. Hannover an Peter von Siemens vom 26.11.1982, in: SAA 4/Ll 786. Hermann Lindrath (1896–1960), seit 1957 Bundesschatzminister, hat sich für eine breite Streuung des Eigentums eingesetzt und ist als „Vater der Volksaktie" in die Wirtschaftsgeschichte der Nachkriegszeit eingegangen.

Zusammenfassend ist zu konstatieren, dass der Ausgabe von Belegschaftsaktien bei Siemens im Betrachtungszeitraum ein Bündel von personal-, sozial- und gesellschaftspolitischen, aber auch finanzwirtschaftlichen Motiven und Zielen zugrunde lag, die – in Abhängigkeit von den jeweiligen unternehmensspezifischen Erfordernissen und gesamtgesellschaftlichen Rahmenbedingungen – unterschiedlich ausgeprägt waren. Generell lässt sich, auch unter Heranziehung der Praxis anderer Unternehmen, beobachten, dass immaterielle Ziele gegenüber der erleichterten Eigenfinanzierung dominieren, zumal letztlich der von den Belegschaftsaktionären gehaltene Anteil am Eigenkapital verhältnismäßig gering ist. In der Anfangsphase der Belegschaftsaktienausgabe wurde seitens des Unternehmens verstärkt auf die gesellschafts- und sozialpolitische Motivation der „Vermögensbildung in Arbeitnehmerhand" hingewiesen. Diese Zielsetzung geht einher mit einem in den 1960er Jahren zu beobachtenden Paradigmenwechsel von einem passiven Empfänger sozialer bzw. finanzieller Leistungen zu einem mündigen Mitarbeiter, der eigenverantwortlich für den Aufbau seiner finanziellen Ressourcen und die Erreichung wirtschaftlicher Unabhängigkeit handelt. Dabei kommen auch die drei dem Aktienprogramm zugrunde liegenden Grundprinzipien der Eigenleistung, Individualität und Freiwilligkeit zum Tragen. Unterstützt und vorangetrieben wurde dieser Paradigmenwechsel durch staatliche Maßnahmen, die eine stärkere Beteiligung der Arbeitnehmer am Kapital des Unternehmens forcierten.

Generell sind wegen unzureichend aussagekräftiger quantitativer Daten über betriebliche Sozialleistungen und Beteiligungsprogramme die tatsächlich eingetretenen Effekte einzelner Maßnahmen nur schwer empirisch nachzuweisen.[402] Zusätzlich wird die Analyse durch die Tatsache erschwert, dass Einzelziele nie isoliert, sondern meistens in Zielbündeln auftreten. Aussagen über die Auswirkungen von Mitarbeiterbeteiligungen auf empirisch schwer erfassbare Faktoren wie Motivation, Identifikation, Leistungssteigerung und Mitarbeiterbindung lassen sich aus entsprechenden Untersuchungen daher nur ableiten. So hat eine IBA-Studie jüngst ergeben, dass in Bezug auf die angestrebte Motivationsförderung und Leistungssteigerung die Produktivität von Unternehmen mit Beteiligungsprogrammen um ein Drittel höher liegt als in Unternehmen ohne entsprechende Programme.[403] Dies wurde laut Studie auf die höhere Zufriedenheit und Identifikation der Mitarbeiter mit dem Arbeit gebenden Unternehmen zurückgeführt, die sich in einer höheren Bereitschaft zeigen, technologische und arbeitssparende Veränderungen zu akzeptieren, sich bei der Verbesserung der Arbeitsprozesse durch eigene Vorschläge verstärkt einzubringen, sorgfältiger mit Arbeitsmaterialien umzugehen und kollegialer zusammenzuarbeiten.[404] Für Siemens lassen das – wie noch zu zeigen sein wird – wachsende Interesse der Mitarbeiter und die hohen Beteiligungsquoten den Schluss zu, dass grundlegende Erwartungen und Zielsetzungen erfüllt wurden und dass damit eine kontinuierliche Fortsetzung des Aktienprogramms – bis in die Gegenwart – legitimiert war.

---

402 Vgl. Sadowski/Pull, 1999, S. 99.
403 Vgl. Krüger, 2008, S. 29.
404 Vgl. ebd.

*1.2.6 Die Rezeption der Aktienangebote durch die Mitarbeiter*

*1.2.6.1 Beteiligungsbereitschaft und Beteiligungsquote*

Die Beteiligungsbereitschaft der Beschäftigten am Belegschaftsaktienangebot ist abhängig von den persönlichen Voraussetzungen der Mitarbeiter, unternehmensinternen Determinanten des aktienausgebenden Unternehmens, gesamtgesellschaftlichen Faktoren und der Konzeption des Beteiligungsmodells selbst.[405] Ein wichtiger Indikator für die Beteiligungsbereitschaft ist die Beteiligungsquote, die Auskunft darüber gibt, wie viele Mitarbeiter von dem Belegschaftsaktienangebot Gebrauch gemacht haben. Aus ihr lassen sich zum Beispiel Schlüsse über die Attraktivität des Angebots ziehen oder auch Aussagen darüber ableiten, welches Vertrauen bzw. Interesse dem Unternehmen entgegengebracht wird.[406] Die Analyse der Mitarbeiterstruktur lässt Schlussfolgerungen über die mitarbeiterbezogenen Faktoren der Beteiligungsbereitschaft zu.

Seit dem Beginn der Belegschaftsaktienausgabe im Jahr 1969 bis zum Ende des Betrachtungszeitraums 1989 hat die Beteiligungsquote nahezu kontinuierlich zugenommen. Bereits 1969 beteiligten sich rund 47.000 inländische Mitarbeiter an der Aktienofferte, das entsprach knapp einem Viertel der Belegschaft. Von 1970 bis 1973 schwankte die Beteiligungsquote zwischen 20 und 24 Prozent, bis im Herbst 1974 27 Prozent der Mitarbeiter das Angebot wahrnahmen. 1975 haben rund 23 Prozent der Mitarbeiter Aktien bezogen.[407] Die gegenüber dem Vorjahr geringere Beteiligung konnte sowohl auf die allgemeine Wirtschaftslage als auch auf den zum Zeitpunkt der Antragstellung niedrigen Kurs der Siemens-Aktie zurückgeführt werden.[408]

1976 erreichte die Beteiligungsquote erstmals die Höhe von 30 Prozent, die von da an nicht mehr unterschritten werden sollte.[409] Im selben Jahr wurde die Gesamtzahl derjenigen Mitarbeiter, die inzwischen Belegschaftsaktien besaßen, auf rund 100.000 geschätzt – dies bedeutete, dass jeder zweite im Inland beschäftigte Siemens-Mitarbeiter auch Belegschaftsaktionär war.[410] Siemens stand Mitte der siebziger Jahre – gemessen an der absoluten Anzahl von Belegschaftsaktionären – unangefochten an der Spitze der rund 50 Aktiengesellschaften in Deutschland, die

---

405 Vgl. dazu Schawilye, Ramona: Belegschaftsaktien in der mittelständischen Aktiengesellschaft. Analyse am Beispiel von Softwareunternehmen. Wiesbaden 1998, S. 40.
406 Vgl. dazu Guski/Schneider, 1986, S. 31.
407 Zahlen nach Meier, Siemens-Mitteilungen 2/1985, S. 5, sowie Aufstellung „Aktien für Mitarbeiter zum Vorzugspreis seit 1969" von ZP BA 9/99, in: SAA 23697.
408 Vgl. Vermerk über die „Beteiligung der Mitarbeiter am Erwerb von Siemens-Aktien" vom 2.9.1975, in: SAA 12190-2, S. 2.
409 Vgl. Meier, Siemens-Mitteilungen 2/1985, S. 5.
410 Vgl. Vortrag Dr. Närger über „Unternehmensbezogene Vermögensbildung in der Praxis" am 9. Juni 1976, S. 3, in: SAA 12190-1; vgl. Werner Baake: „Vermögensbildung – Beteiligung am Produktivvermögen", Beitrag für die DGfP-Zeitschrift vom 26. April 1976, S. 4, in: SAA 12190-2.

zu dieser Zeit Belegschaftsaktien ausgaben, gefolgt von der Hoechst AG mit 40.000 und der Deutschen Bank mit 33.000 Belegschaftsaktionären.[411]

1977 erreichte die Beteiligungsquote 35 Prozent, die 1978 um weitere 5 Prozent auf 40 Prozent anstieg. Die Zunahme der Antragsteller in 1978 wurde bei Siemens auf verschiedene Ursachen zurückgeführt: Neben einem hohen Börsenkurs zur Zeit der Antragstellung und einem erwarteten höheren Aktienertrag durch die Körperschaftssteuer-Reform sollen auch verwaltungstechnische Gründe wie ein vereinfachtes Antrags- und Abwicklungsverfahren und persönliche Anschreiben an jeden Mitarbeiter maßgeblichen Einfluss auf die Kaufbereitschaft ausgeübt haben.[412] Erneut trugen die positive Börsensituation wie auch die Ankündigung einer Kapitalerhöhung und verbesserte Informationsangebote in verschiedenen Betrieben durch Informationstafeln bei Betriebsversammlungen oder vor Kantinen nach Einschätzung des Unternehmens dazu bei, dass sich die Beteiligungsquote im Jahr 1979 um weitere 5 Prozent auf rund 45 Prozent erhöhte.[413] Damit hat sich die Beteiligungsquote in den ersten zehn Jahren der Belegschaftsaktienausgabe nahezu verdoppelt. Die kontinuierlich steigende Quote führte die Unternehmensleitung vor allem darauf zurück, „dass sich mehr und mehr herumspricht, welch gute Geldanlage der Aktienerwerb ist".[414]

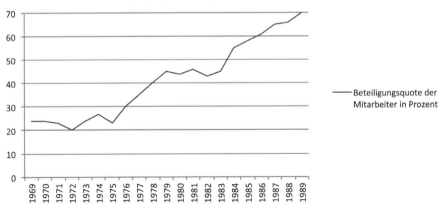

Abb. 18: Beteiligungsquote der Mitarbeiter in Prozent (1969–1989)

*Eigene Darstellung nach „Aktien für Mitarbeiter zum Vorzugspreis seit 1969", Aufstellung von ZP BA 9/99, in: SAA 23697.*

1980 lag die Beteiligungsquote bei 44 Prozent, sie stieg 1981 auf rund 46 Prozent und fiel 1982 wieder auf 43 Prozent ab. Als Ursachen für den Rückgang in 1982

---

411 Vgl. Fritsch, 1976, S. 13.
412 Vgl. Aktenvermerk „Beteiligung der Mitarbeiter der Siemens AG am Erwerb von Siemens Aktien" vom 11. Juli 1978, S. 1, in: SAA 12177.
413 Vgl. Aktenvermerk „Beteiligung der Mitarbeiter der Siemens AG am Erwerb von Siemens-Aktien" vom 19. November 1979, S. 1, in: SAA 12179.
414 Vgl. dazu Rede von Herrn Dr. Plettner vor der Betriebsversammlung am 16.11.1978, in: SAA 12177.

gegenüber den Vorjahren vermuteten die Verantwortlichen den ungünstigen Börsenkurs im Angebotszeitraum sowie Einschränkungen in der staatlich geförderten Vermögensbildung durch den zum 1.1.1982 herabgesetzten abgabefreien gesetzlichen Höchstbetrag von 500 DM auf 300 DM.[415] Trotz dieser Einschränkung der Begünstigungen stieg die Beteiligungsquote im Folgejahr 1983 um 2 Prozent auf nunmehr 45 Prozent an.[416] 1984 partizipierte mit 55 Prozent – das waren rund 121.000 Mitarbeiter – erstmals mehr als die Hälfte der inländischen Belegschaftsmitglieder an der Aktienaktion. Die erhebliche Zunahme von 10 Prozent innerhalb eines Jahres wurde zum einen auf den hohen Börsenkurs während des Angebotszeitraums sowie zum anderen auf die Ausgabe einer umfassenden Informationsschrift zurückgeführt, die an alle Mitarbeiter verteilt worden war.[417]

1985 haben 58 Prozent aller Siemens-Mitarbeiter Aktien bezogen. Obwohl der Vorzugspreis der Siemens-Aktie, der von 1969 bis 1984 unverändert bei 156 DM gelegen hatte, zum Jahr 1985 auf 195 DM angehoben wurde, erhöhte sich die Beteiligung am Angebot gegenüber dem Vorjahr um drei Prozent – dies wurde wiederum mit dem hohen Börsenkurs begründet.[418] Dieser war auch maßgebend für die weiteren Erhöhungen der Beteiligungsquoten um 3 Prozent auf 61 Prozent im Jahr 1986 sowie um weitere 4 Prozent auf 65 Prozent im Jahr 1987.[419] 1988 stieg die Beteiligung der Mitarbeiter trotz der ungünstigen Kursentwicklung im Angebotszeitraum um ein weiteres Prozent auf insgesamt 66 Prozent.[420] 1989 erreichte die Quote erstmals 70 Prozent, wobei der erneute Zuwachs vor allem auf eine stärkere Beteiligung der gewerblichen Mitarbeiter zurückgeführt wurde. Von dieser Zielgruppe erwarb zu diesem Zeitpunkt bereits jeder Zweite Aktien, während es beim ersten Angebot 20 Jahre zuvor lediglich 10 Prozent gewesen waren.[421] Die Gesamtzahl der im Rahmen des Belegschaftsaktienprogramms zwischen 1969 und 1989 von den Mitarbeitern erworbenen Aktien belief sich auf rund 9,3 Millionen Stück.[422]

---

415 Vgl. Aktenvermerk „Siemens-Aktien 1982" vom 17. August 1982, S. 1, in: SAA 12157; vgl. auch Niederschrift über die Besprechung der Firmenleitung mit dem Verhandlungsdelegation des Gesamtbetriebsrats am 25.3.1983 in München, S. 8, in: SAA S 6.
416 Vgl. dazu Aktenvermerk „Siemens-Aktien 1983" vom 8. Juli 1983, S. 1, in: SAA 12168.
417 Vgl. Aktenvermerk „Siemens-Aktien 1984" vom 30.8.1984, S. 1, in: SAA 12150-1.
418 Vgl. Aktenvermerk „Siemens-Aktien 1985" vom 28. 6. 1985, in: SAA 12161.
419 Vgl. Aktenvermerk „Beteiligung der Mitarbeiter der Siemens AG am Erwerb von Siemens-Aktien 1986" vom 28.7.1986, S. 1, in: SAA 12173, und Aktenvermerk „Belegschaftsaktien Siemens AG – März 1987 vom 20.8.1987, S. 1, in: SAA 12171.
420 Vgl. dazu Aktenvermerk „Belegschaftsaktien Siemens AG – März 1988 vom 24.6.1988, S. 1, in: SAA 12152-1.
421 Vgl. Meier, Willi: Neuer Rekord beim Aktienkauf, in: Siemens-Mitteilungen 2/1989, S. 8; vgl. auch Niederschrift über die Sitzung des Wirtschaftsausschusses der Siemens AG am 27. Januar 1989 in München, S. 18, in: SAA S 3. Vgl. auch Aktenvermerk „Belegschaftsaktien Siemens AG – März 1989 vom 19.5.1989, S. 1, in: SAA 12160.
422 Eigene Berechnung nach Zahlen in: Aktien für Mitarbeiter zum Vorzugspreis seit 1969, Aufstellung von ZP BA 9/99, in: SAA 23697.

## Abb. 19: Anzahl der Antragsteller und Stückzahl der insgesamt erworbenen Aktien (1969–1989)

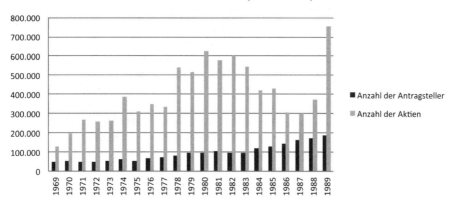

*Eigene Darstellung nach „Aktien für Mitarbeiter zum Vorzugspreis seit 1969", Aufstellung von ZP BA 9/99, in: SAA 23697.*

Auch in den Folgejahren oszillierte die Beteiligungsquote um 70 Prozent, was auf eine im Vergleich zu anderen Großunternehmen relativ hohe Beteiligungsbereitschaft der Siemens-Mitarbeiter schließen lässt. Einer Untersuchung von Guski aus dem Jahr 1986 zufolge erreichten Großunternehmen eine durchschnittliche Beteiligungsquote von rund 58 Prozent.[423] Nur im Bankensektor war eine höhere Aufgeschlossenheit gegenüber dem Aktienerwerb anzutreffen als in anderen Wirtschaftsbranchen. So lag zum Beispiel die Beteiligung an den 1974 gestarteten Belegschaftsaktienofferten der Deutschen Bank durchschnittlich zwischen 70 und 80 Prozent. Dies ist vor allem darauf zurückzuführen, dass Mitarbeiter von Banken im Umgang mit Aktien vertrauter sind als Beschäftigte anderer Wirtschaftsbereiche.[424] Insgesamt dokumentiert die beschriebene Entwicklung der Beteiligungsquote eine zunehmende Nutzung der Belegschaftsaktienangebote durch die Mitarbeiter und weist auf einen langfristigen Erfolg dieses sozialpolitischen Instruments der Vermögensbildung hin.

Das zunehmende Interesse der Mitarbeiter, das sich in der Beteiligungsquote widerspiegelt, kann – wie bereits die internen Analysen über die Beteiligung der Mitarbeiter am Aktienerwerb für die einzelnen Jahre gezeigt haben – anhand verschiedener Faktoren erklärt werden. Hervorzuheben ist vor allem ein signifikanter Zusammenhang zwischen dem Börsenkurs der Siemens-Aktie während des Zeitraums der Antragstellung und der Beteiligungsquote. Der enge Zusammenhang zwischen der konjunkturellen Lage und der Einstellung der Belegschaft zur Aktie wurde auch bei anderen Unternehmen konstatiert, denn in Phasen des wirtschaftlichen Abschwungs ist das Vertrauen in die wirtschaftliche Entwicklung und folglich auch das Vertrauen in Aktien gering.[425] Dass die Lage auf den Aktienmärkten

---

423 Vgl. Guski/Schneider, 1986, S. 34.
424 Vgl. Fritsch, 1976, S. 16; vgl. auch Gall, 1995, S. 640 f., und Guski/Schneider, 1977, S. 45 f.
425 Vgl. Guski/Schneider, 1977, S. 46.

das Beteiligungsinteresse der Siemens-Mitarbeiter entscheidend beeinflusst hat, zeigen die steigende Beteiligungsquote bei einem hohen Börsenkurs oder auch sinkende Beteiligungszahlen bei entsprechend niedrigeren Kursen. So wurde zum Beispiel der Rückgang von 27 Prozent in 1974 auf 23 Prozent in 1975 von der Firmenleitung auf die unsichere Wirtschaftslage und den niedrigen Kurs zur Zeit der Antragstellung zurückgeführt.[426] Die starke Orientierung am aktuellen Kursvorteil ist zwar psychologisch nachvollziehbar, sie lässt allerdings außer Acht, dass es sich bei der Aktienanlage um eine Anlage mit mittel- bis langfristiger Perspektive handelt, zumal sie im Rahmen des Belegschaftsaktienangebots mit einer fünf- bis sechsjährigen Sperrfrist versehen ist. Allerdings haben die rapide sinkenden Börsenkurse im Herbst 1987 die Kaufbereitschaft der Mitarbeiter nicht beeinträchtigt – im Gegenteil erhöhte sich die Beteiligungsquote gegenüber dem Vorjahr um 1 Prozent auf 66 Prozent. Dieses Kaufverhalten war aller Wahrscheinlichkeit nach auf die Tatsache zurückzuführen, dass der ursprünglich angesetzte Vorzugspreis von 333 DM aufgrund des rapide sinkenden Börsenkurses um 100 DM herabgesetzt wurde und der Aktienerwerb zu den günstigeren Konditionen sehr viel attraktiver erschien.

Als weiteren wesentlichen äußeren Einflussfaktor nennt Siemens in seinen jährlichen Untersuchungen über die Beteiligung der Mitarbeiter am Aktienerwerb die Informationspolitik des Unternehmens. So sei der in der zweiten Hälfte der siebziger Jahre zu beobachtende kontinuierliche Anstieg der Beteiligung nicht nur auf den attraktiven Kursvorteil, sondern wohl auch „auf die ‚hartnäckige' Information zurückzuführen."[427] Ferner hatten Verbesserungen im Verwaltungs- und Abwicklungsverfahren und wirtschaftspolitische Rahmenbedingungen wie zum Beispiel Veränderungen bei der gesetzlichen Förderung der Vermögensbildung Auswirkungen auf das Beteiligungsverhalten der Siemens-Mitarbeiter. Fritsch und Guski weisen neben den auch bei Siemens genannten Kriterien wie der allgemeinen Lage auf den Aktienmärkten, dem Informationsstand der Mitarbeiter oder den Modalitäten des Angebots auch auf die Höhe der Eigenleistungen und der Renditen, die Struktur der Belegschaft, die Haltung des Betriebsrats sowie auf Erfahrungen mit früher bezogenen Belegschaftsaktien als weitere das Kaufverhalten der Mitarbeiter prägende Faktoren hin.[428] Einen wichtigen Einfluss auf die Beteiligungsbereitschaft der Arbeitnehmer messen Guski und Schneider der Haltung des Betriebsrats zur Ausgabe von Belegschaftsaktien zu.[429] Da der Gesamtbetriebsrat der Siemens AG, wie im Folgenden noch zu zeigen sein wird, dieser sozialpolitischen Maßnahme durchaus positiv gegenüberstand, ist ein entsprechender Einfluss auf die Kaufentscheidung der Mitarbeiter anzunehmen.

---

426 Vgl. Niederschrift über die Sitzung des Wirtschaftsausschusses der Siemens AG am 5. Februar 1975 in München, in: SAA S 3.
427 Vgl. Schreiben von Herrn Sperling btr. Beteiligung am Aktienerwerb (Siemens AG) vom 17.2.1981, in: SAA 12190-1.
428 Vgl. Guski/Schneider, 1986, S. 34.
429 Vgl. Guski/Schneider, 1977, S. 48.

*1.2.6.2 Die Struktur der Belegschaftsaktionäre*

Aussagen über die Struktur der Belegschaftsaktionäre lassen sich auf der Basis der seit 1969 von Siemens jährlich erhobenen Daten über die Beteiligung der Mitarbeiter am Erwerb von Siemens-Aktien treffen. Seit 1973 wurden diese Daten in einem speziellen Personalinformationssystem gespeichert und ausgewertet, sodass detaillierte Angaben vorliegen.[430] Getrennt nach den unterschiedlichen Einkommensgruppen – den übertariflich bezahlten Angestellten (ÜT), den Angestellten und den gewerblichen Mitarbeitern – wurde sowohl die jeweilige Beteiligungsquote als auch die Kaufneigung in Abhängigkeit von der Lohn- oder Gehaltsgruppe, vom Lebens- und Dienstalter, von der Nationalität und der vertraglichen Arbeitszeit untersucht. Zu den einzelnen Einkommensgruppen lassen sich folgende Aussagen treffen: Die Beteiligung bei den übertariflich bezahlten Mitarbeitern lag im gesamten Betrachtungszeitraum bei nahezu 100 Prozent. Dabei ist zu berücksichtigen, dass der ÜT-Kreis seit 1971 eine sogenannte Zusatz-Erfolgsbeteiligung erhielt, die bis 1985 ausschließlich in Form von Aktien in Anspruch genommen werden musste.[431] Sie war als Äquivalent zu der mit dem 3. Vermögensbildungsgesetz geschaffenen Möglichkeit gedacht, vermögenswirksam angelegte Beträge von bisher 312 DM auf 624 DM aufzustocken.[432] Im Jahr 1985, als sich der Vorzugspreis für

---

430  Vgl. dazu Aktenvermerk von ZPS 5 „Beteiligung der Mitarbeiter am Erwerb vom Siemens-Aktien" vom 26.7.1974 und vom 2.9.1975, beide Dokumente in: SAA 12190-2; Aktenvermerk von ZPS 51 „Erwerb von Siemens-Aktien durch Mitarbeiter 1976" vom 1.10.1976, in: SAA 12190-2; Aktenvermerk von ZPS 5 „Beteiligung der Mitarbeiter der Siemens AG am Erwerb von Siemens-Aktien" vom 12.5.1977, in: SAA 12154; Aktenvermerk von ZPS 5 „Beteiligung der Mitarbeiter der Siemens AG am Erwerb von Siemens-Aktien" vom 11.7.1978, in: SAA 12177; Vermerk von ZPS 5 an Herrn Dr. Schöne „Erwerb von Siemens-Aktien vom 15.2.1979 und Aktenvermerk von ZPS 5 „Beteiligung der Mitarbeiter der Siemens AG am Erwerb von Siemens-Aktien" vom 19.11.1979, beide Dokumente in: SAA 12179; Aktenvermerk von ZPS 5 „Beteiligung der Mitarbeiter der Siemens AG am Erwerb von Siemens-Aktien" vom 2.6.1980, in: SAA 12174; Vermerk von ZPS 52 „Beteiligung am Aktienerwerb (Siemens AG) vom 17.2.1981, in: SAA 12190-1; Aktenvermerk von ZPS 5 „Siemens-Aktien 1981" vom 26.8.1981, in: SAA 12156-1; Aktenvermerk von ZPS 5 „Siemens-Aktien 1982" vom 17.8.1982, in: SAA 12157; Aktenvermerk von ZPS 5 „Siemens-Aktien 1983" vom 8.7.1983, in: SAA 12168; Aktenvermerk von ZPS 5 „Siemens-Aktien 1984" vom 30.8.1984, in: SAA 12150-1; Aktenvermerk von ZPS 51 „Siemens-Aktien 1985" vom 26.6.1985, in: SAA 12161; Aktenvermerk von ZPS 51 „Beteiligung der Mitarbeiter der Siemens AG am Erwerb von Siemens-Aktien 1986" vom 26.7.1986, in: SAA 12173; Aktenvermerk von ZP ABP 1 „Belegschaftsaktien Siemens AG – März 1987" vom 20.8.1987, in: SAA 12171; Aktenvermerk von ZP ABP 2 „Belegschaftsaktien Siemens AG – März 1988" vom 24.6.1988, in: SAA 12152-1; Aktenvermerk von ZP ABP „Belegschaftsaktien Siemens AG – März 1989" vom 19.5.1989, in: SAA 12160.
431  Vgl. dazu Schreiben „Erwerb von Siemens-Aktien" von ZPS 5 vom 15.2.1979 an Herrn Dr. Schöne, ZFF, in: 12179. Bis 1985 wurde die Zusatz-EB ausschließlich in Aktien ausgegeben, 1985 konnte die Zusatz-EB erstmals auch wahlweise als Barauszahlung in Anspruch genommen werden, allerdings zu schlechteren Konditionen, da in netto entrichtet, vgl. dazu Aktenvermerk von ZPS 51 „Siemens-Aktien 1985" vom 28.6.1985, in: SAA 12161.
432  Vgl. Notiz „Aktien an Mitarbeiter – Zusatz-EB" vom 16. Juli 1987 an Dr. Müller-Zimmermann, in: SAA 12152-1.

Siemens-Aktien von 156 DM auf 195 DM erhöhte, konnte die Zusatz-EB erstmals wahlweise auch als Barauszahlung in voller Höhe mit den Märzbezügen beansprucht werden.[433] Die meisten ÜT-Mitarbeiter zogen jedoch auch in der Folgezeit die Aktien der Barauszahlung vor.[434] Einige ÜT-Angestellte verzichteten auf das allgemeine Angebot und übertrugen den Steuervorteil, der mit dem allgemeinen Angebot in Anspruch genommen werden konnte, auf die ÜT-Aktien.[435] Am allgemeinen Angebot partizipierten durchschnittlich 80 bis 90 Prozent der ÜT-Angestellten.

Innerhalb des Tarifkreises wurde das Kaufverhalten nach Geschlecht sowie nach Tarifgruppen, nach Lebensalter und nach Dienstalter differenziert. Bei der Unterscheidung nach der Geschlechtszugehörigkeit ist generell festzuhalten, dass die Beteiligung der Männer im Betrachtungszeitraum zwar absolut gesehen höher lag als bei den Frauen – was nicht zuletzt auf einen geringeren Frauenanteil an der Belegschaft zurückzuführen ist. Die in den meisten Strukturberichten konstatierte Feststellung, dass bei gleichem Verdienst kein nennenswerter Unterschied im Kaufverhalten von Männern und Frauen festzustellen sei, ist jedoch auf der Grundlage eigener Berechnungen dahingehend zu revidieren, dass Frauen in den oberen Gehaltsgruppen des Tarifkreises eine höhere Beteiligungsquote aufwiesen als Männer in derselben Gehaltsgruppe.[436] Unter dem Aspekt des Dienstalters zeigte sich bei den männlichen Mitarbeitern, dass die Gruppe von einem bis unter fünf Dienstjah-

---

433   Vgl. dazu Schreiben von Heribald Närger an Prof. Dr. Gumin und Herrn Schlitzberger vom 25. Mai 1984, in: SAA 12161 und Aktenvermerk von ZPS 51 „Siemens-Aktien 1985" vom 28.6.1985, in: SAA 12161.
434   Vgl. Erdödy, 2004, S. 195, in: SAA L 497.
435   Vgl. dazu zum Beispiel Aktenvermerk von ZPS 51 vom 30.8.1984, in: SAA 12150-1. Bis 1985 wurde die Zusatz-EB ausschließlich in Form von Aktien ausgegeben. Daher verzichteten einige ÜT-Angestellte auf das allgemeine Angebot und übertrugen den Steuervorteil, der mit dem allgemeinen Angebot in Anspruch genommen werden konnte, auf die ÜT-Aktien.
436   Vgl. dazu Aktenvermerk von ZPS 5 „Beteiligung der Mitarbeiter am Erwerb von Siemens-Aktien" vom 26.7.1974, S. 3, in: SAA 12190-2; Aktenvermerk von ZPS 5 „Beteiligung der Mitarbeiter am Erwerb von Siemens-Aktien" vom 2.9.1975, S. 3, in: SAA 12190-2; Aktenvermerk von ZPS 51 „Erwerb von Siemens-Aktien durch Mitarbeiter 1976" vom 1.10.1976, S. 2, in: SAA 12190-2; Aktenvermerk von ZPS 5 „Beteiligung der Mitarbeiter der Siemens AG am Erwerb von Siemens-Aktien" vom 12.5.1977, S. 2, in: SAA 12154; Aktenvermerk von ZPS 5 „Beteiligung der Mitarbeiter der Siemens AG am Erwerb von Siemens-Aktien" vom 11.7.1978, S. 2, in: SAA 12177; Vermerk von ZPS 5 an Herrn Dr. Schöne „Erwerb von Siemens-Aktien vom 15.2.1979, S. 2, in: SAA 12179; Aktenvermerk von ZPS 5 „Beteiligung der Mitarbeiter der Siemens AG am Erwerb von Siemens-Aktien" vom 19.11.1979, S. 2, in: SAA 12179; Aktenvermerk von ZPS 5 „Beteiligung der Mitarbeiter der Siemens AG am Erwerb von Siemens-Aktien" vom 2.6.1980, S. 2, in: SAA 12174; Aktenvermerk von ZPS 5 „Siemens-Aktien 1981" vom 26.8.1981, S. 2, in: SAA 12156-1; Aktenvermerk von ZPS 5 „Siemens-Aktien 1982" vom 17.8.1982, S. 2, in: SAA 12157; Aktenvermerk von ZPS 5 „Siemens-Aktien 1983" vom 8. 7.1983, S. 2, in: SAA 12168; Aktenvermerk von ZPS 5 „Siemens-Aktien 1984" vom 30.8.1984, S. 2, in: SAA 12150-1; Aktenvermerk von ZPS 51 „Siemens-Aktien 1985" vom 26.6.1985, S. 2, in: SAA 12161; Aktenvermerk von ZPS 51 „Beteiligung der Mitarbeiter der Siemens AG am Erwerb von Siemens-Aktien 1986" vom 26.7.1986, S. 3, in: SAA 12173; Aktenvermerk von ZP ABP 1 „Belegschaftsaktien Siemens AG – März 1987" vom 20.8.1987, S. 2, in: SAA 12171.

1. Von der Inventurprämie zur Belegschaftsaktie          189

ren überdurchschnittlich vom Aktienangebot Gebrauch gemacht hat. Bei den weiblichen Mitarbeitern nahm dagegen die Beteiligung mit steigendem Dienstalter zu. Die Analyse des Beteiligungsverhaltens nach dem Lebensalter ergab, dass bei Männern die Beteiligung von deren Lebensalter weitgehend unabhängig war, während Frauen mit 30 und mehr Lebensjahren eine deutlich höhere Beteiligungsquote aufwiesen als jüngere Mitarbeiterinnen. Seit Mitte der achtziger Jahre wurde eine überdurchschnittlich hohe Beteiligung bei der Gruppe der 40- bis 50-jährigen Frauen vermerkt.[437]

Bei den gewerblichen Mitarbeitern ergab sich ein ähnliches Bild wie bei den Tarifangestellten. Auch hier wurde wie bereits bei den Angestellten bei gleichem Verdienst kein nennenswerter Unterschied in der Beteiligung von Männern und Frauen konstatiert, wobei sich wiederum – wenn auch nicht so eindeutig – abzeichnete, dass in den oberen Lohngruppen die Beteiligung bei den Frauen höher lag als bei den Männern. Die Beteiligung der gewerblichen Mitarbeiter insgesamt nahm tendenziell sowohl mit den Lebensjahren – insbesondere ab dem 30. Lebensjahr – als auch mit den Dienstjahren zu, wobei dem Dienstalter bei den gewerblichen Mitarbeitern ein sehr viel stärkerer Einfluss zugemessen wurde als bei den Tarifangestellten.[438] Dies kann vor allem darauf zurückgeführt werden, dass innerhalb der Dienstaltersstaffel mit höherem Dienstalter der steigende Verdienst sowie zunehmende Erfahrungen mit dem vermögenspolitischen Instrument der Belegschaftsaktie eine Rolle spielen.[439]

Strukturunterschiede ergaben sich auch im Vergleich der im In- und Ausland beschäftigten Mitarbeiter. Während zwischen deutschen und ausländischen Ange-

---

437 Vgl. Aktenvermerk von ZPS 51 „Siemens-Aktien 1985" von 26.6.1985, S. 2, in: SAA 12161; Aktenvermerk von ZPS 51 „Beteiligung der Mitarbeiter der Siemens AG am Erwerb von Siemens-Aktien 1986" vom 26.7.1986, S. 3, in: SAA 12173; Aktenvermerk von ZP ABP 1 „Belegschaftsaktien Siemens AG – März 1987" vom 20.8.1987, S. 3, in: SAA 12171.

438 Vgl. dazu Aktenvermerk von ZPS 5 „Beteiligung der Mitarbeiter am Erwerb vom Siemens-Aktien" von 26.7.1974, S. 2 f., in: SAA 12190-2; Aktenvermerk von ZPS 5 „Beteiligung der Mitarbeiter am Erwerb von Siemens-Aktien" vom 2.9.1975, S. 2 f., in: SAA 12190-2; Aktenvermerk von ZPS 51 „Erwerb von Siemens-Aktien durch Mitarbeiter 1976" vom 1.10.1976, S. 1 f., in: SAA 12190-2; Aktenvermerk von ZPS 5 „Beteiligung der Mitarbeiter der Siemens AG am Erwerb von Siemens-Aktien" vom 12.5.1977, S. 2 f., in: SAA 12154; Aktenvermerk von ZPS 5 „Beteiligung der Mitarbeiter der Siemens AG am Erwerb von Siemens-Aktien" vom 11.7.1978, S. 2 f., in: SAA 12177; Aktenvermerk von ZPS 5 „Beteiligung der Mitarbeiter der Siemens AG am Erwerb von Siemens-Aktien" vom 19.11.1979, S. 2 f., in: SAA 12179; Aktenvermerk von ZPS 5 „Beteiligung der Mitarbeiter der Siemens AG am Erwerb von Siemens-Aktien" vom 2.6.1980, S. 2 f., in: SAA 12174; Aktenvermerk von ZPS 5 „Siemens-Aktien 1981" vom 26.8.1981, S. 2 f., in: SAA 12156-1; Aktenvermerk von ZPS 5 „Siemens-Aktien 1982" vom 17.8.1982, S. 3, in: SAA 12157; Aktenvermerk von ZPS 5 „Siemens-Aktien 1983" vom 8.7.1983, S. 3, in: SAA 12168; Aktenvermerk von ZPS 5 „Siemens-Aktien 1984" vom 30.8.1984, S. 3, in: SAA 12150-1; Aktenvermerk von ZPS 51 „Siemens-Aktien 1985" vom 26.6.1985, S. 3, in: SAA 12161; Aktenvermerk von ZPS 51 „Beteiligung der Mitarbeiter der Siemens AG am Erwerb von Siemens-Aktien 1986" vom 26.7.1986, S. 4 f., in: SAA 12173; Aktenvermerk von ZP ABP 1 „Belegschaftsaktien Siemens AG – März 1987" vom 20.8.1987, S. 3 f., in: SAA 12171.

439 Vgl. Beteiligung der Mitarbeiter der Siemens AG am Erwerb von Siemens-Aktien vom 11. Juli 1978, in: SAA 12177, S. 3.

stellten in Bezug auf das Kaufverhalten kein nennenswerter Unterschied festzustellen war, wiesen ausländische gewerbliche Mitarbeiter wesentlich niedrigere Beteiligungsquoten auf als ihre deutschen Kollegen.[440] Dieses Ergebnis führten Personalverantwortliche vor allem darauf zurück, dass die ausländischen Mitarbeiter zum einen „mit dem Wesen von Aktien und den gesetzlichen Bestimmungen über die Vermögensbildung nicht oder nur sehr wenig vertraut"[441] seien, dass zum zweiten die Liquidität selbst unter Verzicht gesetzlicher Vergünstigungen bei längerfristigen Anlagen Vorrang hätte und dass nicht zuletzt auch der Aufenthalt in der Bundesrepublik Deutschland in vielen Fällen zeitlich begrenzt sei, was zu Schwierigkeiten bei der Depotverwaltung aus dem Ausland führen könnte.[442]

Über die genannten Strukturunterschiede hinaus differierten Beteiligungsquote und Beteiligungsstruktur je nach Siemens-Betrieb, zumal die einzelnen Werke unterschiedliche Mitarbeiterstrukturen aufwiesen. Darüber hinaus übten Einstellungen der Kollegen, des Betriebsrats oder der Vorgesetzten sowie das allgemeine Interesse am Thema Belegschaftsaktie und die Informationslage am Standort Einfluss auf das Kaufverhalten aus. So stellte die Personalabteilung zum Beispiel fest, dass bei Betrieben mit starker Beteiligung der oberen Einkommensgruppen auch die Teilnahme der Mitarbeiter mit niedrigerem Einkommen überdurchschnittlich hoch war.[443]

Als Fazit lässt sich ein unmittelbarer Zusammenhang zwischen Beteiligungsinteresse und Einkommen sowie Dienstalter festhalten, wobei sich die Bezüge mit steigendem Dienstalter in der Regel erhöhen. Diese Tendenz der steigenden Beteiligungsbereitschaft mit steigendem Einkommen war bei Arbeitern ausgeprägter als bei den Angestellten. Die Beteiligungsbereitschaft der Arbeiter nahm im Betrach-

440 Vgl. dazu Aktenvermerk von ZPS 5 „Beteiligung der Mitarbeiter am Erwerb von Siemens-Aktien" vom 26.7.1974, S. 3, in: SAA 12190-2; Aktenvermerk von ZPS 5 „Beteiligung der Mitarbeiter am Erwerb von Siemens-Aktien" vom 2.9.1975, S. 3, in: SAA 12190-2; Aktenvermerk von ZPS 51 „Erwerb von Siemens-Aktien durch Mitarbeiter 1976" vom 1.10.1976, S. 2, in: SAA 12190-2; Aktenvermerk von ZPS 5 „Beteiligung der Mitarbeiter der Siemens AG am Erwerb von Siemens-Aktien" vom 12.5.1977, S. 3, in: SAA 12154; Aktenvermerk von ZPS 5 „Beteiligung der Mitarbeiter der Siemens AG am Erwerb von Siemens-Aktien" vom 11.7.1978, S. 3 f., in: SAA 12177; Aktenvermerk von ZPS 5 „Beteiligung der Mitarbeiter der Siemens AG am Erwerb von Siemens-Aktien" vom 19.11.1979, S. 3 f., in: SAA 12179; Aktenvermerk von ZPS 5 „Beteiligung der Mitarbeiter der Siemens AG am Erwerb von Siemens-Aktien" vom 2.6.1980, S. 3 f., in: SAA 12174; Aktenvermerk von ZPS 5 „Siemens-Aktien 1981" vom 26.8.1981, S. 3 f., in: SAA 12156-1; Aktenvermerk von ZPS 5 „Siemens-Aktien 1982" vom 17.8.1982, S. 3 f., in: SAA 12157; Aktenvermerk von ZPS 5 „Siemens-Aktien 1983" vom 8.7.1983, S. 4, in: SAA 12168; Aktenvermerk von ZPS 5 „Siemens-Aktien 1984" vom 30.8.1984, S. 4, in: SAA 12150-1; Aktenvermerk von ZPS 51 „Siemens-Aktien 1985" vom 26.6.1985, S. 4, in: SAA 12161; Aktenvermerk von ZPS 51 „Beteiligung der Mitarbeiter der Siemens AG am Erwerb von Siemens-Aktien 1986" vom 26.7.1986, S. 5 f., in: SAA 12173; Aktenvermerk von ZP ABP 1 „Belegschaftsaktien Siemens AG – März 1987" vom 20.8.1987, S. 4 f., in: SAA 12171.
441 Vgl. Beteiligung der Mitarbeiter der Siemens AG am Erwerb von Siemens-Aktien 1986 vom 26.7.1986, S. 6, in: SAA 12173.
442 Vgl. ebd.
443 Vgl. Vortrag Dr. Närger über „Unternehmensbezogene Vermögensbildung in der Praxis" am 9. Juni 1976, S. 5 f., in: SAA 12190-2.

tungszeitraum proportional stärker zu als bei den Angestellten. Während sich 1969 erst jeder zehnte Lohnempfänger an dem Belegschaftsaktienangebot beteiligte, erwarb 20 Jahre später (1989) bereits jeder zweite Belegschaftsaktien – dies war eine Verfünffachung des Beteiligungsanteils innerhalb von 20 Jahren. Die Beteiligung der Tarifangestellten (ohne gewerbliche Mitarbeiter) erhöhte sich im selben Zeitraum von rund 42 Prozent 1969 auf über 80 Prozent im Jahr 1989, was eine Verdopplung bedeutete.[444]

---

[444] Vgl. dazu Niederschrift über die Sitzung des Wirtschaftsausschusses der Siemens AG am 27. Januar 1989 in München, in: SAA S 3: Während 1969 nur 10 % der gewerblichen Mitarbeiter Siemens-Aktien beantragten, waren es 1989 rd. 50 %. Seit 1983 beschäftigte Siemens insgesamt mehr Angestellte als gewerbliche Mitarbeiter, sodass zusätzlich positive Impulse auf die im Betrachtungszeitraum stark angestiegene Beteiligungsbereitschaft der gewerblichen Mitarbeiter vermutet werden können. Vgl. Sozialbericht 1988/89, S. 2, in: SAA 14/Lk 408.

Abb. 20: Börsenkurs und Beteiligung am Aktienangebot (1969–1989)

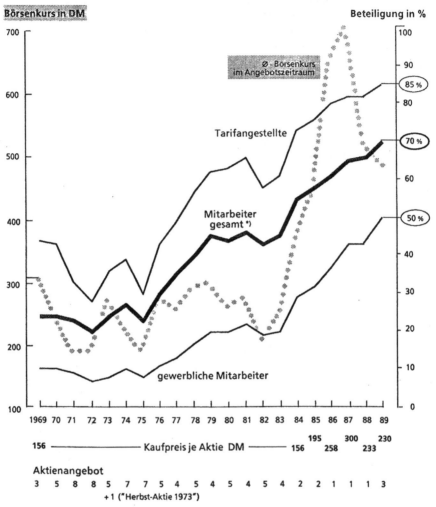

*Quelle: Abbildung entnommen aus SAA 12160.*

Als Erklärung für die enge Korrelation zwischen Einkommenshöhe und Beteiligungsbereitschaft bzw. Umfang der Aktienkäufe ist auf die größere Sparmöglichkeit bei höherem Einkommen zu verweisen. Darüber hinaus konnte bei den Angestellten in der Regel eine umfassendere Schulbildung sowie eine durch Ausbildung oder berufliche Tätigkeit bedingte Einsicht in wirtschaftliche Zusammenhänge unterstellt werden, die einen besseren Informationsstand über Aktien und Geldanlagen vermuten ließen.⁴⁴⁵ Die sich mit steigendem Dienst- und Lebensalter erhöhende Kaufneigung lässt sich auch darauf zurückführen, dass mit zunehmendem Alter der Gedanke der Vorsorge stärker in den Vordergrund tritt.⁴⁴⁶

Die bei Siemens festgestellten Ergebnisse decken sich weitgehend mit den Erfahrungen anderer Unternehmen. Bei den meisten der zum Beispiel in die Untersuchung von Guski einbezogenen Unternehmen lässt sich ebenfalls beobachten, dass Mitarbeiter in den oberen Einkommensgruppen – sowohl bei den Angestellten als auch bei den gewerblichen Mitarbeitern – eine wesentlich größere Bereitschaft zeigen, Aktien zu erwerben, als in den unteren Einkommensgruppen.⁴⁴⁷ Guski führt die stärkere Zurückhaltung bei gewerblichen Arbeitnehmern über die oben bereits genannten Gründe hinaus auf eine höhere Fluktuation sowie eine entsprechend geringere Verbundenheit mit dem Unternehmen zurück, vor allem, wenn der Anteil der ausländischen Arbeitskräfte besonders hoch sei. Auf der anderen Seite wurde bei denjenigen Betrieben, die eine vergleichsweise hohe Beteiligung der gewerblichen Mitarbeiter aufweisen konnten, eine intensive Informationspolitik hinsichtlich der Belegschaftsaktienausgabe sowie eine verstärkte persönliche Ansprache beobachtet.⁴⁴⁸

*1.2.6.3 Vermögensbildung der Mitarbeiter über das Unternehmen*

Detaillierte Aussagen zur „Vermögensbildung der Mitarbeiter" lassen sich auf der Basis der im Siemens-Archiv überlieferten Sozialberichte sowie ergänzend anhand von Berichten über die Sitzungen des Wirtschaftsausschusses für die Zeit von 1969 bis 1981 treffen. Für den Zeitraum von 1981 bis zum Ende des Betrachtungszeitraums 1989 konnten trotz intensiver Recherchen keine vergleichbaren Zahlen aufgefunden werden, sodass sich die Analyse auf den anfangs genannten Zeitraum beschränken muss.

Einer internen Untersuchung aus dem Jahr 1977 zufolge entfielen bei der Vermögensbildung der Siemens-Mitarbeiter für den Zeitraum von 1963 bis 1977 durchschnittlich gesehen 34 Prozent des gesparten Vermögens auf den Aktienerwerb, der damit an zweiter Stelle hinter dem Prämiensparen mit 43 Prozent stand; es folgten mit 17 Prozent das Bausparen und 6 Prozent entfielen auf Lebensversicherungen.⁴⁴⁹

---

445 Vgl. Vortrag Dr. Närger über „Unternehmensbezogene Vermögensbildung in der Praxis" am 9. Juni 1976, S. 5 f., in: SAA 12190-2. Die Beteiligung war naturgemäß bei den Lohnempfängern geringer als bei den Angestellten, was auch auf den hohen Anteil der Frauen und Gastarbeiter bei den gewerblichen Arbeitnehmern zurückzuführen ist, vgl. dazu auch Notiz der Presseabteilung Wirtschaft vom 21.8.1970, in: SAA 12172.
446 Vgl. Vortrag Dr. Närger über „Unternehmensbezogene Vermögensbildung in der Praxis" am 9. Juni 1976, S. 5, in: SAA 12190-2.
447 Vgl. Guski/Schneider, 1977, S. 50; Fritsch, 1976, S. 20; Dietrich, 1996, S. 53.
448 Vgl. Guski/Schneider, 1977, S. 51 f.
449 Vgl. dazu Vermögensbildung bei Siemens – Zehn Jahre Siemens-Aktien für Mitarbeiter, Anlage, in: SAA 12190-1.

Abb. 21: Vermögensbildung der Mitarbeiter bei der Siemens AG (1963–1977)

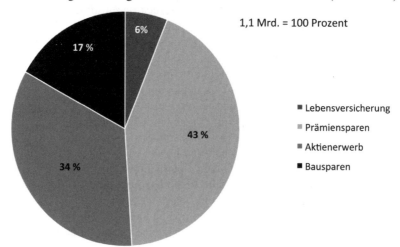

Eigene Darstellung nach „Vermögensbildung bei Siemens – Zehn Jahre Siemens-Aktien für Mitarbeiter", Manuskript von Werner Baake vom 8.2.1978, Anlage, in: SAA 12190-1.

Im Vergleich dazu machte im Bundesgebiet das Aktiensparen durchschnittlich nur 1 Prozent aus, während ansonsten bundesweit eher traditionelle Formen der Vermögensbildung wie das Prämiensparen mit 53 Prozent, das Bausparen mit 29 Prozent und Lebensversicherungen mit 17 Prozent im Vordergrund standen.[450] Diese erstaunlich hohe Diskrepanz zwischen Siemens und dem Bundesgebiet verdeutlichen die Erfolge des Unternehmens bei der Heranführung der Mitarbeiter an das Aktiensparen.

Beim Sparverhalten der Mitarbeiter über den Zeitraum von 1969 bis 1981 hinweg fällt auf, dass sich die Prioritäten in Bezug auf die Anlageformen Sparverträge, Aktien, Bausparverträge bzw. sonstige Bauvorhaben und Lebensversicherungen verschoben haben. Dominierte bis 1977 der Sparvertrag als bevorzugte Sparform, die in manchen Jahren von bis zu 46 Prozent aller Sparer genutzt wurde, so löste ab 1978 das Aktiensparen das Prämiensparen als beliebteste Anlageform ab. Diese Anlagemöglichkeit wurde maximal sogar von bis zu 48 Prozent (1980) aller Sparer genutzt.[451] Das Bausparen, das jährlich von 14 bis 17 Prozent aller Mitarbeiter, die über die Firma anlegten, gewählt wurde, rangierte an dritter Stelle und an letzter Stelle lag die Anlage in einer Lebensversicherung, die jedoch nie mehr als 10 Prozent der Sparer präferierten.

---

450 Vgl. ebd.
451 Vgl. dazu Niederschriften über die Sitzungen des Wirtschaftsausschusses der Siemens AG in München vom 3. Februar 1976, 28. Januar 1977, 1. Februar 1978, 2. Februar 1979, 1. Februar 1980, 5. Februar 1981, 28. Januar 1982, 27. Januar 1983; alle Berichte in: SAA S 3, sowie Jahresbericht der Zentralabteilung Personal 1971/72, Anlage 13, und Jahresbericht der Zentralabteilung Personal 1973/74, Anlage 12, beide Berichte in: SAA 10597.

## 1. Von der Inventurprämie zur Belegschaftsaktie 195

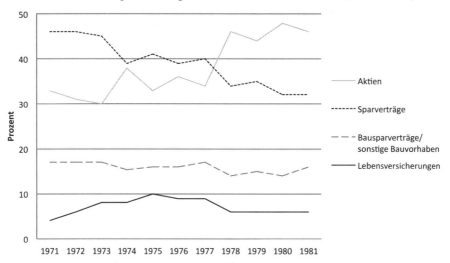

Abb. 22: Vermögensbildung der Mitarbeiter über Siemens (1971–1981)

*Eigene Darstellung, zusammengestellt aus Niederschriften über die Sitzungen des Wirtschaftsausschusses der Siemens AG in München vom 3. Februar 1976 und weiteren (siehe Anmerkung).*[452]

Diese Zahlen dokumentieren die zunehmende Beliebtheit des Aktiensparens, das sich in der zweiten Hälfte der siebziger Jahre gegenüber den eher traditionellen Sparformen durchsetzen konnte und schließlich von knapp der Hälfte aller Mitarbeiter, die über die Firma sparten, genutzt wurde. Die Entwicklung untermauert nicht zuletzt auch, dass eines der erklärten Ziele der Unternehmensleitung, die Mitarbeiter durch die Ausgabe von Belegschaftsaktien an das Aktiensparen heranzuführen, erreicht werden konnte.

### 1.2.6.4 Die Beteiligungsinteressen von Mitarbeitern, Betriebsrat und Gewerkschaften

Im Vergleich zu den Zielvorstellungen, die das Management mit einer Mitarbeiterkapitalbeteiligung verbindet, sind die Beteiligungsinteressen der Mitarbeiter mangels schriftlicher Aussagen oder empirischer Daten weniger gut zu verifizieren.[453] Die Motive lassen sich in materielle und immaterielle differenzieren.[454] Die Motive mit materiellem Charakter zielen vor allem auf die mit einer Kapitalbeteiligung verbundenen finanziellen Aspekte, wie die Erwartung einer hohen Rendite und die

---

452 Vgl. auch Niederschriften über die Sitzungen des Wirtschaftsausschusses der Siemens AG in München vom 28. Januar 1977, 1. Februar 1978, 2. Februar 1979, 1. Februar 1980, 5. Februar 1981, 28. Januar 1982, 27. Januar 1983; alle Berichte in: SAA S 3, sowie Jahresbericht der Zentralabteilung Personal 1971/72, Anlage 13, und Jahresbericht der Zentralabteilung Personal 1973/74, Anlage 12, beide Berichte in: SAA 10597.
453 Vgl. dazu auch Schawilye, 1998, S. 37.
454 Vgl. ebd.

Teilnahme an der Wertsteigerung des Unternehmens, also die Förderung der Vermögensbildung und die Erweiterung der wirtschaftlichen Existenzgrundlage. Darüber hinaus ist in dieser Kategorie die Vorstellung einer langfristigen Vermögensbildung und Zukunftssicherung durch eine fungible Kapitalanlage von Bedeutung.[455] Die Aussicht, Vermögen bilden zu können, stellt sicherlich das Hauptmotiv für die Entscheidung des Mitarbeiters dar, Belegschaftsaktien zu erwerben. Neben den Vergünstigungen beim Erwerb der Belegschaftsaktie bedeutet die jährliche Dividende aus dem Aktienbesitz eine zusätzliche Einkommensquelle. Allerdings darf nicht verkannt werden, dass in Zeiten nachlassenden Wirtschaftswachstums auch die Ertragslage des jeweiligen Unternehmens in Mitleidenschaft gezogen sein konnte, was sich sowohl auf den Wert der Aktien als auch auf die Höhe der Dividendenausschüttung auswirkt.[456] Siemens-Verantwortliche haben im Rahmen der internen Informationspolitik, zum Beispiel in Artikeln in den Siemens-Mitteilungen, immer wieder Musterrechnungen angestellt, die belegen sollten, dass in der Tat in relativ kurzer Zeit ein beachtlicher Anteil am Produktivvermögen bei den Arbeitnehmern geschaffen werden konnte. Wer zum Beispiel im Betrachtungszeitraum von 1969 bis 1989 alle Angebote und Bezugsrechte genutzt hatte, besaß im Frühjahr 1989 120 Aktien, die einen Börsenwert von über 60.000 DM hatten. In demselben Zeitraum konnte der Aktionär 17.460 DM an Dividenden, Bezugsrechtserlösen und Steuergutschriften einlösen. Der gesamte Kaufpreis für die in diesem Zeitraum erworbenen Aktien belief sich auf 17.580 DM – davon konnten 11.181 DM aus der vermögenswirksamen Leistung und der Arbeitnehmerzulage geschöpft werden; die eigenen Aufwendungen betrugen 6.300 DM.[457]

Abb. 23: Siemens-Aktien für Mitarbeiter, Muster-Depot (Stand 1989)

| JAHRE | Allgemeine Angebote | Bezugsrechte | BESTAND | EINNAHMEN (Dividenden, Bezugsrechtserlöse, Steuergutschriften) | Kaufpreis | Tarifl.vwL + Arbeitnehmersparzulage (VermBG) | zusätzl. eigene Aufwendungen |
|---|---|---|---|---|---|---|---|
| 1969 bis 1989 | 90 Aktien | 30 Aktien | 12 Aktien | 17.460 DM | 17.580 DM | 11.181 DM | 6.300 DM |

*Quelle: Abbildung nach Aufstellung in: SAA 12190-1.*

Als immaterielle Motive können dagegen der Wunsch der Mitarbeiter nach mehr Mitwirkung im Sinne von Mitsprachemöglichkeiten und einer stärkeren Betriebsbindung gelten.[458] Durch die Ausübung des Stimmrechts in der Hauptversammlung besteht zwar die Möglichkeit der Mitbestimmung, wobei allerdings – vor allem bei

---

455 Vgl. ebd.; Baus, 1978, S. 45; vgl. auch Fuest/Hemmer/Strasser, 1997, S. 15.
456 Vgl. auch Peez, 1983, S. 59.
457 Vgl. Aufstellung Muster-Depot, Stand 1989, in: SAA 12190-1.
458 Vgl. Schawilye, 1998, S. 37; Helbling, 1998, S. 43 f.

## 1. Von der Inventurprämie zur Belegschaftsaktie 197

großen Gesellschaften – das Mitbestimmungsrecht des einzelnen Belegschaftsaktionärs keine maßgebliche Bedeutung erlangen kann. Als ideelles Motiv für den Aktienerwerb kann das Streben nach Prestige gelten – der Aktie ist allerdings ein geringerer Image- und Demonstrationseffekt zuzuweisen als zum Beispiel Statussymbolen wie einem eigenen Haus oder einem Auto, wobei generell die Schaffung von Geltungsnutzen auch durch abstrakten Besitz wie Aktien, Sparbücher oder Lebensversicherungen nicht abgestritten werden kann.[459]

Der Gesamtbetriebsrat stand als Mitarbeitervertretung der Belegschaftsaktienausgabe – und damit der Möglichkeit, Vermögen über das Unternehmen bilden zu können – grundsätzlich positiv gegenüber.[460] So kam bereits Ende der 1950er Jahre vom Betriebsrat die Anregung, Vorzugsaktien an die Mitarbeiter auszugeben, die allerdings von der Unternehmensleitung aufgrund steuerlicher Vorgaben als nicht rentabel erachtet und daher abgelehnt wurde, der Betriebsrat verfolgte also hier eher materielle als immaterielle Ziele. So wurde auch die sogenannte „Herbstaktie 1973" als Kompromiss im Tarifstreit mit dem Betriebsrat ausgehandelt. Im Gegensatz zur Haltung des Betriebsrats standen die Gewerkschaften, insbesondere die IG Metall, der Ausgabe von Belegschaftsaktien ablehnend gegenüber. Die kritische Einstellung der Gewerkschaften gegenüber dieser unternehmensbezogenen Form der Vermögensbildung war historisch gewachsen und gründete in dem als unzumutbar angesehenen kumulierten Risiko von Arbeitsplatz und Kapitalbeteiligung: Im Konkursfall würde der Mitarbeiter sowohl seinen Arbeitsplatz als auch seine Kapitalbeteiligung verlieren.[461] Außerdem bestünde dadurch eine zu enge Bindung an das Unternehmen, der Arbeitnehmer bekäme „goldene Fesseln" angelegt. Zudem befürchteten die Gewerkschaften eine Schwächung der Solidarität ihrer Klientel und eine Erlahmung ihrer Streikbereitschaft, da diese sich durch die Aufhebung des Spannungsverhältnisses zwischen Arbeit und Kapital zu den „Kapitalisten" rechnen könnten.[462] Während fast alle Gewerkschaften gewisse Vorbehalte gegen die betriebliche Kapitalbeteiligung anmeldeten, zum Teil aber auch moderatere Auffassungen vertraten – wie zum Beispiel die IG Bau, Steine, Erden – lehnte die IG Metall noch Mitte der siebziger Jahre jede betriebliche Vermögensbeteiligung grundsätzlich ab.[463]

Der Siemens-Betriebsrat sah sich aufgrund dieser skizzierten gegensätzlichen Auffassungen vor ein Dilemma gestellt, wie aus einer Aktennotiz des Finanzvorstands Heribald Närger im Dezember 1978 deutlich wird. Närger wies darauf hin,

---

459 Vgl. Baus, 1978, S. 44f.
460 In einem Brief des Vorstands der Siemens AG an den Bundesminister für Arbeit und Sozialordnung, Norbert Blüm, vom 20. Mai 1983, S. 2, in: SAA 12168 wird darauf hingewiesen, „daß das Aktienangebot auch von unserem Gesamtbetriebsrat getragen und von den örtlichen Betriebsräten unterstützt wird."
461 Vgl. Gaugler, Eduard: Die Beteiligung der Arbeitnehmer am Produktivvermögen aus betriebswirtschaftlicher Sicht, in: Gert Laßmann / Eberhard Schwark (Hg.): Beteiligung der Arbeitnehmer am Produktivvermögen. Grachter Symposion vom 8. und 9. März 1984 (Zeitschrift für Unternehmens- und Gesellschaftsrecht, Sonderheft 5). Berlin/New York 1985, S. 59. Vgl. auch Kurdelbusch, S. 62.
462 Vgl. Guski/Schneider, 1977, S. 20; vgl. auch Besters, 1985, S. 6.
463 Vgl. ebd. und Guski/Schneider, 1977, S. 23.

„dass wir mit unserem Brauch, Belegschaftsaktien anzubieten, nicht länger Propaganda treiben sollten, wenn wir nicht das ganze Instrument in Gefahr bringen wollen. Sicherlich tun wir mit einem Verzicht auf jede öffentliche Zurschaustellung unseres Belegschaftsaktienverfahrens auch Herrn Turek [GBR-Vorsitzender] einen Gefallen, der ja in dem Zwiespalt lebt, daß er persönlich das Angebot von Belegschaftsaktien begrüßt, dabei aber weiß, daß die IG Metall diese und andere Formen der betrieblichen Vermögensbildung ablehnt und stattdessen weiterhin die überbetriebliche Vermögensbildung durch Gründung von Investmentfonds anstrebt".[464]

Die Gewerkschaften forderten anstatt der betrieblichen Kapitalbeteiligung, wie sie durch die Ausgabe von Belegschaftsaktien praktiziert wird, eine breite Anlagenstreuung bzw. eine überbetriebliche Vermögensbeteiligung, um das Kursrisiko zu begrenzen. Überlegungen zur Einrichtung von Belegschaftsfonds – wie sie von den Gewerkschaften angestrebt wurden – hat es auch bei Siemens gegeben. Das Unternehmen lehnte allerdings diesbezügliche Vorschläge ab, da die direkte Ausgabe der Belegschaftsaktien an die Mitarbeiter als vorteilhafter angesehen wurde. Im Gegensatz zu dem Fondsmodell würde „die breitere Streuung der Belegschaftsaktien eine zusätzliche Bindung zwischen den Belegschaftsangehörigen und dem Unternehmen"[465] schaffen. Auch aus finanziellen Erwägungen erwiesen sich Belegschaftsaktien als vorteilhafter, da die Differenz zwischen Zeichnungskurs und Ausgabekurs steuerlich geltend gemacht werden konnte. Darüber hinaus bestand aus der Perspektive des Unternehmens bei betriebsbezogenen Fonds der Nachteil, dass diese von Betriebsleitung und Betriebsrat gemeinsam vorgeschlagen und die Anlagepolitik von Geschäftsleitung und Belegschaftsvertretung mitgestaltet würden. Damit wäre dem Unternehmen die alleinige Kontrolle über dieses Instrument der betrieblichen Vermögensbildung entzogen.[466] Der Fondsgedanke wurde daher – soweit sich dies aus den Akten eruieren lässt – von Siemens nicht weiter verfolgt.[467]

### 1.2.7 Fazit

Die Mitarbeiterkapitalbeteiligung durch Belegschaftsaktien, anfangs als soziales Experiment konzipiert, ist heute als integraler Bestandteil der betrieblichen Vermögensbildung und des sozialpolitischen Instrumentariums bei Siemens nicht mehr wegzudenken. Werner Baake, einer der Hauptinitiatoren dieser sozialpolitischen Neuerung bei Siemens, der die Maßnahme über den gesamten Betrachtungszeit-

---

464 Vgl. Schreiben von Heribald Närger an Herrn von Oertzen vom 11. Dezember 1978, in: SAA 12190-1.
465 Vgl. Notiz von ZFF für Herrn Dr. Närger vom 16. Oktober 1970, S. 1, in: SAA 12193.
466 Vgl. Notiz von ZFF für Herrn Dr. Närger vom 19. Oktober 1970, S. 2, in: SAA 12193.
467 „Für die Arbeitnehmer ergibt somit die Fondsidee keine Vorteile gegenüber den anderen Formen der Vermögensbildung. Für uns hat die Belegschaftsaktie größere Vorteile [...]. Sollten sich andere Gesellschaften für die Fondsidee entschließen, so könnten wir uns dieser Aktion später anschliessen." Vgl. Notiz von ZFF für Herrn Dr. Närger vom 16. Oktober 1970, S. 3, in: SAA 12193.

raum hinweg begleitete, wurde eigenen Angaben zufolge in den Anfangsjahren unternehmensintern als „Sozialromantiker" bezeichnet und hatte einige Widerstände zu überwinden, bevor sich die Belegschaftsaktienidee erfolgreich durchsetzen konnte.[468] Zum einen galt es, das Argument zu entkräften, dass es sich um eine Art Zwangssparen handele, zum anderen herrschte allgemein die Auffassung vor, dass die Aktie „ein Spielzeug für Kapitalisten, nicht aber für den kleinen Mann"[469] sei. Berücksichtigt man die Aktienkultur der damaligen Zeit, so ist diese Aussage durchaus zutreffend, denn die wenigsten der Beschäftigten verfügten über Kenntnisse oder Erfahrungen mit spekulativen Anlageinstrumenten wie Aktien.

Nachdem 1968 bereits eine Aktienausgabe an die Mitarbeiter erfolgt war, die allerdings eher den Charakter einer Sondervergütung in Form von Siemens-Aktien als Kompensation für die im selben Geschäftsjahr 1967/68 gekürzte Erfolgsbeteiligung besaß, wurde erstmals im Jahr 1969 ein Belegschaftsaktienangebot unter Ausschöpfung aller aktien- und steuerrechtlichen Möglichkeiten als System realisiert und bis zum Ende des Betrachtungszeitraums ohne grundlegende Änderungen durchgeführt. Eine wichtige Rolle bei der Einführung dieser sozialpolitischen Maßnahme spielten sowohl unternehmensinterne als auch externe Faktoren. Die Gestaltung der Rahmenbedingungen durch die Bundesregierung, die insbesondere in den 1960er Jahren auf eine breitere Streuung des Vermögens und eine stärkere Beteiligung der Arbeitnehmer am Arbeit gebenden Unternehmen zielte, stellte die wichtigste Voraussetzung für die Etablierung des Belegschaftsaktienmodells dar. Die Intensivierung der betrieblichen Vermögensbildung bei Siemens fiel damit in eine Zeit, in der die vermögenspolitische Diskussion in der Bundesrepublik einen Höhepunkt erreichte. Vermögenspolitik wurde zu einem gesellschaftspolitisch dominierenden Thema und die Verteilung des Produktivvermögens rückte zunehmend in den Mittelpunkt von Gesetzesinitiativen.

Während noch in den fünfziger Jahren die fiskalischen Rahmenbedingungen von Siemens als unzureichend angeprangert worden waren, schufen in den sechziger und siebziger Jahren eine Reihe von gesetzgeberischen Maßnahmen, wie das Kapitalerhöhungsgesetz, die Vermögensbildungsgesetze und tarifvertraglichen Vereinbarungen – so der Tarifvertrag in der Metallindustrie von 1970, der vermögenswirksame Leistungen von 312 DM im Jahr vorsah – verbesserte Ausgangsbedingungen, die den Erwerb von Belegschaftsaktien bei Ausschöpfung des gesetzlichen Rahmens für die Mitarbeiter attraktiv machten. Daher lässt sich am Beispiel der Belegschaftsaktien gut veranschaulichen, wie Maßnahmen der staatlichen und der betrieblichen Sozialpolitik miteinander in Wechselwirkung stehen. Die von Siemens immer wieder eingeforderten staatlichen Maßnahmen zur steuerlichen Erleichterung des Belegschaftsaktienerwerbs schufen die Voraussetzungen für die erfolgreiche Einführung eines Beteiligungsmodells, das zur Erreichung des gesellschaftspolitisch angestrebten Ziels der Vermögensbildung in Arbeitnehmerhand wesentlich beitrug.

---

468 Vgl. Ludsteck, 1988.
469 Vgl. Meier-Mannhardt, Helmut: Wie Mitarbeiter zu Aktionären werden können, in: Süddeutsche Zeitung vom 25.8.1983 (auch in: SAA 20/Lt 393).

Eine Evaluation der mit der Ausgabe der Belegschaftsaktien verbundenen Anreizeffekte ist schwierig, da es keinen wissenschaftlich exakten Weg zur Erfolgsermittlung betrieblicher Sozialleistungen gibt und zahlreiche Faktoren dabei eine Rolle spielen.[470] Aussagen lassen sich jedoch über die zugrunde liegenden Motive und Ziele treffen, aus denen sich Schlüsse über ihre Wirkung ableiten lassen. Ziel der Initiatoren war es, Belegschaftsaktien durch kontinuierliche Angebote als neues sozialpolitisches Instrument zu etablieren, was die Unternehmensleitung sowohl zur Verstärkung der Eigenmittel als auch aus personal- und sozialpolitischen Gründen als wünschenswert anstrebte. Eine personalpolitische Zielsetzung bestand in der verstärkten Mitarbeiterbindung, die durch die Kapitalbeteiligung angestrebt wurde. Eng mit dem Bindungseffekt und der damit intendierten Reduzierung der Personalfluktuation verbunden ist die identifikationsstiftende Wirkung dieses Instruments. Daher wurde die Abgabe stimmberechtigter Kapitalanteile an Belegschaftsaktionäre auch als eine hilfreiche Verteidigungsmaßnahme gegen unerwünschte Übernahmeversuche gewertet. Darüber hinaus ist durch den Aktienbesitz ein ökonomischer Anreiz zur Leistungssteigerung gegeben, der sich in einer erhöhten Dividende bzw. einem höheren Substanzwert der Aktie ausdrückt. Die durch den Aktienbesitz ermöglichte Vermögensbildung sollte sich auch positiv auf die Zufriedenheit und damit auf die Arbeitsleistung und das Betriebsklima auswirken. Positive Impulse auf das Unternehmensimage, die Bildung eines leistungsfähigen Mitarbeiterstamms sowie die Steigerung der Leistungsmotivation der Belegschaftsaktionäre und die daraus resultierenden Auswirkungen auf die Produktivität lassen sich zwar nur schwer quantifizieren, können aber als vorhanden unterstellt werden.[471] Allerdings hat eine Studie jüngst belegt, dass die Produktivität in Unternehmen mit Beteiligungsprogrammen um ein Drittel höher liegt als in Unternehmen ohne Beteiligungsmöglichkeiten.[472]

Zur Verfolgung unternehmenspolitischer Ziele und in Verhandlungen mit dem Betriebsrat wurden Belegschaftsaktien als „Verhandlungsmasse" eingesetzt. So fungierte die unentgeltliche Überlassung der sog. „Herbstaktie 1973" als Kompromisslösung im Tarifstreit 1973 und als Mittel zur Streikverhinderung. Darüber hinaus spielten Belegschaftsaktien eine wichtige Rolle als zeitgemäße Kompensation für Einschnitte bei anderen sozialpolitischen Maßnahmen. Die 10-prozentige Kürzung der Erfolgsbeteiligung im Geschäftsjahr 1967/68 wurde durch eine freiwillige Sondervergütung in der Höhe des Kürzungsbetrags – und zwar in Form von Siemens-Aktien – ausgeglichen. Auch die Streichung des bis 1970 als Firmenfeiertag geltenden arbeitsfreien Pfingstdienstags sollte mit dem Verweis auf das zunehmende Engagement des Unternehmens bei der Förderung der betrieblichen Vermögensbildung durch die Ausgabe von Belegschaftsaktien kompensiert werden. Unter Berücksichtigung des mikropolitischen Ansatzes lässt sich das sozialpolitische Instrument der Belegschaftsaktien als Ergebnis eines Aushandlungsprozesses zwischen Management und Betriebsrat interpretieren.

---

470 Vgl. Gaugler, 1974, S. 11.
471 Junkes, Joachim: Mitarbeiterbeteiligung, Finanzierungspolitik und Unternehmenskultur. München/Mering 2002, S. 167.
472 Vgl. Krüger, 2008, S. 29.

## 1. Von der Inventurprämie zur Belegschaftsaktie

Die jährlichen Belegschaftsaktienofferten zeigen, dass sich diese sozialpolitische Maßnahme zu einem äußerst erfolgreichen und populären Instrument der betrieblichen Vermögensbildung bei Siemens entwickelte. Die Beteiligungsquote stieg seit der Einführung der Maßnahme 1969 von rund einem Viertel aller bezugsberechtigten Mitarbeiter auf 70 Prozent zum Ende des Betrachtungszeitraums 1989. Hervorzuheben ist weiterhin, dass im Betrachtungszeitraum vor allem bei den gewerblichen Mitarbeitern überproportional hohe Steigerungsraten bei der Beteiligung festzustellen sind. Gerade dieser Zielgruppe wurden anfangs wegen ihrer geringeren Sparmöglichkeiten sowie des durch die Sperrfrist längerfristigen Anlagehorizonts ein geringeres Interesse am Aktiensparen bzw. eher spekulative Motive unterstellt. Daher sind die steigenden Beteiligungszahlen nicht zuletzt auch unter dem gesellschaftspolitischen Ziel, die inländischen Mitarbeiter durch den Aktienerwerb am Produktivvermögen zu beteiligen, als Erfolg zu werten. Die jährlich durchgeführten Musterrechnungen belegen, dass die Arbeitnehmer in der Tat eine beachtliche Beteiligung am Produktivvermögen erreichen konnten. Siemens-Belegschaftsaktien haben sich unter vermögenspolitischen Gesichtspunkten im Betrachtungszeitraum als eine stabile Anlage erwiesen, da der Börsenkurs auch in Baisse-Zeiten nie den Vorzugspreis unterschritten hat. Dazu beigetragen haben die Konzeption des Aktienprogramms und die Festlegung eines niedrigen Ausgabekurses, der einen gewissen Sicherheitspuffer gegen Kursrisiken implizierte. Nur mit der Aussicht auf realisierbare Gewinne konnten sich Belegschaftsaktien in der Anfangsphase als neues sozialpolitisches Instrument etablieren.

Die wichtigste Voraussetzung zur Erzielung eines entsprechenden Vermögens war ein langfristiges Engagement; so war auch die Ausgabe von Belegschaftsaktien, die von den Initiatoren als langfristiges sozialpolitisches Anliegen verstanden wurde, als System konzipiert und auf Kontinuität angelegt. Im Gegensatz zu den in den fünfziger Jahren gemachten Erfahrungen, als ein Großteil der Beschäftigten die Belegschaftsaktien zur kurzfristigen Gewinnerzielung unmittelbar nach dem Erwerb wieder verkaufte, hatte sich die Einstellung der Mitarbeiter vor dem Hintergrund verbesserter wirtschaftlicher Verhältnisse gewandelt. Von Unternehmensvertretern geführte Gespräche mit inländischen Kreditinstituten ergaben 1980, dass Siemens-Mitarbeiter die Belegschaftsaktien als eine gute, längerfristige Geldanlage betrachteten und sie auch nach Ablauf der fünfjährigen Veräußerungssperre hielten.[473] Trotz der im Rückblick bei langfristiger Anlage zu realisierenden Gewinne darf nicht unterschätzt werden, dass es sich bei Aktien um risikobehaftete Anlagen handelt, die für die Anleger auch zu Verlusten führen können. Demgegenüber stehen die Liquiditätsvorteile für das Unternehmen, die in den Quellen und in der Fachliteratur zwar nicht als primäre Intention bei der Aktienausgabe thematisiert werden, aber in ihrer Bedeutung auch nicht verkannt werden dürfen.

Die Einführung der Belegschaftsaktien fiel in eine Zeit, in der die gesellschaftspolitische Forderung nach Vermögensbildung in Arbeitnehmerhand nach konkreter Umsetzung verlangte. Im Gegensatz zu früheren erfolglosen Versuchen konnte sich diese sozialpolitische Maßnahme Ende der 1960er Jahre auch deshalb

---

473 Vgl. Druckschrift: 402.000 Siemens-Aktionäre, hg. v. d. Siemens AG 1980, in: SAA 20/Lt 393.

erfolgreich etablieren, weil „die Zeit dafür nun reif war". Zum einen machten die gesetzlichen Rahmenbedingungen die Aktienanlage finanziell lohnenswert, zum anderen hatten sich die wirtschaftlichen Voraussetzungen der Mitarbeiter insoweit stabilisiert, dass in eine mittel- bis langfristige Anlage, die Wohlstand versprach, investiert werden konnte.[474]

Die in der Ausgangsthese dargelegte Monetarisierung betrieblicher Sozialpolitik fand in der Etablierung des als fortlaufendes System angelegten Belegschafts-aktienprogramms Ende der 1960er Jahre ihren adäquaten Ausdruck. Zum einen sollten dadurch Einschnitte bei nicht-monetären Maßnahmen, wie zum Beispiel die Streichung des Pfingstdienstags, kompensiert werden, zum anderen konnten Belegschaftsaktien als Instrument der Mitarbeiterbeteiligung am Unternehmenserfolg auch als zusätzliche Entlohnung und Leistungsanreiz, insbesondere im ÜT-Kreis, fungieren. Als monetäre Maßnahme zielten sie auf die Erweiterung der wirtschaftlichen Beweglichkeit der Mitarbeiter. Die erfolgreiche Einführung dieser monetären und vermögenspolitisch relevanten Maßnahme geschah auch vor dem Hintergrund eines gesellschaftspolitisch gewollten Paradigmenwechsels von der Versorgungspolitik früherer Jahrzehnte hin zur Unterstützung des mündigen Mitarbeiters auf dem Weg zu wirtschaftlicher Unabhängigkeit und Eigenverantwortung. Diesem Paradigmenwechsel entsprechen die drei dem Aktienprogramm zugrundeliegenden Grundprinzipien der Eigenleistung, Freiwilligkeit und Individualität. Diesem Paradigmenwechsel wird – wie noch in den nächsten Kapiteln zu zeigen sein wird – auch in anderen Bereichen der betrieblichen Sozialpolitik Rechnung getragen.

### 1.3 Gesamtfazit: Erfolgsbeteiligung und Belegschaftsaktien als Instrumente betrieblicher Vermögenspolitik

Nach dem Zweiten Weltkrieg stellten die 1951 wieder aufgenommene Erfolgsbeteiligung und das 1969 neu eingeführte System der Belegschaftsaktienausgabe grundlegende Bestandteile der Monetarisierung der betrieblichen Sozialpolitik dar. Als Elemente der Mitarbeiterbeteiligung entfalteten sie sowohl als Einzelmaßnahmen ihre Wirkung und konnten auch als „Aspekte eines modernen Programms"[475] miteinander kombiniert werden. „Beides – das Aktienangebot und die ungeschmälerte Auszahlung der EB an einen wesentlich vergrößerten Kreis – muß man im Zusammenhang sehen. Die Firmenleitung hält eine verstärkte Vermögensbildung für ein wichtiges sozial- und gesellschaftspolitisches Ziel",[476] so eine programmatische Aussage anlässlich der Neuregelung der Erfolgsbeteiligung und der Ausgabe von Belegschaftsaktien in den Siemens-Mitteilungen 1969.

---

474 Vgl. zur Befriedigung der existentiellen, sicherheitsorientierten und sozialen Bedürfnisse auch Maslow, 1977, S. 87 f.
475 Vgl. Aspekte eines modernen Programms, in: Siemens-Mitteilungen 11/1969, S. 3.
476 Vgl. ebd.

# 1. Von der Inventurprämie zur Belegschaftsaktie

Abb. 24: Erfolgsbeteiligung und Aktienkauf als Grundlagen der Mitarbeiterbeteiligung

*Quelle: Baake, Siemens-Mitteilungen 2/1987, S. 7.*

Während die Erfolgsbeteiligung als tradiertes sozialpolitisches Instrument im Jahr 1951 gegenüber der Vorkriegszeit in seinen Komponenten den veränderten Rahmenbedingungen angepasst und in den Folgejahren weiterentwickelt wurde, galt es, für die Ausgabe von Belegschaftsaktien Ende der 1960er Jahre ein neues System zu etablieren, das sowohl den Bedürfnissen der Mitarbeiter als auch den Interessen des Unternehmens entsprach und sich als unternehmensspezifischer Beitrag ideal in die aktuelle vermögenspolitische Diskussion einfügte. Das gesellschaftspolitische Ziel der Vermögensbildung wurde aus der Unternehmensperspektive in doppelter Hinsicht gefördert. Die Erfolgsbeteiligung sollte die Bildung von Ersparnissen ermöglichen und das Belegschaftsaktienangebot darüber hinaus einen zusätzlichen Anreiz zum Vermögensaufbau bieten.[477] Siemens forcierte den Belegschaftsaktienkauf durch die Möglichkeit der Finanzierung aus Mitteln der Erfolgsbeteiligung, was auch dem Unternehmen unter Liquiditätsgesichtspunkten Vorteile brachte, da das Kapital im Unternehmen verblieb.

Erfolgsbeteiligung und Belegschaftsaktien weisen im Hinblick auf die mit der Mitarbeiterbeteiligung vom Unternehmen angestrebten Effekte sowie die von den Mitarbeitern verfolgten Interessen Parallelen auf, die sich wie folgt darstellen lassen:

---

[477] Vgl. ebd., S. 6.

Abb. 25: Interessenseiten der Mitarbeiterbeteiligung

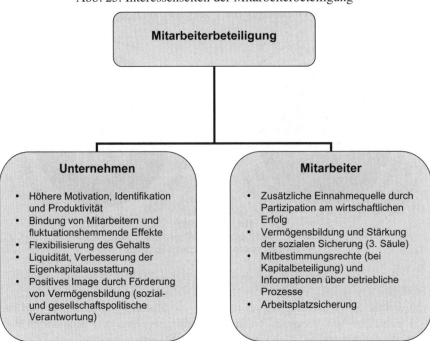

*Ergänzte Darstellung in Anlehnung an Krüger, 2008, S. 27.*

Die Flexibilisierung des Gehalts durch die Erfolgsbeteiligung als variablem und leistungsabhängigem Entgeltbestandteil kommt vor allem auf der Führungsebene zum Tragen. Im ÜT-Kreis war die Erfolgsbeteiligung als variabler Entgeltbestandteil konzipiert und erfüllte damit in sehr viel stärkerer Weise die Funktion eines individuellen Leistungsanreizes als im Tarifkreis. Auch Belegschaftsaktien gewannen für die Führungsebene als zusätzlicher Leistungsanreiz besondere Relevanz, zumal die an ÜT-Angestellte ausgezahlte Zusatz-EB bis 1985 nur in Form von Siemens-Aktien in Anspruch genommen werden konnte. Damit war die Höhe der Bezüge in zweifacher Weise an den Unternehmenserfolg gekoppelt, der sowohl in der Höhe der Erfolgsbeteiligung als auch in der Kursentwicklung der Siemens-Aktie Ausdruck fand. Auf der anderen Seite implizierte diese Abhängigkeit vom Unternehmenserfolg ein doppeltes Risiko, denn rückläufige Gewinne wirkten sich negativ auf die Höhe der Dividende, der Erfolgsbeteiligung und auf den Börsenkurs aus. Festzuhalten ist, dass die Mitarbeiter durch die beiden sozialpolitischen Instrumente Erfolgsbeteiligung und Belegschaftsaktien die Möglichkeit erhielten, am Unternehmenserfolg zu partizipieren, auf der anderen Seite aber in den oberen Gehaltsgruppen aufgrund der zunehmenden Abhängigkeit des Einkommens vom Unternehmenserfolg auch sinkende Gehälter zu verzeichnen hatten. Für das Unternehmen bestand der Vorteil der Flexibilisierung der Entlohnung darin, dass die fixen Lohn- und Gehaltskosten reduziert und damit der Liquiditätsabfluss verringert werden konnte.[478]

Auf der Interessenseite der Arbeitnehmer wird der Einfluss auf unternehmerische Entscheidungen durch Mitbestimmungsrechte der Belegschaftsaktionäre genannt, der aber als geringfügig zu bewerten ist. Nicht nachzuvollziehen ist, inwieweit die Mitarbeiter das Informationsbedürfnis über betriebliche Prozesse und wirtschaftliche Entwicklungen eingefordert haben bzw. inwieweit es erfüllt werden konnte. Das gesellschaftspolitische Ziel der Förderung der Vermögensbildung in Arbeitnehmerhand wurde – wie Musterrechnungen belegen – durch die Erfolgsbeteiligung und den Aktienerwerb ermöglicht. Inwieweit die angesparten Mittel zur privaten Eigenvorsorge bzw. zur Stärkung der dritten Säule der sozialen Sicherung investiert wurden, blieb der individuellen Entscheidung der Mitarbeiter vorbehalten und ist empirisch nicht nachzuvollziehen. Die Frage der Arbeitsplatzsicherung durch Beteiligungsmodelle, wie von Krüger angeführt, muss, was das Beispiel Siemens betrifft, bezweifelt werden.

Im Gegensatz zur Erfolgsbeteiligung, die zwar vermögenswirksam angelegt werden konnte, darüber hinaus aber keine weitere staatliche Förderung erfuhr, wurde der Erwerb von Belegschaftsaktien durch die staatliche Vermögensbildungsgesetzgebung steuerlich begünstigt. Während daher in den 1960er und 1970er Jahren vor allem Erfolgsbeteiligungsmodelle mit Barauszahlung oder investiver Verwendung vorherrschten, treten seit den 1980er Jahren nicht zuletzt auch aufgrund staatlicher Förderung durch die Vermögensbildungsgesetzgebung Kapitalbeteiligungsmodelle in den Vordergrund der Mitarbeiterbeteiligung.[479] Auch aus der Unternehmensperspektive wurde mit der Einführung der Belegschaftsaktien, die im Unterschied zur allgemeinen Entwicklung bereits Ende der 1960er Jahre stattfand, der Schwerpunkt der materiellen Mitarbeiterbeteiligung von der Erfolgsbeteiligung mit Barauszahlung auf die Kapitalbeteiligung verlagert.[480] Während die Erfolgsbeteiligung in Abhängigkeit von verschiedenen Faktoren wie Dienstalter, Höhe der Dividende und persönlicher Leistung vom Unternehmen zugeteilt wurde, basierte der Aktienkauf auf der freiwilligen Entscheidung der Mitarbeiter. Damit etablierte sich Ende der 1960er Jahre ein für die damalige Zeit innovatives Instrument der betrieblichen Sozialpolitik, das auf die Eigenverantwortung der Mitarbeiter beim Vermögensaufbau setzte und damit der Vorstellung des mündigen Mitarbeiters entsprach.

---

478  Vgl. Krüger, 2008, S. 29.
479  Vgl. Rosette/Schneider, 1986, S. 7; Schneider, 2004, S. 713.
480  Vgl. Ausarbeitung: Mitarbeiterbeteiligung bei Siemens, S. 23, vom 11.5.1976, in: SAA 12190-2.

## 2. VON DER SOZIALEN VERSORGUNGSLEISTUNG ZUM PERSONALPOLITISCHEN INSTRUMENT: DIE BETRIEBLICHE ALTERSVERSORGUNG

Die betriebliche Altersversorgung gehört angesichts der aktuellen Diskussion um die Sicherung der gesetzlichen Renten zu den wichtigsten freiwilligen Leistungen und bildet bei Siemens seit den Anfängen des Unternehmens ein Kernstück der betrieblichen Sozialpolitik.[481] Aus rational-wirtschaftlichen Motiven sowie paternalistisch-fürsorgerischen, philantropischen oder religiösen Überzeugungen errichteten fortschrittliche Unternehmer im 19. Jahrhundert auf freiwilliger Basis Unterstützungseinrichtungen zur sozialen Absicherung ihrer Beschäftigten im Alter und bei Invalidität, die als Vorläufer staatlicher Initiativen und heutiger betrieblicher Altersversorgungssysteme gelten.[482] So stellt die noch vor der Bismarckschen Sozialgesetzgebung im Jahr 1872 eingerichtete Pensions-, Witwen- und Waisenkasse von Siemens eine sozialpolitische Pionierleistung[483] dar, die in den folgenden Jahrzehnten den Zeiterfordernissen entsprechend weiterentwickelt wurde.

Nach dem Zweiten Weltkrieg haben sich die Funktionen und Zielsetzungen der betrieblichen Altersversorgung vor dem Hintergrund der staatlichen Sozialmaßnahmen erheblich gewandelt. Dabei markierte die Rentenreform eine wichtige Zäsur: Während die erheblich ausgeweiteten gesetzlichen Renten nun den Hauptteil der Altersversorgung darstellten, übernahmen die Betriebsrenten eine Ergänzungs-

---

481 Vgl. Conrad, 1986, S. 98.
482 Vgl. Wiedemann, Gerd: Die historische Entwicklung der betrieblichen Altersversorgung unter besonderer Berücksichtigung des Arbeitsrechts. Diss. Erlangen-Nürnberg 1990, S. 52 f. Die Erfüllung einer Fürsorgepflicht gegenüber den Arbeitnehmern ging vor allem in Zeiten akuten Facharbeitermangels einher mit der personalpolitischen Intention, eine Stammarbeiterschaft zu bilden und langfristig zu binden. Fortschrittlich geführte Unternehmen, die entsprechende Versorgungswerke schufen, waren zum Beispiel die Gutehoffnungshütte (1832), Krupp (1858), Friedrich Henschel (1858), Siemens & Halske (1872), die Badische Anilin- und Sodafabrik (1879) oder die Farbwerke Hoechst (1882). Dies blieben jedoch nur Einzelbeispiele, die keine flächendeckende und nachhaltige Verbesserung der Lage der Arbeiter bieten konnten. Vgl. Schäfer, Dirk: Systeme der betrieblichen Altersversorgung im Vergleich. Inhalte – Stärken/Schwächen – Perspektiven. Bamberg 1997, S. 10. Vgl. dazu auch Koch, Peter: Zur Geschichte der betrieblichen Altersversorgung in Deutschland, in: Jubiläumsschrift zum 50-jährigen Bestehen der ABA Arbeitsgemeinschaft für betriebliche Altersversorgung e. V. Heidelberg 1988, S. 4; Hemmer, Edmund: Die betriebliche Altersversorgung. Strukturen und Diskussionsschwerpunkte (Beiträge zur Wirtschafts- und Sozialpolitik, hg. v. Institut der deutschen Wirtschaft). Köln 1984, S. 5. Eine breiter angelegte Versorgung schuf erst die von Bismarck auf der Grundlage der Kaiserlichen Botschaft von 1881 basierende staatliche Sozialversicherungsgesetzgebung. Die Bismarckschen Sozialgesetze bedeuteten für die soziale Absicherung zwar einen erheblichen Fortschritt, da nun das Versicherungsprinzip an die Stelle des Fürsorgeprinzips trat, allerdings waren die Leistungen aufgrund ihrer Ergänzungsfunktion so gering, dass sie kaum das Existenzminimum erreichten. Esser, Klaus / Sieben, Günter (Hg.): Betriebliche Altersversorgung. Eine betriebswirtschaftliche Analyse. Stuttgart 1997, S. 4. Zur weiteren Entwicklung vgl. Steinmeyer, Heinz-Dietrich: Betriebliche Altersversorgung und Arbeitsverhältnis. Das betriebliche Ruhegeld als Leistung im arbeitsvertraglichen Austauschverhältnis. Habil.-Schrift Bonn 1986.
483 Vgl. Fischer, 1978, S. 34.

funktion. Einen weiteren gravierenden Einschnitt brachte das Betriebsrentengesetz 1974, das die Gestaltung der freiwilligen betrieblichen Altersversorgung gesetzlich regelte. Heute nimmt die betriebliche Altersversorgung neben der gesetzlichen Rente und der privaten Eigenvorsorge eine unverzichtbare Rolle bei der sozialen Sicherung im Alter ein und ist wesentlicher Bestandteil des sozial- und personalpolitischen Instrumentariums von Siemens. Ihre Entwicklung von einer sozialbedingten Versorgungsmaßnahme zu einer monetären Leistung mit Entgeltcharakter soll im Folgenden vor dem Hintergrund der Monetarisierung der betrieblichen Sozialpolitik dargestellt werden.

## 2.1 Begriffliche Grundlagen

Als eine der ältesten freiwilligen betrieblichen Sozialleistungen bei Siemens hat die betriebliche Altersversorgung bis in die Gegenwart einen herausragenden Stellenwert in der betrieblichen Sozialpolitik des Unternehmens. Eine betriebliche Altersversorgung oder -vorsorge liegt gemäß dem Betriebsrentengesetz von 1974 vor, wenn „einem Arbeitnehmer Leistungen der Alters-, Invaliditäts- oder Hinterbliebenenversorgung aus Anlass seines Arbeitsverhältnisses vom Arbeitgeber zugesagt"[484] werden. Während sich der Begriff der Vorsorge, der vorwiegend in der Schweiz verwendet wird, eher auf den Ansparvorgang bezieht, rekurriert der Begriff der Versorgung auf die Auszahlung der Versorgungsleistung. Beide Begriffe werden in der vorliegenden Arbeit synonym eingesetzt.[485] Die betrieblichen Versorgungsleistungen sind von der gesetzlichen und privaten Altersversorgung abzugrenzen und erfüllen eine wichtige Komplementärfunktion zur gesetzlichen Rente.[486] Intentionen, Zielsetzungen und Schwerpunkte der betrieblichen Altersversorgung haben sich im Zeitverlauf verändert.[487] Für das zusagende Unternehmen stellt die betriebliche Altersversorgung – insbesondere bei rein arbeitgeberfinanzierten Versorgungsmodellen – einen erheblichen Kostenfaktor dar, dient aber auch der Erfüllung

---

484 Vgl. § 1 Abs. 1 Satz 1 BtrAVG (Gesetz zur betrieblichen Altersversorgung) vom 19. Dezember 1974, in: Wolfgang Drols (Hg.): Handbuch betriebliche Altersversorgung. Wiesbaden 2004, S. 611. „Die betriebliche Altersversorgung ist Ausdruck der Verbundenheit zwischen dem Unternehmer und seinen Mitarbeitern. Sie bekundet den Willen des Unternehmers, seine Mitarbeiter im Falle vorzeitiger Erwerbs- oder Berufsunfähigkeit zu stützen und im Alter ihre Sorgen um die Lebensmöglichkeiten und um das Wohl ihrer Angehörigen mitzutragen." Sie soll dem Betriebsangehörigen „den Betrieb zur Heimat werden lassen, [...] dem er seine Lebensarbeit gewidmet hat.", in: Zur Gestaltung der betrieblichen Altersversorgung. Hinweise erarbeitet vom Ausschuss für betriebliche Altersversorgung bei der Bundesvereinigung der Deutschen Arbeitgeberverbände vom November 1951, in: SAA 12420. S. 3, 19. Mit diesen Worten formulierte die Bundesvereinigung der Deutschen Arbeitgeberverbände im Jahr 1951 Sinn und Zweck der betrieblichen Altersversorgung.
485 Vgl. dazu Stickel, Georg: Betriebliche Altersversorgung, Personalwirtschaft und implizite Anreize. Aachen 2001, S. 4.
486 Vgl. Gieg, Martina: Betriebliche Altersversorgung in Deutschland und Großbritannien. München/Mering 2008, S. 19.
487 Vgl. Hemmer, 1984, S. 5.

sozialpolitischer und betriebswirtschaftlicher Ziele.[488] Neben den angestrebten personalpolitischen Anreizwirkungen wie dem Bindungseffekt oder der Erhöhung der Mitarbeitermotivation zur Produktivitätssteigerung spielen vor allem finanzielle und steuerliche Aspekte eine Rolle.[489] Der Begriff der betrieblichen Altersversorgung hat sich nach dem Zweiten Weltkrieg gegenüber der Bezeichnung „Betriebliche Altersfürsorge" langsam durchgesetzt, wobei der Begriffswandel auch auf ein verändertes Selbstverständnis zurückzuführen ist.[490]

Der nach dem Zweiten Weltkrieg und den Wiederaufbaujahren einsetzende wirtschaftliche Aufschwung, der den kontinuierlichen Ausbau des Sozialstaats in Deutschland ermöglichte, schuf die Voraussetzungen für eine Ausdehnung der betrieblichen Altersversorgungssysteme. Insbesondere in den 1950er Jahren erlebte die betriebliche Altersversorgung einen erheblichen Aufschwung, der auf der Arbeitnehmerseite in dem hohen Bedarf an zusätzlichen Versorgungsleistungen zur Sicherung des Existenzminimums im Alter begründet lag; auf der Unternehmensseite bestand besonderes Interesse an der internen Anlage der betrieblichen Versorgungsmittel, um den großen Kapitalbedarf in den Wiederaufbaujahren zu befriedigen.[491] Darüber hinaus ließ sich die betriebliche Altersversorgung in Zeiten des Arbeitskräftemangels als personalpolitisches Instrument zur Mitarbeiterbindung nutzen. Die Rentenreform von 1957 bewirkte einen gravierenden Einschnitt in der Entwicklung und Zielrichtung der betrieblichen Altersversorgung. Ging es vorher um die Aufstockung der gesetzlichen Rente zur Grund- oder Existenzsicherung, so sollte die Betriebsrente seit Inkrafttreten der Rentenreform vielmehr die Funktion erfüllen, die staatlichen Versorgungsleistungen insoweit zu ergänzen, dass der bisher erworbene Lebensstandard auch im Alter weitgehend aufrechterhalten werden konnte.

Hielt die Expansion betrieblicher Altersversorgungseinrichtungen vor dem Hintergrund der günstigen wirtschaftlichen Rahmenbedingungen bis Anfang der 1970er Jahre an, so führten die sich in der Folgezeit verschlechternde gesamtwirtschaftliche Konjunkturlage und die Öffnung der Weltmärkte zu einem verstärkten Kosten- und Risikobewusstsein der Unternehmen bzw. zu einer Überprüfung der Belastungen durch die Personal- und Sozialkosten. Dies wirkte sich auf die weitere Verbreitung der betrieblichen Altersversorgungseinrichtungen aus, die seit Beginn der 1980er Jahre erstmals stagnierte bzw. rückläufige Tendenzen erkennen ließ.[492]

---

488  Vgl. Hemmer, Edmund: Betriebliche Altersversorgung und Lohnzusatzkostenproblematik, in: Jörg-E. Cramer / Wolfgang Förster / Franz Ruland (Hg.): Handbuch zur Altersversorgung. Gesetzliche, betriebliche und private Vorsorge in Deutschland. Frankfurt am Main 1998, S. 507.
489  Vgl. Andresen, Boy-Jürgen / Voß, Hinrich: Altersversorgung, betriebliche. In: Handwörterbuch des Personalwesens, 3. Aufl., Stuttgart 2004, Sp. 19; Schnabel, Claus / Wagner, Joachim: Betriebliche Altersversorgung: Verbreitung, Bestimmungsgründe und Auswirkungen auf die Personalfluktuation, in: Bernd Frick / Renate Neubäumer / Werner Sesselmeier (Hg.): Die Anreizwirkungen betrieblicher Zusatzleistungen. München/Mering 1999, S. 73.
490  Vgl. Koch, 1988, S. 1.
491  Vgl. Esser/Sieben, 1997, S. 6.
492  Vgl. Ahrend, Peter: Entwicklungstendenzen in der betrieblichen Altersversorgung, in: Personalführung 8–9/1988, S. 622. Vgl. auch Esser/Sieben, 1997, S. 9.

2. Von der sozialen Versorgungsleistung zum personalpolitischen Instrument    209

Bis Ende der 1990er Jahre fiel der Verbreitungsgrad der betrieblichen Altersversorgung auf den Stand der 1980er Jahre zurück.[493] Gleichzeitig hat seit den 1990er Jahren die Bedeutung und Wertschätzung der betrieblichen Altersversorgung in Deutschland angesichts der demographischen Entwicklung, steigender Arbeitslosigkeit sowie der Diskussion über die Tragfähigkeit der sozialen Sicherungssysteme zugenommen.[494] Da immer weniger Erwerbstätige einer wachsenden Anzahl von Rentenempfängern gegenüberstehen, erweist sich der Generationenvertrag in der gesetzlichen Rentenversicherung langfristig als unhaltbar und andere Vorsorgeformen in Ergänzung zur staatlichen Versorgung gewinnen zunehmend an Bedeutung.[495] Im Rahmen des in westlichen Industriestaaten anerkannten Drei-Säulen-Systems, das die Vorsorge im Alter auf einen staatlichen, einen betrieblichen und einen privaten Pfeiler stützt, wird die Komplementärfunktion der betrieblichen Altersversorgung fixiert.[496]

Abb. 26: Die drei Säulen der Altersversorgung

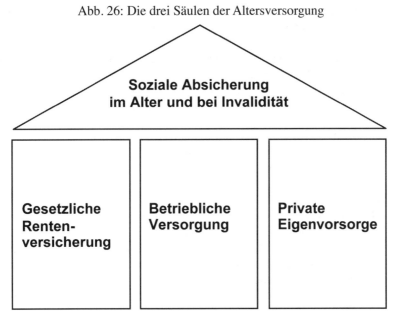

*Darstellung nach Schäfer, 1997, S. 14.*

493  Vgl. Schneevoigt, Ihno: Plädoyer für eine betriebliche Altersversorgung, in: Betriebliche Altersversorgung im 21. Jahrhundert. Rechtliche, personalpolitische und finanztechnische Herausforderungen (Festschrift für Wolfgang Förster zum 60. Geburtstag), hg. v. Boy-Jürgen Andresen / Norbert Rößler / Jochen Rühmann. Köln 2001, S. 356.
494  Vgl. Griebeling, Gerd / Griebeling, Stefan: Betriebliche Altersversorgung. München 2003, S. 5; Schneevoigt, 2001, S. 57.
495  Vgl. Heubeck, Klaus: Mittel- und langfristige Entwicklung in der betrieblichen Altersversorgung, in: Handbuch zur Altersversorgung. Gesetzliche, betriebliche und private Vorsorge in Deutschland, hg. v. Jörg-E. Cramer / Wolfgang Förster / Franz Ruland. Frankfurt a. M. 1998, S. 1000.
496  Vgl. Schäfer, 1997, S. 14.

In Deutschland fand die betriebliche Altersversorgung als „zweite Säule" neben der gesetzlichen Rentenversicherung als „erster Säule" und der privaten Eigenvorsorge als „dritter Säule" – wie zum Beispiel durch Lebensversicherungen, Wertpapiere oder Bankguthaben – mit dem Betriebsrentengesetz aus dem Jahr 1974 endgültige Anerkennung und Bestätigung. Darin wurde die betriebliche Altersversorgung erstmals gesetzlichen Regelungen unterworfen. Zugleich trug der Gesetzgeber damit der Tatsache Rechnung, dass die Betriebsrente wichtige sozialpolitische Funktionen im System der sozialen Sicherung erfüllt.[497] Dazu zählen die Entlastungsfunktion, die Substitutionsfunktion, die Sicherungsfunktion und die Allokationsfunktion.[498] Zum einen entlastet die betriebliche Altersversorgung den Staatshaushalt, indem sie die Abweichungen zum Einkommen während der Aktivzeit ausgleicht. Zum anderen kann sie die private Eigenvorsorge substituieren, da Beiträge, die für eine private Vorsorge hätten aufgebracht werden müssen, bei der betrieblichen Versorgung für die Sicherung im Alter angelegt werden. Zum dritten nimmt die betriebliche Altersversorgung vor allem für Empfänger von über der Bemessungsgrundlage liegenden Einkommen eine Sicherungsfunktion wahr, da sie die Versorgungslücke zwischen bestehendem Einkommen und zu erwartender gesetzlicher Rente kompensiert und damit die Aufrechterhaltung des Lebensstandards im Alter sicherstellt. Letztlich erfüllt die betriebliche Altersversorgung auch eine Allokationsfunktion, indem sie Vermögen bereitstellt, das zunächst für eine weitere Verwendung durch einen wirtschaftlichen Einsatz entweder innerhalb des Unternehmens oder am Kapitalmarkt zur Verfügung steht.

## 2.2 Gesetzliche Rahmenbedingungen und Durchführungsformen der betrieblichen Altersversorgung

Die im Betrachtungszeitraum für die Altersversorgung wichtigste sozialpolitische Neuerung war die Rentenreform, die, Umfragen des Allensbacher Instituts für Demoskopie zufolge, als das bis dahin populärste politische Ereignis in der Geschichte der Bundesrepublik Deutschland galt.[499] Sie markierte „als wichtigste Sozialreform der 1950er Jahre"[500] eine neue Etappe in der staatlichen Sozialpolitik und stellte auch für die betriebliche Sozialpolitik einen Wendepunkt dar. Die als „folgenschwere Eingriffe in die betriebliche Sozialpolitik"[501] bezeichneten Gesetze zur Neuregelung der Rentenversicherung der Arbeiter und Angestellten vom 23. Februar 1957 (Rentenanpassungsgesetz) sowie das zum 1.7.1957 in Kraft getretene „Gesetz zur Verbesserung der wirtschaftlichen Sicherung der Arbeiter im Krank-

---

497 Steffes, Dirk N.: Statistisches Berichtssystem der betrieblichen Altersversorgung. Bestandsaufnahme, Analyse und Ausblick. Diss. Trier 1994, S. 12; Griebeling/Griebeling, 2003, S. 4.
498 Vgl. dazu Förster, Wolfgang: Die betriebliche Versorgung, in: Jörg-E. Cramer / Wolfgang Förster / Franz Ruland (Hg.): Handbuch zur Altersversorgung. Gesetzliche, betriebliche und private Vorsorge in Deutschland. Frankfurt a. M. 1998, S. 202 f.
499 Vgl. Schmidt, 1998, S. 83.
500 Vgl. ebd., S. 81.
501 Vgl. Reichwein, 1965, S. 11.

heitsfall" (Lohnfortzahlungsgesetz) veränderten den Handlungsspielraum für Unternehmen und stellten darüber hinaus die soziale Notwendigkeit der betrieblichen Altersversorgung grundsätzlich in Frage.[502]

Kern des Rentenanpassungsgesetzes war der Übergang von der statischen zur dynamischen Leistungs- bzw. Produktivitätsrente. Die Dynamisierung, d.h. die Anpassung der Renten gemäß der Inflation oder Lohnerhöhungen, sollte die Teilhabe der Leistungsempfänger an der Entwicklung des Sozialprodukts und dem Zuwachs der Löhne und Gehälter gewährleisten sowie dazu beitragen, dass nicht nur das Existenzminimum, sondern auch der Lebensstandard im Alter annähernd aufrechterhalten werden konnten. Das Prinzip der beitragsäquivalenten, einkommensbezogenen Altersrente stellte nach den Worten des damaligen Bundesarbeitsministers Anton Storch sicher, „daß jeder Rentenbezieher am Aufstieg seines Standes oder seines Berufes teilnimmt, und zwar nach Maßgabe seiner individuellen Position im Sozialgefüge, die er sich und den Seinen während der Dauer seines Arbeitslebens erarbeitet hat".[503] Die Finanzierung der Leistungen der Altersversicherung erfolgte im Unterschied zum kapitalgedeckten Verfahren über das Umlageverfahren aus den Beiträgen der versicherten Erwerbstätigen sowie der Arbeitgeber. Diese per Generationenvertrag gesicherte Finanzierungsmethode zog aufgrund der zunehmenden Zahl der Rentner je Beitragszahler und infolge der Dynamisierung in der Zukunft beträchtliche Folgekosten nach sich. Bis zum Ende des Betrachtungszeitraums wurden die Bestandsrenten – mit Ausnahme der Jahre 1958 und 1978 – jährlich angepasst.

Die Rentenreform führte zu einer einmaligen starken Erhöhung der bestehenden Altersrenten um durchschnittlich 59 Prozent bei Arbeitern und 65 Prozent bei Angestellten.[504] Für einen Schlosser bei Siemens, der im Jahr 1956 nach 21-jähriger Dienstzeit pensioniert worden war, erhöhte sich die gesetzliche Rente, die vor der Rentenreform 177,70 DM betragen hatte, nach der Rentenreform auf 338,80 DM; ein kaufmännischer Angestellter mit 36-jähriger Siemens-Firmenzugehörigkeit erhielt vor der Rentenreform 209,80 DM und danach 422,40 DM.[505] Trotz dieser erheblichen Anhebung der gesetzlichen Leistungen hat die Zahl der Unternehmen, die eine betriebliche Altersversorgung anboten, in der Folgezeit zugenommen, da die realisierten Erhöhungen oftmals noch als unzureichend betrachtet wurden.[506] Angestrebt wurde letztlich von den Beschäftigten bzw. ihren Vertretern ein Gesamtruhegeld in Höhe der Beamtenaltersversorgung von 75 Prozent der früheren Bezüge – eine Zielvorstellung, die auch nach Auffassung von Wirtschaft und Industrie durchaus vertretbar erschien.[507]

---

502 Vgl. Uhle, 1987, S. 101.
503 Zitiert nach Schmidt, 1998, S 81.
504 Vgl. Hentschel, Volker: Geschichte der deutschen Sozialpolitik 1880–1980. Frankfurt a. M. 1983, S. 168.
505 Vgl. o.V.: Die Leistungen der Siemens-Altersfürsorge, in: Siemens-Mitteilungen 9/1960, S. 10.
506 Vgl. Uhle, 1987, S. 101.
507 Vgl. dazu „Ist die betriebliche Altersversorgung noch aktuell?" Rundfunkspiegel der Zentralstelle der Berliner Arbeitgeber-Verbände vom 8.5.1959, S. 3, in: SAA 12420.

Eine weitere rentenpolitische Entscheidung von herausragender sozialpolitischer Bedeutung traf die Bundesregierung rund 15 Jahre später.[508] Das am 21. September 1972 im Bundestag einstimmig angenommene Rentenreformgesetz, das verschiedentlich auch als „zweite Rentenreform" bezeichnet wurde, brachte eine erhebliche Ausweitung des Leistungsangebots der gesetzlichen Rentenversicherung. Die seit 1916 bestehende starre Altersgrenze von 65 Jahren wurde flexibilisiert, sodass Männer ab 63 Jahren und Frauen ab 60 Jahren vorzeitig in den Ruhestand eintreten konnten. Durch die Einführung einer Rente nach Mindesteinkommen konnte darüber hinaus die Situation von Kleinrentnern verbessert werden. Für Geringverdiener mit 25-jähriger versicherungspflichtiger Tätigkeit wurde der persönliche Bemessungssatz mit mindestens 75 Prozent angesetzt – davon profitierten vor allem Frauen, die durch die Entwicklung der Löhne in den niedrigen Lohngruppen benachteiligt waren. Als weitere Maßnahme zog der Gesetzgeber den Termin der Anpassung der Sozialrenten an das Durchschnittseinkommen der letzten drei Jahre um ein halbes Jahr vor. Außerdem stand nun die Rentenversicherung auch nicht abhängig Beschäftigten wie Selbstständigen, Hausfrauen oder Studenten offen.[509] Die Reformmaßnahmen verstärkten insbesondere durch die Einführung der Mindestrente und der Rente für nicht abhängig Beschäftigte den Versorgungscharakter der Rentenversicherung, während zuvor eher das Versicherungsprinzip im Vordergrund gestanden hatte, nach dem die Leistungen in einem bestimmten Verhältnis zu den Beiträgen bemessen wurden.[510]

Durch diese Weichenstellungen wurden Millionen von Rentnern begünstigt bzw. finanziell besser gestellt und der Kreis der Sozialversicherten erheblich erweitert.[511] Die von der sozial-liberalen Koalition mit Unterstützung der oppositionellen CDU/CSU angesichts der bevorstehenden Bundestagswahl wählerwirksam realisierten, großzügig bemessenen Reformen von 1972 basierten auf optimistischen Annahmen über das weitere Wirtschaftswachstum sowie auf nach der Rezession von 1966/67 wieder konsolidierten Finanzen der Sozialversicherung.[512] Sie zogen beträchtliche Folgekosten nach sich, was sich vor allem seit Mitte der siebziger Jahre angesichts der Rezession und der nachfolgenden Periode reduzierten Wachstums als problematisch erweisen sollte.

Einen erneuten wichtigen Einschnitt in der allgemeinen Entwicklung der betrieblichen Altersversorgung bildete das „Gesetz zur Verbesserung der betrieblichen Altersversorgung" (Betriebsrentengesetz) vom 19.12.1974, das die Gestaltung dieser grundsätzlich freiwilligen betrieblichen Sozialleistung erstmals auf eine gesetzliche Grundlage stellte. Ziel des nach mehrjähriger Reformdiskussion verabschiedeten Gesetzes war es, durch Regelungen zur Unverfallbarkeit von Anwartschaften sowie zur Absicherung der Betriebe gegen Insolvenzrisiken eine Siche-

---

508 Vgl. Hentschel, 1983, S. 178.
509 Borowsky, Peter: Deutschland 1970–1976, Hannover 1980, S. 66, und Schmidt, 1998, S. 96.
510 Borowsky, 1980, S. 66.
511 Rund 12 Millionen Rentner profitierten von der Vorverlegung der Rentenanpassung, rund 1,4 Millionen von der Anhebung der Kleinrenten und rund 740.000 von der Rente nach Mindesteinkommen; vgl. Schmidt, 1998, S. 97.
512 Ebd., S. 97 f.

rung der Betriebsrentenansprüche für die Arbeitnehmer zu erreichen.[513] Das Prinzip der Freiwilligkeit bei der Einrichtung einer betrieblichen Altersversorgung durch die Unternehmen blieb zwar erhalten, allerdings wurde der Gestaltungs- und Finanzierungsspielraum bei einer Zusage erheblich eingeschränkt. Verfiel nach der bisherigen Handhabung der Versorgungsanspruch des Arbeitnehmers bei seinem vorzeitigen Ausscheiden aus dem Unternehmen, so blieb die Anwartschaft nach Inkrafttreten des Betriebsrentengesetzes unter bestimmten Voraussetzungen erhalten. Eine Unverfallbarkeit trat ein, wenn der Arbeitnehmer mindestens das 35. Lebensjahr erreicht hatte und eine mindestens zehnjährige Versorgungszusage bzw. eine mindestens dreijährige Versorgungszusage bei einer Betriebszugehörigkeit von mindestens zwölf Jahren bestand.[514]

Als weitere wichtige Neuerung wurde Vorsorge zur Absicherung der Betriebsrenten bei Zahlungsunfähigkeit des Unternehmens getroffen. Mit der Sicherung der laufenden Renten und aller unverfallbaren Ansprüche gegen das Insolvenzrisiko betraute der Gesetzgeber den 1974 als Selbsthilfeeinrichtung der Wirtschaft gegründeten Pensions-Sicherungs-Verein, der durch entsprechende Beiträge der Arbeitgeber finanziert wurde.[515] Darüber hinaus begrenzte das Betriebsrentengesetz durch das sog. Auszehrungs- und Anrechnungsverbot eine Anrechnung anderer Versorgungsbezüge wie die gesetzlichen Rentenleistungen auf die betriebliche Altersversorgung. Außerdem wurden das Betriebs- und das Sozialrentenrecht in Bezug auf die gesetzlich eingeführte flexible Altersgrenze insoweit in Übereinstimmung gebracht, dass im Falle eines vorzeitigen Eintritts in den Ruhestand neben der gesetzlichen Rente auch ein Anspruch auf die Betriebsrente geltend gemacht werden konnte.[516] Zu den am meisten von Unternehmen kritisierten Regelungen zählte die Verpflichtung des Arbeitgebers zur Anpassung der laufenden Leistungen an steigende Lebenshaltungskosten. Bei der in dreijährlichen Zeitabständen durchzuführenden Anpassungsprüfung hat der Arbeitgeber sowohl die Belange des Versorgungsempfängers als auch die wirtschaftliche Lage des Unternehmens zu berücksichtigen und nach billigem Ermessen darüber zu entscheiden.[517]

Das Betriebsrentengesetz stellte einen gravierenden staatlichen Eingriff in die Gestaltung der freiwilligen betrieblichen Sozialleistungen dar. Diese staatliche Reglementierung unterstrich aber auch die herausragende sozialpolitische Funktion der betrieblichen Altersversorgung. Allerdings sank in der Folgezeit aufgrund der steigenden Belastungen durch das Betriebsrentengesetz die Bereitschaft der Unternehmen zur Neueinrichtung oder Aufwertung betrieblicher Versorgungssysteme und insbesondere viele kleine Unternehmen stellten ihre betriebliche Altersversor-

---

513 Vgl. Uhle, 1987, S. 104.
514 Vgl. Griebeling, Gerd: Arbeitsrechtliches Umfeld und Tendenzen, in: Jörg-E. Cramer / Wolfgang Förster / Franz Ruland (Hg.): Handbuch zur Altersversorgung. Gesetzliche, betriebliche und private Vorsorge in Deutschland. Frankfurt a. M. 1998, S. 350; vgl. auch Gesetz zur Verbesserung der betrieblichen Altersversorgung vom 19. Dezember 1974 (Rechtsprechung Stand 1. Juni 1978), hg. v. Vereinigung der Arbeitgeberverbände in Bayern, in: SAA 12795.
515 Vgl. Uhle, 1987, S. 104; vgl. dazu auch o. V.: Pensions-Sicherungs-Verein – Was ist das? In: Siemens-Mitteilungen 1/1982, S. 19.
516 Vgl. Griebeling, 1998, S. 355.
517 Vgl. ebd., S. 357.

gung ein.[518] Die betriebliche Altersversorgung kann in verschiedenen Gestaltungsformen auftreten und in ihren Anreizwirkungen variieren.[519] Dem Arbeitgeber stehen dabei mehrere Durchführungswege zur Verfügung, die durch unterschiedliche rechtliche Rahmenbedingungen gekennzeichnet sind. Zu unterscheiden sind dabei unmittelbare Versorgungsformen, die direkt über den Arbeitgeber abgewickelt werden, und mittelbare Durchführungsformen, bei denen ein externer Versorgungsträger mit eigener Rechtspersönlichkeit eingeschaltet wird. Als unmittelbare Versorgungsform gilt die Pensions- oder die Direktzusage. Zu den mittelbaren Durchführungsformen werden die Pensionskasse, die Unterstützungskasse, die Direktversicherung und der Pensionsfonds gerechnet. Für die Siemens-Altersversorgung waren im Betrachtungszeitraum die Durchführungsformen der Direktzusage, der Unterstützungskasse und der Direktversicherung relevant.

Die älteste und am weitesten verbreitete Form der betrieblichen Altersversorgung ist die Direktzusage, bei der der Arbeitgeber zugleich als Versorgungsträger fungiert.[520] Er verpflichtet sich, dem Arbeitnehmer oder seinen Hinterbliebenen ab dem Erreichen einer Altersgrenze oder im Todes- bzw. Invaliditätsfall entsprechende Leistungen zu zahlen, auf die der Arbeitnehmer einen Rechtsanspruch erhält.[521] Die Versorgungsleistungen sind über Beitragszahlungen des Arbeitgebers an den Pensions-Sicherungs-Verein abgesichert, der im Insolvenzfall die Haftung übernimmt. Die Finanzierung der Direktzusage erfolgt unternehmensintern über die Bildung von Pensionsrückstellungen. Für Unternehmen bestehen die finanziellen Vorteile der direkten Ruhegeldverpflichtung vor allem darin, dass die Zuführungen zu den Pensionsrückstellungen im Betrieb verbleiben. Sie müssen also nicht an einen externen Versorgungsträger abgeführt werden, sodass bis zum Eintritt des Versorgungsfalls kein Abfluss von Mitteln zu verzeichnen ist, sondern vielmehr die Liquidität erhöht werden kann.[522] Die Pensionsrückstellungen werden erst zum Zeitpunkt des Leistungsbezugs nach und nach wieder aufgelöst, sodass die entsprechenden finanziellen Mittel dem Unternehmen damit langfristig, zum Bei-

---

518 Vgl. Uhle, 1987, S. 105. Eine weitere grundlegende gesetzliche Neuregelung trat am 1. Januar 1986 mit dem „Gesetz zur Neuordnung der Hinterbliebenenrenten sowie zur Anerkennung von Kindererziehungszeiten in der gesetzlichen Rentenversicherung" in Kraft. Während nach altem Recht eine Witwe 60 Prozent der Rente ihres verstorbenen Ehemannes erhielt, einem Witwer in den meisten Fällen jedoch kein Anteil der Rente seiner verstorbenen Ehefrau zustand – es sei denn, die Ehefrau hätte zuletzt den überwiegenden Unterhalt der Familie bestritten – wurde diese Ungleichbehandlung von Mann und Frau bei der Hinterbliebenen-Versorgung insoweit reformiert, dass nun sowohl Witwen als auch Witwer Anspruch auf 60 Prozent des vom verstorbenen Ehepartner erworbenen Rentenanspruchs erheben konnten. Vgl. dazu: Kandar, Horst: Hinterbliebenenrenten neu geregelt, in: Siemens-Mitteilungen 11/1985, S. 8–9, und Höfer, Reinhold (Hg.): Gegenwart und Zukunft der betrieblichen Altersversorgung. Stuttgart 1982, S. 3. Vgl. auch Merkblatt zur Neuregelung der Witwen- und Witwerrenten vom 5.12.1985, in: SAA 14/Ll 298.
519 Vgl. Backes-Gellner, Uschi / Lazear, Edward P. / Wolff, Brigitta: Personalökonomik. Fortgeschrittene Anwendungen für das Management. Stuttgart 2001, S. 472.
520 Vgl. Hemmer, 1984, S. 7; Schäfer, 1997, S. 41.
521 Vgl. Beck, Hans Joachim: Pensionszusage, in: Handbuch betriebliche Altersversorgung, hg. v. Wolfgang Drols. Wiesbaden 2004, S. 443.
522 Vgl. ebd., S. 443.

spiel zur Finanzierung von Investitionen oder für Betriebsmittel, zur Verfügung stehen.[523] Allerdings fließen neben den genannten Spareffekten auch liquide Mittel aufgrund von Rentenzahlungen und Insolvenzsicherungsprämien ab.[524] Vorteile für den Arbeitnehmer entstehen bei der Direktzusage in erster Linie durch die nachgelagerte Lohnbesteuerung. Unter personalpolitischen Aspekten steht der angestrebte Bindungseffekt dieses Durchführungswegs im Vordergrund. Allerdings ist die Bindungswirkung nur als Grund für die Einführung betrieblicher Pensionszusagen sowie innerhalb der im Betriebsrentengesetz fixierten Fristen bis zum Eintritt der Unverfallbarkeit der Anwartschaften relevant.[525]

Ein weiterer Durchführungsweg zur Abwicklung einer betrieblichen Altersversorgung besteht für Unternehmen in der Finanzierung von Versorgungsansprüchen über eine externe Pensionskasse, wobei der Begriff „Pensionskasse" bis zu Beginn der 1930er Jahre als Sammelbegriff für verschiedene Gestaltungsformen der Altersversorgung fungierte.[526] Nach heutiger Definition gelten Pensionskassen als rechtlich selbstständige Versorgungseinrichtungen – meist in Form eines Versicherungsunternehmens oder -vereins –, die dem Arbeitnehmer oder seinen Hinterbliebenen einen Rechtsanspruch auf ihre Leistungen gewähren und die den Auflagen der Versicherungspflicht unterliegen.[527] Unterschieden werden je nach Träger betriebliche Pensionskassen, konzerngebundene Kassen oder Gruppenkassen für Arbeitnehmer eines Wirtschaftszweigs.[528] Die Finanzierung erfolgt in der Regel durch Zuwendungen des Arbeitgebers, wobei sich jedoch auch Arbeitnehmer – zum Beispiel durch die Umwandlung künftiger Entgeltansprüche oder durch Eigenbeiträge – beteiligen können.[529] Die Mittel für die Versorgungsleistungen werden im Anwartschaftsdeckungsverfahren, das heißt innerhalb der aktiven Dienstzeit des Mitarbeiters und vor Eintritt des Versorgungsfalls, angesammelt.[530] Dies hat für das Unternehmen einen regelmäßigen Mittel- und damit Liquiditätsabfluss während der Anwartschaftszeit zur Folge, sodass Binnenfinanzierungseffekte wie bei der Direktzusage entfallen.[531] Die Pensionskasse selbst ist steuerbefreit, die Risiken liegen beim Versicherer.

Ebenso wie die Pensionskasse ist auch die Unterstützungskasse als älteste Form einer extern durchgeführten und finanzierten Altersversorgung eine rechtlich

---

523  Vgl. Steffes, 1994, S. 20; vgl. auch Uhle, 1987, S. 155.
524  Vgl. Steffes, 1994, S. 20.
525  Backes-Gellner/Lazear/Wolff, 2001, S. 474.
526  1934 kam es im Rahmen einer Steuerreform zur rechtlichen Absicherung des Begriffs, im Zuge derer die Pensionskassen die Auflage erhielten, ihren Mitgliedern einen Rechtsanspruch einzuräumen und sich der Versicherungsaufsicht zu unterstellen. Vgl. Schäfer, 1997, S. 33.
527  Vgl. Andresen/Voß, 2004, Sp. 19; Schmitz, Jöns-Peter / Laurich, Martin: Die Pensionskasse – einer der attraktivsten Durchführungswege der betrieblichen Altersversorgung, in: Wolfgang Drols (Hg.): Handbuch betriebliche Altersversorgung. Wiesbaden 2004, S. 544.
528  Vgl. Hemmer, 1984, S. 9.
529  Vgl. Bertelsmann-Stiftung (Hg.): Analyse betrieblicher Altersvorsorgemodelle, Manuskript erstellt von Dietmar Wellisch (Bertelsmann-Stiftung Vorsorgestudien 11), Magdeburg 2002, S. 3. (auch in: http://www.bertelsmann-stiftung.de)
530  Vgl. Stickel, 2001, S. 70.
531  Vgl. Steffes, 1994, S. 22; Schäfer, 1997, S. 45.

selbstständige Versorgungseinrichtung.⁵³² Im Gegensatz zur Pensionskasse gewährt die Unterstützungskasse allerdings keinen formellen Rechtsanspruch auf Versorgungsleistungen. Unterstützungskassen können für einzelne Unternehmen, für Konzerne oder für eine Vielzahl von Trägerunternehmen errichtet werden.⁵³³ Die Aufwendungen für die Versorgungsleistungen werden bei einer arbeitgeberfinanzierten Unterstützungskasse alleine durch Zuwendungen des Trägerunternehmens während der Anwartschaftszeiten sowie durch Zinserträge des Kassenvermögens aufgebracht.⁵³⁴ Die Beiträge des Arbeitgebers werden als Gewinn mindernde Betriebsausgaben gewertet, sodass dem Arbeitgeber Steuer- und Liquiditätsvorteile entstehen.⁵³⁵ Die Unterstützungskasse ist bis zum Erreichen einer gesetzlich festgelegten Höchstgrenze von der Steuer befreit. Da sie nicht der Versicherungsaufsicht unterliegt, kann sie frei über ihre Vermögensanlagen verfügen, sie zum Beispiel dem Trägerunternehmen als Darlehen zur Verfügung stellen, in Aktien investieren oder Kapital- oder Rentenversicherungen zur Rückdeckung abschließen.⁵³⁶ Das Trägerunternehmen hat das Recht, über die Auszahlungstermine zu entscheiden und bei entsprechender wirtschaftlicher Lage die Versorgungsleistungen gegebenenfalls zu verringern oder auszusetzen, wofür jedoch zwingende Gründe vorliegen müssen.⁵³⁷ Im Insolvenzfall sichert der Pensions-Sicherungs-Verein die Versorgungsansprüche der Arbeitnehmer. Wegen der Freiwilligkeit der Leistungen und der flexiblen Einsatzmöglichkeiten der Vermögensanlagen gehörte die Unterstützungskasse nach der Direktzusage lange Zeit zu den populärsten Durchführungswegen der betrieblichen Altersversorgung in Deutschland.⁵³⁸ Vorteile für die Arbeitnehmer entstehen durch die nachgelagerte Besteuerung.

Zu den jüngeren Instrumenten der betrieblichen Altersversorgung gehört die Direktversicherung, die auf dem Modell der Anfang des 20. Jahrhunderts in den USA eingeführten Gruppenlebensversicherung⁵³⁹ basiert. In Deutschland fand sie seit dem Ende der 1920er Jahre Verbreitung und erfuhr dort vor allem seit dem Zweiten Weltkrieg einen erheblichen Aufschwung.⁵⁴⁰ Mit der Direktversicherung

---

532 Vgl. Kreutz, Johannes: Die Unterstützungskasse in der betrieblichen Altersversorgung, in: Handbuch betriebliche Altersversorgung, hg. v. Wolfgang Drols. Wiesbaden 2004, S. 501.
533 Vgl. Stickel, 2001, S. 69.
534 Bei einer arbeitnehmerfinanzierten Betriebsrente können die Zuwendungen auch durch einen Gehaltsverzicht (vom Bruttolohn) geleistet werden. Unterschieden werden pauschaldotierte (reservepolsterfinanzierte) und rückgedeckte Unterstützungskassen. Bei Letzterer schließt der Arbeitgeber zur Absicherung der Ansprüche eine Rückdeckungsversicherung ab. Vgl. Kreutz, 2004, S. 504f. Vgl. auch Kisters-Kölkes, Margret: Arbeitsrecht und betriebliche Altersversorgung durch Entgeltumwandlung, in: Wolfgang Drols (Hg.): Handbuch betriebliche Altersversorgung. Wiesbaden 2004, S. 9.
535 Stickel, 2001, S. 67f.
536 Vgl. Kreutz, 2004, S. 504.
537 Schäfer, 1997, S. 37; vgl. auch Kisters-Kölkes, 2004, S. 9.
538 Vgl. Schäfer, 1997, S. 36 und 44.
539 In einer Gruppenversicherung werden die Versicherungsbeiträge nicht von der entsprechenden Versicherung, sondern von den Initiatoren der Versicherung, zum Beispiel einem Unternehmen, erhoben. Dadurch ergeben sich Einsparungen bei den Verwaltungskosten und die Versicherungskonditionen können gegenüber Einzelversicherten günstiger gestaltet werden.
540 Vgl. Koch, 1988, S. 13f.

schließt der Arbeitgeber im Rahmen der betrieblichen Altersversorgung eine Lebensversicherung für den Arbeitnehmer ab. Bezugsberechtigte sind der Arbeitnehmer bzw. seine Hinterbliebenen.[541] In der Regel werden Direktversicherungen als Erlebens- oder Todesfallversicherungen abgeschlossen, die im Versicherungsfall – wie beim Erreichen eines bestimmten Lebensalters bzw. beim Tod des Versicherten – Kapital oder Rentenleistungen erbringen. Die Beitragszahlungen können sowohl durch den Arbeitgeber als auch durch den Arbeitnehmer – zum Beispiel durch Entgeltumwandlung – erfolgen oder zwischen beiden Parteien aufgeteilt werden.[542] Ein Vorteil für Unternehmen ist bei dieser Durchführungsform der betrieblichen Altersversorgung die Tatsache, dass sämtliche Risiken bei dem Versicherer liegen. Im Vergleich zur Direktzusage oder zur Unterstützungskasse kann allerdings keine nachgelagerte Besteuerung beim Arbeitnehmer erfolgen, sodass die Beiträge bis zu einer gewissen Höhe pauschal versteuert werden müssen.[543]

### 2.3 Unterstützung in Notlagen und soziale Sicherung im Alter: Die Entwicklung der betrieblichen Altersversorgung bis zur Rentenreform 1957

*2.3.1 Die Ausgangssituation*

Die betriebliche Altersversorgung ist ein Kernbereich der Siemens-Sozialpolitik, deren Anfänge bis in die Zeit der Unternehmensgründung zurückreichen. Bereits wenige Jahre nach der Gründung der Telegraphen-Bauanstalt von Siemens & Halske versicherte Werner von Siemens die Arbeiterbelegschaft bei den im Jahr 1853 eingerichteten Kranken-, Sterbe- und Invalidenkassen der Maschinenbauarbeiter in Berlin.[544] Im Jahr 1872 wurde zum 25-jährigen Firmenjubiläum die „Pensions-, Witwen- und Waisenkasse" für Arbeiter und Angestellte aller Werkstätten in Berlin, London und Petersburg gegründet.[545] Die Pensionskasse blieb auch nach

---

541 Vgl. De Backere, Rainer / Klemme, Gabriele: Die Direktversicherung, in: Wolfgang Drols (Hg.): Handbuch betriebliche Altersversorgung. Wiesbaden 2004, S. 529.
542 Vgl. Hemmer, 1984, S. 8; vgl. auch Schäfer, 1997, S. 20.
543 Vgl. De Backere/Klemme, 2004, S. 531, und Andresen/Voß, 2004, Sp. 19. Seit dem 1. Januar 2002 besteht in Deutschland als fünfter Durchführungsweg die vor allem in den angelsächsischen Ländern verbreitete Möglichkeit, die betriebliche Altersversorgung über Pensionsfonds zu finanzieren. Pensionsfonds sind rechtsfähige Versorgungseinrichtungen, die mit Hilfe des Kapitaldeckungsverfahrens Altersversorgungsleistungen erbringen, wobei der Arbeitnehmer einen Rechtsanspruch auf die Leistungen erhält. Vgl. Melchiors, Hans H.: Die Pensionsfonds als fünfter Durchführungsweg in der betrieblichen Altersversorgung, in: Wolfgang Drols (Hg.): Handbuch betriebliche Altersversorgung. Wiesbaden 2004, S. 581. Vgl. auch Informationsdienst des Instituts der Deutschen Wirtschaft: Betriebliche Altersversorgung. Renaissance der zweiten Säule, 29. Jg., 2003, Nr. 42, S. 2.
544 Vgl. Burhenne, 1932, S. 78. Vgl. auch „Die Alters- und Hinterbliebenenversorgung des Hauses Siemens", Manuskript der Soz.-Pol. Abt. vom 5.5.1949, S. 1, in: SAA 12788.
545 Vgl. Burhenne, 1932, S. 72, und Conrad, 1986, S. 100. Hauptmotive bei der Bildung der Kasse waren die Eindämmung der Mitarbeiterfluktuation angesichts des akuten Mangels an qualifizierten Facharbeitern und der Aufbau bzw. Erhalt eines festen Arbeitsstamms. Vgl. Verlaut-

der Einrichtung der staatlichen Alters- und Hinterbliebenenversorgung Ende der 1880er Jahre und dem weiteren Ausbau staatlicher Sozialleistungen in der Weimarer Republik eine wichtige Ergänzung der öffentlichen Mittel.[546] Die Verwaltung der Siemens-Altersfürsorge GmbH wurde von dem Geschäftsführer, einem Stellvertreter sowie mehreren Prokuristen geleitet. Die Mitwirkung der Belegschaft erfolgte durch den beratend tätigen Verwaltungsausschuss.[547] Als freiwillige Leistungen gewährte die Siemens-Altersfürsorge GmbH Ruhegelder für pensionierte Belegschaftsmitglieder, Unterstützungen für Angehörige, Erziehungsbeiträge für Kinder und einmalige Beihilfen aus besonderen Anlässen. Die Mittel für die Bereitstellung der Pensionsleistungen wurden der Siemens-Altersfürsorge GmbH durch laufende Zuschüsse der Gesellschafterfirmen Siemens & Halske und Siemens-Schuckertwerke zur Verfügung gestellt. Die Arbeitnehmer waren an der Aufbringung der Pensionslasten nicht beteiligt.

Ab 1933 unterlag die Siemens-Pensionskasse gravierenden Eingriffen des Staats.[548] 1941 änderte sich die Firmenbezeichnung in „Siemens-Altersfürsorge GmbH", da der Begriff „Kasse" Pensionseinrichtungen mit Rechtsanspruch vorbehalten bleiben sollte. Zudem musste das Kassenvermögen der Siemens-Altersfürsorge GmbH im Wert von über 20 Mio. RM in Reichsschatzanweisungen angelegt werden und war damit bei Kriegsende völlig entwertet.[549]

*2.3.2 Die Wiederaufnahme von Pensions- und Sonderleistungen in den Nachkriegsjahren*

„Die Auswirkungen des Krieges und der Niederlage, insbesondere die in Berlin-Siemensstadt eingetretenen Ereignisse, haben das Haus Siemens vor außerordentlich schwere Aufgaben gestellt und es zu einschneidenden Maßnahmen auf allen Gebieten gezwungen. Ausgehend von dem Gedanken, dass zu allererst der Bestand des Hauses gesichert bleiben muß, wenn der geplante schwierige Wiederaufbau Aussicht auf Erfolg haben soll, haben wir unverzüglich auch weitgehende Einschränkungen unsere[r] umfangreichen Pensionslasten vornehmen müssen",[550] so eine Stellungnahme der Siemens-Altersfürsorge GmbH (SAF) im Juni 1947. Durch

barung vom 10. Dezember 1872, in: SAA 14/Lm 727. Vgl. auch Schreiben von Siemens & Halske an Siemens Brothers vom 1.12.1872, in: SAA 68/Lr 553, und Werner von Siemens an Fabrikinspektor Major von Stülpnagel vom 19.11.1875, in: Matschoß, 1916, S. 482 f. Zugleich diente die Kasse als Mittel, einer befürchteten Radikalisierung der Belegschaft durch sozialistische Einflüsse vorzubeugen und Streiks abzuwehren.

546 Vgl. dazu Werner Freund: Die Entwicklung der Pensionskasse von 1903 bis 1948 (ohne Seitennummerierung), in: SAA 68/Lr 553, Bd. 2.
547 Vgl. Die Alters- und Hinterbliebenenversorgung des Hauses Siemens, Manuskript der Soz.-Pol. Abt. vom 5. Mai 1949, S. 2, in: SAA 12788.
548 Vgl. dazu Feldenkirchen, 1995, S. 416; Conrad, 1986, S. 114.
549 Vgl. 3. Geschäftsbericht der Siemens-Altersfürsorge GmbH vom 1.10.1941–30.9.1942, Anlage 1, in: SAA 11.43/Lm 386 (Nachlass v. Witzleben), und Feldenkirchen, 1995, S. 417.
550 Vgl. Stellungnahme zur Frage der Ruhegehalts-, Ruhegeld- und Gehaltszahlungen vom 19.6.1947, S. 2, in: SAA 8492.

## 2. Von der sozialen Versorgungsleistung zum personalpolitischen Instrument 219

die Folgen des Zweiten Weltkriegs war die Handlungsfähigkeit der als Unterstützungskasse geführten Gesellschaft erheblich eingeschränkt. Hohe finanzielle Verluste,[551] Einbußen bei den laufenden Einnahmen und gewandelte politische Rahmenbedingungen verhinderten zunächst die Wiederaufnahme der regulären Geschäftstätigkeit. In einem Rundschreiben an die Pensionäre und die Hinterbliebenen ehemaliger Mitarbeiter warb die Unternehmensleitung im Dezember 1947 um Verständnis für diese Maßnahmen und appellierte an die enge Verbundenheit und das Vertrauen der Beschäftigten zu der sozialen Einstellung des Unternehmens.[552]

In den einzelnen Besatzungszonen wurden die Pensionierungsbedingungen und Pensionsleistungen zunächst unterschiedlich geregelt.[553] Um eine für notwendig erachtete mindestens 50-prozentige Ersparnis auf den Pensionsetat zu erzielen, entrichtete die SAF in der amerikanischen, englischen und französischen Zone ab Juni 1945 nur noch 50 Prozent der regulären Pensionsleistungen, die sich aus einem Grundbetrag sowie einem in Abhängigkeit von der Dienstzeit erhobenen Steigerungsbetrag zwischen 1 Prozent nach 11 Dienstjahren und 30 Prozent nach 35 und mehr Dienstjahren errechneten.[554] Außerdem wurde die Wartezeit von 10 Jahren auf 20 Jahre erhöht. Bei Kriegshinterbliebenen war die Ableistung von 10 Dienstjahren nach vollendetem 21. Lebensjahr Voraussetzung für eine Witwen- und Waisenrente.[555] Die Mindestsätze betrugen 20 RM für männliche, 15 RM für weibliche Leistungsempfänger und 10 RM für Witwen. Eine Kürzung von Kinderzulagen, Erziehungsbeihilfen und Waisengeldern fand nicht statt.[556]

Eine weitere infolge der wirtschaftlichen Situation der Nachkriegszeit getroffene Maßnahme bestand in der Herabsetzung der Lebensaltersgrenze von 65 auf 60 Jahre.[557] Aufgrund der nach der Kapitulation eingetretenen Notwendigkeit, den

---

551 Das Guthaben der SAF war ab dem Geschäftsjahr 1940/41 zum größten Teil in Schatzanweisungen des Deutschen Reiches angelegt worden, die bei Kriegsende einen Wert von rund 62 Mio. RM auswiesen. Vgl. Die Entwicklung der Pensionskasse von 1903–1948 (Ausarbeitung des Herrn Freund, Juni 1960), in: SAA 68/Lr 553, Bd. 2. Durch den Ausgang des Zweiten Weltkriegs wurden die Schatzanweisungen völlig entwertet, sodass sich für die Siemens-Altersfürsorge GmbH in der RM-Schlussbilanz zum 24. Juni 1948 zuzüglich der Wertberichtigungen aus den Vorjahren ein Gesamtverlust von rund 64 Mio. RM ergab. Die Summe betrug 64.292.778 RM. Vgl. 9. Geschäftsbericht der SAF vom 1.10.1947–24.6.1948 (RM-Schlussbilanz), in: SAA 14/Lr 518.
552 Vgl. Bekanntmachung der Siemens & Halske AG – Siemens-Schuckertwerke AG Berlin-Siemensstadt, 11.12.1947, in: SAA 8504.
553 Vgl. Neuregelung der Pensionierungsbedingungen und der Pensionsleistungen vom 4.8.1945, in: SAA 8492.
554 Bei einer mindestens 40-jährigen Dienstzeit wurden Sonderzuschläge bewilligt und nach 50-jähriger Tätigkeit das letzte volle Monatseinkommen erreicht. Vgl. Die Alters- und Hinterbliebenenversorgung des Hauses Siemens, in: SAA 12788.
555 Vgl. Neuregelung der Pensionierungsbedingungen und der Pensionsleistungen vom 4.8.1945, in: SAA 8492. Vgl. 9. Geschäftsbericht der SAF vom 1.10.1947–24.6.1948 (RM-Schlussbilanz), S. 2, in: SAA 14/Lr 518; vgl. dazu auch Feldenkirchen, 2003 a, S. 373; vgl. auch Dokumentation zur Personalpolitik 1950–1974, hg. v. Siemens AG, 1974, S. 17, in: SAA 14/Ls 692.
556 Vgl. Neuregelung der Pensionierungsbedingungen und der Pensionsleistungen vom 4.8.1945, in: SAA 8492.
557 Vgl. dazu Zusammenfassung der Pensionsbestimmungen vom 28. Februar 1950, in: SAA 68/

Personalbestand erheblich einzuschränken, wurde im Sommer 1945 festgelegt, zunächst Belegschaftsmitglieder, die das 60. Lebensjahr vollendet hatten und mehr als 30 Dienstjahre aufwiesen, zur Pensionierung vorzuschlagen.[558] Diese Regelung wurde in der Folgezeit beibehalten, um der starken Überalterung der Belegschaft wegen der Ausfälle der Kriegsjahrgänge entgegenzuwirken und eine Verjüngung durch die rechtzeitige Einstellung und Ausbildung von Nachwuchskräften erreichen zu können.[559] Die vorzeitigen Pensionierungen sollten nach Möglichkeit in gegenseitigem Einvernehmen oder unter Berücksichtigung der wirtschaftlichen Verhältnisse des Pensionärs erfolgen, um soziale Härten durch die zukünftigen Erwerbsminderungen zu vermeiden.[560] Die langsame Verbesserung der wirtschaftlichen Rahmenbedingungen führte ab Ende der 1940er Jahre zur schrittweisen Aufhebung der einschränkenden Maßnahmen. Mit Wirkung zum 1. April 1949 erhöhten sich die Unterstützungen im Westen zunächst auf 75 Prozent der regulären Pensionssätze bei gleichzeitiger Herabsetzung der vorausgesetzten Mindestdienstzeit von 20 auf 15 Jahre.[561] Eine weitere Leistungssteigerung erfolgte ab dem 1. Oktober 1950 auf 90 Prozent und schließlich ab dem 1. Juli 1951 auf 100 Prozent der regulären Sätze.[562] Erschwerend wirkte sich dabei der Umstand aus, dass die Pensionärszahlen im Verhältnis zu den aktiven Mitarbeitern nun erheblich höher lagen als vor dem Kriegsende.[563]

Im Vergleich zur Situation in Westdeutschland gestaltete sich die Lage für die in Berlin und der russisch besetzten Zone lebenden Pensionäre deutlich schlechter. Da die dortige Besatzungsmacht sämtliche Bankkonten gesperrt hatte, stellte die SAF in Berlin ab Mai 1945 alle Rentenzahlungen ein.[564] Es konnten in den Geschäftsjahren 1945/46 und 1946/47 nur jeweils zwei einmalige Unterstützungszahlungen – im Juli und November 1945, im Dezember 1946 und im Juni 1947 – in Höhe von rund 50 Prozent der regulären Monatsbeträge (mindestens 10 RM, höchstens 100 RM) gewährt werden.[565] Auf der Zahlkarte für die dritte und letzte Ab-

---

Lr 553, Bd. 1, S. 1 und 5.
558 Vgl. Aktennotiz btr. Pensionierung von Belegschaftsmitgliedern vom 12.7.1945, in: SAA 8537.
559 Vgl. Aktenvermerk btr. Pensionsfragen aus der Besprechung des 15-er-Ausschusses der Arbeitsgemeinschaft der Betriebsräte in Mülheim am 26.4.1949, S. 1, in: SAA 8537. Vgl. auch Schwarzbauer, Fritz: Unsere Altersfürsorge, in: Siemens-Mitteilungen 1/1951, S. 26.
560 Vgl. dazu PersRef-Rundschreiben Entwurf vom 20. Februar 1950, in: SAA 12420, und Stellungnahme des Betriebsrats über „Die sozialen Härten bei vorzeitigen Pensionierungen" vom 14. September 1949, in: SAA 8537.
561 Vgl. 11. Geschäftsbericht der SAF vom 1.4.1949 – 30.9.1949, in: SAA 14/Lr 518, S. 2; vgl. auch Schreiben btr. Erweiterung unserer Alters- und Hinterbliebenenfürsorge (Übergangsbezüge) vom 1.4.1949, in: SAA 8537.
562 Vgl. 13. Geschäftsbericht der SAF vom 1.10.1950–30.9.1951, in: SAA 14/Lr 518, S. 2; vgl. auch SozPolAbt-Rundschreiben Nr. 120 vom 10.7.1951, in: SAA 12420.
563 Vgl. Geschäftsbericht der Siemens AG für die Zeit vom 1.10.1947–30.9.1950, S. 14, in: SAA 15/Lg 969.
564 Vgl. Die Entwicklung der Pensionskasse von 1903–1948 (Ausarbeitung des Herrn Freund, Juni 1960), in: SAA 68/Lr 553, Bd. 2.
565 Vgl. 7. Geschäftsbericht der SAF vom 1.6.1945–30.9.1946, in: SAA 11.43/Lm 386 (Nachlass v. Witzleben); 8. Geschäftsbericht der SAF vom 1.10.1946–30.9.1947, in: SAA 11.43/Lm 386

schlagszahlung an ruhegehaltsberechtigte Oberbeamte im Juni 1947 befand sich der Vermerk, dass mit der Wiederaufnahme der Pensionszahlungen vorerst nicht zu rechnen sei.[566]

Erst zwei Jahre nach Kriegsende, ab dem 1. Juni 1947, erhielten Pensionäre in Berlin und Ostdeutschland, die 50 und mehr Dienstjahren aufweisen konnten – bzw. deren Hinterbliebene – erstmals wieder Altersbezüge in Höhe von 25 Prozent der früheren Unterstützungsleistungen; davon profitierten allerdings nur 14 Kassenmitglieder.[567] Aus Anlass des 100-jährigen Jubiläums der Siemensfirmen wurde im Oktober 1947 an alle Ruhegeldberechtigten im sowjetisch besetzten Teil Deutschlands eine besondere Zuwendung in Höhe einer monatlichen Pension ausgeschüttet – analog dazu erhielten Unterstützungsempfänger im Westen einen halben monatlichen Ruhegeldbetrag als Jubiläumsprämie, da bereits dort 50 Prozent der Bezüge als laufende Leistungen gezahlt wurden.[568] Am 1. Januar 1948 erfolgte die finanzielle Gleichstellung aller Kassenmitglieder in West- und Ostdeutschland, sodass auch im Osten Deutschlands die Bezüge zunächst auf 50 Prozent gesteigert werden konnten. Seit April 1949 wurden in beiden Bereichen wieder 75 Prozent der normalen Sätze gezahlt, die sich in der Folgezeit – wie oben beschrieben – sukzessive auf 100 Prozent erhöhten.[569]

Nach der Währungsreform erfolgten die Pensionsleistungen für Juli und August 1948 in Berlin (Ost- und Westteil) mit einem Westmarkanteil von 25 Prozent, in der Folgezeit jeweils zur Hälfte in DM-Ost und in DM-West. Die in der „Ostzone" wohnenden Pensionäre erhielten ihre Unterstützung zu 100 Prozent in DM-Ost.[570] Ab August 1949 betrug das Verhältnis im Ostteil Berlins sowie in der „Ostzone" 90 Prozent DM-Ost zu 10 Prozent DM-West – der Westmarkanteil erhöhte sich rund ein Jahr später, zum 1. Juli 1950, von 10 Prozent auf 20 Prozent.[571] Während den in Berlin ansässigen Pensionären das Ruhegeld (vierteljährlich) in bar in den Siemens-Geschäftsräumen ausgehändigt wurde, erhielten die Pensionäre in der Ostzone ihre Zuwendungen mit der Post. Da Überweisungen von Westmark in die

---

(Nachlass v. Witzleben) und Schreiben btr. Zahlungen der Siemens-Altersfürsorge vom 12.2.1946, in: SAA 8537. Zu diesem Zeitpunkt waren zwei Abschlagszahlungen (Ende Juli und im November 1945) entrichtet worden.

566 Vgl. Stellungnahme zur Frage der Ruhegehalts-, Ruhegeld- und Gehaltszahlungen vom 19.6.1947, S. 1, in: SAA 8492.

567 Vgl. ebd. und 9. Geschäftsbericht der SAF vom 1.10.1947–24.6.1948, in: SAA 14/Lr 518, S. 2.

568 Vgl. ebd. und Schreiben btr. Sonderzuwendung an Pensionäre und Hinterbliebene aus Anlaß des 100-jährigen Firmenjubiläums vom 19.8.1947, in: SAA 8537. Ausdrücklich ausgeschlossen wurden allerdings Personen, die sich „durch ihr Verhalten dem Hause gegenüber der beabsichtigten freiwilligen Sonderzuwendung nicht als würdig erwiesen haben sollten." Vgl. Schreiben btr. Sonderzuwendung an Pensionäre und Hinterbliebene aus Anlaß des 100-jährigen Firmenjubiläums vom 19.8.1947, S. 1, in: SAA 8537.

569 Vgl. 9. Geschäftsbericht der SAF vom 1.10.1947–24.6.1948, in: SAA 14/Lr 518, S. 2.

570 Im Juli und August 1948 wurden die Unterstützungen in Berlin zu 75 Prozent in DM-Ost gezahlt; vgl. 10. Geschäftsbericht der SAF vom 25.6.1948–31.3.1949, S. 2, in: SAA 14/Lr 518, und 11. Geschäftsbericht der SAF vom 1.4.1949 – 30.9.1949, in: SAA 14/Lr 518, S. 2.

571 Vgl. 11. Geschäftsbericht der SAF vom 1.4.1949–30.9.1949, in: SAA 14/Lr 518, S. 2 und 12. Geschäftsbericht der SAF vom 1.10.1949–30.9.1950, S. 2, in: SAA 14/Lr 518.

Ostzone nicht möglich waren, musste der Westmark-Anteil nach dem jeweils letzten amtlichen Monats-Durchschnitts-Kurs in Ostmark umgerechnet werden.[572]

Die unterschiedliche Behandlung der Pensionsempfänger, die in den ersten Nachkriegsjahren durch die in den verschiedenen Besatzungszonen voneinander abweichenden Regelungen verursacht wurde, war aufgrund der angestrebten Gleichbehandlung aller Beschäftigten firmenintern umstritten. Die Rechtsabteilung wies darauf hin, dass in Bezug auf die reduzierten oder ausgesetzten Versorgungsleistungen an Tarifangestellte keine Bedenken erhoben werden könnten, da die Satzung der Siemens-Altersfürsorge GmbH keinen Rechtsanspruch auf Ruhe- und Witwengelder sowie Erziehungsbeihilfen einräumte und die Leistungen jederzeit herabgesetzt oder eingestellt werden könnten.[573] Anders lag die Situation bei denjenigen Oberbeamten, mit denen das Unternehmen individuelle Ruhegehaltsabkommen geschlossen hatte und die dadurch einen Rechtsanspruch auf Ruhegehalt geltend machen konnten. Dieser konnte jedoch bei wirtschaftlich schwieriger Lage durch das Unternehmen herabgesetzt werden.[574] Da allerdings der Umstand der verschlechterten wirtschaftlichen Rahmenbedingungen das Gesamtunternehmen beträfe, das durchaus zahlungsfähig sei und seinen Pensionsverpflichtungen im Westen Deutschlands – wenn auch in eingeschränkter Weise – nachkäme, wurde die Einstellung gegenüber den Pensionären mit Ruhegehaltsabkommen im Berliner Raum und in der sowjetisch besetzten Zone als ungerecht empfunden.[575] In moralischer Hinsicht dominierte der Standpunkt, „dass die getroffene Regelung der Tradition unseres Hauses nicht ganz entspräche"[576] und dass „Carl Friedrich von Siemens sie nicht [...] geduldet hätte", zumal es sich bei den betroffenen Pensionären „um Männer handelt, die sich in langjähriger treuer Tätigkeit für das Haus Siemens ganz besonders hervorgetan und verdient gemacht haben."[577] Allerdings verzichteten die Verantwortlichen trotz des einhellig als unbefriedigend empfundenen Zustands angesichts der unsicheren politischen Entwicklung und „nachdem die Dinge nun einmal soweit gediehen sind",[578] darauf, konkrete Schritte zur Beseitigung dieser Schieflage zu unternehmen. Stattdessen wurde die Möglichkeit in Betracht gezogen, die Ruhegehaltsberechtigten in Berlin und in der sowjetisch besetzten Zone nachträglich zu entschädigen.[579]

---

572 Vgl. Stellungnahme zur Frage der Ruhegehalts-, Ruhegeld- und Gehaltszahlungen vom 19.6.1947, S. 1, in: SAA 8492.
573 Vgl. Zur Frage der Ruhegehalts- und Ruhegeldzahlungen, Stellungnahme von Dr. Springer (Rechtsabteilung) vom 12.10.1946, S. 7, in: SAA 8504.
574 Vgl. ebd., S. 3.
575 Vgl. Schreiben von Dr. Schwenn an Dr. v. Witzleben vom 9.4.1947, in: SAA 8492. Außerdem wurde in dem Schreiben angeführt, dass trotz der in der russischen Zone gesperrten Konten durchaus Möglichkeiten bestünden, den in Berlin und der russischen Zone ansässigen Pensionären das Ruhegeld im Westen auszuzahlen. Vgl. dazu auch Stellungnahme von Dr. Springer vom 21.4.1947, S. 2, in: SAA 8504.
576 Vgl. Stellungnahme von Dr. Springer (Rechtsabteilung) vom 21.4.1947, S. 2, in: SAA 8504.
577 Vgl. Schreiben von Dr. Schwenn an Dr. v. Witzleben vom 9.4.1947, in: SAA 8492.
578 Vgl. Stellungnahme von Dr. Springer (Rechtsabteilung) vom 21.4.1947, S. 2 f., in: SAA 8504.
579 Vgl. ebd., S. 3.

## 2. Von der sozialen Versorgungsleistung zum personalpolitischen Instrument 223

Die Aufteilung Deutschlands in die vier Besatzungszonen hatte auch organisatorische Konsequenzen für die Siemens-Altersfürsorge GmbH. Während die in Berlin und in der Ostzone ansässigen Pensionäre von der SAF-Geschäftsstelle in Berlin-Siemensstadt, wo auch der Sitz der SAF verblieb, betreut wurden, übernahm die bisherige Kassenstelle der SAF in Nürnberg die Verwaltung für Pensionäre mit Wohnsitz im Westen Deutschlands.[580] 1950 erhielt sie die neue Bezeichnung „Siemens-Alterfürsorge G.m.b.H. Zweigstelle West".

Wie in allen Krisenzeiten stellte die Siemens-Altersfürsorge GmbH über die regulären Pensionszahlungen hinaus in besonderen Notfällen einmalige Sonderunterstützungen zur Verfügung, die angesichts der schlechten wirtschaftlichen Lage in der Nachkriegszeit für die Pensionäre und ihre Angehörigen an Bedeutung gewannen. So wurden zum Beispiel Beerdigungskostenzuschüsse – zunächst nur im Osten und ab Februar 1948 auch im Westen[581] – und Erziehungsbeihilfen für schulpflichtige bzw. in der Ausbildung befindliche Kinder gewährt.[582] Im Februar 1952 konnten verschiedene vor dem Krieg zu speziellen Anlässen gewährte Sonderleistungen wieder aufgenommen werden, die sich auch auf außerbetriebliche familiäre Zusammenhänge erstreckten; dazu gehörten Festpakete zu 70., 80. 90., 91. usw. Geburtstagen der Pensionäre bzw. zum 80., 90., 91. usw. Geburtstag der Witwen jeweils im Wert von 20 DM sowie Barzuwendungen bei goldenen und diamantenen Hochzeiten in Höhe von 150 DM bzw. 300 DM.[583]

Angesichts der schlechteren wirtschaftlichen Lage der in Berlin und in der Ostzone lebenden Pensionäre sah sich die Siemens-Altersfürsorge GmbH zu besonderen Unterstützungsmaßnahmen, zum Beispiel zur Gewährung von Weihnachtszuwendungen oder zur Versorgung mit Naturalien, veranlasst.[584] Die vierteljährlich bereitgestellten Lebensmittelpakete[585] wurden entweder in Siemensstadt in Verbindung mit der Barauszahlung der Pensionsbezüge unter Erstattung des Fahrgelds ausgegeben oder per Post verschickt, wobei die Versendung nicht immer ohne Probleme verlief. So wurde ein Teil der 1950 zu Ostern in den Ostteil Deutschlands versandten Pakete von Regierungsstellen beschlagnahmt, was zu heftigen Protesten seitens der Siemens-Altersfürsorge GmbH sowie des Gesamtbetriebsrats der Berli-

---

580 Vgl. SozPolAbt-Rundschreiben Nr. 54 vom 22.7.1949, in: SAA 8537.
581 Die Beerdigungskostenzuschüsse, die zunächst je Sterbefall 75 DM betrugen, wurden zum 1.2.1952 auf 125 DM und zum 1.4.1958 auf 175 DM erhöht. Vgl. Statistik Siemens-Altersfürsorge GmbH Stand 30.9.1958, in: SAA 11077.
582 Vgl. 13. Geschäftsbericht der SAF vom 1.10.1950–30.9.1951, in: SAA 14/Lr 518, S. 1.
583 Vgl. 14. Geschäftsbericht der SAF vom 1.10.1951–30.9.1952, S. 2, und 15. Geschäftsbericht der SAF vom 1.10.1952–30.9.1953, S. 3, beide in: SAA 14/Lr 518.
584 Vgl. 12. Geschäftsbericht der SAF vom 1.10.1949–30.9.1950, in: SAA 14/Lr 518, S. 2.
585 Ein Lebensmittelpaket im Wert von rund 15 DM West, mit dem im März 1950 3.350 in Ostberlin und in der Ostzone lebende Pensionäre und Witwen beliefert werden sollten, enthielt: 1 Pfund Margarine, 1 Pfund Schmalz, 2 Büchsen Marinaden, 1 Büchse (850 g) Rindfleisch, 1 Pfund Wurst (Dauerware), ½ Pfund Vollmilchpulver (Büchse), 1 Tafel Schokolade, 100 g Bohnenkaffee geröstet. Die Gesamtkosten für diese Paketaktion beliefen sich inklusive Verpackung und Porto auf rund 50.000 DM West. Vgl. Notiz btr. Lebensmittelpakete für Pensionäre und Witwen in der Ostzone und im Ostsektor an Herrn Direktor Dr. Burhenne vom 20.2.1950, in: SAA 12420.

ner Siemens-Betriebe führte:[586] „Hier wurden alte, arbeitsunfähige, verdiente Menschen um eine Osterfreude gebracht, nur um zu verhindern, dass die armen, von einer totalitären Misswirtschaft gequälten Bewohner der Hungerzone des Ostens feststellen können, um wie viel besser die Ernährung der Bevölkerung in West-Berlin geworden ist, wo im Gegensatz zu den Phantasiepreisen der HO-Läden alle Lebensmittel zu normalen Preisen frei erhältlich sind",[587] heißt es in einem Beschwerderief der SAF an den Präsidenten der Berliner Volkspolizei. Allerdings hatte sich der thüringische SED-Innenminister Gebhardt bereits gegen die Einfuhr von Lebensmittelpaketen nach Thüringen verwahrt, da diese Postaktion die ostzonale Wirtschaft störe und die Arbeitsdisziplin in der Sowjetzone untergrabe. „Jeder fortschrittliche Mensch wird erkennen, dass sich ein derartiges Lebensmittelpaket im Moment willkommen, später jedoch verhängnisvoll auswirkt, indem man dem Einfluss des amerikanischen Monopolkapitals mehr und mehr erliegt."[588] In der Folgezeit kam es vereinzelt zu Zwischenfällen bei der Abholung von Paketen und Barbeträgen. So wurden in der zweiten Jahreshälfte 1952 Pensionäre von der Volkspolizei auf dem Ostbahnhof und dem Bahnhof Friedrichstraße kontrolliert und teilweise mehrere Stunden lang über Siemens und ihre Beziehungen zu dem Unternehmen befragt.[589] Trotz einzelner Vorkommnisse dieser Art konnten die Paketaktionen noch bis in die 1960er Jahre fortgesetzt werden.[590]

---

586 Vgl. Beschwerdebrief der Siemens-Altersfürsorge GmbH an den Präsidenten der Berliner Volkspolizei vom 29.3.1950, in: SAA 12420 und (undatierte) Entschließung des GBR der Siemens-Betriebe, die zur Veröffentlichung an mehrere Zeitungen geschickt wurde: „Mit Empörung hat der Gesamtbetriebsrat der Berliner Siemens-Betriebe davon Kenntnis genommen, dass Ostergeschenkpakete, die von der Siemens-Altersfürsorge unseren alten Arbeitskolleginnen und -kollegen in der Ostzone zugedacht waren, von der sogenannten ‚Volks'-Polizei widerrechtlich beschlagnahmt wurden. Das ist nichts anderes als Diebstahl."
587 Vgl. ebd.
588 Zitiert nach einem Ausschnitt „Die Neue Zeitung" vom 7.2.1950, in: SAA 12420.
589 Dabei wurden unter anderem folgende Fragen gestellt: „Wofür und wie lange erhalten Sie Geld und Paket? Was will Siemens bei der Auszahlung des Geldes von Ihnen wissen? Werden politische Fragen gestellt? Was will Siemens sonst noch aus der DDR erfahren? Vgl. Aktennotiz btr. Zahlungen an im Ostsektor und in der Ostzone wohnende Unterstützungsempfänger vom 20.11.1952, in: SAA 12420. Seit Beginn 1951 musste für die Paketversendung die Genehmigung des Ministeriums für Innerdeutschen Handel und Außenhandel eingeholt werden; vgl. Aktennotiz btr. Lebensmittelpakete für die im Ostsektor und in der Ostzone wohnenden Pensionäre und Witwen vom 21.2.1951, in: SAA 12420.
590 Vgl. dazu Bericht über die Sitzung des Aufsichtsrates der Siemens-Altersfürsorge GmbH am 19.2.1960 in München, S. 2, in: SAA 7856: „Schwierigkeiten in der Versorgung unserer Leistungsempfänger im Ostsektor Berlins und in der Ostzone sind unverändert geblieben. Es wird beschlossen, die Paketaktion für diesen Personenkreis und die Fahrgeldvergütungen wie bisher fortzusetzen."

### 2.3.3 Die Entwicklung der Siemens-Pensionen bis 1957

Die Siemens-Altersfürsorge GmbH, die nach dem Zweiten Weltkrieg weiterhin als Unterstützungskasse fungierte, gewährte zwar gemäß ihrer Rechtsform keinen formalen Rechtsanspruch auf Versorgungsleistungen, allerdings konnte jeder, der die entsprechenden Voraussetzungen erfüllte, mit Leistungen rechnen, die sich in Relation zur Dauer der Tätigkeit im Unternehmen und zur Höhe des individuellen Arbeitseinkommens wie folgt entwickelten: Rechnerisch setzte sich das monatliche Ruhegeld aus einem Grundbetrag, der sich im Tarifkreis für Männer aus 30 DM und für Frauen auf 20 DM belief, sowie einem Steigerungsbetrag in Abhängigkeit von der Dauer der Dienstzeit (nach Vollendung des 21. Lebensjahrs und der Ausbildung) und des Durchschnittseinkommens der letzten 5 Jahre vor dem Ausscheiden aus dem Dienst zusammen. Die Höhe dieses Steigerungsbetrags betrug:[591]

- nach 11 Dienstjahren    1 Prozent
- nach 15 Dienstjahren    5 Prozent,
  für jedes weitere Jahr 1 Prozent zusätzlich
- nach 25 Dienstjahren    15 Prozent,
  für jedes weitere Jahr 1,5 Prozent zusätzlich
- nach 35 Dienstjahren    30 Prozent,
  für jedes weitere Jahr 2 Prozent zusätzlich
- nach 40 Jahren    40 Prozent,
  für jedes weitere Jahr 4 Prozent zusätzlich
- nach 49 Jahren    76 Prozent

Ab einer Dienstzeit von 50 Jahren wurde das volle Einkommen erreicht – unter Berücksichtigung auch der vor dem 21. Lebensjahr geleisteten Dienstjahre, der Lehre oder Ausbildung, die sonst bei der Pensionsberechtigung nicht zum Tragen kamen.

Durchschnittlich gesehen machte die Siemens-Pension rund 33 Prozent des letzten Einkommens aus – je nach Dauer der Dienstzeit mit Abweichungen nach oben oder unten. Sie erfüllte damit die Funktion einer Zusatzrente und hatte eine Ergänzungsfunktion. Witwen erhielten – wenn die Ehe mit dem verstorbenen Siemens-Angehörigen mindestens fünf Jahre vor seinem Ausscheiden geschlossen wurde und der Altersunterschied nicht mehr als 15 Jahre betrug – bei bis zu 24 Dienstjahren 40 Prozent und ab 25 Dienstjahren 50 Prozent des entsprechenden Ruhegelds.[592] Der Durchschnittsbetrag der monatlichen Siemens-Pension im Tarifkreis bewegte sich im Zeitraum zwischen 1953 und 1956 bei Arbeitern zwischen rund 78 und 83 DM und bei Angestellten zwischen 120 und 137 DM.[593] Bei einer nach Siemens-Berechnungen im selben Zeitraum vorausgesetzten durchschnittlichen staatlichen Rente von rund 44 Prozent des Einkommens während der aktiven

---

591 Vgl. Zusammenfassung der Pensionsbestimmungen vom 28. Februar 1950, in: SAA 68/ Lr 553, Bd. 1, S. 2 f., und Schwarzbauer, Fritz: Gedanken zu unserer Altersversorgung, in: Siemens-Mitteilungen 16/1955, S. 19.
592 Vgl. Zusammenfassung der Pensionsbestimmungen vom 28. Februar 1950, in: SAA 68/ Lr 553, Bd. 1, S. 1 f.
593 Vgl. Entwicklung der Siemens-Altersfürsorge seit 1872, Anlage 14, in: SAA 12788.

Dienstzeit[594] erfüllten die Siemens-Leistungen eine wichtige Ergänzungsfunktion, die von der Siemens-Altersfürsorge GmbH angestrebt wurde.[595] Staatliche Rente und Siemens-Pension zusammen sicherten im Tarifkreis rund drei Viertel des letzten Arbeitseinkommens für den Ruhestand.

Im mittleren und oberen Führungskreis wurden die Pensionsleistungen, die auf mit dem Unternehmen abgeschlossenen Ruhegehaltsabkommen basierten, nach besonderen Vorgaben berechnet. Angehörige des mittleren Führungskreises (außertariflich bezahlte Mitarbeiter und Normalbeteiligte) erhielten einen festgelegten Pensionsbetrag, der sich ab Juli 1954 für außertariflich bezahlte Mitarbeiter auf DM 6.240 jährlich und für Normalbeteiligte auf DM 7.800 pro Jahr belief.[596] Die Ruhegehälter für Mitglieder des Oberen Führungskreises (Oberbeamte, Prokuristen, Werks- und Abteilungs-Direktoren) errechneten sich bis Mitte 1955 in Abhängigkeit vom Dienstalter nach dem anrechnungsfähigen Jahreseinkommen, das für Oberbeamte DM 11.000, für Prokuristen DM 14.000 und für Direktoren DM 17.000 betrug. Nach 30 Dienstjahren erreichten die Pensionen eine maximale Höhe von 70 Prozent des anrechnungsfähigen Jahreseinkommens.[597] Die Bindung der Pensionshöhe an die Dauer der Dienstzeit wurde im Juli 1955 zugunsten einer stärkeren Abhängigkeit von der Leistung bzw. der erreichten Rangstufe während der Aktivzeit aufgegeben. Außerdem wurden die Pensionen nach dem Lebensalter beim Ausscheiden gestaffelt und erreichten mit dem 60. Lebensjahr des Ruhegehaltsempfängers ihre Höchstgrenze. Mit einer gleichzeitigen erheblichen Steigerung der Pensionshöhe beliefen sich die jährlichen Ruheleistungen für Oberbeamte auf 9.000 DM, für Prokuristen auf 12.000 DM und für Direktoren auf 18.000 DM.[598]

Die Gesamtzahl der Leistungsempfänger der Siemens-Altersfürsorge GmbH erhöhte sich von rund 11.500 Pensionären und Witwen Ende des Geschäftsjahres 1946/47 auf rund 22.400 Personen zum Ende des Geschäftsjahres 1956/57.[599] Der Anteil der in Berlin und der Ostzone ansässigen Pensionäre bewegte sich in der angegebenen Zeitspanne zwischen 60 und 70 Prozent. Dass sich die Anzahl der Unterstützungsempfänger innerhalb eines Jahrzehnts nahezu verdoppelte, kann auf verschiedene Faktoren zurückgeführt werden. Ursache für die rasche Zunahme der betreuten Pensionäre um 3.440 auf rund 15.700 Personen zum 30. September 1949 gegenüber rund 12.270 Personen zum 30. September 1948 ist die ab dem 1. April 1949 geltende Einbeziehung der Pensionäre mit 15 bis 19 Dienstjahren. Die im folgenden Geschäftsjahr 1949/50 im Gebiet von Berlin und Ostdeutschland erfolgte

---

594 Aus der sozialen Rentenversicherung erhielten nach einer Erhebung der SAF pensionierte Siemens-Angestellte in der ersten Hälfte der 1950er Jahre durchschnittlich 135,50 DM (davon Männer 146 DM und Frauen 125 DM) sowie pensionierte Siemens-Arbeiter 107 DM (Männer 129 DM und Frauen 85 DM). Vgl. o. V.: Wissenswertes über die soziale Rentenversicherung, Dritter Teil, in: Siemens-Mitteilungen 14/1955, S. 18.
595 Vgl. Schwarzbauer, Siemens-Mitteilungen 16/1955, S. 20.
596 Vgl. Dokumentation zur Personalpolitik 1950–1974, S. 17, in: SAA 14/Ls 692.
597 Vgl. ebd.
598 Vgl. ebd.
599 12. Geschäftsbericht der Siemens-Altersfürsorge GmbH (1949/50), S. 3, in: SAA 14/Lr 518, und 10. Geschäftsbericht der Siemens-Altersfürsorge GmbH (1956/57), S. 2, in: SAA 14/Lr 518.

Erhöhung der Pensionärszahlen um über 1.500 Personen resultierte aus zahlreichen Neupensionierungen, die aufgrund der „augenblicklichen besonderen wirtschaftlichen Lage",[600] das heißt, aus Gründen der aus der Berliner Blockade resultierenden angespannten Wirtschaftsverhältnisse, die noch durch die Doppelwährung von DM-West und DM-Ost verschärft wurden,[601] vorgenommen werden mussten.

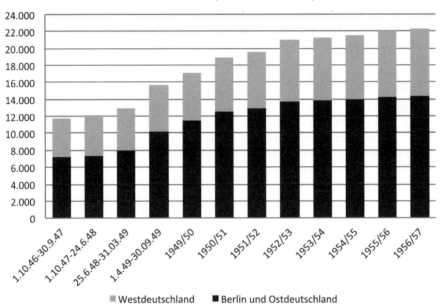

Abb. 27: Anzahl der Leistungsempfänger in Westdeutschland sowie in Berlin und Ostdeutschland (1946/47–1956/57)

*Eigene Darstellung nach Angaben in den Geschäftsberichten 9 bis 19 der Siemens-Altersfürsorge GmbH, in: SAA 14/Lr 518 (Geschäftsberichte 9 bis 14) sowie in: SAA 11074 (Geschäftsberichte 15 bis 19).*

Zum 1. Oktober 1950 übernahm die Siemens-Altersfürsorge GmbH aufgrund der Verschmelzung der Vereinigten Eisenbahn-Signalwerke GmbH mit der Siemens & Halske AG weitere rund 1.030 Pensionäre aus der VES Altersfürsorge GmbH, sodass die Gesamtzahl zum Ende des Geschäftsjahrs 1950/51 auf knapp 19.000 Pensionäre anstieg.[602] Die zum 1. April 1953 in Kraft getretene Einbeziehung von Ruhegeldempfängern und Witwen, die aufgrund früherer Bestimmungen bis zum Kriegsende von der SAF betreut worden waren, führte im Geschäftsjahr 1952/53 zu

---

600  12. Geschäftsbericht der Siemens-Altersfürsorge GmbH (1949/50), S. 3, in: SAA 14/Lr 518.
601  Vgl. 51. Geschäftsbericht der Siemens & Halske AG für die Zeit vom 1.10.1947–30.9.1950, S. 11, in: SAA 15/Lg 969.
602  Vgl. 13. Geschäftsbericht der Siemens-Altersfürsorge GmbH (1950/51), S. 1, in: SAA 14/Lr 518. Nach der Auflösung der Klangfilm-Versorgungseinrichtung GmbH wurden im darauf folgenden Geschäftsjahr 1951/52 deren Leistungsempfänger (1 Pensionär, 4 Witwen) in die SAF integriert.

einer Erhöhung der Pensionärszahlen auf rund 21.000 gegenüber im Vorjahr verzeichneten rund 19.500 Pensionären. Bis zum Geschäftsjahr 1956/57 stiegen die Pensionärszahlen kontinuierlich auf rund 22.400 an, denen rund 174.500 aktive Mitarbeiter gegenüberstanden. Infolge der kontinuierlichen Zunahme dieser Zahlen hat sich das Verhältnis von aktiven Mitarbeitern und Pensionären seit der Gründung der SAF stark gewandelt. Kamen im Jahr 1900 noch auf 100 Aktive 3 Pensionäre, so waren es 1920 bereits 6 und bis 1930 verdoppelte sich diese Anzahl auf 12. 1940 entfielen 11 Pensionäre auf 100 aktive Belegschaftsmitglieder.[603] Die Ursache für die ansteigenden Pensionärszahlen in Relation zu den Aktiven ist vor allem im Anstieg des Lebensalters und des durchschnittlichen Dienstalters bei der Pensionierung zu sehen. Das durchschnittliche Lebensalter von Siemens-Angestellten und Arbeitern bei Beginn der Pensionszahlungen, das im Jahr 1900 47,8 Jahre betrug, erhöhte sich innerhalb eines halben Jahrhunderts um rund 10 Jahre auf 57,5 Jahre.[604] Im gleichen Zeitraum stieg das Dienstalter von 21 Jahren (1900) auf 28 Dienstjahre (1950) an.[605] Aufgrund des starken Personalaufbaus in den 1950er Jahren, als sich die Belegschaft von rund 95.500 Mitarbeitern in 1950/51 auf rund 189.000 Mitarbeiter in 1958/59 nahezu verdoppelte, verringerte sich der Anteil der Pensionärszahlen gegenüber den aktiven Mitarbeitern von rund 20 Pensionären 1949/50 auf 13 Pensionäre 1956/57.

Abb. 28: Anzahl der Pensionäre auf 100 Aktive (1949/50–1956/57)

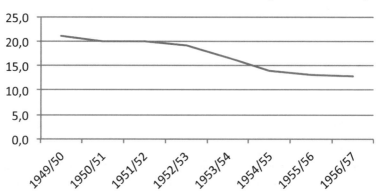

*Eigene Darstellung nach Zahlen in Geschäftsberichten der Siemens-Altersfürsorge GmbH (1949/50–1951/52, in: SAA 14/Lr 518; 1952/53–1956/57, in: SAA 11074), Belegschaftszahlen nach Zusammenstellung im Siemensarchiv.*

---

603 Vgl. dazu Zahlenangaben in: Schwarzbauer, Siemens-Mitteilungen 16/1955, S. 18.
604 Vgl. Angaben in: SAA 12788, Anlage 7: Lebensalter bei Beginn unserer Zahlungen.
605 Vgl. ebd., Anlage 6: Dienstalter seit 1900.

### 2.3.4 Die Auswirkungen der Rentenreform auf die Gestaltung der Siemens-Pensionen

Die Rentenreform schuf neue Rahmenbedingungen für die Gestaltung der Siemens-Pensionen. Durch die Anhebung der gesetzlichen Rente, die nach Auswertung der Rentenbescheide aller betroffenen Siemens-Pensionäre im Durchschnitt eine Erhöhung von 91 Prozent der früheren Beträge ergeben hatte, war in vielen Fällen die Situation entstanden, dass die staatlichen Bezüge zusammen mit der nach den bisherigen Richtlinien errechneten Siemens-Pension für einen Ruhegeldempfänger mehr als 100 Prozent des Lohns oder Gehalts eines aktiven Mitarbeiters in vergleichbarer Position ausmachten.[606] Da sich die betriebliche Altersversorgung als Ergänzung der gesetzlichen Altersversorgung verstand, wurde die Höhe der Siemens-Pension unter Verweis auf die seit Werner von Siemens tradierten Grundsätze begrenzt: „Der Lebensunterhalt unserer Pensionäre soll gesichert sein, und die Leistungen, die hierfür notwendig sind – heute die staatliche Rente mit der zusätzlichen Siemens-Pension – sollen in einem richtigen Verhältnis zu dem Einkommen der aktiven Belegschaftsmitglieder stehen."[607] Im Rahmen einer Übergangsregelung wurde daher die Siemens-Pension ab dem 1. Mai 1957 zunächst so gekürzt, dass sie zusammen mit der gesetzlichen Rente 70 bis 80 Prozent des entsprechenden Durchschnittsverdiensts erreichte. Dabei durfte die Kürzung jedoch nicht mehr als 50 Prozent der früheren Betriebspension betragen.[608] Sollten sich bei einer endgültigen Regelung höhere Leistungen ergeben, wurde eine Nachzahlung in Aussicht gestellt; bei geringer berechneten Leistungen wollte die Siemens-Altersfürsorge GmbH auf eine Anrechnung der zu viel gezahlten Beträge verzichten.[609] Trotz mancher Protestreaktionen von Pensionären auf die Kürzung der Siemens-Leistungen stieß diese Regelung überwiegend auf Verständnis.[610]

Am 1. April 1959 traten die endgültige Neuregelung sowie die Neufassung des Gesellschaftsvertrags der Siemens-Altersfürsorge GmbH in Kraft.[611] Als Bemessungsgrundlage für die Höhe der Siemens-Pension galt neben dem Dienstalter die Lohn- oder Gehaltsgruppe, der der Beschäftigte während der überwiegenden Zeit der letzten fünf Jahre vor der Pensionierung angehörte. Ziel dieses Systems war es, bei gleicher Tätigkeit und gleichem Dienstalter für Alt- und Neupensionäre etwa gleich hohe Pensionen zu gewährleisten.[612] Für den Tarifkreis galten künftig 15 Pensionsstufen, denen jeweils feste Tabellenbeträge zugeordnet waren: elf

---

606 Vgl. Schreiben der SozPolAbt. vom 17.2.1958, in: SAA 12420.
607 Vgl. SozPolAbt.-Rundschreiben Nr. 339 vom 23.4.1957, S. 2, in: 68/Lr 553, Bd. 2.
608 Vgl. Baake, Werner: Staatliche Rente und Siemens-Pension, in: Siemens-Mitteilungen 6/1958, S. 7; vgl. auch o.V.: Die Leistungen der Siemens-Altersfürsorge, in: Siemens-Mitteilungen, 9/1960, S. 10.
609 Vgl. auch SozPolAbt.-Rundschreiben Nr. 339, vom 23.4.1957, in: 68/Lr 553, Bd. 2.
610 Vgl. Baake, Siemens-Mitteilungen 6/1958, S. 7, und Bericht über die Sitzung des Verwaltungsausschusses der Siemens-Altersfürsorge GmbH am 27.3.1958, S. 2, in: SAA 12420.
611 Vgl. Gesellschaftsvertrag der Siemens-Altersfürsorge GmbH vom 14.7.1959 und Richtlinien für die Siemens-Altersfürsorge GmbH vom 17.7.1959, in: SAA 7856.
612 Vgl. Schwarzbauer, Fritz: Unsere neue Altersversorgung, in: Siemens-Mitteilungen 4/1958, S. 2.

Lohngruppen für Arbeiter, fünf Gehaltsgruppen für kaufmännische und technische Angestellte sowie vier Meistergruppen.[613] Die Höhe der Gesamtpension aus staatlicher und betrieblicher Rente sollte bei einem Pensionär, der über eine Dienstzeit von weniger als 25 Dienstjahren verfügte, nicht über 70 Prozent des Durchschnitts-Bruttoeinkommens des letzten Jahres vor der Pensionierung betragen, bei 25 bis 35 Dienstjahren nicht über 75 Prozent und ab 35 Dienstjahren nicht über 80 Prozent liegen – anderenfalls erfolgten entsprechende Kürzungen.[614] Dementsprechend kleiner war der Spielraum für die Ausgestaltung der betrieblichen Altersversorgung. Bewegte er sich vor der Neuregelung zwischen 10 Prozent des letzten Arbeitsentgelts bei 15-jähriger Dienstzeit und 40 Prozent bei 40 Dienstjahren, so verringerte er sich bei der Neuberechnung der Beträge auf 8 Prozent bei 10 Dienstjahren und bis 25 Prozent bei 40 Dienstjahren.

Abb. 29: Bandbreite der monatlichen Ruhegelder nach Dienstjahren und Pensionsstufen (ab 1. April 1958)

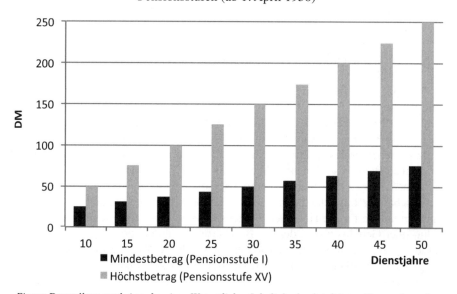

*Eigene Darstellung nach Angaben in: „Wesentlicher Inhalt der beabsichtigten Neuregelung der Siemens-Altersfürsorge", Anlage zum Schreiben vom 17.2.1958, in: SAA 12420.*[615]

---

613 Vgl. ebd., S. 3.
614 Vgl. „Wesentlicher Inhalt der beabsichtigten Neuregelung der Siemens-Altersfürsorge", Anlage zum Schreiben vom 17.2.1958, S. 3, in: SAA 12420.
615 Vgl. dazu auch Tabelle: „SAF-Ruhegeld – neue monatliche Pensionssätze für männliche und weibliche Pensionäre, gültig ab 1. April 1958", (Anlage zum Schreiben btr. „Umgestaltung der SAF-Leistungen infolge der Rentenreform" vom 7.3.1958, in: SAA 12420), in denen die Beträge für alle Dienstjahre aufgeführt sind.

Die Herabsetzung der bisherigen Pensionssätze infolge der Rentenreform sollte durch eine Verbesserung der allgemeinen Bedingungen kompensiert werden.[616] Dazu gehörten die Verkürzung der Anwartschaftszeit von 15 auf 10 Dienstjahre, die Erhöhung des Witwengeldes von 40 bis 50 Prozent auf 60 Prozent des Ruhegeldes des Mannes sowie die Möglichkeit, Fälle von Frühinvalidität oder von vorzeitigem Tod mittels individueller Sonderregelungen zu gestalten. Unversorgte Kinder von Pensionären erhielten ein Kindergeld von monatlich 10 DM, unversorgte Waisen ein prozentual von der Höhe des Ruhegeldes des Vaters abhängiges Waisengeld.[617]

Außerdem kam es zu einer Gleichstellung von männlichen und weiblichen Mitarbeitern, die bislang bei der Festsetzung der Pensionsgrundbeträge unterschiedlich behandelt worden waren. Die bisherige geschlechtsspezifische Differenzierung der Grundbeträge basierte auf der Annahme, dass männliche Pensionäre in der Regel noch für den Unterhalt einer Familie zu sorgen hätten, Frauen dagegen meistens nur für sich alleine.[618] Als Grundvoraussetzungen für den Bezug der Pension wurden die bisher geltenden Altersgrenzen beibehalten: Die pensionsfähige Dienstzeit errechnete sich ab dem 21. Lebensjahr, wenn bis dahin die Ausbildung beendet war. Der Vorschlag, die Dienstzeit bereits vom 17. Lebensjahr an für die Altersversorgung zu berücksichtigen, da viele Mitarbeiter ab diesem Zeitpunkt schon produktiv tätig seien, lehnte die Firmenleitung ab, zumal sich ansonsten schon Invaliditätsrenten ab dem 27. Lebensjahr ergeben hätten.[619] Für die Bezugsberechtigung im Pensionsfall galt ein Mindestalter von 60 Jahren oder eine Erwerbsminderung von mehr als 50 Prozent.

Infolge der Rentenreform und der damit verbundenen Neuregelung der Siemens-Pensionssätze sanken die Aufwendungen der Siemens-Altersfürsorge GmbH ab dem Geschäftsjahr 1956/57. Durch die Übergangsregelung verminderten sich die Aufwendungen für Ruhegelder und Hinterbliebenenunterstützungen in 1956/57 um rund 2,5 Mio. DM, wobei sich die Gesamtaufwendungen für Versorgungsleistungen im selben Geschäftsjahr aufgrund des Neuzugangs von 400 Pensionären gegenüber dem Vorjahr nur um rund 1,6 Mio. DM reduzierten.[620] Nach Inkrafttreten der endgültigen Neuregelung zum 1. April 1958 sanken die Versorgungsleistungen um jährlich rund 3,3 Mio. DM.[621] Allerdings ergab sich aufgrund der Neuordnung keine grundsätzliche Ersparnis für die SAF. Vielmehr entstand eine Mehr-

---

616 Vgl. „Wesentlicher Inhalt der beabsichtigten Neuregelung der Siemens-Altersfürsorge", Anlage zum Schreiben vom 17.2.1958, S. 3 f., in: SAA 12420.
617 Das Waisengeld für Halbwaisen betrug 15 Prozent des Ruhegeldes des Vaters und mindestens monatlich 15 DM, das Waisengeld für Vollwaisen 25 Prozent des Ruhegeldes – mindestens monatlich 25 DM. Vgl. ebd., S. 4.
618 Nur in den Fällen, in denen eine Pensionärin einen gemeinsamen Haushalt mit ihrer Mutter führte und überwiegend für deren Unterhalt zu sorgen hatte, wurden auf besonderen Antrag hin laufende Zuschüsse gewährt. Vgl. Schreiben von GL/SozPolAbt. vom 22.11.1946, in: SAA 8537.
619 Vgl. Bericht über die Sitzung des Verwaltungsausschusses der Siemens-Altersfürsorge GmbH am 27.3.1958, in: SAA 12420, S. 3.
620 Vgl. dazu 19. Geschäftsbericht der Siemens-Altersfürsorge GmbH (1956/57), S. 4, in: SAA 11074.
621 Vgl. 20. Geschäftsbericht der Siemens-Altersfürsorge GmbH (1957/58), S. 1, in: SAA 11074.

belastung aufgrund höherer Beiträge der Gesellschafterfirmen für die gesetzliche Rentenversicherung, die über die Ausgabenverminderung der SAF wesentlich hinausging. Diese Tatsache sei jedoch – wie in einer Sitzung des Verwaltungsausschusses der SAF zur Sprache kam – innerhalb der Belegschaft kaum bekannt, sodass dort die Ansicht vorherrsche, die Firmen hätten durch die Rentenreform erhebliche Einsparungen erzielt.[622] Dieser weit verbreiteten Meinung sollten in den Siemens-Mitteilungen platzierte Artikel entgegenwirken.[623]

Siemens wies im Zusammenhang mit den bei der Rentenreform vorgenommenen Pensionskürzungen auch immer wieder ausdrücklich auf die ergänzende Funktion der SAF zu den staatlichen Maßnahmen hin und betonte die personalpolitische Funktion dieser sozialen Einrichtung. Da seitens der Firmenleitung befürchtet wurde, dass der überlieferte Name „Siemens-Altersfürsorge" einen anderen Eindruck vermitteln und einen karitativen Charakter der Einrichtung nahelegen könnte, wurden Überlegungen angestellt, diesen in „Siemens-Altersversorgung" abzuändern. Allerdings nahm man aufgrund des seit der Rentenreform relativ geringen Gewichts der Siemens-Pensionsleistungen innerhalb der Gesamtversorgung davon Abstand und behielt den ursprünglichen Namen bei, zumal dieser sich bei der Belegschaft etabliert hatte.[624] In der Diskussion um die Namensgebung tritt der Paradigmenwechsel in der betrieblichen Altersversorgung deutlich zutage, der die These der Monetarisierung betrieblicher Sozialleistungen stützt. Die betriebliche Altersversorgung war eben nicht mehr – wie der Name „Siemens-Altersfürsorge" unterstellte – sozial und fürsorgerisch motiviert, sondern erfüllte als reine Entgeltleistung eine monetäre Funktion als Ergänzung zur gesetzlichen Rente, die den Schwerpunkt der Altersversorgung darstellte.[625] Dass dennoch der ursprüngliche Name beibehalten wird, zeigt das auch bei anderen Sozialleistungen zu beobachtende Spannungsverhältnis zwischen der Einführung und der Kommunikation von Neuerungen. Sozialpolitische Veränderungen werden zwar realisiert, aber häufig – wie zum Beispiel auch bei der Umgestaltung der Erfolgsbeteiligung – unter Bezugnahme auf tradierte, bewährte Elemente legitimiert und kommuniziert, um die Mitarbeiter nicht zu beunruhigen und keine Ängste vor Besitzstandsverlusten aufkommen zu lassen.

---

622 Vgl. Bericht über die Sitzung des Verwaltungsausschusses der SAF GmbH am 24.3.1960, S. 2, in: SAA 12420.
623 Vgl. z.B.: o.V.: Höhere Pensionen der Siemens-Altersfürsorge, in: Siemens-Mitteilungen 3/1963, S. 8.
624 Vgl. Niederschrift über die Besprechung aktueller Fragen der betrieblichen Alters- und Hinterbliebenenversorgung am 21.4.1960, in: SAA 12420, S. 2.
625 Vgl. auch Gieg, 2008, S. 82.

### 2.3.5 Die finanzielle Entwicklung der Siemens-Altersfürsorge GmbH bis zur Rentenreform

Die Mittel der SAF, die gemäß ihrer Rechtsform als arbeitgeberfinanzierte Unterstützungskasse ohne Eigenbeteiligung der Beschäftigten alleine durch die laufenden Zuwendungen der beiden Gesellschafterfirmen Siemens & Halske und Siemens-Schuckertwerke sowie durch Zinserträge des Kassenvermögens aufgebracht wurden, reduzierten sich in den ersten Nachkriegsjahren gegenüber der Zeit vor dem Zweiten Weltkrieg durch verringerte Einnahmen der Stammgesellschaften.[626] Um die notwendigen Aufwendungen den verminderten Zuwendungen anzugleichen, wurden die als reguläre Leistungen der Siemens-Altersfürsorge GmbH gewährten Ruhegelder für pensionierte Belegschaftsmitglieder, Unterstützungen für Angehörige, Erziehungsbeiträge für Kinder sowie Beihilfen aus besonderen Anlässen zunächst nicht in voller Höhe gezahlt.

Nach der Währungsreform entwickelten sich die Aufwendungen, Zuwendungen und Rücklagen im Hinblick auf bestehende und zukünftig erwartete Pensionärszahlen wie folgt: Die zum Zeitpunkt der Währungsumstellung am 25. Juni 1948 vorhandenen Rücklagen in Höhe von rund 9,5 Millionen DM verringerten sich bis Ende März des Folgejahres 1949 aufgrund von Entnahmen um rund 5,9 Millionen DM auf rund 3,6 Millionen DM. Die Entnahmen waren zurückzuführen auf Umstellungsverluste (8,7 Mio. DM) sowie auf die Wertberichtigung auf Kriegs- und Kriegsfolgeschäden (rund 13.000 DM). Der im selben Zeitraum erzielte Überschuss der Zuwendungen (rund 6,4 Mio. DM) über die Aufwendungen (rund 4 Mio. DM) sowie DM Ost-Kursgewinne und Zinsen in Höhe von rund 439.000 DM trugen im Gegenzug wieder zur Aufstockung der Rücklagen bei.[627] Auch im nächsten Halbjahr vom 1.4.1949 bis zum 30.9.1949 konnten Überschüsse aus Zuwendungen über die Aufwendungen in Höhe von rund 2 Mio. DM erzielt werden, die den Rücklagen zugeführt wurden.[628] Die ab dem 1. April 1949 geltende Verkürzung der Anwartschaftszeit von 20 auf 15 Dienstjahre, die zu einer Erhöhung der Leistungsempfängerzahl um rund 3.400 Pensionäre ab Inkrafttreten der Regelung führte, wirkten sich im Geschäftsjahr 1949/50 in erhöhten Aufwendungen von rund 8,3 Mio. DM voll aus, denen Zuwendungen in Höhe von 10,2 Mio. DM gegenüberstanden.[629]

Die am 1.7.1951 erfolgte Erhöhung der Ruhegelder und die Unterstützungen auf 100 Prozent der Vorkriegssätze kamen erstmalig im Geschäftsjahr 1951/52 durch angestiegene Aufwendungen zum Ausdruck.[630] Weitere im Laufe des Jahres

---

626 Vgl. Die Entwicklung der Pensionskasse von 1903–1948, Kapitel 4: Die Pensionskasse in der Kriegs- und Nachkriegszeit (Ausarbeitung von Werner Freund), in: SAA 68/Lr 553, Bd. 2.
627 Vgl. 10. Geschäftsbericht der Siemens-Altersfürsorge GmbH vom 25.6.1948–30.3.1949, S. 4, in: SAA 14/Lr 518.
628 Vgl. 13. Geschäftsbericht der Siemens-Altersfürsorge GmbH (1950/51), S. 2, in: SAA 14/Lr 518.
629 Vgl. 11. Geschäftsbericht der Siemens-Altersfürsorge GmbH vom 1.4.1949–30.9.1949, S. 3 f., in: SAA 14/Lr 518, und Bilanz der Siemens-Altersfürsorge GmbH zum 30.9.1950, Anlage zum 12. Geschäftsbericht der Siemens-Altersfürsorge GmbH (1949/50), in: SAA 14/Lr 518.
630 Vgl. 14. Geschäftsbericht der Siemens-Altersfürsorge GmbH (1951/52), S. 1, in: SAA 14/Lr 518.

1953 durchgeführte Leistungsverbesserungen sorgten für einen erneuten Anstieg der Gesamtaufwendungen auf 15,3 Mio. DM im Geschäftsjahr 1952/53.[631] Um den gestiegenen Arbeitseinkommen und Lebenshaltungskosten Rechnung zu tragen, erfolgte eine erste Anpassung der Pensionen durch die Gewährung einer Ausgleichszulage in Höhe von 5 bis 20 Prozent des nach Dienstjahren gestaffelten Steigerungsbetrags.[632] Außerdem erhielten Pensionäre mit einer pensionsfähigen Dienstzeit zwischen 36 und 49 Jahren höhere Steigerungsbeträge und Leistungsempfänger mit einer 10- bis 14-jährigen Dienstzeit, die aufgrund früherer Bestimmungen bis Kriegsende bereits von der SAF betreut worden waren, wurden wieder einbezogen.[633] Die Jahreshöchstbeträge des ruhegeldfähigen Arbeitsentgelts setzte das Unternehmen von 7.200 DM auf 9.000 DM herauf. Auch bei der Regelung des Kindergelds für Halb- und Vollwaisen wurden Änderungen vorgenommen. Galt bisher ein einheitliches Kindergeld von 10 DM, so erhielten nun Halbwaisen 15 Prozent des Ruhegelds des Vaters oder mindestens monatlich 15 DM und Vollwaisen entsprechend 25 Prozent sowie mindestens 25 DM.[634] Für die genannten Verbesserungen veranschlagte die SAF ein jährliches Mehraufkommen von rund 1,7 Mio. DM.[635] Eine zweite Ausgleichszulage, die Auswirkungen der Maßnahmen des vergangenen Geschäftsjahrs, Kurssteigerungen der Ostwährung und ein Anstieg der Leistungsempfänger um rund 1.200 Personen führten 1953/54 zu erhöhten Aufwendungen von rund 17 Mio. DM.[636] Im Geschäftsjahr 1954/55 wurde eine dritte Ausgleichszulage gewährt, sodass sich die jährlichen Mehrkosten für die seit 1953 gewährten drei Zulagen auf 1,7 Mio. DM beliefen.[637] Die zum 1. Januar 1957 in der BRD in Kraft getretene Rentenreform führte 1956/57 zu einer Verminderung der Aufwendungen für Versorgungsleistungen um rund 1,5 Mio. DM gegenüber dem Vorjahr, da aufgrund einer Übergangsregelung die Renten ab dem 1. Mai 1957 um bis zu 50 Prozent gekürzt worden waren.[638]

---

631 Vgl. Bilanz der Siemens-Altersfürsorge GmbH zum 30.9.1953, Anlage zum 15. Geschäftsbericht der Siemens-Altersfürsorge GmbH (1952/53), in: SAA 11074.
632 Vgl. 15. Geschäftsbericht der Siemens-Altersfürsorge GmbH (1952/53), S. 1, in: SAA 11074.
633 Vgl. ebd., vgl. auch Aktennotiz btr. Sitzung der Firmenleitung mit dem Hauptausschuss der Siemens-Betriebsräte am 3.11.1952 vom 1.12.1952, in: SAA 12420.
634 Vgl. 15. Geschäftsbericht der Siemens-Altersfürsorge GmbH (1952/53), S. 2, in: SAA 11074. Vgl. auch o.V.: Verbesserung unserer Pensionsleistungen, in: Siemens-Mitteilungen 7/1953, S. 51.
635 Vgl. 15. Geschäftsbericht der Siemens-Altersfürsorge GmbH (1952/53), S. 2, in: SAA 11074.
636 Vgl. Bilanz der Siemens-Altersfürsorge GmbH zum 30.9.1954, Anlage zum 16. Geschäftsbericht der Siemens-Altersfürsorge GmbH (1953/54), in: SAA 11074.
637 Vgl. 17. Geschäftsbericht der Siemens-Altersfürsorge GmbH (1954/55), S. 1, in: SAA 11074.
638 Vgl. 19. Geschäftsbericht der Siemens-Altersfürsorge GmbH (1956/57), S. 4, in: SAA 11074.

2. Von der sozialen Versorgungsleistung zum personalpolitischen Instrument    235

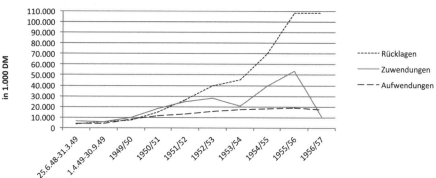

*Eigene Darstellung nach Angaben in: SAA 12788, Anlage 1: Entwicklung der Siemens-Altersfürsorge seit 1872.*

Die laufenden Zuwendungen der beiden Gesellschafterfirmen Siemens & Halske und Siemens-Schuckertwerke beliefen sich auf 4 Prozent (S&H) bzw. 6 Prozent (SSW) des tariflichen Lohn- und Gehaltsaufkommens. Dieser Zuweisungssatz wurde ab dem 1.10.1955 auf 3 Prozent (S&H) bzw. 4,5 Prozent (SSW) reduziert, da auch eine verringerte Zuweisungssumme zur Deckung der laufenden Aufwendungen genügte.[639] Zum selben Zeitpunkt verfügte die SAF bereits über Rücklagen von rund 70 Mio. DM, die im Wesentlichen auf in den vergangenen Geschäftsjahren geleisteten hohen Sonderzuweisungen durch die Gesellschafterfirmen basierten. Um für den Fall, „dass den Gesellschafterfirmen vielleicht einmal aus wirtschaftlichen Gründungen die Zuweisungen in dem bisherigen Umfang nicht mehr möglich sein sollten",[640] vorzusorgen, hatten die beiden Stammfirmen der SAF bereits im Geschäftsjahr 1949/50 jeweils 2 Mio. DM gutgeschrieben, die allerdings erst im darauf folgenden Geschäftsjahr vereinnahmt werden konnten.[641] Bis zum Geschäftsjahr 1955/56 erhöhten sich die Rücklagen aufgrund von Sonderzulagen auf rund 108,6 Mio. DM.[642] Ziel dieser Maßnahmen war es, eine für zwei bis drei Jahre ausreichende Reserve zu bilden und dabei den Umstand zu berücksichtigen, „dass die künftigen Ausgaben der SAF auch durch ein weiteres Anwachsen des zu versorgenden Personenkreises infolge der Überalterung unserer Belegschaft sich erhöhen werden."[643] Von der im Geschäftsjahr 1955/56 auf 108,6 Mio. DM angewachsenen

---

639   Vgl. Bericht über die Sitzung des Verwaltungsausschusses der Siemens-Altersfürsorge GmbH am 22.2.1956 in Berlin-Siemensstadt, S. 1 f., in: SAA 12420.
640   Vgl. Bericht über die Sitzung des Verwaltungsausschusses der Siemens-Altersfürsorge GmbH am 20.5.1953, S. 1, in: SAA 12420.
641   Vgl. 13. Geschäftsbericht der Siemens-Altersfürsorge GmbH (1950/51), S. 4, in: SAA 14/ Lr 518.
642   Vgl. Bilanzen der Siemens-Altersfürsorge GmbH zum 30.9.1955 und zum 30.9.1956 als Anlagen zu den Geschäftsberichten 17 (1954/55) und 18 (1955/56), beide in SAA 11074.
643   Vgl. Bericht über die Sitzung des Aufsichtsrates der Siemens-Altersfürsorge GmbH am 22.2.1954 in München, S. 2, in: SAA 12420.

Rücklage waren 88 Mio. DM als langfristige Darlehen mit Laufzeiten von 20 Jahren (58 Mio. DM) sowie 5 Jahren (30 Mio. DM), die mit 7,5 Prozent verzinst wurden, angelegt. Die verbleibenden ebenfalls bei den Stammfirmen angelegten 20 Mio. DM, mit denen die SAF mehr als einen Jahresbedarf decken konnte, standen als flüssige Mittel jederzeit zur Verfügung, da die Leistungsansprüche erst langfristig zur Auszahlung kamen.[644]

Mit dieser auch in der Folgezeit angestrebten Sicherung hoher Pensionsrückstellungen gewährleistete Siemens in der durch hohen Kapital- und Investitionsbedarf für die Wiederaufbauaktivitäten charakterisierten ersten Hälfte der 1950er Jahre ein hohes Maß an Liquidität. Den versicherten Mitarbeitern vermittelten hohe Rückstellungen eine gewisse Sicherheit, zumal auch die betriebliche Altersversorgung durch Ausfinanzierung und nicht wie die gesetzliche Rente durch Umlageverfahren finanziert wurde.

## 2.4 Die Siemens-Pension als Ergänzung zur staatlichen Rente: Die betriebliche Altersversorgung von 1957 bis 1989

### 2.4.1 Gestaltungsspielräume der Siemens-Altersfürsorge GmbH

Nach Abschluss der durch die Rentenreform veranlassten Umgestaltung der betrieblichen Altersversorgung im Geschäftsjahr 1958/59 prägten neue Herausforderungen die Tätigkeit der Siemens-Altersfürsorge GmbH. Vor dem Hintergrund des wirtschaftlichen Wachstums konnten weitere Leistungsverbesserungen vorgenommen werden. So gewährte die SAF seit dem Geschäftsjahr 1958/59 Kinder- und Waisengelder auch über das 18. Lebensjahr hinaus, wenn bis dahin die Schule oder die Lehre noch nicht abgeschlossen war. Darüber hinaus finanzierte sie Kindern von Pensionsempfängern Studienbeihilfen für den Besuch von Hoch- und Fachschulen.[645] Ebenfalls auf Kosten der SAF fuhren 1959/60 erstmals wieder nach Kriegsende 18 erholungsbedürftige Kinder im Alter von sechs bis zwölf Jahren für einen dreiwöchigen Urlaub nach Bad Sachsa bzw. St. Peter an die Nordsee.[646]

Ein Beschluss mit weitreichender Bedeutung fiel mit der Aufhebung der Höchstgrenzen für die Siemens-Pensionen zum 1. Juli 1960, die erst 1958 eingeführt worden waren und den Gestaltungsspielraum der betrieblichen Altersversorgung erheblich eingeschränkt hatten. Somit konnten für alle nach dem 31.3.1958 einbezogenen Pensionsfälle die vollen Tabellensätze ohne Berücksichtigung der Höhe der Rente aus der Landes- oder Bundesversicherungsanstalt gezahlt werden.[647] Als Begründung für die Aufhebung der Regelung wiesen die Verantwortlichen auf die nach zweijähriger Erfahrung vorliegende hohe Zahl erforderlich ge-

---

644 Vgl. Bericht über die Sitzung des Aufsichtsrates der Siemens-Altersfürsorge GmbH am 26.2.1957, in München, S. 2, in: SAA 12420.
645 Vgl. 21. Geschäftsbericht der Siemens-Altersfürsorge GmbH (1958/59), S. 3, in: SAA 11074.
646 Vgl. 22. Geschäftsbericht der Siemens-Altersfürsorge GmbH (1959/60), S. 1 f., in: SAA 11074.
647 Vgl. ebd. und Prüfungsbericht über den Abschluss zum 30.9.1960 der Siemens-Altersfürsorge GmbH, in: SAA 11086.

wordener Kürzungen hin, die nicht dem Sinn der Neugestaltung entspräche.[648] Viele Pensionäre hätten im Laufe der aktiven Dienstzeit über ein beträchtliches regelmäßiges Zusatzeinkommen aus Mehrarbeit und Erfolgsbeteiligung verfügt, das bei der Berechnung der Betriebsrente nicht berücksichtigt worden wäre, sodass sich die Differenz zwischen aktivem Einkommen und Rentenbezügen weiter als ursprünglich beabsichtigt vergrößert hätte.

Die Aufhebung der Höchstgrenzen ist auch vor dem Hintergrund gewandelter Umfeldbedingungen und des verschärften Wettbewerbs um qualifizierte Arbeitskräfte in Zeiten des ungebrochenen Wirtschaftswachstums zu sehen. In einer gemeinsamen Aufsichtsratssitzung von S&H und SSW heißt es Anfang des Jahres 1961, „die Fluktuation der Arbeitskräfte [...] mache große Sorgen."[649] Angesichts eines sich abzeichnenden Arbeitskräftemangels gewann die Funktion der betrieblichen Altersversorgung als Bindemittel für langjährige Mitarbeiter sowie als Anreiz für die Anwerbung neuer qualifizierter Arbeitskräfte wieder eine herausragende Bedeutung. Insbesondere in Konkurrenz mit anderen Firmen oder dem öffentlichen Dienst bestand nach den Worten des Personalvorstands Gisbert Kley in der Vorstandssitzung der Gesellschafterfirmen S&H und SSW Ende Juni 1960 die Notwendigkeit, „im Rahmen des heute noch Möglichen unsere Altersversorgung attraktiv zu erhalten, umso mehr, als wir im Verhältnis zu vergleichbaren Unternehmen nicht mehr wie früher an der Spitze lägen, weil unser System im Zusammenhang mit den Höchstgrenzen effektiv vielfach zu niedrigeren Pensionen führe."[650]

Der Arbeitskräftemangel, der in der Folgezeit bundesweit durch die Zuwanderung ausländischer Arbeitskräfte kompensiert wurde, verschärfte sich vor allem im Raum Berlin durch die Unterbindung des Zuzugs von Arbeitskräften aus dem Gebiet der DDR sowie der Errichtung der Berliner Mauer im August 1961. Siemens musste infolgedessen auf die Arbeitskraft von über 4000 Grenzgängern verzichten. Die nun stark eingeschränkten Kommunikationsmöglichkeiten zwischen Ost und West erschwerten auch den Kontakt mit den im Gebiet der DDR lebenden Pensionsempfängern. Während die Pensionen noch bis ins Geschäftsjahr 1959/60 vierteljährlich persönlich an die Empfänger – in Verbindung mit der Ausgabe eines Päckchens mit Schokolade und Kaffee – in den Siemens-Geschäftsräumen ausgezahlt werden konnten, erfolgte die Übergabe nach dem Bau der Mauer durch im Westen lebende sogenannte Bevollmächtigte, die von den in der DDR ansässigen Pensionären ernannt werden konnten.[651] Diese erhielten die entsprechenden Leistungen ausbezahlt und übernahmen die Betreuung der Pensionäre nach Maßgabe ihrer Wünsche sowie im Rahmen der offiziellen Ostpaketbestimmungen, die nur

---

648 Vgl. Niederschrift über die Besprechung aktueller Fragen der betrieblichen Alters- und Hinterbliebenenversorgung am 21.4.1960 in München, S. 5f., in: SAA 12420.
649 Gemeinsame Sitzung der Aufsichtsräte der Siemens & Halske A.G. und der Siemens-Schuckertwerke AG am 31. Januar 1961 in München, S. 6, in: SAA S 2 (Altsignatur 16/Lh 262).
650 Vgl. Protokoll der gemeinsamen Vorstandssitzung der Siemens & Halske A.G. und der Siemens-Schuckertwerke A.G. am 28./29. Juni 1960 in Salzburg, S. 18, in: SAA S 1 (Alt-Signatur 16/Lh 263).
651 Vgl. 22. Geschäftsbericht der Siemens-Altersfürsorge GmbH (1959/60), S. 3, in: SAA 11074.

die Übermittlung von Naturalleistungen zuließen.⁶⁵² Für nach dem 13. August 1961 nicht erfolgreich an Ost-Leistungsempfänger durchgeführte Zahlungen bildete die SAF in ihrer Bilanz eine Rückstellung.⁶⁵³

Doch der Personalmangel hielt nicht lange an, denn bereits Mitte der sechziger Jahre erforderten die sich verändernden wirtschaftlichen Rahmenbedingungen und die erste Nachkriegsrezession, die Mitte der 1960er Jahre die Boomphase beendete, Anpassungen bei der Personalstruktur. Dabei suchte das Unternehmen nach Möglichkeiten, „Arbeitsverhältnisse von Betriebsangehörigen mit längerer Dienstzeit zu beenden, zum Beispiel, weil ihre Leistungen nicht befriedigen".⁶⁵⁴ Um auf der einen Seite dem Firmeninteresse und auf der anderen Seite der Betriebstreue langjähriger Mitarbeiter Rechnung zu tragen, wurden im Mai 1966 vorläufige Maßnahmen zur vorzeitigen Pensionierung mit besonderer Übergangsregelung vorgesehen. Danach sollte Firmenangehörigen, die nach vollendetem 55. Lebensjahr und vollendetem 25. Dienstjahr durch eine Kündigung – aufgrund anhaltender Leistungsminderung – vorzeitig aus dem Unternehmen ausschieden, denen aber noch keine gesetzliche Rente zustand, neben dem üblichen Ruhegeld der betrieblichen Siemens-Altersversorgung (und im Anschluss an den üblichen Übergangszuschuss) ein befristeter Firmenzuschuss als vorübergehender Rentenausgleich gezahlt werden. Die Höhe dieser Sonderleistung wurde auf 40 Prozent des letzten monatlichen Bruttoverdiensts festgesetzt. Als Bezugsdauer sollten die Zeit bis zum vollendeten 60. Lebensjahr bzw. längstens fünf Jahre in Betracht kommen.⁶⁵⁵ Bei der Durchführung dieser Maßnahme und den Gesprächen mit den Betroffenen mahnte die Firmenleitung ein äußerst behutsames Vorgehen an, damit „nicht etwa allgemein bei älteren Mitarbeitern der Eindruck erweckt wird, als wäre in wirtschaftlich schwierigen Situationen vor allem ihr Arbeitsplatz gefährdet".⁶⁵⁶ Diese Vorgehensweise, die die soziale Absicherung auch angesichts veränderter Rahmenbedingungen wie der vorzeitigen Pensionierung gewährleistete, ist ein Indiz für die auf Verlässlich-

---

652 Vgl. Bericht über den Abschluss zum 30.9.1962 der Siemens-Altersfürsorge GmbH Berlin, S. 2, in: SAA 11086.
653 Vgl. 23. Geschäftsbericht der Siemens-Altersfürsorge GmbH (1961/62), S. 4, in: SAA 11074. Für die Fälle, in denen der SAF noch keine Bevollmächtigten bekannt waren, richtete sie eine Sonderpaketaktion ein, in deren Rahmen den betroffenen Pensionären ab Weihnachten 1961 durchschnittlich 6 Pakete im Wert zwischen 25 und 35 DM durch von der SAF beauftragte Siemens-Angehörige zugesandt wurden. Ab dem Geschäftsjahr 1961/62 wurde der Wert der Pakete auf die Pensionsleistungen angerechnet. Vgl. Bericht über den Abschluss zum 30.9.1962 der Siemens-Altersfürsorge GmbH Berlin, S. 2, in: SAA 11086. Zum Ende des Geschäftsjahres 1967/68 hatten alle im Gebiet der DDR lebenden Pensionäre entsprechende Bevollmächtigte ernannt.
654 Vgl. Vertrauliches Schreiben der Sozialpolitischen Abteilung München/Erlangen vom 9. Mai 1966, S. 1, in: SAA 68/Lr 553, Bd. 2.
655 Vgl. ebd.; vgl. auch 28. Geschäftsbericht der Siemens-Altersfürsorge GmbH (1965/66), S. 1, in: SAA 11074.
656 Vgl. Vertrauliches Schreiben der Sozialpolitischen Abteilung München/Erlangen vom 9. Mai 1966, S. 2, in: SAA 68/Lr 553, Bd. 2. Gleichzeitig wurde darauf hingewiesen, dass solche Maßnahmen vermieden werden könnten, „wenn auch bei jüngeren Mitarbeitern laufend auf eine Verbesserung der Personalstruktur geachtet und bei nicht ausreichender Qualifikation beizeiten eine Trennung stattfinden würde". Vgl. ebd.

## 2. Von der sozialen Versorgungsleistung zum personalpolitischen Instrument

keit und Sicherheit angelegte betriebliche Altersversorgung, die den Charakter einer Staatspension hat.

In organisatorischer Hinsicht wurden mit der Gründung der Siemens AG 1966 die Geschäftsanteile der Siemens-Altersfürsorge GmbH, die bisher mit jeweils 50 Prozent bei Siemens & Halske und bei den Siemens-Schuckertwerken gelegen hatten, bei der Siemens AG vereinigt. Seit dem 4. November 1966 fungierte die Siemens AG damit als alleinige Gesellschafterin der SAF.[657] Im Zuge der Zusammenfassung aller Siemens-Aktivitäten unter dem Dach der Siemens AG übernahm die Siemens-Altersfürsorge GmbH auch die Geschäftsanteile der Siemens-Reiniger-Altersfürsorge GmbH, die daraufhin aufgelöst wurde.[658] Am 1. April 1971 wurde die Geschäftsführung der SAF aus Gründen der Kostenersparnis in Berlin konzentriert und die bisherige Verwaltungsstelle West in Erlangen aufgelöst. Durch diese Maßnahme konnte die Zahl der SAF-Verwaltungsmitarbeiter von 29 auf 25 gesenkt werden.[659]

Die weitere Entwicklung der betrieblichen Altersversorgung bei Siemens in den 1970er und 1980er Jahren ist sowohl durch neue gesetzgeberische Vorgaben als auch durch unternehmenspolitisch motivierte Veränderungen bei der Leistungsgewährung geprägt. Eine Leistungsverbesserung stellten die im Geschäftsjahr 1971/72 eingeführten Übergangsgelder dar: Alle Leistungsempfänger erhielten bei ihrer Pensionierung, wenn diese in unmittelbarem Anschluss an den aktiven Dienst erfolgte, für einen Zeitraum von sechs Monaten Übergangszuschüsse in Höhe der Differenz zwischen dem Ruhegeld und dem letzten monatlichen Bruttolohn bzw. -gehalt.[660] Eine staatlich determinierte Neuerung in der betrieblichen Altersversorgung erfolgte mit der Einführung einer flexiblen Altersgrenze durch das Rentenreformgesetz vom Oktober 1972. Danach konnte bei Siemens jeder Mitarbeiter, der über 35 anrechnungsfähige Versicherungsjahre verfügte, bereits ab dem vollendeten 63. Lebensjahr frei entscheiden, ob er in den Ruhestand treten und ein vorgezogenes gesetzliches Altersruhegeld beantragen wollte. Als reguläre Altersgrenze für den Übertritt in den Ruhestand blieb das vollendete 65. Lebensjahr jedoch bestehen.[661] Die mit der Rentenreform von 1972 gesetzlich verankerte Möglichkeit des

---

657 Vgl. Bericht über den Abschluss zum 30.9.1966 der Siemens-Altersfürsorge GmbH, in: SAA 11086.
658 Vgl. ebd., S. 1.
659 Vgl. 33. Geschäftsbericht der Siemens-Altersfürsorge GmbH (1970/71), S. 3, in: SAA 11074.
660 Vgl. 34. Geschäftsbericht der Siemens-Altersfürsorge GmbH (1971/72), in: SAA 11074, sowie SozPol-Rundschreiben Nr. 834 vom 8. November 1971 sowie SozPol-Rundschreiben Nr. 863 vom 1. August 1972, beide in: SAA 68/Lr 553, Bd. 2.
661 Vgl. dazu: Fritsche, Hans Achim: Was bringt die Rentenreform? in: Siemens-Mitteilungen 12/1972, S. 18, und Hassell, Johann Dietrich von: Flexible Altersgrenze und betriebliche Altersversorgung, in: Siemens-Mitteilungen 2/1973, S. 19. Dies hatte auch eine Angleichung der Altersgrenze zwischen der gesetzlichen Rentenversicherung und der betrieblichen Altersversorgung zur Folge. Denn wer von der flexiblen Altersgrenze Gebrauch machte und sich vorzeitig pensionieren ließ, erhielt nach einem Beschluss der Firmenleitung, des Gesamtbetriebsrats und des Verwaltungsausschusses der SAF auch die ihm zustehenden Leistungen des Siemens-Altersfürsorge GmbH nach Maßgabe ihrer Richtlinien. Dabei musste eine Kürzung der laufenden betrieblichen Leistungen in Kauf genommen werden, um einer Besserstellung vor-

flexiblen Eintritts in den Ruhestand nahmen zahlreiche Siemens-Pensionäre in Anspruch, was zur Folge hatte, dass das durchschnittliche Pensionsalter im Tarifkreis innerhalb des nächsten Jahrzehnts rapide sank. Während es im Geschäftsjahr 1971/72 bei Männern noch bei 63,3 Jahren und bei Frauen bei 59,1 Jahren lag, betrug es in 1983/84 bei Männern nur noch 58,9 Jahre und bei Frauen 58,0 Jahre.[662] Im Geschäftsjahr 1983/84 ging nur noch 1 Prozent der männlichen Tarif-Mitarbeiter mit 65 Jahren in den Ruhestand, dagegen hatte diese Quote in 1971/72 noch bei 55 Prozent gelegen.[663] Diese Tendenz der zunehmenden Nutzung des flexiblen Eintritts in den Ruhestand ist auch bei anderen Unternehmen zu beobachten. So waren zum Beispiel bei Daimler-Benz im Jahr 1984 nur noch 11,9 Prozent aller Pensionsberechtigten bis zum 65. Lebensjahr erwerbstätig.[664]

Einen tiefgreifenden Einschnitt in die betriebliche Altersversorgung bedeutete das Betriebsrentengesetz von 1974, das die Gestaltung dieser freiwilligen betrieblichen Sozialleistung gesetzlich kodifizierte und den Handlungsspielraum des Unternehmens bei der Versorgungszusage erheblich einschränkte. Mit dem Betriebsrentengesetz waren arbeitsrechtliche Auflagen verbunden, die für das Unternehmen zu erheblichen Mehrkosten führten. Zum einen wurden Versorgungsanwartschaften unter bestimmten Voraussetzungen nun auch bei vorzeitigem Ausscheiden unverfallbar und zum anderen mussten sowohl die laufenden Leistungen als auch die unverfallbaren Anwartschaften gegen eine mögliche Insolvenz des Trägerunternehmens abgesichert werden. Die Vorschriften zur Unverfallbarkeit führten darüber hinaus zu steigenden verwaltungstechnischen Anforderungen an die Geschäftsführung.[665] Das Betriebsrentengesetz hatte bedeutende Auswirkungen auf das sozialpolitische Instrumentarium, weil der fluktuationshemmenden Wirkung als einem der wesentlichen Motive der betrieblichen Altersversorgung die Grundlage entzogen wurde.[666] Durch die Regelungen zur Unverfallbarkeit der betrieblichen Rentenansprüche ließ sich die Betriebsrente nur noch in begrenztem Ausmaß als personalpolitisches Instrument zur dauerhaften Mitarbeiterbindung einsetzen. Dennoch wurde auch in der Folgezeit betont, „daß die betriebliche Altersversorgung nach wie vor auf der Verbundenheit des Unternehmens mit seinen Mitarbeitern aufbaut"[667] und ihr innerhalb der betrieblichen Sozialpolitik eine besondere Bedeu-

---

zeitig ausgeschiedener Mitarbeiter entgegenzuwirken. Vgl. ZP-Rundschreiben Nr. 28/73 vom 25.1.1973, in: SAA 68/Lr 553, Bd. 2.

662 Vgl. Statistik der Siemens-Altersfürsorge GmbH zum 30.9.1974, Anlage 8 (Lebensalter im Durchschnitt der in den jeweiligen Geschäftsjahren pensionierten Leistungsempfänger), in: SAA 11076, und Bericht über den Abschluss zum 30.9.1984 der Siemens-Altersfürsorge GmbH, in: SAA 11086.

663 Vgl. Bericht über den Abschluss zum 30.9.1984 der Siemens-Altersfürsorge GmbH, in: SAA 11086.

664 Vgl. Osswald, 1986, S. 153.

665 Vgl. dazu 37. Geschäftsbericht der Siemens-Altersfürsorge GmbH (1974/75), S. 1, in: SAA 11074.

666 Vgl. dazu auch Uhle, 1987, S. 159.

667 Vgl. Hassel, Johann Dietrich: SAF-Leistungen verbessert, in: Siemens-Mitteilungen 3/1976, S. 6.

## 2. Von der sozialen Versorgungsleistung zum personalpolitischen Instrument    241

tung zugemessen werde. Gemäß den gesetzlichen Bestimmungen wurden die SAF-Richtlinien modifiziert.[668]

In der zweiten Hälfte der 1970er Jahre und in den 1980er Jahren wurden die betrieblichen Versorgungsleistungen im Rahmen der gesetzlichen Vorgaben und der unternehmerischen Möglichkeiten und Zielsetzungen immer wieder den gewandelten Zeitumständen angepasst. Dazu gehörten unter anderem Leistungsverbesserungen wie die Erhöhung der Renten um 15 Prozent zum 1. April 1976 oder um rund 8 Prozent zum 30. September 1978, um der Verteuerung der Lebenshaltungskosten zu entsprechen und einem Vergleich mit anderen Firmen standhalten zu können.[669] Im Geschäftsjahr 1976/77 wurde das Ruhegeld aus steuerrechtlichen Gründen in einen Grund- und einen Zusatzbetrag aufgegliedert, wobei die Höhe der SAF-Leistungen durch die Aufteilung unberührt blieb.[670] Die Siemens-Beschäftigten erhielten als direkte Empfänger des Ruhegelds sowohl den Grundbetrag als auch den Zusatzbetrag. Nach dem Tod eines Mitarbeiters wurde nur der Grundbetrag, der der Höhe des bisherigen Witwengelds entsprach, an dessen Ehefrau gezahlt.[671] Darüber hinaus galt nach einer Vereinbarung mit dem Gesamtbetriebsrat eine veränderte Zuordnung der Tarifgruppen zu den Pensionsstufen.[672]

Im Geschäftsjahr 1977/78 räumte die Siemens AG Tarifmitarbeitern einen Rechtsanspruch auf das für die ersten sechs Monate nach der Pensionierung gezahlte Übergangsgeld ein. Mit Wirkung zum 1. April 1979 bekamen die Pensionäre anstelle des Übergangszuschusses nun für ebenfalls sechs Monate ein Übergangsgeld in Höhe ihres letzten monatlichen Bruttoentgelts, wobei das SAF-Ruhegeld auf diese Leistung angerechnet wurde.[673] Während die Übergangszuschüsse bislang von der Siemens-Altersfürsorge GmbH getragen wurden, gingen die Übergangsgelder, auf die Rechtsanspruch bestand, künftig zu Lasten der Siemens AG, die – um den entsprechenden Finanzierungsspielraum zu schaffen – dafür Rückstellungen bildete. Für die Siemens-Altersfürsorge GmbH entfielen damit rund 30 Prozent des Leistungsanspruchs.

Im Geschäftsjahr 1982/83 fand eine einschneidende Veränderung in Bezug auf die Anspruchsberechtigung der Versorgungsleistungen statt. Während bis dahin die Leistungen der betrieblichen Altersversorgung allein von der Siemens-Altersfürsorge GmbH getragen wurden, die als Unterstützungskasse keinen Rechtsanspruch gewähren konnte, räumte das Unternehmen allen aktiven Mitarbeitern einen Rechtsanspruch in Höhe des Grundbetrags für die Siemens-Pension ein und übernahm damit diese Leistung, die auch die Hinterbliebenenpension einschloss, als

---

668 Vgl. Richtlinien der Siemens-Altersfürsorge GmbH vom 22. Dezember 1974, als Anhang in: ZP-Rundschreiben Nr. 11/76 vom 22.12.1975, in: SAA 14/Ll 298.
669 Vgl. Hassell, Siemens-Mitteilungen 3/1976, S. 6; vgl. auch ders.: SAF-Pensionen verbessert, in: Siemens-Mitteilungen 8/1978, S. 28.
670 Vgl. 39. Geschäftsbericht der Siemens-Altersfürsorge GmbH (1976/77), S. 1, in: SAA 11074.
671 Vgl. ZP-Rundschreiben Nr. 27/77 vom 2.6.1977, in: SAA 68/Lr 553, Bd. 2. Witwer sind in den entsprechenden Regelungen nicht vorgesehen.
672 Vgl. Hassell, Siemens-Mitteilungen 8/1978, S. 29. Vgl. dazu auch ZP-Rundschreiben Nr. 16/78 vom 19.1.1978 und ZP-Rundschreiben Nr. 18/78 vom 24.1.1978, in: SAA 14/Ll 298.
673 Vgl. ZP-Rundschreiben Nr. 15/79 vom 30.1.1979, in: SAA 14/Ll 298, sowie Bericht über den Abschluss zum 30.9.1978 der Siemens-Altersfürsorge GmbH, in: SAA 11086.

eigene und unmittelbare Verpflichtung.[674] Die Gesamthöhe des Ruhegelds veränderte sich durch diese Neuregelung nicht. Die Auszahlung der Leistungen erfolgte wie bisher im Auftrag und zu Lasten der Siemens-Altersfürsorge GmbH. Das in den Siemens-Mitteilungen kommunizierte Ziel dieser Maßnahme war es, langfristig eine bessere Absicherung des Ruhegelds durch die Finanzierung der Anwartschaften bereits während der aktiven Dienstzeit zu erreichen, was aus steuerlichen Gründen bei der Siemens-Altersfürsorge GmbH als Unterstützungskasse nicht zulässig war.[675] Außerdem werden auch die finanziellen Vorteile für das Unternehmen ein wichtiges Motiv für die Direktzusage gewesen sein. Die betriebliche Altersversorgung ermöglicht auf diese Weise eine planmäßige und zweckgebundene Kapitalbildung, die auf das Ziel der Erbringung von Versorgungsleistungen ausgerichtet ist.[676] Die Zuführungen zu den Rückstellungen, die steuerlich als Betriebsausgaben geltend gemacht werden können, verbleiben bis zur Fälligkeit der Ruhegeldzahlungen, also langfristig, im Unternehmen, sodass – außer den Insolvenzsicherungsprämien – kein Liquiditätsabfluss entsteht und die Mittel zur Finanzierung von Investitionen oder Betriebsmitteln eingesetzt werden können.[677] Angesichts des schwachen bzw. stagnierenden Wirtschaftswachstums in der zweiten Hälfte der 1970er Jahre und der sinkenden Zuwachsraten des Bruttoinlandsprodukts[678] hatte auch Siemens zu Beginn der 1980er Jahre leichte Umsatzrückgänge zu verzeichnen, der steigende internationale Wettbewerbsdruck erforderte mit immer kürzeren Innovationszyklen immer höhere Investitionen für die Forschung und Entwicklung.[679] Darüber hinaus war die als konservativ zu charakterisierende Finanzpolitik von Siemens traditionell auf Solidität und die Bewahrung der unternehmerischen Eigenständigkeit ausgerichtet, die sich durch ein hohes Maß an Liquidität und einen hohen Anteil an Rücklagen und Reserven auszeichnete.[680] So trugen die Pensionsrückstellungen in den 1980er Jahren zu einem weiteren Ausbau der Innenfinanzierung und einer äußerst starken Liquiditätserhöhung bei, die dazu führte, dass die flüssigen Mittel im gesamten Jahrzehnt höher lagen als die Gesamtverschuldung.[681]

Zum 1. Oktober 1985 sicherte Siemens den aktiven Mitarbeitern des Tarifkreises einen zusätzlichen Rechtsanspruch auf Ruhegeld in Höhe des halben Zusatzbetrags zu, sodass bei Neupensionierungen nur mehr 20 Prozent des gesamten Ruhe-

---

674 Vgl. ZP-Rundschreiben Nr. 30/83 vom 9.8.1983 und 1. Nachtrag zum ZP-Rundschreiben Nr. 30/83 vom 9.8.1983, beide in: SAA 14/Ll 298.
675 O. V.: Rund 10 Prozent mehr Ruhegeld, in: Siemens-Mitteilungen 10/84, S. 20.
676 Vgl. Heubeck, 1998, S. 998.
677 Vgl. Hax, 1988, S. 82 f., vgl. dazu auch Kap. IV.2.2.
678 Vgl. Steiner, André: Bundesrepublik und DDR in der Doppelkrise europäischer Industriegesellschaften. Zum sozialökonomischen Wandel in den 1970er Jahren, in: Zeithistorische Forschungen / Studies in Contemporary History, Online-Ausgabe 3/2006, H. 3. URL:<http://www.zeithistorische-forschungen.de/16126041-Steiner-3-2006>, abgerufen am 21.4.2011, Abschnitt 3. URL: http://www.zeithistorische-forschungen.de/16126041-Steiner-3-2006. Vgl. auch Feldenkirchen, Wilfried: Die deutsche Wirtschaft im 20. Jahrhundert (Enzyklopädie Deutscher Geschichte, Bd. 47, hg. v. Lothar Gall). München 1998, S. 31.
679 Vgl. Feldenkirchen, 2003 a, S. 321.
680 Vgl. ebd., S. 398.
681 Vgl. ebd., S. 357.

gelds zu Lasten der Siemens-Altersfürsorge GmbH gingen.[682] Neue tarifliche Arbeitszeitregelungen führten Mitte der 1980er Jahre zu einer entsprechenden Modifizierung der SAF-Richtlinien. Basierte das SAF-Ruhegeld bisher auf einer tarifvertraglich vereinbarten wöchentlichen Arbeitszeit von 40 Stunden, so erfolgte ab dem 1. April 1985 eine Minderung bzw. eine Erhöhung des Ruhegelds, wenn eine wöchentliche Arbeitszeit von weniger als 37 Stunden oder mehr als 40 Stunden vereinbart wurde.[683]

### 2.4.2 Die Entwicklung der Pensionsleistungen

#### 2.4.2.1 Tarifkreis

Das mit der Rentenreform eingeführte Tabellensystem als Orientierungsrahmen für die Pensionsleistungen blieb mit einigen Anpassungen bis zum Ende des Betrachtungszeitraums weitgehend bestehen. Unter Beibehaltung des Grundsatzes, eine Ergänzungsfunktion zur gesetzlichen Rente einzunehmen, wurden die Tabellenbeträge periodisch an die Entwicklung der Sozialversicherungs-Renten sowie an die steigenden Lebenshaltungskosten angepasst. Die erste Anhebung um 15 Prozent des Ausgangssatzes erfolgte zum 1. Januar 1963.[684] Die zweite, vier Jahre später während der ersten schweren Nachkriegsrezession 1967 vorgenommene Anpassung um 17,4 Prozent begründete das Unternehmen auch damit, dass insbesondere für Mitarbeiter, die aufgrund der konjunkturellen Lage vorzeitig in den Ruhestand versetzt wurden, eine Erleichterung ihrer Versorgungssituation geschaffen werden sollte.[685] Zwei weitere Anhebungen um jeweils 15 Prozent folgten zum 1. Oktober 1970 und schließlich zum 1. September 1973.[686] Damit stiegen die Siemens-Pensionen bzw. Witwengelder innerhalb von 17 Jahren – im Zeitraum zwischen der Rentenreform und dem Ende des Geschäftsjahres 1972/73 – um rund 78,5 Prozent, also um über zwei Drittel der ursprünglich festgelegten Tabellensätze. Die Lebenshaltungskosten eines Vier-Personen-Haushalts erhöhten sich im Verhältnis dazu um etwa 60 Prozent.[687]

---

682 Vgl. Bericht über den Abschluss zum 30.9.1986 der Siemens-Altersfürsorge GmbH, in: SAA 11086.
683 Vgl. ZP-Rundschreiben Nr. 11/85 vom 18.2.1985, in: SAA 14/Ll 298.
684 Vgl. SozPol-Rundschreiben Nr. 531 vom 17. Januar 1963, in: SAA 68/Lr 553, Bd. 2.
685 Vgl. 29. Geschäftsbericht der Siemens-Altersfürsorge GmbH (1966/67), in: SAA 11074 (die Erhöhung wurde zum 1.1.1967 vorgenommen), Hassell, Siemens-Mitteilungen 3/1976, S. 6.
686 Vgl. SozPol-Rundschreiben Nr. 787 vom 5. August 1970, in: SAA 68/Lr 553, Bd. 2, und o. V.: SAF erhöht ihre Leistungen, in: Siemens-Mitteilungen 8–9/1973, S. 4.
687 Vgl. ebd.

Abb. 31: Höchst- und Mindestsätze der monatlichen Ruhegelder nach Pensionsstufen und Dienstjahren zum 1. September 1973

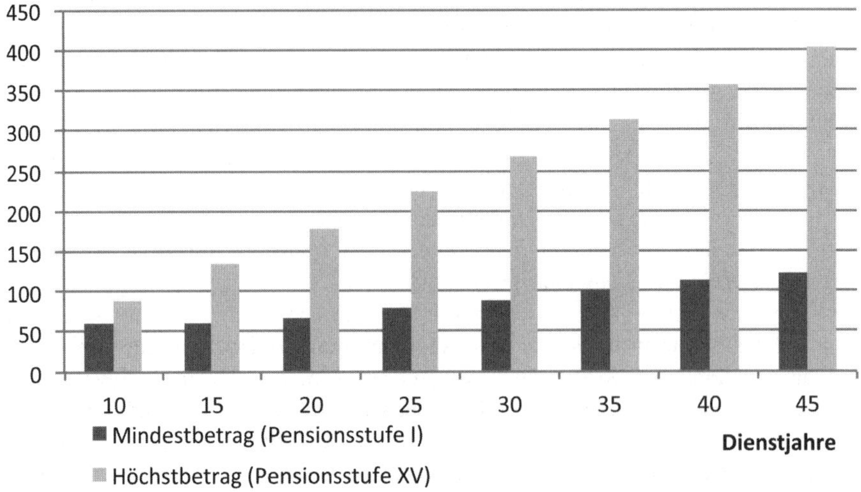

■ Mindestbetrag (Pensionsstufe I)
■ Höchstbetrag (Pensionsstufe XV)

*Eigene Darstellung nach Angaben in: SAF erhöht ihre Leistungen, Siemens-Mitteilungen 8–9/1973, S. 4; auch in: SAA 68/Lr 553, Bd. 2.*

Die Durchschnittspension, die sich während des Zeitraums von 1968 und 1974 zwischen rund 152 DM und 205 DM für Angestellte bzw. 88 DM und 115 DM für Arbeiter bewegte, machte damit durchschnittlich rund 15 Prozent des letzten Nettoverdiensts (einschließlich der Erfolgsbeteiligung) aus.[688] Da eine gesetzliche Rente von rund 60 Prozent des Nettoverdiensts vorausgesetzt wurde, standen den Siemens-Pensionären – wie von der Firmenleitung angestrebt – weiterhin fast drei Viertel des vor dem Übertritt in den Ruhestand erwirtschafteten Verdiensts zu.

Abb. 32: Durchschnittsbetrag der monatlichen Siemens-Pension (1968–1974)

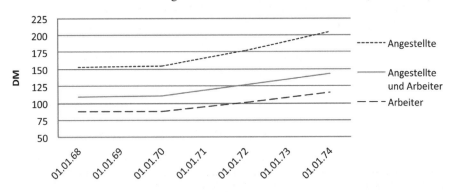

*Eigene Darstellung nach Angaben in: SAA 11076, Anlage 12.*

688 Vgl. Angaben zum Durchschnittsbetrag des monatlichen Ruhe- bzw. Witwen- und Waisengeldes, in: SAA 11076, Anlage 12.

Parallel zur Anhebung der Pensionen erfuhren auch die Mindestbeträge für die Witwen-, Kinder- und Waisengelder entsprechende Aufstockungen. So wurde das Kindergeld zum 1.10.1972 auf mindestens 20 DM erhöht; das Waisengeld belief sich seit diesem Zeitpunkt auf mindestens 30 DM (Halbwaisen) bzw. 50 DM (Vollwaisen).[689] Die Beträge für die Ruhe- und Witwengelder wurden bis zum Ende des Betrachtungszeitraums 1989 wiederum mehrfach angehoben: Mit Wirkung zum 1.4.1976 stiegen sie um 15 Prozent und sind damit seit der Rentenreform – analog zur Entwicklung der gesetzlichen Rente und der Lebenshaltungskosten – um 105 Prozent erhöht worden.[690] Im selben Geschäftsjahr setzte das Unternehmen auch den Stichtag für den Beginn der pensionsfähigen Dienstzeit vom 21. auf das vollendete 18. Lebensjahr herab – wobei Ausbildungszeiten nach wie vor unberücksichtigt blieben – und erfüllte damit ein altes Anliegen des Betriebsrats.[691] Die nächste Erhöhung um 8 Prozent erfolgte zum 1. September 1978. Eine wichtige Rolle bei der Höhe und dem Zeitpunkt der Anhebung spielten die Verteuerung der Lebenshaltungskosten und die Entwicklung der gesetzlichen Rente, aber vor allem der Vergleich mit teilweise höheren Altersbezügen anderer Firmen.[692] Weitere Leistungserhöhungen erfolgten zum 1. November 1981 um 12 Prozent, zum 1. April 1984 um weitere 10 Prozent und zum 1. September 1987 um 6 Prozent.[693]

Abb. 33: Grund- und Zusatzbeträge der monatlichen Siemens-Pension (Höchst- und Mindestsätze) nach Pensionsstufen und Dienstjahren zum 1. September 1987

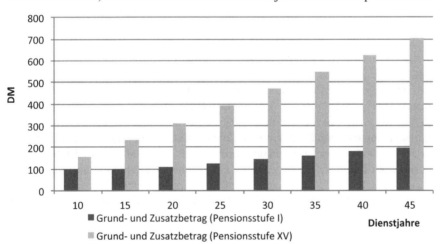

*Eigene Darstellung nach Angaben in: Rund 6 Prozent mehr Ruhegeld, in: Siemens-Mitteilungen 9/1987, S. 27.*

689 Vgl. Regelungen der SAF seit 1.6.1945, in: SAA 11076.
690 Vgl. ZP-Rundschreiben Nr. 16/76 vom 12.3.31976, in: 14/Ll 298.
691 Vgl. Hassell, Johann Dietrich von: Die neuen Pensionssätze der SAF, in: Siemens-Mitteilungen 4/1976, S. 7.
692 Vgl. Hassell, Siemens-Mitteilungen 8/1978, S. 28.
693 Vgl. ZP-Rundschreiben Nr. 1/82 vom 20.10.1982, in: SAA 14/Ll 298; ZP-Rundschreiben 32/84 vom 17.8.1984, in: SAA 14/Ll 298, und ZPL-Rundschreiben Nr. 29/85 vom 5.9.1985, in: SAA 14/Ll 298.

Für Mitarbeiter des übertariflich bezahlten mittleren und oberen Führungskreises hatte die betriebliche Altersversorgung eine besondere Bedeutung, da die Versorgungslücke für über der Beitragsbemessungsgrenze der Sozialversicherung liegende Einkommensempfänger größer und damit die Differenz zwischen dem zuletzt bezogenen Arbeitsentgelt und der staatlichen Rente höher ist. Die Alters- und Hinterbliebenenversicherung der Mitarbeiter des mittleren und oberen Führungskreises basierte auf rechtsverbindlichen Ruhegehaltsabkommen.[694] Eine Erhöhung und Anpassung an die gestiegenen Einkommen erfolgte zum 1. April 1959. Für die Pensionäre des mittleren Führungskreises wurde mit Wirkung zum 1. Januar 1965 die Einführung der bereits im oberen Führungskreis geltenden Lebensaltersstaffelung beschlossen. Danach sollte die Höhe der Ruhegelder der Außertariflichen Angestellten (AT) und Normalbeteiligten (NB) nicht mehr wie bisher von der Anzahl der Dienstjahre, sondern wie bereits im oberen Führungskreis vom Lebensalter abhängen.[695] Gleichzeitig wurden die Pensionen für den mittleren Führungskreis angehoben, und zwar für Außertarifliche Mitarbeiter in der Spanne von 250 DM (für Beschäftigte bis zum vollendeten 40. Lebensjahr) bis 500 DM (für Beschäftigte im Alter von 60 Jahren und älter), sowie in der Gruppe der Normalbeteiligten in der Spanne von 400 DM (bis vollendetes 40. Lebensjahr) bis 800 DM (60 Jahre und älter).[696]

*2.4.2.2 ÜT-Kreis*

Für den oberen Führungskreis wurde statt einer Erhöhung der laufenden Pensionsleistungen zusätzlich zu den nach der Lebensaltersstaffelung festgelegten Ruhegehältern ein erfolgsabhängiger Zuschuss gewährt. Ziel dieser Maßnahme war es, „die besondere Verbundenheit der oberen Führungskräfte mit dem wirtschaftlichen Erfolg des Hauses [...] bei der Einkommensgestaltung"[697] zum Ausdruck zu bringen. Die Höhe des Zuschusses errechnete sich aus einem nach der jeweiligen Rangstufe festgelegten Grundbetrag, der mit der Prozentzahl der S&H-Dividende multipliziert wurde.[698] Der erfolgsabhängige Zuschuss wurde allerdings 1970 aus steuerrechtlichen Gründen zugunsten einer entsprechenden Erhöhung der Festpension wieder abgeschafft.[699] Analog zu den Ruhegeldern im Tarifkreis wurden die Pensionszusagen für übertariflich bezahlte Mitarbeiter bis zum Ende des Betrachtungs-

---

694  Vgl. Bedingungen vom 1. April 1959 für Ruhegehaltsabkommen mit leitenden Angestellten der Siemens & Halske AG und Siemens-Schuckertwerke AG, in: SAA 12420. Vgl. auch Richtlinien für die Alters- und Hinterbliebenenversorgung der übertariflichen Mitarbeiter vom 9.10.1978, in: SAA 14/Ll 298.
695  Vgl. PersRef.-Rundbrief vom 6.11.1964 btr. Neuregelung der Bezüge für Pensionäre und Hinterbliebene von Außertariflichen Angestellten (AT) und Normalbeteiligten (NB), in: SAA 13/Ls 805.
696  Ebd., Anlage 2, in: SAA 13/Ls 805.
697  Vgl. PersRef.-Rundbrief btr. Alters- und Hinterbliebenenversorgung der oberen Führungskräfte vom 18.2.1965, Anlage 1, in: SAA 13/Ls 805.
698  Der Grundbetrag betrug für AB 150 DM, für PROK 225 DM und für DIR 225 DM, vgl. ebd.
699  Vgl. Dokumentation zur Personalpolitik 1950–1974, S. 18, in: SAA 14/Ls 692.

zeitraums kontinuierlich erhöht.[700] Das in der obersten Dotierungsgruppe der Direktoren bei einem Lebensalter von 60 Jahren und darüber maximal zu erreichende Ruhegehalt betrug 1987 rund 5.000 DM, in der untersten Gruppe der AT lag es in derselben Altersgruppe bei rund 1.150 DM.[701]

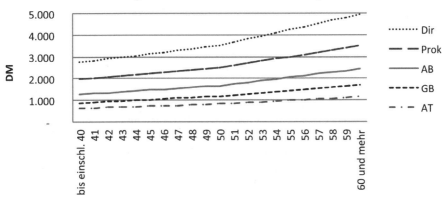

Abb. 34: Ruhegehälter für den ÜT-Kreis ab 1. September 1987

*Eigene Darstellung nach ZP-ZSF-Rundbrief vom 29.7.1987, in: SAA 14/Ll 298.*

Die Aufwendungen für die Altersfürsorge im gesamten Kreis der übertariflich bezahlten Mitarbeiter (Pensionszahlungen und Zuweisungen zu Pensionsrückstellungen) wurden zu Lasten eines beim Zentralbereich Finanzen gebildeten Pensionsfonds erfasst.[702] Eine Neuerung im System der betrieblichen Altersversorgung stellte die im Jahr 1978 den übertariflich bezahlten Mitarbeitern eingeräumte Möglichkeit dar, eine Direktversicherung unter Umwandlung des Arbeitseinkommens über den Arbeitgeber abzuschließen.[703] Damit erstreckte sich die soziale Absicherung über das Unternehmen neben der direkten betrieblichen Versorgung auch auf die dritte Säule der privaten Eigenvorsorge.

Im Laufe der 1970er Jahre zeichnete sich der erkennbar werdende demographische Wandel auch in der Altersstruktur des Führungskreises ab. Der zu Beginn der 1970er Jahre noch bei 26 Prozent liegende Anteil der unter 45-Jährigen im oberen Führungskreis reduzierte sich bis Mitte der 1980er Jahre auf 12 Prozent. Parallel dazu ging im mittleren Führungskreis der Anteil der unter 40-Jährigen von 43 Prozent auf 24 Prozent zurück.[704] Um der Überalterung Einhalt zu gebieten, legte das Unternehmen zum einen fest, dass der Anteil der unter 35-Jährigen bzw. unter 40-Jährigen bei den jährlichen Ernennungen jeweils 40 Prozent betragen

---

700 Vgl. dazu ZSF/ZP-Rundbriefe vom 25.8.1976, 9.10.1978, 18.8.1982, 10.8.1984, 29.7.1987, alle Dokumente in: SAA 14/Ll 298.
701 Vgl. ZP-ZSF-Rundbrief vom 29.7.1987, in: SAA 4/Ll 298.
702 ZPP- und ZFB-Rundschreiben Nr. 4/70 vom 31. März 1970, in: SAA 68/Lr 553.
703 Vgl. Meilensteine einer unternehmerischen Personal- und Bildungspolitik, 1991, S. 47, in: SAA 14/Ls 692.
704 Vgl. ebd.

musste. Zum anderen eröffneten die neu aufgestellten „Regelungen zur vorzeitigen Pensionierung im Firmeninteresse" die Möglichkeit, Mitglieder des Führungskreises vorzeitig, das heißt, mit frühestens 55 Lebensjahren, bei Einwilligung der Betroffenen und unter Zahlungen von Abfindungen, in den Ruhestand zu versetzen, wenn dies aus betrieblichen Gründen erforderlich erschien.[705]

### 2.4.3 Die Anzahl der Leistungsempfänger

Die Entwicklung der Leistungsempfängerzahlen ist ab dem Geschäftsjahr 1957/58 bis 1973/74 durch einen Anstieg von rund 24.300 auf rund 39.100 Pensionäre gekennzeichnet. Die Zunahme der Mitarbeiter im Ruhestand um rund 75 Prozent von der Rentenreform bis Mitte der 1970er Jahre lässt sich auf mehrere Ursachen zurückführen. Neben der Erhöhung der Belegschaftszahlen und der demographischen Faktoren wie dem allgemeinen Anstieg der Lebenserwartung, der bis Mitte der 1960er Jahre zu einer Erhöhung der durchschnittlichen Versorgungsdauer bei Männern auf 14 Jahre und bei Frauen einschließlich der Witwen auf über 15 Jahre geführt hatte,[706] wirkten sich auch unternehmensstrategische Entscheidungen auf die Anzahl der Leistungsempfänger aus.

Abb. 35: Anzahl der Leistungsempfänger in Westberlin, der BRD und der DDR (1957/58–1973/74)

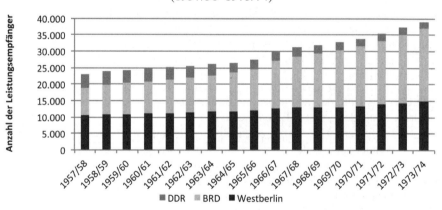

*Eigene Darstellung nach Angaben in den Geschäftsberichten der Siemens-Altersfürsorge GmbH 1957/58 bis 1973/74, in: SAA 11074.*

Im Zuge von Übernahmen der Altersversorgungseinrichtungen anderer mit der Siemens AG verschmolzener Gesellschaften wie der Siemens-Reiniger-Altersfürsorge AG 1966, der Rud. A. Hartmann Unterstützungskasse GmbH 1966/67 sowie der

---

705 Vgl. ebd.
706 Vgl. o.V.: Siemens-Altersfürsorge mit höheren Pensionen, in: Siemens-Mitteilungen 1/1967, S. 13 und 27. Geschäftsbericht der Siemens-Altersfürsorge GmbH (1964/65).

Zuse Altersfürsorge GmbH 1970/71 erhöhten sich die Pensionärszahlen überdurchschnittlich. Im Geschäftsjahr 1966/67 war nicht zuletzt auch aufgrund der Integration von 926 Leistungsempfängern der Siemens-Reiniger-Werke ein 6,3-prozentiger Anstieg gegenüber den Vorjahreszahlen zu konstatieren, der dazu beitrug, dass erstmals die Zahl von 30.000 Leistungsempfängern überschritten wurde.[707] Eine weitere Ursache für den Zuwachs von rund 2.650 Pensionären innerhalb dieses Geschäftsjahrs lässt sich auf die konjunkturelle Lage zurückführen, die während der ersten schweren Nachkriegsrezession einen Personalabbau durch vorzeitige Pensionierungen notwendig machte.[708] Auch in der nächsten Rezessionsphase Anfang der siebziger Jahre stiegen die Empfängerzahlen überdurchschnittlich an. Die im Geschäftsjahr 1972/73 erfolgte Zunahme um 1.831 Pensionäre, die den höchsten Zugang seit der Rezession 1966/67 darstellte, auf eine Gesamtzahl von rund 35.566 Personen ist auf die gesetzliche Einführung der flexiblen Altersgrenze zurückzuführen, die nach einem Beschluss der Unternehmensleitung auch auf die Leistungen der Siemens-Altersfürsorge GmbH ausgedehnt wurde.[709]

Bei der Untersuchung der regionalen Aufteilung der Leistungsempfänger zeigt sich seit dem Geschäftsjahr 1960/61 eine verstärkte Zunahme der im Bundesgebiet ansässigen Leistungsempfänger bei gleichzeitigem Rückgang der Pensionärszahlen in der DDR. Diese Tendenz, die mit der Übersiedlung zahlreicher Ostpensionäre in den Westen auf der Grundlage von Familienzusammenführungen sowie fehlendem Belegschaftsaufbau in Ostdeutschland zu erklären ist, setzt sich bis zum Ende des Betrachtungszeitraums weiter fort.[710]

---

707 Vgl. 29. Geschäftsbericht der Siemens-Altersfürsorge GmbH 1966/67, in: SAA 11074.
708 Hassell, Siemens-Mitteilungen 3/1976, S. 6.
709 Vgl. 35. Geschäftsbericht der Siemens-Altersfürsorge GmbH 1972/73, in: SAA 11074.
710 Vgl. dazu Geschäftsberichte der Siemens-Altersfürsorge GmbH 1961/62, 1963/64, 1964/65, 1969/70, in: SAA 11074, Prüfungsbericht über den Abschluss zum 30.9.1962 der Siemens-Altersfürsorge GmbH Berlin, in: SAA 11086.

Abb. 36: Anzahl der Leistungsempfänger in der BRD, der DDR und im Ausland
(1974/75–1988/89)

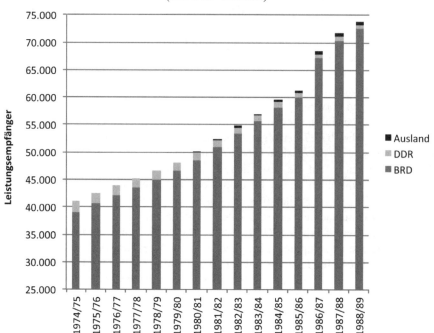

*Eigene Darstellung nach Angaben in den Geschäftsberichten der Siemens-Altersfürsorge GmbH
1974/75–1988/89. Vor 1982/83 keine Angaben zu Zahlen im Ausland.*

Die Anzahl der Leistungsempfänger stieg von rund 41.000 Pensionären in 1974/75 auf rund 73.900 in 1988/89 – also um 80 Prozent – an. Dieses seit der Einführung der gesetzlichen Altersgrenze 1972 überproportionale Wachstum der Pensionärszahlen wurde darüber hinaus ab dem Geschäftsjahr 1974/75 im Zuge eines allgemeinen Personalabbaus durch vorzeitige Pensionierungen begünstigt.[711] Ebenfalls hervorzuheben ist der erhebliche Anstieg der Ruhegeldempfänger zum Geschäftsjahr 1986/87, der auf die Verschmelzung der Kraftwerk-Union Altersversorgung GmbH (KAV) und Transformatoren Union Altersversorgung mit der SAF im September 1987 zurückgeht, infolge derer rund 5.000 Pensionäre übernommen wurden.[712] Im Geschäftsjahr 1988/89 standen 73.884 Pensionäre 226.737 aktiven Mitarbeitern in Deutschland gegenüber, das entsprach einem Verhältnis von rund eins zu drei. Damit hat sich die Relation von Leistungsempfängern zu aktiven Mitarbeitern, die im Geschäftsjahr 1956/57 noch bei 13 zu 100 lag, auf die Relation von rund 33 Pensionären zu 100 Aktiven erhöht.

---

711 Vgl. 37. Geschäftsbericht der Siemens-Altersfürsorge GmbH (1974/75), S. 4, in: SAA 11074.
712 Vgl. 49. Geschäftsbericht der Siemens-Altersfürsorge GmbH (1986/87), in: SAA 9926.

## 2. Von der sozialen Versorgungsleistung zum personalpolitischen Instrument

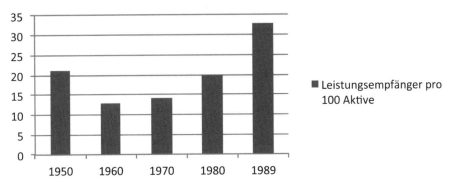

Abb. 37: Anzahl der Leistungsempfänger pro 100 Aktive (1950–1989)

Eigene Darstellung nach Zahlen in Geschäftsberichten der Siemens-Altersfürsorge GmbH, in: SAA 11074, Belegschaftszahlen nach Zusammenstellung im Siemensarchiv.

### 2.4.4 Die finanzielle Entwicklung der Siemens-Altersfürsorge GmbH bis 1989

Die finanzielle Situation der Siemens-Altersfürsorge GmbH spiegelt sich in der Entwicklung der Aufwendungen für die Leistungsempfänger, in den Zuwendungen durch die Gesellschafterunternehmen und in den Pensionsrückstellungen. Die laufenden Aufwendungen für die Ruhe-, Witwen- und Waisengelder der SAF stiegen im Untersuchungszeitraum kontinuierlich an. Ursachen dafür waren die Zunahme der Ruhegeldempfänger sowie die periodisch vorgenommenen Leistungssteigerungen.[713]

[713] Die Aufhebung der Höchstgrenzen für die betriebliche Altersversorgung wirkte sich vor allem ab dem Geschäftsjahr 1964/65 durch einen hohen Anstieg bei Ruhe-, Witwen- und Waisengeldern aus. Vgl. 27. Geschäftsbericht der Siemens-Altersfürsorge GmbH (1964/65), in: SAA 11074. Der starke Anstieg der Pensionsaufwendungen im Geschäftsjahr 1972/73 ist auf eine überproportional hohe Zunahme der Leistungsempfänger zurückzuführen. Diese Tendenz setzte sich im folgenden Geschäftsjahr fort und wurde verstärkt durch die ab dem 1. September 1973 geltenden Leistungsverbesserungen sowie durch die Erhöhung der Übergangszuschüsse infolge der tariflichen Lohn- und Gehaltserhöhungen. Vgl. 36. Geschäftsbericht der Siemens-Altersfürsorge GmbH (1973/74), in: SAA 11074. Die gegenüber dem Vorjahr um rund 7 Mio. höher liegenden Aufwendungen von rund 87,3 Mio. DM in 1974/75 basierten neben der Zunahme der Leistungsempfänger auf einem Ansteigen der Übergangszuschüsse durch Tariferhöhungen. Vgl. 37. Geschäftsbericht der Siemens-Altersfürsorge GmbH (1974/75), S. 2, in: SAA 11074. Im darauf folgenden Geschäftsjahr 1975/76 manifestierte sich darüber hinaus die ab April 1976 geltende 15-prozentige Anhebung der Ruhegelder in einer Steigerung der Aufwendungen um knapp 10 Mio. DM. Vgl. 38. Geschäftsbericht der Siemens-Altersfürsorge GmbH (1975/76), in: SAA 11074. Die rund 2,5 Jahre später erfolgte 8-prozentige Leistungssteigerung zum 1. September 1978 fand in den Geschäftsjahren 1977/78 und 1978/79 in – allerdings etwas geringfügigeren – Steigerungen der Aufwendungen ebenso ihren Ausdruck wie die bis zum Ende des Untersuchungszeitraums vorgenommenen Leistungsanhebungen zum 1. November 1981 (um 12 Prozent), zum 1. April 1984 (um 10 Prozent) und zum 1. September 1987 (um 6 Prozent). Vgl. 44. und 46. Geschäftsbericht der Siemens-Altersfürsorge GmbH 1981/82 und 1983/84, in: SAA 11074 und 1986/87 und 49. Geschäftsbericht

Abb. 38: Aufwendungen, Zuwendungen und Pensionsrückstellungen
der Siemens-Altersfürsorge GmbH (1957/58–1988/89)

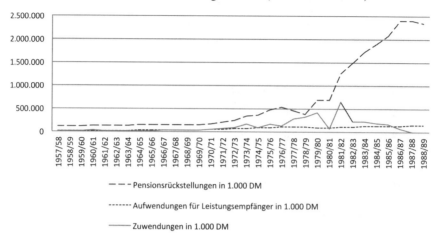

*Eigene Darstellung nach Angaben in den Geschäftsberichten der Siemens-Altersfürsorge GmbH 1957/58–1988/89, in: SAA 11074.*

Die laufenden Mittel der Siemens-Altersfürsorge GmbH setzten sich aus den Zuwendungen der Gesellschafterfirmen und den Erträgen des Kassenvermögens durch Kapitalzinsen und -erträge zusammen.[714] Die regulären Zuwendungen der der SAF angeschlossenen Gesellschaften stiegen stetig und ab dem Geschäftsjahr 1971/72 rapide an. Die Höhe der Zuwendungen wurde für 1959/60 und 1960/61 aufgrund einer Umlage auf die Lohn- und Gehaltssummen der Tarifkreise ermittelt. Für Siemens & Halske betrug der Umlagesatz 1 Prozent, für die Siemens-Schuckertwerke 2 Prozent.[715] Darüber hinaus erhielt die SAF in 1960/61 eine Sonderdotierung in Höhe von 15 Mio. DM. Mit Rücksicht auf diese Sonderzuwendung wurde die Dotierung des darauf folgenden Geschäftsjahrs 1961/62 nur in der Höhe gewährt, wie sie nach Deckung eines Teils der Aufwendungen durch die eigenen Zinserträge erforderlich war, um die zu Beginn des Geschäftsjahres vorhandene Substanz zu er-

 der Siemens-Altersfürsorge GmbH, in: SAA 9926. Ein Rückgang der Aufwendungen für die Leistungsempfänger gegenüber dem Vorjahr um rund 17,5 Mio. DM auf 93,5 Mio. DM ist in 1979/80 darauf zurückzuführen, dass die bisher von der SAF getragenen Übergangszuschüsse für Pensionäre ab April 1979 nun als Übergangsgelder zu Lasten der Siemens AG gezahlt wurden. 42. Geschäftsbericht der Siemens-Altersfürsorge GmbH (1979/80), S. 2, in: SAA 11074. Leicht rückläufig entwickelten sich die Aufwendungen der SAF auch in 1985/86, als die Siemens AG den Tarifmitarbeitern einen Rechtsanspruch auf Ruhegeld in Höhe des halben Zusatzbetrags einräumte. Die in 1987/88 festzustellende Steigerung der Aufwendungen gegenüber dem Vorjahr um rund 17 Mio. DM auf rund 154 Mio. DM wurde durch die erhebliche Zunahme der Leistungsempfänger durch die Übernahme der Pensionäre von der Kraftwerk Union und der Transformatoren Union verursacht. Vgl. 49. Geschäftsbericht der Siemens-Altersfürsorge GmbH, in: SAA 9926.

714 Vgl. Balz, Ulrich: Betriebliche Altersversorgung. Der staatliche Einfluß auf soziale Sicherung und Kapitalbildung. Frankfurt a. M. 1994, S. 39.

715 Vgl. 22. und 23. Geschäftsbericht der Siemens-Altersfürsorge GmbH 1959/60 und 1960/61, in: SAA 11074.

halten.[716] Mit Wirkung ab dem 1. Oktober 1962 sind dann die Umlagesätze für S&H auf 0,8 Prozent und für die SSW auf 1,5 Prozent gesenkt worden. Ziel dieser Festsetzungen war es, das vorhandene Vermögen der SAF zu sichern.[717]

Sonderzuwendungen gewährten die beiden Stammfirmen in 1962/63 und 1963/64 jeweils in Höhe von 2 Mio. DM und 1966/67 in Höhe von 5 Mio. DM. Die Sonderdotierung der Siemens AG in 1967/68 in Höhe von 7 Mio. DM war erforderlich, weil die reguläre Umlage und die Zinserträge aufgrund der Zunahme der Leistungsempfänger und der Anhebung der Leistungen zum 1. Januar 1967 allein nicht ausreichten, um die anfallenden Pensionsaufwendungen zu decken.[718] Die im Geschäftsjahr 1971/72 erheblich ansteigenden Gesamtzuwendungen resultierten aus einer Sonderdotierung der Siemens AG in Höhe von 30 Mio. DM, die das Unternehmen der SAF unter der Voraussetzung gewährte, für diesen Betrag das Grundvermögen der Siemens AG, soweit es sozialen Zwecken dient, zu erwerben.[719] Rund ein Viertel des Gesamtvermögens der SAF wurde infolgedessen wertbeständig in Grund und Boden angelegt. Bereits 1969/70 hatte die Siemens-Altersfürsorge GmbH den Hermann-von-Siemens-Park in München erworben und damit erstmals einen Teil ihres Vermögens in Grund und Boden investiert.[720] Ein Jahr später folgte der Kauf eines Grundstücks in Habischried zur Errichtung eines Erholungsheims für Siemens-Mitarbeiter. Auch 1972/73 erhielt die SAF neben dem allgemeinen Umlagebetrag eine Sonderdotierung in Höhe von 30 Mio. DM, angesichts der schwierigen wirtschaftlichen Rahmenbedingungen und der schwer übersehbaren weiteren Entwicklung sowie im Hinblick auf die noch nicht absehbaren Konsequenzen des erwarteten Gesetzes zur betrieblichen Altersversorgung.

Auch die weitere Entwicklung der Zuwendungen bis zum Ende des Untersuchungszeitraums ist durch hohe Zuweisungen und Sonderdotierungen gekennzeichnet. Ziel war es, den gesetzlich möglichen Dotierungsrahmen aus steuerlichen Gründen soweit wie möglich auszuschöpfen. Die 1975/76 zugewiesene Sonderdotierung in Höhe von 90 Mio. DM führte dazu, dass sich die Reichweite des SAF-Vermögens gegenüber dem Vorjahr von 3 2/3 Jahren auf 4 3/4 Jahre erhöhte. In 1979/80 nahm die Reichweite auf 4 3/4 Jahre – der höchsten seit 1961 – zu und verblieb auch im folgenden Geschäftsjahr auf demselben Stand. Die mit 11,5 Jah-

---

716 Vgl. Bericht über den Abschluss zum 30.9.1962 der Siemens-Altersfürsorge GmbH, Berlin, S. 2, in: SAA 11086.
717 Vgl. Z Buch-Rundschreiben Nr. 4/63 und Prüfungsbericht zum 30.9.1962, S. 2, in: SAA 11086. Nachdem die SAF-Umlage mit Wirkung zum 1.10 1968 wieder angehoben und auf 1,1 Prozent der Brutto-Löhne und -Gehälter des Tarifkreises festgesetzt worden war, erfolgte im Zuge der Neuorganisation der Siemens AG zum 1. Oktober 1969 eine Neuregelung. Auf der bisherigen Bezugsbasis der Bruttolöhne und -gehälter wurden für die Unternehmensbereiche sechsmonatlich abzuführende Umlagen von jeweils 1,1 Prozent, für den Unternehmensbereich Energietechnik 2,1 Prozent und für die ZN- und Z-Abteilungen 1,6 Prozent veranschlagt. Vgl. dazu ZBB/ZFB-Rundschreiben Nr. 8/70 vom 7.4.1970, in: SAA 68/Lr 553, Bd. 2.
718 Vgl. 30. Geschäftsbericht der Siemens-Altersfürsorge GmbH (1967/68), S. 1, in: SAA 11074.
719 Vgl. dazu 34. Geschäftsbericht der Siemens-Altersfürsorge GmbH (1971/72), S. 1, in: SAA 11074.
720 Vgl. 37. Geschäftsbericht der Siemens-Altersfürsorge GmbH (1974/75), S. 2, in: SAA 11074.

ren höchste Reichweite seit Bestehen der Siemens-Altersfürsorge GmbH in 1981/82 basierte auf einer außerordentlichen Sonderdotierung der Siemens AG in Höhe von 572 Mio. DM.

Die Entwicklung der Rücklagen verhielt sich analog zur Entwicklung der Zuwendungen: Bis zum Geschäftsjahr 1970/71 ist eine kontinuierliche Aufwärtsentwicklung, danach ist ein rapider Anstieg zu konstatieren. Die Rückstellungspolitik lässt sich im Betrachtungszeitraum mit der Sicherung einer mehrjährigen Reichweite des Vermögens durch die Bildung hoher Reserven beschreiben. So wurde bereits in der Sitzung des Aufsichtsrats der SAF Ende Februar 1959 festgestellt, dass die SAF über „erfreulich hohe Reserven verfüge", da die „derzeitige Rücklage der SAF von 115 Mio. DM und die Zinseinnahmen für eine Versorgung von rund acht Jahren ausreichen würden, wobei auch die voraussichtlichen Neuzugänge berücksichtigt seien."[721] In den 1960er Jahren verringerte sich zwar die Reichweite des Vermögens, sie bewegte sich aber nie unter der Grenze von mindestens drei Jahren. Durch die Bildung der hohen Rücklagen sollte vor allem Vorsorge für den Fall getroffen werden, dass die SAF einmal keine Zuwendungen der Stammfirmen erhielte.[722]

Entsprechende Sonderdotierungen der Gesellschafterfirmen trugen entweder dazu bei, die Reichweite des Vermögens zu erhöhen, oder im Falle absehbarer erhöhter Aufwendungen – zum Beispiel durch Leistungssteigerungen oder die Erhöhung der Empfängerzahlen – das Vermögen der SAF zu erhalten. So erhöhte sich die Reichweite der Rücklagen zum 30.9.1974 aufgrund der hohen Sonderdotierung von 80 Mio. DM von drei auf vier Jahre. Seit den 1980er Jahren ist ein erheblicher Anstieg der Pensionsrücklagen zu beobachten, der in 1987/88 mit rund 2,4 Mrd. DM seinen Höhepunkt erreichte. Ab 1983/84 war der steuerlich mögliche Dotierungsrahmen bis zum Ende des Untersuchungszeitraums ausgeschöpft.[723] Dies ist ein Indiz für die finanzwirtschaftliche Bedeutung und Nutzung der betrieblichen Altersversorgung, die in der Erreichung von Steuervorteilen sowie der Stärkung der Kapitalkraft und der Verbesserung der Liquidität ihren Ausdruck findet.

---

721 Vgl. Bericht über die Sitzung des Aufsichtsrates der SAF am 26.2.1959 in München, in: SAA 12420.
722 Vgl. dazu Prüfbericht zum 30.9.1964, in: SAA 11089.
723 Der in 1986/87 erreichte Anstieg der Pensionsrücklagen auf rund 2,397.200 Mrd. DM ist auch auf die Übernahme des Vermögens von der Kraftwerk-Union Altersversorgung (KAV) und der Transformatoren Union Altersversorgung (TAV) von 234,769 Mio. DM zurückzuführen. Vgl. 49. Geschäftsbericht der Siemens-Altersfürsorge GmbH (1986/87), S. 2, in: SAA 9926. Die höchste Rücklage für Pensionen im Untersuchungszeitraum wurde in 1987/88 mit rund 2,399.000 Mrd. DM erreicht. Im selben Geschäftsjahr unterblieb eine Zuwendung durch die Siemens AG, da die SAF zum 30.9.1988 voll dotiert war. Vgl. 49. Geschäftsbericht der Siemens-Altersfürsorge GmbH (1986/87), S. 2, in: SAA 9926.

## 2.5 Intentionen und Zielsetzungen der betrieblichen Altersversorgung

Vor dem Hintergrund der im Zeitverlauf gewandelten gesetzlichen und gesamtwirtschaftlichen Rahmenbedingungen haben sich Intentionen, Zielsetzungen und Schwerpunkte der betrieblichen Altersversorgung verändert. Eine zentrale Rolle bei der Gestaltung der betrieblichen Sozialpolitik nimmt das Arbeit gebende Unternehmen als Akteur ein, der mit der Einrichtung dieser freiwilligen Sozialleistung bestimmte Motive und Ziele verfolgt.[724] Spielte dabei in den Anfängen noch das Fürsorgeprinzip eine dominierende Rolle, so traten später personalwirtschaftliche und finanzpolitische Faktoren verstärkt in den Vordergrund. Mit dem Einsetzen der gesetzlichen Alters- und Hinterbliebenenversicherung in den 1880er Jahren übernahm die betriebliche Altersversorgung eine Ergänzungsfunktion zur staatlichen Versorgung.[725] Die sogenannte Verbleibbedingung gewährleistete die Zusage zur Versorgung nur unter der Voraussetzung, dass das Arbeitsverhältnis bis zum Eintritt in den Ruhestand bestehen blieb. Damit gewann die betriebliche Altersversorgung den Charakter einer Gegenleistung oder eines Entgelts für die zuvor erwiesene bzw. erwartete Betriebstreue.[726] Das Entgeltprinzip gewann vor allem nach dem Zweiten Weltkrieg an Bedeutung. Insbesondere das Betriebsrentengesetz von 1974 manifestierte mit seinen Bestimmungen zur Unverfallbarkeit und zur Anpassungspflicht der Leistungen den Wandel von der Fürsorgeleistung zum Entgeltbestandteil.[727] Heute wird der Entgelt- und Versorgungscharakter der betrieblichen Altersversorgung hervorgehoben und auf die Doppelnatur dieser freiwilligen Sozialleistung, die sowohl Entgelt- als auch Fürsorgeelemente enthält, hingewiesen.[728]

Personalwirtschaftlich gesehen werden der betrieblichen Altersversorgung wichtige Anreizfunktionen für die Begründung und Fortsetzung eines Arbeitsverhältnisses zugeschrieben.[729] Sie bietet Beschäftigungs- und Leistungsanreize und will eine langjährige Betriebstreue belohnen. Durch eine Erhöhung der Identifikation der Mitarbeiter mit dem Unternehmen wird ein Motivationsgewinn mit positiven Impulsen für die Mitarbeiterfluktuation und produktivitätssteigernden Wirkungen erwartet.[730] Eng verbunden mit der identitätsstiftenden Wirkung ist die Förde-

---

724 Vgl. Gieg, 2008, S. 76.
725 Vgl. Steffes, 1994, S. 16; Griebeling/Griebeling, 2003, S. 8.
726 Vgl. ebd. und Schneevoigt, 2001, S. 356.
727 Vgl. ebd.
728 Vgl. Esser/Sieben, 1997, S. 8; Husmann, Jürgen: Fürsorge oder Entgelt? Betriebliche Altersversorgung, in: Personalführung 11 (1995), S. 960. Würde die betriebliche Altersversorgung allein auf den Entgeltcharakter reduziert, bestünde die Gefahr, sie lediglich als aufgeschobenen Lohn zu betrachten, und damit wäre auch das Prinzip der Freiwilligkeit als Ausdruck der Fürsorge des Arbeitgebers in Frage gestellt. Vgl. ebd., S. 961 f.
729 Vgl. Griebeling, 1998, S. 349, und Bundesversicherungsanstalt für Angestellte (Hg.): Betriebliche Altersversorgung. Berlin 2003, S. 10. Vgl. auch Esser/Sieben, 1997, S. 8.
730 Vgl. Schnabel/Wagner, 1999, S. 83, und Informationsdienst des Instituts der Deutschen Wirtschaft: Betriebliche Altersversorgung. Schlüssel zur Mitarbeiterbindung, 25. Jg., 1999, Nr. 12, S. 3. Laut einer von TNS Infratest für den Zeitraum von 2001 bis 2004 durchgeführten Untersuchung zur Situation und Entwicklung der betrieblichen Altersversorgung in der Privatwirtschaft und im öffentlichen Dienst wurde die Verbesserung der Motivation der Arbeitnehmer von 51 Prozent der befragten Unternehmen als dominierender Grund für die Neueinführung

rung des Zusammengehörigkeitsgefühls – auch über das Erwerbsleben hinaus und teilweise über Generationen hinweg: Diese Bindung der Beschäftigten fand nach außen hin in dem Begriff „Siemensianer" ihren Ausdruck.[731] Außerdem kann die betriebliche Altersversorgung durch die Wahrnehmung einer wichtigen sozialpolitischen Funktion die Integration des Unternehmens in der Gesellschaft unterstützen.[732] Über sozial- und personalpolitische Zielsetzungen hinaus können durch die Gewährung einer betrieblichen Altersversorgung für das Unternehmen auch in wirtschaftlicher Hinsicht positive Effekte bewirkt werden. Finanziell gesehen bietet sie steuerliche Vorteile und kann den Spielraum für die interne Unternehmensfinanzierung erhöhen. So entfiel der Hauptteil der in den 1970er Jahren bei Siemens gebildeten Rückstellungen auf die Pensionsrückstellungen. In den 1980er Jahren erfolgte ein weiterer Ausbau der Innenfinanzierung und eine Liquiditätserhöhung. Insgesamt ermöglichte die Steigerung der Rückstellungen ein gewisses Maß an Unabhängigkeit von langfristigem Fremdkapital.[733]

Ausschlaggebend für die Etablierung einer betrieblichen Altersversorgung bei Siemens war nie allein der Fürsorgegedanke, der sich bereits bei Werner Siemens mit zweckrationalen „egoistischen" Erwägungen verband, sondern der wirtschaftliche bzw. personalpolitische Nutzen für das Unternehmen. Vor dem Hintergrund des Wettbewerbs um qualifizierte Arbeitskräfte ging es seit den 1950er Jahren vor allem darum, die Attraktivität als Arbeitgeber durch betriebliche Sozialleistungen in den Vordergrund zu stellen, wobei die „werbende Kraft der Altersfürsorge"[734] weiterhin als tradiertes Instrument fungierte, um langjährige Mitarbeiter dauerhaft zu binden und Nachwuchskräfte zu akquirieren. Dies war auch der Grund dafür, dass die mit der Rentenreform 1957 eingeführten Höchstgrenzen für die Siemens-Pensionen wieder aufgehoben wurden, zumal der Vergleich mit anderen Unternehmen gezeigt hatte, dass Siemens bei der Betriebsrente nicht mehr wie früher an der Spitze lag. Mit der in der zweiten Hälfte der 1960er Jahre einsetzenden ersten Nachkriegsrezession und der Notwendigkeit, die Personalstruktur auch durch vorzeitige Pensionierungen anzupassen, ergriff die Siemens-Altersfürsorge GmbH entsprechende finanzielle Ausgleichsmaßnahmen, um dadurch entstehende Härten abzumildern und durch Übergangsregelungen und Firmenzuschüsse einen sozialpolitisch verträglichen Ausgleich zu schaffen. Das Betriebsrentengesetz von 1974

---

bzw. den Ausbau der betrieblichen Altersversorgung genannt. Vgl. Bundesministerium für Gesundheit und Soziale Sicherung (Hg.): Situation und Entwicklung der betrieblichen Altersversorgung in Privatwirtschaft und öffentlichem Dienst 2001–2004. Untersuchung im Auftrag des Bundesministeriums für Gesundheit und Soziale Sicherung, durchgeführt von TNS Infratest Sozialforschung, vom 21. September 2005, S. 18, 63 f.

731 Vgl. Hilger, 2007, S. 16.
732 Vgl. Bouillon, Erhard: Die betriebliche Altersversorgung als Ausdruck unternehmerischer Sozialpolitik, in: Bundesvereinigung der Deutschen Arbeitgeberverbände (Hg.): Die betriebliche Altersversorgung zu Beginn der 80er Jahre. Entwicklungen und Chancen. Köln 1981, S. 8.
733 So waren zum Beispiel 1978 langfristige Fremdmittel nur noch zu 20 Prozent am Fremdkapital beteiligt, vgl. Feldenkirchen, 2003 a, S. 356.
734 Gemeinsame Vorstandssitzung der Siemens & Halske A.G. und der Siemens-Schuckertwerke A.G. am 30. Januar 1958 in München, in: SAA S1 (Alt-Signatur 16. Lh 263).

schränkte jedoch die Gestaltungsfreiheit von Unternehmen erheblich ein. Insbesondere durch die Regelungen zur Unverfallbarkeit der betrieblichen Rentenansprüche ließ sich die Betriebsrente nur noch in begrenztem Ausmaß als personalpolitisches Instrument zur dauerhaften Mitarbeiterbindung einsetzen. Dafür gewann die betriebliche Altersversorgung durch ihre gesetzliche Verankerung als „zweite Säule" der sozialen Sicherung im Alter nicht zuletzt auch in der Wahrnehmung der Öffentlichkeit an erhöhter sozial- und gesellschaftspolitischer Relevanz. Sie ist vor allem vor dem Hintergrund der schlechten gesamtwirtschaftlichen Situation der 1970er Jahre, des Wachstums- und Konjunktureinbruchs, der Krise der Staatsfinanzen und der wachsenden Belastungen der Sozialsysteme durch den starken Anstieg der Arbeitslosigkeit seit Mitte dieses Jahrzehnts[735] als äußerst bedeutend einzuschätzen. Das Betriebsrentengesetz stellte im Sinne der Monetarisierungsthese den Entgeltcharakter der Betriebsrente stärker in den Vordergrund, während im Gegenzug die fürsorgerische Motivation zurücktrat.[736] Die demographische Entwicklung, nach der immer weniger Erwerbstätige einer steigenden Anzahl von Rentnern gegenüberstehen, stellte mit dem Anstieg der Arbeitslosigkeit seit den achtziger Jahren die Finanzierbarkeit der gesetzlichen Alterssicherung weiter in Frage[737] und verstärkte die Bedeutung der betrieblichen Sicherungssysteme.

In der Literatur wird in Bezug auf die Einrichtung einer betrieblichen Altersversorgung von einer „Win-win-Situation" gesprochen, von der Arbeitgeber und Arbeitnehmer profitieren.[738] Seitens der Arbeitnehmer spielen sowohl monetäre als auch nicht-monetäre Anreizwirkungen für die Akzeptanz eines betrieblichen Altersversorgungsmodells eine Rolle. Finanzielle Vorteile entstehen durch die geringe steuerliche Belastung bzw. die nachgelagerte Besteuerung der geleisteten Altersversorgungsbeiträge sowie die Beteiligung des Arbeitgebers an der Finanzierung oder die vollständige Übernahme der betrieblichen Zusatzvorsorge.[739] Auf der anderen Seite kann die durch die betriebliche Altersversorgung erzeugte und für einen bestimmten Zeitraum festgelegte Bindung an das Unternehmen insbesondere in Zeiten hoher Arbeitskräftenachfrage für Arbeitnehmer zur „goldenen Fessel" werden, da der Wechsel auf einen möglicherweise attraktiveren Arbeitsplatz unter bestimmten Voraussetzungen mit dem Verlust der Versorgungsansprüche verbunden ist.[740]

Zielte die betriebliche Altersversorgung vor Inkrafttreten der Rentenreform von 1957 auf die Sicherung des Existenzminimums bzw. die Aufstockung zum Existenzminimum, so geht es heute vor allem um die Erhaltung des Lebensstandards, der vor dem Eintritt in den Ruhestand bestanden hat.[741] Damit erhält die betriebliche Altersversorgung eine Komplementärfunktion, sie soll die Versor-

---

735 Vgl. Steiner, 2006, Abschnitte 9 und 11.
736 Vgl. Schneevoigt, 2001, S 356.
737 Vgl. ebd., S. 357.
738 Vgl. Sadowski/Pull, 1999, S. 95.
739 Bertelsmann-Stiftung (Hg.): Anreizwirkungen in der betrieblichen Altersvorsorge, erstellt von Dietmar Wellisch (Bertelsmann-Stiftung Vorsorgestudien 12), Ms. Magdeburg 2002, S. 3.
740 Griebeling, 1998, S. 349.
741 Vgl. Bouillon, 1981, S. 8.

gungslücke zwischen dem letzten Erwerbseinkommen und den gesetzlichen Rentenbezügen teilweise oder weitgehend schließen.[742] Vor allem für Erwerbstätige, deren Einkommen über der Sozialversicherungsgrenze liegt, gewinnt sie herausragende Bedeutung, da die zu schließende Lücke mit steigendem Einkommen größer wird. Daher gilt die betriebliche Altersversorgung bei Führungskräften nach der Barvergütung häufig als zweitwichtigste Komponente innerhalb der Gesamtkompensation.[743] Der darin zum Ausdruck kommende Entgeltcharakter der betrieblichen Altersversorgung belegt den Paradigmenwechsel der betrieblichen Altersversorgung von einem Element sozialer Fürsorge zu einer rein monetären Leistung, die mit der personalpolitischen Funktion eines Leistungsanreizes und Motivationsfaktors verbunden wird.[744]

## 2.6 Fazit

Die Entwicklung der betrieblichen Altersversorgung bei Siemens wurde in hohem Maße durch externe wirtschaftliche und gesetzgeberische Rahmenbedingungen, aber auch durch interne unternehmenspolitische Erfordernisse und Einflussfaktoren determiniert. Nach dem Zweiten Weltkrieg mussten die Pensions- und Hinterbliebenenleistungen der Siemens-Altersfürsorge GmbH aufgrund der desolaten Finanzlage zunächst eingestellt bzw. eingeschränkt werden. Sie kamen erst im Sommer 1951 wieder zur vollen Auszahlung. Darüber hinaus trugen die nach und nach wieder aufgenommenen, aus speziellen Anlässen gewährten Sonderleistungen dazu bei, die Identifikation mit dem Unternehmen zu festigen und die Integration aller „Siemensianer" in die Siemens-Gemeinschaft zu fördern. Ab dem Geschäftsjahr 1982/83 übernahm die Siemens AG einen Teil der bisher von der Siemens-Altersfürsorge GmbH gewährten Ruhegelder als eigene und unmittelbare Verpflichtung und räumte damit den aktiven Mitarbeitern einen Rechtsanspruch auf Versorgungsleistungen ein. Im Gegensatz zum Tarifkreis wurde die betriebliche Altersversorgung leitender, übertariflich bezahlter Angestellter auch schon vor 1945 über Ruhegehaltsabkommen mit rechtlich verbindlichem Charakter direkt zugesagt. Darüber hinaus erhielten übertariflich bezahlte Mitarbeiter ab 1978 die Möglichkeit, auf freiwilliger Basis eine Direktversicherung über die Siemens AG unter steuerbegünstigter Umwandlung des Arbeitseinkommens abzuschließen und damit die dritte Säule der privaten Eigenvorsorge für den Ruhestand zu stärken.

Gravierende Einschnitte in der Alterssicherung bildeten staatliche Maßnahmen, die neue Rahmenbedingungen für die Gestaltung der betrieblichen Altersversorgung schufen. Durch die Rentenreform von 1957, die eine Anhebung der gesetzlichen Rente über das Existenzminimum hinaus vorsah, sah sich das Unternehmen

---

742 Vgl. Hemmer, 1984, S. 5; vgl. auch Hax, 1988, S. 77; vgl. auch Gieg, 2008, S. 19.
743 Andresen, Boy-Jürgen: Betriebliche Altersversorgung als strategische Komponente einer effizienten Gesamtvergütung, in: Jörg-E. Cramer / Wolfgang Förster / Franz Ruland (Hg.): Handbuch zur Altersversorgung. Gesetzliche, betriebliche und private Vorsorge in Deutschland. Frankfurt a. M. 1998, S. 315; vgl. auch ders., 2001, S. 50.
744 Vgl. Schneevoigt, 2001, S. 356.

veranlasst, die freiwilligen Pensionssätze zu reduzieren und damit anzupassen. Betriebliche Versorgungsleistungen ergänzten als zweite Säule der sozialen Sicherung die gesetzliche Rente, die den Hauptteil der Alterssicherung abdeckte. Die Bemessungsgrundlage für die Berechnung der Betriebsrenten im Tarifkreis bildeten nach Lohn- und Gehaltsgruppen zugeordnete Pensionsstufen, innerhalb derer die Renten nach dem Dienstalter gestaffelt waren. Einen bedeutenden Eingriff in das Selbstverständnis der Unternehmen stellte das Betriebsrentengesetz von 1974 dar, das unter bestimmten Voraussetzungen die Unverfallbarkeit der Betriebsrente auch bei vorzeitigem Ausscheiden aus dem Unternehmen regelte und damit ihrer personalpolitischen Funktion als Instrument der Mitarbeiterbindung die Grundlage entzog. Gleichzeitig wurde ihre Ergänzungsfunktion als zweite Säule der Alterssicherung untermauert. Darin manifestiert sich auch der Paradigmenwechsel in der betrieblichen Altersversorgung von einer humanitär-karitativ begründeten Fürsorgeleistung zu einer personalpolitisch motivierten monetären Leistung, die reinen Entgeltcharakter besitzt. Damit einher geht auch ein Wandel im Verständnis des Mitarbeiters vom hilfsbedürftigen Leistungsempfänger zum gleichberechtigten, emanzipierten Mitarbeiter mit Anspruch auf Berücksichtigung seiner materiellen Interessen.[745] Die These der Monetarisierung betrieblicher Sozialleistungen wird durch die Entwicklung der betrieblichen Altersversorgung gestützt.

Die betriebliche Altersversorgung basierte auf einem langfristig angelegten Arbeitsverhältnis. Sie bot Beschäftigungs- und Leistungsanreize und wollte eine langjährige Betriebstreue belohnen, da bis 1974 die Pensionsansprüche bei vorzeitigem Ausscheiden verfielen. Bereits für Werner von Siemens spielten die Eindämmung der Mitarbeiterfluktuation und die Mitarbeiterbindung eine zentrale Rolle. Nach 1945 stand zunächst die Sicherung der Grundversorgung pensionierter Mitarbeiter im Vordergrund der Siemens-Altersfürsorge GmbH, die seit Beginn der 1950er Jahre durch die Entrichtung der vollen Pensionssätze wieder gewährleistet war. Mit der langsamen wirtschaftlichen Erholung und dem Erreichen der Vollbeschäftigung gewannen personalpolitische Ziele in den Wirtschaftswunderjahren wieder Priorität. Während es bis Mitte der 1960er Jahre darum ging, im Wettbewerb um qualifizierte Arbeitskräfte Beschäftigungsanreize zu schaffen, fluktuationshemmende Maßnahmen zu installieren und Siemens als attraktiven Arbeitgeber zu positionieren, sollten mit der Verschlechterung der wirtschaftlichen Rahmenbedingungen durch die erste Nachkriegsrezession ab Mitte der 1960er Jahre notwendig gewordene Personalabbaumaßnahmen auch durch finanziell lukrativ gestaltete, vorzeitige Pensionierungen ermöglicht werden. Einen wichtigen Aspekt bei der betrieblichen Altersversorgung stellen auch die durch die Pensionsrückstellungen ermöglichten Liquiditätsvorteile dar. Mit der Erhöhung der Rückstellungen, die mit einer geringeren Abhängigkeit von Fremdkapital verbunden war, konnte das Unternehmen seine solide Innenfinanzierung in den 1970er und 1980er Jahren weiter ausbauen[746] und dem Grundsatz seiner traditionell konservativen, auf Solidität, Li-

---

745 Vgl. Esser/Siemens, 1997, S. 5.
746 Vgl. Feldenkirchen, 2003 a, S. 356.

quidität und unternehmerische Eigenständigkeit ausgerichteten Finanzierungspolitik, die durch hohe Rücklagen und Reserven gekennzeichnet ist, Rechnung tragen.

Bis in die Gegenwart hat die betriebliche Altersversorgung als eine der ältesten freiwilligen Sozialleistungen einen herausragenden Stellenwert in der Sozialpolitik von Siemens. Sie gehört im Betrachtungszeitraum zu den größten und kostenintensivsten betrieblichen Sozialleistungskomponenten.[747] Im Geschäftsjahr 1988/89 machte sie mit rund 52 Prozent den größten Einzelposten der freiwilligen sozialen Aufwendungen aus, gefolgt vom Bildungsaufwand (Maßnahmen für Weiterbildung und berufliche Bildung) und den Aufwendungen für sonstige soziale Maßnahmen.[748] Gemessen am durchschnittlichen jährlichen Bruttoeinkommen für gewerbliche Mitarbeiter von rund 42.570 DM im Jahr 1989/90[749] machten die pro Kopf-Aufwendungen für betriebliche Altersversorgungsmaßnahmen mit 7.500 DM 17,6 Prozent eines Bruttojahreseinkommens aus.

Die Notwendigkeit einer ergänzenden betrieblichen Altersversorgung ist heute angesichts der wachsenden Rentenlücke unumstritten. Für das zusagende Unternehmen stellt sie – insbesondere bei rein arbeitgeberfinanzierten Versorgungsmodellen – einen erheblichen Kostenfaktor dar, dient aber auch personal- und sozialpolitischen, betriebs- und finanzwirtschaftlichen Zielen wie der Mitarbeiterbindung, der Motivationssteigerung, der Erhöhung der Liquidität und der Erreichung von Steuervorteilen. Für die Arbeitnehmer ist die Betriebsrente als zweite Säule der sozialen Sicherung ein wichtiger Bestandteil der Altersversorgung. Angesichts der demographischen Entwicklung, bei der sich das Verhältnis der Erwerbstätigen zu den im Ruhestand befindlichen Menschen unter dem Aspekt des Generationenvertrags verschlechtern wird, sowie der zu erwartenden sinkenden gesetzlichen Renten ist die betriebliche Versorgung unverzichtbar.

## 3. VOM WOHNUNGSBAU ZUM PERSONALDARLEHEN: DIE BETRIEBLICHE WOHNUNGSPOLITIK

Aufgrund der Industrialisierung und der zunehmenden Verstädterung stellte die betriebliche Wohnraumbeschaffung schon früh ein zentrales Feld betrieblicher Sozialpolitik dar. Der Bau vergünstigter Werks- oder Zechenwohnungen, der in industriellen Ballungsgebieten wie zum Beispiel im Ruhrgebiet praktiziert wurde, zielte im Wesentlichen auf die Rekrutierung, Bindung und Disziplinierung der Arbeiterschaft.[750] Sie bot allerdings keine Lösung für die allgemeine Wohnungsfrage,

---

747 Vgl. Hemmer, 1998, S. 507.
748 Dazu gerechnet wurden Ernährung, EB/Tarifkreis, Aktien, Abfindungen und Übriges. Vgl. Sozialbericht 1988/89 (Wirtschaftsausschusssitzung 1.2.1990), Anlage Personalzusatzaufwand, in: Registratur der Abteilung Corporate Human Resources der Siemens AG.
749 Vgl. Zahlen nach Sozialbericht 1988/89 der Siemens AG, Anlage Reales Nettoeinkommen, in: SAA 14/Lk 408.
750 Vgl. Zimmermann, Clemens: Von der Wohnungsfrage zur Wohnungspolitik. Die Reformbewegung in Deutschland 1845–1914 (Kritische Studien zur Geschichtswissenschaft, Bd. 90). Göttingen 1991, S. 157; Hilger, 1996, S. 173.

## 3. Vom Wohnungsbau zum Personaldarlehen

die ein zentrales Problem der sozialen Frage und ein dominierendes innenpolitisches Thema der zweiten Hälfte des 19. Jahrhunderts war.[751] Massive Wohnungsnot und schlechte, gesundheitsgefährdende Wohnverhältnisse prägten die Lebens- und Wohnsituation der unteren Bevölkerungsschichten.[752] Die staatliche Wohnungsbaupolitik setzte um die Jahrhundertwende ein. Sie war insbesondere nach dem Ersten Weltkrieg darauf gerichtet, die allgemeine Wohnungsnot zu beseitigen und Wohnraum bezahlbar zu machen.[753] Der Wohnungsbau blieb in der Weimarer Republik und während des Nationalsozialismus allerdings unzureichend.

Nach dem Zweiten Weltkrieg gehörte die Versorgung der Bevölkerung mit Wohnraum aufgrund der erheblichen Zerstörungen, des Zustroms von Flüchtlingen und Vertriebenen und der daraus resultierenden Wohnungsunterversorgung zu den wichtigsten sozialpolitischen Aufgaben in Deutschland.[754] Außerordentliche Wohnungsbauleistungen durch staatliche Fördermaßnahmen trugen in den folgenden Jahrzehnten dazu bei, dass das Wohnungsdefizit in der BRD bis Mitte der 1970er Jahre weitgehend abgebaut werden konnte.[755] Durch die erhebliche Neubautätigkeit in den fünfziger und sechziger Jahren entstand jährlich rund eine halbe Million neuer Wohnungen. Der Wohnungsbestand erhöhte sich von 9,4 Mio. Wohnungen im Jahr 1950 auf 25,4 Mio. Wohnungen im Jahr 1980.[756] Damit nahm auch die Belegungsdichte ab. Bewohnten 1950 noch durchschnittlich fünf Personen eine Wohnung, so verringerte sich die Personenanzahl je Wohnung bis 1980 auf 2,4 Personen.[757] Damit ging auch eine qualitative Verbesserung der Ausstattung des Wohnungsbestands einher.

Vor dem Hintergrund der Wohnungsnot und der katastrophalen Wohnungsverhältnisse nach dem Zweiten Weltkrieg sahen sich auch private Unternehmen vor der Herausforderung, in Eigeninitiative Wohnraum für die dringend benötigten Arbeitskräfte zu beschaffen, um den Wiederaufbau der Fabrikationsstätten zu gewährleisten. Dabei stellten die Bereitstellung von Wohnheimplätzen, der werkeigene oder der werkgeförderte Wohnungsbau durch fremde Bauträger sowie die Darlehensvergabe für die Wohnraumbeschaffung, insbesondere für den Erwerb von Eigenheimen oder Eigentumswohnungen, verschiedene Möglichkeiten der betrieb-

---

751 Vgl. Häußermann, Hartmut / Siebel, Walter: Soziologie des Wohnens. Eine Einführung in Wandel und Ausdifferenzierung des Wohnens. München 1996, S. 85.
752 Vgl. Nipperdey, Thomas: Deutsche Geschichte 1866–1918. München 1990, S. 147.
753 Vgl. Lampert/Althammer, 2004, S. 337.
754 Vgl. Schulz, Günther: Perspektiven europäischer Wohnungspolitik 1918–1960, in: ders. (Hg.): Wohnungspolitik im Sozialstaat. Deutsche und europäische Lösungen 1918–1969 (Forschungen und Quellen zur Zeitgeschichte, Bd. 22). Düsseldorf 1993, S. 12.
755 Vgl. ebd.
756 Vgl. Frerich, Johannes: Das Sozialleistungssystem der Bundesrepublik Deutschland. Darstellung, Probleme und Perspektiven der sozialen Sicherung (Oldenbourgs Lehr- und Handbücher der Wirtschafts- und Sozialwissenschaften). 3. Aufl., München 1996, S. 547. Statistisches Bundesamt in Zusammenarbeit mit dem Sonderforschungsbereich 3 der Universitäten Frankfurt und Mannheim (Hg.): Datenreport 1987. Zahlen und Fakten über die Bundesrepublik Deutschland (Schriftenreihe der Bundeszentrale für politische Bildung, Bd. 257). Bonn 1987, S. 123.
757 Vgl. Frerich, 1996, S. 547.

lichen Wohnraumbeschaffung dar.[758] Im Verlauf der wirtschaftlichen Aufwärtsentwicklung und der allgemeinen Entwicklung des Wohnungsbestands haben sich die Ziele der betrieblichen Wohnungspolitik im Betrachtungszeitraum verändert.

### 3.1 Die Rahmenbedingungen nach dem Zweiten Weltkrieg

Eine der wichtigsten sozialpolitischen Aufgaben bestand nach dem Zweiten Weltkrieg in der Beschaffung von Wohnraum. Der ersten Volkszählung aus dem Jahr 1946 zufolge standen in den drei Besatzungszonen nur noch 8,2 Millionen Wohnungen für 13,7 Millionen Haushalte zur Verfügung.[759] Allein im Gebiet von Westberlin, das 1943 noch einen Wohnungsbestand von 979.000 aufzuweisen hatte, waren einer ersten Zählung aus dem Jahre 1946 zufolge 316.000 Wohnungen, also rund ein Drittel, zerstört worden.[760] Damit war die betriebliche Wohnraumbeschaffungspolitik unmittelbar nach dem Zweiten Weltkrieg durch eine erhebliche Wohnungsunterversorgung geprägt.

In der unmittelbaren Nachkriegszeit konnte es allerdings nur darum gehen, bereits vorhandenen Wohnraum zu verteilen; eine Erhöhung des Wohnungsangebots war aufgrund fehlender Baustoffe und Materialien zunächst kaum möglich. Die in der Zwischenkriegszeit eingeführte stärkere Regulierung, die mit Maßnahmen wie dem Mietpreisstopp aus dem Jahr 1936, einer Wohnraumbewirtschaftung nach Bedarfskriterien durch staatliche Stellen sowie einem sehr weit reichenden Mieterschutz verbunden war, wurde fortgesetzt.[761] Zu Beginn der 1950er Jahre setzte die verstärkte staatliche Förderung des Wohnungsneubaus ein und löste die Politik der Rationierung des vorhandenen Wohnraums ab.[762] Das Erste Wohnungsbaugesetz vom 24. April 1950 nahm eine Unterteilung des gesamten Wohnungsbaus nach der Intensität der Förderung vor und differenzierte in öffentlich geförderten sozialen Wohnungsbau, steuerbegünstigten Wohnungsbau und freifinanzierten Wohnungsbau.[763] Als sozialen Wohnungsbau bezeichnete das Gesetz „Wohnungen, die nach Größe, Ausstattung und Miete [...] für die breiten Schichten des Volkes bestimmt und geeignet sind".[764] Neben dem öffentlich geförderten sozialen Wohnungsbau trugen steuerliche Vergünstigungen für private Bauherren, wie zum Beispiel günstige Darlehen oder Bausparbegünstigungen durch erhöhte Abschrei-

---

758 Vgl. Dräger, 1978, S. 65.
759 Vgl. Egner, Björn / Georgakis, Nikolaos / Heinelt, Hubert / Bartholomäi, Reinhart C.: Wohnungspolitik in Deutschland. Positionen. Akteure. Instrumente. Darmstadt 2004, S. 22.
760 Vgl. Aktenvermerk btr. Entwicklung des Wohnungsbaus in Westberlin und der Bundesrepublik vom 10. Mai 1960, in: SAA 12456, Bd. 1.
761 Vgl. dazu Jenkis, Helmut: Grundlagen der Wohnungswirtschaftspolitik. München 2004, S. 48.
762 Vgl. Egner u. a., 2004, S. 39.
763 Vgl. dazu Schulz, Günther: Wiederaufbau in Deutschland. Die Wohnungsbaupolitik in den Westzonen und der Bundesrepublik von 1945–1957 (Forschungen und Quellen zur Zeitgeschichte, Bd. 20). Düsseldorf 1994, S. 211 ff. Vgl. auch Jenkis, 2004, S. 110.
764 Degner, Joachim: Wohnungspolitik I: Wohnungsbau, in: Willi Albers u. a. (Hg.): Handwörterbuch der Wirtschaftswissenschaft (HdWW, zugleich Neuauflage des Handwörterbuchs der Sozialwissenschaften), Bd. 9. Stuttgart/New York/Tübingen/Göttingen/Zürich 1982, S. 503.

bungsmöglichkeiten, zur Förderung des Wohnungsbaus und damit zum langsamen Abbau des allgemeinen Wohnungsdefizits bei. Vor dem Hintergrund verbesserter Rahmenbedingungen und der Überwindung der größten Wohnungsnot rückte das vermögenspolitische Ziel der breiten Streuung von Wohneigentum als Stabilisator der Wirtschafts- und Sozialordnung der BRD seit der zweiten Hälfte der 1950er Jahre zusätzlich in den Fokus der staatlichen eigentumspolitisch orientierten Wohnungspolitik.[765] So formulierte das Zweite Wohnungsbaugesetz vom 27. Juni 1956 mit dem Zusatz „Wohnungs- und Familienheimgesetz", das im Wesentlichen auf dem Ersten Wohnungsbaugesetz basierte, auch die Aufgabe, „weite Kreise des Volkes durch Bildung von Einzeleigentum, besonders in Form von Familienheimen, mit dem Grund und Boden zu verbinden".[766]

Die 1960er Jahre sind gekennzeichnet durch die Einführung marktwirtschaftlicher Elemente in der Wohnraumversorgung und eine Verschiebung des Schwerpunkts von einer Wohnungsbaupolitik hin zu einer Wohnungsbestandspolitik. So wurden die Eingriffe des Staates in die Wohnungswirtschaft durch das „Gesetz über den Abbau der Wohnungszwangswirtschaft und über ein soziales Miet- und Wohnrecht" vom 23. Juni 1960 wieder aufgehoben, mit der Zielsetzung, den staatlich regulierten Wohnungssektor in eine Wohnungsmarktwirtschaft zu überführen.[767] Die Herausforderungen der folgenden beiden Jahrzehnte bestanden neben der verstärkten Hinwendung zur Marktwirtschaft im Ausbau des Mieterschutzes in der ersten Hälfte der 1970er Jahre in einer Stärkung der Eigentumsförderung und einer qualitativen Verbesserung des Wohnungsbestands.[768] Während Warmwasserversorgung, Sammelheizung und Bad mit WC 1950 innerhalb der Wohneinheit noch die Ausnahme waren, gehört dies heute zum allgemeinen Standard.

### 3.2 Wohnraumbeschaffung als Voraussetzung für den Wiederaufbau

#### 3.2.1 Die Ausgangssituation

Das Ausmaß der Aktivitäten von Siemens auf dem Wohnungsbausektor und bei der Errichtung von Eigenheimen war vor 1945 gegenüber anderen deutschen Großunternehmen wie zum Beispiel Krupp in Essen eher gering. Siemens engagierte sich in der Anfangszeit kaum im Werkwohnungsbau, da dies zur Rekrutierung und Bindung von Arbeitskräften in einer stark bevölkerten Region wie dem Großraum Berlin nicht notwendig war.[769] Erst mit der Expansion und dem Ausbau von Siemensstadt[770] nach der Wende vom 19. zum 20. Jahrhundert traten wohnungspolitische Überlegungen stärker in den Vordergrund, wobei der Mietwohnungsbau ins Zent-

---

765 Vgl. Lampert/Althammer, 2004, S. 343.
766 Vgl. Degner, 1982, S. 505. Vgl. dazu auch Schulz, 1994, S. 288 ff.
767 Vgl. Jenkis, 2004, S. 51; Degner, 1982, S. 508.
768 Vgl. Egner u. a., 2004, S. 39.
769 Vgl. Feldenkirchen, 1995, S. 420; vgl. auch Sachse, 1990, S. 145.
770 1914 lebten bereits 7.000 Einwohner in dem auch infrastrukturell erschlossenen neuen Stadtteil, der die offizielle Bezeichnung „Siemensstadt" erhielt. Vgl. Feldenkirchen, 1995, S. 64;

rum der Aktivitäten rückte. Die weitere Expansion des internationalen Konzerns nach dem Ersten Weltkrieg und das wohnungsbaupolitische Engagement des Firmenchefs Carl Friedrich von Siemens führten 1919 zur Gründung der „Wohnungsgesellschaft Siemensstadt GmbH",[771] die 1938 in „Siemens-Wohnungsgesellschaft mbH" (SiWoGe) umbenannt wurde.[772] Bis 1945 gab es in Berlin rund 2.200 von Siemens errichtete Mietwohnungen.

Der Mietwohnungsbau bildete den Schwerpunkt der wohnungspolitischen Aktivitäten des Unternehmens und stellte für Siemens durch die in der Regel erfolgte Kopplung von Miet- und Arbeitsvertrag ein wichtiges Instrument der Mitarbeiterbindung dar. Siemens hat keinen reinen Werkwohnungsbau betrieben, sondern den Weg des werkgeförderten Wohnungsbaus – über die Unterstützung fremder Baugesellschaften – bis hin zur Gründung einer eigenen gemeinnützigen Wohnungsbaugesellschaft beschritten.[773] Gegenüber dem Mietwohnungsbau trat die Anfang der 1930er Jahre begonnene Errichtung von Eigenheimen, die eher auf die Gruppe der mit Eigenkapital ausgestatteten Angestellten zielte, in den Hintergrund.[774] Auch der staatlich geförderte Bau mehrerer Stammarbeitersiedlungen für Kurzarbeiter in Berlin und an anderen Siemens-Standorten in den 1930er Jahren blieb eine zeitlich begrenzte Episode.[775]

Die wohnungsbaupolitischen Aktivitäten des Unternehmens konzentrierten sich nach Kriegsende auf zwei Aufgabenfelder: Zum einen ging es um die Beseitigung von Kriegsschäden und die Instandsetzung von vorhandenem Wohnraum – und dies besonders an traditionellen Produktionsorten wie in Berlin – und zum zweiten um die Schaffung neuer Wohnungen sowohl in Berlin als auch an neu zu

      Feldenkirchen, 1997 c, S. 27; Neumeyer, Fritz: Der Werkwohnungsbau der Industrie in Berlin und seine Entwicklung im 19. und frühen 20. Jahrhundert. Ing.-Diss. TU Berlin 1978, S. 205.

771  Vgl. dazu „Wohnungsfürsorge der Siemensfirmen", Ausarbeitung vom 24.5.1951, S. 1, in: SAA 12456. Von 1922 bis 1930 errichtete die Wohnungsgesellschaft auf einem 1919 erworbenen Baugelände von rund 225.000 qm in Siemensstadt 529 Wohnungen ausschließlich für Firmenangehörige. Vgl. dazu Mantke, Friedrich: Wohnungsfürsorge der Siemens-Firmen in Siemensstadt und Umgebung, Ausarbeitung aus dem Jahr 1934, S. 3–5, in: SAA 67/Lc 376, und Ribbe/Schäche, 1985, S. 200.

772  Vgl. Conrad, 1986, S. 121.

773  Vgl. Ribbe/Schäche, 1985, S. 204.

774  Vgl. dazu Conrad, 1986, S. 122 f. Vgl. auch die Studie des Internationalen Arbeitsamts: Die Siemenswerke in Siemensstadt. Sonderdruck aus den Studien über die Beziehungen zwischen Arbeitgebern und Arbeitnehmern (Studien und Berichte, Reihe A, Nr. 33). Genf 1930, S. 58 f. Vgl. auch o. V.: Eine Straße aus der neuen Eigenheimsiedlung Siemensstadt, in: Siemens-Mitteilungen 141/1933, S. 7; o. V.: Eigenheime in Siemensstadt, in: Siemens-Mitteilungen 135–136/1932. Vgl. auch Bolz, Walter: Siemenssiedlungen, in: Wirtschaftsblatt der Industrie- und Handelskammer Berlin-Brandenburg, Nr. 27/28, 1941, in: SAA 12456; Conrad, 1986, S. 122; Mantke, Friedrich: Wohnungsfürsorge der Siemens-Firmen in Siemensstadt und Umgebung, Ausarbeitung aus dem Jahr 1934, S. 6, in: SAA 67/Lc 376.

775  Vgl. Wohnungsfürsorge der Siemensfirmen, Ausarbeitung vom 24.5.1951, in: SAA 12456, S. 3. Vgl. dazu auch o. V.: Wohnen und arbeiten in Siemensstadt, in: Siemens-Mitteilungen 137–138/1932, S. 26–28; o. V.: Richtfest unserer zweiten Kurzarbeitersiedlung Spekte, in: Siemens-Mitteilungen 145/1933, S. 62 f. Vgl. o. V.: Wohnungsfürsorge der Siemensfirmen, Ausarbeitung vom 24.5.1951, in: SAA 12456, S. 3. Vgl. o. V.: Die Siemens-Siedlung am Hohenzollernkanal (Hoka), Ausarbeitung vom 21.12.1949, in: SAA 12425, Bd. 1, S. 3.

errichtenden Standorten. In Siemensstadt waren fast 70 Prozent des von der Siemens-Wohnungsgesellschaft errichteten Wohnungsbestands vernichtet bzw. beträchtlich beschädigt.[776] Auch die Stammarbeitersiedlungen hatten großen Schaden erlitten, sodass die Übereignung von rund 330 Siedlerstellen, die noch nicht in den Besitz der Siedler übergegangen waren, auf große Schwierigkeiten stieß. Darüber hinaus waren erhebliche Verluste durch in der sowjetisch besetzten Zone und im Ausland enteignete Grundstücke, Wohnungen und Siedlerstellen zu verzeichnen. Insgesamt beliefen sich die Kriegsschäden der Siemens-Wohnungsgesellschaft auf eine Summe von rund 2,7 Mio. RM.[777] 1,8 Mio. RM davon übernahmen die Siemens-Firmen, indem sie auf ihre für den Grundstückserwerb und die Baufinanzierung gewährten Darlehen und Zwischenkredite verzichteten; der Rest führte zu einem entsprechenden Bilanzverlust. Für die Beseitigung der Kriegsschäden in Siemensstadt wandte die Wohnungsgesellschaft von Mai 1945 bis April 1948 insgesamt 535.000 RM auf; die Finanzierung erfolgte sowohl mit eigenen Mitteln als auch durch die Aufnahme von ERP-Krediten.[778] Bis zum Geschäftsjahr 1950/51 gelang es, die in Siemensstadt zerstörten Wohnobjekte wiederherzustellen.[779]

### 3.2.2 Standortpolitik und Wohnraumbeschaffung

Neben den Wiederaufbauarbeiten nach dem Zweiten Weltkrieg bestand die wichtigste wohnungspolitische Herausforderung und notwendige Voraussetzung für die Inbetriebnahme der Werke darin, neuen Wohnraum zu schaffen – und dies sowohl in Berlin als auch aus unternehmenspolitischen Gründen verstärkt an neuen, im Westen Deutschlands gelegenen Standorten. Der Orientierung nach Westdeutschland lag die bereits im Februar 1945 von der Berliner Unternehmensleitung getroffene Entscheidung zugrunde, angesichts der unsicheren politischen und militärischen Lage die zentralen Abteilungen der beiden Stammhäuser Siemens & Halske und Siemens-Schuckertwerke aus Berlin in den Westen auszulagern.[780] Sogenannte Gruppenleitungen sollten die Interessen von Siemens & Halske in München (Gruppenleitung Süd) und für die Siemens-Schuckertwerke zunächst in Hof und ab Sommer 1945 in Erlangen (Gruppenleitung Mitte) sowie in Mülheim a.d. Ruhr (Gruppenleitung West) wahrnehmen, falls dies von der Zentralen Leitung in Berlin aus nicht mehr möglich sein sollte. Mit dieser geographischen Aufteilung, die sich auch an den neuen Rahmenbedingungen durch die Aufteilung Deutschlands in Besat-

---

776 O.V.: Geschichtlicher Abriss der Siemens-Wohnungsgesellschaft mbH. Entstehung und Entwicklung bis 1959, S. 12, in: SAA 15/Le 27.
777 Vgl. ebd., S. 13.
778 Vgl. Schreiben an Dr. v. Witzleben btr. Wohnungsfürsorge der Siemensfirmen vom 19.6.1948, S. 3, in: SAA 12456.
779 Vgl. Geschäftsbericht der Siemens-Wohnungsgesellschaft m.b.H. 1950/51, S. 5, in: SAA 15/Le 27.
780 Vgl. Feldenkirchen, 2003 a, S. 258.

zungszonen orientierte, waren bereits die Weichen für die zukünftige Standortpolitik gestellt.[781]

Wichtigste Voraussetzung für die Einrichtung bzw. Ausweitung der Siemens-Standorte im Westen war der personelle Aufbau, der mit einem erheblichen Wohnungsbedarf verbunden war. Ziel war, wie es im Geschäftsbericht 1950 heißt, „einer großen Zahl von Firmenangehörigen, die durch unerträgliche Wohnverhältnisse in ihrer Arbeitskraft und Arbeitsfreude beeinträchtigt waren, wieder zur Entfaltung ihres vollen Könnens zu verhelfen."[782] Zur Deckung des Wohnraumbedarfs wurde die Siemens-Wohnungsgesellschaft eingeschaltet, die neben der bisherigen Zentrale in Berlin im Jahr 1949 eine Zweigniederlassung in München mit einer Geschäftsstelle in Erlangen errichtete. Der Hauptsitz der Gesellschaft blieb jedoch Berlin.[783] Schwerpunkte der werkgeförderten Wohnungsaktivitäten bildeten in der Folgezeit neben Berlin die Städte Erlangen, München und Karlsruhe. Von den bis Ende des Geschäftsjahrs 1956/57 durch die Siemens-Wohnungsgesellschaft errichteten 3.663 Wohnungen entfiel ein Großteil auf die Standorte Erlangen und München, gefolgt von Berlin und Karlsruhe.[784] Weitere Standorte waren Bruchsal, Essen, Braunschweig, Bocholt, Hannover, Heidenheim und Hanau. Neben den eigenen Bauaktivitäten wurde allerdings eine weitaus größere Anzahl von Wohnungen durch die Beteiligung an der Finanzierung fremder Bauvorhaben und damit durch die Sicherung von Belegungsrechten geschaffen.[785] Über die Bereitstellung von Wohnungen hinaus wurden für bestimmte Zielgruppen wie für Jugendliche oder alleinstehende Frauen sowie später insbesondere für ausländische Arbeitskräfte Bettplätze in Wohnheimen geschaffen.[786] Die Situation an den größeren Standorten stellte sich aufgrund unterschiedlicher Rahmenbedingungen in verschiedener Weise dar.

*3.2.2.1 Berlin*

Die Situation des traditionellen Siemens-Standorts Berlin war geprägt von der besonderen politischen Lage der geteilten Stadt sowie der 1949 getroffenen unternehmenspolitischen Entscheidung, die Zentrale des Unternehmens in den Westen zu verlagern, auch wenn Berlin als zweiter Firmensitz fungierte. Die dadurch bedingte abnehmende Bedeutung der ehemaligen Hauptstadt als Produktions- und Forschungszentrum wirkte sich in der Folgezeit auch auf die Wohnungsbeschaffungs-

---

781 Vgl. ebd., S. 259.
782 Vgl. 51. Geschäftsbericht der Siemens & Halske AG für die Zeit vom 1.10.1947–30.9.1950, S. 15, in: SAA 15/Lg 969.
783 Am 17. September 1949 erfolgte die Eintragung der Zweigniederlassung München ins Handelsregister. Vgl. Geschäftsbericht der Siemens-Wohnungsgesellschaft m.b.H. 1949/50, S. 3, in: SAA 15/Le 27.
784 Vgl. Geschichtlicher Abriss der Siemens-Wohnungsgesellschaft mbH, S. 20, in: SAA 15/Le 27.
785 Vgl. ebd.
786 Vgl. dazu Gedanken zum Wohnungsbau, Ausarbeitung der Sozialpolitischen Abteilung, S. 10 f., in: SAA 12796; Gisbert Kley: Überlegungen zur betrieblichen Wohnraumbeschaffung, o. J., S. 16, in: SAA 12793.

politik des Hauses in Berlin aus. Nachdem die Wiederaufbauarbeiten, die sich aufgrund der großen Zerstörungen in Siemensstadt sehr mühsam gestalteten und durch die Blockade Berlins erheblich verzögert wurden, zu Beginn der 1950er Jahre weitgehend abgeschlossen waren, bestand die nächste Herausforderung angesichts der allgemeinen Wohnungsnot in der Schaffung von neuem Wohnraum für Beschäftigte, die ihre Wohnungen durch den Krieg verloren hatten.[787] Bereits 1952 wurde als eine der ersten Nachkriegsbauten in Westberlin ein Wohnblock in der Köttgenstraße errichtet. Zwischen 1953 und 1966 entstand westlich des Rohrdamms ein ganz neues Wohnviertel.[788] Die Errichtung von Neubauten erfolgte in den 1950er Jahren vor allem durch die Siemens-Heimbau GmbH, eine Tochtergesellschaft der Siemens-Wohnungsgesellschaft.[789] 1965/66 wurde das bis dahin größte Nachkriegsbauvorhaben der Siemens-Wohnungsgesellschaft am Jungfernheideweg mit über 200 Wohnungen verschiedener Größe bezogen.[790]

Trotz der mit erheblichen staatlichen und betrieblichen Mitteln finanzierten Aktivitäten auf dem Wohnungsbausektor herrschte in Westberlin – wie auch in anderen Ballungsräumen – bis weit in die 1950er Jahre hinein ein großes Wohnungsdefizit, das in einer Aktennotiz aus dem Jahr 1959 noch auf 103.000 Wohnungen geschätzt wurde.[791] Darin schien es absehbar, dass das Wohnungsproblem in Berlin auch nach Einschätzung der Behörden nicht vor Ablauf weiterer sieben bis zehn Jahre gelöst werden würde. Die Vergabe einer Wohnung durch das Unternehmen wurde daher als eine „besonders wirksame soziale Leistung"[792] gewertet.

Über die sozialpolitische Dimension hinaus erhielt die betriebliche Wohnungsbeschaffung in der zweiten Hälfte der 1950er Jahre auch eine personalpolitische Komponente. Aufgrund der isolierten Lage Berlins war ein erheblicher Mangel an dringend benötigten Fachkräften und Ingenieuren zu verzeichnen. Als wichtigste Voraussetzung für die zukünftige Sicherung dieses Angestellten-Nachwuchses galt die Beschaffung von entsprechendem Wohnraum, zumal auch „jüngere Ingenieure und Kaufleute, die zur Gründung eines Hausstandes Wohnungen benötigen, [...] entsprechende Gesuche gestellt haben".[793] Die Berliner Betriebe mahnten daher ein verstärktes Engagement auf dem betrieblichen Wohnungsbausektor an: „Wir kommen durch den Mangel an Wohnungen in eine heikle Situation hinsichtlich der

---

787 Vgl. dazu Geschäftsbericht der Siemens-Wohnungsbaugesellschaft mbH 1951/52, in: SAA 15/ Le 27.
788 Vgl. Ribbe/Schäche, 1985, S. 255.
789 1971 wurde die Umwandlung der Siemens-Heimbau GmbH durch Übertragung des Vermögens auf die Alleingesellschafterin Siemens-Wohnungsgesellschaft mbH beschlossen. Vgl. dazu SAA 68/Li 128.
790 Vgl. Peter von Siemens: Entwurf einer Rede für den 15.6.1973, S. 6, in: SAA 4/Li 786.
791 Vgl. Aktennotiz „Wohnungswesen in Berlin" vom 4.5.1959, in: SAA 12796. Eine Ursache des – vor allem im Bereich von Kleinwohnungen – hohen Wohnungsdefizits lag in der Überalterung der Berliner Bevölkerung. Während sich 1939 15 Prozent der Berliner Haushalte aus sogenannten Ein-Personen-Haushalten zusammensetzten, erhöhte sich diese Zahl bis 1959 auf 35 Prozent. Vgl. dazu Aktenvermerk vom 10.5.1960, in: SAA 12796. Weiterer Wohnungsbedarf entstand durch den Bevölkerungszuwachs durch Flüchtlinge aus der DDR.
792 Vgl. Aktennotiz „Wohnungswesen in Berlin" vom 4.5.1959, S. 2, in: SAA 12796.
793 Vgl. Aktennotiz vom 27.4.1957, in: SAA 12425-2.

Einstellung von Fachpersonal. Wir benötigen erste und beste Ingenieure, die wir teils durch Versetzung vom Stammhaus Erlangen und anderen im Bundesgebiet liegenden eigenen Werken erhalten; zum anderen Teil aber stellen wir auch von auswärts gute Kräfte ein. Wenn wir nicht in der Lage sind, diesen Herren hier in Berlin zu Wohnungen zu verhelfen, dann bekommen wir sie nicht oder aber wir verlieren sie in kurzer Zeit nach der Einstellung. So erleiden wir Verluste dadurch, dass unsere Aufwendungen an Gehalt, Trennungsgeldern und Mühe nutzlos vertan sind."[794]

Unterschiedliche Auffassungen bestanden allerdings unternehmensintern hinsichtlich der Zielgruppen, die in den Genuss einer mit Firmengeldern geförderten Wohnung kommen sollten. Auf der einen Seite wurde ein verhältnismäßig eng begrenzter Kreis von Führungs- und Fachkräften bevorzugt, der an die Berliner Betriebe gebunden oder dem dadurch ein Beschäftigungsanreiz geboten werden sollte. Auf der anderen Seite wurde davor gewarnt, die Wohnungsvergabe allzu einseitig unter dem Gesichtspunkt der Deckung des Bedarfs an potenziellen Nachwuchskräften zu sehen und die Bedeutung älterer, bewährter Mitarbeiter als Stabilisierungsfaktor in den Betrieben nicht zu unterschätzen.[795] Neben der Schaffung von Anreizen für potenzielle Nachwuchskräfte ging es auch darum, bewährte Fachkräfte, die teilweise in mangelhaften Unterkünften oder zur Untermiete wohnten, zu halten und ihre Abwanderung in das übrige Bundesgebiet zu verhindern, denn „gegenwärtig haben schon wieder einige gute Angestellte zum Ausdruck gebracht, daß sie die Stellung wechseln wollen, weil sie hier keine Wohnung erhalten können".[796] Auch im Hinblick auf die zukünftige Sicherung des Standorts Berlin erwog die Sozialpolitische Abteilung Berlin Möglichkeiten zur vermehrten Beschaffung von Wohnraum für die Mitarbeiter und verwies darauf, dass im Bundesgebiet nach Stand von 1957 auf jeden siebten bis achten Betriebsangehörigen eine mit Firmenmitteln beschaffte Wohnung entfiele, in Berlin hingegen nur auf jeden 12. bis 13. Belegschaftsangehörigen.[797]

Ende 1959 lagen bei den betrieblichen Wohnungsbeschaffungsstellen rund 1.400 Wohnungsgesuche vor, wobei der tatsächliche Bedarf höher eingeschätzt wurde, da zahlreiche Betriebsangehörige aufgrund der geringen Aussichten keine Gesuche abgaben.[798] Auch nach dem Abbau der Wohnungszwangswirtschaft wurde für Berlin nicht vor Ende der 1960er Jahre mit einer Entlastung des Wohnungsmarkts gerechnet. Die für den Wohnungsbau verantwortlichen staatlichen Stellen in Berlin appellierten daher immer wieder an die Berliner Betriebe, sich mehr als bisher an der Wohnungsbeschaffung zu beteiligen.[799] Von Überlegungen, den betrieblichen Wohnungsbestand, der sich in Berlin zu 50 Prozent auf aktive Mitarbeiter und zu je 25 Prozent auf Pensionäre oder Hinterbliebene sowie Firmenfremde verteilte, neu zu organisieren, wurde allerdings Abstand genommen, zumal man „Pen-

---

794  Schreiben vom Schaltwerk vom 8.3.1957, in: SAA 12425, Bd. 2.
795  Vgl. Aktennotiz „Wohnungswesen in Berlin" vom 4.5.1959, in: SAA 12796.
796  Vgl. Aktennotiz vom 27.4.1957, in: SAA 12425, Bd. 2.
797  Vgl. Aktenvermerk „Wohnungswesen in Berlin" vom 30.7.1957, in: SAA 12425-2.
798  Vgl. Aktenvermerk btr. Wohnungswesen in Berlin vom 21.12.1959, S. 2, in: SAA 12796.
799  Vgl. ebd., S. 4; vgl. dazu auch Aktenvermerk an Dr. Kley vom 17.5.1960, in: SAA 12796.

sionären und Hinterbliebenen [...] schon wegen der der Firma obliegenden Fürsorgepflicht nur in besonderen Fällen die Wohnungen kündigen"[800] könne. Die Kündigung Firmenfremder aufgrund von Eigenbedarf war zwar jederzeit möglich, aber nur schwer durchsetzbar.[801]

Aufgrund der besonderen Lage Berlins blieben die Rahmenbedingungen für die Wohnungspolitik des Unternehmens auch nach einer gewissen Entspannung auf dem Wohnungsmarkt in der Folgezeit unverändert. Die oberste Zielsetzung bestand zum einen darin, Fachkräfte aus dem Bundesgebiet nach Berlin zu holen und dort sesshaft zu machen, sowie zum anderen, die Abwanderung bewährter Kräfte aus Berlin durch die Bereitstellung von attraktivem und preisgünstigem Wohnraum zu verhindern und damit den Bestand und die Weiterentwicklung des Standorts Berlin zu gewährleisten.[802] So heißt es in einem Vermerk der Sozialpolitischen Abteilung im Juni 1961: „Gedacht ist daran, technischen und kaufmännischen Nachwuchs, auch junge qualifizierte Arbeiter und Flüchtlinge, unterzubringen, um eine Abwanderung dieser dringend benötigten Mitarbeiter nach Westdeutschland zu verhindern, möglichst sogar Kräfte aus dem Bundesgebiet hier heimisch zu machen. Außerdem sollen die Wohnungen dazu dienen, Schlüsselkräfte in der Nähe der Werke anzusiedeln, um auf diese Weise der Fluktuation entgegenzuwirken".[803]

*3.2.2.2 Erlangen*

Die weitaus folgenreichsten Auswirkungen der wohnungsbaulichen Aktivitäten von Siemens sind aus städtebaulicher Sicht in Erlangen zu konstatieren; die Stadt entwickelte sich nach dem Zweiten Weltkrieg aufgrund des Engagements von Siemens von einer damals kleinen Universitätsstadt mit 36.000 Einwohnern im Jahr 1939 bis 1974 zu einer Großstadt mit 100.000 Einwohnern. Siemens hat als größter privater Bauherr mit seiner Wohnbaukonzeption – seiner aufgelockerten Bauweise innerhalb großzügiger Grünlagen – und einer Vielzahl von Verwaltungsgebäuden das Stadtbild Erlangens wesentlich geprägt.[804]

800 Aktenvermerk btr. Wohnungswesen in Berlin vom 21.12.1959, S. 5, in: SAA 12796; vgl. dazu auch Aufstellung zur Verteilung des Wohnungsbestands auf Aktive und Pensionäre, in: Aktennotiz zum Wohnungswesen vom 4.12.1959, Anlage 2, in: SAA 12796.
801 „Selbst wenn man Räumungsurteile in grosser Zahl erwirken würde, so wären diese kaum durchzusetzen wegen des weitgehenden Vollstreckungsschutzes, der den zur Räumung Verpflichteten von den Gerichten gewährt wird. Sogar nach Erlöschen des Vollstreckungsschutzes kann die Obdachlosenpolizei bekanntlich hinausgeklagte Mieter erneut in die bisherigen Wohnungen einweisen. (...) Die meisten Fremdmieter sind in den mit Firmenmitteln geförderten Wohnungen der Gehag und Gagfah untergebracht. Ob und in welchem Umfange wir diese Gesellschaften bewegen könnten, für uns die Wohnungen von Fremdmietern freizumachen, steht dahin." Aktenvermerk btr. Wohnungswesen in Berlin vom 21.12.1959, S. 5 f., in: SAA 12796.
802 Vgl. Aktennotiz btr. ZBL-Besprechung vom 28.2.1963, in: SAA 12796, sowie Rede von Dr. Peter v. Siemens anlässlich des Richtfestes am 15.6.1973, in: SAA 4/Li 786.
803 Vgl. Vermerk der Sozialpolitischen Abteilung vom 5.6.1961, in: SAA 12425-2.
804 Vgl. Feldenkirchen, Wilfried: Eine unerwartete Zukunft: Siemens und der wirtschaftliche Aufstieg Erlangens, in: Werner K. Blessing / Heinrich Pehle (Hg.): Die Zukunftsfähigkeit der Stadt in Vergangenheit und Gegenwart, Ringvorlesung der Friedrich-Alexander-Universität

Als Stammsitz der Siemens-Reiniger-Werke hatte die Stadt den Krieg weitgehend unzerstört überstanden, lag verkehrsgünstig zu den nordbayerischen Siemens-Werken in Nürnberg, Rodach, Redwitz, Neustadt/Saale und Neustadt/Coburg, verfügte aufgrund der dort ansässigen Universität über geeignete Ausbildungsmöglichkeiten für potenzielle Nachwuchskräfte und bot damit nach dem Ende des Zweiten Weltkriegs für Siemens ideale Voraussetzungen für einen Neubeginn.[805] Wesentliche Ursache für den sich nach den Aufbaujahren der Nachkriegszeit einstellenden rasanten wirtschaftlichen Aufschwung der Stadt war die 1949 unternehmensintern getroffene Entscheidung, den Sitz der Siemens-Schuckertwerke endgültig nach Erlangen zu verlegen. Damit einher gingen in der Folgezeit der Auf- und Ausbau von Produktionsstätten, die Einrichtung eines Forschungszentrums sowie die Errichtung eines 1953 fertiggestellten repräsentativen Verwaltungsgebäudes.

Angesichts der Mitarbeiterzahlen, die im Laufe dieser Entwicklung von 630 im September 1947 auf 2.800 im September 1950, auf 6.300 im September 1955 und auf 8.400 im September 1960 anstiegen, hatte die Schaffung von Wohnraum für das Unternehmen höchste Priorität. Dabei war die Wohnsituation in der Stadt, die bereits während des Kriegs zahlreiche Evakuierte, Flüchtlinge und Vertriebene, vor allem aus Schlesien und dem Sudetenland, aufgenommen hatte und 1945 über 40.000 Menschen – 4.000 mehr als im Jahr 1939 – zu beherbergen hatte, denkbar schlecht.[806] Die allgemeine Wohnungsnot wurde noch verschärft durch die Beschlagnahmung von Häusern durch die US-Besatzungstruppen. Diese Situation führte dazu, dass die Stadtverwaltung Erlangen auf Befehl der amerikanischen Militärregierung im November 1946 zum „Brennpunkt des Wohnraumbedarfs" erklärte und eine Zuzugssperre verhängte.[807]

Für die unmittelbar nach dem Krieg aus Berlin-Siemensstadt und anderen Orten neu hinzugezogenen Siemens-Fachkräfte erfolgte die Unterbringung zunächst in Baracken, Gasthäusern und Behelfsbauten. Die ersten Arbeitsräume, die zugleich auch als Unterkünfte dienten, stellte die Stadt dem Unternehmen im Rückgebäude der Loschgestraße 9, einem ehemaligem Heim der Hitler-Jugend, zur Verfügung.[808] Vor der Währungsreform war der Neubau von Wohnungen aufgrund fehlender Baumaterialien und Grundstücke kaum möglich, sodass zunächst nur zerstörte Wohnungen wiederaufgebaut wurden. Nachdem in einem ehemaligen Wehrmachtslager bei Tennenlohe im September 1945 zehn Familien-Notwohnungen eingerichtet worden waren, gelang es den Siemens-Schuckertwerken ab Ende 1946 trotz erheb-

zum eintausendjährigen Jubiläum Erlangens (Erlanger Forschungen, Sonderreihe, Bd. 10). Erlangen 2004, S. 155.
805 Vgl. Wittendorfer, Frank: Das Haus Erlangen 1945–1955, in: Jürgen Sandweg / Gertraud Lehmann: Hinter unzerstörten Fassaden. Erlangen 1945–1955. Erlangen 1996, S. 435.
806 Vgl. Förster, Rudolf: „… und dann kam Siemens". Die SSW-Ansiedlung in Erlangen nach 1945, in: Jürgen Sandweg / Helmut Richter (Hg.): Erlangen. Von der Strumpfer- zur Siemens-Stadt. Beiträge zur Geschichte Erlangens vom 18. zum 20. Jahrhundert. Erlangen 1982, S. 702.
807 Vgl. Jakob, Andreas: Und mit Siemens-Schuckert um die Wette baute und baut die Stadt Erlangen. Stadtplanung und Stadtentwicklung 1945–1955, in: Jürgen Sandweg / Gertraud Lehmann (Hg.): Hinter unzerstörten Fassaden. Erlangen 1945–1955. Erlangen 1996, S. 584.
808 Vgl. Förster, 1982, S. 704.

licher Schwierigkeiten bei der Materialbeschaffung, 24 Wohnungen in Holzhäusern mit Wasser- und Stromanschluss sowie kleinen Gärten zur Selbstversorgung an der Nürnberger Straße zu errichten, die Mitte 1947 bezogen werden konnten.[809] Als erstes großes Wohnungsbauprojekt Erlangens nach Kriegsende galt die zwischen 1947 und 1949 von Siemens gebaute firmeneigene Wohnsiedlung an der Spardorfer Straße mit 110 Wohnungen.

Auch nach der Währungsreform blieb die Wohnraumfrage die dominierende Herausforderung. Der betriebliche Wohnungsbau konnte nun verstärkt vorangetrieben werden, denn es waren fast alle Baustoffe und -materialien ohne größere Probleme wieder erhältlich. So entstanden in der Folgezeit die Siedlung an der Pfälzer Straße mit 92 Wohnungen, die „Jägerkasernen" der Richard-Strauss-Straße und Brahmsstraße (1949/50) sowie die ab 1952 bezugsfertige Röthelheimsiedlung mit 224 Wohnungen und dem ersten 6-stöckigen Wohnhochhaus Erlangens.[810] Es folgten weitere Wohnbauten und Siedlungen am Stadtrand im Südosten, in der Nähe zum „Himbeerpalast", der Hauptverwaltung. 1954 belief sich die Zahl der dort fertiggestellten Wohnungen auf 2.600 – die Zahl der Beschäftigten lag im September 1955 bei 6.300[811] – das bedeutet, dass fast jeder zweite bis dritte Mitarbeiter eine Firmenwohnung erhielt. In einer zeitgenössischen Beschreibung wurde zur Anlage und Ausstattung der Wohnungen ausgeführt: „Überall sind es gesunde und zweckmäßige Wohnungen, die gebaut wurden oder die noch entstehen, nicht luxuriöse, aber solide Bauten, die allen vernünftigen Ansprüchen an Wohnkultur und Wohnungshygiene gerecht werden. Die Familienwohnungen bestehen aus 2 bis zu 5 Räumen, je nach Größe der Familie, im Durchschnitt aus 2 ½ bis 3 ½ Zimmern. Die meisten Wohnungen erhalten ein Bad. Die Küchen sind 7 bis 9 qm [...]. Die eigentlichen Wohnräume sind im Durchschnitt 18 bis 20 qm groß und bieten mit guten Stellflächen genügend Raum für eine behagliche Einrichtung. Für ausreichenden Keller- und Bodenraum ist gesorgt, wie auch überall zweckmäßige Waschküchen eingerichtet sind. Die Häuser sind so angeordnet, dass sie genügend Luft, Licht und Sonne in die Wohnungen einlassen. Zwischen den Häusern sind Gärten oder Grünflächen mit Blumen-, Stauden- oder Baumgruppen mit Verbindungswegen ohne trennende Zäune angelegt."[812]

Anfang der 1950er Jahre, als Bad und WC innerhalb der Wohnung noch längst kein Standard waren und die angegebene Größe der Räume das übliche Durchschnittsmaß überschritt,[813] boten die Firmenwohnungen in ihrer großzügigen Bauweise und ihrer familienfreundlichen Ausrichtung, umgeben von Grünflächen mit Spielplätzen, einen hohen Standard, der Behaglichkeit und bürgerliche Gediegenheit vermitteln, damit das allgemeine Wohlbefinden und die Leistungsfähigkeit steigern und zum langfristigen Verbleiben motivieren sollte. Ziel war es, „den Mitarbeitern nicht nur ein Unterkommen, sondern ein echtes Heim für sie und ihre

---

809 Vgl. Jakob, 1996, S. 592; Förster, 1982, S. 709.
810 Vgl. Jakob, 1996, S. 593.
811 Vgl. Förster, 1982, S. 719.
812 Vgl. Ohly, Herbert: Vom Wohnungsbau des Hauses Siemens nach 1945, in: Siemens-Mitteilungen 5/1952, S. 37.
813 Vgl. Häußermann, 1996, S. 187.

Familien zu schaffen",[814] das heißt, sie sollten unter Einbeziehung ihrer Familien am neuen Standort sesshaft gemacht und auf lange Sicht an das Unternehmen gebunden werden.

Um dem wachsenden Wohnungsbedarf des expandierenden Unternehmens Rechnung zu tragen, wurden bis Anfang der 1960er Jahre mit der Siedlung an der Breslauer Straße, dem Wohngebiet an der Paul-Gossen-Straße sowie der Wohnanlage an der Friedrich-Bauer-Straße am südlichen Stadtrand weitere Wohnsiedlungen mit vielen für die neuen Stadtviertel charakteristischen Grünflächen errichtet. Den Abschluss des betriebseigenen Wohnungsbauprogramms der Siemens-Wohnungsgesellschaft und der Siemens-Heimbau GmbH bildete die Wohnsiedlung Stieglitzhof, die ab 1963 errichtet wurde.[815] Danach deckte das Unternehmen seinen Wohnungsbedarf durch die Unterstützung anderer Bauträger und die langfristige Anmietung werkgeförderter Wohnungen. Die Gesamtsumme, die von Siemens in der Zeit von 1949 bis 1969 für den Erlanger Wohnungsbau aufgebracht wurde, betrug 130 Mio. DM.[816] Zur Integration der neuansässigen „Siemensianer", insbesondere des hohen Anteils der gut ausgebildeten Angestellten[817], in örtliche Vereine unterstützte das Unternehmen das kulturelle Leben und Freizeitgeschehen in Erlangen, so zum Beispiel durch die Veranstaltung von Kunstausstellungen oder Auftritte firmeneigener Orchester-, Chor- und Theatergruppen. Darüber hinaus sollte die Gründung zahlreicher unternehmenseigener Sport- und Freizeitvereinigungen, die sich 1956 auf Betreiben des Betriebsrats und der Firmenleitung in der „Kameradschaft Siemens Erlangen e. V." zusammenschlossen, dazu beitragen, den Zusammenhalt der Mitarbeiter untereinander zu fördern und die Bindung zum Unternehmen zu stärken.

*3.2.2.3 Weitere Standorte*

Neben Erlangen wuchs München, das seit 1949 offiziell als Hauptsitz der Siemens & Halske AG fungierte, zu einem wichtigen Produktionsstandort heran. Keimzelle der Siemens-Aktivitäten in der bayerischen Hauptstadt war eine 1927 gegründete Fabrik für Fernsprechgeräte in der Hofmannstraße, die in der Folgezeit rasch expandierte.[818] Nach dem Zweiten Weltkrieg wurden hier auch eine Elektronenröhren- und eine Halbleiterfertigung angesiedelt. Aufgrund der wachsenden Mitarbeiterzahlen bestand schon bald die Notwendigkeit, Wohnungen zu beschaffen. Nachdem Siemens bereits 1948 im Münchener Vorort Solln 23 Einfamilienhäuser errich-

---

814 Vgl. Ohly, Siemens-Mitteilungen 5/1952, S. 38: „Das ist wohl auch gelungen! Denn immer wieder bestätigen die Belegschaftsmitglieder, dass sie sich in diesen Wohnungen wohl und glücklich fühlen. Alles ist so praktisch und bequem eingerichtet, dass den Hausfrauen die Arbeit Freude macht. Guten Mutes können die Männer an ihre Arbeit gehen, und die Kinder tummeln sich vergnügt und ungefährdet auf den Spielplätzen, die überall in den größeren Wohnsiedlungen angelegt wurden."
815 Vgl. Förster, 1982, S. 719.
816 Vgl. ebd., S. 722.
817 Vgl. Feldenkichen, 2004, S. 151.
818 Vgl. dazu Feldenkirchen, 2003 a, S. 269.

tet hatte, wurde mit dem Bau einer größeren Siedlung an der Forstenriederstraße begonnen. Es folgten vor allem für Mitarbeiter der nach München verlegten Röhrenfabrik eine Siedlung an der Chiemgaustraße und sowie die mit 528 Wohnungen, 133 Garagen und 14 Läden bis dahin größte geschlossene Wohnsiedlung des Unternehmens an der Boschetsriederstraße. Darüber hinaus baute Siemens an der Weilheimerstraße eine Apartment-Wohnanlage für ledige weibliche Beschäftigte sowie mehrere Ein- und Mehrfamilienhäuser. Ende des Geschäftsjahres 1956/57 belief sich der Wohnungsbestand von Siemens in München auf 1.008 Wohnungen.[819]

Zeitgleich mit den ersten Bauaktivitäten in München wurde auch in Karlsruhe mit dem betrieblichen Wohnungsbau begonnen, wo nach dem Zweiten Weltkrieg der Schwerpunkt der S&H-Aktivitäten im Bereich der Rundfunkempfängerfertigung lag.[820] Dabei handelte es sich um Massenproduktion, die eine andere Belegschaftsstruktur mit einem hohen Frauenanteil nach sich zog. Auch hier erforderte die expansive Entwicklung der Betriebe mit wachsenden Mitarbeiterzahlen wohnungspolitische Maßnahmen. Baukredite und von der öffentlichen Hand zur Verfügung gestellte Erbbau-Grundstücke schufen ab 1948 die Voraussetzungen für den Bau von drei Siedlungen. Die Zahl der bis zum Ende des Geschäftsjahrs 1956/57 hier errichteten Wohnungen belief sich auf insgesamt 482.[821]

Weitere Handlungsräume für die Siemens-Wohnungsgesellschaft waren Essen, wo für die Mitarbeiter der dort ansässigen Zweigniederlassungen 40 Wohnungen in Ein- und Zweifamilienhäusern entstanden, sowie in geringerem Umfang Braunschweig, Bocholt und Heidenheim, Hannover und Hanau.[822] Dort waren Betriebe von Siemens & Halske, der Deutschen Grammophon-Gesellschaft und der Vacuumschmelze AG beheimatet. In Oberbayern entstand mit Traunreut eine vollständig neue Ortschaft, deren Kern eine neu gebaute Siemens-Siedlung auf dem Gelände einer ehemaligen Heeresmunitionsanstalt bildete.[823] Sie verdankte ihre Gründung der Verlagerung eines Betriebs der Siemens-Schuckertwerke. Bis zum Ende des Geschäftsjahres 1956/57 belief sich die Zahl der von der firmeneigenen Wohnungsgesellschaft errichteten Wohnungen auf rund 3.660, die sich weitgehend auf die großen Standorte Erlangen (mit 1.250 Wohnungen), München (1.008 Wohnungen) und Berlin (744 Wohnungen) sowie Karlsruhe (482 Wohnungen) verteilten.[824]

---

819 Geschichtlicher Abriss der Siemens-Wohnungsgesellschaft mbH, S. 17, in: SAA 15/Le 27.
820 Feldenkirchen, 2003 a, S. 270.
821 Die Siedlungen befanden sich im Postweg mit 48 Wohnungen, in der Yorckstraße mit 132 Wohnungen und in der Nähe der in Knielingen liegenden Betriebe (Siedlung Binsenschlauch mit 290 Wohnungen). Vgl. Geschichtlicher Abriss der Siemens-Wohngesellschaft mbH, S. 19, in: SAA 15/Le 27.
822 Vgl. ebd.
823 Vgl. Ohly, Siemens-Mitteilungen 5/1952, S. 37.
824 Vgl. Die Siemens-Wohnungsgesellschaft, S. 20, in: SAA 15/Le 27. Ferner wurden errichtet: in Bruchsal 62 Wohnungen, in Essen 40 Wohnungen, in Braunschweig 33 Wohnungen, in Bocholt 29 Wohnungen, in Hannover 6 Wohnungen, in Heidenheim 5 Wohnungen, in Hanau 4 Wohnungen.

274    IV. Ausgewählte Aspekte betrieblicher Sozialpolitik bei Siemens

Abb. 39: Zugang an neugeschaffenen Wohnungen durch die Siemens-Wohnungsgesellschaft (1950/51–1956/57)

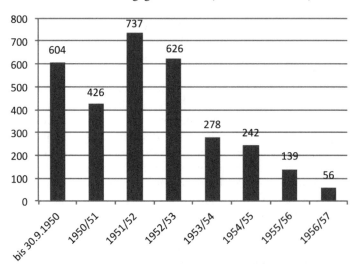

*Eigene Darstellung nach „Die Siemens-Wohnungsgesellschaft mbH", in: SAA 15/Le 27, S. 20.*

Eine weit höhere Anzahl von Wohnungen wurde jedoch durch die Beteiligung von Siemens-Unternehmen an der Finanzierung fremder Bauvorhaben geschaffen. Mit insgesamt 23.320 beschafften Wohnungen in 1960/61 entfielen – gemessen an der Gesamtzahl der Belegschaft – auf 100 Beschäftigte 13,3 Wohnungen, das heißt, jeder siebte bis achte Beschäftigte konnte über eine Firmenwohnung verfügen.[825] Unter den Arten der Wohnraumbeschaffung dominierte 1960/61 mit 45 Prozent das Personaldarlehen an Betriebsangehörige, 42 Prozent der Wohnungen wurden durch andere Bauträger beschafft und auf die Wohnungsgesellschaften SiWoGe und die Siemens-Heimbau GmbH (SHG) entfielen 12 Prozent der beschafften Wohnungen.[826]

---

825  Vgl. Jahresbericht 1960/61 der Zentral-Personalverwaltung, S. 19, in: SAA 12386.
826  Vgl. ebd.

3. Vom Wohnungsbau zum Personaldarlehen    275

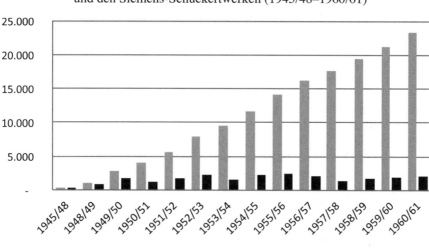

Abb. 40: Wohnraumbeschaffung bei Siemens & Halske und den Siemens-Schuckertwerken (1945/48–1960/61)

*Eigene Darstellung nach Angaben in Jahresbericht 1960/61 der Zentral-Personalverwaltung, Anlage 19, in: SAA 12386, Zahlen auch in: SAA 12793.*

Der verhältnismäßig geringe Anteil des durch die firmeneigene Siemens-Wohnungsgesellschaft errichteten Wohnraums an den insgesamt beschafften Wohnungen spiegelt auch die Situation bei anderen Großunternehmen in Deutschland, wie eine von Siemens im Jahr 1960 durchgeführte statistische Erhebung ergab.[827] Hinsichtlich der Beschaffungsformen nahm der geförderte Wohnungsbau bei den meisten der befragten Unternehmen den größten Anteil ein; demgegenüber hatte der firmeneigene Wohnungsbau nur eine geringfügige Bedeutung.[828] Eine Ursache dafür wurde in dem erheblichen Mittelaufwand für die Finanzierung und Verwaltung der firmeneigenen Wohnungen bzw. der durch firmeneigene Wohnungsgesellschaften geschaffenen Wohnungen gesehen, wobei bei Letzteren – falls es sich um gemeinnützig anerkannte Wohnungsbaugesellschaften handelte – steuerliche Vergünstigungen geltend gemacht werden konnten. Der werkgeförderte Mietwohnungsbau als bisher am häufigsten genutzter Beschaffungsweg war dagegen in finanzieller Hinsicht vorteilhafter, da nur eine Restfinanzierung in Form von Darlehen, die dem fremden Bauträger unter besonders günstigen Bedingungen gewährt wurden, stattfand.[829] Vor allem die Steuervorteile durch die Anwendung der § 7 c des Einkommenssteuergesetzes vom 10.8.1949 trugen dazu bei, dass zahlreiche Industrieunternehmen verschiedener Wirtschaftszweige großes Engagement im

---

827 Befragt wurden die Unternehmen Bosch, Ford, BBC, BASF, Hoechst, Bayer und Krupp. Vgl. dazu Kley, Überlegungen, S. 10, und Anhang: Grafik 3, in: SAA 12793.
828 Vgl. ebd., S. 10.
829 Vgl. ebd., S. 13.

werkgeförderten Wohnungsbau entfalteten.⁸³⁰ Ein Nachteil dieses Beschaffungswegs wurde unternehmensseitig darin gesehen, dass mit Betriebsgeldern Substanzwerte für Betriebsfremde geschaffen werden konnten.

Im Vergleich zu den von anderen Großunternehmen in Deutschland im Zeitraum von 1945 bis 1960 beschafften Wohnungen lagen Siemens & Halske und die Siemens-Schuckertwerke eher im unteren Bereich. Entfielen auf Firmen mit lange zurückreichender Tradition im Werkwohnungsbau wie Krupp auf 100 Betriebsangehörige 28,5 Wohnungen, so waren es bei Siemens nur 13,3 Wohnungen.⁸³¹ Ein Grund ist darin zu sehen, dass Unternehmen wie Krupp oder Bayer bereits vor dem Zweiten Weltkrieg eine aktive Wohnungspolitik betrieben hatten, Siemens dagegen die Standortbildung und Infrastrukturförderung im Westen Deutschlands in größerem Ausmaß erst nach 1945 begonnen hatte. Außerdem wurde das Unternehmen im Werkwohnungsbau erst aktiv, wenn es für die betrieblichen Belange unerlässlich war. Grundsätzlich sind auch die unterschiedlichen regionalen Gegebenheiten als Einflussfaktor für den betrieblichen Wohnungsbau zu berücksichtigen. Während sich die Unterbringung der Mitarbeiter in industriellen Ballungsgebieten wie in Berlin aufgrund fehlenden Umlands auf die Stadt konzentrieren musste, bestanden in ländlichen Gebieten wie in Franken Ausweichmöglichkeiten in die Umgebung.

Abb. 41: Vergleich Siemens – andere Firmen.
Beschaffte Wohnungen je 100 Betriebsangehörige (1945–1960)

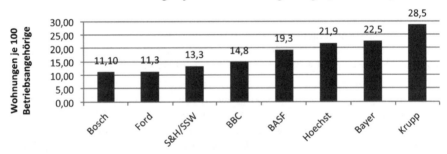

*Eigene Darstellung nach Gisbert Kley: Überlegungen zur betrieblichen Wohnraumbeschaffung, Anlage 3, in: SAA 12793.*

Neben der Bereitstellung von Wohnungen stellte die Beschaffung von Bettenplätzen in Wohnheimen einen weiteren Bereich der betrieblichen Wohnungspolitik dar, der vor allem mit dem zunehmenden Einsatz ausländischer Arbeitskräfte in den sechziger Jahren an Bedeutung gewann. Wohnheimplätze wurden sowohl über den Bau von Heimen durch die firmeneigene Wohnungsgesellschaft als auch über Werkförderungsverträge gesichert und als Übergangslösung genutzt.⁸³² So lag die durchschnittliche Verweildauer ausländischer Arbeitnehmer in Wohnheimen 1973

---

830 Vgl. Koch, Wolfgang: Die betriebliche Wohnungsfürsorge als Teil der Unternehmenspolitik. Diss. Köln 1968, S. 68.
831 Vgl. Kley, Überlegungen, Anlage 3, in: SAA 12793.
832 Vgl. ebd., S. 16.

bei 2,8 Jahren, wobei fast die Hälfte nur ein Jahr oder noch kürzer dort wohnte.[833] Nach dem Anwerbestopp 1973 nahmen die Zahlen ausländischer Arbeitnehmer und damit auch die der benötigten Wohnheimplätze rapide ab.[834] Viele ausländische Mitarbeiter, die ihre Familien nachgeholt hatten, benötigten eigene und größere Wohnungen. In einem für den Zeitraum von 1945 bis 1960 erhobenen Vergleich mit anderen Großunternehmen standen Siemens & Halske und die Siemens-Schuckertwerke mit 1,3 Wohnheimplätzen je 100 Mitarbeiter wie auch bei den Wohnungen an hinterer Stelle. Dagegen lag das Verhältnis bei Ford bei 15 Wohnheimplätzen je 100 Betriebsangehörige, danach folgten Hoechst mit 6,9 Plätzen, BASF mit 6,5 Plätzen, Bayer mit 3,0 Plätzen und Krupp mit 2,5 Plätzen.[835] Weniger Wohnheimplätze als S&H und SSW beschafften von den in den Vergleich einbezogenen Firmen nur noch Brown, Boveri & Cie. (BBC) mit 0,6 und Bosch mit 0,2 Plätzen. Der geringere Stellenwert von Wohnheimplätzen bei Siemens gegenüber Firmen mit Massenproduktion wie Ford ist auf die unterschiedliche Produktions- und Belegschaftsstruktur zurückzuführen. Wohnheimplätze waren nicht auf den dauerhaften Verbleib der Mitarbeiter angelegt, während es bei Siemens vorwiegend darum ging, Mitarbeiter langfristig zu binden.

Im Geschäftsjahr 1960/61 wurde mit 23,7 Mio. DM der höchste Finanzmitteleinsatz für die Wohnraumbeschaffung seit der Währungsreform aufgewendet; davon entfielen 14,3 Mio. DM auf die Förderung anderer Bauträger, 5,3 Mio. DM auf Darlehen an Betriebsangehörige sowie 3,1 Mio. DM auf den firmeneigenen Wohnungsbau bzw. die Siemens Heimbau GmbH.[836] Die Zuschüsse im Wohnungswesen machten im Geschäftsjahr 1960/61 13,4 Prozent an allen freiwilligen sozialen Aufwendungen der Siemens & Halske AG und der Siemens-Schuckertwerke AG aus. Damit stellte die Wohnraumbeschaffung den drittgrößten Posten hinter den freiwilligen sozialen Aufwendungen für die Alters- und Hinterbliebenenversicherung und den Bereich Ernährung, Gesundheit und Erholung dar.[837]

### 3.3 Mietwohnungsbau versus Personaldarlehen

*3.3.1 Die Neugestaltung der betrieblichen Wohnungspolitik in den 1960er Jahren*

Bis Ende der 1950er Jahre wurde die betriebliche Wohnraumbeschaffung als notwendige Begleiterscheinung des Wiederaufbaus von Werken sowie der Neuerrichtung von Standorten angesehen. Diese Phase galt Ende der 1950er Jahre als abge-

---

833 Vgl. Michels, Marcel: Ausländische Arbeitnehmer bei Siemens Berlin in den 1960er/70er Jahren. Hausarbeit zur Erlangung eine akademischen Grades des Magister Artium am Historischen Seminar der Ludwigs-Maximilians-Universität München, 2001, S. 53 f., in: SAA 12663.
834 Vgl. ebd.
835 Vgl. Kley, Überlegungen, Anlage 3, in: SAA 12793.
836 Vgl. Jahresbericht 1960/61 der Zentral-Personalverwaltung, S. 19 und Anlage 19, in: SAA 12386.
837 Vgl. Jahresbericht 1963/64 der Zentral-Personalverwaltung, Anlage 16, in: SAA 12492.

schlossen.[838] Das in der Folgezeit bis Mitte der 1960er Jahre unvermindert anhaltende Engagement der Siemens-Firmen in der Wohnungspolitik wurde daher unternehmensintern weniger auf den Werksaufbau, sondern vielmehr auf „das allgemeine Versagen des Wohnungsmarktes, überhaupt Objekte anzubieten – oder doch zumindest zu tragbaren Mieten"[839] zurückgeführt und damit als Ergänzung staatlicher Maßnahmen zur Förderung des allgemeinen Wohnungsbaus sowie als ein Aspekt der unternehmerischen Sozial- und Einkommenspolitik bewertet.[840] Der Schwerpunkt der Wohnraumbeschaffung sollte auf der Vergabe von Personalkrediten liegen, die sich insbesondere für die oberen Einkommensgruppen als günstige Alternative zum Bau von Firmenwohnungen erwiesen hatten.[841] Daneben bestand allerdings aufgrund des Wohnraummangels in den Ballungsgebieten weiterhin Bedarf an preisgünstigem werkgefördertem und werkeigenem Wohnraum.[842]

Eine unternehmensinterne Studie zur künftigen Wohnungspolitik aus dem Jahr 1963 sah vor, die Hilfestellung des Unternehmens bei der Wohnraumbeschaffung einzuschränken bzw. nur auf Ausnahmefälle zu beschränken. Damit sollte auch der als nicht im Einklang mit den Grundsätzen der Einkommens- und Sozialpolitik des Hauses stehenden Tatsache Rechnung getragen werden, dass nur ein gewisser Anteil der Beschäftigten durch den Bezug einer firmengeförderten Wohnung in den Genuss einer Mietvergünstigung gekommen sei, die anderen Mitarbeitern vorenthalten blieb. Betrieblich geförderter Wohnraum sollte – bei gleichzeitiger Reduzierung der für die Wohnraumbeschaffung eingesetzten Mittel – nur noch dann unterstützt werden, wenn hierzu eine zwingende Notwendigkeit bestünde.[843] Bei der Verteilung des Wohnraums waren personalpolitische Erwägungen maßgebend. Schwerpunktmäßig sollte sich der dafür in Frage kommende Personenkreis auf versetzte Mitarbeiter sowie neu eingestellte qualifizierte Fachkräfte konzentrieren, die ohne eine entsprechende betriebliche Unterstützung bei der Wohnungsbeschaffung nicht gewonnen werden konnten.[844] Berücksichtigt wurden ebenfalls noch soziale Härtefälle bei langjährigen und besonders qualifizierten Mitarbeitern „zur Festigung des Treueverhältnisses zur Firma".[845] Mitarbeiter im gehobenen Angestelltenverhältnis wurden ausdrücklich nicht mehr in die betriebliche Wohnraumvergabe einbezogen, da ihnen zuzumuten sei, ihre Wohnraumwünsche weitgehend selbst zu finanzieren.[846] Dieser Personenkreis sollte dazu bewogen werden, seine mietpreisgünstigen Firmenwohnungen für einkommensschwächere Beschäftigte freizuma-

---

838 Vgl. Memorandum „Neue Wohnungspolitik" vom 28.2.1967 als Vorlage für die Vorstandskommission für sozial- und personalpolitische Fragen für die Sitzung am 25.9.1967 in München, S. 1, in: SAA 12793.
839 Vgl. ebd., S. 2.
840 Vgl. ebd.
841 Vgl. Jahresbericht 1964/65 der Zentral-Personalverwaltung, S. 36, in: SAA 12492.
842 Vgl. ebd.
843 Vgl. Studie zur künftigen Wohnungspolitik als Anlage zum Schreiben btr. „Künftige Wohnungspolitik der Firmen" vom 2.1.1963, S. 1, in: SAA 12796.
844 Vgl. ebd.
845 Vgl. ebd., S. 2.
846 Vgl. ebd.

chen.⁸⁴⁷ Als Anreiz bot das Unternehmen finanzielle Unterstützung in Form von Personalkrediten zur Beschaffung von Eigentumswohnungen oder Eigenheimen. Witwen oder Pensionäre sollten behutsam dazu bewogen werden, die Firmenwohnung zugunsten einer durch Vermittlung des Unternehmens beschafften Ersatzwohnung freizugeben.⁸⁴⁸ An der Bereitstellung von Heimplätzen, insbesondere für Ledige, Jugendliche und ausländische Arbeitnehmer, die sich in der Vergangenheit an großen Standorten bewährt hatte, wurde festgehalten.⁸⁴⁹

Konzepte zur Wohnungspolitik aus dem Jahr 1967 sahen vor, auf weiteren Kapitaleinsatz möglichst zu verzichten und stattdessen auf modifizierte Hilfsmaßnahmen im Mietzinsbereich zu setzen: „Wir brauchen keinen eigenen Mietwohnungsbau mehr und können ferner auch auf die bisher übliche Mitfinanzierung von Wohnungen dritter Bauherren verzichten."⁸⁵⁰ Eine durch eine Anhebung zu erreichende Nivellierung der Mieten, um die sozialpolitisch unerwünschte Bevorzugung derjenigen Mitarbeiter, die in den Genuss firmengeförderter und mietvergünstigter Wohnungen kamen, aufzuheben und dem Gleichheitsgrundsatz gerecht zu werden, schien dagegen nicht realisierbar. Auch das angestrebte Ziel, die bisher in die Wohnungsbeschaffung investierten Gelder durch den Verkauf geschlossener Wohnobjekte wieder freizumachen, wurde angesichts der zu diesem Zeitpunkt zu erreichenden geringen Erlöse fallengelassen. Von einer Veräußerung des Wohnungsbesitzes in größerem Umfang sollte Abstand genommen werden, um die Attraktivität des Unternehmens im Wettbewerb und die Anreizfunktion der vorhandenen firmengeförderten Wohnungen zu erhalten. „Eine preisgünstige Werkwohnung war schon immer ein besonderer Anziehungspunkt und wird es auch bleiben", heißt es in einer Stellungnahme der Zentral-Personalverwaltung im September 1967.⁸⁵¹ Ferner wurde auch auf die Bedeutung unmittelbar in Werksnähe gelegenen Wohnungsbesitzes für die Erhaltung der Leistungsfähigkeit der Beschäftigten hingewiesen. Als mittelbare Wohnraumhilfe stand die Gewährung von Personaldarlehen, die den werkeigenen und werkgeförderten Wohnungsbau möglichst ersetzen sollten, im Vordergrund des Interesses.⁸⁵² Damit rückte auch die Privatisierung von Firmenwohnraum durch den Verkauf von Einzelwohnungen an die Mieter sowie die Vorfinanzierung und der Bau von Eigentumswohnungen durch das Unternehmen

---

847 Vgl. Jahresbericht der Zentral-Personalverwaltung 1963/64, in: S. 33, in: SAA 12492.
848 Vgl. Notiz der Sozialpolitischen Abteilung zum Wohnungswesen, München, Erlangen vom 1.4.1968, S. 2.
849 Vgl. Studie zur künftigen Wohnungspolitik, S. 11, in: SAA 12796, und Gedanken zum Wohnungsbau, S. 14, in: SAA 12796.
850 Vgl. Memorandum „Neue Wohnungspolitik" vom 28.2.1967, S. 2 und 4, in: SAA 12793; vgl. auch Jahresbericht 1965/66 der Zentral-Personalverwaltung, S. 38, in: SAA 1249: „Die Vorstandskommission für Wohnungsfragen hat einen Expertenkreis eingesetzt, der die Frage beraten soll, inwieweit die Beschaffung von Wohnraum ohne Einsatz von Firmenmitteln über Versicherungsgesellschaften in Betracht kommen kann; hierbei wird zu beachten sein, daß dieser Weg wegen der hohen Mietpreise die Einführung von Mietbeihilfen bedingen könnte."
851 Vgl. Stellungnahme zum Memorandum „Neue Wohnungspolitik" vom 28.2.1967 vom 15.9.1967, S. 5, in: SAA 12793.
852 Vgl. ebd., S. 6.

für den Weiterverkauf an Mitarbeiter in den Blickpunkt.[853] So waren bereits zu Beginn der 1960er Jahre Ein- und Zweifamilienhäuser an die bisherigen Mieter verkauft worden, um die Maßnahmen zur Eigentumsbildung zu unterstützen.[854]

Um die für die betriebliche Wohnungspolitik grundsätzlichen Fragestellungen nach dem tatsächlichen Wohnraumbedarf und nach tragbaren Möglichkeiten der Wohnraumbeschaffung für die Zukunft zu straffen und einen zielgerechten und wirtschaftlichen Einsatz der Mittel zu gewährleisten, wurde mit Wirkung vom 1. November 1968 ein Zentrales Wohnungsreferat bei der Zentralabteilung Personal gebildet und der Sozialpolitischen Abteilung zugeordnet. Die neue Organisationseinheit behandelte alle werksübergreifenden Fragestellungen wie Grundsatzfragen zur Wohnungspolitik, darunter Fragen zur Wirtschaftlichkeit, zur Vertragsgestaltung und Mietpolitik, und war verantwortlich für die Ermittlung des Wohnraum- und Finanzbedarfs, also für die Etataufstellung und -überwachung sowie die Darlehensvergabe.[855] Die Gründung dieser Organisationseinheit ist ein Indiz dafür, dass das Unternehmen sein Engagement im wohnungspolitischen Bereich – wenn auch unter gewandelten Vorzeichen und mit veränderter Zielrichtung – als festen Bestandteil der betrieblichen Sozialpolitik auch in Zukunft fortsetzen wollte.

Die von der Siemens AG seit der Währungsreform bis zum Ende des Geschäftsjahrs 1967/68 für die Wohnraumbeschaffung bereitgestellten Mittel einschließlich der Wohnheime betrugen 428,7 Mio. DM.[856] Davon entfielen 157,4 Mio. DM auf Fremdbauträger, 81,9 Mio. DM auf die Vergabe von Personaldarlehen, 96,1 Mio. DM auf die Siemens-Wohnungsgesellschaft mbH und 93,1 Mio. DM auf die Siemens-Heimbau GmbH und Eigenbauaktivitäten.[857] Die Gesamtzahl der von Siemens bis zum September 1968 beschafften 41.485 Wohnungen verteilte sich für den Zeitraum vom 21.6.1948 bis zum 30.9.1968 auf folgende Beschaffungsarten:

---

853 Vgl. Memorandum „Neue Wohnungspolitik" vom 28.2.1967, S. 12, in: SAA 12793. Vgl. auch Jahresbericht 1964/65 der Zentral-Personalverwaltung, S. 36, in: SAA 12492.
854 Vgl. Geschäftsberichte der Siemens-Wohnungsgesellschaft 1958/59, 1959/60 und 1960/61, in: SAA 15/Le 27.
855 Vgl. Z-Rundschreiben Nr. 5/69 vom 30.11.1968 und Memorandum über die Neuordnung des Arbeitsbereichs „Wohnungswesen" im Hause Siemens vom 14.6.1966, in: SAA 12793.
856 Vgl. Aufstellung der Sozialpolitischen Abteilung zur Gesamt-Wohnraumbeschaffung vom 14.1.1970 als Anlage zum SozBericht I 70, in: SAA 14/Ls 906. Die Siemens-Heimbau GmbH ging zum 18.3.1971 auf die Siemens-Wohnungsgesellschaft mbH über, vgl. dazu Geschäftsbericht 1971/71 der Siemens-Wohnungsgesellschaft mbH, S. 1, in: SAA 15/Le 27.
857 Vgl. ebd.

Abb. 42: Anzahl der beschafften Wohneinheiten nach Art (Stand 30.9.1968)

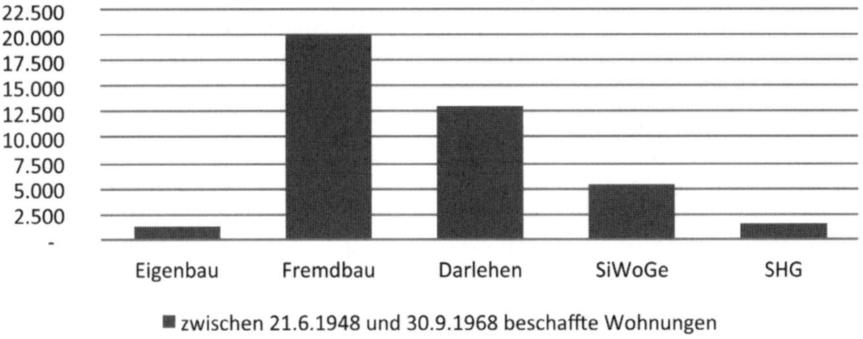

| | Eigenbau | Fremdbau | Darlehen | SiWoGe | SHG |
|---|---|---|---|---|---|

■ zwischen 21.6.1948 und 30.9.1968 beschaffte Wohnungen

*Eigene Darstellung nach Aufstellung der Sozialpolitischen Abteilung zur Gesamt-Wohnraumbeschaffung vom 14.1.1970 als Anlage zum SozBericht I 70, in: SAA 14/Ls 906. (SiWoGe=Siemens-Wohnungsgesellschaft mbH, SHG=Siemens-Heimbau GmbH).*

Mit rund 20.100 Wohnungen wurde etwas mehr als die Hälfte aller Wohneinheiten durch fremde Bauträger bereitgestellt. Fast 32 Prozent der Wohnungen konnten durch Personalkredite beschafft werden, die restlichen rund 20 Prozent durch Maßnahmen der Siemens-Wohnungsgesellschaft, der Siemens-Heimbau-Gesellschaft sowie durch Eigenbau.

### 3.3.2 Personaldarlehen als mittelbare Wohnraumhilfe

Die Priorität bei den Wohnraumbeschaffungsmaßnahmen lag seit den 1960er Jahren bei der Vergabe von Personaldarlehen. Grundsatz sollte sein, den vorhandenen Wohnraumbedarf vorwiegend durch Personaldarlehen zur Beschaffung einer Miet- oder Eigentumswohnung bzw. eines Eigenheims zu befriedigen.[858] Neben dem verhältnismäßig niedrigen Firmenaufwand und geringen Verwaltungskosten entspräche der Personalkredit „am besten dem Grundsatz, dass die Wohnungsbeschaffung zur privaten Sphäre gehört", heißt es in einer firmeninternen Denkschrift zum Wohnungsbau.[859] Die Gewährung von Personaldarlehen als „Hilfe zur Selbsthilfe" wurde als zeitgemäßes sozialpolitisches Instrument betrachtet.[860] Die mit Personalkrediten verbundene Intention bestand darin, „die Bindung zur Firma zu fördern, Schwierigkeiten bei der Einstellung von qualifizierten Nachwuchs- oder Fachkräften zu beseitigen, langjährigen, verdienten Betriebsangehörigen bei der Erfüllung ihrer Wohnraumwünsche zu helfen, und, sofern keine Werkwohnung durch die

---

858 Vgl. Studie zur künftigen Wohnungspolitik als Anlage zum Schreiben btr. Künftige Wohnungspolitik der Firmen vom 2.1.1963, S. 6, in: SAA 12796.
859 Vgl. Sozialpolitische Abteilung: Gedanken zum Wohnungsbau, S. 8, in: SAA 12796.
860 Vgl. Stellungnahme zum Memorandum „Neue Wohnungspolitik" vom 28.2.1967, S. 6, in: SAA 12793.

Firma zur Verfügung gestellt werden kann, Versetzte bevorzugt zu berücksichtigen und soziale Härtefälle auszugleichen."[861] Die Darlehen für Mietwohnungen waren zur Verwendung für Baukostenzuschüsse wie Mieterdarlehen oder Mietvorauszahlungen sowie für Ablösungen, Maklergebühren und weitere Kosten, die mit der Beschaffung des neuen Wohnraums in Verbindung standen, vorgesehen.[862] Die Darlehenshöhe wurde zunächst nicht begrenzt und richtete sich nach den wirtschaftlichen Verhältnissen des Antragstellers sowie nach den örtlichen Gegebenheiten. Als Personenkreis für ein solches Darlehen, das zinslos gewährt wurde, kamen Versetzte und soziale Härtefälle, sofern keine Werkwohnung verfügbar war, Neueingestellte, qualifizierte Fachkräfte sowie „sonstige verdiente Betriebsangehörige mit besonders dringendem Wohnraumbedarf"[863] in Frage. Die Tilgungsdauer betrug in der Regel fünf Jahre – in Ausnahmefällen maximal zehn Jahre.

Während als Voraussetzung für die Vergabe eines Darlehens für Mietwohnungen die Absolvierung einer Probezeit ausreichte, wurden bei Darlehen zur Errichtung bzw. zum Erwerb von Eigentumswohnungen oder Eigenheimen, die zur Finanzierung der Bau-, Erwerbs- und Erhaltungskosten sowie in besonderen Fällen auch zum Grundstückserwerb beitragen sollten, erheblich höhere Ansprüche gestellt. Als persönliche Voraussetzung musste nach den Richtlinien für die Vergabe von Personalkrediten zur Wohnraumbeschaffung aus dem Jahr 1961 für den Erwerb von Eigenheimen eine mindestens zehnjährige Firmenzugehörigkeit sowie eine „gute fachliche und charakterliche Beurteilung"[864] bzw. bei kürzerer Firmenzugehörigkeit eine besondere Qualifikation und Unterstützung des zuständigen Generalbevollmächtigten oder Vorstandsmitglieds vorliegen. Darüber hinaus war ein Eigenkapitalanteil von 20 bis 25 Prozent der Gestehungskosten – nicht eingerechnet waren die Grundstückskosten – nachzuweisen.[865] Die Tilgungsdauer betrug fünf Jahre, wobei in Sonderfällen eine Verlängerung auf bis zu zehn Jahre beantragt werden konnte. Als Richtsatz für die Eigenheimdarlehen galt ein Betrag von 20.000 DM, der 1965 auf 30.000 DM angehoben wurde, „um die Möglichkeit zu schaffen, Firmenwohnungen von einkommensstärkeren Gruppen zugunsten von einkommensschwächeren Schichten schneller freizumachen und damit gleichzeitig die Eigentumsbildung durch den Eigenheimbau zu fördern."[866] Die Darlehen wurden bis zu einer Höhe von 20.000 DM zinslos gewährt, darüber hinausgehende Beträge waren mit vier Prozent jährlich zu verzinsen – dieser Zinssatz blieb bis

---

861 Vgl. Schreiben von S&H/SSW/PersRef btr. Vergabe von Personalkrediten zur Wohnraumbeschaffung vom 1.11.1961, S. 1, in: SAA 12793.
862 Vgl. Richtlinien von S&H/SSW/PersRef btr. Vergabe von Personalkrediten zur Wohnraumbeschaffung vom 1.11.1961, S. 1f., in: SAA 12793.
863 Vgl. ebd., S. 2.
864 Vgl. ebd., S. 5.
865 Vgl. ebd., S. 5f. Die langjährige Betriebszugehörigkeit sollte als Gewähr für den weiteren Fortbestand des Arbeitsverhältnisses gelten. Vgl. dazu Brief von Herrn v. Hassell an Herrn Dr. Bauernfeind vom 3.6.1965, in: SAA 12793.
866 Vgl. Ergänzungsmitteilung zu den Richtlinien für die Vergabe von Personalkrediten zur Wohnraumbeschaffung vom 1.11.1961 vom 12.1.1965, in: SAA 12793.

Ende der 1970er Jahre bestehen.[867] Beim Ausscheiden des Darlehensnehmers aus dem Unternehmen wurden die Darlehen sofort fällig.[868]

Der Erwerb von Eigentumswohnungen bzw. Eigenheimen durch Personaldarlehen rückte seit den 1960er Jahren auch unter gesellschafts- und sozialpolitischen Gesichtspunkten stärker in den Vordergrund der betrieblichen Wohnungspolitik,[869] da – wie es in einer Ausarbeitung der Sozialpolitischen Abteilung heißt – „mit der Förderung des Baues von Eigenheimen eine besonders starke Bindung an die Firma bewirkt werden kann und [...] die Massnahme ganz allgemein als Beitrag des Hauses zur Bildung von Eigentum in Arbeitnehmerhand zu werten ist".[870] Betriebliche Wohnungspolitik gewann damit auch als vermögenspolitische Maßnahme an Bedeutung. Vor allem finanziell besser gestellten Betriebsangehörigen und Führungskräften sollte der Erwerb von Eigentumswohnungen nahegelegt werden – darin waren sich der Betriebsrat und die Firmenleitung einig –, nicht zuletzt auch, um dadurch mietgünstigen Wohnraum für finanziell weniger gut gestellte Beschäftigte freizumachen.[871] Die unternehmensseitige Unterstützung erstreckte sich neben der Gewährung günstiger Darlehen auch auf die Beratung in vertraglichen, bautechnischen und finanziellen Fragestellungen. In der zweiten Hälfte der 1960er Jahre wurden die Richtlinien für Personaldarlehen im Hinblick auf die allgemeine Kostensituation etwas enger gefasst. Darlehen für Eigenheime, Eigentums- sowie Mietwohnungen konnten nur noch bewilligt werden „bei Versetzungen, wenn von der Firma keine Wohnung bereitgestellt werden kann, bei Neueinstellung besonders qualifizierter Fachkräfte, wenn bei Einstellung die Zusage eines Darlehens notwendig wird,"[872] sowie für Mitarbeiter, die eine Firmen- oder werkgeförderte Wohnung freimachten, und in Härtefällen.

---

867 Vgl. Richtlinien von S&H/SSW/PersRef btr. Vergabe von Personalkrediten zur Wohnraumbeschaffung vom 1.11 1961, S. 8, in: SAA 12793.
868 Vgl. Brief von Herrn v. Hassell (Sozialpolitische Abteilung der Siemens & Halske AG) vom 3.6.1965 an Herrn Dr. Bauernfeind, Bundesvereinigung der Deutschen Arbeitgeberverbände in Köln, in: SAA 12793.
869 Vgl. Uhle, 1987, S. 187.
870 Vgl. Gedanken zum Wohnungsbau, S. 11, in: SAA 12796.
871 Vgl. Protokoll über die Besprechung mit dem Betriebsrat am 15.10.1963 in Erlangen, in: SAA 12793. Auf die Beschaffung von Grundstücken wurde verzichtet, da dieses als „nicht mehr zum eigentlichen Bereich der betrieblichen Sozialpolitik" gehörig angesehen wurde, vgl. dazu Brief von Herrn v. Hassell an Herrn Dr. Bauernfeind vom 3.6.1965, S. 2, in: SAA 12793.
872 Vgl. Richtlinien von S&H/SSW/PersRef btr. Vergabe von Personalkrediten zur Wohnraumbeschaffung vom 1.11 1961, S. 1, in: SAA 12793. Vgl. auch Richtlinien für Personalkredite zur Wohnraumbeschaffung, Anlage zum Rundbrief Z WohnRef vom 16.6.1970, in: SAA 12793.

## 3.4 Betriebliche Wohnraumbeschaffung seit den 1970er Jahren

In den allgemeinen Grundsätzen für eine Wohnungspolitik des Hauses heißt es 1971: „Die lohnintensive Elektroindustrie soll bevorzugt an Plätzen mit einem ausreichenden Arbeitskräfte-Reservoir (ohne Wohnraumbedarf) investieren. Verknappen in Ballungsgebieten die Arbeitskräfte, so besitzt das Unternehmen einen Schlüssel zum Arbeitskräftemarkt, das über Wohnraum zu tragbaren Mieten verfügt".[873] Vor dem Hintergrund der durch die Ölkrise und strukturelle Veränderungen bedingten, schwankenden Belegschaftszahlen in der ersten Hälfte der 1970er Jahre blieb die Bereitstellung von Wohnraum für Mitarbeiter, wenn er am Markt nicht verfügbar sein sollte, auch weiterhin unter personalpolitischen Gesichtspunkten ein wichtiger Bereich betrieblicher Sozialpolitik. Die vom Unternehmen forcierte steigende Tendenz bei der Vergabe von Personaldarlehen zur Wohnraumbeschaffung setzte sich in den 1970er Jahren fort, wobei die Darlehensvergabe für Eigenheime und Eigentumswohnungen gegenüber dem Mietwohnungsbau dominierte. Dagegen entwickelten sich der werkgeförderte und firmeneigene Wohnungsbau sowie das Angebot an Wohnheimplätzen rückläufig. Dies ist auch darauf zurückzuführen, dass das allgemeine Wohnungsdefizit in den 1970er Jahren beseitigt wurde, sodass genügend Wohnraum am Markt verfügbar war. Außerdem schien der Bezug einer Firmensiedlung angesichts des gestiegenen Lebensstandards und veränderter, individualisierter Wohnansprüche nicht mehr erstrebenswert, zumal auch der Erwerb eines Eigenheims für die Gruppe der besser bezahlten Mitarbeiter, wenn genügend Eigenkapital bereitstand, durch das Unternehmen unterstützt wurde. Da konzeptionelle Überlegungen für die betriebliche Wohnungspolitik der 1970er und 1980er Jahre nicht vorliegen, kann die beschriebene Entwicklung in den siebziger Jahren nur aufgrund vorhandener Zahlen und Statistiken skizziert werden. Für die achtziger Jahre liegt kein aussagekräftiges Quellenmaterial vor.

Die Wohnungsfinanzierung durch Personaldarlehen blieb als „Instrument der Sozial- und Personalpolitik des Hauses"[874] die präferierte Form der Wohnraumhilfe und bot gegenüber anderen Wohnungsbeschaffungsformen den Vorteil eines verhältnismäßig niedrigen Mitteleinsatzes und eines schnellen Rückflusses der eingesetzten Mittel bei geringen Verwaltungskosten. Darüber hinaus sollten keine Finanzmittel für die Verbesserung der allgemeinen Wohnungssituation, die als Aufgabe des Staates betrachtet wurde, investiert werden.[875] Die neugefassten Richtlinien zur Vergabe von Personalkrediten zur Wohnraumbeschaffung vom 16. Juni 1970 brachten in Bezug auf den begünstigten Personenkreis und die persönlichen Voraussetzungen keine grundlegenden Veränderungen gegenüber den zehn Jahre zuvor verabschiedeten Regelungen. Während die Darlehen zur Beschaffung von Mietwohnungen nach wie vor zinsfrei blieben, wurden die Darlehen für Eigenheime und Eigentumswohnungen allerdings nun mit 4 Prozent verzinst, in den bis dahin geltenden Richtlinien waren sie noch bis zu einer Höhe von 20.000 DM zins-

---

873 Vgl. Grundsätze und Genehmigungsverfahren für den Wohnungsbau-Etat, Anlage zum ZP-Rundbrief vom 21.5.1971, in: SAA 12793.
874 Vgl. ebd.
875 Vgl. ebd.

frei geblieben.[876] Der Zinssatz von vergleichsweise günstigen 4 Prozent blieb noch bis zu Beginn der 1980er Jahre erhalten und wurde erst mit Wirkung zum 2. März 1982 auf 6 Prozent erhöht.[877] Die Vergabe von Personaldarlehen für Eigenheime und Eigentumswohnungen an die Mitarbeiter entwickelte sich in den 1970er Jahren wie folgt:

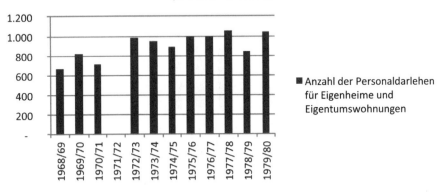

Abb. 43: Anzahl der Personaldarlehen für Eigenheime und Eigentumswohnungen (1968/69–1979/80)

*Eigene Darstellung nach Jahresberichten der Zentralabteilung Personal 1968/69–1970/71 sowie des Zentralbereichs Personal 1971/72–1975/76, alle in: SAA 10597, und nach Dokumentationen des Zentralbereichs Personal 1976/77–1979/80, in: Registratur der Abteilung Corporate Human Resources der Siemens AG. Für 1971/72 lagen keine Angaben vor.*

Die geringere Nachfrage nach Eigenheimdarlehen Mitte der 1970er Jahre (1974/75) war vor allem auf die unsichere Konjunkturlage zurückzuführen. Ab 1975/76 nahm die Nachfrage einem allgemeinen Trend zum Eigenheimbau entsprechend wieder zu.[878] Die stagnierende bzw. rückläufige Nachfrage nach Eigenheimdarlehen in 1978/79 war auf die Erhöhung von Grundstücks- und Baukosten sowie einen spürbaren Wiederanstieg der Kapitalkosten zurückzuführen.[879] Im folgenden Geschäftsjahr 1979/80 wurden Eigenheimdarlehen wegen der stark gestiegenen Bedarfslage wieder verstärkt in Anspruch genommen. Die Aufwendungen für Personaldarlehen stiegen in den 1970er Jahren mit konjunkturbedingten Einbrüchen kontinuierlich an, wobei der größte Teil des dafür zur Verfügung stehenden Etats zur Finanzierung von Eigenheimen und Eigentumswohnungen und nur ein geringer Anteil für Mietwohnungen aufgewendet wurde. 1971/72 flossen zum Beispiel nur 5 Prozent des

---

876 Vgl. Richtlinien für Personalkredite zur Wohnraumbeschaffung vom 16.6.1970, S. 3 und 5, in: SAA 12793.
877 Vgl. 2. Nachtrag zum ZP-Rundbrief vom 16.6.1970 vom 29.1.1982, in: SAA 12793. Ausgenommen davon waren Darlehen für im Firmeninteresse versetzte Mitarbeiter, sofern die Versetzung innerhalb von zwei Jahren vor der Antragstellung lag, die weiterhin mit 4 Prozent zu verzinsen waren.
878 Vgl. Jahresbericht 1975/76 des Zentralbereichs Personal, S. 11, in: SAA 10597.
879 Vgl. Dokumentation 1978/79 des Zentralbereichs Personal, Abschnitt 4.1, in: Registratur der Abteilung Corporate Human Resources der Siemens AG.

Jahreskontingents in Personaldarlehen.[880] Der durchschnittliche Darlehensbetrag lag 1973/74 bei 14.000 DM und stieg jährlich an; 1975/76 erreichte er bereits 16.000 DM.[881]

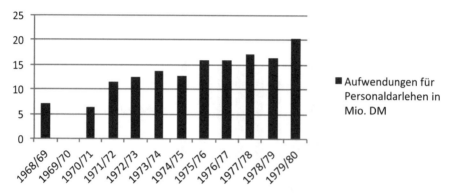

Abb. 44: Aufwendungen für Personaldarlehen zur Eigenheimfinanzierung (1968/69–1979/80)

*Eigene Darstellung nach Jahresberichten der Zentralabteilung Personal 1968/69–1970/71 sowie des Zentralbereichs Personal 1971/72–1975/76, alle in: SAA 10597 und nach Dokumentationen des Zentralbereichs Personal 1976/77–1979/80, in: Registratur der Abteilung Corporate Human Resources der Siemens AG. Für 1969/70 lagen keine Angaben vor.*

Parallel zu den Personaldarlehen wurden firmeneigene und werkgeförderte Wohnungen vergeben, wobei sich der Bestand beider Wohnungsarten seit Mitte der 1970er Jahren langsam verringerte. Dies entsprach auch einer seit 1972/73 zu beobachtenden allgemeinen Tendenz der Entspannung auf dem Wohnungsmarkt, der sich langsam von einem Vermieter- zu einem Mietermarkt und von einem Verkäufer- zu einem Käufermarkt wandelte.[882] Seit 1977/78 basierte die Bestandsverringerung bei werkgeförderten Wohnungen auf dem Ablauf von Verträgen.[883] Im firmeneigenen Wohnungsbau wurden durch die Siemens-Wohnungsgesellschaft seit der zweiten Hälfte der 1970er Jahre keine Neubauten mehr errichtet.[884] Der Schwerpunkt der Geschäftstätigkeit bestand in den Folgejahren nur noch in der Instandhaltung und Modernisierung des vorhandenen Wohnungsbestands.[885]

---

880 Vgl. Jahresbericht 1971/72 des Zentralbereichs Personal, S. 10, in: SAA 10597.
881 Vgl. Jahresbericht des Zentralbereichs Personal 1973/74, S. 11, und 1975/76, S. 11, beide Jahresberichte in: SAA 10597.
882 Vgl. Jahresberichte der Zentralabteilung Personal der Jahre 1972/73, S. 13, und 1973/74, S. 11, beide in: SAA 10597.
883 Dokumentationen 1977/78 und 1978/79 des Zentralbereichs Personal, Abschnitte 4.1, in: Registratur der Abteilung Corporate Human Resources der Siemens AG.
884 Vgl. Geschäftsbericht der Siemens-Wohnungsgesellschaft mbH 1977/1978, S. 2, in: SAA 15/ Le 27.
885 Vgl. dazu Geschäftsberichte der Siemens-Wohnungsgesellschaft mbH der Jahre 1977/78, 1978/79, 1979/80, 1980/81, 1981/82 und 1982/83, alle in: SAA 15/Le 27. Weitere Geschäfts-

3. Vom Wohnungsbau zum Personaldarlehen 287

Abb. 45: Firmeneigene und werkgeförderte Wohnungen (1970/71–1979/80)

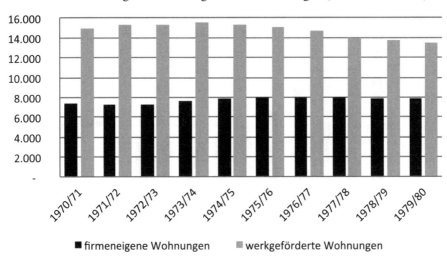

*Eigene Darstellung nach Jahresberichten der Zentralabteilung Personal 1970/71 sowie des Zentralbereichs Personal 1971/72–1975/76, alle in: SAA 10597, und nach Dokumentationen des Zentralbereichs Personal 1976/77–1979/80, in: Registratur der Abteilung Corporate Human Resources der Siemens AG.*

Ein weiteres Instrument der Wohnraumbeschaffung bildete die Bereitstellung von Wohnheimplätzen, die vor allem aufgrund des Anwerbestopps ausländischer Mitarbeiter und der Abwanderung von Heimbewohnern auf den freien Wohnungsmarkt in den 1970er Jahren rapide abgebaut wurden.

berichte sind im Siemensarchiv nicht überliefert. Vgl. dazu auch: o.V.: Auf die SiWoGe bauen, in: Siemens-Mitteilungen 11/1979, S. 16 (auch in: SAA 68/Li 128).

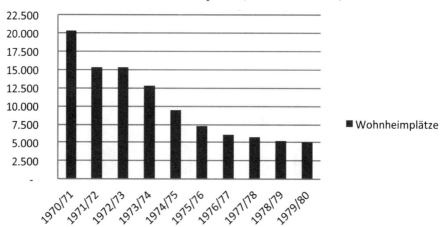

Abb. 46: Wohnheimplätze (1970/71–1979/80)

*Eigene Darstellung nach Jahresberichten der Zentralabteilung Personal 1970/71 sowie des Zentralbereichs Personal 1971/72–1975/76, alle in: SAA 10597, und nach Dokumentationen des Zentralbereichs Personal 1976/77–1979/80, in: Registratur der Abteilung Corporate Human Resources der Siemens AG.*

Die quantitative Bewertung lässt den Rückschluss auf eine sinkende Bedeutung der betrieblichen Wohnraumbeschaffung zu, die sich auch durch einen Vergleich der Pro-Kopf-Aufwendungen für das Wohnungswesen, gemessen am Durchschnittsverdienst des Tarifkreises der Jahre 1970/71 und 1979/80, belegen lässt. Während in 1970/71 bei einem Durchschnittsverdienst von 1.260 DM pro Kopf ein Durchschnittsbetrag von 144 DM für das Wohnungswesen aufgewendet wurde, lag in 1979/80 bei einem Durchschnittsverdienst von 2.814 DM der durchschnittliche Pro-Kopf-Betrag bei 158 DM.[886] Damit machten 1970/71 die Aufwendungen für das Wohnungswesen 11,4 Prozent des Durchschnittsverdiensts aus, die sich bis 1979/80 um mehr als die Hälfte auf 5,6 Prozent reduzierten.

### 3.5 Motive und Ziele der betrieblichen Wohnungspolitik

Die Funktionen und Zielsetzungen des betrieblichen Wohnungsbaus bei Siemens haben sich in Abhängigkeit von den wirtschaftlichen und gesellschaftlichen Rahmenbedingungen im Zeitverlauf gewandelt. Ging es vor dem Zweiten Weltkrieg vor allem darum, insbesondere den expandierenden Standort Siemensstadt durch die betriebsnahe Ansiedlung mit Arbeitskräften zu versorgen, so stellten sich nach dem Zweiten Weltkrieg neue Herausforderungen. Vor dem Hintergrund der durch den Krieg verursachten allgemeinen Wohnungsnot sollten durch die Wiederherstel-

---

[886] Vgl. Jahresbericht der Zentralabteilung Personal 1970/71, S. 5, in: SAA 10597, Jahresbericht des Zentralbereichs Personal 1971/72, Anlage 14 b, in: SAA 10597, Dokumentation 1979/80 des Zentralbereichs Personal, Abschnitt 2.1 und Anlage „Personal-, Sozial- und Bildungsaufwand", in: Registratur der Abteilung Corporate Human Resources der Siemens AG.

lung bzw. die Neuerrichtung von Wohnraum die Voraussetzungen für den Wiederaufbau der Werke und das Anlaufen der Produktion geschaffen werden. Auch wenn die Wohnraumbeschaffung nach Aussage des für soziale Angelegenheiten zuständigen Vorstandsmitglieds Gisbert Kley in Kontinuität der von Werner von Siemens und Carl Friedrich von Siemens vertretenen Grundsätze „streng genommen [...] nicht ein typisches Betätigungsfeld der betrieblichen Sozialpolitik" darstellte, „schon deshalb nicht, weil es – heute mehr denn je – problematisch ist, die Massnahmen der betrieblichen Sozialpolitik in die private Sphäre des Betriebsangehörigen hinein auszudehnen."[887]

Höchste Priorität hatte auch in der Folgezeit die Deckung des Arbeitskräftebedarfs, die ohne entsprechenden Wohnraum für die Fachkräfte nicht befriedigend gelöst werden konnte. Darüber hinaus spielten die Eindämmung der Fluktuation durch „Sesshaftmachen" der Mitarbeiter sowie die damit verbundene Bindungsfunktion für die betriebliche Wohnungspolitik eine große Rolle. „Wer eine Firmenwohnung erlangt, ist in der Regel stärker an seinen Betrieb gebunden als durch andere Einrichtungen; wer auf andere Weise mit Firmenhilfe zu einer Wohnung kommt, wird sich zumindest zur Firmentreue verpflichtet fühlen. Gesunde, schöne Wohnungen sind außerdem als solche eine wichtige sozialpolitische Tatsache", so heißt es in einer Denkschrift anlässlich einer Vorstandsbesprechung im April 1958.[888] So sollte die gehobene Ausstattung und familienfreundliche Anlage der neu errichteten und von Grünanlagen umgebenen Firmensiedlungen in Erlangen zum allgemeinen Wohlbefinden beitragen, die Leistungsfähigkeit der Beschäftigten steigern und zum langfristigen Verbleiben animieren. In den 1960er Jahren ging es vor allem darum, durch Wohnungsangebote Anreize für potenzielle Nachwuchskräfte zu schaffen. Dabei galt es aber auch, einen Kompromiss zu finden zwischen der Konzentration auf dringend benötigte qualifizierte Mitarbeiter und der Berücksichtigung langjähriger Beschäftigter mit Erfahrungswissen, denen eine Stabilisierungsfunktion für den Betrieb zugeschrieben wurde. Diese Problematik stellte sich wie bereits beschrieben ebenfalls bei der Neuregelung der betrieblichen Erfolgsbeteiligung zum 1. Oktober 1968, die sowohl den Interessen junger, aufstrebender Beschäftigter als auch bewährter Betriebsangehöriger gerecht werden musste.

Ein traditionelles Motiv der betrieblichen Wohnungspolitik ist es, zeitraubende, lange Wege zwischen Wohn- und Arbeitsstätte zu vermeiden. Hierdurch sollte außerdem sowohl die individuelle als auch die betriebliche Leistung gesteigert werden, da die Beschäftigten durch eine Ansiedlung in der Nähe der Arbeitsstätte schneller erreichbar waren. So betonte ein Personalverantwortlicher in einem Aktenvermerk im Dezember 1959: „Die Betriebe können besser und kontinuierlicher arbeiten, wenn Arbeitskräfte, in erster Linie Fachkräfte, möglichst in der Nähe der Werke untergebracht sind. Der Mangel an Arbeitskräften oder auch nur ihr dauernder Wechsel beeinträchtigt das Betriebsergebnis. Hinzu kommt, dass die Qualität der Arbeitsleistung von erträglichen Wohnverhältnissen abhängt. Bei den betrieblichen Maßnahmen auf dem Gebiet des Wohnungswesens verband sich so-

---

887 Vgl. Kley, Überlegungen, S. 1, in: SAA 12793.
888 Denkschrift zur Vorstandsbesprechung am 10.4.1958 in Feldafing, S. 27 f., zitiert nach Gedanken zum Wohnungsbau, S. 1, in: SAA 12796.

mit das Produktionsinteresse mit sozialpolitischen Bestrebungen."[889] Zugleich setzte das Unternehmen auf eine soziale Befriedung durch angemessene Wohnverhältnisse und eine angenehme Wohnsituation, die sich positiv auf die Motivation und das Betriebsklima auswirken sollten.

Seit Beginn der sechziger Jahre rückte mit der präferierten Vergabe von Personalkrediten die Förderung des Eigenheimbaus und des Erwerbs von Eigentumswohnungen verstärkt in das Interesse betrieblicher Wohnungspolitik. Dabei verband sich das gesellschaftspolitisch erstrebenswerte Ziel der Vermögensbildung in Arbeitnehmerhand mit einer vom Unternehmen erwünschten Abwehr politischer Radikalisierung, denn das Eigenheim wurde als „beste Sicherung gegen alle radikalen politischen Tendenzen"[890] bewertet. Personaldarlehen zur Eigenheimfinanzierung, die sich seit Mitte der 1960er Jahre verstärkt an die Zielgruppe der dringend benötigten, besonders qualifizierten Mitarbeiter im höheren Lohnsegment richteten, sollten dazu beitragen, die Bindung und Loyalität zu dem Unternehmen zu stärken. Als „Hilfe zur Selbsthilfe" forderten sie die Eigeninitiative des Antragstellers und entsprachen damit dem Paradigmenwechsel zum mündigen, eigenverantwortlichen Beschäftigten. Nicht zuletzt wurde die Förderung des Wohnungsbaus auch als Kompensation für andere sozialpolitische Einrichtungen des Unternehmens verstanden, von denen man meinte, dass sie ihre Anziehungskraft oder Wirksamkeit eingebüßt hätten. So erhofften sich die Verantwortlichen Anfang der 1960er Jahre, dass das verstärkte Engagement auf dem Wohnungsbausektor „einen Teil der sozialpolitischen Wirkung, die bisher von der firmeneigenen Altersfürsorge ausginge",[891] auffangen könnte. Wohneigentum und Betriebspension stellten zwar unterschiedliche sozialpolitische Maßnahmen dar, beide trugen aber zur sozialen Absicherung im Alter bei.

### 3.6 Fazit

Aufgrund der Quellenanalyse lassen sich verschiedene Phasen der Wohnraumbeschaffungspolitik bei Siemens identifizieren, die in Abhängigkeit von der staatlichen Wohnungspolitik zu betrachten sind. Nach Kriegsende stand zunächst die Beseitigung der Kriegsschäden im Vordergrund der betrieblichen Wohnungspolitik. Darüber hinaus ging es um den Auf- und Ausbau von Produktionsstandorten, der mit einem erheblichen personellen Bedarf verbunden war. Vor dem Hintergrund des bis in die 1950er Jahre vor allem in Ballungsräumen herrschenden Wohnungsdefizits war die Wohnraumbeschaffung notwendige Voraussetzung für den Aufbau personeller Ressourcen und die Gewinnung qualifizierter Mitarbeiter und damit für den Unternehmenserfolg. Darin ist auch der Grund für das Engagement von Siemens im Bereich Wohnungsbau zu sehen, obwohl die Wohnraumbeschaffung nicht als klassisches Handlungsfeld betrieblicher Sozialpolitik angesehen wurde, da sie die Privatsphäre der Belegschaftsangehörigen tangierte. Ein hoher Standard bei der

---

889 Aktenvermerk btr. Wohnungswesen in Berlin vom 21.12.1959, in: SAA 12796.
890 Vgl. Kley, Überlegungen, S. 2, in: SAA 12793.
891 Vgl. Gedanken zum Wohnungsbau, S. 1, in: SAA 12796.

Einrichtung der Wohnungen und der Gestaltung der Umgebung zielte darauf, Mitarbeiter und ihre Familien langfristig sesshaft zu machen und an das Unternehmen zu binden.

Der betriebliche Wohnungsbau durch die unternehmenseigene Siemens-Wohnungsgesellschaft konzentrierte sich im Wesentlichen auf die prosperierenden Standorte Berlin, Erlangen, München und Karlsruhe, da hier der Bedarf am höchsten war. Der weitaus größte Anteil an Wohnungen wurde jedoch über den geförderten Wohnungsbau beschafft. Wie zahlreiche weitere Industrieunternehmen leistete Siemens damit nach dem Zweiten Weltkrieg einen wichtigen Beitrag zur Wohnungsversorgung in der BRD und erfüllte eine Komplementärfunktion zu staatlichen Wohnungsbaumaßnahmen, wie sie zum Beispiel durch den öffentlich geförderten Wohnungsbau oder die Förderung von Wohneigentum realisiert wurden. Aufgrund der begrenzten staatlichen Mittel appellierten die Behörden Ende der 1950er Jahre sogar an die Berliner Betriebe, sich mehr als bisher an der Wohnungsbeschaffung zu beteiligen und damit sozialpolitische Verantwortung wahrzunehmen.[892]

Mit der Aufhebung der Wohnungszwangswirtschaft und der Einführung marktwirtschaftlicher Verhältnisse auf dem Wohnungssektor in den 1960er Jahren fand ein Paradigmenwechsel statt. Aufgrund der allgemeinen Entspannung auf dem Wohnungsmarkt wurden die betrieblichen Wohnungsbauaktivitäten nicht zuletzt auch aus Kostengründen erheblich eingeschränkt und Wohnraumbeschaffungsmaßnahmen auf betriebsnotwendige Ausnahmefälle wie Versetzungen, besonders qualifizierte Fachkräfte und soziale Härtefälle reduziert. Der werkeigene und werkgeförderte Wohnungsbau verlor an Gewicht zugunsten von Wohnungsbeschaffungsmaßnahmen durch Personaldarlehen, die als „Hilfe zur Selbsthilfe" ein zeitgemäßes sozialpolitisches Instrument darstellten und zugleich der gesellschaftspolitisch angestrebten Vermögens- und Eigentumsbildung dienten. Die betriebliche Wohnungspolitik verfolgte damit ähnliche Ziele wie die eigentumsorientierte staatliche Wohnungspolitik. Insbesondere besser verdienenden Angestellten wurde der Erwerb von Eigenheimen und Eigentumswohnungen mit Hilfe von Personaldarlehen nahegelegt, um gleichzeitig günstigen Wohnraum für Mitarbeiter aus dem unteren Lohnsegment freizumachen.

Die bei Siemens skizzierten Entwicklungen decken sich mit den betrieblichen Wohnungsbauaktivitäten anderer großer Industrieunternehmen in Deutschland. Ausgehend von der kriegsbedingten Mangellage auf dem Wohnungsmarkt wäre ohne den werkgeförderten Wohnungsbau zum Beispiel die Standortbildung für Bayer in Leverkusen oder für Volkswagen in Wolfsburg nicht möglich gewesen.[893]

---

892 Vgl. Aktenvermerk btr. Wohnungswesen in Berlin, vom 21.12.1959, in: SAA 12796.
893 Vgl. Pogarell, Hans Hermann / Pohlenz, Michael: Betriebliche Sozialpolitik 1951–1963: Der Aufbau einer mittel- und langfristig orientierten Sozialpolitik, in: Klaus Tenfelde / Karl-Otto Czikowsky / Jürgen Mittag / Stefan Moitra / Rolf Nietzard (Hg.): Stimmt die Chemie? Mitbestimmung und Sozialpolitik in der Geschichte des Bayer-Konzerns. Essen 2007, S. 162, und Engelen, Ute: Betriebliche Wohnungspolitik im „fordistischen" Zeitalter. Das Volkswagenwerk in Wolfsburg und Automobiles Peugeot in Sochaux von 1944–1979, in: Zeitschrift für Unternehmensgeschichte 55. Jg., 2010, Nr. 2, S. 183 f.

Sowohl Bayer als auch VW realisierten den Wohnungsbau sowohl in Eigenregie als auch in fremder Trägerschaft durch die Beteiligung an größeren Wohnungsbaugesellschaften, wobei der letztgenannte Wohnungsbeschaffungsweg – wie auch bei zahlreichen anderen Firmen – aus finanziellen Gründen überwog. Neben Mietwohnungen wurde auch der Eigenheimbau gefördert und an bestimmte Kriterien und Erwartungen geknüpft. Bei Bayer richtete sich die Vergabe eines zinslosen Darlehens zur Eigenheimfinanzierung an mindestens zehn Jahre bei der Firma beschäftigte, verheiratete Mitarbeiter, denen man damit bereits eine besondere Bindung und Loyalität zum Unternehmen attestierte[894] – ein Ziel, das auch Siemens mit seinen wohnungspolitischen Maßnahmen, insbesondere mit der Vergabe von Personalkrediten, anstrebte und daher ebenfalls eine zehnjährige Betriebszugehörigkeit voraussetzte.

Auch hinsichtlich des bei Siemens beobachteten Paradigmenwechsels in den 1960er Jahren sind Parallelen festzustellen. So bewertet Ute Engelen das betriebliche Wohnungsengagement im Volkswagenwerk (Wolfsburg) und bei Automobiles Peugeot (Sochaux) als situationspolitisches Management, das darauf ausgerichtet war, den Betrieben die je nach Konjunkturlage benötigte Anzahl von Beschäftigten bereitzustellen.[895] Sie konstatiert seit Mitte der 1960er Jahre einen Prioritätswechsel vom Mietwohnungsbau zur Eigenheimförderung, wie er sich bei Siemens durch die verstärkte Förderung von Personalkrediten zum Eigenheimbau darstellt. Auch Ford drosselte zu Beginn der 1960er Jahre aufgrund zurückgehender Nachfrage und sinkender Neueinstellungen seine Wohnungsbeschaffungsmaßnahmen, insbesondere beim werkgeförderten Wohnungsbau, und konzentrierte sich neben der Unterhaltung von „Junggesellenheimen" auf die Vergabe von Personaldarlehen.[896] Allerdings ist beim Vergleich mit Siemens zu berücksichtigen, dass es sich sowohl bei VW als auch bei Ford im Wesentlichen um Massenproduktion handelte, die mit anderen Belegschaftsstrukturen verbunden war.

Als Fazit ist festzuhalten, dass sich in der betrieblichen Wohnungspolitik bei Siemens in hohem Maße ureigenes Produktionsinteresse mit sozialpolitischen Bestrebungen verband. Die sozialpolitische Relevanz der betrieblichen Wohnraumbeschaffung hat sich in Abhängigkeit von den politischen, wirtschaftlichen und gesellschaftlichen Rahmenbedingungen sowie analog zu staatlichen Maßnahmen auf dem Wohnungsbausektor im Laufe des Betrachtungszeitraums gewandelt. Fungierten die betrieblichen Maßnahmen zur Wohnraumbeschaffung unmittelbar nach dem Zweiten Weltkrieg als unabdingbare Voraussetzung für die Gewinnung von Mitarbeitern zum Auf- und Ausbau der Betriebe sowie als Ergänzung staatlicher Maßnahmen zur Linderung der Wohnungsnot, so gewannen nach der Behebung des allgemeinen Wohnungsdefizits seit den 1960er Jahren verstärkt andere sozial- und personalpolitische Aspekte Priorität. Statt einer allgemeinen Versorgung der Belegschaftsmitglieder mit Wohnraum richtete sich die betriebliche Wohnungspolitik nun in erster Linie auf die Gewinnung und Bindung ausgewählter, fachlich besonders qualifizierter Mitarbeiter. Darüber hinaus unterstützte Siemens vorzugsweise

---

894 Vgl. Pogarell/Pohlenz, 2007, S. 166.
895 Vgl. Engelen, 2010, S. 203.
896 Vgl. Notiz zum Wohnungsbau bei Ford vom 16.10.1963 in: Kley, Überlegungen, in: SAA 12793.

durch die Vergabe von Personalkrediten den Kauf von Eigentumswohnungen und Eigenheimen und wurde damit dem seit den 1960er Jahren in den Vordergrund gerückten gesellschaftspolitischen Ziel der Vermögensbildung in Arbeitnehmerhand gerecht. Die Richtlinien für die Vergabe von Personalkrediten wurden in der Folgezeit den Bedingungen am Markt angepasst. Personaldarlehen sind bis in die Gegenwart ein Instrument betrieblicher Sozialpolitik. Die Bedeutung der betrieblichen Wohnraumbeschaffung ging – gemessen an den finanziellen Aufwendungen – bis in die ausklingenden siebziger Jahre zurück. Damit lässt sich die Monetarisierungsthese auch am Beispiel des Instrumentariums der betrieblichen Wohnungspolitik stützen. Während die Wohnraumbeschaffung als soziale Versorgungsleistung in den ersten beiden Jahrzehnten zunächst die Knappheit am Markt kompensieren sollte, gewann mit der zunehmenden Entspannung auf dem Wohnungsmarkt das Instrument des Personaldarlehens als monetäre Maßnahme zur Unterstützung der Eigentums- und Vermögensbildung zunehmend an Gewicht, wenn auch die Bereitstellung von Wohnraum als personalpolitische Maßnahme für die Rekrutierung qualifizierter Fachkräfte ihre Bedeutung behielt.

## 4. VON DER GESUNDHEITSFÜRSORGE ZUR GESUNDHEITSFÖRDERUNG: DIE BETRIEBLICHE GESUNDHEITSPOLITIK

Das betriebliche Gesundheitswesen ist ein traditioneller Bereich betrieblicher Sozialpolitik. Wichtige Motive sind von Beginn an die Verminderung der Kosten durch krankheitsbedingte Fehlzeiten, die Verhinderung von Arbeitsunfällen sowie die Stärkung der psychischen und physischen Ressourcen der Beschäftigten zur Erhaltung der Gesundheit und Leistungsfähigkeit als wichtige Faktoren für die Produktivität und den Erfolg des Unternehmens. Der sozialpolitische Bereich des Gesundheitswesens ist eng mit dem Gebiet des Arbeitsschutzes verknüpft, Betriebsärzte übernehmen in Fragen des Gesundheitsschutzes, der Unfallverhütung und der Arbeitsgestaltung beratende und kontrollierende Funktionen. Angesichts des wirtschaftlichen, gesellschaftlichen und technologischen Wandels und der gravierenden Veränderungen der Arbeitswelt, der Arbeitsstrukturen und der Arbeitsgestaltung sowie der damit verbundenen veränderten Krankheitsbilder haben sich die gesundheits- und arbeitsmedizinischen Aufgabenstellungen und Herausforderungen im betrieblichen Gesundheitswesen nach 1945 erheblich gewandelt. Auch die Weiterentwicklung übergeordneter Gesundheitsstrategien, von traditionellen Präventionsansätzen über die Gesundheitserziehung bis hin zum Konzept der Gesundheitsförderung übte einen prägenden Einfluss auf die Gestaltung der betrieblichen Gesundheitspolitik von Siemens im Betrachtungszeitraum aus. Zu den frühesten und wichtigsten sozialpolitischen Maßnahmen auf diesem Gebiet gehört die soziale Absicherung der Beschäftigten im Krankheitsfall durch die betriebliche Krankenversicherung.

## 4.1 Die Siemens-Betriebskrankenkasse als Instrument betrieblicher Gesundheitspolitik

Betriebskrankenkassen gingen aus privaten Kranken- und Unterstützungskassen hervor, die von innovativen Unternehmern bereits vor der Einführung der gesetzlichen Krankenversicherung 1883 eingerichtet worden waren. Sie zielten auf die finanzielle Unterstützung erkrankter Mitarbeiter, bezogen teilweise auch die Angehörigen mit ein und leisteten Unterstützung in Notlagen. Als Vorläufer moderner Sozialversicherungssysteme zählen sie zu den ältesten Instrumenten betrieblicher Sozialpolitik.[897] Siemens & Halske beteiligte sich bereits wenige Jahre nach der Unternehmensgründung mit mehreren Arbeitgebern der Berliner Metallindustrie an der freiwilligen Gründung einer „Kranken- und Sterbekasse der Maschinenbauarbeiter in Berlin", in der seit 1853 alle Arbeiter pflichtversichert wurden.[898] Im Jahr 1908 gründete das Unternehmen eine eigene Betriebskrankenkasse, die zunächst nur die eigenen Mitarbeiter, ab 1922 auch die Familienangehörigen versicherte.[899] Die Siemens-Betriebskrankenkasse (SBK) entwickelte sich bis zum Zweiten Weltkrieg zur größten Betriebskrankenkasse Deutschlands; ihre Mitgliederzahl erhöhte sich bis September 1944 bei rund 238.000 Beschäftigten auf rund 175.000 Versicherte. Zum selben Zeitpunkt lag der Beitragssatz bei 6,5 Prozent des Grundlohns.[900]

Die Aufteilung Deutschlands nach dem Zweiten Weltkrieg in Besatzungszonen hatte gravierende Auswirkungen auf die Organisation und die weitere Tätigkeit der Siemens-Betriebskrankenkasse. In Berlin wurden zum 1. Juli 1945 alle in der Stadt bestehenden Krankenversicherungsträger wie die Betriebs-, Ersatz-, Orts- und Innungskrankenkassen auf Anordnung der Alliierten Kommandantur zugunsten der Errichtung einer Einheitskasse stillgelegt.[901] Ihr Vermögen sollte bis zu einer endgültigen Regelung durch Treuhänder verwaltet werden. Der Berliner Magistrat beschloss daraufhin mit Genehmigung der Besatzungsbehörden, alle in Berliner Betrieben beschäftigten Mitarbeiter bei der Versicherungsanstalt Berlin, die als einheitlicher Versicherungsträger für die gesamte Sozialversicherung Berlins fungieren sollte, unterzubringen.[902] In Anlehnung an die stillgelegten Betriebskrankenkassen sollten Betriebsverwaltungsstellen der Versicherungsanstalt zum Beispiel

---

897 Vgl. Hilger, 1996, S. 108.
898 Vgl. Festschrift zum 25-jährigen Bestehen der Betriebskrankenkasse der vereinigten Siemens-Werke, Berlin-Siemensstadt 1933, in: SAA 8533, S. 5–7. Ab 1878 versicherte Siemens seine Mitarbeiter in der mit 13 weiteren Berliner Unternehmen der Metallbranche neu errichteten Nachfolgeorganisation, der „Neuen Maschinenbauer-Krankenkasse (eingetragene Hilfskasse)". Vgl. dazu auch Burhenne, 1932, S. 80.
899 Die Betriebskrankenkasse verzeichnete bei ihrer Gründung über 19.000 Mitglieder – das waren mehr als die Hälfte der im Geschäftsjahr 1908/09 in Deutschland beschäftigten rund 32.000 Mitarbeiter. Vgl. Burhenne, 1932, S. 10, und Feldenkirchen, 1995, S. 662 (Tabelle 20).
900 Aus den Jahresberichten der Siemens-Betriebskrankenkasse 1908–1940 bzw. Aus den Jahresberichten der Sozialpolitischen Abteilung btr. Krankenkasse, S. 8, in: SAA 12456.
901 Aktenvermerk btr. Siemens-Betriebskrankenkasse vom 22.6.1945, in: SAA 12398-2.
902 Vgl. Schreiben btr. Weiterbestehen der Siemens-Betriebskrankenkasse nach dem 1.7.1945 vom 3.9.1945, in: SAA 12398-2.

für die Post, die Eisenbahn, die Polizei, für die Siemens-Betriebe oder den Berliner Magistrat selbst errichtet werden und die Krankenversicherung für alle Mitarbeiter dieser Betriebe durchführen. Ähnliche Anordnungen über die Vereinheitlichung der Sozialversicherungen und die Stilllegung bestehender Betriebskrankenkassen ergingen Ende 1945 und im Laufe des Jahres 1946 auch in anderen Verwaltungsbezirken der sowjetischen Besatzungszone.[903] Siemens gelang es in Verhandlungen mit der Versicherungsanstalt Berlin, rund 50 seiner ehemals bei der nun stillgelegten Betriebskrankenkasse beschäftigten Mitarbeiter an die Versicherungsanstalt Berlin und die „Betriebsverwaltungsstelle Siemens" zu vermitteln.[904]

Auch in Westdeutschland wurde nach 1945 die Diskussion über eine Neuordnung der Sozialversicherung und damit über die Frage der Beibehaltung der Ordnung im Rahmen der Reichsversicherungsordnung oder der Einführung von Einheitsversicherungsanstalten geführt, aber letztlich zugunsten einer Beibehaltung betrieblicher und beruflicher Kassen entschieden.[905] Betriebskrankenkassenverbände sowie die an den Betriebskrankenkassen beteiligten Arbeitgeber und Arbeitnehmer hatten die Existenzberechtigung der Betriebskrankenkasse betont und ihre grundlegende Funktion als Bestandteil der sozialen Sicherung herausgestellt. So fungiere sie als „Mittlerin und Bindeglied zwischen Unternehmer und Arbeitnehmer, da sie [...] vorsorgend und helfend den gesundheitlichen und sozialen Nöten und Schwierigkeiten der Versicherten zur Seite steht, deren Kraft des beruflichen Einsatzes für den Betrieb von großer Bedeutung ist."[906]

Auch wenn die Tätigkeit der Hauptverwaltung der Siemens-Betriebskrankenkasse in Berlin ruhte, bestand ihr Geltungsbereich in den anderen Teilen Deutschlands – mit Ausnahme der damaligen französischen Besatzungszone, in der 1946 ebenfalls die Betriebskrankenkassen stillgelegt worden waren – weiter fort. In den amerikanischen und britischen Zonen, in denen nach wie vor die Bestimmungen der Reichsversicherungsordnung galten, wurde der Vorkriegszustand wiederhergestellt und die Tätigkeit der Zahlstellen fortgesetzt. Um dort selbstständig agieren zu können, gründete Siemens eine „Sektion der auswärtigen Geschäftsstellen und Betriebe", die die reguläre Arbeit der Siemens-Betriebskrankenkasse in Westdeutschland weiter fortführte.[907] Während sich in der Folgezeit die Tätigkeit der SBK in Berlin und der sowjetischen Zone im Wesentlichen auf die Abwicklung früherer Fälle, die Befriedigung von Ansprüchen für Heimkehrer und Gefallene und deren Angehörige sowie auf Auskünfte über frühere Zeiten oder Höhe und Dauer der Beitragsleistung zur Rentenversicherung erstreckte, verlagerte sich die Behandlung

---

903 Vgl. Aktenvermerk btr. Siemens-Betriebskrankenkasse vom 14. Juni 1946, in: SAA 12398-2.
904 Vgl. Schreiben der Sozialpolitischen Abteilung btr. Veränderungen in der Organisation der Betriebs-Krankenkasse der vereinigten Siemens-Werke vom 22.11.1945, in: SAA 12398-2.
905 Vgl. F. Wegener: Warum wieder Betriebskrankenkassen in Berlin? Sonderdruck aus „Die Berliner Wirtschaft". Mitteilungen der Industrie- und Handelskammer zu Berlin, Nr. 38, vom 27.9.1951, in: SAA 12403.
906 Vgl. Die Betriebskrankenkassen. Ausarbeitung des Deutsches Industrieinstitutes Köln, S. 11 f., in: SAA 12403.
907 Vgl. Schreiben der Sozialpolitischen Abteilung btr. Veränderungen in der Organisation der Betriebs-Krankenkasse der vereinigten Siemens-Werke vom 22.11.1945, in: SAA 12398-2.

aktueller Fragen im Rahmen der Geschäftstätigkeit der Siemens-Betriebskrankenkasse auf die britische und die amerikanische Zone.[908]

Infolgedessen wurde auch die Hauptverwaltung nach Nürnberg verlegt, der Sitz der Kasse blieb jedoch vorerst in Berlin-Siemensstadt. Eine vollständige Verlagerung des Firmensitzes nach Nürnberg oder Erlangen wurde innerhalb des Unternehmens kontrovers diskutiert und von Karl Burhenne, dem damaligen Leiter der Krankenkasse und einem der maßgebenden Sozialpolitiker des Unternehmens, aus sozialpolitischen Gründen wie der „Rücksicht auf die Siemensstädter Belegschaften [...] und das politische Gewicht, das eine derartige Massnahme haben würde", zunächst abgelehnt.[909] Um jedoch die volle Funktions- und Handlungsfähigkeit der Betriebskrankenkasse wiederherstellen zu können, fiel 1949 die endgültige Entscheidung, den Sitz und die Hauptverwaltung der Kasse von Berlin nach Erlangen zu verlegen und den Namen in „Siemens-Betriebskrankenkasse" umzuwandeln.[910] Am 1. August 1955 erfolgte der Umzug des Sitzes der Kasse nach München. Am 1. April 1958 konnte die Siemens-Betriebskrankenkasse auch in Berlin ihre 1945 dort unterbrochene Tätigkeit wieder aufnehmen.[911] Die Voraussetzungen dafür schuf das vom Bundestag verabschiedete „Gesetz zur Einführung der Selbstverwaltung auf dem Gebiet der Sozialversicherung und Angleichung des Rechts der Krankenversicherung im Land Berlin" (SKAG), das am 1. Januar 1958 in Kraft trat. Damit galten neben der Krankenversicherungsanstalt Berlin auch wieder Ersatz-, Innungs- und Betriebskrankenkassen als Träger der gesetzlichen Sozialversicherung.[912] Die Mitgliederzahl der Siemens-Betriebskrankenkasse erhöhte sich durch die Übernahme von rund 40.000 Versicherten der Berliner Betriebe auf rund 132.000 Mitglieder im Jahr 1958.[913]

---

908 Vgl. Aktenvermerk an Herrn Dr. Burhenne vom 26.4.1947, in: SAA 12398-3.
909 Vgl. dazu Schreiben von Dr. Burhenne an Herrn Meissner vom 31.1.1949, in: SAA 12398-2; vgl. zu der internen Diskussion auch Aktenvermerk an Herrn Dr. Burhenne vom 26.4.1947, in: SAA 12398-2, Aktenvermerk vom 30.12.1948, in: SAA 12398-2, Aktenvermerk vom 20.1.1949, in: SAA 12398-2.
910 Vgl. Geschäftsbericht der Siemens-Betriebskrankenkasse 1959, S. 1. Vgl. auch Aktenvermerk vom 12.3.1949, in: SAA 12398-2.
911 Vgl. Bekanntmachung: Siemens-Betriebskrankenkasse in Berlin vom 23.1.1958, in: SAA 12398-3. Die Siemens-Betriebskrankenkasse übernahm die Belegschaft von S&H, SSW, SE, SRW, DG, Vacuumschmelze und der Tela. – Aktenvermerk vom 20.1.1958, in: SAA 12398-3.
912 Vgl. ABB-Rundschreiben Nr. 4/57 vom 21.12.1957, in: SAA 12402.
913 Vgl. Geschäftsbericht der Siemens-Betriebskrankenkasse 1959, S. 1, in: SAA 14/Lg 977.

4. Von der Gesundheitsfürsorge zur Gesundheitsförderung    297

Abb. 47: Organisationsplan der Siemens-Betriebskrankenkasse
(Körperschaft öffentlichen Rechts) im Jahr 1963

|  | Vertreterversammlung |  |
|---|---|---|
|  | Vorstand |  |
|  | Geschäftsführer |  |

| Hauptverwaltung | | | | | | |
|---|---|---|---|---|---|---|
| Abteilung I Beiträge | Abteilung II Leistungen | Abteilung III Ersatzleistungen | Abteilung IV Finanzen | Abteilung V Statistik | Abteilung VI Revision | Abteilung VII Verwaltung |

| Verwaltungsstellen (VSt.) und Nebenstellen (NSt.) | | |
|---|---|---|
| Amberg | Essen | Mülheim |
| Augsburg | Frankfurt a. M. | Neustadt/Cbg. |
| Bad Neustadt/ NSt. Würzburg | Gladbeck | Nürnberg |
|  | Hamburg | Redwitz |
| Berlin | Hannover | NSt. Rodach |
| Bocholt | Heidenheim | Regensburg I |
| Braunschweig | Karlsruhe | Regensburg II |
| Bremen | Köln | Saarbrücken |
| Bruchsal | Mannheim | Speyer |
| Dortmund | München | Stuttgart |
| Düsseldorf | NSt. Hofmannstraße | Traunreut |
| Erlangen | Martinstraße Balanstraße Frankfurter Ring Meitingen | |

*Darstellung nach dem Geschäftsbericht der Siemens-Betriebskrankenkasse 1963, S. 2, in: SAA 14/Lg 977.*

Die weitere Entwicklung der Siemens-Betriebskrankenkasse ist in hohem Maße gekennzeichnet durch die staatliche Sozialgesetzgebung, die die Rahmenbedingungen für die Gestaltung der Geschäftspolitik schuf. Weitere Aufgabenstellungen bestanden im Zeitverlauf darin, den sich wandelnden Bedürfnissen der Versicherten Rechnung zu tragen, die Interessen der versicherten Mitglieder mit denen der Arbeitgeberseite zu verbinden sowie im Wettbewerb mit anderen Krankenkassen wirtschaftlich zu agieren.[914] Die 1960er Jahre brachten aufgrund der zunehmenden Möglichkeiten der elektronischen Datenverarbeitung zahlreiche Neuerungen für

---

914 Vgl. Schlusswort des Herrn Turek anlässlich der Gedenkstunde „25 Jahre Selbstverwaltung" am 29.6.1978 in Berlin, in: Geschäftsbericht der Siemens-Betriebskrankenkasse 1978, Anlage 2, in: SAA 14/Lg 977.

die Versicherten. So mussten zum Beispiel die Mitglieder der SBK ihre Krankenscheine seit 1967 nicht mehr einzeln im Kassenlokal abholen, sondern bekamen vorab ein ganzes Heft mit Krankenscheinen, das für ein Jahr Gültigkeit besaß.[915] 1970 stellte die Kasse die Praxis der „Krankenbesucher" ein, die bis dahin erkrankte Mitarbeiter zu Kontrollzwecken zuhause aufgesucht hatten.[916] Die Krankenkontrolle als einer der „schwerwiegendsten Eingriffe der betrieblichen Gesundheitspolitik in die Privatsphäre"[917] diente vorrangig dem Ziel, Missbrauch von Versicherungsleistungen und Fehlzeiten zu vermeiden. Diese als nicht mehr zeitgemäß betrachtete Praxis wurde angesichts eines gewandelten Selbstverständnisses der SBK abgeschafft, das statt der Kontroll- die Dienstleistungsfunktion in den Vordergrund stellte und den Versicherten als einen mündigen und selbstverantwortlich handelnden Menschen betrachtete.

Die Durchführung wichtiger Gesetzesvorgaben wie die Neuregelung des Rechts der Rentnerkrankenversicherung, das Lohnfortzahlungsgesetz von 1969, das auch für Arbeiter – wie bisher nur für die Angestellten – die Fortzahlung des Arbeitsentgelts in den ersten sechs Wochen einer Arbeitsunfähigkeit gesetzlich festlegte, die Krankenversicherungsänderungsgesetze von 1969 und 1970, das Leistungsverbesserungsgesetz von 1973 oder 1977, das Kostendämpfungsgesetz sowie das 20. Rentenanpassungsgesetz war mit gravierenden Auswirkungen für die Siemens-Betriebskrankenkasse verbunden, da sie in vielen Fällen zu einer Erweiterung der Aufgabenbereiche führte und auch in organisatorischer Hinsicht neue Herausforderungen bedeutete.[918] Trotz der veränderten gesetzlichen Rahmenbedingungen war es für das Unternehmen lohnenswert, eine eigene Betriebskranken-

---

915 Vgl. dazu 100 Jahre SBK – eine Zeitreise, in: Leben. Das Magazin der SBK 2/2008, S. 12.
916 Vgl. ebd.
917 Vgl. Sachse, 1990, S. 190.
918 Rede von Herrn von Hassell anlässlich der Gedenkstunde „25 Jahre Selbstverwaltung" am 29.6.1978 in Berlin, in: Siemens-Betriebskrankenkasse. Geschäftsbericht 1978, Anlage 1, in: SAA 14/Lg 977. Zum „Gesetz über die Fortzahlung des Arbeitsentgelts im Krankheitsfalle und über Änderungen des Rechts der gesetzlichen Krankenversicherung" vom 27.7.1969, vgl. Geschäftsbericht der Siemens-Betriebskrankenkasse 1970, S. 3, in: SAA 14/Lg 977. Das zum 1.1.1971 in Kraft getretene 2. Krankenversicherungsänderungsgesetz führte durch die verstärkte Einbeziehung von Früherkennungsmaßnahmen wie den Krebsvorsorgeuntersuchungen bei Erwachsenen und Früherkennungsuntersuchungen von Kindern zu einer Erweiterung des Aufgabenbereichs der Siemens-Betriebskrankenkasse. Das „Gesetz zur Weiterentwicklung des Rechts der gesetzlichen Krankenversicherung" brachte eine Dynamisierung der Versicherungspflicht- und Beitragsbemessungsgrenze in der Krankenversicherung. Vgl. Geschäftsbericht der Siemens-Betriebskrankenkasse 1971, S. 4, in: SAA 14/Lg 977. Das „Gesetz zur Verbesserung von Leistungen der gesetzlichen Krankenversicherung" sah mehrere Leistungsverbesserungen wie die Einführung eines Rechtsanspruchs auf zeitlich unbegrenzte Gewährung von Krankenhauspflege oder die Zahlung von Krankengeld bei Verdienstausfall wegen Betreuung oder Pflege eines erkrankten Kindes und den Anspruch auf unbezahlte Freistellung von der Arbeit vor. Vgl. Geschäftsbericht der Siemens-Betriebskrankenkasse 1973, S. 4, in: SAA 14/Lg 977. Das Krankenversicherungs-Kostendämpfungsgesetz brachte zum 1.7.1977 Neuregelungen in der Krankenversicherung der Rentner, Maßnahmen zur Ausgabenminderung und Einnahmensteigerung in der Krankenversicherung, strukturelle Änderungen zur Stabilisierung und Weiterentwicklung der Krankenversicherung. Das 20. Rentenanpassungsgesetz begrenzte die Zuschüsse der Rentenversicherungsträger zu den Kosten der Krankenver-

## 4. Von der Gesundheitsfürsorge zur Gesundheitsförderung

kasse zu unterhalten, die als ein Instrument des betrieblichen Gesundheitswesens eingebunden war in ein – in den Folgekapiteln noch darzustellendes – umfassendes System der Gesundheitsvorsorge, das sich konkret an den unternehmensspezifischen Erfordernissen orientierte. Die Vorteile für das Unternehmen bestanden im Betrachtungszeitraum gegenüber einer gesetzlichen Krankenkasse in der Möglichkeit einer gezielten Ausrichtung gesundheitserhaltender und leistungsfördernder Maßnahmen auf die speziellen Bedürfnisse und Krankheitsbilder im Unternehmen. Damit sollten präventiv krankheitsbedingte Ausfälle verhindert, die Zahl der Arbeitsunfälle verringert, die Produktivität erhöht und Kosten gesenkt werden. Eine Ausarbeitung des Deutschen Industrieinstituts aus dem Jahr 1955 umschreibt die Funktion der Betriebskrankenkasse als „Mittlerin und Bindeglied zwischen Unternehmer und Arbeitnehmer, da sie durch ihre Zusammenarbeit mit dem [...] Sozialarzt und der Werksfürsorgerin vorsorgend und helfend den gesundheitlichen und sozialen Nöten und Schwierigkeiten der Versicherten zur Seite steht, deren Kraft des beruflichen Einsatzes für den Betrieb von großer Bedeutung ist."[919]

Dabei nahm die Betriebskrankenkasse auch Kontrollfunktionen wahr, wie die Maßnahmen zur Reduzierung des außerordentlich hohen Krankenstands zeigen, der bei Lohnempfängern zwischen der zweiten Jahreshälfte 1956 und der zweiten Jahreshälfte 1958 von 4,5 Prozent auf 6,4 Prozent, also um fast 50 Prozent, angestiegen war.[920] Dagegen hatten sich bei den Angestellten die Krankenzahlen im selben Zeitraum von 2,94 Prozent auf 2,85 Prozent reduziert. Eine Ursache für den erhöhten Krankenstand wurde in der Grippeepidemie im Herbst 1957 gesehen, allerdings hatten sich die Krankenzahlen auch nach dem Ende der Grippewelle nicht wieder normalisiert.[921] Schritte wie der verstärkte Einsatz des betriebsärztlichen Dienstes und schnelle Vorladungen zum Vertrauensarzt, insbesondere der Beschäftigten mit weniger als dreijähriger Betriebszugehörigkeit, bei denen besonders hohe Fehlzeiten konstatiert wurden, ein verstärkter und planmäßiger Einsatz von Mitarbeitern der Siemens-Betriebskrankenkasse als unangemeldete Krankenbesucher an arbeitsfreien Tagen, die konsequente Verhängung von Ordnungsstrafen bei Verstößen bis hin zur Entlassung von Beschäftigten mit wiederholten oder langen, nachweislich unberechtigten Fehlzeiten sowie der Appell an die Solidarität der Mitglieder der SBK trugen dazu bei, den Krankenstand bis Mitte 1959 wieder zu reduzieren und den auch in der Folgezeit zunehmenden Aufwand für gesundheitsbezogende Initiativen zu legitimieren.[922]

---

sicherung der Rentner auf 11 % (vorher 18 %) der Rentenausgaben. Vgl. Geschäftsbericht 1977, in: SAA 14/Lg 977.
919 Vgl. Ausarbeitung des Deutschen Industrieinstituts „Die Betriebskrankenkassen" vom 4.5.1955, in: SAA 12403.
920 Vgl. Lüders, Peter-Jürgen: Die Siemens-Betriebskrankenkasse vor schweren Entscheidungen, in: Siemens-Mitteilungen, 9/1959, S. 5.
921 Vgl. Schreiben der Siemens-Betriebskrankenkasse an die Mitglieder vom Januar 1959 als Anlage zu SozPolAbt-Rundschreiben Nr. 405, Erlangen, 2. Februar 1959, in: SAA 12398-4.
922 Vgl. Niederschrift der SozPolAbt. über die Besprechung mit den Leitern der Lohnbüros in Berlin am 16.6.1959, in: SAA 12398-4. Dennoch wurde ab 1. Oktober 1959 eine Erhöhung der Beitragssätze von 8,2 Prozent auf 8,5 Prozent für Lohnempfänger und von 5,2 Prozent auf 5,4 Prozent für Angestellte als notwendig erachtet. Vgl. Aktennotiz der Sozialpolitischen Ab-

Durch die in den meisten Fällen gewährleistete räumliche Nähe zwischen der Kassenverwaltung und den Betrieben konnten verwaltungstechnische Angelegenheiten zwischen den Versicherten und der Kasse vereinfacht, beschleunigt und für die Versicherten praktikabler gestaltet werden. Da sich im Betrachtungszeitraum die Kassenmitglieder nur aus dem Unternehmen rekrutierten, wurde auch eine gewisse soziale Kontrolle gewährleistet. So appellierten Vorstand und Vertreterversammlung angesichts anhaltender, auffällig hoher Krankenzahlen im Sommer 1959 an die Solidarität der Versicherten und forderten insbesondere die älteren Mitglieder auf, „die jüngeren, wo es not tut, darüber aufzuklären, daß sie die Gemeinschaft aller Versicherten schädigten, wenn sie Kassenleistungen unberechtigt in Anspruch nehmen".[923] Zugleich trug die unternehmenseigene Krankenkasse ebenso wie die betriebliche Altersversorgung als Versorgungsinstrument zur Stärkung der Firmenverbundenheit und zur Erhöhung der Identifikation mit dem Unternehmen bei.

Hinzuweisen ist auch auf die größere Effizienz der Betriebskrankenkasse aufgrund flacher Hierarchien und geringerer Verwaltungskosten, die sich für die Versicherten in niedrigeren Beitragssätzen ausdrückten. So warb die Siemens-Betriebskrankenkasse mit den im Vergleich zu den allgemeinen Ortskrankenkassen, Innungskassen oder Ersatzkassen für Angestellte niedrigeren Beitragssätzen bei wesentlich höheren Leistungen, die darauf beruhten, dass erheblich geringere Verwaltungskosten entstanden, weil diese nicht von den Mitgliederbeiträgen, sondern vom Unternehmen getragen würden.[924] Die allgemeinen Beitragssätze betrugen zum Beispiel in der Zeit zwischen 1981 und 1987 bei der SBK zwischen 8,6 und 9,8 Prozent des Grundlohns, während die Sätze der Ortskrankenkassen, Innungskrankenkassen, Ersatzkassen für Angestellte und der anderer Betriebskrankenkassen im selben Zeitraum zwischen 10,2 und 13,1 Prozent variierten.[925]

Die hohen Mitgliederzahlen weisen auf die Popularität der SBK bei den Mitarbeitern hin. Sie vervielfachten sich von 53.250 Personen im Jahr 1953 auf rund 229.000 Mitglieder 1971 und 293.350 Personen im Jahr 1986.[926] Dies entsprach 1953 der Hälfte der Belegschaft in Deutschland und 1971 betrug der Anteil sogar 98 Prozent. Zu diesen Mitgliederzahlen musste noch ungefähr die gleiche Anzahl an mitversicherten Familienangehörigen addiert werden, um die Gesamtzahl der insgesamt von der SBK betreuten Personen zu erhalten. Damit führte Siemens in den 1980er Jahren die bei weitem größte Betriebskrankenkasse der deutschen Industrie.[927] Die Entwicklung der Anzahl der SBK-Mitglieder erfolgte analog zur Entwicklung der Siemens-Mitarbeiterzahlen und stand in enger Relation zur kon-

teilung, Erlangen, 27.5.1959, in: SAA 12398-4, und Besprechung über die Siemens-Betriebskrankenkasse, Krankenstand am 8. August 1958, in: SAA 12398-4.

923 Vgl. Aufruf des Vorstands und der Vertreterversammlung der Siemens-Betriebskrankenkasse, München, im Januar 1959 als Anlage zu SozPolAbt-Rundschreiben Nr. 405 vom 2.2.1959, in: SAA 12398-4.
924 Vgl. Geschäftsbericht der Siemens-Betriebskrankenkasse 1986, S. 19, in: SAA 15940.
925 Vgl. ebd.
926 Eigene Darstellung, zusammengestellt nach Angaben in den Geschäftsberichten der Siemens-Betriebskrankenkasse 1953, 1971 und 1986, in: SAA 14/Lg 977. Es gilt immer der Stand zum 31.12. des jeweiligen Jahres.
927 Vgl. „75 Jahre Siemens-Betriebskrankenkasse (1908–1983)", in: SAA 14/Li 263.

junkturellen Entwicklung. So war der augenfällige Anstieg der Mitgliederzahlen 1958 auf die bereits erwähnte Übernahme von Berliner Belegschaftsangehörigen zurückzuführen. Die Ursache für den Mitgliederrückgang in den Jahren 1966, 1967 sowie 1975 und 1977 ist auf konjunkturelle Einbrüche und damit verbundene rückläufige Beschäftigtenzahlen in den meisten Betrieben der Siemens AG zurückzuführen.[928]

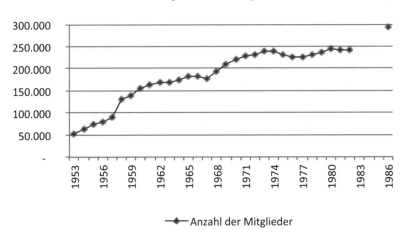

Abb. 48: Entwicklung der SBK-Mitgliederzahlen (1953–1986)

*Eigene Darstellung, zusammengestellt nach SBK-Geschäftsberichten 1953–1983, 1986, in: SAA 14/Lg 977 und SAA 15940 (Geschäftsbericht 1986). Keine Angaben für die Jahre 1983–1985 und 1987–1989 aufgrund fehlender Geschäftsberichte.*

Neben der allgemeinen Erhöhung der Mitgliederzahlen im Untersuchungszeitraum stiegen auch die Leistungsausgaben je Mitglied (ohne Rentner) an. Sie erhöhten sich von 191 DM im Jahr 1953 auf 1.192 DM im Jahr 1979 – also auf ungefähr das Zehnfache innerhalb von 16 Jahren. Diese Steigerung entsprach der Entwicklung der Arzthonorare pro Mitglied von 38 DM 1953 auf 382 DM 1979.[929] Gleichzeitig wuchsen auch die Ausgaben für Medikamente und die Krankenhausbetreuung um ein Vielfaches.

---

928 Vgl. dazu die Geschäftsberichte der Siemens-Betriebskrankenkasse 1966, 1967, 1975, 1977, in: SAA 14/Lg 977.
929 Vgl. Geschäftsberichte der Siemens-Betriebskrankenkasse 1953–1979 und Geschäftsbericht 1978, Anlage 1, in: SAA 14/Lg 977.

Abb. 49: Entwicklung der Leistungsausgaben je Mitglied (ohne Rentner) in DM (1953–1979)

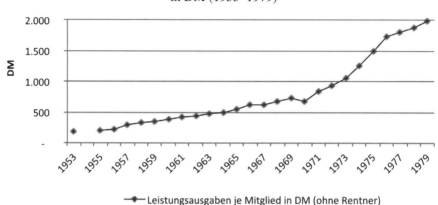

Eigene Darstellung, zusammengestellt nach Geschäftsberichten der Siemens-Betriebskrankenkasse 1953–1979, in: SAA 14/Lg 977. Keine Angaben für das Jahr 1954.

Die Betriebskrankenkasse ist ein traditionelles Organ der betrieblichen Selbstverwaltung. Die paritätisch aus Vertretern der Versicherten und des Arbeitgebers besetzte Selbstverwaltung der SBK stellte ein wichtiges Grundprinzip für die Arbeit der Betriebskrankenkasse dar, das eine versicherten- und praxisnahe Betreuung gewährleisten sollte. Satzungsgemäß wechselten sich der Vertreter der Versicherten und der Vertreter des Arbeitgebers alle anderthalb Jahre im Vorsitz ab.[930] Da nur Unternehmensangehörige als Mitglieder in die Verwaltungsorgane entsendet werden durften, konnten besondere Kenntnisse und Erfahrungen über die Verhältnisse in den Betrieben und die Belange der Mitarbeiter eingebracht werden, die als eine wichtige Voraussetzung für zielgruppengerechte Entscheidungen angesehen wurden.[931]

Die Siemens-Betriebskrankenkasse war eingebunden in ein umfassendes und ganzheitliches System der betrieblichen Gesundheitsvorsorge, das die gesundheitliche Betreuung aller Betriebsangehörigen am Arbeitsplatz, die Unterhaltung von Erholungsheimen, Arbeitsschutzmaßnahmen, Erste-Hilfe-Einrichtungen, die Gewährung von Beihilfen bei Kuren und Heilmitteln und die Versicherung von Pensionären bei Erkrankungen einschloss. Die Durchführung von Maßnahmen der Krankenkasse erfolgte im Einvernehmen mit allen mit der gesundheitlichen Betreuung der Mitarbeiter befassten Unternehmenseinrichtungen wie der betriebsärztlichen Dienststelle, der Betriebspflege oder der Altersfürsorge und sollte damit optimal auf die individuelle Situation der Erkrankten abgestimmt werden. 1989 übernahm die SBK-Leitung die Federführung in den ab 1989 im Unternehmen verankerten Ar-

---

930 Vgl. Geschäftsbericht der Siemens-Betriebskrankenkasse 1980, S. 3, in: SAA 14/Lg 977.
931 Vgl. Rede von Herrn von Hassell anlässlich der Gedenkstunde „25 Jahre Selbstverwaltung" am 29.6.1978 in Berlin, in: Siemens-Betriebskrankenkasse. Geschäftsbericht 1978, Anlage 1, in: SAA 14/Lg 977.

beitskreisen Gesundheit und erfüllte damit eine integrierende Funktion im System der betrieblichen Gesundheitspolitik.[932]

### 4.2 Prävention und Gesundheitsförderung nach 1945

„Die früheren Firmeneinrichtungen auf dem Gebiete der Gesundheitsfürsorge dienten zugleich den beschäftigten Belegschaftsmitgliedern wie auch den betrieblichen Interessen",[933] heißt es in einer Ausarbeitung der Sozialpolitischen Abteilung im Jahr 1949. Viele der etablierten Einrichtungen wurden nach dem Zweiten Weltkrieg wieder aufgebaut, aber auch neue, dem Wandel der Arbeitswelt entsprechende Maßnahmen etabliert. Dabei ging es vor allem darum, hohe Krankenziffern zu reduzieren, Arbeitsunfälle zu vermeiden und durch die Stärkung von Gesundheit und Arbeitszufriedenheit wichtige Voraussetzungen für die Produktivität und den Erfolg des Unternehmens zu schaffen.

#### *4.2.1 Die betriebsärztliche Versorgung*

*4.2.1.1 Wiederaufbau und Ausbau des betriebsärztlichen Dienstes*

Die Arbeit der betriebsärztlichen Dienststellen, deren Ursprung auf den bereits 1907 bei Siemens gegründeten fabrikärztlichen Bereitschaftsdienst zurückgeht,[934] konnte nach Kriegsende aufgrund der Zerstörungen und Plünderungen der medizinischen Einrichtungen erst allmählich wieder aufgenommen werden. Ende 1945 wurde in Berlin für die SSW- und die S&H-Betriebe jeweils eine betriebsärztliche Stelle eingerichtet, die sich mit Einstellungsuntersuchungen, betriebsärztlichen Überwachungen sowie gewerbehygienischen Fragestellungen befasste.[935] Ende 1950 bestanden am Standort Berlin bereits fünf Dienststellen, die von einem hauptamtlich und vier nebenamtlich beschäftigten Betriebsärzten betreut wurden.[936] In Nürnberg war ebenfalls ein nebenamtlich angestellter Betriebsarzt im Einsatz, in München konnte erst 1950 wieder eine nebenamtlich besetzte betriebsärztliche

---

932 Vgl. dazu ZP-Rundschreiben Nr. 9/90 vom 6.12.1989, in: SAA 14/Lt 337.
933 Vgl. Gesetzliche und freiwillige soziale Aufwendungen des Hauses Siemens, Ausarbeitung der Sozialpolitischen Abteilung der Siemens & Halske AG, 1949, S. 2, in: SAA 12398-2.
934 1907 folgte die Gründung eines fabrikärztlichen Bereitschaftsdienstes durch den Abschluss von Verträgen mit frei praktizierenden Ärzten. 1935 richtete das Unternehmen im Kabelwerk in Siemensstadt die erste dauerhaft dort ansässige betriebsärztliche Dienststelle ein, 1941 bestanden 14 betriebsärztliche Dienststellen in allen größeren Werken des Unternehmens, die 16 hauptamtliche und vier nebenamtliche Betriebsärzte beschäftigten. Vgl. Soziale Arbeit des Hauses Siemens, S. 38, in: SAA 10704. Bereits 1888 hatte Werner von Siemens erstmals einen Vertrauensarzt bestellt, der mit der ärztlichen Betreuung erkrankter Belegschaftsangehöriger beauftragt wurde. Vgl. dazu Burhenne, 1932, S. 79.
935 Vgl. dazu „Betriebsärztlicher Dienst Berlin-Siemensstadt", Ausarbeitung vom 26.1.1948, in: SAA 12406-1.
936 Vgl. Schreiben des Personalreferats vom 4.12.1950 btr. Reportage, in: SAA 12406-1.

Dienststelle etabliert werden, an weiteren Standorten wie in Bocholt, Bruchsal, Heidenheim oder Speyer waren zum selben Zeitpunkt entsprechende Stellen im Aufbau.[937]

Die formelle Grundlage für eine flächendeckende Wiederaufnahme der werksärztlichen Tätigkeit nach dem Zweiten Weltkrieg bildete eine zwischen der Vereinigung der Arbeitgeberverbände, dem Deutschen Gewerkschaftsbund und der Werksärztlichen Arbeitsgemeinschaft am 3. Juni 1950 freiwillig abgeschlossene Vereinbarung, die den werksärztlichen Dienst als „ein wichtiges Mittel zur Verstärkung und Verbesserung des Arbeits- und Gesundheitsschutzes der werktätigen Bevölkerung"[938] betrachtete und in der die Arbeitgeberverbände die Verpflichtung übernahmen, ihren Mitgliedern die Einstellung von Werksärzten – der Größe des jeweiligen Unternehmens gemäß – zu empfehlen. In Anlehnung an die dazu veröffentlichten „Richtlinien für die Werksärztliche Tätigkeit"[939] erarbeiteten Siemens-Unternehmensstellen in Abstimmung mit dem Gesamtbetriebsrat Berlin und der Arbeitgebergemeinschaft der Betriebsräte in den Westzonen einheitliche „Richtlinien für den betriebsärztlichen Dienst in den Siemens-Betrieben", die per Rundschreiben vom 30. Juni 1951 bekannt gegeben wurden und die die Aufgabenfelder der betriebsärztlichen Dienststellen umrissen. Im direkten Kontakt mit den Beschäftigten umfassten sie:[940]

– Eignungsuntersuchungen für neu eingestellte Arbeiter, Angestellte und Lehrlinge
– Überprüfung der Notwendigkeit des Arbeitsplatzwechsels aus gesundheitlichen Gründen
– Erste ärztliche Hilfe bei Betriebsunfällen und bei Notfällen
– Regelmäßige Überwachung des allgemeinen Gesundheitszustands der Belegschaft, insbesondere durch Reihenuntersuchungen und bei Beschäftigten, die aufgrund ihrer Tätigkeit einer laufenden Kontrolle bedürfen
– Ärztliche Beratung arbeitsfähiger Betriebsangehöriger im Betrieb, soweit diese im Interesse des Betriebsangehörigen und des Betriebs in dringenden Fällen erforderlich ist
– Beratung in Fragen der Gesundheitsführung
– Überprüfung des Gesundheitszustands bei Erholungsverschickungen
– Durchführung von Pensionierungsuntersuchungen

Darüber hinaus ging es um Beratungs-, Kontroll- und Verwaltungsaufgaben:
– Beratung der Betriebsleitung in Fragen des Gesundheits- und Arbeitsschutzes
– Beratung in Fragen der betrieblichen Zusammenarbeit

---

937 Vgl. Schreiben der Sozialpolitischen Abteilung an Herrn Sonnenschein (SozPolAbt. Siemensstadt) btr. Betriebsärztliche Dienststelle vom 8.8.1951, in: SAA 12406-1.
938 Vgl. Aktenvermerk der Sozialpolitischen Abteilung btr. Gesundheitsfürsorge vom 10.8.1950, in: SAA 12407.
939 Vgl. dazu auch die „Richtlinien für die werksärztliche Tätigkeit" vom 17.3.1951 (aufgestellt vom Arbeitsausschuss gemäß § 10 der Vereinbarung über den Werksärztlichen Dienst vom 3. Juni 1950), in: SAA 12800.
940 Vgl. SozPolAbt-Rundschreiben Nr. 124 vom 30.6.1951, in: SAA 14/Lt 337-1.

– Überwachung der hygienischen Verhältnisse im Betrieb (Küchen, sanitäre Anlagen, Garderoben)
– Überwachung des Verbandsraums und des dort beschäftigten Personals

Der Schwerpunkt der betriebsärztlichen Tätigkeit lag gemäß dem arbeitsmedizinischen Ansatz auf der Prävention, der Erkennung, Verhütung und Behandlung beruflich bedingter Krankheiten; demzufolge hatten vorbeugende Maßnahmen der Gesundheitsvorsorge gegenüber der reinen Heilbehandlung, die dem Hausarzt überlassen blieb, Priorität.[941] Die darüber hinaus vorgenommenen ambulanten Behandlungen leichter Krankheiten hatten insbesondere in den Wiederaufbaujahren die Funktion, längere Ausfallzeiten, die das Aufsuchen eines externen Arztes mit sich gebracht hätte, zu verhindern und damit den Produktionsprozess zu fördern.[942]

Die Größe, Ausstattung und personelle Besetzung der betriebsärztlichen Dienststellen war abhängig von der Anzahl und Zusammensetzung der am entsprechenden Standort beschäftigten Mitarbeiter, der Art, Struktur und räumlichen Ausdehnung des Betriebs sowie dem dort vorhandenen Gefahrenpotential (Säuren, Lösemittel, radioaktive Stoffe etc.).[943] Das Anforderungsprofil an neu zu beschäftigende Betriebsärzte sah eine mehrjährige klinische Tätigkeit und ärztliche Praxis sowie fachliche Qualifikationen und Erfahrungen auf arbeitsmedizinischem Gebiet vor.[944] Sie sollten sich durch regelmäßige Betriebsbegehungen über die Arbeitsplatzverhältnisse informieren und in das Betriebsgeschehen integriert sein, „sich dem Hause möglichst eng verbunden fühlen, um ein Höchstmaß an Vertrauen in der Belegschaft und damit einen Erfolg in der ärztlichen Betreuung zu erreichen".[945] Auch wenn ein vertrauensvolles Verhältnis zwischen Betriebsarzt und Beschäftigten angestrebt wurde, ist zu berücksichtigen, dass Betriebsärzte auch eine Kontrollfunktion einnehmen und gegenüber dem Unternehmen als Arbeitgeber verpflichtet sind. Der Betreuungsschlüssel lag bei durchschnittlich 2.000 bis 3.000, maximal bis 4.000 Belegschaftsangehörigen je hauptamtlich eingesetztem Betriebsarzt, der als fester Siemens-Angestellter in die Gehaltsskala eingruppiert wurde. Für einen Betrieb mit einer Belegschaftsgröße von bis zu 2.000 Mitarbeitern war ein nebenberuflicher Betriebsarzt als freier Mitarbeiter mit einer wöchentlichen Arbeitszeit von 20 Stunden vorgesehen; Letzterer konnte darüber hinaus noch über eine eigene Praxis verfügen oder als Kassenarzt tätig sein.[946]

---

941 Vgl. dazu Arbeitstagung der Betriebsärzte am 20./21. Mai 1955 als Anlage zum SozPolAbt-Schreiben vom 13.6.1955, in: SAA 12405, sowie Vortragsmanuskript von Dr. H.-G. Schmidt anlässlich der Betriebsversammlung DW am 15.6.1961: „Gesundheitsvorsorge im Betrieb, Aufgaben des Betriebsarztes", S. 1 f., in: SAA 12406-1.
942 Vgl. „Betriebsärztlicher Dienst Berlin-Siemensstadt", Ausarbeitung vom 26.1.1948, S. 4, in: SAA 12406-1.
943 Vgl. Richtlinien für die Einrichtung betriebsärztlicher Dienststellen vom 1.1.1967, in: SAA 12803.
944 Vgl. SozPolAbt-Rundschreiben Nr. 124 vom 30.6.1951, in: SAA 14/Lt 337-1.
945 Vgl. Aktenvermerk der Sozialpolitischen Abteilung, Siemensstadt vom 1.11.1951, S. 1, in: SAA 12407-1.
946 Hauptamtlich beschäftigte Betriebsärzte wurden in der Regel wie außertarifliche Angestellte und nach einem Jahr Erprobung wie Normalbeteiligte behandelt. Das Honorar der nebenberuflichen Betriebsärzte, für die bevorzugt Fachärzte für Innere Krankheiten eingestellt wurden,

Das nach dem Zweiten Weltkrieg angestrebte Ziel der Unternehmensleitung, an allen größeren Standorten reguläre betriebsärztliche Dienststellen zu etablieren, war bereits Ende 1953 erreicht. Zu diesem Zeitpunkt arbeiteten bei einer Belegschaft von rund 106.000 Mitarbeitern bei S&H, SSW und den Tochtergesellschaften im Inland insgesamt 33 haupt- und nebenberufliche Betriebsärzte, davon 25 im Bundesgebiet und acht in Berlin; dies entsprach einem Betreuungsschlüssel von rund 3.200 Mitarbeitern je Betriebsarzt.[947] Im Vergleich dazu beschäftigte zum Beispiel die Daimler-Benz AG im Jahr 1956 fünf hauptamtliche Betriebsärzte bei einer Mitarbeiterzahl von rund 49.000 Beschäftigten, das heißt, auf einen Betriebsarzt entfiel die Betreuung von 9.800 Mitarbeitern – das waren fast dreimal so viele wie bei Siemens.[948] Bis 1968 hatte sich die Zahl der bei Siemens eingesetzten Betriebsärzte gegenüber 1953 mehr als verdoppelt: In diesem Jahr waren bereits 72 Betriebsärzte in Deutschland für Siemens bei 211.000 Beschäftigten im Inland tätig; davon 35 haupt- und 37 nebenberuflich.[949] Damit lag das Unternehmen sowohl in Bezug auf die Anzahl seiner Betriebsärzte als auch hinsichtlich seines Betreuungsschlüssels mit knapp 3.000 Belegschaftsmitgliedern je Betriebsarzt an der Spitze deutscher Großunternehmen.[950] Mit der vergleichsweise engmaschigen betriebsärztlichen Betreuung sowie weiteren gesundheitsbezogenen Kontrollmaßnahmen sollten hohe Krankenzahlen verhindert, Arbeitsunfälle vermieden und damit Kosten eingespart werden.

### 4.2.1.2 Prävention als zentrale arbeitsmedizinische Aufgabe

„Schutz und Erhaltung der menschlichen Arbeitskraft ist für die Produktivität genau so bedeutungsvoll wie Forschung, Entwicklung und die eigentliche Produktion"[951] – so der Siemens-Betriebsarzt Dr. med. H.G. Schmidt in einem Referat über die Erhaltung der Leistungsfähigkeit als Aufgabe des Betriebsarztes anlässlich der Betriebsärztlichen Arbeitstagung in Bad Berneck 1966. Die Funktionen der Betriebsärzte beschränkten sich daher nicht allein auf die Untersuchung des Gesundheitszustands und die Einleitung präventiver Maßnahmen zur Krankheitsvermeidung, sondern es gehörte darüber hinaus auch zu ihren Aufgaben, in enger Zusammenarbeit mit der Personalabteilung, mit Sicherheitsingenieuren und Betriebsfürsorgerinnen „dafür zu sorgen, dass der ‚richtige Mann' an den ‚richtigen Platz'

---

ist an die Bezüge der Hauptberuflichen Betriebsärzte angeglichen worden. Vgl. Schreiben der Zentral-Personalverwaltung an die Herrn Vorstandsmitglieder und Generalbevollmächtigten von S & H und SSW vom 13.3.1957, in: SAA 12406-2.

947 Vgl. Niederschrift über die Arbeitstagung der Betriebsärzte vom 27./28. November 1953 als Anlage zum SozPolAbt-Schreiben vom 18.3.1954, in: SAA 12406-2.
948 Vgl. Osswald, 1986, S. 21, 135.
949 Vgl. Niederschrift über die Besprechung der Betriebsärzte mit dem Ausschuss der SBK am 19.3.1968 in München, S. 1, in: SAA 12405.
950 Vgl. ebd.
951 Vgl. Rundschreiben Nr. 110 an die Damen und Herren des Betriebsärztlichen Dienstes btr. Betriebsärztliche Arbeitstagung 1966 in Bad Berneck vom 16. Januar 1967, S. 4, in: SAA 12800.

## 4. Von der Gesundheitsfürsorge zur Gesundheitsförderung

gelange, die Leistungsfähigkeit des Menschen durch Anpassung der Arbeit an den Menschen erhalten und die Anpassungsvorgänge des Menschen an die Arbeit gefördert würden."[952] Prävention, Arbeitsschutz, Arbeitssicherheit und Arbeitsgestaltung gehören daher zu den klassischen Einsatzfeldern der Arbeitsmedizin.

Daher hatten die Einstellungsuntersuchungen eine besondere Bedeutung für die betriebsärztliche Tätigkeit bei Siemens. Denn dabei ging es neben der Feststellung der gesundheitlichen Verfassung „im Interesse der Leistungssteigerung des Unternehmens"[953] vor allem um die Frage nach der Eignung für eine bestimmte Arbeit und die dafür zu erbringenden Leistungen. Der Betriebsarzt interessiere sich „weniger für die Tatsache Gesundheit – Krankheit, als vielmehr für die Frage nach der Eignung im Zusammenhang mit einer bestimmten Arbeit und der zu fordernden Eignung zum derzeitigen, aber auch späteren Zeitpunkt"[954] – so heißt es auf der Jahrestagung der Siemens-Betriebsärzte im Jahr 1966. Daher seien nicht nur Kenntnisse über das Betriebsgeschehen, die Arbeitsplätze und die zu fordernden Leistungen in einer sich wandelnden Arbeitswelt eine unabdingbare Voraussetzung für die Tätigkeit der betriebsärztlichen Dienststellen, sondern auch die Mitwirkung in Fragen der Arbeitsgestaltung eine wichtige Herausforderung einer erfolgreichen betriebsärztlichen Gesundheitsvorsorge.[955]

Noch vor dem Erlass einer gesetzlichen Grundlage für den betriebsärztlichen Dienst führten verschiedene Entwicklungen auf dem Fachgebiet der Arbeitsmedizin, praktische Erfahrungen der Betriebsärzte sowie Empfehlungen des Bundesministers für Arbeit und Sozialordnung 1968 zu einer Neufassung der „Richtlinien für den betriebsärztlichen Dienst im Hause Siemens".[956] Im Zentrum der betriebsärztlichen Arbeit standen weiterhin die Präventivmaßnahmen, flankiert von Notfallmaßnahmen wie Erste Hilfe bei Unfällen und akuten Erkrankungen oder Schulungen entsprechender Helfer sowie Rehabilitationsmaßnahmen. Dazu gehörten Untersuchungen und ärztliche Hilfe bei der Wiedereingliederung nach Unfällen oder längerer Krankheit sowie die Auswahl von Mitarbeitern zu Kuren. Zu den neu hinzugekommenen Aufgabenbereichen zählten die Mitarbeit bei Maßnahmen des Frauen- und Jugendarbeitsschutzes sowie bei der Betreuung von Schwerbeschädigten oder die Beratung in Fragen der Gemeinschaftsverpflegung als vorbeugende Gesundheitsvorsorge.[957] Die Schwerpunktverschiebung von der ärztlichen Erstversorgung zur Präventivmedizin spiegelt auch die Entwicklung der betriebsärztlichen Tätigkeit in anderen Unternehmen.[958]

Die Einstellungsuntersuchungen, die zu den wichtigsten Aufgaben der Betriebsärzte gehörten, gewannen mit dem am 1. Januar 1970 in Kraft getretenen

---

952 Vgl. ebd.
953 Vgl. Rundschreiben Nr. 131 an die Damen und Herren des Betriebsärztlichen Dienstes btr. Betriebsärztliche Arbeitstagung 1968 vom 8. April 1969, S. 4, in: SAA 12802.
954 Vgl. Rundschreiben Nr. 110 an die Damen und Herren des Betriebsärztlichen Dienstes btr. Betriebsärztliche Arbeitstagung 1966, S. 4, in: SAA 12802.
955 Vgl. ebd., S. 5.
956 Vgl. SozPol-Rundschreiben Nr. 698 vom 17. 7.1968, in: SAA 14/Lt 337-2.
957 Vgl. SozPol-Rundschreiben Nr. 698 vom 17. 7.1968, in: SAA 14/Lt 337-2.
958 Vgl. zum Beispiel bei Daimler-Benz, dazu Osswald, 1986, S. 135.

Lohnfortzahlungsgesetz, das den Arbeitgeber verpflichtete, bei Arbeitsunfähigkeit infolge von Krankheit oder Unfall sowie bei Kuraufenthalten den Bruttolohn bis zu sechs Wochen fortzuzahlen, einen noch höheren Stellenwert für das Unternehmen. Die Beurteilung der Tauglichkeit wurde sehr viel differenzierter als vorher vorgenommen und eine Einstellung in jedem Fall vom Ergebnis der Einstellungsuntersuchung abhängig gemacht, um Arbeitsausfälle und Fehlzeiten aufgrund vorhersehbarer Erkrankungen zu vermeiden.[959] Damit sollte nicht zuletzt dem in den 1960er Jahren aufgrund des Arbeitskräftemangels eingetretenen Trend einer weniger strengen Beurteilung der gesundheitlichen Arbeitstauglichkeit, infolge derer „praktisch alle Personen, die ärztlicherseits nicht als absolut untauglich bezeichnet werden, doch eingestellt"[960] wurden, Vorschub geleistet werden.

Lag die Ausgestaltung der betriebsärztlichen Versorgung als freiwillige Sozialleistung bis zum Beginn der 1970er Jahre im Ermessen des Unternehmens, so stellte das am 1. Dezember 1974 in Kraft getretene „Gesetz über Betriebsärzte, Sicherheitsingenieure und andere Fachkräfte für Arbeitssicherheit" (Arbeitssicherheitsgesetz) die Einrichtung und Aufgaben des betriebsärztlichen Dienstes auf eine gesetzliche Grundlage.[961] Dieser arbeitsrechtlich schwerwiegende Einschnitt hatte für die betriebsärztliche Praxis bei Siemens allerdings keine große Bedeutung. Das Unternehmen stand diesem Gesetz zwar ablehnend gegenüber, weil „damit unsere freiwillig geschaffenen und vorbildlich gestalteten Einrichtungen in Rechtsnormen gezwängt"[962] würden, darüber hinaus würde für die Zukunft „der Spielraum eingeschränkt, die arbeitsmedizinische Betreuung der Mitarbeiter nach unseren Vorstellungen fortzuentwickeln"[963]. Auf der anderen Seite sei durch diese gesetzliche Reglementierung die bisherige arbeitsmedizinische Betreuung der Mitarbeiter jedoch nicht erheblich tangiert, da der betriebsärztliche Aufgabenbereich nun in einer Form verbindlich abgesteckt worden sei, die sich mit den bereits bestehenden firmeninternen Richtlinien, Festlegungen und Grundsätzen deckten. Das oben genannte Gesetz von 1974 betraf ebenfalls den komplexen Bereich des Arbeitsschutzes, der bei Siemens seit 1904, als in Berlin eine „Kommission zur Förderung der Unfallverhütungstechnik" gegründet wurde, abgedeckt war. Klar festgelegte Zuständigkeiten und zahlreiche Bestimmungen zu den sicherheitstechnischen, arbeits-

---

959 Die Tauglichkeitsprüfung wurde nach folgenden Abstufungen vorgenommen: „tauglich, tauglich für den vorgesehenen Arbeitsplatz, nicht tauglich für den vorgesehenen Arbeitsplatz, aber anderweitig einsetzbar, tauglich unter bestimmten Voraussetzungen, weniger tauglich, z. Zt. nicht tauglich, untauglich." Vgl. Rundschreiben Nr. 134 an die Damen und Herren des Betriebsärztlichen Dienstes vom 26. Januar 1970, in: SAA 12802.
960 Vgl. Betriebsärztlicher Dienst des Hauses Siemens, Jahresbericht 1964/65, S. 4, in: SAA 12408-1.
961 Vgl. dazu ZP-Rundschreiben Nr. 11/75 vom 7.11.1974, in: SAA 12801. Vgl. dazu auch Bamberg, Eva / Ducki, Antje / Greiner, Birgit: Betriebliche Gesundheitsförderung: Theorie und Praxis, Anspruch und Realität, in: Georges Steffgen (Hg.): Betriebliche Gesundheitsförderung. Göttingen/Bern/Toronto/ Seattle/Oxford, Prag 2004, S. 12.
962 Vgl. Aussage des Personalvorstandes von Oertzen, in: Mitteilung Nr. 170 an die Damen und Herren des Betriebsärztlichen Dienstes vom 16.8.1974, S. 1 f., in: SAA 12802.
963 Vgl. Aussage des Leiters des Hauptbereichs Sozialpolitik, Anton Michel, in: o.V.: 25 Jahre hineingeschaut, in: Siemens-Mitteilungen 7/1976, S. 6.

medizinischen und hygienischen Anforderungen sollten dazu beitragen, die Arbeitsstätten unfallsicher zu gestalten, die Mitarbeiter über mögliche Gefahren zu informieren und eine wirkungsvolle Organisation des Arbeitsschutzes im Unternehmen zu gewährleisten.[964]

*4.2.2 Menschengerechte Gestaltung der Arbeit*

Bereits 1966 wiesen Siemens-Betriebsärzte auf ihrer jährlichen Arbeitstagung darauf hin, dass „die Mechanisierung und Automatisierung [...] ein Umdenken und die Intensivierung des betriebsärztlichen Dienstes im Hinblick auf Arbeitsplatz, Arbeitsumwelt, Haltung des Menschen bei der Arbeit"[965] erfordere. Damit rückten das Themenfeld der menschengerechten Gestaltung der Arbeit und die Möglichkeiten der betriebsärztlichen Mitwirkung daran in den Vordergrund der arbeitsmedizinischen Diskussion. Im Mittelpunkt stand bei Siemens die Frage, inwieweit die Fähigkeits- und Bedürfnisprofile von Mitarbeitern mit den Anforderungsprofilen entsprechender Arbeitsplätze in Einklang gebracht werden können – es ging also um die optimale Zuordnung von Mitarbeitern zu den vorhandenen Arbeitsplätzen.[966] Die Anpassung der Arbeit an veränderte technologische und soziale Rahmenbedingungen sollte durch die Zusammenarbeit der Fachgebiete Arbeitsmedizin, Arbeitssicherheit, Arbeitsplanung und Ergonomie dazu beitragen, die Anzahl der Arbeitsunfälle zu senken, körperliche Überforderungen zu vermeiden sowie gefährliche und störende Umwelteinflüsse zu minimieren, um damit letztlich die unternehmerische Leistungsfähigkeit zu stärken.[967]

Diese Entwicklung ist nicht zuletzt auch den Diskussionen und Bestrebungen zur Humanisierung der Arbeitswelt seit Beginn der 1970er Jahre geschuldet. Ziel verschiedener Initiativen war es, die durch zunehmende Rationalisierung und Automatisierung entstandenen, als inhuman betrachteten Arbeitsbedingungen (Entfremdung der Arbeit), die als Ursache für steigende Arbeitsunzufriedenheit, psychische und physische Gesundheitsbeeinträchtigungen sowie für Fluktuationen und Qualitätsverschlechterungen verantwortlich gemacht wurden, zu verbessern.[968] Durch eine Anpassung von Arbeitsabläufen und des Arbeitsplatzes an die Bedürfnisse des Menschen sollte die Arbeit „menschengerechter" gestaltet und mehr Raum für Selbstverwirklichung geschaffen werden.[969] Rein arbeitsausführende Tätigkeiten

---

964 Vgl. dazu Betriebliche Sozialpolitik in Stichworten, 1980, S. 98, in: SAA 31103.
965 Rundschreiben Nr. 110 an die Damen und Herren des Betriebsärztlichen Dienstes vom 16.1.1967, in: SAA 12800, S. 5 f.
966 Vgl. Mitteilung Nr. 181 an die Damen und Herren des Betriebsärztlichen Dienstes vom 15.12.1976, in: SAA 12802, S. 4.
967 Vgl. dazu Betriebliche Sozialpolitik in Stichworten, 1980, S. 36, in: SAA 31103.
968 Vgl. Greifenstein, Ralph / Weber, Helmut: Vom Klassiker „Humanisierung der Arbeit" zum Zukunftsprogramm „Gute Arbeit" (WISO direkt. Analysen und Konzepte zur Wirtschafts- und Sozialpolitik, hg. v. d. Friedrich-Ebert-Stiftung). Bonn 2007, S. 1.
969 Vgl. Ulich, Eberhard: Arbeitspsychologie. 7. Aufl., Stuttgart 2011, S. 54, und Reichwald, Ralf: Arbeit, in: Eduard Gaugler / Walter A. Oechsler / Wolfgang Weber (Hg.): Handwörterbuch des Personalwesens. 3. Aufl., Stuttgart 2004, Sp. 40 f.

ohne eigenständige Handlungsspielräume wurden abgelehnt und die Annahme zugrunde gelegt, dass der Mensch vor allem „nach Selbstverwirklichung, Autonomie und Selbstkontrolle strebt".[970] Die Bundesrepublik legte 1974 – auch vor dem Hintergrund der krisenhaften wirtschaftlichen Entwicklung – das staatliche Programm „Humanisierung des Arbeitslebens" auf. Ziel war es, Arbeitsinhalte und -beziehungen zu verbessern sowie belastende und gesundheitsgefährdende Arbeitssituationen abzubauen.[971]

Bei Siemens befasste sich ein bereits 1955 im Zentralbereich Technik angesiedeltes Ergonomielabor mit der Optimierung von Arbeitsmethoden und -bedingungen sowie deren Umsetzung in die Praxis.[972] Als interdisziplinäre Wissenschaft zielt die Ergonomie auf eine Anpassung der Arbeit an den Menschen und des Menschen an die Arbeit. Dies soll durch eine menschengerechte, ergonomische Gestaltung der Arbeitsplätze und der Arbeitsorganisation sowie durch die Verbesserung der Schnittstelle zwischen Mensch und Maschine erfolgen.[973] Neben der ergonomischen Arbeitsgestaltung, zum Beispiel bei der Einrichtung von Bildschirmarbeitsplätzen, wurden bei Siemens auch Arbeitsstrukturen verändert, so durch die Ausdehnung von Aufgabenbereichen und Arbeitsinhalten, die Bildung teilautonomer Gruppen oder durch die gezielte Höherqualifizierung von Mitarbeitern.[974] Die Verbesserung der Gestaltung der Arbeit galt als wichtige Führungsaufgabe, die durch die integrierende und interdisziplinäre Zusammenarbeit von Experten einzelner Fachbereiche, wie Medizinern, Ergonomen, Sicherheitsingenieuren, Psychologen, Personalbetreuern, Entwicklern, Planern und Organisatoren, forciert wurde.[975] Dass sich mit neuen, zeitgemäßen Herausforderungen auch die Aufgabenschwerpunkte des betriebsärztlichen Dienstes im Zeitverlauf gravierend verändert hatten, konstatierte der Leiter des Zentralbereichs Personal und Vorstandsmitglied Hans Hugo Schlitzberger bei der Betriebsärztetagung im Oktober 1979: „Stand früher die ärztliche Untersuchung der Mitarbeiter im Vordergrund, so hat heute mindestens gleichgewichtig der Blick auf den Mensch[en] in seiner Arbeitswelt Bedeutung, die Arbeitsgestaltung."[976]

---

970 Ulich, 2011, S. 55; vgl. auch Reichwald, 2004, S. 41.
971 Vgl. Wobbe, Gerd: Arbeitswissenschaft zwischen Humanisierung und Emanzipation (Dokumentation Arbeitswissenschaft, Bd. 7). Köln 1982, S. 72f.
972 Vgl. dazu die Broschüre: Siemens zum Thema: Industrielle Arbeitswelt. Beiträge zu gesellschaftlich aktuellen Themen, hg. v. d. Siemens AG 1976, S. 3, in: SAA unverzeichnete Akten aus dem Zwischenarchiv.
973 Vgl. Wobbe, 1982, S. 87.
974 Vgl. Betriebliche Sozialpolitik in Stichworten, 1980, S. 38f., in: SAA 31103.
975 Vgl. dazu ebd., S. 48, 41.
976 Vgl. H. Schlitzberger: Zur Sozialpolitik im Hause. Bericht der Betriebsärztetagung 15. und 16. Oktober 1979 in Berlin-Siemensstadt, S. 3, in: SAA 12801.

## 4.2.3 Gesundheitserziehung

Der durch den anhaltenden Prozess der Technisierung verursachte kontinuierliche Wandel der Lebens- und Arbeitsbedingungen und die damit verbundenen veränderten Belastungsstrukturen führten in den 1970er und 1980er Jahren zu einer Neuorientierung in der Gesundheitspolitik.[977] Der zunehmende Technikeinsatz, der mit einem veränderten Krankheitsspektrum einherging, stellte die betriebsärztliche Versorgung vor neue Herausforderungen. Nachdem Infektionskrankheiten in den hochindustrialisierten Ländern nahezu bedeutungslos geworden waren, dominieren in der Gegenwart sogenannte Zivilisationskrankheiten wie Herz-Kreislauferkrankungen, Krankheiten der Atmungs- und Verdauungsorgane, Muskel- und Skeletterkrankungen, Karzinome sowie Suchterkrankungen, deren Entstehung auf Einflüsse wie Umweltbedingungen, die heutige Lebensweise sowie die Veränderung der Arbeitswelt und allgemeiner sozialer Strukturen zurückgeführt werden.[978]

Während der klassische Präventionsansatz im Wesentlichen darauf ausgerichtet war, Krankheiten zu verhüten und Risikofaktoren zu vermindern, stellte das Konzept der Gesundheitserziehung in den 1970er Jahren das individuelle Verhalten als wesentlichen krankheitserregenden Faktor[979] in den Vordergrund. Die Gesundheitserziehung sollte durch die Vermittlung von Wissen über Gesundheitsrisiken die Verantwortung jedes Einzelnen für die eigene Gesundheit stärken und zu veränderten, gesundheitsbewussten Verhaltensweisen führen.[980] Betriebsärzte wiesen darauf hin, „daß die Gesundheitsvorsorge vor allem durch ein gesundheitsbewusstes Verhalten ergänzt werde.[981] Die Information hierüber sei ein wesentlicher Bestandteil moderner Gesundheitsvorsorge im Rahmen einer modernen betrieblichen Sozialpolitik. So sollte die Aufklärung über die Auswirkungen gesundheitsgefährdenden Verhaltens, zum Beispiel durch falsche Ernährung, Bewegungsmangel oder darüber, dass das Rauchen das Lungenkrebsrisiko erhöht, eine Verhaltensänderung bewirken. Zu den entsprechenden Maßnahmen gehörten bei Siemens Informationsgespräche über gesundheitsbewusstes Verhalten sowie Kurprogramme mit vielfältigen Anregungen für eine gesunde Lebensweise, die eine Erziehungs- und Disziplinierungsfunktion hatten. Die bei der Gesundheitserziehung durch die Vermittlung von kognitivem Wissen angestrebte Verhaltensänderung erforderte den selbstbestimmten, eigenverantwortlich handelnden Menschen und setzte damit einen Paradigmenwechsel zum mündigen Mitarbeiter voraus, der selbstständig für seine gesundheitlichen Belange eintrat und das darüber erworbene Wissen umsetzte. Allerdings konnten mit dem Konzept der Gesundheitserziehung allgemein nur begrenzte Erfolge erzielt werden, da, wie Untersuchungen gezeigt haben, durch die Wissensvermittlung nur in sehr geringem Maße Verhaltensänderungen bewirkt

---

977 Vgl. dazu Kerkau, Katja: Betriebliche Gesundheitsförderung. Faktoren für die erfolgreiche Umsetzung des Gesundheitsförderungskonzepts in Unternehmen. Diss. Hamburg 1997, S. 27.
978 Vgl. ebd., S. 27f.
979 Vgl. ebd., S. 18.
980 Vgl. ebd., S. 42.
981 Vgl. Rundschreiben Nr. 145 an die Damen und Herren des Betriebsärztlichen Dienstes btr. Zusammenkunft der Betriebsärzte 1971 in München vom 6.8.1971, S. 10, in: SAA 12802.

wurden.[982] Als Beispiel dafür kann die Aufklärung über die gesundheitsgefährdende Wirkung des Rauchens dienen, die vielfach nicht zu der angestrebten Einschränkung des Zigarettenkonsums geführt hat. Eine weitere Ursache für das Scheitern des Konzepts wurde in der isolierten Betrachtung individueller Verhaltensweisen gesehen, die die Umfeldbedingungen des Menschen zu wenig berücksichtigte.[983]

Neue arbeitswissenschaftliche und -medizinische Erkenntnisse, weitere Arbeitsschutz- und Unfallverhütungsvorschriften sowie neu zu definierende Anforderungen an eine menschengerechte Gestaltung der Arbeit führten in der Folgezeit zur Erweiterung des betriebsärztlichen Aufgabenspektrums.[984] Vor diesem Hintergrund erhielten auch das Engagement und das Know-how von Siemens-Medizinern für die Wahrnehmung übergreifender öffentlicher Aufgaben besondere sozialpolitische Bedeutung. So konnten sich Betriebsärzte der Siemens AG Ende der 1970er Jahre bei der Weiterentwicklung der Arbeitsschutzforschung und -gesetzgebung und durch ihre Beratertätigkeit in entsprechenden Ausschüssen und Gremien profilieren und durch fachliche Eingaben und Vorschläge dazu beitragen, die Gesetzgebung im Interesse des Unternehmens zu beeinflussen.[985] Bei der Neueinstellung von Betriebsärzten sollte daher auf spezielle fachliche Qualifikationen, die zum Einsatz für aktuelle überbetriebliche Aufgaben prädestinierten, geachtet und eine Freistellung ermöglicht werden, um damit die Führungsposition des Unternehmens in der betrieblichen Sozialpolitik, die den Worten des Vorstandsmitglieds Joachim von Oertzen zufolge insbesondere „auf die vielfältigen Maßnahmen zur Gesundheitsvorsorge zurückzuführen"[986] sei, zu untermauern. Den zum Ende der 1970er Jahre aufkommenden Tendenzen, betriebsärztliche Aufgaben auf die arbeitsmedizinischen Zentren der Berufsgenossenschaften zu verlagern, trat das Unternehmen ent-

---

982 Vgl. Kerkau, 1997, S. 43.
983 Vgl. ebd.
984 Vgl. ZP-Schreiben btr. Betriebsärztlicher Dienst vom 19.5.1982, in: SAA 14/Lt 337.
985 Vgl. dazu Schreiben von ZPS 3 btr. Betriebsärztlicher Dienst vom 9. Mai 1979, in dem es um die Mitwirkung der Betriebsärzte Prof. Florian und Dr. Sohnius an einem Forschungsvorhaben des Bundesministeriums für Arbeit und Sozialordnung geht, in: SAA 12801. Vgl. dazu auch Dankesschreiben des Bundesministers für Arbeit und Sozialordnung an den Vorstand der Siemens AG vom März 1979 für die „Entsendung und das Inanspruchnehmenkönnen dieser Herren der Siemens AG", in: SAA 12801. Siemens-Betriebsärzte waren Anfang der 1990er Jahre in zahlreichen externen Institutionen vertreten: Landesverbände des Verbandes Deutscher Betriebs- und Werksärzte e.V., Bundesärztekammer, Deutsche Gesellschaft für Arbeitsmedizin, Landesärztekammer, Bundesministerium für Arbeit und Sozialordnung, Gesundheitsministerien der Länder, Bundesverband der Betriebskrankenkassen, Hauptverband der gewerblichen Berufsgenossenschaften, Landesvereinigung der Arbeitgeberverbände, Deutsche Tropenmedizinische Gesellschaft e.V., Akademien für Arbeits- und Sozialmedizin, Landesinstitute für Arbeitsschutz, Bayerisches Rotes Kreuz, vgl. Betriebsärztlicher Dienst Jahresbericht 1993, S. 35, in: SAA 15365.
986 Vgl. Aussage von Herrn von Oertzen anlässlich der Betriebsärztetagung 1979, in: Zängler, Erich: Vorsorgen, dass wir nicht krank werden, in: Siemens-Mitteilungen 11/1979, S. 7; vgl. auch ZP-Schreiben btr. Betriebsärztlicher Dienst vom 29.1.1980, S. 2, in: SAA 14/Lt 337-2.

schieden entgegen und plädierte für den Verbleib der in den Betrieben fest verwurzelten Betriebsärzte.[987]

Um die seit Beginn der 1980er Jahre zunehmenden Aufgaben von grundsätzlicher Bedeutung für den medizinischen und technischen Arbeitsschutz im Gesamtunternehmen zu koordinieren und ihnen einen festen organisatorischen Rahmen zu geben, bildete Siemens 1982 eine „Zentrale Kommission" der Betriebsärzte, die bereichsübergreifende Aufgaben wahrnahm, zum Beispiel die Beratung aller mit der Gesundheitsvorsorge befassten Stellen des Hauses, die Aufarbeitung und Umsetzung wichtiger Vorschriften auf diesem Gebiet, die Auswahl und Einstellung neuer Betriebsärzte oder die Tätigkeit in ärztlichen Standesorganisationen sowie die Durchführung von Forschungsaufgaben im Unternehmen oder die Entsendung erfahrener Betriebsärzte in innerbetriebliche und externe Beratungsgremien.[988] Zur Bearbeitung aktueller Spezialfragen wurden in der Folgezeit vier betriebsärztliche Fachkommissionen gegründet:[989]

– eine Kommission für soziale Einrichtungen mit der Aufgabe, die Verbindung zwischen den sozialen Einrichtungen des Unternehmens und dem Betriebsärztlichen Dienst herzustellen,
– eine Kommission für die Gesundheitsvorsorge im Ausland bzw. für Tropenuntersuchungen,
– eine Kommission für gefährliche Arbeitsstoffe und
– eine Kommission für Arbeitsschutz und Arbeitsgestaltung

Inhaltlich bestimmten seit Beginn der 1980er Jahre die Alkoholproblematik sowie das Thema Aids und der Umgang mit betroffenen Mitarbeitern und Mitarbeiterinnen im Unternehmen zunehmend die betriebsärztliche Diskussion.[990]

*4.2.4 Das Konzept der betrieblichen Gesundheitsförderung*

Die in den 1970er Jahren verfolgten Strategien zur Gesundheitserziehung, die darauf ausgerichtet waren, Menschen durch die Vermittlung von kognitivem Wissen über Gesundheitsrisiken zu bestimmten Verhaltensweisen im Sinne der Krankheitsverhütung oder der Vermeidung von Risikofaktoren zu führen, wurden in den 1980er Jahren von dem Konzept der Gesundheitsförderung abgelöst, das den Schwerpunkt in ganzheitlicher Weise auf die Förderung individueller gesundheitlicher Ressourcen und die Stärkung von Kompetenzen zur Krankheitsbewältigung legte.[991] Maßgeblich war das in der zweiten Hälfte der 1980er Jahre von der Welt-

987 Vgl. ZP-Schreiben vom 29.1.1980 btr. Betriebsärztlicher Dienst, in: SAA 14/Lt 337-2.
988 Vgl. ZP-Rundbrief vom 19.5.1982, in: SAA 14/Lt 337.
989 Vgl. ZP-Mitteilung Nr. 231 vom 21.9.1982 und ZP-Mitteilung Nr. 237 vom 28.12.1982, beide in: SAA 12801.
990 Vgl. dazu ZP-Rundschreiben Nr. 24/84 vom 2.7.1984 „Hilfe für alkoholgefährdete Mitarbeiter", in: SAA 14/Lt 337, ZP-Rundschreiben Nr. 11/88 vom 23.12.1987, in: SAA 14/Lt 337-2, sowie Zängler, Erich: Präventiv aktiv, in: Siemens-Mitteilungen 11/1987, S. 10–11.
991 Vgl. Güntert, Bernhard J.: Gesundheitsstrategien/-management, in: Eduard Gaugler / Walter A. Oechsler / Wolfgang Weber (Hg.): Handwörterbuch des Personalwesens. 3. Aufl., Stuttgart 2004, Sp. 856 f.

gesundheitsorganisation (WHO) erarbeitete Konzept der Gesundheitsförderung, das eine gegenüber traditionellen Präventionsansätzen erweiterte Perspektive für den Umgang mit Krankheit und Gesundheit entwickelte.[992] Gesundheit wird der Ottawa-Charta der WHO von 1986 zufolge nicht allein als Abwesenheit von Krankheit verstanden, sondern umfasst darüber hinaus auch psychische und soziale Aspekte. „Gesundheitsförderung zielt auf einen Prozess, allen Menschen ein höheres Maß an Selbstbestimmung über ihre Gesundheit zu ermöglichen und sie damit zur Stärkung ihre Gesundheit zu befähigen. [...] Die sich verändernden Lebens-, Arbeits- und Freizeitbedingungen haben entscheidenden Einfluß auf die Gesundheit. Die Art und Weise, wie eine Gesellschaft die Arbeit, die Arbeitsbedingungen und die Freizeit organisiert, sollte eine Quelle der Gesundheit und nicht der Krankheit sein."[993] Dieser Ansatz fördert die Eigenverantwortung und Selbstorganisation des Gesundheitsverhaltens noch stärker als bisher.

Im Mittelpunkt dieses Konzepts, das sich mit den Voraussetzungen von Krankheit auseinandersetzt, steht die Entwicklung gesundheitsförderlicher Lebensweisen und Lebensbedingungen. Dabei kommt der Arbeitswelt eine zentrale Bedeutung zu, da sie zum einen zahlreiche gesundheitliche Risiken birgt, zum anderen aber auch Möglichkeiten der Selbstentfaltung und des Wohlbefindens bietet.[994] Zu den Eckpunkten der betrieblichen Gesundheitsförderung gehören:
– Maßnahmen zur Verhaltensprävention, die auf die Aktivierung des Gesundheitsverhaltens der Mitarbeiter zielen, zum Beispiel durch Rückenschule oder Betriebssport,
– Maßnahmen zur Verhältnisprävention, die gesundheitsfördernde Verbesserungen der Arbeitsbedingungen in den Mittelpunkt stellen, zum Beispiel durch Ergonomie oder die Gestaltung von Arbeitsprozessen, sowie
– Maßnahmen zur System- bzw. Organisationsprävention, die auf ein „gesundes" Betriebsklima gerichtet sind, zum Beispiel durch teambildende Workshops.[995]

Das Konzept der betrieblichen Gesundheitsförderung, das in Unternehmen als interdisziplinäre Aufgabe eine Zusammenarbeit der verschiedenen mit Gesund-

---

992 Vgl. Kerkau, 1997, S. 59.
993 Bamberg, Eva / Ducki, Antje / Metz, Anna-Marie (Hg.): Handbuch Betriebliche Gesundheitsförderung. Göttingen 1998, S. 17.
994 Vgl. Ulich, Eberhard / Wülser, Marc: Gesundheitsmanagement im Unternehmen. Arbeitspsychologische Perspektiven. Wiesbaden 2009, S. 3, und Bamberg/Ducki/Metz, 1998, S. 19; Kerkau, 1997, S. 2.
995 Vgl. dazu Meyer, Jörn-Axel / Tirpitz, Alexander: Betriebliches Gesundheitsmanagement in KMU. Widerstände und deren Überwindung. (Kleine und mittlere Unternehmen, Bd. 14, hg. v. Jörn-Axel Meyer). Lohmar 2008, S. 1–4. Vgl. dazu auch Bamberg/Ducki/Greiner, 2004, S. 17 f. Eine Weiterentwicklung des Konzepts der Gesundheitsförderung stellt das Konzept des Gesundheitsmanagements dar, das in ganzheitlicher Weise das System Individuum – Betrieb – Arbeit erfasst und „die Entwicklung integrierter betrieblicher Strukturen und Prozesse, die die gesundheitsförderliche Gestaltung von Arbeit, Organisation und dem Verhalten am Arbeitsplatz zum Ziel haben und den Beschäftigten wie dem Unternehmen gleichermaßen zugute kommen", beabsichtigt. Vgl. Badura, Bernhard / Ritter, Wolfgang / Scherf, Michael: Betriebliches Gesundheitsmanagement – ein Leitfaden für die Praxis. Berlin 1999, S. 17.

heitsaspekten befassten Stellen sowie die Schaffung von gesundheitsfördernden Strukturen und Umfeldbedingungen voraussetzte, bewirkte eine Neuorientierung in der betrieblichen Gesundheitspolitik bei Siemens. Das Unternehmen führte 1989 verschiedene Arbeitskreise Gesundheit ein, die sich sachgebietsübergreifend mit allen Fragestellungen zur Förderung von Gesundheit und der Verhütung von Erkrankungen beschäftigten, die für das Unternehmen relevant waren.[996] Dazu zählten in der Folgezeit neben allgemeinen Gesundheitsprogrammen zum Beispiel spezielle Programme zu den Themen Ernährung, Erkrankungen der Wirbelsäule, Seminare zur Stressbewältigung, Bildschirm- und weitere Arbeitsplatzprogramme sowie Kurse zur Alkoholprävention oder Raucherentwöhnung.[997] Den Arbeitskreisen Gesundheit gehörten in den einzelnen Betrieben jeweils ein Vertreter der Betriebsleitung und des Betriebsrats, eine Sicherheitsfachkraft, die Sozialberatung, ein Betriebsarzt sowie der Leiter der SBK-Verwaltung an, der die Federführung übernehmen sollte.[998] Das Ziel der Maßnahmen bestand dem betriebsärztlichen Jahresbericht von Siemens aus dem Jahr 1993 zufolge darin, „die Gesundheit der Mitarbeiter zu erhalten und die Leistungsfähigkeit zu fördern. Die Gesundheitsförderung trägt damit in erheblichem Maße zur Arbeitszufriedenheit und zur Herstellung eines positiven Betriebsklimas bei."[999] Die genannten Zielfaktoren der Gesundheitsförderung, die zum psychischen Wohlbefinden beitragen, werden zwar angestrebt, sind jedoch empirisch nur schwer nachweisbar.

*4.2.5 Einzelne Aktionsfelder der betrieblichen Gesundheitspolitik*

*4.2.5.1 Gesundheitsbewusste Ernährung*

Die Ernährung bildet die wichtigste Voraussetzung zur Erhaltung der Gesundheit und der Leistungsfähigkeit. Alle damit zusammenhängenden Fragestellungen gehören auch zum Aufgabenspektrum der betrieblichen Gesundheitsvorsorge. Während es in der unmittelbaren Nachkriegszeit um die Sicherung existentieller Bedürfnisse wie die Versorgung der Mitarbeiter mit knapp rationierten Lebensmitteln ging, standen in den darauf folgenden Jahren der prosperierenden Wirtschaft vermehrt ernährungsphysiologische Themen im Vordergrund des Interesses. Die völlig unzureichende Ernährung hatte nach Kriegsende zu einer Verschlechterung des Gesundheitszustands aller im Unternehmen beschäftigten Mitarbeiter geführt, der sich einer in Berlin durchgeführten Erhebung zufolge unter anderem in Erschöpfungszuständen, Untergewicht von ca. durchschnittlich 15 kg unter Normalgewicht und hohen Fehlzeiten von 40 Prozent an der Gesamtbelegschaft äußerten und eine „katastrophale[...] Herabminderung der Leistungsfähigkeit"[1000] nach sich zogen,

---

996 ZP-Rundschreiben Nr. 9/90 vom 6.12.1989, in: SAA 14/Lt 337-2.
997 Vgl. Betriebsärztlicher Dienst, Jahresbericht 1993, S. 10, in: SAA 15365.
998 Vgl. ZP-Rundschreiben Nr. 9/90 vom 6.12.1989, in: SAA 14/Lt 337-2.
999 Vgl. Betriebsärztlicher Dienst, Jahresbericht 1993, S. 9, in: SAA 15365.
1000 Vgl. Aktennotiz über eine Besprechung im Landesgesundheitsamt am 17.7.1947, in: SAA 12410. Die hohen Fehlzeiten könnten auch auf Hamsterfahrten zurückzuführen sein.

wie es in einer Aktennotiz im Juli 1947 heißt. „Die Belegschaft unserer Werke ist am Rande ihrer Kräfte [...]. Durch die unzureichende Ernährung und die jetzt hereingebrochene Kältewelle ist in allernächster Zukunft mit dem vollständigen körperlichen Zusammenbruch der Berliner Industriearbeiterschaft zu rechnen",[1001] schreibt der Gesamtbetriebsrat der Siemens-Betriebe in Berlin an die Alliierte Kommandantur im Dezember 1946.

Die Betriebsräte unternahmen zahlreiche Bemühungen, um eine Verbesserung der Ernährungssituation zu erreichen, und forderten in Appellen an die zuständigen alliierten und deutschen Behörden, eine Erhöhung der Lebensmittelzuteilungen sowie eine gerechte Verteilung der zur Verfügung stehenden Lebensmittel zur Wiederherstellung der Leistungsfähigkeit der Beschäftigten vorzunehmen.[1002] In Gesprächen mit Verantwortlichen bemühten sich Unternehmens- und Betriebsratsvertreter um eine adäquate Einstufung der beschäftigten Berufsgruppen in die verschiedenen Lebensmittelkartengruppen, um markenbefreites Werkküchenessen für Mitarbeiter, die einer besonderen Beanspruchung ausgesetzt waren, zu erreichen, und um Möglichkeiten der Beschaffung von Lebensmitteln gegen Abgabe von Industrie-Erzeugnissen zu eruieren.[1003] Der Handlungsspielraum von Betriebsleitungen, Betriebsräten und Gewerkschaften blieb jedoch gering und bewegte sich innerhalb der in den einzelnen Besatzungszonen vorgegebenen wirtschaftlichen und politischen Rahmenbedingungen.[1004] Um den Versorgungsmangel abzumildern, wurde der zusätzlich zum Einkommen gezahlte sogenannte „Siemens-Warenpfennig" eingeführt, der zum Bezug von Lebensmitteln und Waren des alltäglichen Bedarfs in firmeneigenen Verkaufsstellen berechtigte.[1005]

Eine langsame Verbesserung der Ernährungslage trat erst mit der Währungsreform ein. In der Folgezeit konnte auch die Wiedereinrichtung von Werkküchen in Angriff genommen werden, an vielen Standorten entstanden neue Kasinobetriebe.[1006] Das Unternehmen übernahm alle Kosten der Kasinos und Werkküchen au-

---

1001 Schreiben des Gesamtbetriebsrats der Siemens-Betriebe an die Alliierte Kommandantur in Berlin-Dahlem vom 21.12.1946, in: SAA 11098-3.
1002 Vgl. Kundgebung der Belegschaft der Berliner Siemens-Betriebe vom 28.8.1947, in: SAA 11098-3; vgl. dazu auch Bekanntmachung und Entschließung des Gesamtbetriebsrats der Siemens-Betriebe, Berlin-Siemensstadt, August 1947, in: SAA 11098-3.
1003 Vgl. Aktenvermerk vom 20.10.1947 btr. Ernährung, in: SAA 11098-3.
1004 Vgl. Huck, Joachim: Die freiwilligen Sozialleistungen der Firma Siemens, unveröffentlichte Diplomarbeit an der staatswirtschaftlichen Fakultät der Ludwig-Maximilians-Universität zu München, eingereicht am 10.5.1965, S. 34, in: SAA 15548.
1005 Vgl. Aktennotiz vom 12. Mai 1947 btr. Punktsystem, in: SAA 10635, Auszug aus der „Süddeutschen Zeitung" Nr. 102 vom 6.12.1945, in: SAA 10635, Notiz für Herrn Dir. Storch vom 2.3.1948, in: SAA 10635.
1006 Vgl. Feldenkirchen, 2003 a, S. 373. Mit der Einführung einer durchgehenden Arbeitszeit mit kurzer Mittagspause hatte das Unternehmen bereits 1886 mit der Ausgabe eines warmen Mittagessens begonnen, das durch die Firma subventioniert wurde. Nachdem das Essen anfangs an den Arbeitsplatz gebracht worden war, richtete die Firmenleitung zunächst ein Casino für Angestellte sowie 1889 eine Kantine für Arbeiter ein. Allerdings zogen es viele Arbeiterinnen und Arbeiter aus Kostengründen vor, ihre Mittagsmahlzeiten von zu Hause mitzubringen. Vgl. Sachse, 1990, S. 184.

## 4. Von der Gesundheitsfürsorge zur Gesundheitsförderung

ßer den Naturalkosten, die durch den Essenspreis abgedeckt wurden.[1007] Dadurch entstanden erhebliche Aufwendungen für die Speisebetriebe, die 1955/56 den zweitgrößten Posten im Sozialetat ausmachten.[1008] In den Geschäftsjahren 1961/62 und 1962/63 stellten die Aufwendungen für die Ernährung fast ein Viertel und damit sogar die größte Position aller freiwilligen sozialen Aufwendungen bei S&H und SSW dar.[1009] Bis zum Ende des Betrachtungszeitraums im Geschäftsjahr 1988/89 verringerten sich die Aufwendungen für Ernährungsmaßnahmen auf 4,8 Prozent aller freiwilligen sozialen Leistungen.[1010] Dies ist vor allem darauf zurückzuführen, dass die Subventionierung des Kantinenessens als soziale Versorgungsleistung angesichts der gesicherten wirtschaftlichen Verhältnisse der Mitarbeiter keine fundamentale Bedeutung mehr für die Sicherstellung einer ausreichenden Ernährung und damit für den Erhalt der Gesundheit hatte. Gemessen am durchschnittlichen jährlichen Bruttoeinkommen für gewerbliche Mitarbeiter von rund 42.570 DM im Jahr 1989/90[1011] machten die pro Kopf-Aufwendungen für Ernährungsmaßnahmen im selben Jahr 700 DM aus – das waren 1,6 Prozent des Bruttoeinkommens.

Das Thema der Zusammensetzung und Zubereitung von Mahlzeiten trat erst in den Vordergrund, nachdem die Versorgung mit Grundnahrungsmitteln gesichert war. Die Überwachung der Werksverpflegung und die Ernährungsberatung zur Verhinderung von Fehlernährung gehörten zu den Aufgaben des betriebsärztlichen Dienstes. Eine Betriebsärztekommission für Ernährungsfragen erarbeitete im Geschäftsjahr 1959/60 „Empfehlungen für die Werkküche", um zu gewährleisten, dass „neuzeitliche ernährungswissenschaftliche Erkenntnisse nach Möglichkeit bei der Gemeinschaftsverpflegung unseres Hauses beachtet werden".[1012] Die Umstellung traditioneller Methoden der Zubereitung und die Zusammenstellung von Kantinenessen nach modernen, an ernährungsphysiologischen Erkenntnissen orientierten Herstellungsformen bereitete Anfang der 1960er Jahre allerdings zunächst noch

---

1007 Vgl. Jahresbericht 1963/64 der Zentral-Personalverwaltung, S. 16, in: SAA 12492.
1008 Vgl. Huck, 1965, S. 34.
1009 Im Geschäftsjahr 1960/61 betrugen die Aufwendungen für die Kasinos und Werkküchen bei S&H/SSW rund 21,4 Mio. DM, im folgenden Geschäftsjahr 23,8 Mio. DM. Vgl. Jahresbericht 1963/64 der Zentral-Personalverwaltung, Anlage 16, in: SAA 12492. Zu den freiwilligen sozialen Aufwendungen wurden folgende Maßnahmen gezählt: Ernährung, Gesundheit, Erholung, Unfallverhütungswettbewerbe, Betriebsfürsorge, Unterstützungen im Krankheitsfall, im Krankheitsfall weitergezahlte Löhne an Wochenlöhner, Förderung der betrieblichen Zusammenarbeit, Information, Bildung und Freizeit, Freizeit, Weihnachtszuwendungen, Jubiläumsgeschenke und -feiern, Aus- und Weiterbildung, verlorene Zuschüsse im Wohnungswesen, freiwilliger Arbeitgeberzuschuss zur Lebensversicherung, Alters- und Hinterbliebenenversorgung des Tarifkreises, pauschalierte Lohn- und Kirchensteuer für vermögenswirksam angelegte Sparbeträge aus der Erfolgsbeteiligung.
1010 Berechnet nach Angaben zum Personalzusatzaufwand in Sozialbericht 1988/89 (Wirtschaftsausschusssitzung 1.2.1990, Anlage Personalzusatzaufwand, in: Registratur der Abteilung Corporate Human Resources der Siemens AG.
1011 Vgl. Zahlen nach Sozialbericht 1988/89 der Siemens AG, Anlage Reales Nettoeinkommen, in: SAA 14/Lk 408.
1012 Vgl. Jahresbericht 1959/60 der Zentral-Personalverwaltung, S. 14, in: SAA 12386.

Schwierigkeiten.[1013] In der zweiten Hälfte der 1960er Jahre wurde in den meisten Betrieben bereits ein Auswahlessen auf Schonkostbasis zubereitet und gut angenommen. Darüber hinaus stieß das Angebot von Salattellern, Quarkspeisen und Obst zusätzlich zu den Hauptspeisen auf große Akzeptanz.[1014] Auch wenn ein wachsendes Verständnis für eine medizinisch vernünftige Kost festzustellen war, monierten Betriebsärzte, dass die Mittagsmahlzeiten häufig noch zu kalorienreich gehalten seien, da die altgewohnte „Hausmannskost" bei der Belegschaft immer noch recht beliebt war.[1015]

*4.2.5.2 Röntgenreihenuntersuchungen*

Ein wichtiges Tätigkeitsfeld der betriebsärztlichen Prävention waren die seit 1949 turnusmäßig durchgeführten Schirmbildreihenuntersuchungen, die ihren Ursprung in der 1919 eingerichteten zentralen Röntgenstelle in Berlin hatten. Siemens richtete 1951 eine transportable Röntgen-Schirmbildstelle ein, mit deren Hilfe entsprechende Untersuchungen in allen Siemens-Betrieben der Bundesrepublik durchgeführt wurden. Der zeitliche Abstand zwischen den Untersuchungen betrug einenhalb bis zwei Jahre, die Teilnahme an der medizinisch aufgrund der Strahlenbelastung und auch aus Datenschutzgründen nicht ganz unbedenklichen Maßnahme war freiwillig. Wer teilnahm, brauchte sich allerdings nicht mehr der vorgeschriebenen Pflichtuntersuchung in den einzelnen Bundesländern zu unterziehen.[1016] Aufklärungs- und Informationsmaßnahmen wie in Betriebsversammlungen oder Berichte in den Siemens-Mitteilungen sollten dazu beitragen, die Beteiligungsbereitschaft zu stärken, die in der Anfangszeit sehr hoch war.[1017] 1953/54 ließen sich zum Beispiel 75.000 Beschäftigte röntgen, das waren 62 Prozent der gesamten Belegschaft in Deutschland, im Geschäftsjahr 1961/62 waren es mit 65.000 röntgenwilligen Mitarbeitern noch rund 32 Prozent.[1018] Die Auswertung der jährlich rund 60.000 bis 80.000 Aufnahmen erfolgte neben der Dokumentation der Befunde zentral an der Universitätsklinik Erlangen.[1019] Ursprünglich richtete sich der Einsatz des Rönt-

---

1013 Vgl. dazu Betriebsärztlicher Dienst des Hauses Siemens. Jahresbericht 1964/65, S. 29, in: SAA 12408-1.
1014 Vgl. dazu Betriebsärztlicher Dienst des Hauses Siemens. Jahresbericht 1966/67, S. 27, in: SAA 12408-2.
1015 Vgl. dazu Betriebsärztlicher Dienst des Hauses Siemens. Jahresbericht 1967/68, S. 27, in: SAA 12408-2.
1016 Vgl. Betriebliche Sozialpolitik in Stichworten, 1980, S. 63, in: SAA 31103.
1017 Vgl. dazu o.V.: Vorbeugen ist besser als heilen. Die Schirmbild-Reihenuntersuchung, in: Siemens-Mitteilungen, 7/1961, S. 4–5; o.V.: Kennen Sie Schwester Emmy? In: Siemens-Mitteilungen, 10/1966, S. 12–13; o.V.: 25 Jahre hineingeschaut, in: Siemens-Mitteilungen 7/1976, S. 7.
1018 Vgl. dazu Jahresbericht 1953/54 der Zentral-Personalabteilung, S. 10, und dazu Jahresbericht 1960/61 der Zentral-Personalabteilung, S. 12, beide Berichte in: SAA 12368.
1019 Vgl. o.V., Vorbeugen ist besser als heilen, Siemens-Mitteilungen, 7/1961, S. 4f.; vgl. auch o.V., Schwester Emmy, Siemens-Mitteilungen 10/1966, S. 12f. Zum 25-jährigen Bestehen der Röntgenstelle 1976 waren rund 1.720.000 Aufnahmen ausgewertet.

gengeräts auf die frühzeitige Erkennung und Bekämpfung der in den Nachkriegsjahren verbreiteten Lungentuberkulose,[1020] in der Folgezeit traten auch die Früherkennung von Erkrankungen des Herz- Kreislaufsystems sowie von inneren Organen in den Fokus der Untersuchungen.[1021]

Seit 1969 wurde mit der Röntgen-Reihenuntersuchung ein Diabetes-Test verknüpft. Als Maßnahme der sogenannten sekundären Prävention zielten die Röntgenreihenuntersuchungen auf die möglichst frühzeitige Erkennung und Heilung von Krankheiten.[1022] Insbesondere die frühzeitige Erkennung der Tuberkulose war in den 1950er Jahren ein wichtiges Motiv der Unternehmensleitung für die flächendeckenden, betriebsumfassenden Reihenuntersuchungen, denn nur so konnte eine engmaschige Kontrolle gewährleistet werden, um Ansteckungen zu verhindern, Fehlzeiten zu verringern und die Leistungsfähigkeit zu erhalten. So konnten im Frühjahr 1954 in den Berliner Betrieben rund 1.000 Fälle von Tbc gefunden werden, davon 25 akute und ansteckende Fälle.[1023] Ein Bericht der Lungenfürsorgestelle aus dem Jahr 1958 kommt zu dem Ergebnis, dass durch die systematischen Reihenuntersuchungen die Zahl der Neuerkrankungen erheblich gesenkt werden konnte.[1024] Mit dem Rückgang der Lungentuberkulose und der nachlassenden Beteiligung von Mitarbeitern an den Röntgenuntersuchungen, die den Reihencharakter dieser Untersuchungen in Frage stellten, wurde diese Maßnahme Ende Mai 1982 eingestellt.[1025]

*4.2.5.3 Kreislauftrainingskuren*

Im Dienst der gesundheitlichen Prävention stehen auch die von den 1950er Jahren bis in die Gegenwart angebotenen Kreislauftrainingskuren in Siemens-eigenen Kurheimen sowie in Vertragsheimen, die dem Bewegungsmangel sowie psychi-

---

1020 Die ansteckende Infektionskrankheit Lungentuberkulose stellte im 19. Jahrhundert aufgrund der schlechten materiellen und hygienischen Lebensbedingungen eine der vorherrschenden Todesursachen dar. Vgl. Lindner, Ulrike: Gesundheitspolitik in der Nachkriegszeit. Großbritannien und die Bundesrepublik Deutschland im Vergleich. München 2004, S. 131. Aufgrund der Zunahme von an Lungentuberkulose Erkrankten unter den Beschäftigten hatte das Unternehmen 1918 eine Fürsorgestelle für Lungenkranke eingerichtet, um die Krankheit möglichst frühzeitig zu diagnostizieren, zu therapieren und um Ansteckungen innerhalb der Belegschaft zu verhindern. Für die Kuraufenthalte erkrankter Belegschaftsmitglieder übernahm Siemens an der Spitze eines Firmenkonsortiums die Lungenheilanstalt Belzig. Vgl. dazu Festschrift zum 25-jährigen Bestehen der Betriebskrankenkasse der vereinigten Siemens-Werke, Berlin-Siemensstadt 1933, S. 14, in: SAA 8533.
1021 Vgl. SozPolAbt-Rundschreiben Nr. 124 vom 30.6.1951, in: SAA 14/Lt 337-1.
1022 Vgl. Vortrag von Prof. Dr. J. Schmidt: 25 Jahre Röntgenreihenuntersuchung, in: Mitteilung Nr. 181 an die Damen und Herren des Betriebsärztlichen Dienstes vom 15.12.1976, S. 14, in: SAA 12802.
1023 Vgl. Notiz für den Abteilungsbericht btr. Gesundheitsfürsorge, Siemensstadt, 14.10.1954, in: SAA 12406-1.
1024 Vgl. Halbjahresbericht der Lungenfürsorgestelle für die Zeit vom 1.4.–30.9.1958, S. 3, in: SAA 12409.
1025 ZP-Rundbrief vom 30.3.1982, in: SAA 14/Lt 337-2 und SAA 12798.

schen Belastungen und Stress im Alltags- und Arbeitsleben entgegenwirken sollen. An der Spitze der berufsbedingten Erkrankungen rangierte in den 1950er Jahren die „sog. Manager-Krankheit [...], die sich vor allem in Herz- und Kreislaufstörungen oder in nervösen Beschwerden und Erschöpfungszuständen bemerkbar macht" und von der laut Aussage der Betriebsärzte sowohl die „kleine Schicht leitender Persönlichkeiten" als auch die „mittlere Führungsschicht" bedroht seien.[1026] Die Ursachen der Erkrankung diagnostizierten die Betriebsärzte 1954 mit „der heutigen Lebens- und Arbeitsweise, die häufig einen Raubbau an den Nerven verursacht",[1027] sowie auch mit Arbeitsüberlastungen und Existenzsorgen. Herz-Kreislaufkrankheiten galten vor allem in den 1950er Jahren als typisches Leiden von Managern; nach aktuellem Kenntnisstand sind allerdings untere Einkommensgruppen aufgrund ihres Gesundheitsverhaltens sehr viel stärker davon betroffen.[1028]

Siemens veranstaltete seit 1953 zunächst für männliche Angestellte der mittleren Führungsschicht, „die in den letzten Jahren in ihrer Berufsarbeit besonders stark beansprucht waren und deren Gesundheitszustand möglicherweise auch dadurch beeinträchtigt worden ist",[1029] Kreislauftrainingskuren in Ohlstadt (Oberbayern). Nachdem dort gute Erfolge erzielt werden konnten, wurden die Kurprogramme auf weitere interne Zielgruppen ausgedehnt und seit der zweiten Hälfte der 1950er Jahre in firmeneigenen Kur- und Erholungszentren durchgeführt. 1956 entstand die Kureinrichtung Eschenlohe bei Garmisch-Partenkirchen, deren Angebote sich an Angestellte und in den Büros tätige Mitarbeiter richteten. Die Teilnahme blieb dort bis Mitte der 1970er Jahre auf männliche Belegschaftsangehörige beschränkt.[1030] Entsprechende Kuren für Frauen wurden seit 1959 angeboten, zunächst in Vertragsheimen in Rottach-Egern am Tegernsee und seit 1967 in Sobernheim/Nahe, bevor Kurprogramme für weibliche Beschäftigte nach Erweiterungsarbeiten in Eschenlohe und der Neueröffnung des Kurhauses in Habischried integriert werden konnten.[1031] 1956 eröffnete das anlässlich des 50-jährigen Jubiläums der Siemens-Schuckertwerke errichtete Siemens-Kur- und Erholungsheim Berneck in Bad Berneck im Fichtelgebirge, das in erster Linie Arbeiter und Arbeiterinnen aufnahm.[1032] Ende 1974 wurde ein weiteres firmeneigenes Kur- und Erholungsheim in Habischried im Bayerischen Wald fertiggestellt, das sowohl Angestellte als auch gewerbliche Mitarbeiter beherbergte.[1033]

---

1026 Vgl. Niederschrift über die Arbeitstagung der Betriebsärzte vom 27./28. November 1953 als Anlage zum SozPolAbt-Schreiben vom 18.3.1954, in: SAA 12406-2.
1027 Vgl. ebd.
1028 Vgl. Otte, Rainer: Gesundheit im Betrieb. Leistung durch Wohlbefinden. Frankfurt 1994, S. 41.
1029 Vgl. Schreiben der Sozialpolitischen Abteilung vom 21.12.1955, in: SAA 14/Lt 337-1.
1030 Vgl. Schreiben der Sozialpolitischen Abteilung btr. Gesundheitsvorsorge – Kreislauftrainingskuren vom 29.12.1958, in: SAA 14/Lt 337. Vgl. auch o. V.: G'sund san ma! in: Siemens-Mitteilungen, 2–3/1964, S. 19.
1031 Vgl. ZP-Rundschreiben Nr. 3/76 vom 17.10.1975, in: SAA 12805.
1032 Vgl. Manuskript der Ansprache des Gesamtbetriebsratsvorsitzenden Eugen Tausig anlässlich der Eröffnung des Erholungsheimes in Bad Berneck vom 7.5.1956, in: SAA 14/Lm 271. Vgl. auch Soz-Pol-Rundschreiben Nr. 290 vom 6.2.1956, in: SAA 14/Lm 271.
1033 Vgl. ZP-Rundschreiben Nr. 9/75 vom 24.10.1974, in: SAA 14/Lt 337-2.

## 4. Von der Gesundheitsfürsorge zur Gesundheitsförderung

Die Krankheitsbilder von Männern und Frauen, die an einer Kreislauftrainingskur teilnahmen, waren unterschiedlich. So vermerkte der betriebsärztliche Jahresbericht für das Geschäftsjahr 1968/69 als häufigste Diagnosen für männliche Kurteilnehmer in Eschenlohe Bluthochdruck, vegetative Symptomatiken und stressbedingte Erschöpfungszustände. Bei Frauen, die in Sobernheim eine Kur antraten, standen vegetative Dystonien im Vordergrund.[1034] Anfang der 1990er Jahre wurden als Hauptindikatoren Bewegungsmangel, erhöhte psychische Belastungen und Stoffwechselstörungen genannt.[1035] Die Kreislauftrainingskuren richteten sich an Beschäftigte, deren Gesundheit und Leistungsfähigkeit durch Risikoverhalten und Risikofaktoren bedroht waren, und zielten auf die Wiederherstellung und langfristige Erhaltung der Arbeitsfähigkeit durch aktives Kreislauftraining, um eine auch über die Kurdauer hinausreichende gesundheitsbewusste Lebensweise zu vermitteln.[1036] Die in der Regel rund drei Wochen dauernden Kurprogramme umfassten Ausdauertraining, Gymnastik, Entspannung sowie theoretische Informationen in Vorträgen und Filmen zur gesunden Lebensführung, das heißt, mit den Kuren wurde eine erzieherische Funktion verbunden, die langfristige Verhaltensänderungen anstrebte.

Die Auswahl der Kurteilnehmer erfolgte unter Hinzuziehung des Betriebsarztes auf Vorschlag von Vorgesetzten, der Sozialberatung, der Personalabteilung oder des Betriebsrats. Formale Voraussetzung war eine intensive Untersuchung durch den Betriebsarzt, der die Notwendigkeit der Teilnahme an einer Kur zur Erhaltung der Arbeitsfähigkeit attestieren musste.[1037] Allerdings ist nicht auszuschließen, dass auch Wohlverhalten oder andere informelle Kriterien bei der Zuteilung einer Kurmaßnahme eine Rolle gespielt haben könnten. Bei der Eingangsuntersuchung wurde gezielt auf Schäden an der Wirbelsäule und den Extremitäten mit einer sich möglicherweise daraus ergebenden reduzierten Belastbarkeit geachtet.[1038] Ein wichtiges Auswahlkriterium für die Teilnahme an einer Kur bestand in der Bereitschaft der Interessenten, aktiv an der Erhaltung der eigenen Gesundheit mitzuwirken. „Zur erfolgreichen Durchführung der Kur ist eine bejahende Mitarbeit der Teilnehmer selbst unerlässlich", heißt es daher im Merkblatt für die Teilnehmer an den Kreislauftrainingskuren in Eschenlohe im Jahr 1958.[1039] Im Vorfeld fand aus diesem Grund ein betriebsärztliches Gespräch statt, in dem über Sinn und Inhalte der Kur eingehend aufgeklärt wurde. Die Altersgrenze für Interessenten lag bei Frauen zwischen 30 bis 55 Jahren, bei Männern zwischen 35 und 60 Jahren. Eine weitere Voraussetzung für eine Kurteilnahme war eine Mindestzugehörigkeit zum Unternehmen von anfangs 10 und später 7 Jahren. Die Kurzeiten wurden teilweise

---

1034 Vgl. Betriebsärztlicher Dienst des Hauses Siemens, Jahresbericht 1968/69, S. 16 und 20, in: SAA 12408-1.
1035 Vgl. Betriebsärztlicher Dienst, Jahresbericht 1993, S. 31, in: SAA 15365.
1036 Vgl. ebd.
1037 Vgl. dazu auch 1. Nachtrag zum ZP-Rundschreiben 31/88 (30.3.1988) vom 15.12.1988, in: SAA 12805.
1038 Vgl. Mitteilung Nr. 250 an die Damen und Herren des Betriebsärztlichen Dienstes vom 6.2.1984, in: SAA 12805.
1039 Das Merkblatt befindet sich in: SAA 14/Lt 337-1.

mit bis zu zehn Tagen auf den Jahresurlaub angerechnet – für den Rest der Zeit wurde bezahlter Sonderurlaub gewährt. Die Kurkosten trugen die jeweiligen Dienststellen. Um auch nach Beendigung der Kur den langfristigen Erfolg dieser Präventionsmaßnahme zu sichern und die Motivation der Teilnehmer zu einer gesundheitsbewussten Lebensweise zu stärken, fanden an verschiedenen Standorten in wöchentlichem Turnus Kreislauftrainingskurse statt.[1040]

Die Kurerfolge wurden weitgehend positiv bewertet. So heißt es zum Beispiel im Betriebsärztlichen Jahresbericht 1957/58, dass die Kreislauftrainingskuren in Eschenlohe unter präventiv-medizinischen Aspekten ausgezeichnete Erfolge vorzuweisen hätten.[1041] Außerdem träfen sich viele der Kurteilnehmer noch regelmäßig auf dem betriebseigenen Sportgelände, um die erlernten gymnastischen Übungen weiterzuführen. Die im Geschäftsjahr 1968/69 in Eschenlohe und Sobernheim erzielten Erfolge sind aufgrund der Allgemeinuntersuchungen unter Einbeziehung von Labor- und Ergonometriebefunden sowohl bei Frauen als auch bei Männern als gut bis sehr gut bewertet worden, allerdings liegen keine Langzeitstudien darüber vor.[1042] Dr. Gerhards, der die Herzkreislaufkuren fast zwei Jahrzehnte lang als Betriebsarzt betreute, berichtete 1976 von zahlreichen Teilnehmern, die ihren Lebenswandel nach einer Kur langfristig verändert hätten.[1043]

Der tatsächliche Nutzen und die Effizienz dieser sozialpolitischen Maßnahme lässt sich allerdings zahlenmäßig nur schwer bemessen. Das Unternehmen investierte mit dem Kurangebot in die Gesundheit und Leistungsfähigkeit von Mitarbeiterinnen und Mitarbeitern, die eine gewisse Anzahl von Dienstjahren vorweisen konnten, bei denen daher von einer langfristigen Beschäftigung auszugehen war. Langfristig wirkende Maßnahmen zur Wiederherstellung der Leistungsfähigkeit schienen daher unter dem Aspekt der Kostensenkung durch die Verminderung krankheitsbedingter Fehlzeiten durchaus lohnenswert. In Eschenlohe und Sobernheim partizipierten vor allem Angestellte, darunter auch Führungskräfte mit langjähriger Berufserfahrung, auf deren Einsatz, Motivation und Leistungsfähigkeit das Unternehmen insbesondere in Zeiten des Fachkräftemangels nicht verzichten konnte. Daher kann die Kur auch als Investition in den Unternehmenserfolg interpretiert werden, für den einzelnen Kurteilnehmer bedeutete sie eine Wertschätzung der individuellen Arbeitskraft und Leistung, zumal ein Kurzplatz durchaus auch als Vergünstigung und Privileg verstanden wurde.[1044] Darüber hinaus sind motivations- und identitätsstiftende Effekte bzw. eine Förderung der Firmenverbundenheit

---

1040 Vgl. z. B. o. V.: 25 Jahre Kreislauftraining in Siemensstadt, in: Siemens-Mitteilungen 11/1984, S. 12; vgl. auch Schreiben der SozPolAbt. vom 12.6.1959 an die Teilnehmer der Kreislauftrainingskuren in Eschenlohe btr. Fortsetzung der Übungen, in: SAA 12502; Hinweise zum Kreislauftraining von der Betriebsärztlichen Dienststelle München Wittelsbacherplatz vom Mai 1963, in: SAA 14/Lt 337-1.
1041 Vgl. Sozialpolitische Abteilung: Betriebsärztliche Jahresberichte Geschäftsjahr 1958/59, München, 20.3.1960, S. 8, in: SAA 12405.
1042 Vgl. Betriebsärztlicher Dienst des Hauses Siemens, Jahresbericht 1968/69, S. 17, 22, in: SAA 12408-1.
1043 Vgl. Dr. Gerhards: Erfahrungen aus 18 Jahren Herz-Kreislauf-Trainingskuren, in: Niederschrift der Betriebsärztetagung vom Juni 1976 in Habischried, S. 11, in: SAA 12802.
1044 Vgl. ebd., S. 5.

anzunehmen. Bei der Zielgruppe der Lohnempfänger ging es vor allem darum, durch die Wiederherstellung der Gesundheit und Leistungsfähigkeit Arbeitsunfälle zu verhindern, Fehlzeiten zu verringern und eine Erziehungs- und Kontrollfunktion hinsichtlich einer gesundheitsbewussten Lebensführung wahrzunehmen. Bei den Mitarbeitern stießen die Kurprogramme auf hohe Akzeptanz, die sich in hohen Anmeldezahlen und auch der Nachfrage nach Selbstzahlerkuren widerspiegelte.[1045]

Zu dem gezielten Kreislaufausdauertraining gehörte auch sportliche Betätigung, die einen Ausgleich für die einseitige berufliche Beanspruchung bilden und der Erhaltung der Leistungsfähigkeit dienen sollte.[1046] Regelmäßige sportliche Aktivitäten zur Steigerung des Wohlbefindens und zur Vermeidung von durch Bewegungsmangel verursachten Beschwerden forcierte Siemens als ein zentrales Element der Gesundheitsförderung.[1047] Angesichts des technischen Fortschritts mit zunehmender Mechanisierung und Automatisierung sowie den in vielen Fällen damit einhergehenden einseitigen körperlichen Belastungen und einem Bewegungsmangel, der vermehrt zu Herz- und Kreislauferkrankungen und Erkrankungen des Bewegungs- und Stützapparates führte, wurde der Sport verstärkt in den Dienst der betrieblichen Gesundheitsprävention gestellt.[1048] Insbesondere jüngere Mitarbeiter wie Lehrlinge sollten von den sportlichen Maßnahmen profitieren, da Jugendarbeitsschutz- und Einstellungsuntersuchungen in den 1960er Jahren immer mehr Haltungsschäden und Kreislauflabilität bei Jugendlichen festgestellt hatten.[1049] „Es gilt, nicht nur den arbeitenden erwachsenen Menschen Gelegenheit zu geben, sich sportlich zu betätigen und dadurch ihre Gesundheit, Arbeitsfähigkeit, Arbeitsfreudigkeit und Widerstandskraft möglichst lange zu erhalten, wir wollen auch alle Bestrebungen fördern, die einem gesunden Wachstum der körperlichen, geistigen und seelischen Kräfte unserer Jugend dienlich sind",[1050] so ein Siemens-Vertreter 1958. Auch am Arbeitsplatz wurden zeitweise Möglichkeiten geschaffen, die einseitigen körperlichen Belastungen zum Beispiel bei der Schreibtischarbeit auszugleichen, indem in einigen Betrieben Gymnastikübungen angeboten und „bei geöffnetem Fenster für 5 Minuten [...] Arme, Beine, Rücken nach Ansage rhythmisch bewegt"[1051] werden konnten.

1045 Vgl. ebd., S. 11, und Betriebsärztlicher Dienst, Jahresbericht 1993, S. 31, in: SAA 15365.
1046 Vgl. Schreiben der Sozialpolitischen Abteilung vom 24.4.1967, in: SAA 14/Lr 584. Über den gesundheitsfördernden Aspekt hinaus trugen die sportlichen Aktivitäten im Kreise von Kollegen in erheblichem Maße zur „Gemeinschaftsbildung im Betrieb" bei. Vgl. Notiz für die Vorstandskommission für sozialpolitische Fragen vom 2.12.1966, S. 1, in: SAA 12794.
1047 Vgl. Bös, Klaus / Brehm, Walter / Gröben, Ferdinand: Sportliche Aktivierung, in: Georges Steffgen (Hg.): Betriebliche Gesundheitsförderung, Göttingen/Bern/Toronto/Seattle/Oxford/Prag 2004, S. 174.
1048 Vgl. Sport im Hause Siemens. Auswertung einer Umfrage über das Geschäftsjahr 1965/66. Zusammengestellt von der Sozialpolitischen Abteilung, S. 13, in: SAA 12794 (auch in: SAA 12810).
1049 Vgl. ebd., S. 12.
1050 Ansprache von F. Müller bei der Einweihung der Sporthalle in Berlin-Siemensstadt am 10. Oktober 1958, S. 2 f., in: SAA 14/Lr 584.
1051 O.V.: Kurzmitteilung, in: Siemens-Mitteilungen 5–6/1963, S. 19, sowie Schreiben von Dr. med. Gerda Hennig vom 8.7.1974 an Herrn Döppert, beide Dokumente in: SAA 12798. Vgl. auch Barth, Ludwig: Sport macht fit, in: Siemens-Mitteilungen 5/1961, S. 12–13.

Die vom Unternehmen für Gesundheits- und Erholungsmaßnahmen insgesamt aufgewendeten Kosten machten im Geschäftsjahr 1978/79 mit 29,3 Mio. DM 0,6 Prozent des Personalbasisaufwands aus – mit den Ausgaben für die Ernährung sind es 2,6 Prozent.[1052] Bei den gesamten freiwilligen Personalzusatzaufwendungen standen die Ausgaben für Gesundheit und Erholung an sechster Stelle hinter den Ausgaben für die betriebliche Altersversorgung, für Bildungsmaßnahmen, für Ernährung, Erfolgsbeteiligung und Belegschaftsaktien. Prozentual gesehen machten die Kosten für Gesundheit, Erholung und Ernährung zusammen 8,9 Prozent aller freiwilligen sozialen Leistungen aus. Dagegen betrugen die Aufwendungen für die Altersversorgung und Unterstützungsleistungen, die Erfolgsbeteiligung und die Belegschaftsaktien zusammen 55 Prozent und der Bildungsaufwand 29,1 Prozent. Diese Zahlen weisen auf den bedeutungsmäßig geringeren Stellenwert hin, der dem betrieblichen Gesundheitswesen gegenüber den monetären Leistungen und der Bildung zugemessen wird, der jedoch mit einem Anteil von fast neun Prozent der freiwilligen Aufwendungen auch nicht zu unterschätzen ist. Diese Einordnung spiegelt sich auch in Aussagen von Vertretern der Unternehmensleitung wider, die seit Beginn der siebziger Jahre als zentrale sozialpolitische Bereiche neben der Altersversorgung, den vermögensbildenden Leistungen und den Aufwendungen für Bildung und Information immer auch das Gesundheitswesen thematisieren.[1053]

*4.2.5.4 Erholungs- und Urlaubsmaßnahmen*

Der Regeneration und Erhaltung der Leistungsfähigkeit dienten auch verbilligte Erholungsmöglichkeiten in firmeneigenen Heimen, Vertragsheimen oder Ferienwohnungen. Bereits seit Beginn des 20. Jahrhunderts bot das Unternehmen Urlaubsmöglichkeiten in entsprechenden Unterkünften an. Das 1910 neu erbaute Ettershaus in Bad Harzburg diente als erstes firmeneigenes Erholungsheim der Unterbringung erholungsbedürftiger Siemens-Mitarbeiterinnen und Mitarbeiter. 1915 wurde das Siemens-Antonienheim in Ahlbeck in Betrieb genommen, das weiblichen Belegschaftsmitgliedern vierwöchige Kuraufenthalte ermöglichte. Männlichen Belegschaftsangehörigen stand seit 1919 ein gepachtetes und ab 1930 ein neu errichtetes Erholungsheim in Koserow auf Usedom zur Verfügung.[1054] Für erholungsbedürftige Kinder von Belegschaftsangehörigen, die schon seit 1904 für mehrwöchige Aufenthalte an die Ostsee entsandt wurden, baute Siemens das Eleonorenheim in Neuhof bei Heringsdorf, das 1923 in Betrieb genommen werden konnte.[1055] Nach 1945 war jedoch aufgrund der kriegsbedingten Verluste keines der

---

1052 Vgl. Zentralbereich Personal, Dokumentation 1978/79, Anlage 1, in: Registratur der Abteilung Corporate Human Resources der Siemens AG.
1053 Vgl. zum Beispiel Schwerpunkte zukunftsorientierter Personalpolitik. Interview mit Joachim von Oertzen, in: Zukunftsorientierte Personalpolitik. Sonderdruck aus der Siemens-Zeitschrift 48/1974, H. 12, in: SAA unverzeichnete Akten aus dem Zwischenarchiv.
1054 Vgl. Soziale Arbeit des Hauses Siemens, S. 8, in: SAA 10704.
1055 Die Betriebskrankenkasse der Siemens-Schuckertwerke verfügte seit 1919 über das im Fränkischen Jura gelegene Kurhaus Eschenbach, das jährlich 350 bis 400 erholungsuchende Mit-

traditionsreichen Erholungsheime an der Ostsee und in der Nähe Berlins mehr zugänglich; nur das Ettershaus in Bad Harzburg, das erst langsam wieder instand gesetzt wurde, und das Kinderheim in Bad Wiessee befanden sich noch im Unternehmensbesitz.[1056] Als Ausgleich für die im Osten Deutschlands gelegenen Heime wurden in der Folgezeit neue Erholungs- und Feriendomizile errichtet.

In den Jahren 1946 bis 1948 entstand auf Initiative von Mitarbeitern der Münchener Betriebe und mit Unterstützung des späteren Firmenchefs Ernst von Siemens das Siemens-Berghaus in der Nähe von Bayerisch Zell, das als beliebter Ausgangspunkt für Ski- und Wandertouren diente. Nutzten zunächst Wochenendbesucher aus dem Raum München das Berghaus, so stand es seit den 1950er Jahren als Erholungsheim bevorzugt kinderreichen Familien zur Verfügung.[1057] Ende 1953 konnte das Ettershaus der Hertha von Siemens-Stiftung in Bad Harzburg, das während des Kriegs als Lazarett gedient hatte, nach völliger Neugestaltung als Erholungsheim für Siemens-Angestellte wieder in Betrieb genommen werden.[1058] Darüber hinaus stand das 1956 eröffnete Siemens-Kur- und Erholungsheim Berneck im Fichtelgebirge in den Sommermonaten als Feriendomizil für Siemens-Mitarbeiter bereit.[1059] Die südlich von Hohenaschau im Geigelsteingebiet gelegene Wandberghütte, eine bewirtschaftete Unterkunft für Skifahrer und Bergsteiger mit 50 Plätzen, die seit Dezember 1958 von Münchener Betriebsangehörigen frequentiert worden war, bot ab Ende 1959 Mitarbeitern aller Siemens-Standorte Urlaubsplätze.[1060] Auch das bereits erwähnte, 1974 fertiggestellte Kur- und Erholungszentrum Habischried im Bayerischen Wald fungierte außerhalb des Kurbetriebs jährlich von Mitte Juni bis Mitte September als Erholungsheim für kinderreiche Familien.

Neben den firmeneigenen Häusern schloss das Unternehmen Verträge mit einer Vielzahl von Gasthöfen und Pensionen in ganz Deutschland, um in der Nähe aller großen Standorte Erholungsmöglichkeiten zu bieten. Die Verteilung der viel gefragten Erholungsplätze, die unter Beteiligung des Gesamtbetriebsrats und unter Einschaltung der Betriebsfürsorgerinnen vorgenommen wurde, erfolgte gleichmäßig – jeweils in Relation zur Belegschaftszahl – auf alle Betriebe. Als Auswahlkriterien wurden die Anzahl der Kinder, die Einkommenssituation, das Dienstalter sowie die Arbeitsbeanspruchung berücksichtigt. Darüber hinaus gaben gesundheitliche Aspekte sowie soziale Erwägungen den Ausschlag für eine Vergabe. So sollten Mitarbeiter, „denen es ohne Firmenhilfe nicht möglich sein würde, ihren Urlaub

---

arbeiter aufnahm. 1937 eröffnete das Erholungsheim Wopfing bei Wien, in dem Siemens-Mitarbeiter in Begleitung ihrer Familien Urlaub machen konnten. Als Tageserholungsstätten richtete das Unternehmen in Siemensstadt 1917 den „Siemens-Garten" für weibliche und 1918 das „Siemens-Waldheim" für männliche erholungsbedürftige Mitarbeiter ein. Vgl. Festschrift zum 25-jährigen Bestehen der Betriebskrankenkasse der vereinigten Siemens-Werke, Berlin-Siemensstadt 1933, S. 7, in: SAA 8533.
1056 Vgl. Feldenkirchen, 2003 a, S. 374.
1057 Vgl. o.V.: Unser Berghaus hat Geburtstag, in: Siemens-Mitteilungen 11/1973, S. 23; o.V.: Unser Berghaus, in: Siemens-Mitteilungen 2/1952 (auch in: SAA 14/Lm 271); o.V.: Gute Erholung für 1956, in: Siemens-Mitteilungen 18/1956, S. 7.
1058 Vgl. dazu Bekanntmachung vom September 1953, in: 14/Lm 271.
1059 Vgl. Bekanntmachung „Urlaub 1956", in: SAA 14/Lt 337-1.
1060 Vgl. SozPolAbt-Rundschreiben Nr. 428 vom 17. November 1959, in: SAA 14/Lm 271.

zusammen mit ihrer Familie in einer anderen Umgebung zu verbringen",[1061] bevorzugt werden. Ab 1966 standen erstmals für Familien mit mindestens zwei bis zu sieben Kindern verbilligte Erholungsplätze in drei Familienferienhöfen mit Selbstverpflegung zur Verfügung.[1062] Pensionäre konnten ebenfalls an den Ferienprogrammen teilnehmen, soweit die bereitgestellten Plätze nicht von aktiven Mitarbeitern in Anspruch genommen wurden.[1063]

Wurden die Erholungsangebote des Unternehmens vor allem in den 1950er Jahren aufgrund fehlender Alternativen und mangelnder finanzieller Möglichkeiten von den Mitarbeitern stark frequentiert, so änderte sich die Situation Mitte der 1960er Jahre. Ab dem Geschäftsjahr 1966/67 reduzierte das Unternehmen die Zahl der Urlaubsmöglichkeiten durch die Streichung der Firmenzuschüsse zu den Erholungsplätzen in den Vertragsheimen, um die vor dem Hintergrund der ersten Nachkriegsrezession notwendig gewordenen Einsparungen zu den nicht mehr als zeitgemäß betrachteten Sozialleistungen zu realisieren.[1064] Damit reagierte das Unternehmen auf die wachsende Anzahl außerbetrieblicher Urlaubsangebote sowie die veränderten Urlaubsansprüche der mündigen und selbstständigen Mitarbeiter, die ihren Urlaub außerhalb unternehmensbezogener Zusammenhänge selbst organisieren und verbringen wollten. Außerdem entsprach die Lage der in den klassischen Urlaubsregionen Deutschlands gelegenen Siemens-Erholungseinrichtungen in Bayern oder im Harz nicht mehr den zeitgemäßen Reiseansprüchen. Zu den bevorzugten Urlaubszielen der (Bundes-)Deutschen hatten sich seit Ende der 1950er Jahre Österreich, die Schweiz vor allem aber auch Italien und Spanien entwickelt.[1065] Zudem war die Mobilität aufgrund der zunehmenden Automobilisierung des Tourismus erheblich gestiegen.[1066]

Die firmeneigenen Erholungsheime wurden jedoch von den Sparmaßnahmen nicht tangiert, da man befürchtete, dass eine Auflösung dieser Einrichtungen „bei der Belegschaft nicht verstanden [...], gegen die Tradition des Hauses in unverantwortlicher Weise verstoßen (und) die Firma auch in der Öffentlichkeit belasten und ihrem Ansehen schaden"[1067] würde. Um dennoch dem Informationsbedürfnis von Mitarbeitern nach geeigneten Erholungsmöglichkeiten gerecht zu werden, ent-

---

1061 Vgl. SozPol-Rundschreiben Nr. 465 vom 10.1.1961, in: SAA 14/Lt 337-1; vgl. auch SozPol-Abt-Rundschreiben Nr. 394 vom 28.11.1958, in: SAA 14/Lt 337-1, ZP-Rundschreiben Nr. 4/89 vom 24.10.1988, in: SAA 12808; o.V.: Urlaub 1957, in: Siemens-Mitteilungen 23/1957, S. 15, in: SAA 14/Lt 337-1.
1062 Vgl. Schreiben der Sozialpolitischen Abteilung vom 12.1.1966 an die Betriebsfürsorgerinnen btr. Erholungsplätze 1966, in: SAA 12808. Vgl. auch Bekanntmachung „Erholungsplätze im Winterhalbjahr 1966/67", in: SAA 14/Lt 337-1.
1063 Vgl. ZP-Rundschreiben Nr. 4/89 vom 24.10.1988, in: SAA 12808.
1064 Vgl. dazu Schreiben der Sozialpolitischen Abteilung vom 29.7.1966 btr. „Künftige Verwendung der firmeneigenen Erholungsheime", in: SAA 12794; vgl. dazu auch Niederschrift über die Besprechung der Firmenleitung mit dem Verhandlungsausschuss des Gesamtbetriebsrates am 8.1.1969 in München, in: SAA 12807.
1065 Vgl. Hachtmann, Rüdiger: Tourismusgeschichte. Göttingen 2007, S. 167.
1066 Vgl. dazu auch Wehler, Hans-Ulrich: Deutsche Gesellschaftsgeschichte, 1949–1990, Bonn 2010 (Lizenzausgabe für die Bundeszentrale für politische Bildung), S. 80.
1067 Vgl. Schreiben der Sozialpolitischen Abteilung vom 29.7.1966 btr. „Künftige Verwendung der firmeneigenen Erholungsheime", S. 9, in: SAA 12794.

## 4. Von der Gesundheitsfürsorge zur Gesundheitsförderung

schloss sich das Unternehmen, Interessenten die Anschriften und Konditionen langjähriger Vertragsheime mitzuteilen. Darüber hinaus arbeitete Siemens mit externen Reiseveranstaltern zusammen. So stellte zum Beispiel das Amtliche Bayerische Reisebüro für Siemens-Mitarbeiter spezielle Einzelpauschalreisen-Programme für Ziele im In- und im benachbarten Ausland zusammen. Einem speziell für Siemens-Betriebsangehörige erstellten Prospekt des Amtlichen Bayerischen Reisebüros aus dem Jahr 1963 zufolge wurden neben Reisen nach Bayern auch Urlaubsziele in Österreich, Italien und im ehemaligen Jugoslawien angeboten.[1068]

Neben den Erholungsmaßnahmen für die Mitarbeiter bot das Unternehmen auch Kindern von Betriebsangehörigen die Möglichkeit der Gesundheitsvorsorge in speziellen Kindererholungsstätten. Hintergrund dieser Maßnahme waren überkommene Vorstellungen der generationenübergreifenden Fürsorge, die sich auf die ganze Familie der Beschäftigten erstreckte und Kinder als potenzielle Mitarbeiter in das sozialpolitische Programm und Bezugssystem der „Siemensianer" integrierte. Die Verschickungen für Kinder im Alter von fünf bis zwölf Jahren gingen in das firmeneigene Kindererholungsheim in Bad Wiessee sowie in Vertragsheime im Allgäu, im Schwarzwald, im Harz und an der Nordsee.[1069] Als Kriterium für die Verteilung der Erholungsplätze zählten neben der Erholungsbedürftigkeit der Kinder die sozialen Verhältnisse der Familie sowie die Länge der Dienstzeit der Firmenangehörigen. Die Kosten für den rund vierwöchigen Aufenthalt übernahm bis auf einen von den Eltern zu tragenden Kostenanteil das Unternehmen.

Mitte der 1960er Jahre wurde die firmeneigene Kinderverschickung vor dem Hintergrund gewandelter gesamtwirtschaftlicher Rahmenbedingungen und angesichts steigender Kosten zunehmend in Frage gestellt. Aufgrund des gewachsenen Urlaubsanspruchs, der sich 1959 von 15 auf 18 Werktage und bis 1967 auf 24 Werktage erhöhte, war der zeitliche Rahmen für einen gemeinsamen Familienurlaub nun gegeben.[1070] Kritiker führten auch die fehlende soziale Notwendigkeit der Kinderverschickung an. Die verbesserte allgemeine wirtschaftliche Situation erlaube es Familien nicht zuletzt auch mit Hilfe von Firmen-Urlaubsplätzen oder der Möglichkeit des Campings, den Urlaub gemeinsam zu verbringen. Außerdem läge eine dringende Erholungsbedürftigkeit der Kinder gar nicht mehr vor und es bestünden Schwierigkeiten, die vorhandenen Plätze überhaupt noch zu besetzen, heißt es in einem Schreiben der Sozialpolitischen Abteilung im Jahr 1965.[1071] Zudem würden karitative Einrichtungen über zahlreiche Möglichkeiten für Kinderverschickungen

---

1068 Vgl. Prospekt des Amtlichen Bayerischen Reisebüros für Siemens-Betriebsangehörige aus dem Jahr 1963, in: SAA 14/Lt 337-1.
1069 Vgl. SozPolAbt-Rundschreiben Nr. 281 vom 21.12.1955, in: SAA 14/Lt 337-1; SozPolAbt-Rundschreiben Nr. 358 vom 9.12.1957, in: SAA 14/Lt 337-1.
1070 Vgl. Entwicklung wichtiger tariflicher Leistungen seit 1948, in: https://intranet.cp.siemens.de, abgerufen am 24.6.2002.
1071 Vgl. Schreiben der Sozialpolitischen Abteilung an die Betriebsfürsorgerin vom 30.3.1965 btr. firmeneigene Kinderverschickung, in: SAA 12794.

verfügen.[1072] Daher wurden die Verschickungen ab 1966 auf das firmeneigene Kindererholungsheim Bad Wiessee beschränkt.[1073]

Mitte der 1970er Jahre wurde auch diese Einrichtung geschlossen.[1074] Eine Weiterführung hätte umfangreiche Renovierungsarbeiten insbesondere bei den sanitären Einrichtungen erfordert, die das Unternehmen nicht zu tragen bereit war, zumal genügend Plätze von öffentlichen und karitativen Organisationen angeboten wurden und aus Unternehmenssicht keine Notwendigkeit für eigene Maßnahmen mehr bestand. Angesichts der gewandelten Arbeitsmarktlage, veränderter Bildungsmöglichkeiten und ungewisser Berufsperspektiven war eine frühzeitige Einbeziehung von Mitarbeiterkindern in das betriebliche Sozialsystem nicht mehr sinnvoll und unzeitgemäß. Für bei Siemens beschäftigte erholungsbedürftige Jugendliche bot das Unternehmen bis zum vollendeten 18. Lebensjahr ebenfalls spezielle Erholungsplätze in Heimen der Gemeinnützigen Gesellschaft für Jugendfreizeit e.V. an, wobei diese Erholungszeit auf den Jahresurlaub angerechnet wurde. Die Aufenthaltskosten übernahm die Sozialpolitische Abteilung.[1075]

Ein wichtiger Indikator für den Erfolg betrieblicher Gesundheitsmaßnahmen ist die Entwicklung der Krankenzahlen, die sich in der statistischen Erfassung des Krankenstandes durch die Siemens-Betriebskrankenkasse widerspiegelt.[1076] Bei Siemens bewegte sich der durchschnittliche Krankenstand zwischen 5,8 Prozent im Jahr 1965, 6,2 Prozent 1971, 5,4 Prozent 1975, 5,1 Prozent 1980 und 4,3 Prozent 1986.[1077] Damit lagen die Krankenzahlen niedriger als bei anderen Kassen, wie zum Beispiel der Vergleich mit der Betriebskrankenkasse der BASF zeigt: Hier betrug der Krankenstand 1965 wie bei Siemens 5,8 Prozent, lag aber mit 6,9 Prozent in den Jahren 1971 und 1975 sowie 6,8 Prozent im Jahr 1980 höher als bei Siemens.[1078] Die häufigsten von der Siemens-Betriebskrankenkasse erfassten Krankheitsarten wurden im Bereich des Kreislaufsystems, der Atmungsorgane (Erkältungskrankheiten), der Verdauungsorgane, der Knochen und Bewegungsorgane sowie der Harn- bzw. Geschlechtsorgane festgestellt. Hinzu kamen Erkrankungen

---

1072 Vgl. Niederschrift über die Besprechung der Firmenleitung mit dem Verhandlungsausschuss des Gesamtbetriebsrates am 4.10.1968 in München, in: SAA 12807.
1073 Vgl. SozPol-Rundschreiben Nr. 642 vom 9. Dezember 1966, in: 14/Lt 337-1, sowie Bekanntmachung der Sozialpolitischen Abteilung vom 16.5.1966, in: SAA 12794.
1074 Vgl. ZP-Rundschreiben Nr. 21/75 vom 21.1.1975 btr. Schließung des Siemens-Kindererholungsheimes Bad Wiessee; ZP-Rundschreiben Nr. 23/75 vom 11.2.1975, in: 14/Lm 271.
1075 Vgl. Schreiben der Sozialpolitischen Abteilung vom 10.4.1956 btr. Erholungsfürsorge – Verschickung von Jugendlichen, in: SAA 14/Lt 337-1; SozPol-Rundschreiben Nr. 532 vom 17.1.1963, in: SAA 14/Lt 337-1.
1076 Der Krankenstand errechnet sich aus dem Verhältnis der Arbeitsunfähigkeitsfälle und deren Dauer zu den Mitgliedschaftszeiten der in einem Beschäftigungsverhältnis stehenden Mitglieder, vgl. Siemens-Betriebskrankenkasse, Geschäftsbericht 1980, S. 18, in: SAA 14/Lg 977.
1077 Vgl. Siemens-Betriebskrankenkasse, Geschäftsbericht 1965, S. 15; Geschäftsbericht 1975, S. 20; Geschäftsbericht 1980, S. 18; Geschäftsbericht 1986, S. 16; alle Berichte in: SAA 14/Lg 977.
1078 Vgl. Meinzer, Lothar: 100 Jahre Betriebskrankenkasse der BASF – ein historischer Rückblick, in: BASF Aktiengesellschaft (Hg.): Betriebliche Krankenversicherung. 100 Jahre Betriebskrankenkasse der BASF Aktiengesellschaft. Gütersloh 1984, S. 67.

infolge von Unfällen sowohl im Betrieb als auch im häuslichen Bereich.[1079] Dabei lag der durchschnittliche Krankenstand bei Frauen wesentlich höher als bei Männern, was sowohl auf höhere Prozentzahlen bei den genannten Haupterkrankungen als auch auf geschlechtsspezifische Erkrankungen wie zum Beispiel Komplikationen bei Schwangerschaft und Geburt sowie auf ein höheres Maß an seelischen Störungen zurückgeführt wurde.[1080] Grundsätzlich ist zu berücksichtigen, dass in Zeiten guter Konjunktur mit höherer Nachfrage an Arbeitskräften die Krankenzahlen höher liegen als in wirtschaftlichen Krisenzeiten, wenn die Arbeitsplätze bedroht sind.[1081] So wurde bei Siemens zum Beispiel zwischen 1970 und 1975 ein Rückgang des Krankenstands als Folge der rezessiven wirtschaftlichen Entwicklung konstatiert.[1082] Der bei Siemens insgesamt vergleichsweise niedrige Krankenstand lässt auf eine erfolgreiche Umsetzung der betrieblichen Gesundheitsstrategien schließen.

### 4.3 Fazit

Nach dem Zweiten Weltkrieg wurden die umfangreichen Maßnahmen der betrieblichen Gesundheitspolitik wieder aufgenommen, den Zeiterfordernissen entsprechend angepasst und intensiviert. Dabei etablierte das Unternehmen auf freiwilliger Basis ein umfassendes und engmaschiges System betrieblicher Gesundheitsversorgung, das von der sozialen Absicherung der Mitarbeiter im Krankheitsfall durch die Siemens-Betriebskrankenkasse über den personell vergleichsweise gut ausgestatteten betriebsärztlichen Dienst, zahlreiche Maßnahmen zur Prävention und Gesundheitsförderung bis hin zum Arbeitsschutz und zur Verbesserung der Arbeitsbedingungen reichte. Übergeordnetes Ziel war es, die Gesundheit, Leistungsbereitschaft und Arbeitszufriedenheit der Mitarbeiterinnen und Mitarbeiter zu fördern, denn Wohlbefinden und Gesundheit stellen wesentliche Voraussetzungen für Motivation, Arbeitsleistung und damit den Unternehmenserfolg dar.[1083] Die dadurch auf der einen Seite angestrebte Verringerung von Krankenzahlen, Fehlzeiten und Arbeitsunfällen sowie auf der anderen Seite die Erhaltung und die Erhöhung der Leistungsfähigkeit und Arbeitszufriedenheit der Beschäftigten sollten letztlich dazu beitragen, Kosten zu senken und die unternehmerische Leistungskraft zu verbessern. Der vergleichsweise niedrige Krankenstand weist auf den Erfolg der betrieblichen Gesundheitsmaßnahmen hin.

Der mit der zunehmenden Technisierung einhergehende Wandel von Belastungsstrukturen und Krankheitsbildern stellte die gesundheitliche Versorgung im Betrachtungszeitraum vor immer neue Herausforderungen. Die durch verringerte

---

1079 Vgl. Siemens-Betriebskrankenkasse, Geschäftsbericht 1975, S. 22 und Geschäftsbericht 1980, S. 21, beide Berichte in: SAA 14/Lg 977.
1080 Vgl. Siemens-Betriebskrankenkasse, Geschäftsbericht 1980, S. 21, in: SAA 14/Lg 977.
1081 Vgl. Meinzer, 1984, S. 23.
1082 Vgl. Siemens-Betriebskrankenkasse, Geschäftsbericht 1975, S. 20, in: SAA 14/Lg 977.
1083 Vgl. Badura, Bernhard / Hehlmann, Thomas: Der Weg zur gesunden Organisation. Berlin/Heidelberg/New York/Hongkong/London/Mailand/Paris 2003, S. 3.

körperliche Inanspruchnahme und allgemeinen zivilisationsbedingten Bewegungsmangel verursachte stärkere Krankheitsanfälligkeit erforderte entsprechende Maßnahmen, die sich in der betrieblichen Gesundheitspolitik zunächst auf den Bereich der Prävention konzentrierten. Dabei hatte die Arbeit des betriebsärztlichen Dienstes, in deren Zentrum die Vorsorgemedizin stand und die verschiedene Maßnahmen zur Erkennung, Verhütung und Behandlung berufsbedingter Krankheiten sowie Fragen der Arbeitsplatzgestaltung umfasste, ebenso präventiven Charakter wie die nach dem Zweiten Weltkrieg wieder aufgenommenen Röntgenreihenuntersuchungen, die in den 1950er Jahren aufgelegten Kreislauftrainingsprogramme oder die Bereitstellung von Urlaubsplätzen in firmeneigenen Erholungshäusern oder angemieteten Vertragsheimen. Der Erhaltung und Stärkung von Arbeitskraft und Leistungsfähigkeit diente auch die Versorgung mit Kantinenessen, das nach neuesten ernährungsphysiologischen Erkenntnissen zubereitet wurde, sowie die Förderung sportlicher Aktivitäten durch Ausgleichssport – Letzterer trug darüber hinaus zur Stärkung des betrieblichen Zusammenhalts bei und förderte die Motivation, Kommunikation und Zusammenarbeit unter den Beschäftigten. Die zum Teil hohe Beteiligungsbereitschaft der Beschäftigten zeigt die Akzeptanz vieler Maßnahmen. Den Stellenwert des Gesundheitsschutzes und der sozialen Absicherung im Krankheitsfall dokumentierte darüber hinaus die Unterhaltung einer Betriebskrankenkasse, die mit zahlreichen Maßnahmen die betriebliche Gesundheitsförderung ergänzte. Vorteile entstanden im Betrachtungszeitraum für die Beschäftigten durch die im Vergleich zu gesetzlichen Kassen geringeren Kostenbelastungen durch die Siemens-Betriebskrankenkasse.

Bei den Anfang der 1970er Jahre einsetzenden Bestrebungen zur Humanisierung der Arbeitswelt ging es darum, die durch den technologischen Wandel und die Rationalisierung entstandenen, sowohl psychisch als auch physisch gesundheitsbeeinträchtigenden Arbeitsstrukturen und Arbeitsbedingungen „menschengerechter" zu gestalten.[1084] Entgegen rein arbeitsausführenden Tätigkeiten ohne eigenständige Handlungsspielräume sollte dem Streben des Menschen nach Selbstverwirklichung, Autonomie und Selbstkontrolle Rechnung getragen werden. Dabei standen Fragen der Arbeitsstrukturierung und Arbeitsgestaltung sowie des Arbeitsschutzes und der Arbeitssicherheit im Fokus. Auch das in den 1970er Jahren favorisierte Konzept der Gesundheitserziehung entsprach dem Paradigmenwechsel zum selbstbestimmten Menschen und rückte die Eigenverantwortung der Mitarbeiter in den Vordergrund, indem die Vermittlung von Wissen über Gesundheitsrisiken zu Verhaltensänderungen führen sollte.

Eine Neuorientierung in der betrieblichen Gesundheitspolitik erfolgte Ende der 1980er Jahre anhand der im Jahr 1986 von der Weltgesundheitsorganisation erarbeiteten sogenannten „Ottawa-Charta", die eine verstärkte Zusammenarbeit der verschiedenen mit Gesundheitsaspekten befassten Stellen im Unternehmen zur Folge hatte. Zunehmende betriebliche Informations- und Aufklärungsmaßnahmen sowie die 1989 installierten Arbeitskreise Gesundheit, die sich interdisziplinär mit allen unternehmensrelevanten Fragen rund um die Gesundheit befassten, zielten

---

1084 Vgl. Ulich, 2011, S. 54, und Reichwald, 2004, Sp. 40 f.

auf die Erhaltung und Förderung von Gesundheit, Leistungsfähigkeit, Wohlbefinden und damit der Arbeitskraft. Eine zentrale Bedeutung kam dabei der Stärkung der Verantwortung des Einzelnen für die eigene Gesundheit und der Unterstützung gesundheitsfördernder Verhaltensweisen zu. Diese Aufwertung der Eigenverantwortung und Selbstinitiative der Mitarbeiter gegenüber eher fürsorgerischen Bestrebungen früherer Jahrzehnte geht einher mit dem bereits thematisierten Paradigmenwechsel zum mündigen Mitarbeiter, dem – wie gezeigt werden konnte – auch in anderen Bereichen betrieblicher Sozialpolitik durch vielfältige Maßnahmen entsprochen wurde.

Daher ist auch die Frage nach den Gründen für das organisatorisch differenzierte und verwaltungstechnisch aufwendige betriebliche Gesundheitssystem zu stellen, das eine umfassende gesundheitliche Rundum-Versorgung und die soziale Absicherung der Beschäftigten gewährleistete. So wurden zum Beispiel mit den Röntgenreihenuntersuchungen, der Organisation von Kuraufenthalten oder Informationskampagnen Aufgaben abgedeckt, die auch öffentliche oder andere Stellen ausübten. Als eine Ursache ist auf die mit diesen Aufgaben verbundenen weitreichenden Kontroll- und Disziplinierungsmöglichkeiten zu verweisen, die das Unternehmen damit wahrnehmen konnte, um die gesundheitlichen Ressourcen der Mitarbeiter zu stärken und damit ihre Leistungsfähigkeit, Arbeitszufriedenheit und Motivation zu erhöhen. In enger Verknüpfung mit Maßnahmen des Arbeitsschutzes konnte darüber hinaus eine spezifische Ausrichtung der Maßnahmen auf die Anforderungen und Bedürfnisse in den Betrieben erfolgen. Auf die integrationsfördernden und identitätsstiftenden Wirkungen gesundheitspolitischer Aktivitäten wurde ebenfalls hingewiesen. Betriebsärzte, deren Tätigkeit erst 1974 gesetzlich determiniert wurde, fungierten unternehmensintern als Mittler zwischen Beschäftigten und Unternehmensleitung und damit als Kontrollinstanz. Nach außen hin konnten sie durch ihre Beratungsfunktionen in externen Gremien Einfluss auf gesundheitspolitische Diskussionen, Entscheidungen und auch auf Maßnahmen des Arbeitsschutzes nehmen. Der Stellenwert, den die betriebliche Gesundheitspolitik im Gesamtsystem betrieblicher Sozialpolitik einnimmt, ist gemessen an den finanziellen Aufwendungen zu Beginn der 1970er Jahre hinter den vermögensbildenden Leistungen und der betrieblichen Altersversorgung einzuordnen. Dies stärkt die These der zunehmenden Monetarisierung, die die prioritäre Bedeutung ökonomisch bedingter Leistungen hervorhebt, aber immaterielle Leistungen aufgrund der genannten Effekte als wichtige Bestandteile eines komplexen betrieblichen Sozialleistungssystems mit einbezieht.

## 5. VON DER BETRIEBSFÜRSORGE ZUR SOZIALBERATUNG: BETRIEBLICHE SOZIALARBEIT IM WANDEL

Neben dem Gesundheitswesen bildet das betriebliche Sozialwesen, früher Betriebsfürsorge, heute Sozialberatung genannt, einen weiteren Bereich der betrieblichen Sozialpolitik, dessen Aktionsradius sich über rein arbeitsbezogene Fragestellungen hinaus auch auf die private Sphäre der Beschäftigten erstreckt und teilweise auch ihre Angehörigen mit einbezieht. Die Aufgaben, Herausforderungen und Problemfelder der betrieblichen Sozialarbeit haben sich nach dem Zweiten Weltkrieg angesichts gewandelter wirtschaftlicher, politischer, sozialer und gesellschaftlicher Verhältnisse, Arbeits- und Rahmenbedingungen gravierend verändert.

Die Anfänge der betrieblichen Sozialarbeit bei Siemens reichen bis in das zweite Jahrzehnt des 20. Jahrhunderts zurück. Zunächst zielte die Arbeit der sogenannten Fabrikpflegerinnen auf die Unterstützung und Entlastung der Siemens-Arbeiterinnen.[1085] Während des Ersten Weltkriegs vermittelten sogenannte Fabrikpflegerinnen finanzielle und materielle Hilfestellungen.[1086] Nach Kriegsende bot die Werksfürsorge, die sich über das Arbeitsumfeld hinaus auch auf die häusliche, familiäre Sphäre erstreckte, vielfältige Unterstützungen in Mangel- und Notlagen.[1087] Mit dem Ausbruch des Zweiten Weltkriegs rückten die Betreuung werktätiger Frauen sowie kriegsbedingte Aufgaben[1088] in den Mittelpunkt der Betriebspflege. Kurz vor Kriegsende waren in den Berliner Werken 32 Betriebsfürsorgerinnen aktiv tätig.

### 5.1 Soziale Unterstützung in der Nachkriegszeit

Nach dem Zweiten Weltkrieg wurde die Einrichtung bzw. Weiterführung von Betriebsfürsorgestellen als langjährig etablierte freiwillige Einrichtungen der betrieblichen Sozialpolitik in allen bereits bestehenden und neu errichteten Siemens-Betrieben angestrebt, um den vielfältigen sozialen Problemstellungen der Zeit gerecht werden zu können. In der unmittelbaren Nachkriegszeit stand jedoch zunächst die Bewältigung der Kriegsfolgen im Mittelpunkt der sozialen Arbeit. Die Betriebspflegerinnen fungierten als Vermittlerinnen bei Behörden, Dienststellen der Besatzungsmächte oder öffentlichen und privaten Wohlfahrtseinrichtungen, beantragten

---

1085 Im Jahr 1911 wurde der Beschluss gefasst, ein Kinderheim in Berlin zu errichten, um damit vor allem die Siemens-Arbeiterinnen, die einen im Vergleich zu anderen Industrieunternehmen relativ hohen Anteil an der Siemens-Belegschaft ausmachten, zu entlasten. Vgl. 75 Jahre Sozialarbeit bei Siemens, 1985, S. 13, in: SAA 14/Lt 337.
1086 Vgl. Sachse, 1990, S. 38, 226; vgl. auch 75 Jahre Sozialarbeit bei Siemens, 1911–1986, zusammengestellt von Lenore Riedrich, hg. v. Siemens AG, 1985, S. 16 und 36, in: SAA 14/Lt 337. Vgl. Zängler, Erich: Von der Fürsorge zur Sozialberatung, in: Siemens-Mitteilungen 2/1973, S. 22; vgl. auch 75 Jahre Sozialarbeit bei Siemens, 1985, S. 13, in: SAA 14/Lt 337. Vgl. auch Hilger, 1996, S. 222.
1087 Vgl. Die Geschichte der Siemens-Sozialberatung. Aus den Jahresberichten der Sozialberatung der Jahre 1911–1960, in: Sozialberatung bei Siemens, hg. v. d. Siemens AG, 1982, S. 8, in: SAA 14/Lt 337.
1088 Zu den Aufgaben gehörten die Unterstützung von Angehörigen einberufener Mitarbeiter, Hilfen für Jugendliche, alleinstehende Frauen und Männer, die Durchführung von Erholungsmaßnahmen in den noch bestehenden firmeneigenen Heimen sowie die Betreuung ausländischer Arbeitskräfte. Vgl. 75 Jahre Sozialarbeit bei Siemens, 1985, S. 28 f., in: SAA 14/Lt 337; Zängler, Siemens-Mitteilungen 2/1973, S. 23. 1934 wurde der Begriff „Fabrikpflege" bei Siemens in „Betriebspflege" geändert, da sich das Tätigkeitsfeld der Fürsorgerinnen über die Werke und Fabriken hinaus längst auch auf andere Unternehmensbereiche ausgedehnt hatte. Vgl. Sachse, 1990, S. 227.

Zuzugsgenehmigungen, kümmerten sich um Flüchtlinge und Heimkehrer, um erkrankte oder pflegebedürftige Belegschaftsmitglieder und beteiligten sich nicht zuletzt auch an Aufräumungsarbeiten.[1089] Mit der Währungsreform verbesserten sich die wirtschaftlichen Rahmenbedingungen langsam und die Überwindung unmittelbarer materieller, existentieller Schwierigkeiten als zentrale Herausforderung der betrieblichen Fürsorge trat gegenüber neuen Aufgabenfeldern in Zeiten der wieder erstarkenden Wirtschaft in den Hintergrund.

Die 1951 im Einvernehmen mit dem Gesamtbetriebsrat formulierten Richtlinien für die Betriebsfürsorge trugen den veränderten Anforderungen Rechnung und bildeten die Grundlage für die zukünftige betriebliche Sozialarbeit. Danach umfassten die Aufgaben der Betriebsfürsorgerinnen innerbetriebliche fürsorgerische Fragen wie die beratende Mitarbeit bei der Arbeitsplatzgestaltung und bei Arbeitsplatzwechseln, bei Werkküchen und anderen sozialen Einrichtungen sowie „bei der Verbesserung der menschlichen Beziehungen in den Betrieben".[1090] Darüber hinaus ging es um Hilfeleistungen durch die Vermittlung von Erholungsverschickungen, Krankenhaus- oder Heilstättenbehandlungen und Hauspflege sowie die Vermittlung von Plätzen in Kindertagesstätten oder Kinderheimen. Die Durchführung von Hausbesuchen, die Vorbereitung von Unterstützungsgesuchen, die Beratung bei Rentenanträgen sowie die Beratung und Betreuung von Belegschaftsangehörigen, die Hilfe bei persönlichen Problemen suchten, bildeten weitere Arbeitsschwerpunkte. Die Wahrnehmung dieser Aufgaben sollte in enger Zusammenarbeit mit den Dienstvorgesetzten, dem Betriebsarzt, dem Sicherheitsingenieur, dem Personal- und Lohnbüro, der Siemens-Betriebskrankenkasse sowie in vertrauensvollem Zusammenwirken mit dem Betriebsrat erfolgen.[1091] Besuche am Arbeitsplatz und regelmäßige Sprechstunden gewährleisteten die Präsenz der Betriebsfürsorgerinnen in den Betrieben und Werkstätten und trugen dazu bei, Hemmschwellen zu überwinden.[1092] In arbeitsrechtlicher Hinsicht waren die Betriebsfürsorgerinnen der Betriebsleitung unmittelbar unterstellt. Sie hatten ähnlich den Betriebsärzten eine Mittlerstelle zwischen den Beschäftigten und dem Unternehmen und übernahmen Kontroll-, Erziehungs- und Disziplinierungsfunktionen.

### 5.2 Von der unterstützenden Betreuung zur psychisch-sozialen Beratung

Während es in den unmittelbaren Nachkriegsjahren vor allem um wirtschaftliche Hilfestellungen und die Bewältigung von Notlagen ging, rückten mit dem Abschluss des Wiederaufbaus zunehmend psychisch-soziale Probleme von Mitarbei-

---

1089 Vgl. Geschichte der Siemens-Sozialberatung, 1982, S. 11, in: SAA 14/Lt 337.
1090 Vgl. Richtlinien für die Betriebsfürsorge in den Siemens-Betrieben als Anlage zu SozPolAbt-Rundschreiben Nr. 123 vom 30.6.1951, S. 1, in: SAA 14/Lt 337-1.
1091 Vgl. ebd., S. 2.
1092 Vgl. zur alltäglichen Arbeit der Betriebsfürsorgerinnen: Grimm, Ruth: Menschen – Schicksale. Die Betriebsfürsorgerin nimmt sich auch der persönlichen Sorgen und Nöte an, in: Siemens-Mitteilungen 10/1959, S. 10–12, und dies.: Tausend Männer und eine Frau, in: Siemens-Mitteilungen 8/1962, S. 10–11.

tern in den Fokus der betrieblichen Sozialarbeit. Die 1950er Jahre leiteten mit dem langsamen Rückgang der unmittelbaren materiellen Not den Wandel von der rein unterstützenden zur beratenden Betreuung ein.[1093] Begünstigt durch das dichter werdende soziale Netz und staatliche Sozialhilfen gingen die finanziellen Unterstützungsleistungen des Unternehmens immer weiter zurück und psychologische Fragen, die erstmals auf der Arbeitstagung der Betriebsfürsorgerinnen im Jahr 1951 direkt thematisiert wurden, traten in den Vordergrund der sozialen Fürsorge. Die Verbesserung der menschlichen Beziehungen im Betrieb sowie die Konfliktberatung bei Problemen in allen Lebenslagen, sei es in der Familie oder am Arbeitsplatz, kristallisierte sich in der Folgezeit als immer wichtiger werdender Bestandteil der sozialen Arbeit heraus, wenn auch früher bereits Fabrikpflegerinnen angesichts der Überlastung berufstätiger Hausfrauen und Mütter durch Gespräche psychosoziale Hilfestellung geleistet haben.[1094] Seit 1950 fanden in regelmäßigem Turnus Arbeitstagungen zu aktuellen und zukünftigen Problemstellungen statt, die zum Austausch und zur Koordination der in ihren Bereichen eigenverantwortlich arbeitenden Sozialarbeiterinnen und Sozialarbeiter beitrugen.

Wichtige Zielgruppen der betrieblichen Sozialarbeit blieben werdende Mütter sowie Jugendliche.[1095] Ende der 1950er und zu Beginn der 1960er Jahre nahmen zusätzlich die Probleme der Flüchtlinge und „Grenzgänger" aus der damaligen „Ostzone" sowie Ost-Berlin einen hohen Stellenwert in der sozialen Betriebsarbeit ein. In den 1960er Jahren bedeutete die Verpflichtung ausländischer Arbeitnehmer mit allen damit verbundenen sozialen Fragestellungen eine zusätzliche Herausforderung für die Betriebsfürsorgerinnen.[1096] Siemens & Halske stellte Ende 1964 eine Betriebsfürsorgerin ein, die sich zentral um die personelle Betreuung der Gastarbeiter in den Berliner Betrieben kümmerte und damit zur Entlastung der regulär eingesetzten Fürsorgerinnen beitrug. Zur „Behandlung der in den Aufgabenbereich der Betriebsfürsorge fallenden speziellen Ausländerfragen"[1097] gehörten unter anderem Sprach- und Anpassungsschwierigkeiten, persönliche Notlagen, die Hilfestellung bei der Wohnungsbeschaffung, die Unterbringung von Kindern, Fragen der Familienzusammenführung, aber auch alltägliche Dinge wie die Sorge um ausreichend warme Kleidung bei der Ankunft von im Winter angereisten Menschen aus südlichen Ländern.[1098]

Der Konjunktureinbruch 1966/67 sowie die Umstrukturierung des Unternehmens im Jahr 1969 führten zur Verunsicherung zahlreicher Mitarbeiter. Vorzeitige Pensionierungen und Ängste vor Arbeitsplatzverlust erforderten eingehende Aufklärungsarbeit über die Situation des Unternehmens sowie intensive persönliche Beratung. Daher wurde die rechtzeitige und notwendige Einbindung der Betriebsfürsorgerin in betriebliche Maßnahmen wie wichtige Betriebsveränderungen, Betriebseinschränkungen oder vorzeitige Pensionierungen in den 1969 weiterent-

---

1093 Vgl. Zängler, Siemens-Mitteilungen 2/1973, S. 23.
1094 Vgl. Geschichte der Siemens-Sozialberatung, 1982, S. 9, in: SAA 14/Lt 337.
1095 Vgl. ebd., S. 12.
1096 Vgl. 75 Jahre Sozialarbeit bei Siemens, 1985, S. 53, in: SAA 14/Lt 337.
1097 Vgl. ZKA Bln-Rundschreiben Nr. 1/1965 vom 22.12.1964, in: SAA 14/Lt 337-1.
1098 Vgl. 75 Jahre Sozialarbeit bei Siemens, 1985, S. 53, in: SAA 14/Lt 337.

wickelten „Richtlinien für die Betriebsfürsorge im Hause Siemens" als wesentliche Voraussetzung für die erfolgreiche Bewältigung ihrer Aufgaben betont.[1099] Die neu gefassten Richtlinien, die den seit 1951 gewandelten Aufgabenschwerpunkten, Entwicklungen und Erfahrungen der betrieblichen Sozialarbeit Rechnung trugen, definierten als Schwerpunkte der Sozialarbeit die beratende Mitarbeit in allen fürsorgerischen Fragen im Betrieb, die Hilfe in persönlichen Angelegenheiten, die Mitwirkung bei Maßnahmen der Gesundheitsvorsorge und Rehabilitation, die Betreuung der Jugendlichen des Betriebs, die Unterstützung bei unverschuldeten wirtschaftlichen Notlagen sowie die Betreuung der ausländischen Arbeitskräfte.[1100]

### 5.3 „Hilfe zur Selbsthilfe"[1101]

Die sich seit Jahren abzeichnende Schwerpunktverschiebung von der unterstützenden zur beratenden Betreuung fand 1971 in der Umbenennung des Arbeitsbereichs Betriebsfürsorge in „Sozialberatung" ihren Ausdruck.[1102] Die neue Formulierung, für die sich die Sozialarbeiterinnen über längere Zeit hinweg eingesetzt hatten, entsprach ihrem gewandelten Arbeits- und Selbstverständnis, im partnerschaftlichen Miteinander Probleme zu erkennen und Lösungsmöglichkeiten aufzuzeigen.[1103] Statt materieller Unterstützung stand nun die „Hilfe zur Selbsthilfe" im Vordergrund der betrieblichen Sozialberatung. „Wir wollen ihnen [den Mitarbeitern] die Last ein wenig abnehmen, Verständnis aufbringen und sie in ihrem Bemühen zu Selbstheilung unterstützen", so Zentralvorstandsmitglied und Leiter der Zentralabteilung Personal Gerhard Kühne auf der Arbeitstagung der Sozialberatung in München 1990.[1104] Er geht dabei von einem selbstständigen Menschen aus, „der die Probleme, die ihn in seinem Leben belasten, selber lösen kann".[1105] Über die Beratung des einzelnen Mitarbeiters hinaus trat das Gespräch mit Führungskräften über betriebliche Probleme im menschlichen Bereich in den Vordergrund. Damit entwickelte sich die Sozialberatung zu einer wichtigen Instanz bei der Beratung in speziellen Konfliktfeldern, zum Beispiel bei besonders hoher Fluktuation in manchen Bereichen, bei extrem hohem Krankenstand oder bei Schwierigkeiten in einer Arbeitsgruppe oder mit Vorgesetzten.[1106] Lenore Riedrich, von 1967 bis 1982 ver-

---

1099 Vgl. „Richtlinien für die Betriebsfürsorge im Hause Siemens" als Anlage zum SozPol-Rundschreiben Nr. 762 vom 9.12.1969, in: SAA 14/Lt 337-1.
1100 Vgl. ebd.
1101 Vgl. 75 Jahre Sozialarbeit, 1985, S. 58, in: SAA 14/Lt 337.
1102 Vgl. 1. Nachtrag zum SozPol-Rundschreiben Nr. 762 vom 9.12.1969 vom 30.12.1971, in: 75 Jahre Sozialarbeit, 1985, S. 92, in: SAA 14/Lt 337.
1103 75 Jahre Sozialarbeit bei Siemens, 1985, S. 58 f., in: SAA 14/Lt 337.
1104 Vgl. Zängler, Erich: Sozialberatung in den neunziger Jahren: Geprägt von Einfühlungsvermögen und Verantwortungsbewußtsein, in: Siemens-Mitteilungen 1/1991, S. 18.
1105 Vgl. ebd.
1106 Vgl. Riedrich, Lenore: Sozialberatung und Betreuung besonderer Personengruppen. Referat vor dem Fachkolleg für Personalwesen beim Bildungswerk der Bayrischen Wirtschaft am 5. Juli 1973, in: Sozialberatung bei Siemens, hg. v. d. Siemens AG, 1982, S. 28, in: SAA 14/Lt 337.

antwortliche Hauptreferentin der Betriebsfürsorge bzw. der Sozialberatung, beschrieb ihre Aufgabe 1973 als „Brückenfunktion vom einzelnen zum Betrieb und umgekehrt".[1107] Die individuelle und persönliche Ansprache durch die Sozialberatung auf der einen Seite und das von den Beschäftigten entgegengebrachte Vertrauen auf der anderen Seite boten eine gute Gesprächsbasis, um die Bedürfnisse von Mitarbeiterinnen und Mitarbeitern und die Anforderungen des Unternehmens in Einklang zu bringen.[1108] Letztlich lag das physische und psychische Wohlbefinden der Beschäftigten als wesentliche Voraussetzung für Leistungsbereitschaft und Leistungsfähigkeit auch im wirtschaftlichen Interesse des Unternehmens.

Wichtige Themen und Herausforderungen der 1970er und 1980er Jahre bildeten die Probleme „Alkoholismus" – ein altes Themenfeld, das aber erstmals 1971 im Rahmen der Tagung der Betriebsfürsorgerinnen in umfassender Weise behandelt wurde, ferner die Zunahme von Suchtkrankheiten und die Suchtprävention, die wachsende Überschuldung von Mitarbeitern, die Probleme langfristig chronisch Kranker sowie psychische Probleme.[1109] Darüber hinaus ging es um allgemeine Ängste angesichts neuer Führungsmethoden und Arbeitsstrukturen beim Übergang zu modernen, oft hochtechnisierten Arbeitsvorgängen, um Schwierigkeiten älterer, vor der Pensionierung stehender Mitarbeiter beim Übergang in die neue Lebensphase, um Probleme ausländischer Beschäftigter der zweiten und dritten Generation sowie um allgemeine persönliche und familiäre Schwierigkeiten.[1110] Damit gewann betriebliche Sozialpolitik nach Christa Lipp auch eine „prophylaktische Funktion",[1111] indem sie dazu beitrug, die Voraussetzungen für das Arbeitnehmer-Verhältnis zu gewährleisten. In einem Tätigkeitsbericht referierte die Leiterin der Sozialberatung, Lenore Riedrich, auf der Tagung der Siemens-Sozialberaterinnen und -berater im Januar 1977, dass 30 Prozent der Beratungen Rücksprachen über Arbeitsplatzfragen im Betrieb betrafen, 28 Prozent behandelten persönliche Probleme, in 18 Prozent der Beratungsgespräche ging es um gesundheitliche Fragen einschließlich Kuren und Erholung, 10 Prozent umfassten Haus- und Krankenbesuche und 14 Prozent der Arbeitszeit entfielen auf sonstige Tätigkeiten.[1112]

Die im Zeitverlauf veränderten Problemstellungen stellten hohe Anforderungen an die Persönlichkeit und die Qualifikationen der in der betrieblichen Sozialberatung beschäftigten Mitarbeiterinnen und Mitarbeiter. Eine fundierte Ausbildung, die ab 1972 aus einem Studium an einer Fachhochschule bestand, sowie regelmäßige Fort- und Weiterbildungen, Engagement, diplomatisches Geschick und vielseitiges Interesse sicherten die Grundlagen für die Ausübung dieses Berufs, der bis in die zweite Hälfte der 1960er Jahre von Frauen dominiert wurde. Der erste männ-

---

1107 Vgl. ebd., S. 27.
1108 Vgl. Mayerhöfer, Helene: Mitarbeiterberatung und -förderung, in: Eduard Gaugler / Walter A. Oechsler / Wolfgang Weber (Hg.): Handwörterbuch des Personalwesens. 3. Aufl., Stuttgart 2004, Sp. 1217.
1109 Vgl. o. V.: Beraten, informieren, helfen, in: Siemens-Mitteilungen 4/1986, S. 8.
1110 Vgl. 75 Jahre Sozialarbeit bei Siemens, 1985, S. 63, in: SAA 14/Lt 337; Betriebliche Sozialpolitik in Stichworten, Ausgabe 1980, S. 123, in: SAA 31103.
1111 Vgl. Lippmann, Christa: Sozialarbeit und Sozialpolitik im Betrieb. Stuttgart 1980, S. 108.
1112 Vgl. Zängler, Erich: Sozialarbeiter müssen in das betriebliche Geschehen einbezogen sein, in: Siemens-Mitteilungen 2/1977, S. 9.

liche Praktikant wurde bei Siemens im Geschäftsjahr 1967/68 eingestellt, weitere männliche Mitarbeiter im Bereich der betrieblichen Sozialarbeit folgten zwar, blieben aber in der Minderheit.[1113]

Angesichts wachsender Mitarbeiterzahlen veränderte sich im Zeitverlauf auch die personelle Besetzung der betrieblichen Sozialberatung. Die Anzahl der im Unternehmen eingesetzten hauptamtlichen Mitarbeiterinnen im Inland erhöhte sich von 31 Frauen im Geschäftsjahr 1953/54 auf 38 Betriebsfürsorgerinnen 1957/58 und 54 Mitarbeiterinnen im Geschäftsjahr 1959/60.[1114] 1966/67 waren bereits 62 Sozialarbeiterinnen in den Siemens-Betrieben beschäftigt, wobei weitere Stellen mangels qualifizierter Bewerberinnen unbesetzt blieben. Diese Mangellage wurde unternehmensintern darauf zurückgeführt, dass bei den potenziellen Nachwuchskräften zeitweise Vorbehalte gegen den beruflichen Einsatz in der Industrie bestanden, da ein Abhängigkeitsverhältnis von dem Arbeit gebenden Unternehmen befürchtet wurde, eine Haltung, die das Arbeitsfeld der Betriebsfürsorge als „Ausbeutungshilfe des Kapitalismus"[1115] diskreditierte. 1972/73 waren 67 Sozialberaterinnen und Berater bei Siemens tätig, deren Anzahl sich bis 1980 auf 68 Mitarbeiterinnen und Mitarbeiter erhöhte.[1116] Allerdings stand die Sozialbetreuung mit Ausgaben von 8 Mio. DM im Geschäftsjahr 1979/79 und einem Anteil von rund 0,6 Prozent am freiwilligen Personalzusatzaufwand an letzter Stelle der explizit ausgewiesenen freiwilligen Sozialleistungen.[1117] Mitte der 1980er Jahre waren rund 80 Beschäftigte in der Betrieblichen Sozialberatung aktiv.[1118] Damit entfielen bei 240.000 Mitarbeitern 1985 im Inland ca. 3.000 Mitarbeiter auf eine Sozialkraft. Rund 10 Prozent aller im Inland beschäftigten Mitarbeiterinnen und Mitarbeiter nahmen zu Beginn der 1990er Jahre eine Aussprache bei der betrieblichen Sozialberatung wahr.[1119] Angesichts dieser doch eher als gering zu bewertenden Frequentierung der Beratungsstellen und der Absorbierung traditioneller Funktionen gewann die verstärkte Wahrnehmung personalpolitischer Funktionen bei der Mitarbeiter-, Führungs- und Teamberatung an Bedeutung. Darüber hinaus erlangte die psychosoziale Gesundheit einen erhöhten Stellenwert und brachte neue Anforderungen für die Sozialberatung mit sich.

5.4 Herausforderungen und Perspektiven der betrieblichen Sozialberatung

Die sich am Ende der 1980er Jahre stellenden Herausforderungen der betrieblichen Sozialberatungen orientierten sich an dem Wandel der Wertevorstellungen über Beruf, Freizeit und Gesellschaft. Aktuelle Ansätze stellen die ganzheitliche Betrach-

---

1113 Vgl. 75 Jahre Sozialarbeit bei Siemens, 1985, S. 57, in: SAA 14/Lt 337.
1114 Vgl. ebd., S. 47; Jahresbericht 1953/54 der Zentral-Personalverwaltung, in: SAA 12386.
1115 Vgl. 75 Jahre Sozialarbeit bei Siemens, 1985, S. 54, in: SAA 14/Lt 337.
1116 Zahlen im Jahresbericht der Zentral-Personalabteilung 1972/73, S. 12, in: SAA 10597.
1117 Vgl. Dokumentation 1978/79 des Zentralbereichs Personal, Anlage 1, in: Registratur der Abteilung Corporate Human Resources der Siemens AG.
1118 75 Jahre Sozialarbeit bei Siemens, 1985, S. 68, in: SAA 14/Lt 337.
1119 Vgl. Zängler, Siemens-Mitteilungen 1/1991, S. 18.

tung des Menschen in den Vordergrund und beurteilen die psychosoziale Gesundheit neben der körperlichen als wichtige Voraussetzung für Arbeitszufriedenheit, Wohlbefinden und Leistungsbereitschaft. „Neben den seit langem eingeführten Programmen zum Erhalt der körperlichen Gesundheit soll künftig ein verstärktes Bewusstsein für die psychische Gesundheit geschaffen werden",[1120] heißt es in einer aktuellen Siemens-Broschüre. Die betriebliche Sozialarbeit leistet demnach einen wichtigen Beitrag zur „Wiederherstellung, Stabilisierung und Förderung von psychosozialer Gesundheit"[1121] und trägt damit zum Unternehmenserfolg bei.

Die Aufgabenstellungen betrieblicher Sozialarbeit wurden zu Beginn der 1990er Jahre darin gesehen, noch „mehr als bisher Hilfe zur Selbsthilfe unter Einbeziehung des sozialen Umfeldes"[1122] zu leisten. Neben die persönliche, berufliche und psychosoziale Beratung trat die Verbesserung der Zusammenarbeit der Mitarbeiter und Führungskräfte durch Angebote der Mitarbeiter-, Führungs- und Teamberatung in den Vordergrund der Siemens-Sozialberatung.[1123] „Kundenorientierung, Förderung von sozialem und kulturellem Wandel, Steigerung von Motivation und Leistung, Team-Entwicklung und -Förderung: Auf diese Weise wollen wir zum wirtschaftlichen Erfolg des Unternehmens beitragen", so beschrieb die Fachleiterin der betrieblichen Sozialarbeit, Brigitte Zeier, ihren Auftrag zur Jahrtausendwende.[1124] Mit ihrem lösungsorientierten, unterstützenden und standortbezogenen Beratungsansatz zielte die betriebliche Sozialarbeit als „Öl im Getriebe der Veränderung"[1125] auf die Verbesserung und Förderung der Zusammenarbeit der Mitarbeiter, die sich positiv auf Betriebsklima, Arbeitszufriedenheit und das Arbeitsergebnis auswirken sollten.

## 5.5 Fazit

Die betriebliche Sozialberatung steht wie der Betriebsärztliche Dienst an der Schnittstelle zwischen den Beschäftigten und dem Unternehmen und erfüllt eine wichtige Brückenfunktion, um die gegenseitigen Anforderungen und Interessen in Einklang zu bringen. Dabei steht die ganzheitliche Betrachtung des Menschen im Vordergrund, die sich auch auf das psychosoziale Wohlbefinden erstreckt und das private Umfeld mit einbezieht. Dem liegt die Erkenntnis zugrunde, dass die Erhal-

---

1120 Vgl. Leben in Balance. Gesund führen und arbeiten, hg. v. d. Siemens AG (Environmental Protection, Health Management and Safety (EHS), Berlin/München 2011.
1121 Engler, Rolf: Rahmenkonzeption für das Arbeitsfeld Betriebliche Sozialarbeit, hg. v. Bundesfachverband Betriebliche Sozialarbeit e.V. Übingen, in: http://www.bbs-ev.de/rahmenkonzeption_3040101.php, abgerufen am 17.6.2011.
1122 So Prof. Dr. Krasney, Vize-Präsident des Bundessozialgerichts auf der Arbeitstagung der Siemens-Sozialberatung in München 1990, in: Zängler, Siemens-Mitteilungen 1/1991, S. 18.
1123 Vgl. 100 Jahre Siemens Sozialberatung, hg. v. d. Siemens AG (Environmental Protection, Health Management and Safety (EHS)), Berlin/München 2011.
1124 Vgl. Betriebliche Sozialarbeit (BSA). Mitarbeiter-, Führungs- und Teamberatung. Öl im Getriebe der Neuorientierung. Information für Führungskräfte des Hauses, hg. v. d. Zentralabteilung Personal (ZP D ISA) der Siemens AG, München o.J., S. 5.
1125 Betriebliche Sozialarbeit (BSA), o.J., S. 4.

tung und Förderung des physischen und psychischen Wohlbefindens der Beschäftigten eine wesentliche Voraussetzung für Leistungsbereitschaft, Leistungsfähigkeit und Motivation darstellt, zur Verbesserung der innerbetrieblichen Zusammenarbeit und des Betriebsklimas beiträgt und damit auch im ökonomischen Unternehmensinteresse liegt.

Die Sozialberatung „geht davon aus, daß der Mensch seine außerbetrieblichen persönlichen Probleme nicht vor dem Werkstor abgeben kann und daß sein Privatleben auch von dem beeinflußt wird, was er während seiner Arbeitszeit erlebt",[1126] heißt es in einer Broschüre der Betrieblichen Sozialberatung 1982. Mit dem Ziel, optimale Arbeitsbedingungen zu schaffen, folgte die Einrichtung dem Prinzip, „die persönlichen Belange des einzelnen mit den Erfordernissen des Betriebes zu koordinieren, und dies vor dem Hintergrund eines schnellen gesellschaftlichen und technischen Wandels".[1127] Die konkrete Tätigkeit der Sozialberaterinnen und Sozialberater orientierte sich im Zeitverlauf an den wirtschaftlichen und gesamtgesellschaftlichen Rahmenbedingungen und den daraus resultierenden sozialen Problemen und Bedürfnissen. Ging es zunächst vor allem darum, finanzielle oder materielle Unterstützungen in wirtschaftlichen, gesundheitlichen oder sonstigen Notlagen zu leisten und dabei auch Kontroll-, Erziehungs- und Disziplinierungsfunktionen wahrzunehmen, so verschob sich der Schwerpunkt seit den 1960er Jahren angesichts veränderter Problemlagen zunehmend auf beratende Hilfestellungen bei psychosozialen Konflikten. Mit dem Ziel, „im Betrieb entstandene Probleme möglichst vor Ort zu lösen",[1128] richtete sich der Fokus der Arbeit auf menschliche Probleme, die aus betrieblichen Situationen erwachsen. Darüber hinaus sollte die Sozialberatung bereits proaktiv bei bevorstehenden betrieblichen Veränderungen, die Probleme mit sich bringen könnten, wirken.[1129] Das veränderte Aufgabenverständnis von einer eher fürsorgerischen zu einer beratenden Tätigkeit ging mit einem Paradigmenwechsel im Verständnis des Mitarbeiters als einem eigenständigen, eigenverantwortlichen, mündigen Menschen einher, der in der Lage ist, Probleme aus eigener Kraft zu lösen. Hierbei bot die Sozialberatung Unterstützung und „Hilfe zur Selbsthilfe" an. Daneben treten auch zunehmend personalpolitische Funktionen wie die Mitarbeiter-, Führungs- und Teamberatung, die zu einer verbesserten Zusammenarbeit der Mitarbeiter beitragen, Arbeitszufriedenheit, Motivation und Leistungsfähigkeit steigern und damit das Unternehmensergebnis verbessern sollen. Traditionelle Aufgabenstellungen der betrieblichen Sozialarbeit sind durch die gewandelten Anforderungen und Interessen der Beschäftigten und des Unternehmens im Zeitverlauf absorbiert worden. Das Aufgabenspektrum umfasst heute die persönliche und berufliche Beratung von Mitarbeitern, die Beratung zum Thema psychosozialer Gesundheit sowie die Beratung von Führungskräften.[1130]

---

1126 Vgl. Die Geschichte der Siemens-Sozialberatung, 1982, S. 5, in: SAA 14/Lt 337.
1127 Vgl. ebd.
1128 75 Jahre Sozialarbeit bei Siemens, 1985, S. 40, in: SAA 14/Lt 337.
1129 Vgl. Riedrich, Lenore: Sozialberatung. Wichtige betriebliche Sozialleistung, in: Sozialberatung bei Siemens, hg. v. d. Siemens AG, 1982, S. 41, in: SAA 14/Lt 337 (Manuskript abgedruckt in: Der Arbeitgeber Nr. 23/1983).
1130 Vgl. Social Counseling. Sozialberatung bei Siemens, Flyer, hg. v. d. Siemens AG, 2011.

## 6. MITARBEITERKOMMUNIKATION UND BETRIEBLICHE FREIZEITGESTALTUNG

Als Maßnahmen zur „allgemeinen sozialen Betreuung und Förderung der Firmenverbundenheit"[1131] unterstützte Siemens schon früh Mitarbeiteraktivitäten zur Freizeitgestaltung, so zum Beispiel sportliche Angebote oder Initiativen zur Unterhaltung und Bildung. Diese erstreckten sich auf die Privatsphäre der Beschäftigten und trugen dazu bei, außerbetriebliche Aktivitäten zu kanalisieren sowie die Zusammenarbeit, das Gemeinschaftsgefühl und das Betriebsklima zu verbessern. Integrationsfördernde und identitätsstiftende Wirkungen wird auch den Maßnahmen der Mitarbeiterinformation und -kommunikation zugeschrieben,[1132] die das Unternehmen nach dem Ersten Weltkrieg durch die Einrichtung einer Werkszeitschrift forcierte und nach dem Zweiten Weltkrieg durch eine Reihe weiterer Instrumente intensivierte. Dazu können auch die Einrichtung eines Firmenmuseums als traditionstragende Institution zur Stärkung des Wir-Gefühls sowie Aktivitäten bei Mitarbeiterjubiläen, wie zum Beispiel die Ausrichtung von Feierlichkeiten, gerechnet werden, die als Anerkennung der Firmenverbundenheit und Firmentreue mit motivations- und identifikationssteigernden Effekten verbunden sind. Neben den bereits thematisierten Instrumenten zur Vermögensbildung und sozialen Absicherung, dem Gesundheits- und Sozialwesen, bilden die im Folgenden dargestellten Maßnahmen integrale Bestandteile des betrieblichen Sozialsystems von Siemens.

### 6.1 Die Werkszeitschrift als Informationsmedium

#### 6.1.1 Betriebliche Informationspolitik

„Durch Information Vertrauen zu gewinnen und zu erhalten, ist eine wesentliche Führungsaufgabe", mit diesen Worten beschreibt Joachim von Oertzen, Leiter des Zentralbereichs Personal, 1974 die Bedeutung interner Informationspolitik für den Unternehmenserfolg und wertet „Offenheit in der Information" als „Einsicht in die Notwendigkeit".[1133] Dem liegt die Erkenntnis zugrunde, dass betriebliche Informationspolitik und die Einbindung der Mitarbeiter als Wissensträger in betriebliche Vorgänge und Prozesse eine wichtige Voraussetzung für die Motivation, die Arbeitszufriedenheit und die Identifikation mit dem Unternehmen darstellen.[1134] Der bei der Neustrukturierung 1969 speziell eingerichtete Bereich „Bildungswesen und

---

1131 Vgl. Jahresbericht 1957/58 der Zentral-Personalverwaltung, S. 13, in: SAA 12386.
1132 Vgl. Wischermann, Clemens: Unternehmenskultur, Unternehmenskommunikation, Unternehmensidentität, in: Clemens Wischermann / Anne Nieberding / Britta Stücker (Hg.): Unternehmenskommunikation deutscher Mittel- und Großunternehmen. Theorie und Praxis in historischer Perspektive. Dortmund 2003, S. 6.
1133 Vgl. Zukunftsorientierte Personalpolitik, Sonderdruck aus der Siemens-Zeitschrift 48/1974, H.12, S. 4.
1134 Vgl. Rump, Jutta: Mitarbeiterinformation, in: Eduard Gaugler / Walter A. Oechsler / Wolfgang Weber (Hg.): Handwörterbuch des Personalwesens. 3. Aufl., Stuttgart 2004, Sp. 1232–1240, Sp. 1233.

Information" ist Ausdruck einer zunehmenden Öffnung in der internen Informations- und Kommunikationsarbeit, die sich auch auf sozial- und gesellschaftspolitische Konfliktthemen erstrecken sollte und im Führungskreis durch die Einrichtung gesellschaftspolitischer Seminare zum Ausdruck kam.[1135] Der Personalvorstand Hans Hugo Schlitzberger betonte 1982 die Bedeutung einer transparenten Informationspolitik als wichtiges Führungs- und Motivationsinstrument insbesondere für Führungskräfte und wird dabei dem Paradigmenwechsel vom ausführenden zum selbstständig und kritisch denkenden Mitarbeiter gerecht. Er forderte „eine aktuelle, umfassende Information über das, was geschieht, und über das, was geschehen soll. Und das nicht im Sinne eines Befehlsempfangs oder nur über die heile Welt, sondern verbunden mit kritischer Diskussion über Hintergründe und Absichten."[1136] Mit der stärkeren Einbeziehung der Mitarbeiter in den Denk- und Arbeitsprozess intendierte er zum einen die praktische Nutzung des Wissens der Mitarbeiter für den Betrieb, zum anderen eine stärkere Bindung und Identifikation mit dem Unternehmen.[1137]

Neben anderen Informationswerkzeugen gilt die Werkszeitschrift als „Kommunikator zwischen Unternehmungsumwelt, Unternehmensleitung und Arbeitnehmern"[1138] unter den innerbetrieblichen Informationsmedien als das wichtigste Instrument zur Unterrichtung über allgemeine unternehmensrelevante Belange.[1139] Ihre Funktion und Wahrnehmung seitens der Arbeitgeber und der Arbeitnehmer hat sich im Verlauf ihrer bis zu den Anfängen des 20. Jahrhunderts zurückreichenden Existenz gewandelt. Galt die Werkszeitschrift zunächst als Sprachrohr der Unternehmensleitung, so hat die Erweiterung der Mitbestimmungs- und Informationsrechte der Arbeitnehmervertretungen nach 1945 sowie ihre Professionalisierung durch ausgebildete Redakteure dazu beigetragen, dass sie heute weitgehend als ein Informationsmedium akzeptiert wird, das dem mündigen, aufgeklärten Mitarbeiter eine Informationsbasis zur eigenen Meinungsbildung liefert.[1140] Allerdings ist dabei zu berücksichtigen, dass sie als Instrument der Lobbypolitik des Unternehmens die Unternehmensphilosophie vermittelt und die Perspektive der Unternehmensleitung wiedergibt.[1141]

Siemens verfolgte eine zielgruppengerechte Informationspolitik über verschiedene Informationsschriften. Der „Quiriner Brief", nach dem am Tegernsee gelegenen Ort St. Quirin benannt, an dem die jährlichen Meisterwochen stattfan-

---

1135 Vgl. dazu auch Hilger, 2007, S. 252.
1136 Vgl. Hugo Schlitzberger: Unternehmenspolitische Grenzen in den 80er Jahren. Möglichkeiten der betrieblichen Personalpolitik. DGFP am 3. März 1982, S. 17, in: SAA VVA (Schlitzberger). Hans Hugo Schlitzberger, geb. 1925 in Berlin, trat nach dem Studium der Physik 1951 in die Entwicklungsabteilung der Siemens & Halske AG in Berlin ein. 1979 wurde er zum Leiter des Zentralbereichs Personal ernannt. Er war Arbeitsdirektor und Mitglied des Vorstands der Siemens AG.
1137 Vgl. ebd., S. 19.
1138 Vgl. Macharzina, Klaus: Informationspolitik. Unternehmenskommunikation als Instrument erfolgreicher Führung. Wiesbaden 1990, S. 238.
1139 Vgl. ebd., S. 104.
1140 Vgl. Macharzina, 1990, S. 105 und 237.
1141 Vgl. dazu Hilger, 1996, S. 345 f.

den, wandte sich an alle Meister und deren unmittelbare Vorgesetzte. Als Informationsorgan für den mittleren und oberen Führungskreis dienten die „Informationen und Argumente", die sich mit aktuellen geschäfts-, gesellschafts- und wirtschaftspolitischen Themen befassten und die Auffassungen der Firmenleitung dazu vermittelten.[1142] Die Werkszeitschrift „Siemens-Mitteilungen" richtete sich dagegen an alle Mitarbeiter. Sie wurde nach 1945 organisatorisch im Bereich der Sozial-, Personal- und Bildungspolitik angesiedelt und als eine der Maßnahmen zur Förderung der betrieblichen Zusammenarbeit geführt.[1143]

### 6.1.2 Die „Siemens-Mitteilungen" als Informations- und Kommunikationsplattform

Als Vorläuferin der 1923 in „Siemens-Mitteilungen" benannten Werkszeitschrift gelten die im Jahr 1919 erstmals von der Siemens & Halske AG und der Siemens-Schuckertwerke GmbH herausgegebenen „Wirtschaftlichen Mitteilungen aus dem Siemens-Konzern". Angesichts der schwierigen wirtschaftlichen Rahmenbedingungen nach dem Ersten Weltkrieg sollte sie die Beschäftigten zur Unterstützung beim Wiederaufbau motivieren und ihr Zusammengehörigkeitsgefühl stärken.[1144] Die „Siemens-Mitteilungen" erfüllten in der Folgezeit Informations- und Bildungsfunktionen und dienten als Plattform für die Darstellung der Unternehmensleistungen.[1145] Bis zum Zweiten Weltkrieg entwickelten sie sich zur größten deutschen Mitarbeiterzeitschrift.[1146] Ende des Jahres 1944 wurden sie, vermutlich auch aus Papiermangel, eingestellt.

Zum Firmengründungstag am 12. Oktober 1951 erschien die erste, völlig neu konzipierte Ausgabe der Siemens-Mitteilungen nach dem Zweiten Weltkrieg.[1147] In programmatischen Ausführungen der Redaktionsleitung heißt es einleitend über den Inhalt und die Intentionen: „Sie berichten vor allem über das Haus Siemens, und sie wollen den Mitarbeitern des Hauses alles das mitteilen, was sie aus ihrer Zugehörigkeit zu Siemens heraus angeht und bewegt".[1148] Oberstes Ziel war es, angesichts der Vielzahl von Arbeitsgebieten und Tätigkeitsfeldern innerhalb des Unternehmens sowie der räumlichen Trennung der Produktionsstätten ein Binde-

---

1142 Vgl. Betriebliche Sozialpolitik in Stichworten, 1980: Bildung und Information, S. 64, in: SAA 31103.
1143 Vgl. ebd., S. 63.
1144 Vgl. Wirtschaftliche Mitteilungen aus dem Siemens-Konzern, 1. Ausgabe, Februar 1919.
1145 Vgl. o. V.: Zur Einführung, in: Siemens-Mitteilungen 48/1923, S. 2. Vgl. dazu auch Vilsmeier, Gerhard: „SiemensWelt". Mitarbeiterzeitschrift des Hauses, Vortrag auf der ZI-Börse am 14. Juli 1993, in: SAA 15668.
1146 1940 erreichte sie bei rund 200.000 Mitarbeitern eine monatliche Auflage von über 200.000 Stück. Vgl. ebd., S. 7, in: SAA 15668.
1147 Vgl. Jahresbericht 1951/52 der Zentral-Personalverwaltung vom 23. Oktober 1952, S. 10, in: SAA 12386.
1148 Vgl. „Was die Siemens-Mitteilungen sein wollen" (September 1951), in: SAA unverzeichnete Akten aus dem Zwischenarchiv (Ordnertitel: Rundschreibensammlung SozPol München vom 1.4.1947–31.12.1951).

glied zu sein, die Zusammengehörigkeit aller bei Siemens beschäftigten Mitarbeiter zu fördern und einer Verständigung im Sinne der Einheit von Siemens zu dienen. Die Siemens-Mitteilungen „sollen wieder das Bindeglied zwischen allen denen, die ihm angehören, sein, ein Bindeglied, dessen wir heute um so mehr bedürfen, weil die Wirkungsstätten des Hauses verstreuter sind als je zuvor".[1149] Bezugspunkte der Hauszeitschrift waren die Persönlichkeit des Firmengründers Werner von Siemens als zentrale Identifikationsfigur sowie seine grundlegenden technischen und wissenschaftlichen Arbeiten. Neben der Rückbesinnung auf die Tradition bildeten Fortschritte auf dem Gebiet der Elektrotechnik und für die Arbeit des Unternehmens relevante aktuelle wirtschaftliche Entwicklungen weitere wichtige Themenschwerpunkte. Sozialpolitische Fragestellungen sollten ebenso Raum einnehmen wie „das für Siemens selbstverständliche Streben nach einer bestmöglichen Gestaltung der Arbeitsbedingungen".[1150]

Über die genannten Themenfelder hinaus war die Werkszeitschrift inhaltlich so gestaltet, dass „alle wesentlichen Interessen des betrieblichen Lebens" zur Sprache kamen; insbesondere das Ausbildungswesen, die Einführung neuer und jüngerer Mitarbeiter sowie „die besonderen Angelegenheiten der Frau im Betrieb"[1151] zwischen Erwerbs- und Hausarbeit. Die Siemens-Mitteilungen wollten nicht nur einseitig informieren und unterhalten, sondern auch in den Dialog mit ihren Leserinnen und Lesern treten: Beiträge, Anregungen und Kritik waren ausdrücklich erwünscht. Die Zeitschrift erschien anfangs vierteljährlich; im Juli 1957 erfolgte die Umstellung auf eine – bei reduziertem Umfang – monatliche Erscheinungsweise, um eine höhere Aktualität in der Berichterstattung zu gewährleisten.[1152] Die Auflagenhöhe der neuen Ausgabe lag bei 170.000 Exemplaren – im selben Jahr beschäftigte das Unternehmen weltweit 176.644 Mitarbeiter, davon rund 160.000 im Inland.[1153]

Eine wohl auch schon früher geäußerte, aber erst für die Zeit nach 1945 überlieferte Kritik an einer durch die Siemens-Mitteilungen einseitig unternehmensgeprägten Meinungsbildung kam von den Gewerkschaften. 1958 verteilte die IG Metall als Gegeninitiative ein von ihr herausgegebenes Nachrichtenblatt „Für die Arbeiter und Angestellten der Firma Siemens", das, wie es in einem Bericht der Zentralverwaltung Personal heißt, „in z.T. gehässiger Weise zu Ereignissen im Hause, zu seiner wirtschaftlichen Entwicklung und seiner Geschichte Stellung"[1154] nahm. Die Firmenleitung wertete diesen Affront als einen Teil der gewerkschaftlichen Strategie, sich in den Werken und Betrieben mehr Einfluss zu verschaffen. Einzelne Beiträge aus den Siemens-Mitteilungen erhielten außerhalb des Unterneh-

---

1149 Vgl. Ernst von Siemens: „Sie sollen wieder das Bindeglied zwischen allen denen, die ihm angehören, sein, ein Bindeglied, dessen wir heute um so mehr bedürfen, weil die Wirkungsstätten des Hauses verstreuter sind als je zuvor", in: Geleitwort zur ersten Ausgabe der Siemens-Mitteilungen im Oktober 1951. Siemens-Mitteilungen 10/1951, S. 2.
1150 Vgl. ebd.
1151 Vgl. ebd.
1152 Vgl. Jahresbericht 1956/57 der Zentral-Personalverwaltung, S. 11, in: SAA 12386.
1153 Vgl. Jahresbericht 1956/57 der Zentral-Personalverwaltung, S. 11, in: SAA 12386, sowie Feldenkirchen, 1997 d, S. 20.
1154 Vgl. Jahresbericht 1957/58 der Zentralverwaltung Personal, S. 14, in: SAA 12386.

mens aber auch positive Resonanz und wurden in anderen Werkszeitschriften oder Publikationen nachgedruckt.[1155] Viel Beachtung erfuhr zum Beispiel das Interview mit dem damaligen Vorstandsvorsitzenden Bernhard Plettner zum Thema „Mitarbeiter in die Politik", das in den Siemens-Mitteilungen im März 1975 erschien und von zahlreichen großen Zeitungen inhaltlich aufgegriffen wurde.[1156]

Bis zum Ende des Untersuchungszeitraums standen je nach aktuellem Anlass Informationen über wirtschaftliche und sozialpolitische Zusammenhänge sowie Berichte über die Tätigkeiten und Entwicklungen des Unternehmens im In- und Ausland im Zentrum der Siemens-Mitteilungen. Darüber hinaus informierte die Zeitschrift über Themen aus den Bereichen der Personal- und Sozialpolitik sowie der Aus- und Weiterbildung und gab praktische Hinweise steuerlicher, sozialversicherungsrechtlicher sowie allgemeinrechtlicher Art. Um konkrete Bezüge zum direkten Arbeitsumfeld zu schaffen, existierten für zahlreiche Standorte lokale Wechselseiten. Zur Integration ausländischer Mitarbeiter im Inland erschienen Kurzfassungen der Siemens-Mitteilungen in italienischer, griechischer, türkischer, spanischer und serbokroatischer Sprache.[1157] Für die Mitarbeiter der Landesgesellschaften wurde ab Sommer 1971 im vierteljährlichen Turnus die englischsprachige Ausgabe „Siemens News" herausgegeben.

Die Funktion der „Siemens-Mitteilungen" als ein Bindeglied zwischen allen Siemens-Beschäftigten – wie von Ernst von Siemens im Geleitwort zur ersten Ausgabe nach dem Zweiten Weltkrieg 1951 betont – besaß auch noch rund 40 Jahre später Gültigkeit. Bei der Umbenennung der „Siemens-Mitteilungen" in „SiemensWelt" im Jahr 1992 sollte der neue Name – wie von dem verantwortlichen Redakteur betont – vor allem die Zusammengehörigkeit der Mitarbeiter, also die interne „SiemensWelt", widerspiegeln.[1158] Dieser Name, der der zunehmenden Internationalisierung und Globalisierung des Unternehmens Rechnung trägt, vermittelt das Bild eines geschlossenen Gebildes, eines eigenen Organismus, der alle Siemens-Mitarbeiter und -Mitarbeiterinnen umfasst. Durch das eigene Kommunikationsorgan wird die Verbundenheit der Individuen als Teile des großen Ganzen noch besonders betont. Damit hatten die bereits in der ersten Auflage nach dem Zweiten Weltkrieg 1951 thematisierte integrierende und identitätsstiftende Funktion und das Ziel der Herstellung eines „Wir-Gefühls" durch die Mitarbeiterzeitschrift nichts von ihrer Aktualität verloren. Inwieweit diese Zielsetzung erreicht wurde, kann empirisch allerdings nur schwer nachgewiesen werden.

### 6.2 „Stätte der Begegnung": Das SiemensMuseum

Ein weiteres Instrument der zunächst innerbetrieblichen Information und Bildung war das SiemensMuseum, dessen Aktivitäten im Rahmen des History Marketing eine wichtige Rolle spielen. Die Anfänge des SiemensMuseums, das 1999 im Sie-

---

1155 Vgl. Jahresbericht 1960/61 der Zentral- Personalverwaltung, S. 21, in: SAA 12386.
1156 Vgl. Jahresbericht 1974/75 des Zentralbereichs Personal, S. 53, in: SAA 10597.
1157 Vgl. Betriebliche Sozialpolitik in Stichworten, 1980, S. 63, in: SAA 31103.
1158 Vgl. Vilsmeier, 1993, S. 9, in: SAA 15668.

mensForum aufging, reichen in das Jahr 1916 zurück, als zum hundertsten Geburtstag von Werner von Siemens eine Sammlung historischer Apparate, Maschinen und Instrumente im Obergeschoss des Verwaltungsgebäudes in Siemensstadt gezeigt wurde. Diese sogenannte „Werner von Siemens-Gedächtnis-Ausstellung", die zum 75. Firmenjubiläum 1922 vergrößert und von einer eher provisorischen Schau zu einem Firmenmuseum weiterentwickelt wurde, sollte zur Stärkung des Wir-Gefühls der Mitarbeiter und ihrer Identifikation mit dem Unternehmen beitragen. Das Museum richtete sich aber auch an Geschäftsfreunde und Kunden und konnte in den folgenden Jahrzehnten eine breite interessierte Öffentlichkeit gewinnen.[1159]

Mit der Verlegung des Firmensitzes von Berlin nach München zog Anfang der 1950er Jahre auch die nun als SiemensMuseum bezeichnete Ausstellung in die bayerische Landeshauptstadt und war gemeinsam mit den Räumlichkeiten des 1907 gegründeten Siemens-Archivs in einem Gebäude in der Münchener Prannerstraße untergebracht. Historische Dokumente, Bilder und Originalgeräte des 1954 eröffneten SiemensMuseums boten einen Überblick über die technischen und unternehmerischen Leistungen und richteten sich sowohl zu Multiplikationszwecken an Mitarbeiter im Vertrieb und in der internen Kommunikation als auch an ein externes Fachpublikum.[1160] In speziell eingerichteten Studienräumen wurden Themenausstellungen zu einzelnen Gebieten der Elektrotechnik konzipiert und die Funktionsweise von technischen Geräten und Modellen in Vorträgen von Fachreferenten demonstriert.[1161] Zum 150sten Geburtstag von Werner von Siemens und zum 100-jährigen Jubiläum des dynamoelektrischen Prinzips im Jahr 1966 erfolgten eine inhaltliche Öffnung der Einrichtung sowie eine Hinwendung an eine breitere Öffentlichkeit. Diese Neuausrichtung mit der Zielsetzung, „Öffentlichkeit und Belegschaft über das Haus Siemens, über das Leben und Wirken seines Gründers und über die Entwicklung der Elektrotechnik am Beispiel des Hauses (zu) informieren",[1162] dokumentierte sich auch in der Umbenennung der Einrichtung in „Werner-von-Siemens-Institut für Geschichte des Hauses Siemens". Konzeptionell führte die Neuorientierung zu einer Erweiterung der Ausstellungsräumlichkeiten und der Einrichtung eines chronologisch angelegten Rundgangs durch die Ausstellung.

In den 1970er und 1980er Jahren kam es angesichts der wachsenden Bedeutung der Unternehmenskommunikation[1163] zu einen grundlegenden Wandel in der

---

1159 Vgl. Feldenkirchen, Wilfried: 100 Jahre Siemens-Archiv – 100 Jahre erfolgreiches History Marketing, in: Archiv und Wirtschaft, 40. Jg., 2007, H. 4, S. 179. Vgl. auch Heintzenberg, Friedrich: Von technischen Archiven und Museen. Wir brauchen „Technikgeschichte". Zum 120. Geburtstag von Werner v. Siemens, in: Deutsche Allgemeine Zeitung v. 13.12.1936, Nr. 584.
1160 Vgl. Feldenkirchen, Wilfried: Organisatorische Entwicklung und Rahmenbedingungen des History Marketing bei Siemens, in: Nicolai O. Herbrand / Stefan Röhrig (Hg.): Die Bedeutung der Tradition für die Markenkommunikation. Konzepte und Instrumente zur ganzheitlichen Ausschöpfung des Erfolgspotenzials Markenhistorie. Stuttgart 2006, S. 271.
1161 Vgl. ebd.
1162 Vgl. Rundschreiben Nr. 4/67 vom 27. Januar 1967, in: SAA 42.V.
1163 Vgl. Feldenkirchen, Wilfried: Einführung, in: Clemens Wischermann / Peter Borscheid / Karl-Peter Ellerbrock (Hg.): Unternehmenskommunikation im 19. und 20. Jahrhundert. Neue Wege der Unternehmensgeschichte. Dortmund 2000, S. 13 f.

Ausstellungskonzeption, die die Zielgruppe der Jugendlichen und jungen Erwachsenen in den Fokus der Museumsarbeit stellte und didaktischen Aspekten einen großen Stellenwert einräumte.[1164] Die eher wissenschaftlich ausgerichtete Bezeichnung des „Instituts" wurde durch die Wiedereinführung des Namens „Siemens-Museum" ersetzt. Neben einer ständigen historischen Ausstellung, die der interessierten Öffentlichkeit einen Einblick in die Geschichte der Elektrotechnik unter besonderer Berücksichtigung der Leistungen des Hauses Siemens vermitteln sollte, wurden als Wanderausstellungen angelegte Sonderausstellungen zu Randgebieten der Elektrotechnik gezeigt. Eine nach neueren Erkenntnissen der Museumspädagogik entwickelte erlebnisorientierte Gestaltung unter dem Motto „Technik begreifen – erleben – verstehen" mit interaktiven und multimedialen Elementen, die sich insbesondere an Jugendliche und aktuelle bzw. potenzielle Auszubildende und Mitarbeiter des Unternehmens richtete, sollte auf spielerische Weise einen Zugang zur Technik ermöglichen.[1165] Dem neuen Selbstverständnis als „Stätte der Begegnung" zwischen Mitarbeitern, Kunden und der Öffentlichkeit sowie als „außerschulischer Lernort" entsprechend orientierten sich die Führungen, Veranstaltungen, Tagungen und Workshops an den jeweiligen Besucherinteressen und informierten über Handlungsfelder des Unternehmens sowie über sein Umfeld.[1166]

Die Funktion der Einrichtung hat sich im Betrachtungszeitraum von einem Instrument zunächst überwiegend interner Mitarbeiterkommunikation zu einer Maßnahme der gesellschaftspolitischen Öffentlichkeitsarbeit und des History Marketing gewandelt. Die Firmengeschichte ist ein wichtiger konstitutiver Faktor der Unternehmenskultur und damit der Corporate Identity; sie ermöglicht die Auseinandersetzung mit den historisch gewachsenen und bis in die Gegenwart den jeweiligen Zeiterfordernissen entsprechend weiterentwickelten Grundprinzipien,[1167] Verhaltens- und Wertvorstellungen und zielt auf identifikationsstiftende Wirkungen, wobei die tatsächlich eintretenden Effekte empirisch nur schwer nachweisbar sind.

---

1164 Vgl. Feldenkirchen, 2006, S. 272.
1165 Vgl. ebd.
1166 Die genannten Maßnahmen führten dazu, dass sich die Besucherzahlen in den 1970er und 1980er Jahren fast um ein Sechzehnfaches, von 6.000 im Jahr 1971 auf 95.000 im Jahr 1991, erhöhten. www.siemens-stiftung.org/de/ausstellungen/naturwissenschaftlich-technische-ausstellungen/milestones-highlights-der-elektrotechnik/historie/1980er-ein-museum-im-wandel.html, abgerufen am 9.4.2011.
1167 Vgl. Feldenkirchen, Wilfried: Unternehmensgeschichte, Unternehmenskultur und kulturelles Management bei Siemens, in: Karl Albrecht Schaftschneider (Hg.): Wirtschaft, Gesellschaft und Staat im Umbruch. Festschrift der Wirtschafts- und Sozialwissenschaftlichen Fakultät der Friedrich-Alexander-Universität Erlangen-Nürnberg 75 Jahre nach Errichtung der Handelshochschule Nürnberg. Nürnberg 1995, S. 529 (Feldenkirchen, 1995 a).

## 6.3 Jubiläumsleistungen

Die Aktivitäten anlässlich von Mitarbeiterjubiläen stellen einen wichtigen Faktor zur Förderung der innerbetrieblichen Sozialisation dar und haben identitätsfördernde Wirkung.[1168] Als Personalführungsinstrumente zielen sie auf die Anerkennung langjähriger enger Betriebsbindung und Firmentreue,[1169] die vor allem in Zeiten von Arbeitskräfteknappheit angestrebt wurde. Das Zelebrieren eines Mitarbeiterjubiläums umfasst ein Bündel von Maßnahmen, die alle vor 1945 eingeführt, nach dem Zweiten Weltkrieg aufgrund veränderter Arbeitsmarktbedingungen und flexibler Belegschaften langsam absorbiert wurden. Zu den Leistungen anlässlich von 25-, 40-, und 50-jährigen Dienstjubiläen gehörten im Untersuchungszeitraum tradierte Elemente wie die Teilnahme an einer zentralen Jubilarfeier, Einzelfeiern für den Jubilar am Jubiläumstag, ein Geldgeschenk, die Überreichung einer Jubiläumsurkunde, die Gewährung von Sonderurlaub sowie die Bekanntgabe des Jubiläums in der Hauszeitschrift „Siemens-Mitteilungen".

Ein Dienstjubiläum war an bestimmte Voraussetzungen geknüpft. Als jubiläumsfähige Dienstzeiten galten zunächst die im Unternehmen verbrachten Beschäftigungszeiten ab dem vollendeten 17. Lebensjahr. Neben dem 10-jährigen, dem 25-jährigen und dem 50-jährigen Dienstjubiläum führte das Unternehmen 1938 auch das 40-jährige Dienstjubiläum ein. Bis 1939 feierten 18.500 Beschäftigte ihr 25-jähriges Dienstjubiläum.[1170] Die Anzahl der bis zum Jahr 1951 gefeierten Jubiläen lag bei Siemens & Halske und bei den Siemens-Schuckertwerken einschließlich der zugehörigen Gesellschaften bei 32.920 und entsprach damit rund einem Drittel der im Jahr 1951 bei Siemens im Inland angestellten rund 95.000 Mitarbeiter.[1171] Sie ist ein Indiz für den hohen Grad der Betriebstreue der zu diesem Zeitpunkt bei Siemens beschäftigten Mitarbeiter. Ausbildungszeiten wurden nicht in die Dienstzeitberechnung einbezogen. Da durch diese Regelung 50-jährige Dienstjubiläen bei Einhaltung der Pensionsgrenze von 65 Jahren nicht erreicht werden konnten, gab es bis 1958 eine Sonderregelung, die die gesamte im Unternehmen verbrachte Dienstzeit mit einbezog.[1172]

Ab dem 1. Oktober 1969 galten wiederum neue Vorgaben: Nun berücksichtigte man für alle Siemens-Jubiläen auch die Beschäftigungszeiten im Unternehmen vor Vollendung des 17. Lebensjahrs sowie die dort verbrachten Ausbildungszeiten, sodass auch wieder 50-jährige Dienstjubiläen gefeiert werden konnten.[1173] Dies hatte zur Folge, dass sich die Zahl der Dienstjubiläen im Geschäftsjahr 1969/70

---

1168 Vgl. Hilger, 1996, S. 260 f.; Armbrecht, Wolfgang: Innerbetriebliche Public Relations. Grundlagen eines situativen Gestaltungskonzepts (Beiträge zur sozialwissenschaftlichen Forschung, Bd. 121). Darmstadt 1992, S. 69.
1169 Vgl. Betriebliche Sozialpolitik in Stichworten, 1980, S. 121. In: SAA 31103.
1170 Vgl. Soziale Arbeit des Hauses Siemens, S. 32, in: SAA 10704.
1171 Vgl. o.V.: Dienstjubiläen, o.J., in: SAA 12456, Anlage 15, Belegschaftszahlen nach Angaben aus dem Siemens-Archiv.
1172 Diese Regelung wurde allerdings am 1. Oktober 1958 außer Kraft gesetzt. Vgl. ZP-Rundbrief vom 4.6.1958, in: SAA unverzeichnete Akten aus dem Zwischenarchiv.
1173 Vgl. PersAbt.-Rundschreiben btr. Dienstzeitrecht und Siemens-Jubiläum vom 29.8.1969, in: SAA unverzeichnete Akten aus dem Zwischenarchiv.

mit rund 2.800 Jubilaren gegenüber dem Vorjahr fast verdreifachte, zumal auch eine Vielzahl nachträglicher Jubiläen begangen wurde.[1174] Als jubiläumsfähige Dienstzeiten konnten auch Zeiten in der Bundeswehr, der früheren Wehrmacht und der Kriegsgefangenschaft, die unmittelbar vor dem Firmeneintritt lagen, angerechnet werden. In diesen Fällen ergab sich ein sogenanntes „Wehrdienst-Jubiläum", wobei der betroffene Mitarbeiter zwar in den Genuss des Jubiläumsgelds und des Jubiläumsurlaubs kam – die persönliche Jubilarehrung durch die Übergabe der Jubiläumsurkunde, die Einzelfeier und die Teilnahme an der Jahresfeier konnte allerdings erst zum Zeitpunkt des regulären Siemens-Jubiläums erfolgen.[1175] Die Berücksichtigung von Zeiten in der Wehrmacht und der Kriegsgefangenschaft ist ein Zeichen für die Kontinuität in der Sozialpolitik, auch über die Kriegszeiten hinweg. Zum 1. April 1994 wurde das sogenannte „Wehrdienst-Jubiläum", das ohnehin kaum noch zur Anrechnung gekommen war, abgeschafft.[1176]

Die Jubliläumsaktivitäten als traditionelles Instrument betrieblicher Sozialpolitik gewannen vor allem in Zeiten des Arbeitskräftemangels an Bedeutung. Dies war insbesondere in den Nachkriegsjahren der Fall, als erfahrene Mitarbeiter für den Wiederaufbau der Werke benötigt und neue, qualifizierte Fachkräfte gewonnen und langfristig an das Unternehmen gebunden werden sollten. Die Jubiläumsgratifikationen honorierten aber nicht nur die Firmentreue, sondern belohnten auch Wohlverhalten. So wurden Mitarbeitern, die im Sommer 1954 am dreieinhalb Wochen andauernden Streik in der bayerischen Metallindustrie teilgenommen hatten, die durch den Streik bedingten Ausfallzeiten für die jubiläumsfähige Dienstzeit nicht angerechnet.[1177]

### 6.3.1 Die zentrale Jubilar-Jahresfeier

Die Initiative zur öffentlichen Ehrung der Jubilare als sichtbare Anerkennung der Firmentreue ging auf Carl Friedrich von Siemens zurück, der bei der traditionellen jährlichen Verteilung von Stipendien aus der Lehrlingsstiftung am 12. Oktober 1927, dem Firmengründungstag, den Wunsch äußerte, „die Jubilare des jeweiligen Geschäftsjahres wenigstens einmal im Jahre in ihrer Gesamtheit um sich zu haben."[1178] Am 12. Oktober des darauffolgenden Jahres 1928 fand die erste gemeinsame Feier der Jubilare und Stipendiaten des vorangegangenen Jahres im Berliner Verwaltungsgebäude statt.[1179] Diese Tradition wurde nach dem Zweiten Weltkrieg nach elfjähriger Unterbrechung im Oktober 1949 durch die Ausrichtung gemeinsamer Feiern in Berlin, München, Nürnberg sowie an elf weiteren größeren

---

1174 Vgl. ZP-Jahresbericht 1969/70, Anlage 13, in: SAA 10597.
1175 Vgl. Richtlinien für die Ehrung von Mitarbeitern mit 25, 40 und 50 Dienstjahren vom 21.4.1981, S. 5, in: SAA unverzeichnete Akten aus dem Zwischenarchiv.
1176 Vgl. ebd., S. 2.
1177 Vgl. dazu Schreiben von SozPolAbt. vom 9.11.1954, in: SAA unverzeichnete Akten aus dem Zwischenarchiv.
1178 Vgl. Lehrlings- und Jubilarfeiern 1927–1930, in: SAA 12456.
1179 Ab 1929 wurde auch eine Parallelfeier am Standort Nürnberg organisiert. Vgl. ebd.

Standorten wieder aufgenommen. An der ersten Jubliarfeier nach Kriegsende beteiligten sich in Berlin 675 Beschäftigte, die im Laufe des zurückliegenden Geschäftsjahres ihr 25., 40., oder 50. Dienstjubiläum begangen hatten, weitere rund 550 Jubilare feierten diesen Tag in München, Nürnberg und anderen Standorten.[1180] Die aufgewandten Mittel für die Feiern und Jubiläumsgeschenke beliefen sich im Geschäftsjahr 1949/50 auf rund eine dreiviertel Mio. DM – dies entsprach 3,8 Prozent der im Geschäftsjahr 1949/50 aufgewendeten freiwilligen sozialen Leistungen.[1181]

Ziel der mit hohem finanziellem Aufwand inszenierten Jubilarfeiern war es, den Teilnehmern zum einen Dank für eine langjährige Tätigkeit auszusprechen und zugleich die Identifikation mit dem Unternehmen zu erhöhen, das Zusammengehörigkeitsgefühl zu stärken und die Motivation für die weitere Mitarbeit zu steigern. Im Zentrum der ersten Nachkriegsfeier sowie aller weiteren Jubilarfeiern stand die Festrede des Aufsichtsrats- oder Vorstandsvorsitzenden oder eines ihrer Vertreter über ein aktuelles Thema, das aber in seiner Bedeutung über das Tagesgeschehen hinausreichte und für die Unternehmenspolitik programmatische Bedeutung hatte.[1182] Der Aufsichtsratsvorsitzende Hermann von Siemens führte in der ersten Jubilarrede nach dem Zweiten Weltkrieg im Oktober 1949 die langjährige Beschäftigung zahlreicher Mitarbeiter auf den Tatbestand zurück, dass „viele in der Tätigkeit in unserem Hause nicht allein den Broterwerb erblicken, sondern dass sie auch in ihrer Arbeit die innere Befriedigung finden, deren der Mensch bedarf, dass ihnen ihre Arbeit nicht nur Pflicht, sondern auch Freude ist, und dass sie stolz sind, einem Hause anzugehören, das nach dem Willen seines Gründers bestrebt ist, der Menschheit zu dienen [...], das aber auch bemüht ist, in allen seinen Mitarbeitern den Geist der Zusammengehörigkeit zu wecken und ihnen möglichst günstige Arbeitsbedingungen zu schaffen."[1183] Er appellierte damit an das „Wir-Gefühl" aller „Siemensianer", um sie zur Bewältigung anstehender und zukünftiger Herausforderungen zu motivieren. Die Verwendung des Terminus „Haus" für das Unternehmen, der bereits von Carl Friedrich von Siemens im Zusammenhang mit der Einheit des Hauses in Abgrenzung zum Begriff „Siemens-Konzern" in den 1920er Jahren genutzt wurde, vermittelt die enge, fast familiäre Zusammengehörigkeit, Bindung und gegenseitige Verpflichtung in einem geschlossenen Bezugssystem, in dem jeder Mit-

---

1180 Vgl. Pressenotiz zur Jubilarfeier im Oktober 1949, in: SAA unverzeichnete Akten aus dem Zwischenarchiv.
1181 Die freiwilligen sozialen Leistungen betrugen im Geschäftsjahr 1949/50 19,5 Mio. DM, vgl. 51. Geschäftsbericht der Siemens & Halske AG für die Zeit vom 1.10.1947–30.9.1950, S. 122, in: SAA 15/Lg 969, und Jahresbericht 1949/50 der Zentralpersonalverwaltung, S. 9, in: SAA 12386.
1182 Die Jubiläumsreden sind überliefert in SAA 8840 (1949–1954), SAA 7569 (1969–1977) und SAA 7906 (1965–1981). Themen waren zum Beispiel 1965: Das Haus Siemens im Ausland (Ernst von Siemens, in: SAA 7906), 1969: Erscheinungsbild und Neuorganisation (Ernst von Siemens, in: SAA 7906), 1972: Historischer Überblick im Zusammenhang mit der 125jährigen Wiederkehr des Firmengründungstages (Peter von Siemens, in: SAA 7906), 1973: Die Funktion des Unternehmens in der Gesellschaft (Bernhard Plettner, in: SAA 7569), 1975: Technik – Grundlage unserer Existenz (Bernhard Plettner, in: SAA 7906), 1981: Technischer Fortschritt – Zukunftssicherung des Unternehmens (SAA 7906).
1183 Vgl. Jubilarrede Oktober 1949 von Hermann von Siemens, S. 2, in: SAA unverzeichnete Akten aus dem Zwischenarchiv.

arbeiter seinen festen Platz hat und Teil eines Ganzen ist. Die jährliche Jubiläumsrede wurde auch in gedruckter Form verteilt und ihre Wirkung damit multipliziert.

Im Rahmen dieser Rede erfolgte auch die Verleihung von Stipendien an besonders talentierte Lehrlinge, die den Besuch einer weiterführenden technisch-wissenschaftlichen Schule ermöglichten. Bei den Musikstücken, die die Ansprache umrahmten, sollte „besondere Sorgfalt" verwendet werden, gedacht war an eine Auswahl „einiger klassischer, nicht zu schwerer Stücke" sowie an leichtere Darbietungen während des sich der Rede anschließenden Abendessens und gemütlichen Beisammenseins, die dem Charakter des Abends als einer „würdigen, repräsentativen Veranstaltung des Hauses angepasst bleiben"[1184] sollten. An der Feier nahmen neben den Jubilaren auch die Leiter sowie die Betriebsratsvorsitzenden derjenigen Betriebe, aus denen sich die Jubilare rekrutierten, teil – und zwar in dem Maße, dass sich in etwa ein zahlenmäßiges Verhältnis von vier Jubilaren zu einem weiteren Teilnehmer ergab.[1185] Zur Erinnerung an die Feier erhielten die Jubilare bis zu Beginn der 1980er Jahre bei 25 Dienstjahren eine Brieftasche bzw. eine Geldbörse; bei 40 Dienstjahren eine Aktentasche bzw. ein Theaterglas mit Lederetui und bei 50 Dienstjahren eine dreiteilige Schreibtischgarnitur im Lederetui.[1186] Alle Erinnerungsgaben waren mit dem eingeprägten Datum der Jubilarfeier versehen. Die Geschenke symbolisierten eine hohe Wertigkeit und eine eher rückwärtsgewandte bürgerliche Gediegenheit, wobei der praktische Nutzen für die Beschäftigten in Frage zu stellen ist.

Die letzte zentrale Jubilarfeier fand im Jahr 1981 statt und wurde dann aus Kostengründen abgeschafft.[1187] Aufgrund veränderter Arbeitsmärkte und der zunehmenden Flexibilisierung von Beschäftigungsverhältnissen schien die innerbetrieblich öffentliche Honorierung der Firmentreue und deren Wertschätzung – wie bereits die Diskussion um die Bewertung des Dienstalters bei der Bemessung der Erfolgsbeteiligung in der zweiten Hälfte der 1960er Jahre gezeigt hatte – unternehmenspolitisch nicht mehr sinnvoll und anachronistisch. Außerdem stießen die Feiern auf mangelnde Akzeptanz seitens der Belegschaft. So ließ, wie es in einem Schreiben der Sozialpolitischen Abteilung im April 1982 heißt, die „seit einigen Jahren nachlassende Anerkennung der Jahresfeier für Jubilare durch die MA selbst [...] es angezeigt erscheinen, künftig auf die Jahresfeiern zu verzichten."[1188]

---

1184 Vgl. Schreiben der S&H/SSW SozPolAbt. vom 6.9.1949 an die Herrn Werksleiter und Vorstände, in: SAA unverzeichnete Akten aus dem Zwischenarchiv.
1185 Vgl. Richtlinien für die Ehrung von Mitarbeitern mit 25, 40 und 50 Dienstjahren vom 21.4.1981, S. 11, in: SAA unverzeichnete Akten aus dem Zwischenarchiv.
1186 Vgl. ebd., S. 13.
1187 Vgl. 2. Nachtrag zum ZP/ZSF-Rundbrief vom 21.4.1981 vom 17.3.1982, in: SAA unverzeichnete Akten aus dem Zwischenarchiv.
1188 Vgl. Schreiben von ZPS 2 (gez. Schlitzberger, Michel) btr. Freiwillige soziale Leistungen vom 14.4.1982, in: SAA 14/Lf 939.

## 6.3.2 Die Einzelfeier am Jubiläumstag

Seit 1927 bestand auch der Brauch, den Jubilar an seinem 25-jährigen oder 50-jährigen Jubiläumstag am geschmückten Arbeitsplatz mit einer besonderen Feier zu ehren. Als individueller Jubiläumstag galt der Tag im Jubiläumsjahr, der dem Kalendertag des Eintritts in das Unternehmen entsprach. Die für diesen Tag vorgesehene Einzelfeier sollte nach vorheriger Absprache so gestaltet werden, „dass sich jeder Jubilar persönlich geehrt fühlt".[1189] Eine einheitliche Gestaltung dieses Tages für alle Jubilare wurde durch die von der Sozialpolitischen Abteilung im Oktober 1950 herausgegebenen Richtlinien zur „Feier der 25-jährigen und 40-jährigen Dienstjubiläen" gewährleistet, die in überarbeiteten Fassungen der Jahre 1976 und 1981 bis zum Ende des Untersuchungszeitraums Gültigkeit hatten.[1190] Für 50-jährige Dienstjubiläen gab es darüber hinaus gesonderte Richtlinien.[1191]

Der Tag der Feier war für den Jubilar unter Fortzahlung der Bezüge dienstfrei, 50-jährige Jubilare wurden mit dem Auto von zu Hause abgeholt und in die Arbeitsstätte gefahren. Zentraler Bestandteil der Feier, die am festlich geschmückten Arbeitsplatz des Jubilars stattfand, war die Ansprache des Vorgesetzten, in deren Verlauf eine Jubiläumsurkunde mit der Unterschrift des Aufsichtsratsvorsitzenden, eine Mitteilung über das Jubiläumsgeld sowie – bei 40-jährigen Dienstjubiläen – eine Bronzeplakette mit dem Porträt von Werner von Siemens oder – bei 50-jährigen Dienstjubiläen – eine goldene Uhr mit Gravur überreicht wurden.[1192] An der Feier, die mit einem dem Charakter der Veranstaltung angemessenen Musikstück eingeleitet und beendet werden konnte, nahmen die Vorgesetzten des Jubilars, seine nächsten Mitarbeiter sowie auf Wunsch des Jubilars ein Vertreter des Betriebsrats teil. Bei 50-jährigen Jubiläen war die Anwesenheit eines ranghöheren Firmenvertreters, wie eines Werks-, Fabriks-, Betriebs- oder Abteilungsleiters oder auch Vorstandsmitglieds, vorgesehen.

Bei der Entgegennahme von Gratulationen sollte die Ausgabe von Bier und Spirituosen an Gratulanten auf ein vertretbares Mindestmaß beschränkt bleiben, um zum einen unnötige Kosten für den Jubilar zu vermeiden und zum anderen einen „würdige[n] Ablauf der Feier sowie die geordnete Fortsetzung der Arbeit im Betrieb"[1193] sicherzustellen. Diese Anfang der 1950er Jahre herausgegebene Vor-

---

1189 Vgl. Richtlinien für die Ehrung von Mitarbeitern mit 25, 40 und 50 Dienstjahren vom 21.4.1981, S. 15, in: SAA unverzeichnete Akten aus dem Zwischenarchiv.
1190 Vgl. SozPolAbt.-Rundschreiben Nr. 87 vom 10.10.1950, in: SAA unverzeichnete Akten aus dem Zwischenarchiv. Vgl. auch Richtlinien für die Ehrung von Mitarbeitern mit 25, 40 und 50 Dienstjahren vom 18.5.1976 sowie Richtlinien für die Ehrung von Mitarbeitern mit 25, 40 und 50 Dienstjahren vom 21.4.1981, beide in: SAA unverzeichnete Akten aus dem Zwischenarchiv.
1191 Vgl. Schreiben von SozPolAbt. btr. Feier der 50-jährigen Dienstjubiläen vom 14.9.1950, in: SAA unverzeichnete Akten aus dem Zwischenarchiv.
1192 Die Inschrift der Gravur lautete: „50 Jahre im Hause Siemens, Datum", vgl. Schreiben von ZP btr. 50-jährige Firmenzugehörigkeit vom 27.7.1959, in: SAA unverzeichnete Akten aus dem Zwischenarchiv.
1193 Vgl. Schreiben der Sozialpolitischen Abteilung btr. Feier der 25- und 40-jährigen Dienstjubiläen vom 17.10.1952, in: SAA unverzeichnete Akten aus dem Zwischenarchiv.

gabe basierte auf der Erfahrung, „dass die Jubilarfeiern in den Werken vielfach zu grossen Trinkereien ausarten. Verschiedentlich hätten die Feiern um 9 Uhr begonnen, und es seien dann den ganzen Tag über erhebliche Mengen von Schnaps verbraucht worden, so dass verschiedene Teilnehmer an dem Jubiläum stark angetrunken gewesen seien. Diese alkoholischen Feiern hätten stark um sich gegriffen und ein solches Ausmass angenommen, dass dabei die von der Firma gewährte Jubiläumsgabe gänzlich vertrunken worden sei."[1194] Um solche Auswüchse zu verhindern, wurde die Gesamtdauer der Feier zunächst auf circa eine Stunde beschränkt; später galt die allgemeine Bestimmung, dass sich die Dauer der Feier und der Gratulationen in Grenzen zu halten hatte.[1195]

Die Ausrichtung der Feier als offizielle Würdigung im oben beschriebenen Rahmen stieß allerdings nicht bei allen Jubilaren auf ungeteilte Zustimmung. Viele lehnten „in der Hauptsache [...] eine Feier am Arbeitsplatz ab, weil es ihnen schwer fällt, die hierbei üblichen, zu Herzen gehenden Reden über sich ergehen zu lassen",[1196] heißt es in einem Schreiben einer Werksleitung aus dem Jahr 1960 an die Sozialpolitische Abteilung. Daher ging man in der Folgezeit dazu über, die Würdigung bei einem Essen in kleinerem Kreise vorzunehmen. Grundsätzlich bestand für den Jubilar auch die Option, keine Feier oder eine einfachere Feier zu veranstalten. Verzichtete ein Mitarbeiter auf die Festivität, so standen ihm jedoch keine materiellen Ersatzleistungen zu, denn der Feier wurde ein ideeller Wert zugemessen, der nicht kompensiert werden konnte. „Dem Jubilar soll aus Anlaß seines Jubiläums Freude, Anerkennung und Ehrung im Bereich seines Berufslebens zu Teil werden."[1197] Der Verzicht auf dieses Ritual seitens der Mitarbeiter kann auch so interpretiert werden, dass der mit einer langjährigen Dienstzeit verknüpften Anerkennung persönlicher Verbundenheit zum Unternehmen kein hoher ideeller Stellenwert zugebilligt wird.

### 6.3.3 Individuelle Jubiläumsleistungen

Bei der Einführung der individuellen Jubiläumsfeier 1927 erhielten die Mitarbeiter eine Urkunde und ein Geldgeschenk. Der Jubiläumstag selbst war dienstfrei, Jubilare über 48 Lebensjahren konnten einen Urlaubszuschlag in Anspruch nehmen. Jubilare mit 50-jähriger Firmenzugehörigkeit wurden mit vollen Bezügen pensio-

---

1194 Vgl. Aktennotiz btr. Jubilarfeiern vom 6.8.1952, in: SAA unverzeichnete Akten aus dem Zwischenarchiv.
1195 Vgl. dazu Schreiben der SozPol-Abt. btr. Feier der 25- und 40-jährigen Dienstjubiläen vom 17.10.1952, in: SAA unverzeichnete Akten aus dem Zwischenarchiv, und Richtlinien für die Ehrung von Mitarbeitern mit 25, 40 und 50 Dienstjahren vom 21.4.1981, in: SAA unverzeichnete Akten aus dem Zwischenarchiv.
1196 Vgl. WL-Mitteilung Nr. 5/60 vom 10.3.1960, in: SAA unverzeichnete Akten aus dem Zwischenarchiv.
1197 Vgl. Gutachten zum Verbesserungsvorschlag Hilliges vom 22.8.1980, in: SAA unverzeichnete Akten aus dem Zwischenarchiv. Sinn der Feier war es, dem Jubilar „in angemessenem Rahmen das Begehen dieses Ereignisses im Kreise von Vorgesetzten und Kollegen zu ermöglichen." Vgl. ebd.

niert.[1198] Auch nach 1945 entrichtete das Unternehmen als individuelle Leistung anlässlich von Dienst-Jubiläen ein sogenanntes Jubiläumsgeld als „Geschenk der Firma, durch das die Firmentreue anerkannt wird".[1199] Die Höhe dieser Gratifikation bemaß sich an der jeweiligen Lohn- bzw. Gehaltsgruppe des Mitarbeiters zum Zeitpunkt des Jubiläumstags. Ab Oktober 1986 erhielten Mitarbeiter je nach Eingruppierung in Lohn- und Gehaltsgruppen zwischen 2.500 DM und 5.500 DM; im übertariflichen Kreis bewegten sich die Gratifikationen zwischen 7.000 DM und 17.000 DM.[1200] Bei einem durchschnittlichen Bruttoeinkommen für gewerbliche Mitarbeiter von 38.800 DM im Kalenderjahr 1986 entsprach das durchschnittliche Jubiläumsgeld der Lohngruppen eins bis elf von 3.100 DM rund 7,9 Prozent des jährlichen Bruttoeinkommens.[1201] Das Geld, das dem Jubilar am Jubiläumstag zur Verfügung stehen musste, wurde abzugsfrei gezahlt, wobei das Unternehmen die anfallenden gesetzlichen Abgaben übernahm. Bis 1989 bestand für den Jubilar die Möglichkeit, den einkommensteuerpflichtigen Teil des Jubiläumsgelds gleichmäßig auf drei Kalenderjahre innerhalb des zurückliegenden Zehnjahreszeitraums zu verteilen.[1202]

Darüber hinaus gewährte das Unternehmen zusätzlich zu dem Sonderurlaub am Jubiläumstag einen Jubiläumsurlaub von einer Woche, der in den auf den Jubiläumstag folgenden zwölf Monaten zu nehmen war.[1203] Diese Leistung wurde allerdings zum 1. Oktober 1993 angesichts erhöhten Kostendrucks und Einsparmaßnahmen bei Personal- und Sachkosten ersatzlos gestrichen. Der Jubiläumsurlaub entfiel, da er vor dem Hintergrund des verlängerten Tarifurlaubs, der Verkürzung der wöchentlichen Arbeitszeit und der Möglichkeiten, freie Tage im Rahmen von Gleitzeitregelungen nehmen zu können, als nicht mehr gerechtfertigt erschien.[1204] In Einzelfällen konnte das Unternehmen auch eine öffentliche Ehrung, zum Beispiel durch Industrie- und Handelskammern oder andere Stellen, anstoßen. So war es bis in die zweite Hälfte der 1960er Jahre möglich, Mitarbeiter, die eine Dienstzeit von 50 Jahren im gleichen Unternehmen vorweisen konnten, für die Auszeichnung mit dem „Bundesverdienstkreuz" vorzuschlagen, die in der Regel auch gewährt wurde. Die Änderung der Richtlinien für die Verleihung des Verdienstordens der Bundes-

---

1198 Vgl. Dienstjubiläen, in: SAA 12456 (Anlage 15); zur Höhe der Jubiläumszahlungen vgl. auch Soziale Arbeit des Hauses Siemens, S. 32, in: SAA 10704.
1199 Vgl. Richtlinien für die Ehrung von Mitarbeitern mit 25, 40 und 50 Dienstjahren vom 21.4.1981, S. 4.
1200 Vgl. ZP-Rundschreiben Nr. 39/86 vom 23.9.1986, in: SAA Rundschreibensammlung.
1201 Das Jubiläumsgeld betrug in den untersten Lohngruppen 01 bis 03 2.500 DM und in den obersten Lohngruppen 10 und 11 3.700 DM. Vgl. ZP-Rundschreiben Nr. 39/86 vom 23.9.1986. Zum Bruttoeinkommen für gewerbliche Mitarbeiter 1986 vgl. Sozialbericht 1985/86 (Wirtschaftsausschusssitzung 11.2.1987), in: Registratur der Abteilung Corporate Human Resources der Siemens AG.
1202 Vgl. 3. Nachtrag zum ZP-ZSF Rundbrief vom 21.4.1981 vom 30.9.1992, in: SAA 42/ZP (Rundschreiben).
1203 Vgl. Richtlinien für die Ehrung von Mitarbeitern mit 25, 40 und 50 Dienstjahren vom 21.4.1981, S. 3, in: SAA unverzeichnete Akten aus dem Zwischenarchiv.
1204 Vgl. Richtlinien für die Ehrung von Mitarbeitern mit 25, 40 und 50 Dienstjahren, ZP-Rundbrief vom 29.9.1993, in: SAA Rundschreibensammlung.

republik Deutschland an Arbeitnehmer im Jahr 1968 sah jedoch vor, den Betroffenen beim Ausscheiden aus dem Berufsleben die „Verdienstmedaille" nur unter dann zu verleihen, wenn eine besondere Bewährung, zum Beispiel durch herausragende Leistungen auf dem Gebiet der Verbesserung der Arbeitsbedingungen, der Unfallverhütung, im Bereich der innerbetrieblichen Rationalisierung oder der Mitarbeit im Betriebsrat nachgewiesen werden konnte.[1205] Als weitere Maßnahme bei einem Dienstjubiläum erfolgte mit Einverständnis des Jubilars die Bekanntgabe des Jubiläums durch die Veröffentlichung in der monatlich erscheinenden Hauszeitschrift „Siemens-Mitteilungen".

Die Kosten aller Jubiläumsaktivitäten machten im Geschäftsjahr 1978/79 mit 24,2 Mio. DM rund 1,8 Prozent aller freiwilligen Sozialaufwendungen aus und standen gemessen an der Höhe der Ausgaben zwar hinter den Schwerpunkten der betrieblichen Sozialpolitik wie Altersversorgung, Bildung, Erfolgsbeteiligung, Gesundheit und Ernährung sowie dem Wohnungswesen, aber noch vor den Aufwendungen für Freizeitgruppen, Werkbibliotheken und der Sozialberatung.[1206] Der damit den Jubiläumsaktionen zugemessene Stellenwert in der betrieblichen Sozialpolitik wurde in der Folgezeit durch die Streichung von Elementen wie der zentralen Jubilarfeier oder des Jubiläumsurlaubs immer weiter eingeschränkt. Rituale zur Anerkennung der Firmentreue erschienen angesichts veränderter Arbeitsmärkte, flexibilisierter Beschäftigungsverhältnisse und anonymisierter Belegschaften nicht mehr zeitgemäß. Die aus beschäftigungspolitischen Gründen abnehmende Bedeutung des Dienstalters war bereits in der Diskussion um die Bewertung dieses Faktors bei der Bemessung der Erfolgsbeteiligung Ende der 1960er Jahre zutage getreten. Auch seitens der Beschäftigten stießen Jubiläumsrituale auf mangelnde Akzeptanz und wurden zunehmend absorbiert. Allein die Bedeutung der Sach- und Geldleistungen blieb bis in die Gegenwart erhalten, was auch die These der Monetarisierung stützt. Dass trotz der abnehmenden Handlungsmotivation durch die geringere Wertschätzung der Firmentreue Jubiläumsgratifikationen bis in die Gegenwart entrichtet werden, zeigt den Funktionswandel dieser freiwilligen Sozialleistung von der Treueprämie zu einer zusätzlichen, finanziellen Leistung und offenbart das Spannungsfeld betrieblicher Sozialpolitik zwischen der Bewahrung tradierter Elemente und Besitzstände und der Anpassung an aktuelle Rahmenbedingungen.

### 6.4 Betriebliche Freizeitgestaltung

Das Verständnis von Freizeit hat sich in den vergangenen Jahrhunderten gravierend gewandelt. Wurde in der vorindustriellen Zeit der Wechsel zwischen Arbeitszeit und Nicht-Arbeitszeit durch den natürlichen Ablauf von Tag und Nacht oder der

---

1205 Vgl. PersPol-Rundschreiben vom 26.8.1968 btr. Verleihung der „Verdienstmedaille" an bewährte Arbeitnehmer, in: SAA unverzeichnete Akten aus dem Zwischenarchiv. Der von Siemens vorzuschlagende Mitarbeiter sollte auf eine mindestens 25-jährige Dienstzeit im Unternehmen zurückblicken können.
1206 Vgl. Dokumentation 1978/79 des Zentralbereichs Personal, Anlage 1, in: Registratur der Abteilung Human Resources der Siemens AG.

Jahreszeiten, durch das Wetter oder die Erfordernisse der Landwirtschaft determiniert, so änderte sich dies mit der Industrialisierung.[1207] Technische Fortschritte wie die Einführung des elektrischen Lichts, wetterunabhängige Fabrikgebäude und maschinisierte Arbeitsprozesse ermöglichten einen festgelegten Wechsel zwischen Arbeitszeit und freier Zeit und führten zu einem neuen Zeitverständnis. Die geringe freie Zeit war keine im heutigen Verständnis mit Aktivitäten angefüllte Freizeit, sondern sie diente der Erholung und Regeneration. Um die Arbeiterschaft zur sinnvollen Gestaltung ihrer freien Zeit anzuleiten, sie zu disziplinieren und dem Alkoholkonsum oder auch sozialistischer Agitation zu entziehen, unterstützten Unternehmen gemeinschaftsfördernde betriebliche Betätigungen der Mitarbeiter, zum Beispiel im sportlichen Bereich, oder machten Angebote zur kulturellen und geistigen Bildung, wie die Einrichtung von Werkbüchereien.[1208]

Nach 1945 nahmen zunächst die äußeren alltäglichen Handlungszwänge zur Sicherung des Lebensunterhalts und zur Bewältigung des privaten Haushalts einen Großteil der Zeit in Anspruch, sodass nur wenig freie Zeit verblieb, die weniger zur kreativen Freizeitgestaltung als vielmehr zur Erholung von der geleisteten Arbeit genutzt wurde; Freizeit war in den 1950er Jahren Erholungszeit.[1209] Der Wirtschaftsaufschwung, der steigende Lebensstandard und die wachsenden Konsummöglichkeiten, der Einsatz zeitsparender Haushaltsgüter sowie die kontinuierliche Zunahme der arbeitsfreien Zeit aufgrund der Verkürzung der Arbeitszeit und steigender Urlaubsansprüche führten in der Folgezeit zu einer veränderten Gewichtung von Arbeit und Freizeit. Die Arbeitszeit, die 1955 noch zwischen wöchentlich 49 und 56 Stunden gelegen hatte, verringerte sich bis 1973 auf 40 Stunden, am Ende des Betrachtungszeitraums 1989 galt bei Siemens die tariflich vereinbarte 37-Stunden-Woche.[1210] Der Urlaubsanspruch erhöhte sich von 15 Tagen 1956 auf 30 arbeitsfreie Werkstage im Jahr 1982.[1211] Freizeit, die sinnvoll gestaltet werden sollte, nahm in ihrer gesellschaftlichen Bedeutung zu[1212] und wurde genauso wichtig wie die Arbeit. Die allgemeine Wohlstandssteigerung und zunehmende Angebote von Gütern oder Dienstleistungen zur Freizeitgestaltung, insbesondere die umwälzenden Entwicklungen im Medienbereich, boten immer neue Erlebnismöglichkeiten.[1213] Zugleich förderte der Wertewandel eine Abkehr von Pflicht- und Ak-

---

1207 Vgl. Nipperdey, 1990, S. 166.
1208 Vgl. Feldenkirchen, Wilfried / Hilger, Susanne: Menschen und Marken, in: Ernst Primosch / Wolfgang Zengerling (Hg.): 125 Jahre Henkel. Düsseldorf 2001, S. 290.
1209 Vgl. Opaschowski, Horst W.: Einführung in die Freizeitwissenschaft. Opladen 1997, S. 29 und 31.
1210 Vgl. Wehler, 2010, S. 80, und Entwicklung wichtiger tariflicher Leistungen seit 1948, in: https://intranet.cp.siemens.de, abgerufen am 24.6.2002.
1211 Vgl. Wehler, 2010, S. 80.
1212 Vgl. Rödder, 2004, S. 18, und Neuheiser, Jörg / Rödder, Andreas: Eine Geschichte vom Werteverfall? Die Deutschen und ihre Einstellungen zur Arbeit nach 1945, in: Hauptsache Arbeit. Wandel der Arbeitswelt nach 1945. Begleitbuch zur Ausstellung im Haus der Geschichte der Bundesrepublik Deutschland, Bonn, 2. Dezember 2009 bis 5. April 2010 und im Zeitgeschichtlichen Forum Leipzig der Stiftung Haus der Geschichte der Bundesrepublik Deutschland, 15. Dezember 2010 bis 8. Mai 2011. Bielefeld 2009, S. 36.
1213 Vgl. Opaschowski, 1997, S. 38.

zeptanzwerten der 1950er und 1960er Jahre zugunsten einer Lebensauffassung, die seit den 1970er Jahren auf Selbstverwirklichung und Selbstbestimmung ausgerichtet war und in den 1980er Jahren die Erlebnisorientierung und das Genießen in den Vordergrund stellte.[1214] Vor dem Hintergrund dieser Entwicklungen gewannen auch die Freizeitaktivitäten im betrieblichen Rahmen einen neuen Stellenwert.

### 6.4.1 Leitlinien und Organisation betrieblicher Freizeitaktivitäten

Mitarbeiterinitiativen zur Freizeitgestaltung gab es bei Siemens schon um die Wende vom 19. zum 20. Jahrhundert.[1215] Die Pflege der Geselligkeit und die Leistung wirtschaftlicher Hilfe waren die wichtigsten Ziele des 1907 gegründeten Siemens-Beamten-Vereins (SBV), der angesichts der Randlage des neuen Stadtteils Siemensstadt, der wenig Möglichkeiten zur Erfüllung kultureller und sportlicher Bedürfnisse bot, ein umfangreiches Kulturprogramm zur gemeinsamen Gestaltung der Freizeit bereit stellte.[1216] Unter der Trägerschaft des Vereins entstanden zahlreiche Gruppierungen für vielfältige Freizeitinteressen und Sportarten.[1217] 1933 erfolgte im Zuge der nationalsozialistischen Machtergreifung die Umwandlung des Vereins in die „Kameradschaft Siemens", die als Dachorganisation die gesamte betriebliche Freizeitförderung koordinierte und weitere bestehende Vereine wie die der männlichen Facharbeiterschaft, der Werkmeister oder Lehrlinge nach und nach einbezog.[1218]

Nach dem Zweiten Weltkrieg folgte Siemens seinem Grundprinzip, keine betrieblich gelenkte Freizeitgestaltung durchzuführen. Das Unternehmen förderte nur Zusammenschlüsse kulturell oder sportlich interessierter Mitarbeiter, die aus freier Initiative entstanden und die sich – je nach den örtlichen Gegebenheiten – entweder

---

1214 Vgl. Müller-Schneider, 1998, S. 226, und Barz/Kampik/Singer/Teuber, 2001, S. 79.
1215 Bereits 1892 schloss sich eine Vereinigung von Beamten des Dynamowerks von Siemens & Halske unter dem Namen „Gesellschaftliche Abende" zusammen, die als Vorläuferin des Vereins der Siemens-Beamten bis 1903 existierte. Vgl. Skizze der Geschichte des Vereins der Siemens-Beamten 1907–1932, S. 1 (aus Aktenstück 4/Lf 681), in: SAA 12456.
1216 Nach der Satzung von 1913 verfolgte der SBV seine Ziele „durch Veranstaltung belehrender Vorträge, Besichtigung gewerblicher und industrieller Anlagen, Teilnahme an der deutschen Volkshochschulbewegung und an verwandten Bestrebungen sowie durch Veranstaltung geselliger Zusammenkünfte". Vgl. Satzung von 1913, in: SAA 14/Lr 581. Vgl. auch Soziale Arbeit des Hauses Siemens, S. 29, in: SAA 10704.
1217 So ein Männerchor (1907), eine Schießabteilung (1910), eine photographische Vereinigung (1910), ein Ruderverein (1912), ein Tennisclub (1913), ein Sprachenclub (1914) und eine Vereinigung von „Gartenfreunden" (1914). Vgl. Aufstellung „Vereinstätigkeit" (aus Akte 14/Li 3), in: SAA 12456. Nach dem Ersten Weltkrieg entstanden ein Schwimmverein und eine Schachgruppe, ein Stenographenverein, eine Postwertzeichenvereinigung, ein funktechnischer Verein, eine Keglervereinigung, ein Luftsport- und ein Motoryachtclub, eine Anglergruppe und ein Jiu-Jitsu-Club. Als erste Frauengruppe wurde 1925 eine Vereinigung für rhythmische Gymnastik gegründet. Ende der 1920er Jahre war von den rund 20.000 Siemens-Angestellten in Berlin knapp die Hälfte im Siemens-Beamten-Verein organisiert. Vgl. Sachse, 1990, S. 199.
1218 Vgl. ebd., S. 200.

zu selbstständigen Freizeitgemeinschaften zusammenschlossen oder bereits bestehenden Vereinen anschlossen.[1219] Voraussetzung für eine firmenseitige Unterstützung, zum Beispiel in Form der Bereitstellung betrieblicher Räumlichkeiten, Sportplätze, Sporthallen oder sonstiger Infrastruktur, der Vermittlung von fachkundigen Betreuern oder als finanzielle Beihilfen für die Beschaffung von Sportgeräten, Noten oder weiteren für die Ausübung der Freizeitbetätigung notwendigen Materialien, war das Engagement der Belegschaftsangehörigen bei der Bildung entsprechender Vereinigungen sowie ihre finanzielle Selbstbeteiligung bei laufenden Aufwendungen.[1220] Siemens förderte – wie es in einem Schreiben der Sozialpolitischen Abteilung 1954 heißt – die betrieblichen Freizeitaktivitäten vor dem Hintergrund, „dass solche Zusammenschlüsse, an denen sich unsere Mitarbeiter am Feierabend zu gemeinsamer Betätigung auf sportlichem oder kulturellem Gebiet treffen, die menschlichen Beziehungen zwischen den Betriebsangehörigen auch im Interesse der Berufsarbeit günstig beeinflussen können".[1221] Die Förderung der zwischenmenschlichen Beziehungen durch gegenseitiges Kennenlernen und Verständnis stand auch noch 30 Jahre später im Vordergrund der betrieblichen Sport- und Freizeitförderung.[1222] Darüber hinaus sollten die Einrichtungen die Initiative und Kreativität fördern, der Gesundheitsvorsorge dienen, einen Ausgleich für einseitige berufliche Beanspruchung bieten, den Gemeinschaftssinn insbesondere jugendlicher Mitarbeiter prägen sowie die Integration der Mitarbeiter fördern.[1223] Ziel der Sport- und Freizeiteinrichtungen war es, die Arbeitskraft zu erhalten und den betrieblichen Zusammenhalt positiv zu unterstützen.

*6.4.2 Freizeitgemeinschaften*

Je nach Interessenlage der Mitarbeiter und nach den unterschiedlichen regionalen Gegebenheiten bildeten sich nach 1945 zahlreiche Initiativen, die sich vielfältigen Freizeitbetätigungen widmeten. An den großen Standorten wie in Erlangen, München oder Berlin entstanden Dachverbände, in denen sich die einzelnen Freizeitvereinigungen zusammenschlossen. In der 1956 gegründeten Dachorganisation „Kameradschaft Siemens Erlangen e.V." fanden sich zahlreiche Sport- und Freizeitvereine zusammen, angefangen von der 1948 gegründeten Kegel- und Freizeitgemeinschaft, dem 1950 gegründeten Siemens-Orchester, der Fußballvereinigung, den Postwertzeichensammlern bis hin zu den Schachspielern, den Sportschützen, der Yoga- oder der Theatergruppe.[1224] Die Nutzung der eher rückwärtsgewandten Ter-

---

1219 Vgl. Brief von S&H und SSW an das Centre Régional de la Jeunesse et des Sports, De l'Académie de Strasbourg, Herrn Prof. M. Grunenwald vom 20.4.1965, in: SAA 12798.
1220 Vgl. Richtlinien für die Förderung sportlicher und kultureller Vereinigungen von Betriebsangehörigen vom 18.6.1954, in: SAA 12794.
1221 Vgl. Schreiben der Sozialpolitischen Abteilung vom 18.6.1954 btr. sportliche und kulturelle Vereinigungen von Betriebsangehörigen, in: SAA 12794.
1222 Vgl. Schreiben von ZPS 6 vom 23. Juli 1984 btr. Sport- und Freizeiteinrichtungen, in: SAA 12799.
1223 Vgl. ebd.
1224 Vgl. Verkehrsverein Erlangen e.V., Stadtarchiv, Heimat- und Geschichtsverein Erlangen e.V.

minologie in der Namensgebung des Dachverbands betont den gemeinschaftsfördernden Charakter der Freizeitaktivitäten. Siemens hatte an dem in den Nachkriegsjahren neu errichteten Standort Erlangen zunächst auf die Gründung eigener Freizeitvereinigungen verzichtet, um die Integration der neuansässigen Siemens-Mitarbeiter in bereits bestehende örtliche Vereine zu fördern.[1225] Nachdem jedoch die Eingliederung des Standorts abgeschlossen war, wurde die Bildung Siemens-interner Gemeinschaften von den Beschäftigten forciert vorangetrieben.

Auch in München hatten sich mit dem Auf- und Ausbau des Standorts nach dem Zweiten Weltkrieg zahlreiche Sport- und Freizeitgruppierungen gebildet, die sich Ende 1959 zur „Freizeitgemeinschaft Siemens/München e.V." zusammenschlossen. Zu den konstituierenden Gruppen gehörten unter anderen das Siemens-Orchester und der Siemens-Chor München, die Siemens-Kurzwellenamateure, mehrere Foto-Clubs, eine Freizeitgruppe für Vortrag und Film, der Magische Club Siemens sowie zahlreiche Sportgruppen wie die Bergsportgemeinschaft, die Badmintongruppe, die Segel- und die Segelfluggruppe, die Tennis- und die Tischtennisgemeinschaften, zwei Schachclubs und mehrere Fußball- und Gymnastik-Gruppen.[1226] Die finanzielle Unterstützung der einzelnen Gruppierungen durch das Unternehmen erfolgte über den Dachverband, der die Firmenmittel nach einheitlichen Grundsätzen verteilte und kontrollierte. In Berlin existieren ebenfalls die unterschiedlichsten Freizeitgruppen, in denen sich Siemensmitarbeiter unter dem Namen „Siemens Kulturkreis" zusammengefunden hatten. Die Angebote zur Freizeitgestaltung reichen von der Ahnenforschung über die Unterhaltungselektronik bis hin zu zahlreichen sportlichen Aktivitäten in Sportvereinigungen. 1977 waren von im Inland insgesamt 200.000 Beschäftigten 33.000 – das heißt, jeder sechste Mitarbeiter – in einer von 350 verschiedenen Sport- und Hobbygruppen des Unternehmens organisiert.[1227]

### 6.4.3 Sportförderung

Mit der zunehmenden Abgrenzung von freier Zeit und Arbeitszeit gewann der Sport als sinnvolle Ausgleichsbetätigung zur Arbeit an Bedeutung.[1228] Seit dem Ende des 19. Jahrhunderts entstanden in Deutschland aus der deutschen Turn- und Sportbewegung zahlreiche Turn- und Sportvereine, Turnhallen und Sportplätze wurden gebaut, Sport entwickelte sich zu einer Massenbewegung.[1229] Seit Beginn des 20. Jahrhunderts kam es, teilweise auch in Kooperation mit örtlichen Vereinen, zur

---

u. a. (Hg.): Siemensstadt Erlangen. Stadtgeschichtlicher Spaziergang 7. Erlangen 2000.
1225 Vgl. Feldenkirchen, 2004, S. 153.
1226 Vgl. Aktenvermerk der Sozialpolitischen Abteilung vom 28.10.1959 btr. Freizeitgruppen am Standort München, in: SAA 12810.
1227 Vgl. „Wo Freizeit mehr als freie Zeit ist". Informationen für die Tagespresse vom 26.8.1977, in: SAA PB III 1462.
1228 Vgl. Nipperdey, 1990, S. 171.
1229 Vgl. ebd., S. 172, vgl. auch Luh, Andreas: Betriebssport zwischen Arbeitgeberinteressen und Arbeitnehmerbedürfnissen. Eine historische Analyse vom Kaiserreich bis zur Gegenwart. Aachen 1998, S. 11.

Gründung betriebssportlicher Organisationen in einzelnen Unternehmen und Organisationen, die in der Weimarer Republik erheblich ausgeweitet und nach 1933 als Mittel nationalsozialistischer Betriebspolitik instrumentalisiert wurden.[1230] Nach dem Zweiten Weltkrieg knüpften Unternehmen wie auch Siemens an die betriebssportlichen Traditionen der Weimarer Republik wieder an. Als ein Instrument betrieblicher Sozialpolitik verbindet der Betriebssport soziale, sportliche und gesundheitliche Bedürfnisse von Mitarbeitern mit wirtschaftlichen und sozialpolitischen Interessen – wie zum Beispiel integrations-, motivations- und leistungsfördernden, aber auch gesundheitspolitischen Wirkungen – des Arbeitgebers.[1231]

### 6.4.3.1 „Betriebssport ist Breitensport": Leitlinien der betrieblichen Sportförderung[1232]

Siemens förderte durch die Bereitstellung von Sportanlagen und Infrastruktur sportliche Zusammenschlüsse, die aus Eigeninitiativen der Mitarbeiter entstanden. Wurden die ersten sportlichen Aktivitäten von Belegschaftsmitgliedern seit dem zweiten Jahrzehnt des 20. Jahrhunderts insbesondere durch den sportbegeisterten Unternehmenschef Carl Friedrich von Siemens und weitere interessierte Vorstandsmitglieder unterstützt,[1233] so etablierte sich der Betriebssport als freiwillige soziale Maßnahme zur sinnvollen Freizeitgestaltung in den 1920er Jahren angesichts der allgemeinen Ausbreitung des Betriebssports als fester Bestandteil betrieblicher Sozialpolitik.[1234] Die Bedeutung des Sports zur Erhaltung der Gesundheit und Stei-

---

1230 Vgl. ebd.
1231 Vgl. ebd., S. 13. „Als Betriebssport (…) sind demnach sportliche Aktivitäten zu bezeichnen, die ganz überwiegend für die Arbeitnehmer eines Betriebes bzw. von diesen selbst organisiert werden, an denen auch Pensionäre, Angehörige und in Ausnahmefällen auch Betriebsfremde teilnehmen können und bei denen Gesundheitsvorsorge, Entspannung, Spiel und/oder Geselligkeit im Mittelpunkt stehen, was Leistungsbemühung und Wettbewerb zwar keineswegs ausschließt, jedoch in deutlichem Gegensatz steht zur einseitigen Ausrichtung an sportlicher Höchstleistung, wie sie den Spitzen- und Profisport kennzeichnet." Vgl. Tofahrn, Klaus W. unter Mitarbeit von Spiekerkötter, Ulrich: Die Bedeutung des Betriebssports für die Unternehmenskultur, in: Jürgen Rode / Horst Philipp (Hg.): Sport in Schule, Verein und Betrieb. 11. Sportwissenschaftlicher Hochschultag der dvs vom 22.-24.9.1993 in Potsdam (Schriften der deutschen Vereinigung für Sportwissenschaft, 64). St. Augustin 1995, S. 77. Vgl. auch Klaus W. Tofahrn: Arbeit und Betriebssport. Eine empirische Untersuchung bei bundesdeutschen Großunternehmen im Jahre 1989 (Betriebswirtschaftliche Schriften, H. 132). Berlin 1991, S. 26f. Vgl. dazu auch Pfister, Gertrud: Stählung der Arbeitnehmerschaft der Wirtschaft. Zur Organisation und Ideologie des Betriebssports in Berlin (1880 bis 1933), Manuskript 1997, S. 9f., in: SAA 9565.
1232 Vgl. „Der SSW-Betriebssport im Aufbau begriffen", in: Erlanger Tagblatt vom 3.10.1953, in: SAA 14/Lr 584.
1233 Carl Friedrich von Siemens, der einige Jahre in England verbracht hatte, förderte vor allem die dort verbreiteten Sportarten Hockey, Rugby und das in Deutschland bis dahin unbekannte Squash. Vgl. Luh, 1998, S. 68.
1234 Bereits vor dem Ersten Weltkrieg wurden in Siemensstadt ein Ruderverein (1912) und ein Tennisclub (1913) gegründet. Die 1921 gegründete „Sportvereinigung Siemens", die als Dachverband alle sportlichen Aktivitäten der Beschäftigten koordinierte, gliederte sich in eine

gerung von Leistungsbereitschaft und Arbeitsproduktivität erhielt vor dem Hintergrund der Rationalisierungsbestrebungen zunehmend Gewicht.[1235] Während des Nationalsozialismus standen Disziplinierungsfunktionen und die Kontrolle über die Freizeitgestaltung der Beschäftigten im Vordergrund des Betriebssports, der politisch instrumentalisiert wurde.[1236]

Nach dem Ende des Zweiten Weltkriegs wurden die Betriebssportorganisationen auf dem Gebiet der westlichen Alliierten aufgelöst. Lediglich einige traditionelle Werkssportvereine – dazu gehörte neben der 1921 gegründeten „Sportvereinigung Siemens" auch die Sportorganisation von Bayer –, die auch nach ihrer zwangsweisen Umwandlung in KdF-Betriebssportgemeinschaften ihre Vereinsidentität beibehalten hatten, konnten ihre sportlichen Aktivitäten wieder aufnehmen.[1237] In Berlin erfolgte aufgrund der Erfahrung der parteipolitischen Instrumentalisierung der Betriebssportgemeinschaften während des Nationalsozialismus, als „vielfach Betriebsangehörigen lediglich auf Grund ihrer sportlichen Betätigung Sondervorteile eingeräumt worden"[1238] waren, eine Abkehr vom unternehmensseitig organisierten Betriebssport.[1239] Eine Förderung erfuhren hier nur noch bereits eingetragene private Sportvereine, wie zum Beispiel der „Turn- und Sportverein Siemensstadt e. V.", der „Siemens Tennis-Klub Blau Gold 1913 e. V.",[1240] der „Fußball-Club Siemens", der „Ruderverein Siemens Berlin e. V."[1241] oder der „Motorsportclub Blau-Gelb Siemensstadt e. V.", in denen sich die Beschäftigten aus eigener Initiative zusammengeschlossen hatten.[1242] Durch die organisatorische Verankerung der sportlichen Aktivitäten in den Vereinen sollte sowohl ein geordneter Sportbetrieb als auch ein entsprechender Versicherungsschutz für die Mitglieder gewährleistet werden.[1243] In Erlangen wurden die einzelnen Sportgruppen inner-

---

Vielzahl sportlicher Abteilungen, die angefangen von Rudern, Tennis, Schwimmen, Leichtathletik, Fußball, Handball und Radsport über Schneeschuhlaufen, Angeln, Schießen und Kegeln bis hin zu Motorbootfahren, Boxen und Jiu Jitsu reichten. Vgl. Entwicklung des Sports in Siemensstadt, in: SAA 12456; vgl. auch Pfister, 1997, S. 6f., in: SAA 9565. Vgl. auch 50 Jahre Turn- und Sportverein Siemensstadt. Festschrift zum 50. Jahrestag der Gründung der Sportvereinigung Siemens im Mai 1971, in: SAA 13811.

1235 Vgl. Luh, S. 98.
1236 Vgl. zum Sport bei Siemens während des Nationalsozialismus Homburg, 1991, S. 597–599; Festschrift „50 Jahre Turn- und Sportverein Siemensstadt", 1971, S. 10, in: SAA 13811; Z-Rundschreiben Nr. 159 btr. Betriebssport vom 14.10.1937, in: SAA 12810; 10 Jahre Freizeitgestaltung im Hause Siemens, in: Siemens-Mitteilungen 224/1943, S. 4.
1237 Vgl. Luh, 1998, S. 342.
1238 Vgl. Aktenvermerk von SozPolAbt. vom 20.5.1945 btr. Förderung von Fußballgruppen in den Betrieben, in: SAA 13808.
1239 Vgl. Entwurf zum Aktenvermerk btr. Förderung der sportlichen Betätigung der Betriebsangehörigen vom 28.11.1958, in: SAA 12810.
1240 Vgl. dazu Festschrift zum 40-jährigen Bestehen des „Siemens Tennis-Klub Blau-Gold 1913 e. V.", in: SAA 14/Lr 584.
1241 Vgl. dazu Festschrift 50 Jahre Ruder-Verein „Siemens" Berlin e. V., in: SAA 14/Lr 584.
1242 Vgl. Tips für Ihre Freizeitgestaltung. Freizeitgruppen bei Siemens Berlin, Ausgabe August 1972, in: SAA 11221.
1243 Vgl. ebd.

halb der Sportgemeinschaft Siemens Erlangen (SGS)[1244] koordiniert, die Mitglied der Dachvereinigung „Kameradschaft Siemens Erlangen e.V." war. In München schlossen sich die ansässigen Sportgemeinschaften der „Freizeitgemeinschaft-Siemens-München e.V." an.

Konzeptionell knüpfte die betriebliche Sportförderung an die Entwicklungen in der Weimarer Republik an.[1245] Im Vordergrund stand im Betrachtungszeitraum und darüber hinaus bis in die Gegenwart der Breitensport. Wettkampf- und Leistungssport wurde in der Regel nur beim Mannschaftssport, wie zum Beispiel bei Fußball und Volleyball im Rahmen von Verbandswettkämpfen, sowie in individuellen Ausnahmefällen betrieben. Unternehmensseitig wurde es nicht als Aufgabe betrachtet, „Wettkampfsport – im Gegensatz zum Ausgleichssport – als Firma zu betreiben."[1246] „Betriebssport ist Breitensport und kein Elitensport"[1247] – so auch die Aussage des Leiters des SSW-Betriebssports Gustav Stührk im Jahr 1953. Bei den am häufigsten ausgeübten Sportarten standen damals Gymnastik und Leichtathletik an erster Stelle, gefolgt von Ballsportarten wie Fußball, Handball, Volleyball, Basketball und Tischtennis.[1248] Weitere Sportarten waren unter anderen Badminton, Kegeln, Schwimmen, Angeln, Judo, Bowling, Schießen, Faustball, Eislaufen, Hockey, Rhönrad, Rollschuhlaufen, Segeln, Rudern und Rugby. Damit kam das Unternehmen dem sowohl bei Männern als auch bei Frauen zunehmenden Interesse am Sport entgegen, das sich über klassische Mannschaftssportarten hinaus auch auf Individualsportarten erstreckte.[1249]

Die firmenseitige Förderung sportlicher Belange erfolgte zum einen finanziell durch Spenden an die Vereine und durch die Bereitstellung der Infrastruktur wie Sportanlagen, Sportausrüstungen, Sportgeräte oder das Engagement von Sportlehrern. Zum anderen leistete das Unternehmen Unterstützung durch die Veranstaltung von Sportfesten, durch rechtliche und fachliche Beratung oder Informationen und Berichte über besondere sportliche Ereignisse in den „Siemens-Mitteilungen".[1250] Als Voraussetzung für eine unternehmensseitige Förderung der betriebssportlichen Aktivitäten, die deutschlandweit einheitlich von der Sozialpolitischen Abteilung in München betreut wurden, galt – wie auch für die kulturellen oder sonstigen betrieblich eingebundenen Freizeitbetätigungen – die Eigeninitiative der Mitarbeiter bei der Bildung entsprechender Gruppierungen und Vereine sowie ihre Bereitschaft, anfallende Aufwendungen mit eigenen Beiträgen selbst zu bestreiten.[1251]

---

1244 Vgl. Artikel: Zusammenfassung der Sportgruppen, in: Siemens-Mitteilungen 19/1956, in: SAA 14/Lr 584.
1245 Vgl. Luh, 1998, S. 11.
1246 Vgl. Entwurf zum Aktenvermerk btr. Förderung der sportlichen Betätigung der Betriebsangehörigen vom 28.11.1958, in: SAA 12810.
1247 Vgl. „Der SSW-Betriebssport im Aufbau begriffen", in: Erlanger Tagblatt vom 3.10.1953, in: SAA 14/Lr 584.
1248 Vgl. Sport im Hause Siemens, Auswertung einer Umfrage über das Geschäftsjahr 1965/66, zusammengestellt von der Sozialpolitischen Abteilung, S. 3, in: SAA 12794.
1249 Vgl. Herlyn/Scheller/Tessin, 1994, S. 241.
1250 Vgl. Brief von S&H und SSW an das Centre Régional de la Jeunesse et des Sports, De l'Académie de Strasbourg, Herrn Prof. M. Grunenwald vom 20.4.1965, in: SAA 12798.
1251 Vgl. Richtlinien für die Förderung sportlicher und kultureller Vereinigungen von Betriebs-

## 6.4.3.2 Der Ausbau von Sportanlagen

Firmeneigene und durch das Unternehmen instand gehaltene Sportanlagen, teilweise mit Turnhallen und Clubhäusern, existieren heute an allen größeren Standorten. Einer Studie aus dem Geschäftsjahr 1965/66 zufolge verfügte Berlin über rund 46.000 qm betriebseigene Sportfläche, Erlangen über rund 90.000 qm, München über insgesamt 44.000 qm, Karlsruhe über rund 34.000 qm und Nürnberg über rund 106.000 qm Gelände für sportliche Zwecke.[1252] Die Gesamtfläche der firmeneigenen Anlagen in Deutschland betrug im Geschäftsjahr 1965/66 rund 475.000 qm.[1253] Aus Anlass des siebzigsten Geburtstags von Hermann von Siemens wurde in den Jahren 1955 bis 1959 in München auf einem rund 150.000 qm großen Areal der gleichnamige Sport- und Freizeitpark errichtet, der in der Folgezeit weiter ausgebaut und modernisiert wurde. 1962 folgte der Bau einer Sporthalle; darüber hinaus standen unter anderem Tennisplätze, Rasensportplätze, Fitnessräume, Spielfelder für diverse Ballsportarten, ein Schwimmbad und eine Rollschulbahn zur Verfügung.

In Berlin-Siemensstadt wurden die bereits vor dem Ersten Weltkrieg bestehenden Sportanlagen modernisiert und erweitert. Im Jahr 1958 entstand die Robert-von-Siemens-Halle mit angeschlossenen Kegelbahnen.[1254] Zur 75-Jahr-Feier von Siemensstadt im Jahr 1974 wurde das Sportheim mit Halle, Gymnastik- und Tischtennisräumen errichtet und 1982 konnte das Bootshaus in Siemenswerder an der Havel, wo das Unternehmen seit den ersten Jahrzehnten des 20. Jahrhunderts Wasser- und Rudersportanlagen unterhielt, eingeweiht werden. In Erlangen baute Siemens 1953/54 an der Komotauer Straße eine 60.000 qm große Sportanlage mit zahlreichen Möglichkeiten für die unterschiedlichsten Sportarten.[1255] Darüber hinaus wurden an allen Standorten auch firmenfremde Sporteinrichtungen in Anspruch genommen.

Die Sportanlagen standen nicht nur festen Sportgruppen, sondern auch „Einzelgängern" und „Spontangruppen" wie einzelnen Abteilungen oder Werkstätten, die sonst keine Sportmöglichkeiten hatten, zur Verfügung. Damit konnten im Sinne der angestrebten Breitenwirkung zahlreiche auch nicht in den Vereinen organisierte Mitarbeiter zu sportlicher Betätigung aktiviert werden. Zur Auslastung dieser Einrichtungen tagsüber bzw. während der Arbeitszeit wurden sie Schulen, Behörden und Verbänden zur Nutzung bereitgestellt, was mit dem positiven Nebeneffekt einer „günstige[n] Öffentlichkeitswirkung" für das Unternehmen einherging.[1256] Die Gesamtsumme der für die im Geschäftsjahr 1965/66 aufgewendeten Kosten für die

---

angehörigen vom 18.6.1954, in: SAA 12794.

1252 Vgl. Sport im Hause Siemens. Auswertung einer Umfrage über das Geschäftsjahr 1965/66, zusammengestellt von der Sozialpolitischen Abteilung, Anlage 1: S. 1 f., in: SAA 12794.

1253 Vgl. Sport im Hause Siemens, S. 5.

1254 Vgl. dazu Ansprache von Dr. F. Müller bei der Einweihung der Sporthalle in Berlin-Siemensstadt am 10.10.1958, in: SAA 14/Lr 584.

1255 Vgl. dazu Ansprache von Dr. Hermann von Siemens bei der Einweihung der Sportanlage Erlangen vom 12.6.1954, in: SAA 14/Lr 584.

1256 Vgl. Notiz für die Vorstandskommission für sozialpolitische Fragen vom 2.12.1966, S. 2, in: SAA 12794.

Sportförderung betrug rund 2,2 Mio. DM.[1257] Darin enthalten waren laufende Aufwendungen für die Sportanlagen in Höhe von 1,7 Mio. DM sowie Zuwendungen an Firmensportgruppen, firmenfremde Vereine sowie Kosten für Reisen und Sportfeste.[1258] 1976/77 betrug der Aufwand für „Sportförderung, Sport- und Freizeitgruppen" rund 7,7 Mio. DM; 1977/78 waren es bereits 8 Mio. DM, die sich im folgenden Jahr 1978/79 auf 8,7 Mio. DM erhöhten. Die Summen erschienen als Bestandteil der freiwilligen sozialen Aufwendungen in der Bilanz.[1259]

„Nicht entscheidend ist für uns, dass unsere Sportler – sosehr sie auch selbst im sportlichen Wettkampf Wert darauf legen mögen – allenthalben Erfolg erringen. Uns geht es um die Stärkung der Gesundheit und der Zusammengehörigkeit unserer Mitarbeiter"[1260] – mit diesen Worten fasste Hermann von Siemens 1956 die Intention der betrieblichen Sportförderung zusammen. Angestrebt wurden Rückwirkungen des guten sportlichen Kontakts auf das Betriebsklima mit positiven Impulsen für die Motivation und Zusammenarbeit. Vor allem der bereits im Kontext mit der betrieblichen Gesundheitspolitik thematisierte präventive Charakter und die Ausgleichsfunktion zur einseitigen beruflichen Beanspruchung traten nach dem Zweiten Weltkrieg verstärkt in den Vordergrund betrieblicher Sportpolitik.[1261] „Betriebssport fördert Initiative, Kreativität sowie die Kontakte und Kooperation zwischen den Mitarbeitern. Betriebssport dient aber auch – wie jede breitensportliche Betätigung – der Erhaltung der Gesundheit und der Leistungsfähigkeit",[1262] resümierte das Vorstandsmitglied Hans Hugo Schlitzberger im Februar 1988.

Wenn auch die gewünschten Effekte schwer evaluierbar sind,[1263] so ist doch zusammenfassend festzuhalten, dass Gesundheitsaspekte, eine verringerte Unfallhäufigkeit, die Steigerung von Leistungsfähigkeit und Leistungsbereitschaft, positive Auswirkungen auf Motivation, Kommunikation, Zusammengehörigkeit und Betriebsklima sowie die Identifikation mit dem Unternehmen bis in die Gegenwart eine maßgebliche Rolle bei der betrieblichen Sportförderung spielen. Neben der Schaffung eines Ausgleichs zur Berufstätigkeit ging es auch darum, die Freizeitaktivitäten der Mitarbeiter zu kanalisieren und in sinnvolle Bahnen zu lenken.

### 6.4.4 Die Siemens-Werkbücherei

Die betriebliche Freizeitgestaltung umfasst neben sportlichen Aktivitäten auch kulturelle Unterhaltungsangebote. Mit der Verbesserung der Bildung, der Zunahme öffentlicher Leihbibliotheken und wachsenden Ausleihzahlen seit dem letzten Drit-

---

1257 Vgl. Sport im Hause Siemens, S. 6, und Anlage 2, in: SAA 12794.
1258 Vgl. ebd., S. 6.
1259 Vgl. Betriebliche Sozialpolitik in Stichworten, 1980, S. 73, in: SAA 31103, und Luh, 1998, S. 39.
1260 Vgl. Ansprache von Hermann von Siemens bei der Einweihung der Sportanlage Erlangen am 12.6.1954, in: SAA 14/Lr 584.
1261 Vgl. Luh, 1998, S. 387.
1262 Vgl. Brief von Vorstandsmitglied Hans Hugo Schlitzberger an Eberhard Diepgen vom 10.2.1988, in: SAA 13809.
1263 Vgl. Luh, 1998, S. 388; vgl. auch Tofahrn, 1995, S. 90.

tel des 19. Jahrhunderts gründeten einige Unternehmen für ihre Belegschaften eigene Werkbüchereien.[1264] Ziel war es, die Beschäftigten durch geistige Bildung von radikalisierenden Einflüssen und weit verbreiteter Schundliteratur abzuhalten.[1265] Siemens richtete bereits 1907 im Charlottenburger Werk der Siemens-Schuckertwerke in Berlin-Siemensstadt eine Werkbücherei für die eigenen Mitarbeiter ein, die zu den ersten dieser Art in Deutschland gehörte.[1266] Als Leitlinie für die Gründung von Werkbüchereien in Siemens-Betrieben galt, nur dort entsprechende Einrichtungen zu etablieren, wo keine öffentlichen Volksbüchereien zur Verfügung standen.[1267] Damit erfüllte das Unternehmen die klassische Funktion, Lücken im staatlichen sozialpolitischen System zu kompensieren. Bis Ende der 1930er Jahre entstanden zahlreiche Werkbüchereien in Siemensbetrieben,[1268] deren Gesamtbestand sich 1938 auf 60.000 Bände belief. Im Laufe des Kriegs gingen rund zwei Drittel des Buchbestands verloren.

Im August 1945 wurde der Ausleihverkehr der Werkbücherei in Berlin-Siemensstadt in kleinem Rahmen, zunächst nur für das dortige Verwaltungsgebäude, wieder aufgenommen. Die Buchbestände hatten sich auf 20.000 Bände, also auf ein Drittel des Vorkriegsstands, reduziert. Zahlreiche Bücher waren während des Kriegs oder nach Kriegsende zerstört, mehrere tausend ausgeliehene und an Verlagerungsstätten verschickte Bände nach Kriegsende nicht mehr zurückgegeben worden. Außerdem wurden Bücher als Feuermaterial zweckentfremdet. Um wieder Mittel für Neuanschaffungen zur gewinnen, führte die Firmenleitung eine Leihgebühr von 20 Pfennig pro Buch ein. Außerdem wurde der Nutzerkreis über die Belegschaftsangehörigen hinaus auf die Siemensstädter Bevölkerung ausgeweitet, wobei der Anteil der externen Ausleihen im Geschäftsjahr 1945/46 ein Sechstel der Gesamtleserzahl ausmachte.[1269] Die Abwicklung des Leihverkehrs für die Firmenangehörigen vor Ort erfolgte nun wie in den Volksbüchereien auf dem direkten Wege über den Schalterkontakt und nicht mehr – wie in der Vorkriegszeit – über Bestellung und Lieferung. Die Ausleihziffern stiegen in der Folgezeit rasant an: von rund 4.000 Bänden im Januar 1946 über rund 9.700 Bände im Dezember desselben Jahres bis auf rund 16.500 Bücher im April 1948.[1270]

1264 Vgl. Nipperdey, 1990, S. 753.
1265 Vgl. ebd., S. 370 und 753; Hilger, 1996; S. 272.
1266 Um die Jahrhundertwende hatten zwar einige große Firmen wie Zeiss in Jena oder Krupp in Essen Büchereien für ihre Mitarbeiter errichtet, doch diese waren außerhalb der Werke gelegen und auch für Nicht-Firmenangehörige zugänglich. Die Siemens-Bücherei sollte den Worten der Leiterin der Siemens-Werkbücherei im Jahr 1913 zufolge „in erster Linie das bei den Arbeitern und Arbeiterinnen vorliegende Lese- und Unterhaltungsbedürfnis in möglichst bequemer, kostenloser Weise [...] befriedigen". Vgl. Dr. Busse: Ausarbeitung über die Geschichte der Siemens-Werkbücherei vom 11.5.1951, S. 1, in: SAA 12456. Vgl. auch Bericht von Dr. Busse vom 19.5.1951, in: SAA 12456.
1267 Vgl. ebd.
1268 So in Wien, München, Mülheim, Speyer, Ratibor, Neustadt, Arnstadt, Sörnewitz, Plauen, Sonneberg, Essen, Hannover, Düsseldorf, Köln, Frankfurt, Straßburg, Wolfswinkel, Harzburg (Ettershaus), Ahlbeck (Antonienheim), Koserow (Kinderheim Siemensstadt); vgl. Dr. Busse, Ausarbeitung über die Geschichte der Siemens-Werkbücherei vom 11.5.1951, S. 8, in: SAA 12456.
1269 Vgl. Geschäftsbericht der Sozialpolitischen Abteilung 1945/46, Teil II, S. 34, in: SAA 10976.
1270 Vgl. Chronologie „Siemens-Werkbücherei", S. 2, in: SAA 12456.

## 6. Mitarbeiterkommunikation und betriebliche Freizeitgestaltung

Das Anwachsen der Leserzahlen ist auf den Mangel anderer Unterhaltungs- und Zerstreuungsmöglichkeiten zurückzuführen, stand doch im Vordergrund des Leseinteresses das „unterhaltende und entspannende" Buch.[1271] Außerdem war es aufgrund des Papiermangels in der unmittelbaren Nachkriegszeit schwierig, selbst Bücher käuflich zu erwerben, auch wenn finanzielle Mittel dafür zur Verfügung standen. Während der Berliner Blockade gingen die Ausleihzahlen in Siemensstadt erheblich zurück, sodass sich die Firmenleitung 1950 entschloss, die Leihgebühr für die Beschäftigten einzustellen und nur bei firmenfremden Nutzern zu erheben. Nach dem Fortfall der Gebühren war wieder ein kontinuierlicher Anstieg der Ausleihen bis auf 20.000 im Februar 1951 zu verzeichnen, wobei die meisten Neuanmeldungen nach dem Fortfall der Gebühren aus dem Kreis der Arbeiter kamen.[1272] Damit konnte die sozialpolitische Zielsetzung erfüllt werden, vor allem Arbeiter an das Lesen heranzuführen und eine möglichst hohe Breitenwirkung zu erreichen.

Neben der Werkbücherei in Siemensstadt baute auch eine Reihe von in Westdeutschland gelegenen Siemens-Betrieben ihre eigenen Büchereien wieder auf. Nach wie vor galt das Prinzip, Werkbüchereien nur dann einzurichten, „wenn ausreichende öffentliche Büchereien im Wohnbezirk der Belegschaft nicht vorhanden sind und innerhalb der Belegschaft ein Interesse an der Werkbücherei besteht."[1273] Gleichzeitig sollte besondere Sorge dafür getragen werden, „dass auch Angehörigen der Werkstätten die Benutzung der Bücherei ohne Schwierigkeit möglich ist."[1274] Da viele Werkbüchereien in der Aufbauphase nicht über einen ausreichend großen Buchbestand verfügten, um ihrer Aufgabe gerecht werden zu können, wurden Buchgemeinschaften unter benachbart gelegenen Siemens-Werkbüchereien gebildet, die ihre Bestände in regelmäßigen Zeitabständen austauschten sollten, um eine größere Buchauswahl zu gewährleisten.[1275] Darüber hinaus stellte die Werkbücherei Siemensstadt, die beim Aufbau der Büchereien eine beratende Funktion übernahm, eine gewisse Anzahl von Büchern zur Verfügung.

Durch eine kontinuierliche Erwerbspolitik belief sich der Buchbestand Mitte der 1950er Jahre auf insgesamt über 100.000 Bände; Anfang der 1960er Jahre existierten bereits rund 170.000 Bücher.[1276] In den Betrieben, die über eine Werkbücherei verfügten, nutzte 1956/57 etwa ein Drittel der Beschäftigten die Leseangebote.[1277] Um die Anschaffung neuer Bücher zu systematisieren, wurde 1961/62 ein Informationsdienst eingerichtet, der die Betriebe über Neuerscheinungen unterrichtete und Empfehlungen aussprach.[1278] In den 1961 veröffentlichten „Richtlinien für Werk-

---

1271 Vgl. Geschäftsbericht der Sozialpolitischen Abteilung 1945/46, Teil II, S. 36, in: SAA 10976.
1272 Vgl. Dr. Busse: Ausarbeitung über die Geschichte der Siemens-Werkbücherei vom 11.5.1951, S. 1, in: SAA 12456.
1273 Vgl. Richtlinien für Werkbüchereien, Anlage zum SozPolAbt-Rundschreiben Nr. 122 vom 30.6.1951, in: SAA 12456.
1274 Vgl. ebd.
1275 Vgl. zum Beispiel in Bocholt, Mülheim, Essen, Düsseldorf oder in Karlsruhe, Bruchsal und Speyer. Vgl. dazu Soz-PolAbt-Rundschreiben Nr. 122 vom 30.6.1951, in: SAA 12456.
1276 Vgl. Jahresberichte der Zentralabteilung Personal 1956/57, S. 10, in: SAA 12386, und 1960/61, S. 15, in: SAA 12386.
1277 Vgl. ebd.
1278 Vgl. Jahresbericht der Zentralabteilung Personal 1961/62, S. 12, in: SAA 12386.

büchereien" wurden die Aufgabenstellungen und Zielsetzungen der Werkbüchereien, „die sich als eine zunehmend wichtige soziale Einrichtung erwiesen",[1279] neu formuliert. Demnach bestand die Aufgabe der Bücherei darin, Mitarbeitern und deren Angehörigen durch die Bereithaltung eines ausgewählten Buchbestands und die Beratung bei der Buchauswahl den Zugang zum Buch zu erleichtern und durch geeignete Informationsmittel Anregungen zur Weiterbildung zu geben.[1280] In der Praxis sollte die Ausleihe – je nach den örtlichen Verhältnissen – entweder durch „Freihandausgabe" – das heißt, der Leser suchte sich das Buch selbst im Regal der Bücherei aus –, oder durch „Thekenausgabe" – dabei mussten die Bücher vorab bestellt, von den Bibliothekaren herausgesucht und von den Lesenden in der Bücherei abgeholt werden – erfolgen. Eine dritte Form bildete die „Werksausgabe", die für alle auswärtigen Dienststellen in Betracht kam: Dabei wurden die Bücher anhand schriftlicher Bestellungen an den Arbeitsplatz vor Ort geliefert.[1281] Häufig wurde eine Kombination von Freihand- und Werksausgabe praktiziert. Die Leitung der Bücherei, die der Betriebsleitung unmittelbar unterstellt wurde, sollte von einer Fachkraft, zum Beispiel einer Bibliothekarin oder einem Buchhändler, ausgeführt werden. Als Richtsatz zur Einstellung weiterer Bibliothekskräfte veranschlagte das Unternehmen für eine Jahresausleihe von 10.000 bis 12.000 Bänden eine weitere volle Arbeitskraft.

1971 bestanden 24 Hauptbüchereien mit 13 großen Zweigstellen, die insgesamt 281.000 Bücher verwalteten. Rund 30 Prozent der Belegschaft nahmen die Werkbücherei in Anspruch; die jährliche Ausleihziffer lag bei fast einer Million Bücher.[1282] Über die schriftlichen Medien hinaus gewannen Kassetten und Schallplatten für den Sprachenunterricht seit Beginn der 1970er Jahre zunehmend an Bedeutung.[1283] Die inhaltlichen Schwerpunkte verschoben sich langsam von der Unterhaltungs- zur Fachliteratur, sodass sich die Bestände seit Mitte der 1970er Jahre vorwiegend aus Sach- und Fachpublikationen zusammensetzten.[1284] Am Ende des Jahrzehnts, 1979, existierten 26 Werkbüchereien mit 18 Zweigstellen an insgesamt 27 Standorten. Die Bestände hatten sich auf 370.000 Bände erweitert; darüber hinaus wurden zahlreiche Sprachkurse auf Tonträgern zur Erweiterung der Sprachkenntnisse zur Verfügung gestellt.[1285]

Als Fazit ist festzuhalten, dass sich in den Jahrzehnten nach 1945 die Siemens-Werkbüchereien nicht nur in quantitativer Hinsicht vergrößert haben, sondern auch inhaltlich neue Akzente setzten. Ging es unmittelbar nach dem Krieg vor allem darum, in Kontinuität zu den vor dem Zweiten Weltkrieg geltenden Zielsetzungen

---

1279 Vgl. SozPol-Rundschreiben Nr. 481 vom 1.8.1961, in: SAA Rundschreibensammlung.
1280 Vgl. ebd.
1281 Vgl. ebd.
1282 Vgl. Betriebliche Sozialpolitik in Stichworten, 1971, Punkt 3.7, in: SAA 31103.
1283 Vgl. Jahresbericht 1973/74 des Zentral-Bereichs Personal, S. 41, in: SAA 10597.
1284 Vgl. Jahresbericht 1974/75 des Zentral-Bereichs Personal, S. 54, in: SAA 10597. Neben den Werkbüchereien gab es an einigen großen Standorten wie in Berlin, München, Erlangen oder Karlsruhe spezialisierte technische Fachbibliotheken, die vorwiegend für den dienstlichen Gebrauch bestimmt waren.
1285 Vgl. Betriebliche Sozialpolitik in Stichworten, 1980: Bildung und Information, S. 69, in: SAA 31103.

das Lesebedürfnis der Beschäftigten zu befriedigen und gezielt Arbeiter mit unterhaltender Lektüre zum Lesen anzuregen, so standen in Zeiten des immer schneller werdenden technischen Fortschritts, sich rasch wandelnder Anforderungen in der Arbeitswelt und der wachsenden Bedeutung der Weiterbildung auch über den eigenen spezialisierten Fachbereich hinaus verstärkt bildungspolitische Ziele im Vordergrund der Büchereiarbeit. Die Prioritäten der Erwerbspolitik verschoben sich seit den 1970er Jahren zunehmend auf Sachbücher allgemeinbildender und fachlicher Art; damit einher ging die sinkende Bedeutung von Unterhaltungsliteratur innerhalb der Bestände. Ziel der Werkbücherei war es nun, durch die Bereitstellung von informierender und berufsbegleitender Sachliteratur „eine ständige Bildungsbereitschaft zu fördern, zum Denken in größeren Zusammenhängen anzuregen, es dem einzelnen zu erleichtern, wechselnde berufliche Anforderungen zu bewältigen und die Probleme der Umwelt zu erkennen"[1286] – und dies sowohl im Interesse der Mitarbeiters als auch des Unternehmens.

*6.4.5 Weitere kulturelle Angebote*

Kulturelle Angebote haben bei Siemens eine lange Tradition. Bereits zu Beginn des 20. Jahrhunderts wurden Vortragsveranstaltungen, Theater- und Konzertbesuche organisiert, die sich in der Anfangszeit an eine kleine Zielgruppe der vereinsmäßig organisierten Beamtenschaft richteten. Auch nach dem Zweiten Weltkrieg unterstützte Siemens an seinen Standorten das kulturelle Geschehen und engagierte sich für Musik, Kunst und Kultur. Zahlreiche kulturelle Aktivitäten, die von den Firmenangehörigen initiiert wurden, wie Orchester, Chöre oder Theatergruppen, förderte das Unternehmen in ideeller und materieller Weise. Ein Beispiel ist das 1950 gegründete Siemens-Kammerorchester in Erlangen, das in Siemens-Räumlichkeiten proben konnte, im Erlanger Siemens-Verwaltungsgebäude Konzerte gab und bis zu Beginn der 1980er Jahre die musikalische Gestaltung der jährlichen Siemens-Jubilarfeiern übernahm.[1287] Aufgrund der anwachsenden Mitgliederzahl erfolgte 1978 die Umbenennung in „Siemens-Orchester Erlangen". Das Orchester erlangte in der Folgezeit auch durch seine Konzerte im öffentlichen Rahmen wie in der großen Erlanger Stadthalle, wo ab 1979 ein jährliches Belegschaftskonzert stattfand, oder im Schlossgarten für die lokale Kulturarbeit Bedeutung.

Neben der Förderung kultureller Aktivitäten von Mitarbeitern hat die Siemens AG ihr gesellschaftliches und kulturelles Engagement mit der Einrichtung eines eigenen Förderprogramms für künstlerische Projekte institutionalisiert. Die Initiativen des 1987 als „Siemens Kulturprogramm" gegründeten „Siemens Arts Program" zielten sowohl auf eine Positionierung der geförderten Künste in der Öffentlichkeit als auch auf die Vermittlung inhaltlicher ästhetischer Impulse an die Mitarbeiter.[1288] Im Vordergrund standen dabei zeitgenössische Künste, künstlerische Experi-

---

1286 Vgl. Betriebliche Sozialpolitik in Stichworten, 1971, Punkt 3.7, in: SAA 31103.
1287 Vgl. o.V.: 40 Jahre Siemens-Orchester Erlangen (1950–1990), in: SAA unverzeichnete Akten aus dem Zwischenarchiv.
1288 Vgl. http://www.siemens.com/sustainability/de/citizenship/artsprogram, abgerufen am 28.12.2010.

mente und neue Ansätze und Themen im Bereich der Bildenden Kunst, der Darstellenden Kunst sowie der Musik und Zeitgeschichte. Die Vermittlung zeitgenössischer Darstellungsformen fand in themenübergreifenden kulturellen Veranstaltungsreihen für die Mitarbeiter an zahlreichen Unternehmensstandorten statt. Kulturelle Angebote für die Beschäftigten verloren allerdings angesichts der wachsenden Angebote der Medien- und Unterhaltungsindustrie an Bedeutung. Kulturarbeit bedeutet für Siemens auch, das wechselseitige Verhältnis zwischen dem Unternehmen, seinen Mitarbeitern und seinem Umfeld mitzugestalten und in vielen gesellschaftlichen Bereichen als Partner präsent zu sein.[1289] So manifestierten sich die kulturellen Aktivitäten von Siemens im Betrachtungszeitraum über die speziellen Angebote an die Mitarbeiter hinaus in mehreren Stiftungen, die mit Hilfe des Unternehmens eingerichtet wurden und die als Imagefaktor eine wichtige Rolle im Rahmen der corporate social responsibility spielen.[1290]

### 6.5 Fazit

Maßnahmen zur Mitarbeiterkommunikation und Freizeitgestaltung spielten bei der betrieblichen Sozialpolitik von Siemens schon früh eine wichtige Rolle. Als Instrumente zur „Förderung der Firmenverbundenheit" zielten sie auf die Verbesserung der innerbetrieblichen Integration und Sozialisation. Der Mitarbeiterinformation, die Siemens bereits im zweiten Jahrzehnt des 20. Jahrhunderts durch die Gründung einer Werkszeitschrift und die Einrichtung eines Firmenmuseums forcierte, werden wie der betrieblichen Freizeitgestaltung identitätsstiftende Effekte zugemessen. Die Ausrichtung von Jubiläumsfeiern als Anerkennung der Firmentreue und der Firmenverbundenheit trugen ebenfalls zur Stärkung des Wir-Gefühls bei, verloren allerdings angesichts gewandelter Arbeitsmärkte und flexibilisierter Beschäftigungsverhältnisse zum Ende des Betrachtungszeitraums zunehmend an Akzeptanz. Die als Jubiläumsgeschenke entrichteten Geld- und Sachleistungen wandelten sich von Treueprämien zu rein finanziellen Zusatzleistungen und sind ein Indiz für die zunehmende Monetarisierung.

Bei der Freizeitgestaltung verfolgte das Unternehmen den Grundsatz, keine betrieblich gelenkten Maßnahmen durchzuführen, sondern Initiativen von Mitar-

---

1289 Vgl. Blick über den Tellerrand. Kulturarbeit bei Siemens als Tradition, in: Dialog intern 3, 1994, S. 8, in: Siemensarchiv.
1290 Die 1958 gegründete Carl Friedrich von Siemens-Stiftung (München) dient durch Veranstaltungen, Vortragsreihen und Publikationen dem Gedankenaustausch zwischen Wissenschaftlern, Hochschulen und Institutionen. Die 1972 eingerichtete Ernst von Siemens-Stiftung mit Hauptsitz in der Schweiz (Zug) fördert künstlerischen Nachwuchs auf dem Gebiet der Musik und vergibt alljährlich einen Hauptpreis für herausragende musikalische Leistungen sowie Preise für Nachwuchskomponisten und Förderpreise für Interpreten und Institutionen. Eine weitere Ernst von Siemens-Stiftung (München), die seit 1983/84 besteht, sowie der Ernst von Siemens-Kunstfonds sind der Bildenden Kunst gewidmet und leisten Finanzierungshilfen bei Ankäufen von Museen sowie bei der Förderung öffentlicher Ausstellungen und Kataloge. Die vom Unternehmen unabhängige Stiftung Werner-von-Siemens-Ring (Berlin/Düsseldorf) konzentriert sich auf die Förderung von Naturwissenschaft und Technik.

beitern zu fördern, die sich zu Interessengemeinschaften kultureller oder sportlicher Art zusammengeschlossen oder bereits bestehenden ortsansässigen Vereinen angeschlossen hatten.[1291] Die Förderung erfolgte durch die Bereitstellung von Infrastruktur, durch finanzielle Hilfen oder durch die Vermittlung von fachlich qualifiziertem Personal. Die Organisation der Freizeitaktivitäten wurde an den großen Standorten, wie in Erlangen, Berlin und München, an denen sich eine Vielzahl von Mitarbeiterinitiativen zusammengefunden hatte, über Dachverbände abgewickelt. Ziel der subventionierten Maßnahmen war es, einen Ausgleich für die berufliche Beanspruchung zu schaffen und außerbetriebliche Aktivitäten zu kanalisieren. Gleichzeitig sollten dadurch die abteilungsübergreifende Kommunikation, die Kooperationsbereitschaft, das Zusammengehörigkeitsgefühl und das Betriebsklima verbessert werden, um letztlich die Identifikation mit dem Unternehmen zu stärken. Diese Effekte sind allerdings nur schwer zu evaluieren.

Einen Schwerpunkt der betrieblichen Freizeitgestaltung stellten die sportlichen Aktivitäten dar. Bei der Förderung des Breitensports spielten neben den angestrebten integrierenden und identitätsstiftenden Effekten auch Gesundheitsaspekte wie präventive Wirkungen oder Ausgleichsfunktionen zu einseitigen arbeitsbedingten körperlichen Belastungen eine wichtige Rolle. Kulturelle Angebote wie die Einrichtung einer Werkbücherei hatten nicht nur Unterhaltungsfunktion, sondern sollten auch die Bildungsbereitschaft der Mitarbeiter unterstützen. Vor dem Hintergrund der zunehmenden Technisierung und des Wandels der Arbeitsstrukturen seit den 1960er Jahren ging es vor allem um die Stärkung ihrer *employability* und damit um eine Anpassung der Qualifikationsprofile an die Anforderungen des Unternehmens. Die Unterstützung kultureller Angebote für die Mitarbeiter sowie die Förderung zeitgenössischer Künste und Musik und deren Positionierung sowohl bei den Mitarbeitern als auch in der Öffentlichkeit wurde 1987 durch die Einrichtung des Siemens-Kulturprogramms institutionalisiert.

Die Ausgestaltung der einzelnen geförderten Maßnahmen durch das Unternehmen muss vor dem Hintergrund der zeitspezifischen Rahmen- und Umfeldbedingungen bewertet werden. Waren zu Beginn des 20. Jahrhunderts kulturelle und sportliche Freizeitangebote im neu errichteten Stadtteil Siemensstadt aufgrund der fehlenden kulturellen Infrastruktur eine Notwendigkeit, um die Mitarbeiter sozial zu integrieren, ihren Zusammenhalt untereinander zu fördern und ihre Identifikation mit dem Unternehmen zu stärken, so stellt sich die Situation am Ende des Betrachtungszeitraums völlig anders dar. Zunächst ging es nach dem Ende des Zweiten Weltkriegs mit dem Auf- und Ausbau von Standorten, bei denen die Gewinnung neuer, qualifizierter Mitarbeiter eine zentrale Voraussetzung für die Wiederaufnahme der Geschäftstätigkeit darstellte, darum, das Arbeitsumfeld durch die betriebliche Unterstützung von Freizeitangeboten möglichst attraktiv zu gestalten, um die Beschäftigten auch langfristig zu binden.

Die sich der unmittelbaren Nachkriegszeit anschließende, auch als „Wirtschaftswunder" bezeichnete Entwicklung in Deutschland und der steigende Le-

---

1291 Dieses Prinzip geht auf Werner von Siemens zurück, der patriarchale Zugriffe auf die Arbeiterschaft und damit auch eine Einmischung in ihre privaten Angelegenheiten ablehnte. Vgl. Feldenkirchen, 1996, S. 203.

bensstandard schufen veränderte Rahmenbedingungen für die individuelle Lebens- und Freizeitgestaltung. Mehr freie Zeit durch die schrittweise Verkürzung der Arbeitszeit sowie der Anstieg der Urlaubsansprüche gingen mit veränderten Freizeitbedürfnissen und einem gewandelten Freizeitverhalten einher. Der allgemeine Wertewandel, der seit den 1970er Jahren emanzipatorische Werte wie Unabhängigkeit, Selbstverwirkung und Selbstbestimmung in den Vordergrund stellte und seit den 1980er Jahren auf die Erlebnisorientierung ausgerichtet war, prägte auch die Einstellung zur betrieblichen Freizeitgestaltung. Auf dem freien Markt etablierten sich aufgrund des steigenden Angebots an Gütern und Dienstleistungen der Unterhaltungsindustrie zunehmend attraktive Alternativen. Auf der anderen Seite zeigen insbesondere im Hinblick auf den Betriebssport in den 1970er und 1980er Jahren durchgeführte empirische Untersuchungen, dass fast 90 Prozent der befragten Arbeitnehmer die Verbindung von Erwerbsarbeit und Sport befürworteten und betriebliche Sportangebote mindestens einmal pro Woche nutzen wollten.[1292] Darüber hinaus haben repräsentative Bedürfnis- und Interessenanalysen ergeben, dass unter anderem Maßnahmen wie Betätigungsmöglichkeiten im Arbeitsumfeld und Anstöße für eine aktive Freizeitgestaltung oder auch Angebote betrieblicher Gesundheitsprävention, wie sie in betriebssportlichen Aktivitäten zum Ausdruck kommen, für die Zufriedenheit am Arbeitsplatz eine wachsende Bedeutung erlangen.[1293] Dass 1977 jeder sechste Siemens-Mitarbeiter in Deutschland in einer der zu dieser Zeit bestehenden 350 verschiedenen Sport- und Hobbygruppen der Firma organisiert war, weist auf eine hohe Akzeptanz der betrieblichen Angebote zum Ende der 1970er Jahre hin.[1294] Allerdings ist der Stellenwert betrieblicher Freizeitaktivitäten gemessen an den gesamten freiwilligen sozialen Aufwendungen als eher gering zu bewerten. Einer Aufstellung aus dem Geschäftsjahr 1978/79 zufolge lagen die Ausgaben für Werkbibliotheken und Freizeitgruppen, zusammengefasst mit Maßnahmen zur Förderung der Unfallverhütung und Kurzschulen, bei 19 Mio. DM und damit noch hinter den Ausgaben für die Jubiläumsleistungen.[1295] Gemessen am gesamten freiwilligen Sozialaufwand machten sie rund 1,4 Prozent aus.

---

1292 Vgl. Luh, 1998, S. 389.
1293 Vgl. ebd.
1294 Aufgrund fehlender empirischer Daten ist die Frequentierung betrieblich unterstützter Freizeitangebote bei Siemens bis zum Ende des Betrachtungszeitraums leider nicht quantifizierbar.
1295 Vgl. Dokumentation 1978/79 des Zentralbereichs Personal, Anlage 1, Registratur der Abteilung Human Resources der Siemens AG.

## V. ERGEBNISSE

Ziel der vorliegenden Untersuchung war die Darstellung und Analyse der betrieblichen Sozialpolitik bei Siemens von 1945 bis 1989. Im Fokus der Arbeit standen folgende Fragestellungen: Gibt es kontinuierliche Charakteristika der betrieblichen Sozialpolitik bei Siemens? Welche Wandlungen lassen sich dabei beobachten und wie lassen sie sich erklären? Untersuchungsleitend war hier die Frage, inwieweit Veränderungen mit der Monetarisierungsthese von Roland Reichwein zu begründen sind. Daneben wurde untersucht, inwieweit auch die Individualisierungsthese nach Ulrich Beck als Erklärungsmuster für die Wandlungen von Bedeutung ist. Welche Motive, Ziele und Funktionen hatte die betriebliche Sozialpolitik bei Siemens im Betrachtungszeitraum von 1945 bis 1989? Welcher Stellenwert lässt sich der betrieblichen Sozialpolitik bei Siemens angesichts der staatlichen Sozialpolitik beimessen? Die vorliegende Analyse zielte darauf ab, im Rahmen des wissenschaftlichen Forschungsstands einen Beitrag zur Aufarbeitung der betrieblichen Sozialpolitik industrieller Großunternehmen nach 1945 zu leisten.

In der folgenden Ergebnispräsentation werden zunächst die Charakteristika der betrieblichen Sozialpolitik bei Siemens dargestellt. Hierbei sind auch Motive, Ziele und Funktionen zu berücksichtigen. Anschließend wird eine Periodisierung der betrieblichen Sozialpolitik vorgenommen, um die Wandlungsprozesse im Zeitverlauf und im historischen Kontext darzulegen und unter Bezugnahme auf die Monetarisierungsthese und die Individualisierungsthese zu erläutern. Danach soll die Relevanz der betrieblichen Sozialpolitik bei Siemens angesichts der staatlichen Sozialpolitik beurteilt werden. Abschließend geht es um die Bedeutung der vorliegenden Arbeit im Rahmen des wissenschaftlichen Diskurses.

Die betriebliche Sozialpolitik im Unternehmen lässt sich im Untersuchungszeitraum als fester Bestandteil der Personalpolitik charakterisieren, die in hohem Maß durch Kontinuität geprägt ist, aber auch angesichts veränderter Rahmenbedingungen im Zeitverlauf Anpassungen und Neuausrichtungen erfährt. Hintergrund sowohl der Kontinuität als auch des Wandels war das zentrale Motiv der Erhöhung der Rentabilität des Unternehmens durch die betriebliche Sozialpolitik. Das sozialpolitische System basierte auf historisch gewachsenen, langjährig tradierten Elementen. Zentrale Bereiche wie die betriebliche Altersversorgung oder die Beteiligung am Unternehmenserfolg bestanden bereits seit der zweiten Hälfte des 19. Jahrhunderts. Sie wurden den jeweiligen Zeiterfordernissen angepasst und bis in die Gegenwart weiterentwickelt. Als Handlungsmaxime galt der Grundsatz, dass Sozialpolitik „stets von langfristigen Überlegungen getragen sein [muss und] nicht von einer vorübergehend bestehenden besonderen Situation bestimmt sein [darf]."[1] Dennoch hat die Untersuchung gezeigt, dass die Veränderung wirtschaftlicher Rah-

---

1  Vgl. ZPS-Rundbrief vom 14.4.1982, zitiert im Schreiben von ZPS 6 vom 23. Juli 1984 btr. Grundlagen für soziale Maßnahmen in Berlin, in: SAA 12799.

menbedingungen, wie zum Beispiel in der ersten Nachkriegsrezession 1966/67, durchaus zu Modifizierungen und Einschnitten geführt hat.

Im Spannungsfeld zwischen der Bewahrung tradierter Elemente und der Anpassung an veränderte Rahmenbedingungen trug die Kontinuität in Grundsätzen und Prinzipien sowie im Handeln der maßgeblichen Entscheidungsträger dazu bei, den Mitarbeitern Vertrauenswürdigkeit, Sicherheit und Verlässlichkeit zu signalisieren. Von Beginn der 1950er Jahre bis zum Ende des Untersuchungszeitraums 1989 verantworteten mit Gisbert Kley, Joachim von Oertzen und Hans Hugo Schlitzberger insgesamt nur drei Personen die Leitung der Personalpolitischen Abteilung und gewährleisteten Beständigkeit auch in der konzeptionellen Gestaltung und personellen Leitung. Das persönliche Bekenntnis der Leit- und Identifikationsfiguren aus der Gründerfamilie zur sozialpolitischen Verantwortung, angefangen bei Werner von Siemens über Carl Friedrich von Siemens bis zu Ernst von Siemens, der nach 1945 die Zeit des Wiederaufbaus und der Unternehmensexpansion prägte, sowie nachfolgender Repräsentanten in der Unternehmensleitung dokumentiert die feste Verankerung der spezifischen Sozialpolitik als Bestandteil der Unternehmens- und Personalpolitik. Charakteristisch für Siemens war die Förderung einer Kultur von Führung und Zusammenarbeit, die im Laufe der Unternehmensgeschichte in der von der Unternehmensleitung in zahlreichen Äußerungen immer wieder beschworenen Einheit und Gemeinschaft aller „Siemensianer" sowie in verbindenden Werten und Zielen Ausdruck fand.[2] Allerdings kann der Mythos der Einheit für den Untersuchungszeitraum der vorliegenden Arbeit aufgrund fehlender Quellen und Aussagen von Mitarbeiterseite nicht verifiziert werden – dazu wären weiterführende empirische Untersuchungen notwendig.

Kennzeichnend für sozialpolitische Entscheidungsprozesse im Unternehmen war das durch hohe Kooperationsbereitschaft geprägte Verhältnis zwischen der Unternehmensleitung und dem Betriebsrat. Auch gewerkschaftliche Einflüsse sind zu berücksichtigen, wobei, wie am Beispiel der Belegschaftsaktien aufgezeigt, unternehmensspezifische Lösungen in Übereinkunft mit dem Betriebsrat präferiert wurden. Dass das Unternehmen letztlich immer Flexibilität und Entscheidungsfreiheit bewiesen hat, um unter ökonomischen Gesichtspunkten Anpassungen, Schwerpunktverlagerungen oder Kürzungen bei der betrieblichen Sozialpolitik umzusetzen, hängt mit dem Hauptmotiv und zentralen Ziel der Förderung der Rentabilität zusammen. So haben rein altruistische, paternalistische Motive und Ziele in der Siemensgeschichte nie eine maßgebende Rolle bei der betrieblichen Sozialpolitik gespielt, bekannte sich bereits der liberal eingestellte Unternehmensgründer Werner von Siemens zu „gesundem Egoismus" als Grundmotiv seines sozialpolitischen Handelns, mit dem Ziel des gegenseitigen Interessenausgleichs zwischen Arbeitgeber und Arbeitnehmern zur Wahrung der ökonomischen Unternehmensinteressen.[3]

Die betriebliche Sozialpolitik sollte mehrere Funktionen erfüllen. Zum einen ging es um die Gewinnung und Bindung einer qualifizierten Belegschaft. Das Bemühen um die Kontinuität der Beschäftigungsverhältnisse stand stets im Fokus

---

2  Vgl. o.V.: „Wir-Gefühl", in: Siemens-Mitteilungen 12/1987, S. 3.
3  Vgl. Burhenne, 1932, S. 14f.; vgl. auch Dräger, 1978, S. 71.

betrieblicher Sozialpolitik.[4] Des Weiteren ging es um die Schaffung differenzierter Motivations- und Leistungsanreize. Darüber hinaus sollten integrationsfördernde und identitätsstiftende Wirkungen sowie eine Verbesserung der Arbeitszufriedenheit und des Betriebsklimas erreicht werden, wobei die Auswirkungen auf die Produktivität und unternehmerische Leistungskraft empirisch nur schwer nachweisbar und nicht quantifizierbar sind. Auf die Förderung der physischen und psychischen Gesundheit zum Erhalt der Arbeits- und Leistungskraft zielten umfassende gesundheitliche und soziale Betreuungsmaßnahmen, die die Arbeits- und Lebenswelt der Mitarbeiter umfassten. Disziplinierende und erzieherische Funktionen traten im Zeitverlauf gegenüber der Förderung der Selbsthilfe der Beschäftigten zurück. Auf der anderen Seite standen unternehmerische Vorteile wie die Verbesserung der Eigenkapitalausstattung, liquiditätserhaltende Effekte sowie steuerliche und finanzwirtschaftliche Vorteile. Diese konnten mit den Instrumenten der materiellen Mitarbeiterbeteiligung und der betrieblichen Altersversorgung erzielt werden.

Die betriebliche Sozialpolitik strebte jedoch nicht nur eine Erhöhung der Rentabilität durch unmittelbar innerbetriebliche Effekte an, sondern auch durch ein positives Unternehmensimage in der Öffentlichkeit, bei Kunden, Partnern, Investoren und Lieferanten, zu dem sie einen wesentlichen Beitrag leistete. Ziel war es, dem Unternehmen einen wirtschaftlichen Vorteil im Wettbewerb zu verschaffen. Siemens verfolgte auch gesellschaftspolitische Ziele. So sollte die Förderung der Vermögensbildung durch die Instrumente der Mitarbeiterbeteiligung eine Identifizierung der Arbeitnehmer mit der sozialen Marktwirtschaft und eine Stabilisierung der bestehenden Gesellschafts- und Wirtschaftsordnung sowie des gesamtwirtschaftlichen Gleichgewichts bewirken.[5] Letztlich dienten die politischen Zielsetzungen der betrieblichen Sozialpolitik auch der Verfolgung der wirtschaftlichen Interessen des Unternehmens, nämlich der Sicherstellung förderlicher stabiler politischer und wirtschaftlicher Rahmenbedingungen für die Unternehmenstätigkeit.

Bei aller Kontinuität ist die betriebliche Sozialpolitik bei Siemens auch durch zeitbedingte Veränderungen charakterisiert, die sich mit Hilfe der von Reichwein formulierten These der Monetarisierung und Ökonomisierung erklären lassen. In der vorliegenden Untersuchung konnte nachgewiesen werden, dass sich die Monetarisierungsthese für Siemens bestätigen lässt, denn ökonomisch bedingte Leistungen gewannen gegenüber sozialen Versorgungsleistungen im Untersuchungszeitraum an Priorität. Dieser Paradigmenwechsel ist durch unterschiedliche endogene und exogene Einflussfaktoren determiniert und vollzieht sich vor dem Hintergrund des gesellschaftlichen Individualisierungsprozesses und des Wertewandels. Insofern konnte in der vorliegenden Arbeit gezeigt werden, dass der Individualisierungsprozess ebenfalls erhebliche Auswirkungen auf die Gestaltung der betrieblichen Sozialpolitik bei Siemens hat. Damit dient auch die Individualisierungsthese nach Beck als Erklärungsmuster für die Veränderungen im Untersuchungszeitraum.

---

4  Vgl. Conrad, 1986, S. 136.
5  Vgl. Welskopp, 1994, S. 345. Bereits Conrad wies in seiner Arbeit über die Erfolgsbeteiligung und Vermögensbildung bei Siemens vor dem Zweiten Weltkrieg darauf hin, dass die betriebliche Sozialpolitik auch eine politische Funktion verfolgt habe, indem für spezifische soziale Probleme exemplarische Lösungen bereitgestellt wurden, vgl. Conrad, 1986, S. 135.

Festzuhalten ist, dass die interdisziplinäre Betrachtungsweise und Berücksichtigung sowohl von ökonomischen als auch von soziologischen Deutungsmotiven umfassende Begründungen für den Wandel der betrieblichen Sozialpolitik bei Siemens nach 1945 bieten kann.

Durch die Kombination der Monetarisierungsthese mit der Individualisierungsthese ergibt sich eine eindeutige Periodisierung der gesamten betrieblichen Sozialpolitik bei Siemens im Untersuchungszeitraum in drei Zeitphasen: Die erste Phase der sozialen Versorgungspolitik, die vom Kriegsende bis zum Beginn der 1950er Jahre reicht, ist durch die Dominanz sozialer Versorgungsleistungen gekennzeichnet. Monetäre Leistungen spielten in der unmittelbaren Nachkriegszeit aufgrund der desolaten wirtschaftlichen und währungspolitischen Lage noch keine Rolle. Die zweite Phase der Wiederaufnahme und der zunehmenden Monetarisierung der Sozialleistungen vom Beginn der 1950er Jahre bis zur ersten Nachkriegsrezession 1966/67 ist durch eine Intensivierung monetärer Leistungen geprägt. Die dritte Phase von 1966/67 bis zum Ende des Betrachtungszeitraums 1989 lässt sich als Phase der Monetarisierung und zunehmenden Individualisierung betrieblicher Sozialpolitik charakterisieren. Zum einen wird die Monetarisierung der betrieblichen Sozialpolitik weiter fortgesetzt und entsprechend werden sozial bedingte Leistungen abgebaut. Zum anderen führen der gesellschaftliche Individualisierungsprozess und der Wertewandel zu einem Paradigmenwechsel in der betrieblichen Sozialpolitik, der die Selbstbestimmung und Eigenverantwortung der Mitarbeiter in den Vordergrund stellt. Im Folgenden werden die vorgestellten Entwicklungsphasen unter besonderer Berücksichtigung der Monetarisierungsthese und des Einflusses des Individualisierungsprozesses sowie im Hinblick auf phasenspezifische Ziele, Motive und Funktionen der betrieblichen Sozialpolitik kurz skizziert.

Die erste Phase der sozialen Versorgungspolitik in der unmittelbaren Nachkriegszeit vollzog sich angesichts der katastrophalen allgemeinen Versorgung und der desolaten finanziellen Lage des Unternehmens in einer Ausnahmesituation. Viele sozialpolitische Maßnahmen konnten in dieser Phase des Übergangs von der Kriegs- zur Friedenswirtschaft zunächst noch gar nicht, nur teilweise oder in modifizierter Form wieder aufgenommen werden. Trotz des eingeschränkten finanziellen Handlungsspielraums blieben Möglichkeiten für eine unternehmensspezifische, bedarfsorientierte Sozialleistungspolitik, die die staatlichen Maßnahmen ergänzte und zeitweise auch substituierte. Wie in allen Krisenzeiten stellte das Unternehmen aufgrund der schlechten sozialen und wirtschaftlichen Lage der Beschäftigten direkte Unterstützungs- und Versorgungsleistungen bereit. Zu den vordringlichen Aufgaben gehörte angesichts des allgemeinen Wohnungsdefizits die Bereitstellung von Unterkünften als notwendige Voraussetzung für die Gewinnung und Unterbringung der Mitarbeiter. Ohne die Ausweitung des werkgeförderten und werkeigenen Wohnungsbaus wären die Errichtung neuer in Westdeutschland gelegener Standorte und das schnelle Wiederanlaufen der Produktion nicht möglich gewesen. Traditionelle sozialpolitische Maßnahmen wie die Pensions- und Hinterbliebenenleistungen der Siemens-Altersfürsorge GmbH mussten aufgrund der desolaten Finanzlage zunächst eingeschränkt werden. Monetäre Leistungen spielten in der ersten Phase der unmittelbaren Nachkriegszeit noch keine Rolle. Vielmehr dominierten sozial bedingte Unterstützungs- und Versorgungsleistungen zur Befriedigung existentieller Bedürfnisse, die in Zeiten des Mangels und der Not eine wichtige Voraussetzung für die Wiederherstellung und Erhaltung der Arbeitskraft und Leistungsfähigkeit der Beschäftigten schufen und diese zugleich zur ökonomisch als notwendig erachteten Firmentreue motivierten. Dass es in der Folgezeit verhältnismäßig schnell gelang, die Funktionsfähigkeit des Unternehmens wiederherzustellen und die Grundlagen für den raschen Wiederaufbau zu schaffen, ist damit auch auf die betriebliche Sozialpolitik zurückzuführen.

Erste Monetarisierungstendenzen in der betrieblichen Sozialpolitik sind seit den 1950er Jahren zu erkennen. Nachdem die Währungsreform die Voraussetzungen für das Wiedererstarken der Wirtschaft und eine langsame Stabilisierung der Verhältnisse geschaffen hatte, setzte die zweite Phase der Wiederaufnahme und zunehmenden Monetarisierung von Leistungen, anknüpfend an die vor 1945 praktizierte Sozialleistungspraxis, sowie des weiteren Ausbaus des betrieblichen Sozialleistungssystems ein. Diese vollzog sich in der auch als „Wirtschaftswunder" bezeichneten Periode des wirtschaftlichen Wachstums, das bis zur ersten Nachkriegsrezession anhielt und ab Mitte der 1950er Jahre zur Herausbildung der Konsum- und Wohlstandsgesellschaft führte. Durch den Rückgang der hohen Arbeitslosigkeit wurde 1957 Vollbeschäftigung erreicht, die bis 1973 anhielt und eine wichtige Voraussetzung für die Lohnsteigerungen der folgenden Jahrzehnte darstellte.[6] Die Wachstumsraten des Bruttosozialprodukts erreichten zwischen 1950 und 1973 durchschnittlich 6,5 % pro Jahr, das Realeinkommen pro Kopf verdreifachte sich im selben Zeitraum.[7] Auf der Basis der freiheitlich-demokratischen Grundordnung und der prosperierenden wirtschaftlichen Entwicklung konnte die soziale Sicherung durch eine Vielzahl von Sozialgesetzen ausgebaut werden. Sie erreichte bis Mitte der 1960er Jahre ein Niveau, das so hoch war wie nie zuvor.[8] Die Entwicklung der Siemens-Unternehmen ist auf der Grundlage der positiven gesamtwirtschaftlichen Entwicklung und der Unterstützung durch ERP-Kredite von einem raschen Wiederaufbau des Inlandsgeschäfts und seit Beginn der 1950er Jahre auch des Auslands- und Exportgeschäfts geprägt. Im Vergleich mit anderen deutschen Großunternehmen erwies es sich dabei als Vorteil, dass das Unternehmen von einer Konzernentflechtung verschont blieb und dadurch schneller zum regulären Produktionsspektrum zurückkehren konnte. Mit der wirtschaftlichen Erholung und der Wiederaufnahme der Geschäftstätigkeit war auch wieder ein finanzieller Spielraum für aktives sozialpolitisches Handeln gegeben.

Die 1949 getroffene unternehmenspolitische Grundsatzentscheidung der Verlegung des ersten Firmensitzes von Berlin nach München, die eine Verlagerung des Schwerpunkts der Geschäftstätigkeit in den Westen Deutschlands bedeutete, besaß für die Ausweitung des betrieblichen Wohnungsbaus sowie für die sozialen Integrationsmaßnahmen an den neu errichteten Standorten eine wichtige Signalwirkung.

---

6   Vgl. dazu Schildt, Gerhard: Die Arbeiterschaft im 19. und 20. Jahrhundert (Enzyklopädie deutscher Geschichte, Bd. 36, hg. v. Lothar Gall). München 1996, S. 49; Abelshauser, 2005, S. 339; Feldenkirchen, 2003 a, S. 250.
7   Vgl. Wehler, 2010, S. 54.
8   Vgl. Schmidt, 1998, S. 89.

1950 hatte sich die Ertragslage von Siemens insoweit verbessert, dass die Ausschüttung einer Wiederaufbauprämie beschlossen wurde, die die Verbundenheit der Mitarbeiter zum Unternehmen festigen sowie einen Motivationsanreiz für ihr zukünftiges Engagement im expandierenden Unternehmen bieten sollte. Nach außen hin dokumentierte die Prämie die wiederhergestellte Leistungskraft und die soziale Verantwortung des Unternehmens. Ab 1951 war aufgrund wachsender Umsätze der finanzielle Handlungsspielraum für eine aktive Gestaltung der betrieblichen Sozialpolitik gegeben. Die im Geschäftsjahr 1950/51 erstmals nach dem Zweiten Weltkrieg ausgeschüttete Erfolgsbeteiligung orientierte sich in ihren Grundkomponenten, der Bemessung an der Dividende, dem Einkommen und der Dienstzeit, an dem vorher praktizierten System, berücksichtigte aber in ihrer konkreten Ausgestaltung die Vielzahl der nach dem Krieg neu eingestellten Mitarbeiter ohne langjährige Dienstzeit und trug damit einer veränderten Mitarbeiterstruktur und der gewandelten Arbeitsmarktsituation Rechnung. In das Jahr 1951 fiel auch die Auszahlung der vollen Pensionssätze im Westen und im Osten Deutschlands, die bis dahin teilweise nur mit Abschlägen entrichtet worden waren. 1951 erschienen nach siebenjähriger Unterbrechung wieder die „Siemens-Mitteilungen" als integrationsförderndes Informations- und Kommunikationsorgan. So steht statt dem Jahr der politischen Zäsur 1945 viel eher das Jahr 1951 für einen Einschnitt in der betrieblichen Sozialpolitik, der durch die Wiederaufnahme bereits etablierter Leistungen sowie den weiteren Ausbau des Sozialleistungsspektrums aufgrund zeitspezifischer Anforderungen und unternehmenspolitischer Erfordernisse gekennzeichnet ist.

Mit der wirtschaftlichen Aufwärtsentwicklung, steigendem Einkommen, zunehmendem Wohlstand und der im Jahr 1957 erreichten Vollbeschäftigung verloren soziale Versorgungsmaßnahmen, die die erste Phase betrieblicher Sozialpolitik nach dem Zweiten Weltkrieg dominiert hatten, langsam ihre Grundlage. Auch die Entwicklung der staatlichen Sozialpolitik setzte neue Standards und schränkte die Bedeutung betrieblicher Fürsorgeleistungen erheblich ein. Die beschriebenen Veränderungen begründeten den Funktionswandel in der betrieblichen Sozialpolitik, den Reichwein als Monetarisierung charakterisiert hat. Aufgrund des großen Arbeitskräftebedarfs und des Wettbewerbs um qualifizierte Arbeitskräfte ging es seit Ende der 1950er Jahre vor allem darum, Beschäftigungs- und Leistungsanreize durch ökonomisch bedingte Leistungen zu schaffen, die gegenüber Leistungen mit Versorgungscharakter Priorität gewannen. Die vom Unternehmen gewünschte Kontinuität der Arbeitsverhältnisse wurde in dieser Phase durch die besondere Anerkennung der Firmentreue bei der Gewährung betrieblicher Sozialleistungen gefördert.

Die Monetarisierung der betrieblichen Sozialpolitik manifestiert sich in den verschiedenen Sozialleistungsbereichen. Die traditionellen personalpolitischen Anreiz- und Bindungsfunktionen der betrieblichen Altersversorgung bekamen angesichts des sich abzeichnenden Arbeitskräftemangels eine besondere Bedeutung. Die Wohnungspolitik zielte nach der Deckung des allgemeinen Wohnungsdefizits auf die Rekrutierung und Bindung qualifizierter Arbeitskräfte, für die bezahlbarer Wohnraum bereitgestellt werden sollte. Die seit den 1960er Jahren vom Unternehmen präferierte Wohnungsfinanzierung durch die Vergabe von Personaldarlehen zur Förderung des Eigenheimbaus sowie des Erwerbs von Eigentumswohnungen verstärkte den Trend der Monetarisierung. In gesellschaftspolitischer Hinsicht wurde dieser durch die Förderung der Vermögensbildung mit dem Ziel einer breiteren Vermögensstreuung und einer gerechteren Verteilung des zukünftigen Vermögenszuwachses forciert, die in der von den Gewerkschaften erhobenen Forderung nach „Vermögensbildung in Arbeitnehmerhand" gipfelte. Eine Reihe gesetzlicher Maßnahmen trug in den 1950er und 1960er Jahren dazu bei, diese Forderung als Voraussetzung für eine freie und selbstbestimmte Teilhabe am Wirtschaftsleben umzusetzen. Soziale Sicherheit, materieller Wohlstand und Konsum galten vor dem Hintergrund des Wirtschaftswachstums als erstrebenswerte Ziele.[9]

Die Nachkriegsrezession von 1966/67, die erstmals nach dem Zweiten Weltkrieg zu einer Verlangsamung des Wachstums führte, leitete die dritte Phase der Monetarisierung und zunehmenden Individualisierung der betrieblichen Sozialpolitik bei Siemens ein, die durch eine Reihe von Wandlungsprozessen gekennzeichnet ist. Siemens musste im Geschäftsjahr 1966/67 zum ersten Mal nach dem Zweiten Weltkrieg ein gegenüber dem Vorjahr gesunkenes Inlandsergebnis und eine Abschwächung der Zuwächse im Auslandsergebnis verzeichnen. Angesichts des erhöhten Kostendrucks, technologischer Entwicklungen, Veränderungen der Arbeitsmärkte und eines sich verschärfenden Wettbewerbs wurde die Umorganisation der Siemens AG durch die Einführung einer Matrixstruktur vollzogen, die ein flexibleres und effektiveres Agieren angesichts neuer Herausforderungen ermöglichen sollte. Neben wirtschaftlichen Faktoren beeinflussten der sich seit den 1960er Jahren vollziehende Wertewandel und der Individualisierungsprozess, der mit dem Epochenjahr 1968 einen deutlichen Schub erfuhr, die Gestaltung der betrieblichen Sozialpolitik, die dem Postulat von Unabhängigkeit, Selbstbestimmung und Eigenverantwortung gerecht werden wollte.

Dabei kam dem im Jahr 1969 neu aufgelegten Belegschaftsaktienprogramm eine besondere Bedeutung zu, das der zunehmenden Relevanz monetärer Leistungen gegenüber sozialen Versorgungseinrichtungen entsprach. Die erfolgreiche Etablierung dieses Programms ist auch vor dem Hintergrund des bereits beschriebenen Paradigmenwechsels von der sozialen Versorgungspolitik früherer Jahrzehnte zur Unterstützung des selbstbestimmten Mitarbeiters auf dem Weg zu wirtschaftlicher Unabhängigkeit zu werten. Die dem Aktienmodell zugrunde liegenden Grundprinzipien der Freiwilligkeit, Eigenleistung und Individualität trugen diesem Paradigmenwechsel Rechnung. Die im Geschäftsjahr 1968/69 vollzogene Neuausrichtung der Erfolgsbeteiligung stellte mit dem Wegfall der Wartezeit einen klaren Prioritäten- und Paradigmenwechsel in der Bewertung des Dienstalters und der Firmentreue dar. Während jahrzehntelang ein hohes Dienstalter und die Firmentreue mit betrieblichen Sozialleistungen honoriert worden waren, um eine Kontinuität der Beschäftigungsverhältnisse zu fördern, trat nun – bei gleicher betriebswirtschaftlicher Bewertung langfristiger Beschäftigungsverhältnisse – die Schaffung von Beschäftigungs- und Leistungsanreizen für jüngere Mitarbeiter in den Vordergrund. Die Bedeutung der Dauer der Firmenzugehörigkeit für die Gewährung betrieblicher

---

9   Vgl. Barz/Kampik/Singer/Teuber, 2001, S. 79.

Sozialleistungen wurde so relativiert, dass eine Zielgruppennivellierung stattfand. Unter den teilnahmeberechtigten Mitarbeitern erfolgte durch die Schaffung zusätzlicher erfolgsabhängiger Motivations- und Leistungsanreize für die Führungskräfte eine Differenzierung zwischen Mitarbeitern des Tarifkreises und übertariflich bezahlten Mitarbeitern.

Die Monetarisierung lässt sich in der betrieblichen Wohnungspolitik durch den Rückgang von Wohnraumbeschaffungsmaßnahmen gegenüber der Vergabe von Personaldarlehen als zeitgemäßes sozial- und vermögenspolitisches Instrument zur Förderung des Eigenheimbaus und des Erwerbs von Eigentumswohnungen nachweisen. Die Funktion der betrieblichen Altersversorgung als ökonomisch motivierte Zusatzleistung mit Entgeltcharakter und zweite Säule der Alterssicherung gewann angesichts der Konjunktur- und Wachstumseinbrüche und der damit verbundenen wachsenden Belastungen der sozialen Sicherungssysteme seit den 1970er Jahren an Bedeutung. Die von Reichwein angesichts des Wirtschaftswachstums in den 1960er Jahren konstatierte Monetarisierung betrieblicher Sozialleistungen setzte sich auch in Zeiten verlangsamten Wachstums und sich wandelnder Rahmenbedingungen in den 1970er und 1980er Jahren fort, da sie sowohl den Interessen des Unternehmens als auch der Mitarbeiter entsprach. Hinsichtlich der finanziellen Aufwendungen kam es zu einer Zunahme der monetären Leistungen gegenüber den immateriellen Maßnahmen, auch wenn Letztere als elementare Bestandteile des betrieblichen Sozialleistungssystems einen hohen Stellenwert behielten. Die monetären Leistungen wurden insbesondere durch das Belegschaftsaktienprogramm weiter verstärkt.

Vor dem Hintergrund des Individualisierungsprozesses erfuhren die hier thematisierten Einrichtungen des betrieblichen Gesundheitswesens, der sozialen Betreuung und der Freizeitgestaltung im Betrachtungszeitraum Funktionsveränderungen, die dem gesellschaftlichen Wertewandel von der Versorgungsmentalität zu mehr Eigenverantwortung entsprachen. Das Konzept der Gesundheitserziehung stärkte in den 1970er Jahren die Selbstverantwortung des Einzelnen für die eigene Gesundheit durch die Förderung gesundheitsbewusster Verhaltensweisen. Die ebenfalls Anfang der 1970er Jahre einsetzenden Bestrebungen zur Humanisierung der Arbeitswelt zielten auf die menschengerechte Gestaltung der Arbeit und mehr Autonomie des Einzelnen im Arbeitsprozess. In der betrieblichen Sozialberatung, die das psychosoziale Wohlbefinden im Sinne einer ganzheitlichen Betrachtung des Menschen im Fokus hat, verschob sich der Arbeitsschwerpunkt seit den 1960er Jahren angesichts veränderter Problemlagen von praktischen fürsorgerischen Leistungen auf beratende Hilfestellungen und die Stärkung eigener Problemlösekompetenzen durch das Angebot der Hilfe zur Selbsthilfe.

Die Mitarbeiterinformation als vertrauensbildende, motivationsfördernde Maßnahme und wichtige Führungsaufgabe wurde in den 1970er Jahren intensiviert. Eine transparente Informations- und Kommunikationspolitik und die verstärkte Einbeziehung der Mitarbeiter in Denk- und Arbeitsprozesse sollten dem gewandelten Verständnis vom mündigen und kritisch denkenden Mitarbeiter gerecht werden. Der Personalvorstand Hugo Schlitzberger wertete 1982 die Notwendigkeit neuer Schwerpunktsetzungen in der betrieblichen Sozial- und Personalpolitik gegenüber früheren Jahrzehnten nicht nur als notwendige Konsequenz veränderter gesetzlicher Rahmenbedingungen sowie wirtschaftlicher und technologischer Entwicklungen, sondern insbesondere als Folge veränderter gesellschaftlicher Ansprüche, Erwartungen und Werte: „Wir sprechen heute von einem Wandel der Einstellung der Menschen, von Veränderungen der Bedürfnisse und Wünsche, von kritischeren und selbstbewußteren Mitarbeitern".[10] Damit einher gehe auch der Wunsch „nach mehr Freiraum, mehr Flexibilität und mehr Wahlmöglichkeiten".[11] Postmaterielle Selbstentfaltungswerte wie das Streben nach Unabhängigkeit und Selbstverwirklichung, Individualisierung und Autonomie sind mit dem Übergang zur flexiblen Informationsgesellschaft gegenüber Pflicht- und Akzeptanzwerten sowie materiellen Werten der beiden vorangegangenen Jahrzehnte, die auf Leistung, Disziplin, Pflichterfüllung, Anpassungsbereitschaft und Wohlstand ausgerichtet waren, in den Vordergrund getreten und haben zu Funktionsveränderungen in den untersuchten sozialpolitischen Bereichen geführt.

Festzuhalten ist, dass die Individualisierung und der gesellschaftliche Wertewandel seit den 1960er Jahren einen Paradigmenwechsel in der betrieblichen Sozialpolitik begründeten. In der Folge geht es nicht mehr um eine Versorgungspolitik „von der Wiege bis zur Bahre", sondern um die Implementierung des veränderten Anspruchs auf Selbstbestimmung und Eigenverantwortung. Als Maßnahme der zusätzlichen sozialen Sicherung über die staatliche Absicherung hinaus steht die betriebliche Sozialpolitik nicht im Widerspruch zur Individualisierung und Loslösung aus tradierten Bezugssystemen; vielmehr entspricht sie dem mit dem Individualisierungsprozess einhergehenden Sicherheitsbedürfnis und damit der von Beck konstatierten Ambivalenz der gesellschaftlichen Individualisierung als Befreiung bzw. Herauslösung und der Wiedereinbindung bzw. Reintegration.[12]

Verschiedene exogene und endogene Einflussfaktoren haben bei der Gestaltung des sozialpolitischen Systems bei Siemens eine Rolle gespielt. Politische und wirtschaftliche Rahmenbedingungen, gesellschaftliche Wertevorstellungen, technologische Entwicklungen und sozialpolitische Maßnahmen des Staates sowie die wirtschaftliche Entwicklung und die finanzielle Handlungsfähigkeit des Unternehmens, Fragen der Geschäftsstrategie, Einstellungen verantwortlicher Führungspersönlichkeiten und die Entwicklung und Zusammensetzung der Belegschaft bestimmten den Handlungsspielraum betrieblicher Sozialpolitik zwischen unternehmerischen Interessen und Erfordernissen auf der einen Seite sowie Erwartungen und Bedürfnissen der Mitarbeiter auf der anderen Seite. Die Determinierung und Absorbierung freiwilliger betrieblicher Sozialleistungen durch gesetzliche Maßnahmen, tarifvertragliche Regelungen oder betriebliche Vereinbarungen ist in der Literatur unumstritten; vielmehr stellt sich die Frage nach den Entfaltungsmöglich-

---

10 Hugo Schlitzberger: Unternehmenspolitische Grenzen in den 80er Jahren. Möglichkeiten der betrieblichen Personalpolitik. Vortrag in der Deutschen Gesellschaft für Personalpolitik am 3. März 1982, S. 11, in: SAA VVA (Schlitzberger).
11 Vgl. ebd., S. 28.
12 Vgl. Zapf u.a., 1987, S. 138, und Schroer, 2008, S. 152.

keiten und der Nutzung von Handlungsspielräumen für die Gestaltung betrieblicher Einrichtungen innerhalb des vorgegebenen Rahmens.[13]

Dass es zu einer Weiterentwicklung und Neuorientierung der betrieblichen Sozialpolitik kam, lässt sich anhand der untersuchten Sozialleistungsbereiche verifizieren. Als exemplarisch kann die traditionelle betriebliche Altersversorgung gelten, deren Legitimation und Gestaltung durch die Rentenreform von 1957 erheblich beeinflusst wurde. Das Betriebsrentengesetz von 1973, das diese freiwillige Leistung gesetzlich determinierte, begründete einen weiteren Einschnitt in der Funktion und dem Selbstverständnis dieser Einrichtung. Im betrieblichen Gesundheitswesen spielte das Ende 1974 in Kraft getretene Arbeitssicherheitsgesetz, das die Aufgaben des betriebsärztlichen Dienstes erstmals auf eine gesetzliche Grundlage stellte, dagegen keine große Rolle, da der nun verbindlich festgesetzte Aufgabenbereich sich mit den bereits bestehenden unternehmensinternen Vorgaben und Bestimmungen deckte. Andererseits schuf im Bereich der vermögensbildenden Maßnahmen erst die vermögenspolitische Gesetzgebung die Voraussetzungen für die erfolgreiche Etablierung von Leistungen wie zum Beispiel des Belegschaftsaktienprogramms.[14] Die in der Literatur vertretene These vom Schattendasein betrieblicher Sozialpolitik angesichts rechtlicher Normierungen kann daher mit Blick auf Siemens nicht bestätigt werden. Das Unternehmen nutzte im Untersuchungszeitraum Entscheidungs- und Handlungsspielräume, um bestehende Leistungen zeit- und bedürfnisgerecht weiterzuentwickeln sowie neue sozialpolitische Aufgaben- und Handlungsfelder zu erschließen. Betriebliche Sozialpolitik ist kein Lückenbüßer, sondern sowohl reaktive Politik auf exogene Rahmenbedingungen als auch aktives Vorgehen zur Verfolgung eigener ökonomischer Unternehmensinteressen und -ziele. In der Verbindung von der Reaktion auf äußere Gegebenheiten und aktiver autonomer Gestaltung erweist sich die betriebliche Sozialpolitik bei Siemens als eigenständiges konstitutives Element der Unternehmenspolitik.

Die vorliegende Arbeit schließt die Forschungslücke zur betrieblichen Sozialpolitik bei Siemens von 1945 bis 1989. Zentrales Ergebnis ist der Nachweis der Bedeutung der Monetarisierung und der Individualisierung für den Paradigmenwechsel in der betrieblichen Sozialpolitik nach dem Zweiten Weltkrieg. Angesichts der wirtschaftlichen Relevanz des Großunternehmens Siemens und der eigenständigen Bedeutung der betrieblichen Sozialpolitik leistet die vorliegende Arbeit einen wesentlichen Beitrag sowohl zur Erforschung der betrieblichen Sozialpolitik industrieller Großkonzerne nach 1945 als auch für künftige nationale wie internationale vergleichende Untersuchungen.

---

13 Vgl. Sesselmeier, 2003, S. 34; Kruse/Kruse, 2002, S. 300; Pohl, 1991, S. 38; Gaugler, 1974, S. 7.

14 Unternehmensintern wurde die Förderung der Vermögensbildung als „ein Musterbeispiel für das Zusammenwirken von Staat, Tarifparteien und Unternehmen auf dem Gebiet der Sozialpolitik" bewertet. Vgl. Betriebliche Sozialpolitik in Stichworten, 1980, S. 53, in: SAA 12185. „Der Staat schafft die gesetzliche Grundlage und gewährt die Arbeitnehmer-Sparzulage, die Tarifparteien begründen einen tariflichen Rechtsanspruch, das Unternehmen erbringt die vermögenswirksame Leistung und Siemens ermöglicht darüber hinaus den Erwerb von Produktivvermögen, in Form von Siemens-Aktien."

# QUELLEN- UND LITERATURVERZEICHNIS

## QUELLEN

**Quellen aus dem Siemens-Archiv, München**

*SAA = Siemens-Archiv-Akte; die Angaben bestehen aus der Archivsignatur und dem Aktentitel*
*SAB = Siemens-Archiv, Bibliothek*

**SAA 4/Lf 527**
Nachlass Carl Friedrich von Siemens

**SAA 4/Ll 750**
Unterlagen und Vorträge von Peter von Siemens

**SAA 4/Ll 786**
Ansprachen und Vorträge von Peter von Siemens

**SAA 11.43/Lm 386**
Nachlass Wolf-Dietrich v. Witzleben

**SAA 13/Ls 805**
Vertrauliche Schreiben Personalabteilung (Pers Pol)

**SAA 14/Le 621**
Hartmut Boog: Die freiwilligen Sozialleistungen des Hauses Siemens, 1969

**SAA 14/Lf 939**
Leistungen und Aufwendungen für die Mitarbeiter, 1972–1978

**SAA 14/Lg 977**
Geschäftsberichte der Siemens-Betriebskrankenkasse

**SAA 14/Lh 309 (3 Bde.)**
Unterlagen zur Erfolgsbeteiligung, 1970–1989

**SAA 14/Li 263**
Siemens-Betriebskrankenkasse

**SAA 14/Lk 408**
Betriebsrat

**SAA 14/Ll 298 (2 Bde.)**
Allgemeine Unterlagen und Rundschreiben zur betrieblichen Altersversorgung, 1973–1992

**SAA 14/Lm 271**
Unterlagen über Erholungsheime

**SAA 14/Lm 727**
Pensions-, Witwen- und Waisenkasse: Schriftwechsel des Berliner Werks

**SAA 14/Lr 518** Geschäftsberichte der Siemens-Altersfürsorge GmbH, 1939/40–1988/89

**SAA 14/Lr 584 (2 Bde.)**
Sammelordner Betriebssport (Organisation, Sportanlagen, Sportdisziplinen)

**SAA 14/Ls 692**
Unterlagen und Rundschreiben zur betrieblichen Sozialpolitik und zur Beschäftigung von ausländischen Arbeitnehmern (2 Bde.), 1952–1987

**SAA 14/Ls 906**
Unterlagen zur betrieblichen Wohnungspolitik, 1970–1977

**SAA 14/Lt 337 (2 Bde.)**
Sammelordner zum Gesundheitswesen (Erholung, Kuren, Betriebsärzte)

**SAA 15/Le 27**
Siemens-Wohnungsgesellschaft (SiWoGe)

**SAA 15/Lg 969**
Geschäftsberichte der Siemens & Halske AG, Siemens-Schuckertwerke AG, Siemens AG (ab 1966)

**SAA 20/Lt 393**
Unterlagen zu Belegschaftsaktien

**SAA 41.A1**
Sammlung Druckschriften

**SAA 42.V**
Rundschreiben, V/BdL/Z/P, 1966–69, sowie weitere V-Rundschreiben nach 1970

**SAA 42 ZP**
Sammlung Rundschreiben

**SAA 42 ZP-ZPS**
Sammlung Rundschreiben

**SAA 67/Lc 376**
Siemens-Wohnungsgesellschaft (SiWoGe)

**SAA 68/Li 128**
ZP-Rundbrief und Zeitungsartikel zum betrieblichen Wohnungsbau

**SAA 68/Lr 553 (2 Bde.)**
Unterlagen zur betrieblichen Altersversorgung

**SAA 7407**
Schriftverkehr und Rundschreiben des Personalreferats und der Sozpol-Abteilung mit SSW-ZBL, Sekretariat Dr. Ferdinand Müller über Sozialpolitische Angelegenheiten, 1947–1952

**SAA 7491**
Schreiben des Vorstandsvorsitzenden Dr. Gerd Tacke an den Betriebsrat des Dynamowerkes Berlin vom 5.12.1969

**SAA 7536**
Dem SSW-Personalreferat (Büro Witzleben) mitgeteilte Rundschreiben, 1938–1951

**SAA 7569**
Jubilarreden und Presseinformationen zu Jubilarfeiern, 1969–1977

**SAA 7856**
Berichte über Sitzungen des Aufsichtsrats der Siemens-Altersfürsorge GmbH, Gesellschaftsverträge von 1940 und 1959

**SAA 7906**
Jubilarreden und Presseinformationen zu Jubilarfeiern, 1965–1981

**SAA 8492**
Schriftverkehr v. Witzleben über die kriegs- und ersparnisbedingte Neuregelung der Pensionierungsbedingungen und Pensionsleistungen, 1945–1947

**SAA 8504**
Pensionszahlungen, 1945–1949

**SAA 8533**
Betriebskrankenkasse

**SAA 8537**
Pensionsbedingungen und Leistungen, 1940–1949

**SAA 8840**
Jubilarreden und Presseinformationen zu Jubilarfeiern, 1949–1954

**SAA 9565**
Gertrud Pfister: Stählung der Arbeitnehmerschaft der Wirtschaft. Zur Organisation und Ideologie des Betriebssports in Berlin (1880 bis 1933), Manuskript 1997

**SAA 9907**
Entwicklung und Organisation der Sozialpolitischen Abteilung des Hauses Siemens von 1904 bis 1952 (Darstellung mit Quellen)

**SAA 9926**
Siemens-Altersfürsorge GmbH, 1986/87

**SAA 10593**
Personal-, Sozial- und Bildungspolitik im Unternehmen. Zusammenstellung von Informationen für Vorträge und Diskussionen, Stand Sommer 1977, hg. v. d. ZP Informationen/ZPB 21 München W

**SAA 10597**
Jahresberichte der Zentral-Personalverwaltung (seit 1969/70 Zentralverwaltung Personal, seit 1972/73 Zentralbereich Personal), 1967/68–1975/76

**SAA 10598**
Jahresberichte, Probleme und wichtige Ereignisse des Zentralbereichs Personal, 1976/77–1979/80

**SAA 10635**
Verteilung von Konsumgütern und Waren unter Anrechnung auf den Warenpfennig zum Verkauf an Belegschaftsmitglieder, 1947–1948

**SAA 10704**
O. V.: Soziale Arbeit des Hauses Siemens (1847–1947), o. J.

**SAA 10976 (3 Bde.)**
Jahresberichte der Sozialpolitischen Abteilung, 1919–1949

**SAA 11057**
Zentralbereich Personal: Sozialpolitik, Personalpolitik, Bildungspolitik. Probleme und Ereignisse, 1979/80

**SAA 11074**
Geschäftsberichte der Siemens-Altersfürsorge GmbH 1950/51, 152/53–1976/77, 1978/79–1984/85

**SAA 11076**
Statistiken der Siemens-Altersfürsorge GmbH (SAF), 1952–1967, 1973–1974

**SAA 11077**
Geschäftsberichte der Siemens-Reiniger Altersfürsorge GmbH

**SAA 11086**
Prüfungsberichte von ZF über Abschlüsse der Siemens-Altersfürsorge GmbH, 1956–1986 (nicht alle Jahrgänge vorhanden)

**SAA 11098 (3 Bde.)**
Ernährungs- und Lebensmittelfragen, 1946–1947

**SAA 11221**
Werbebroschüre: Tips für Ihre Freizeitgestaltung. Freizeitgruppen bei Siemens Berlin, Ausgabe August 1972

**SAA 11715**
Siemens-Altersfürsorge GmbH

**SAA 12133**
Unterlagen zur Herbstaktie 1973

**SAA 12134**
Aktienausgabe 1974

**SAA 12135**
Unterlagen zum Aktienangebot 1975

**SAA 12136**
Unterlagen zum Aktienangebot 1976

**SAA 12150 (2 Bde.)**
Unterlagen zum Aktienangebot 1984

**SAA 12152 (2 Bde.)**
Unterlagen zum Aktienangebot 1988

**SAA 12154**
Unterlagen zur Aktienausgabe 1977

**SAA 12156 (2 Bde.)**
Unterlagen zum Aktienangebot 1981

**SAA 12157**
Unterlagen zur Aktienausgabe 1982

**SAA 12160**
Unterlagen zum Aktienangebot 1989

**SAA 12161**
Unterlagen zum Aktienangebot 1985

**SAA 12168**
Unterlagen zum Aktienangebot 1983

**SAA 12171**
Unterlagen zum Aktienangebot 1987

**SAA 12172**
Unterlagen zum Aktienangebot 1970

**SAA 12173**
Unterlagen zum Aktienangebot 1986

**SAA 12174**
Unterlagen zum Aktienangebot 1980

**SAA 12176**
Unterlagen zum Aktienangebot 1968

**SAA 12177**
Unterlagen zum Aktienangebot 1978

**SAA 12179**
Unterlagen zum Aktienangebot 1979

**SAA 12185 (2 Bde.)**
Unterlagen zum Aktienangebot 1969

**SAA 12190 (2 Bde.)**
Allgemeine Unterlagen zur Ausgabe von Belegschaftsaktien, 1959–1999

**SAA 12192**
Unterlagen zur Belegschaftsaktienausgabe, 1957–1969

**SAA 12193**
Ausgabe von Belegschaftsaktien bei anderen Gesellschaften, 1966–1989

**SAA 12194**
Belegschaftsaktien Ausland, 1971–1986

**SAA 12195 (2 Bde.)**
Aktienerwerb aus der Erfolgsbeteiligung, 1953/54, 1954/55

**SAA 12386**
Jahresberichte der Zentral-Personalverwaltung, 1935, 1940, 1944–1961/62, 1966/67

**SAA 12398 (4 Bde.)**
Unterlagen zur Entwicklung der Siemens Betriebskrankenkasse (SKB) in Berlin, 1934; 1937–1960

**SAA 12402**
Arbeitsgemeinschaft zur Wahrung der Interessen der Berliner Betriebskrankenkassen

**SAA 12403**
Krankenversicherung Leistungsvergleich SBK – KVAB

**SAA 12405**
Betriebsärzte, Besprechungen und Tagungen, 1951–1964

**SAA 12406 (2 Bde.)**
Betriebsärzte, 1935–1963

**SAA 12407 (2 Bde.)**
Betriebsärzte: Korrespondenzen, Personalangelegenheiten

**SAA 12408 (2 Bde.)**
Jahresberichte des Betriebsärztlichen Dienstes

**SAA 12409**
Betriebsärztliche Dienststellen, Halbjahresberichte

**SAA 12410**
Ernährungsfürsorge, 1944–1951

**SAA 12417**
Unterlagen zur Wiederaufbauprämie und Sonderzulagen anlässlich des Firmenjubiläums 1947, Erwerb von Siemens-Aktien, 1947–1962

**SAA 12420**
Unterlagen zur Siemens-Altersfürsorge, 1950–1959

**SAA 12425 (2 Bde.)**
Wohnungswesen, SiWoGe, Verschiedenes, 1944–1970 (Material zum Bau von Betriebswohnungen in Berlin, Aktennotizen, Schriftverkehr zu Wohnungsbedarf, Vergabe, Ausstattung, Finanzierung, Förderung, Miete, Entwicklung des Wohnungsbaus, Arbeitgeberdarlehen)

**SAA 12456**
Soziale Einrichtungen, Materialsammlung zur Entwicklung einzelner Sozialmaßnahmen bei Siemens, 1853–1954

**SAA 12489**
Organisation der Sozialpolitischen Abteilung, Berlin

**SAA 12492**
Jahresberichte der Zentral-Personalverwaltung, 1962/63–1965/66

**SAA 12493**
Unterlagen des Zentralbereichs Personal, der Soz Pol und Soz Pol Berlin sowie ZP-Rundschreiben betr. Organisation, 1940–1959, 1959–1985

**SAA 12502**
Kreislauftraining

**SAA 12594**
Die Zusammensetzung unseres Aktionärskreises, hg. v. d. Siemens AG (1971/1974)

**SAA 12663**
Marcel Michels: Ausländische Arbeitnehmer bei Siemens Berlin in den 1960er/70er Jahren. Hausarbeit zur Erlangung eines akademischen Grades des Magister Artium am Historischen Seminar der Ludwig-Maximilians-Universität. München, 2001

**SAA 12788**
Siemens-Altersversorgung bis 1958 (Bestand ZP München)

**SAA 12790**
Firmenregelungen zur Erfolgsbeteiligung (Bestand ZP München), 1950–1970

**SAA 12791**
Erfolgsbeteiligung (Bestand ZP München), 1958–1969

**SAA 12792**
Firmenregelungen zur Erfolgsbeteiligung (Bestand ZP München), 1950–1958

**SAA 12793**
Soziale Einrichtungen und Maßnahmen, Wohnungswesen, Personaldarlehen (Bestand ZP München), 1963–1980

**SAA 12794**
Gesundheitsmaßnahmen, Sport, Erholungsheime, Kinderverschickungen, Kreislauftraining (Bestand ZP München)

**SAA 12795**
Altersversorgung (Bestand SozPol Berlin), 1962–1973

## Quellen

**SAA 12796**
Wohnraumbeschaffung und betrieblicher Wohnungsbau (Bestand Sozpol Berlin), 1949–1959

**SAA 12798**
Unterlagen zum betrieblichen Gesundheitswesen (Bestand SozPol Berlin), 1946–1982

**SAA 12799**
Allgemeine soziale Maßnahmen (Bestand SozPol Berlin)

**SAA 12800**
Betriebsärzte, Allgemeines, Richtlinien, Personalia, Versicherungen (Bestand SozPol Berlin)

**SAA 12801**
Betriebsärztlicher Dienst, 1967–1990 (Bestand SozPol Berlin)

**SAA 12802**
Gesundheitswesen, Allgemeines, Rundschreiben, Betriebsärztliche Tagungen, 1967–1976 (Bestand SozPol Berlin)

**SAA 12803**
Betriebsärzte, Allgemeines (Bestand SozPol Berlin)

**SAA 12805**
Firmeneigene Kuren (Kreislauf), Rundschreiben, Ankündigungen von Kreislauftrainingskuren in Bad Berneck, Eschenlohe und Habischried, Sobernheim, 1970/71–1988/89

**SAA 12807**
Erholungsverschickung, Erholungsplätze

**SAA 12808**
Erholungsverschickung, Erholungsheime

**SAA 12810**
Sport Allgemeines und Berlin (Bestand SozPol Berlin)

**SAA 13808**
Zusammenarbeit der SozPolAbt mit dem Turn- und Sportverein Siemensstadt, 1954–1987

**SAA 13809**
Unterlagen zum Betriebssport in Berlin, 1983–1989

**SAA 13811**
Zusammenarbeit der SozPolAbt. mit dem Turn- und Sportverein Siemensstadt, 1951–1974

**SAA 15365**
Betriebsärztlicher Dienst, Jahresbericht 1993

**SAA 15368**
Unterlagen zum Siemens-Archiv, 1957–1982

**SAA 15476**
Materialsammlung zur Veröffentlichung „Personal- und Sozialpolitik im Hause Siemens", 1919–1969

**SAA 15548**
Joachim Huck: Die freiwilligen Sozialleistungen der Firma Siemens, unveröffentlichte Diplomarbeit an der staatswirtschaftlichen Fakultät der Ludwig-Maximilians-Universität zu München, eingereicht am 10.5.1965

**SAA 15940**
Geschäftsbericht der Siemens-Betriebskrankenkasse 1986

**SAA 17714**
Vogt, Britta: „Wir gehören zur Familie". Das Unternehmensleitbild der Siemens AG anhand der Selbstdarstellung. Marburg 2005 (Magisterarbeit an der Universität Bremen, 2004)

**SAA 22321**
Einkommensbemessung im ÜT-Kreis, ZP-Mitteilung vom 9.8.1973

**SAA 23557**
Alexandra Braunmiller: Betriebliche Renten und Pensionen im 19. und 20. Jahrhundert am Beispiel Siemens, Krupp, Daimler. Bachelorarbeit am Institut für Kulturwissenschaften, Fachgebiet Wirtschafts-, Sozial- und Agrargeschichte der Universität Hohenheim, 2010

**SAA 23697**
Mitarbeiter-Aktien

**SAA 23698**
Ausarbeitung ZPS 11 „Jahreszahlungen im Tarifkreis" vom 14.4.1980

**SAA 23699**
ZP-Rundschreiben und Aktenvermerke zur Erfolgsbeteiligung im Tarifkreis, 1981–1991

**SAA 31103**
Personal-, Sozial- und Bildungspolitik im Unternehmen

**SAA L 497**
Ladislaus Erdödy: Ausgewählte Kapitel zur Eigenkapitalfinanzierung des Hauses Siemens. Interne Veröffentlichung der Siemens AG, München 2004

**SAA PB III 1462**
Wo Freizeit mehr als freie Zeit ist. Sport- und Hobbygruppen der Firma Siemens, 26.8.1977

**SAA Rundschreibensammlung**

**SAA S 1 (Altsignatur 16/Lh 263)**
Vorstandssitzungen

**SAA S 3 (Altsignatur 16/Ll 409)**
Wirtschaftsausschusssitzungen 1969–1975, 1976–1985

**SAA S 6 (16/Ll 405)**
Besprechungen zwischen Vertretern der Firmenleitung und dem Verhandlungsausschuss des Gesamtbetriebsrats, 1945–1993

**SAA Siemens-Mitteilungen, 1919–1991**

**SAA Unverzeichnete Akten aus dem Zwischenarchiv**
Ordner 07/9.3.1: Besondere Firmenleistungen/Vermögensbildung/Allgemeines
Ordner 07/ 9.2: Besondere Firmenleistungen/Erfolgsbeteiligung/Allgemeines
Ordner Protokolle Vorstandskommission/ZP-Besprechungen.

**SAA Unverzeichnete Akten aus dem Zwischenarchiv**: Bestand Personalabteilung München, Ordner: Personalorganisation, Arbeitsplatzkontrolle, Stiftung für personal- und sozialpolitische Forschung

**SAA VVA**
Sammlung Veröffentlichungen von Angestellten

**SAA WP**
Sammlung zu Biographien wichtiger Persönlichkeiten

**SAB 38/8/80**
Reinhart Becker: Die Erfolgsbeteiligung im Hause Siemens seit 1866 – ein notwendiger Bestandteil zur Verwirklichung des Partnerschaftsgedankens? Diplomarbeit, eingereicht an der Universität Regensburg 1974

**SAB 38/8/89**
Harald Rappl: Bildungspolitische Maßnahmen der kaufmännischen Ausbildung in unternehmensgeschichtlicher Betrachtung unter besonderer Berücksichtigung der Abiturientenausbildung. Dargestellt im Spiegel des Hauses Siemens von 1893/1910–1976. Diplomarbeit am Fachbereich Betriebswirtschaft der Ludwig-Maximilians-Universität München, 1979

**Registratur der Abteilung Corporate Human Resources der Siemens AG**

**Allgemeines Informationsmaterial der Siemens AG**

# LITERATUR

**Abelshauser, Werner:** Deutsche Wirtschaftsgeschichte seit 1945 (Lizenzausgabe für die Bundeszentrale für politische Bildung). Bonn 2005.
**Ders.:** Die BASF. Eine Unternehmensgeschichte. München 2002.
**Abraham, Martin:** Betriebliche Sozialleistungen und die Regulierung individueller Arbeitsverhältnisse. Endogene Kooperation durch private Institutionen (Beiträge zur Gesellschaftsforschung, Bd. 17). Frankfurt a. M. 1996.
**Ders. / Prosch, Bernhard:** Arbeitsbeziehungen und selektive Anreize am Beispiel der Carl-Zeiss-Stiftung, in: Reinhard Wittenberg (Hg.): Person – Situation – Institution – Kultur. Günter Büschges zum 65. Geburtstag. Berlin 1991, S. 195–211.
**Ahrend, Peter:** Entwicklungstendenzen in der betrieblichen Altersversorgung, in: Personalführung 8–9 (1988), S. 622–631.
**Ahrens, Ralf:** Unternehmensgeschichte, Version: 1.0, in: Docupedia-Zeitgeschichte, 1.11.2010, URL: http://docupedia.de/zg/Unternehmensgeschichte, abgerufen am 09.04.2013.
**Ders. / Sattler, Friederike:** Unternehmensgeschichte, in: http://www.clio-online.de/default.aspx?tabid=40208219, abgerufen am 09.04.2013.
**Albach, Horst:** Monetäre und nicht-monetäre Anreize, in: Zeitschrift für Betriebswirtschaft, 59. Jg., 1989, H. 8, S. 929–931.
**Alber, Jens:** Der Sozialstaat in der Bundesrepublik 1950–1983. Frankfurt a. M./New York 1989.
**Alewell, Dorothea:** Sozialpolitik, betriebliche, in: Eduard Gaugler / Walter A. Oechsler / Wolfgang Weber (Hg.): Handwörterbuch des Personalwesens. 3. Aufl., Stuttgart 2004, Sp. 1774–1789.
**Andresen, Boy-Jürgen:** Betriebliche Altersversorgung im 21. Jahrhundert, in: Boy-Jürgen Andresen / Norbert Rößler / Jochen Rühmann: Betriebliche Altersversorgung im 21. Jahrhundert. Rechtliche, personalpolitische und finanztechnische Herausforderungen (Festschrift für Wolfgang Förster zum 60. Geburtstag). Köln 2001, S. 45–61.
**Ders.:** Betriebliche Altersversorgung als strategische Komponente einer effizienten Gesamtvergütung, in: Jörg-E. Cramer / Wolfgang Förster / Franz Ruland (Hg.): Handbuch zur Altersversorgung. Gesetzliche, betriebliche und private Vorsorge in Deutschland. Frankfurt a. M. 1998, S. 315–330.
**Ders. / Voß, Hinrich:** Altersversorgung, betriebliche. In: Eduard Gaugler / Walter A. Oechsler / Wolfgang Weber (Hg.): Handwörterbuch des Personalwesens. 3. Aufl., Stuttgart 2004, Sp. 8–20.
**Angestelltenkammer Bremen / Mittelstädt, Armin (Hg.):** Betriebliche Sozialpolitik. Relikt vergangener Zeiten, überflüssiger Luxus oder Gestaltungsebene mit Zukunft? Hamburg 1993.

**Armbrecht, Wolfgang:** Innerbetriebliche Public Relations. Grundlagen eines situativen Gestaltungskonzepts (Beiträge zur sozialwissenschaftlichen Forschung, Bd. 121). Darmstadt 1992.

**Backes-Gellner, Uschi / Kay, Rosemarie / Schröer, Sanita / Wolff, Karin:** Mitarbeiterbeteiligung in kleinen und mittleren Unternehmen. Verbreitung, Effekte, Voraussetzungen (Schriften zur Mittelstandsforschung, Nr. 92 NF). Wiesbaden 2002.

**Backes-Gellner, Uschi / Lazear, Edward P. / Wolff, Brigitta:** Personalökonomik. Fortgeschrittene Anwendungen für das Management. Stuttgart 2001.

**Backes-Gellner, Uschi / Pull, Kerstin:** Betriebliche Sozialpolitik und Maximierung des Shareholder Value: Ein Widerspruch? Eine empirische Analyse alternativer Erklärungsansätze, in: Zeitschrift für Betriebswirtschaft 69/1999, S. 51–70.

**Dies.:** Die Praxis betrieblicher Sozialpolitik. Ergebnisse einer länderübergreifenden Betriebsbefragung, in: Werner Schönig / Ingrid Schmale (Hg.): Gestaltungsoptionen in modernen Gesellschaften. Festschrift für Prof. Dr. h. c. Jürgen Zerche zum 60. Geburtstag. Regensburg 1998, S. 233–255.

**Backhaus-Maul, Holger / Biedermann, Christiane / Nährlich, Stefan / Polterauer, Judith (Hg.):** Corporate Citizenship in Deutschland. Gesellschaftliches Engagement von Unternehmen. Bilanz und Perspektiven. 2. Aufl., Wiesbaden 2010.

**Badura, Bernhard / Hehlmann, Thomas:** Der Weg zur gesunden Organisation. Berlin/Heidelberg/New York/Hongkong/London/Mailand/Paris 2003.

**Badura, Bernhard / Ritter, Wolfgang / Scherf, Michael:** Betriebliches Gesundheitsmanagement – ein Leitfaden für die Praxis. Berlin 1999.

**Bahnmüller, Reinhard:** Trends betrieblicher Entgelt- und Leistungsregulierung, in: Die Mitbestimmung, H.1/2, 1999, S. 17–20.

**Balz, Ulrich:** Betriebliche Altersversorgung. Der staatliche Einfluß auf soziale Sicherung und Kapitalbildung. Frankfurt a. M. 1994.

**Bamberg, Eva / Ducki, Antje / Greiner, Birgit:** Betriebliche Gesundheitsförderung: Theorie und Praxis, Anspruch und Realität, in: Georges Steffgen (Hg.): Betriebliche Gesundheitsförderung. Göttingen/Bern/Toronto/Seattle/Oxford/Prag 2004.

**Bamberg, Eva / Ducki, Antje / Metz, Anna-Marie (Hg.):** Handbuch Betriebliche Gesundheitsförderung. Göttingen 1998.

**Barz, Heiner / Kampik, Wilhelm / Singer, Thomas / Teuber, Stephan:** Neue Werte, neue Wünsche. Future Values. Wie sich Konsummotive auf Produktentwicklung und Marketing auswirken. Düsseldorf 2001.

**Baus, Josef:** Die Belegschaftsaktie im Lichte der betrieblichen Personalpolitik (Bochumer Wirtschaftswissenschaftliche Studien, Nr. 49). Bochum 1978.

**Becher, Paul:** Die bisherigen Bemühungen für eine produktive Vermögensbildung aus dem katholischen Raum, in: Kirchenamt der evangelischen Kirche in Deutschland und Sekretariat der Deutschen Bischofskonferenz (Hg.): Beteiligung am Produktiveigentum. Hannover/Bonn 1993, S. 15–31.

**Beck, Hans Joachim:** Pensionszusage, in: Wolfgang Drols (Hg.): Handbuch betriebliche Altersversorgung. Wiesbaden 2004, S. 439–498.

**Beck, Ulrich:** Das Zeitalter des „eigenen Lebens". Individualisierung als „paradoxe Sozialstruktur und andere offene Fragen", in: Politik und Zeitgeschichte, 29, 2001, S. 3–6.

**Ders.:** Risikogesellschaft. Auf dem Weg in eine andere Moderne. Frankfurt a. M. 1987.

**Ders.:** Jenseits von Stand und Klasse? Soziale Ungleichheiten, gesellschaftliche Individualisierungsprozesse und die Entstehung neuer sozialer Formationen und Identitäten. In: Reinhard Kreckel (Hg.): Soziale Ungleichheiten. Göttingen 1983, S. 35–74.

**Ders. / Beck-Gernsheim, Elisabeth:** Individualisierung in modernen Gesellschaften: Perspektiven und Kontroversen einer subjektorientierten Soziologie, in: Ulrich Beck (Hg.): Riskante Freiheiten. Individualisierung in modernen Gesellschaften, Frankfurt 1994, S. 10–42.

**Bellmann, Lutz / Frick, Bernd:** Umfang, Bestimmungsgründe und wirtschaftliche Folgen betrieblicher Zusatz- und Sozialleistungen, in: Bernd Frick / Renate Neubäumer / Werner Sesselmeier

(Hg.): Die Anreizwirkungen betrieblicher Zusatzleistungen. München/Mering 1999, S. 95–120.
**Berghoff, Hartmut:** Moderne Unternehmensgeschichte. Paderborn 2004.
**Bertelsmann-Stiftung (Hg.):** Analyse betrieblicher Altersvorsorgemodelle, erstellt von Dietmar Wellisch (Bertelsmann-Stiftung Vorsorgestudien 11). Magdeburg 2002 (auch in: http://www.bertelsmann-stiftung.de).
**Dies.:** Anreizwirkungen in der betrieblichen Altersvorsorge, erstellt von Dietmar Wellisch (Bertelsmann-Stiftung Vorsorgestudien 12), Magdeburg 2002. (auch in: http://www.bertelsmann-stiftung.de).
**Besters, Hans:** Volkswirtschaftliche und gesellschaftspolitische Aspekte der Beteiligung der Arbeitnehmer am Produktivvermögen, in: Gert Laßmann / Eberhard Schwark (Hg.): Beteiligung der Arbeitnehmer am Produktivvermögen. Grachter Symposion vom 8. und 9. März 1984 (Zeitschrift für Unternehmens- und Gesellschaftsrecht, Sonderheft 5). Berlin/New York 1985, S. 3–16.
**Bös, Klaus / Brehm, Walter / Gröben, Ferdinand:** Sportliche Aktivierung, in: Georges Steffgen (Hg.): Betriebliche Gesundheitsförderung, Göttingen/Bern/Toronto/Seattle/Oxford/Prag 2004.
**Bolz, Walter:** Siemenssiedlungen, in: Wirtschaftsblatt der Industrie- und Handelskammer Berlin-Brandenburg, Nr. 27/28, 1941 (auch in: SAA 12456).
**Borowsky, Peter:** Deutschland 1970–1976. Hannover 1980.
**Bouillon, Erhard:** Die betriebliche Altersversorgung als Ausdruck unternehmerischer Sozialpolitik, in: Bundesvereinigung der Deutschen Arbeitgeberverbände (Hg.): Die betriebliche Altersversorgung zu Beginn der 80er Jahre. Entwicklungen und Chancen. Köln 1981.
**Bundesministerium für Gesundheit und Soziale Sicherung (Hg.):** Situation und Entwicklung der betrieblichen Altersversorgung in Privatwirtschaft und öffentlichem Dienst 2001–2004. Untersuchung im Auftrag des Bundesministeriums für Gesundheit und Soziale Sicherung, durchgeführt von TNS Infratest Sozialforschung, vom 21. September 2005.
**Bundesvereinigung der deutschen Arbeitgeberverbände (Hg.):** Betriebliche Vermögensbeteiligung. Gestaltungsmöglichkeiten der Mitarbeiter-Kapitalbeteiligung – ihre Vorteile und Probleme. Dokumentation der Fachtagung der Bundesvereinigung der Deutschen Arbeitgeberverbände. Köln/Bergisch-Gladbach 1988.
**Bundesversicherungsanstalt für Angestellte (Hg.):** Betriebliche Altersversorgung. Berlin 2003.
**Burhenne, Karl:** Werner Siemens als Sozialpolitiker. München 1932.
**Cereghetti, Marco:** Die Besteuerung von Mitarbeiteraktien und Mitarbeiteroptionen als Einkommen und als Vermögen. Diss. Zürich 1994.
**Conrad, Christoph:** Erfolgsbeteiligung und Vermögensbildung der Arbeitnehmer bei Siemens (1847–1945). Zeitschrift für Unternehmensgeschichte, Beiheft 36, hg. v. Hans Pohl / Wilhelm Treue. Stuttgart 1986.
**De Backere, Rainer / Klemme, Gabriele:** Die Direktversicherung, in: Wolfgang Drols (Hg.): Handbuch betriebliche Altersversorgung. Wiesbaden 2004, S. 525–540.
**Degner, Joachim:** Wohnungspolitik I: Wohnungsbau, in: Willi Albers u. a. (Hg.): Handwörterbuch der Wirtschaftswissenschaft (HdWW, zugleich Neuauflage des Handwörterbuchs der Sozialwissenschaften), Bd. 9. Stuttgart/New York/Tübingen/Göttingen/Zürich 1982, S. 502–516.
**Deutsches Aktieninstitut / Hewitt:** Beteiligungssysteme für breite Mitarbeiterkreise. Ergebnisse einer Umfrage (Studien des Deutschen Aktieninstituts, H. 13, hg. v. Rüdiger von Rosen). Frankfurt a. M. 2001.
**Dibbern, Detlef:** Betriebliche Sozialpolitik als unternehmerische Herausforderung, in: Personalführung, H. 8–9, 1988, S. 593–594.
**Dietrich, Yorck:** Vermögenspolitik, in: Günther Schulz (Hg.): Geschichte der Sozialpolitik in Deutschland seit 1945, Bd. 3, 1949–1957, Bundesrepublik Deutschland. Bewältigung der Kriegsfolgen, Rückkehr zur sozialpolitischen Normalität. Köln 2005, S. 887–898.
**Ders.:** Eigentum für jeden. Die vermögenspolitischen Initiativen der CDU und die Gesetzgebung 1950–1961 (Forschungen und Quellen zur Zeitgeschichte, Bd. 29). Düsseldorf 1996.

**Dietz, Bernhard:** Wertewandel in den Führungsetagen der deutschen Wirtschaft im 20. Jahrhundert, in: swissfuture, 1, 2011, S. 12–16.

**Ders. / Neumaier, Christopher:** Vom Nutzen der Sozialwissenschaften für die Zeitgeschichte, in: Vierteljahrshefte für Zeitgeschichte, 60, 2012, S. 293–304.

**Doyé, Thomas:** Analyse und Bewertung von betrieblichen Zusatzleistungen. München 2000.

**Dräger, Werner:** Betriebliche Sozialpolitik zwischen Autonomie und Reglementierung (1918–1977), in: Wilhelm Treue / Hans Pohl (Hg.): Betriebliche Sozialpolitik deutscher Unternehmen seit dem 19. Jahrhundert (Zeitschrift für Unternehmensgeschichte, Beiheft 12). Wiesbaden 1978, S. 58–69.

**Egner, Björn / Georgakis, Nikolaos / Heinelt, Hubert / Bartholomäi, Reinhart C.:** Wohnungspolitik in Deutschland. Positionen. Akteure. Instrumente. Darmstadt 2004.

**Ehrenberg, Richard:** Die Unternehmungen der Brüder Siemens, Bd. 1: Bis zum Jahre 1870. Jena 1906.

**Elšik, Wolfgang / Nachbagauer, Andreas:** Materielle Anreize, in: Helmut Kasper / Wolfgang Mayrhofer (Hg.): Personalmanagement – Führung – Organisation. Wien 2009, S. 501–551.

**Engelen, Ute:** Demokratisierung der betrieblichen Sozialpolitik? Das Volkswagenwerk in Wolfsburg und Automobiles Peugeot in Sochaux 1944–1980 (Wirtschafts- und Sozialgeschichte des modernen Europa, Bd. 2). Baden-Baden 2013.

**Dies.:** An Opportunity to abolish Social Benefits? Two Automobile Manufacturers in the Crisis of the 1970s, in: Christian Kleinschmidt / Werner Plumpe / Raymond Stokes (Hg.): Zeitschrift für Unternehmensgeschichte, 57. Jg., 2012, H. 2, S. 129–153.

**Dies.:** Betriebliche Wohnungspolitik im „fordistischen" Zeitalter. Das Volkswagenwerk in Wolfsburg und Automobiles Peugeot in Sochaux 1944–1979, in: Zeitschrift für Unternehmensgeschichte, 55. Jg., 2010, Nr. 2, S. 180–203.

**Engler, Rolf:** Rahmenkonzeption für das Arbeitsfeld Betriebliche Sozialarbeit, hg. v. Bundesfachverband Betriebliche Sozialarbeit e.V. Übingen, in: http://www.bbs-ev.de/rahmenkonzeption_3040101.php, abgerufen am 17.6.2011.

**Enthammer, Markus:** Entwicklung eines Instruments zur Messung des Nutzens betrieblicher Zusatzleistungen aus der Sicht von Mitarbeiterinnen und Mitarbeitern. Diss. Wien 2012 (http://epub.wu.ac.at/3529/1/Dissertation_Markus_Enthammer_190312.pdf).

**Erker, Paul:** Aufbruch zu neuen Paradigmen. Unternehmensgeschichte zwischen sozialgeschichtlicher und betriebswirtschaftlicher Erweiterung, in: Archiv für Sozialgeschichte, 37, 1997, S. 321–365.

**Esser, Klaus / Sieben, Günter (Hg.):** Betriebliche Altersversorgung. Eine betriebswirtschaftliche Analyse. Stuttgart 1997.

**Feldenkirchen, Wilfried:** 100 Jahre Siemens-Archiv – 100 Jahre erfolgreiches History Marketing, in: Archiv und Wirtschaft, 40. Jg., 2007, H. 4, S. 177–184.

**Ders.:** Organisatorische Entwicklung und Rahmenbedingungen des History Marketing bei Siemens, in: Nicolai O. Herbrand / Stefan Röhrig (Hg.): Die Bedeutung der Tradition für die Markenkommunikation. Konzepte und Instrumente zur ganzheitlichen Ausschöpfung des Erfolgspotenzials Markenhistorie. Stuttgart 2006, S. 270–285.

**Ders.:** Eine unerwartete Zukunft: Siemens und der wirtschaftliche Aufstieg Erlangens, in: Werner K. Blessing / Heinrich Pehle (Hg.): Die Zukunftsfähigkeit der Stadt in Vergangenheit und Gegenwart, Ringvorlesung der Friedrich-Alexander-Universität zum eintausendjährigen Jubiläum Erlangens (Erlanger Forschungen, Sonderreihe, Bd. 10). Erlangen 2004, S. 137–156.

**Ders.:** Vom Guten das Beste. Von Daimler und Benz zur DaimlerChrysler AG. Bd. 1: Die ersten 100 Jahre 1883–1983. München 2003.

**Ders.:** Von der Werkstatt zum Weltunternehmen. 2., aktualisierte Aufl., München/Zürich 2003 (Feldenkirchen, 2003 a).

**Ders.:** Einführung, in: Clemens Wischermann / Peter Borscheid / Karl-Peter Ellerbrock (Hg.): Unternehmenskommunikation im 19. und 20. Jahrhundert. Neue Wege der Unternehmensgeschichte. Dortmund 2000, S. 13–16.

**Ders.:** Die Beziehungen zwischen Siemens und Westinghouse von den Anfängen bis in die Gegen-

wart, in: Michael Wala (Hg.): Gesellschaft für Demokratie im transatlantischen Kontext. Festschrift für Reinhard R. Doerries zum 65. Geburtstag (USA-Studien, Bd. 11). Stuttgart 1999, S. 329–343.
**Ders.:** Die deutsche Wirtschaft im 20. Jahrhundert (Enzyklopädie deutscher Geschichte, Bd. 47, hg. v. Lothar Gall). München 1998.
**Ders.:** Der Wiederaufbau des Hauses Siemens nach dem Zweiten Weltkrieg (1945 bis zum Beginn der 50er Jahre), in: Horst A. Wessel (Hg.): Geschichte der Elektrotechnik 15, Demontage – Enteignung – Wiederaufbau. Teil 1: Die elektrotechnische Industrie nach 1945 (Geschichte der Elektrotechnik Bd. 15). Berlin/Offenbach 1997, S. 177–209 (Feldenkirchen, 1997 a).
**Ders.:** Die Finanzierung des Wiederaufbaus im Hause Siemens nach 1945, in: Horst A. Wessel (Hg.): Geschichte der Elektrotechnik 15, Demontage – Enteignung – Wiederaufbau. Teil 1: Die elektrotechnische Industrie nach 1945. Berlin/Offenbach 1997 Demontage – Enteignung – Wiederaufbau. Teil 1: Die elektrotechnische Industrie nach 1945 (Geschichte der Elektrotechnik Bd. 15). Berlin/Offenbach 1997, S. 105–134 (Feldenkirchen, 1997 b).
**Ders. (Hg.):** 150 Jahre Siemens. Das Unternehmen von 1847–1997. München 1997 (Feldenkirchen, 1997 c).
**Ders. (Hg.):** Siemens 1847–1997. Daten, Zahlen, Fakten. Begleitheft zu: ders. (Hg.): 150 Jahre Siemens. Das Unternehmen von 1847–1997. München 1997 (Feldenkirchen, 1997 d).
**Ders.:** Werner von Siemens. Erfinder und internationaler Unternehmer. 2., aktualisierte Aufl., München/Zürich 1996.
**Ders.:** Siemens 1918–1945. München/Zürich 1995.
**Ders.:** Unternehmensgeschichte, Unternehmenskultur und kulturelles Management bei Siemens, in: Karl Albrecht Schaftschneider (Hg.): Wirtschaft, Gesellschaft und Staat im Umbruch. Festschrift der Wirtschafts- und Sozialwissenschaftlichen Fakultät der Friedrich-Alexander-Universität Erlangen-Nürnberg 75 Jahre nach Errichtung der Handelshochschule Nürnberg. Nürnberg 1995, S. 521–534 (Feldenkirchen, 1995 a).
**Ders. / Bartels, Almuth:** Werner von Siemens. München 2000.
**Feldenkirchen, Wilfried / Hilger, Susanne:** Menschen und Marken, in: Ernst Primosch / Wolfgang Zengerling (Hg.): 125 Jahre Henkel. Düsseldorf 2001.
**Feldenkirchen, Wilfried / Posner, Eberhard:** Die Siemens-Unternehmer. Kontinuität und Wandel 1847–2005. München/Zürich 2005.
**Fischer, Wolfram:** Die Pionierrolle der betrieblichen Sozialpolitik im 19. und beginnenden 20. Jahrhundert, in: Wilhelm Treue / Hans Pohl (Hg.): Betriebliche Sozialpolitik deutscher Unternehmen seit dem 19. Jahrhundert (Zeitschrift für Unternehmensgeschichte, Beiheft 12). Wiesbaden 1978, S. 34–57.
**Förster, Rudolf:** „… und dann kam Siemens". Die SSW-Ansiedlung in Erlangen nach 1945, in: Jürgen Sandweg / Helmut Richter (Hg.): Erlangen. Von der Strumpfer- zur Siemens-Stadt. Beiträge zur Geschichte Erlangens vom 18. zum 20. Jahrhundert. Erlangen 1982, S. 699–735.
**Förster, Wolfgang:** Die betriebliche Versorgung, in: Jörg-E. Cramer / Wolfgang Förster / Franz Ruland (Hg.): Handbuch zur Altersversorgung. Gesetzliche, betriebliche und private Vorsorge in Deutschland. Frankfurt a. M. 1998, S. 201–214.
**Freimuth, Joachim:** Cafeteria-Systeme. Ein Ansatz zur Flexibilisierung betrieblicher Sozialleistungen, in: Personalführung, H. 8–9, 1988, S. 600–604.
**Frerich, Johannes:** Das Sozialleistungssystem der Bundesrepublik Deutschland. Darstellung, Probleme und Perspektiven der sozialen Sicherung (Oldenbourgs Lehr- und Handbücher der Wirtschafts- und Sozialwissenschaften). 3. Aufl., München 1996.
**Frick, Bernd / Bellmann, Lutz / Frick, Joachim:** Betriebliche Zusatzleistungen in der Bundesrepublik Deutschland: Verbreitung und Effizienzfolgen, in: Zeitschrift für Führung und Organisation, 69. Jg., 2000, H. 2, S. 83–91.
**Frick, Bernd / Frick, Joachim / Schwarze, Johannes:** Zusatzleistungen, Arbeitszufriedenheit und Fluktuationsneigung: Empirische Analysen mit dem „Sozio-ökonomischen Panel", in: Bernd Frick / Renate Neubäumer / Werner Sesselmeier (Hg.): Die Anreizwirkungen betrieblicher Zusatzleistungen. München/Mering 1999, S. 9–31.

**Fritsch, Ulrich:** Die Belegschaftsaktie und andere Formen unternehmensbezogener Vermögensbildung. Düsseldorf 1976.
**Fürstenberg, Friedrich:** Perspektiven betrieblicher Sozialpolitik im entwickelten Wohlfahrtsstaat Bundesrepublik Deutschland, in: Wilhelm Treue / Hans Pohl (Hg.): Betriebliche Sozialpolitik deutscher Unternehmen seit dem 19. Jahrhundert (Zeitschrift für Unternehmensgeschichte, Beiheft 12). Wiesbaden 1978, S. 81–88.
**Fuest, Winfried / Hemmer, Edmund / Strasser, Simon (Hg.):** Vermögensbildung in Arbeitnehmerhand. Eine Dokumentation (Kölner Texte & Thesen 38). Köln 1997.
**Gall, Lothar (Hg.):** Krupp im 20. Jahrhundert. Die Geschichte des Unternehmens vom Ersten Weltkrieg bis zur Gründung der Stiftung. Berlin 2002.
**Ders. / Feldmann, Gerald D. / James, Harold / Holtfrerich, Carl-Ludwig / Büschgen, Hans E.:** Die Deutsche Bank 1870–1955. München 1995.
**Gasteiger, Nepomuk:** Der Konsument. Verbraucherbilder in Werbung, Konsumkritik und Verbraucherschutz 1945–1989. Frankfurt 2010.
**Gaugler, Eduard:** Sozialpolitik, betriebliche, in: ders. / Wolfgang Weber (Hg.): Handwörterbuch des Personalwesens (Enzyklopädie der Betriebswirtschaftslehre, Bd. 5). 2. Aufl., Stuttgart 1992, Sp. 2098–2110.
**Ders.:** Mitarbeiterbeteiligung am Unternehmenserfolg, in: Felix R. FitzRoy / Kornelius Kraft (Hg.): Mitarbeiterbeteiligung und Mitbestimmung im Unternehmen. Berlin/New York 1987, S. 11–24.
**Ders.:** Die Beteiligung der Arbeitnehmer am Produktivvermögen aus betriebswirtschaftlicher Sicht, in: Gert Laßmann / Eberhard Schwark (Hg.): Beteiligung der Arbeitnehmer am Produktivvermögen. Grachter Symposion vom 8. und 9. März 1984 (Zeitschrift für Unternehmens- und Gesellschaftsrecht, Sonderheft 5). Berlin/New York 1985, S. 50–68.
**Ders.:** Betriebswirtschaftlich-soziologische Grundprobleme bei der Gewährung betrieblicher Sozialleistungen, in: Theodor Tomandl (Hg.): Betriebliche Sozialleistungen (Wiener Beiträge zum Arbeits- und Sozialrecht, Bd. 2). Wien/Stuttgart 1974, S. 1–22.
**Ders. / Wiese, Günther (Hg.):** Gegenwartsprobleme und Zukunftsperspektiven betrieblicher Sozialleistungen. Baden-Baden 1996.
**Geck, Ludwig Heinrich Adolph:** Soziale Betriebsführung. Zugleich Einführung in die Betriebssoziologie. 2. Aufl., Essen 1953.
**Ders.:** Grundfragen der betrieblichen Sozialpolitik (Schriften des Vereins für Socialpolitik, Bd. 181). Leipzig 1935.
**Ders.:** Die sozialen Arbeitsverhältnisse im Wandel der Zeit. Eine geschichtliche Einführung in die Betriebssoziologie. Berlin 1931.
**Gieg, Martina:** Betriebliche Altersversorgung in Deutschland und Großbritannien. München/Mering 2008.
**Gladen, Albin:** Geschichte der Sozialpolitik in Deutschland. Eine Analyse ihrer Bedingungen, Formen, Zielsetzungen und Auswirkungen. Wiesbaden 1974.
**Gneveckov, Jürgen:** Zur Sozialpolitik der industriellen Unternehmung: Theoretische Analyse der Zusammenhänge und der Auswirkungen. Passau 1982.
**Goetzeler, Herbert / Schoen, Lothar:** Wilhelm und Carl Friedrich von Siemens. Die zweite Unternehmergeneration. Stuttgart 1986.
**Graf, Annika:** Boni fürs Volk. Erfolgsbeteiligungen in der Industrie, in: http://www.spiegel.de/karriere/berufsleben/erfolgsbeteiligungen-in-der-autobranche-boni-fuers-volk-892349.html, abgerufen am 04.04.2013.
**Graf, Rüdiger / Priemel, Christoph:** Die Zeitgeschichte in der Welt der Sozialwissenschaften. Legitimität und Originalität einer Disziplin, in: Vierteljahrshefte für Zeitgeschichte, 59, 2011, S. 479–508.
**Greifenstein, Ralph / Weber, Helmut:** Vom Klassiker „Humanisierung der Arbeit" zum Zukunftsprogramm „Gute Arbeit" (WISO direkt. Analysen und Konzepte zur Wirtschafts- und Sozialpolitik, hg. v. d. Friedrich-Ebert-Stiftung). Bonn 2007.
**Griebeling, Gerd:** Arbeitsrechtliches Umfeld und Tendenzen, in: Jörg-E. Cramer / Wolfgang Förs-

ter / Franz Ruland (Hg.): Handbuch zur Altersversorgung. Gesetzliche, betriebliche und private Vorsorge in Deutschland. Frankfurt a. M. 1998, S. 347–362.
**Ders. / Griebeling, Stefan:** Betriebliche Altersversorgung. München 2003.
**Güntert, Bernhard J.:** Gesundheitsstrategien/-management, in: Eduard Gaugler / Walter A. Oechsler / Wolfgang Weber (Hg.): Handwörterbuch des Personalwesens. 3. Aufl., Stuttgart 2004, Sp. 853–863.
**Guski, Hans-Günter / Schneider, Hans J.:** Betriebliche Vermögensbeteiligung. Bestandsaufnahme 1986 (Beiträge zur Wirtschafts- und Sozialpolitik des Instituts der deutschen Wirtschaft, Bd. 145). Köln 1986.
**Dies.:** Betriebliche Vermögensbeteiligung in der Bundesrepublik Deutschland. Ergebnisse, Erfahrungen und Auswirkungen in der Praxis. Köln 1983.
**Dies.:** Betriebliche Vermögensbeteiligung in der Bundesrepublik Deutschland. Köln 1977.
**Hachtmann, Rüdiger:** Tourismusgeschichte. Göttingen 2007.
**Hack, Andreas:** Monetäre Anreizgestaltung in Gründungsunternehmen. Wiesbaden 2011.
**Häußermann, Hartmut / Siebel, Walter:** Soziologie des Wohnens. Eine Einführung in Wandel und Ausdifferenzierung des Wohnens. München 1996.
**Hax, Herbert:** Sozialpolitik II, betriebliche, in: Willi Albers / Karl Erich Born / Ernst Dürr / Anton Zottmann (Hg.): Handwörterbuch der Wirtschaftswissenschaft, Bd. 7. Stuttgart/New York/Tübingen/Göttingen/Zürich 1988, S. 76–85.
**Heintzenberg, Friedrich:** Aus einem reichen Leben. Werner von Siemens in Briefen an seine Familie und an Freunde. Stuttgart 1953.
**Ders.:** Von technischen Archiven und Museen. Wir brauchen „Technikgeschichte". Zum 120. Geburtstag von Werner v. Siemens, in: Deutsche Allgemeine Zeitung v. 13.12.1936, Nr. 584.
**Helbling, Christof:** Mitarbeiteraktien und Mitarbeiteroptionen in der Schweiz (Schweizer Schriften zum Handels- und Wirtschaftsrecht, Bd. 185). Diss. Zürich 1998.
**Hemmer, Edmund:** Betriebliche Altersversorgung und Lohnzusatzkostenproblematik, in: Jörg-E. Cramer / Wolfgang Förster / Franz Ruland (Hg.): Handbuch zur Altersversorgung. Gesetzliche, betriebliche und private Vorsorge in Deutschland. Frankfurt am Main 1998, S. 507–524.
**Ders.:** Die betriebliche Altersversorgung. Strukturen und Diskussionsschwerpunkte, hg. v. Institut der deutschen Wirtschaft (Beiträge zur Wirtschafts- und Sozialpolitik 124, 3/1984). Köln 1984.
**Ders.:** Freiwillige Sozialleistungen der Betriebe. Köln 1982.
**Henning, Friedrich-Wilhelm:** Das industrialisierte Deutschland 1914–1992. 8. Aufl., Paderborn 1993.
**Ders.:** Das industrialisierte Deutschland 1914–1976. 4. Aufl., Paderborn 1978.
**Hentschel, Volker:** Geschichte der deutschen Sozialpolitik 1880–1980. Frankfurt a. M. 1983.
**Herder-Dorneich, Philipp:** Sozialpolitik, betriebliche, in: Waldemar Wittmann u. a. (Hg.): Handwörterbuch der Betriebswirtschaft, Bd. 3. Stuttgart 1993, Sp. 3917–3928.
**Herlyn, Ulfert / Scheller, Gitta / Tessin, Wulf:** Neue Lebensstile in der Arbeiterschaft? Eine empirische Untersuchung in zwei Industriestädten. Opladen 1994.
**Heubeck, Klaus:** Mittel- und langfristige Entwicklung in der betrieblichen Altersversorgung, in: Jörg-E. Cramer / Wolfgang Förster / Franz Ruland (Hg.): Handbuch zur Altersversorgung. Gesetzliche, betriebliche und private Vorsorge in Deutschland. Frankfurt a. M. 1998, S. 995–1010.
**Heymann, Christina:** Betriebliche Sozialleistungen. Neue Trends im Sozialleistungssystem (Konstanzer Schriften zur Sozialwissenschaft, Bd. 2). Diplomarbeit Konstanz 1989.
**Hilger, Susanne:** „Kapital und Moral" in der Wirtschaftsgeschichte. Eine Einführung, in: Susanne Hilger (Hg.): Kapital und Moral. Ökonomie und Verantwortung in historisch-vergleichender Perspektive. Köln 2007, S. 9–34.
**Dies.:** Sozialpolitik und Organisation. Formen betrieblicher Sozialpolitik in der rheinisch-westfälischen Eisen- und Stahlindustrie seit der Mitte des 19. Jahrhunderts bis 1933. Stuttgart 1996.
**Hockerts, Hans Günter:** Sozialpolitik in der Bundesrepublik Deutschland, in: Hans Pohl (Hg.): Staatliche, städtische, betriebliche und kirchliche Sozialpolitik vom Mittelalter bis zur Gegen-

wart (Vierteljahrschrift für Sozial- und Wirtschaftsgeschichte, Beiheft 95). Stuttgart 1991, S. 359–379.

**Höckels, Astrid:** Möglichkeiten zur Sicherung von Humankapital im Unternehmen. Eine Analyse aus institutionenökonomischer Sicht. Frankfurt a. M./Berlin/Bern/Brüssel/New York/Oxford/ Wien 2000.

**Höfer, Reinhold (Hg.):** Gegenwart und Zukunft der betrieblichen Altersversorgung. Stuttgart 1982.

**Homburg, Heidrun:** Rationalisierung und Industriearbeit. Das Beispiel des Siemens-Konzerns Berlin 1900–1939 (Schriften der Historischen Kommission zu Berlin, Bd. 1). Berlin 1991.

**Hradil, Stefan:** Vom Wandel des Wertewandels – Die Individualisierung und eine ihrer Gegenbewegungen, in: Wolfgang Glatzer / Roland Habich / Karl Ulrich Mayer (Hg.): Sozialer Wandel und gesellschaftliche Dauerbeobachtung. Opladen 2002, S. 31–47.

**Huhle, Fritz:** Die betrieblichen Sozialleistungen. Eine Begriffsanalyse (Sozialpolitische Schriften, H. 7). Berlin 1957.

**Husmann, Jürgen:** Fürsorge oder Entgelt? Betriebliche Altersversorgung, in: Personalführung 11 (1995), S. 960–963.

**Informationsdienst des Instituts der Deutschen Wirtschaft:** Betriebliche Altersversorgung. Renaissance der zweiten Säule, 29. Jg., 2003, Nr. 42, S. 2.

**Ders.:** Betriebliche Altersversorgung. Schlüssel zur Mitarbeiterbindung, 25. Jg., 1999, Nr. 12, S. 3.

**Inglehart, Robert:** The Silent Revolution. Changing Values and Political Styles Among Western Publics. Princeton 1977.

**Internationales Arbeitsamt:** Die Siemenswerke in Siemensstadt. Sonderdruck aus den Studien über die Beziehungen zwischen Arbeitgebern und Arbeitnehmern (Studien und Berichte, Reihe A, Nr. 33). Genf 1930.

**Jakob, Andreas:** Und mit Siemens-Schuckert um die Wette baute und baut die Stadt Erlangen. Stadtplanung und Stadtentwicklung 1945–1955, in: Jürgen Sandweg / Gertraud Lehmann (Hg.): Hinter unzerstörten Fassaden. Erlangen 1945–1955. Erlangen 1996, S. 576–621.

**Jenkis, Helmut:** Grundlagen der Wohnungswirtschaftspolitik. München 2004.

**Jirjahn, Uwe / Stephan, Gesine:** Betriebliche Sonderzahlungen: Theoretische Überlegungen und empirische Befunde, in: Bernd Frick / Renate Neubäumer / Werner Sesselmeier (Hg.): Die Anreizwirkungen betrieblicher Zusatzleistungen. München/Mering 1999, S. 33–67.

**Joest, Andreas:** Aktienbasierte Entgeltgestaltung. Motivation, Rechnungslegung, Unternehmenswert. Hamburg 2010.

**Jung, Hans:** Personalwirtschaft, 7. Aufl., München/Wien 2006.

**Ders.:** Personalwirtschaft, 3. Aufl., München/Wien 1999.

**Jungen, Elke:** Mitarbeiterbeteiligung. Gesellschafts- und arbeitsrechtliche Probleme im Zusammenhang mit Belegschaftsaktien und Aktienoptionen (Rechtswissenschaftliche Forschung und Entwicklung, Bd. 644). Diss. Augsburg 2000.

**Junkes, Joachim:** Mitarbeiterbeteiligung, Finanzierungspolitik und Unternehmenskultur. München/Mering 2002.

**Kador, Fritz-Jürgen:** Gestaltung betrieblicher Sozialleistungen. Thesen und Grundsätze aus Sicht der Arbeitgeberverbände, in: Angestelltenkammer Bremen / Armin Mittelstädt (Hg.): Betriebliche Sozialpolitik. Relikt vergangener Zeiten, überflüssiger Luxus oder Gestaltungsebene mit Zukunft? Hamburg 1993, S. 17–21.

**Kalbaum, Günter:** Erfolgsbeteiligung und Vermögensbildung der Arbeitnehmer in der privaten Versicherungswirtschaft (1920–1948), (Zeitschrift für Unternehmensgeschichte, Beiheft 77). Stuttgart 1993.

**Kerkau, Katja:** Betriebliche Gesundheitsförderung. Faktoren für die erfolgreiche Umsetzung des Gesundheitsförderungskonzepts in Unternehmen. Diss. Hamburg 1997.

**Kirchberg, Dennis:** Analyse der internationalen Unternehmertätigkeit des Hauses Siemens in Ostasien vor dem Zweiten Weltkrieg. Diss. Erlangen-Nürnberg 2010 (http://www.opus.ub.uni-erlangen.de/opus/volltexte/2010/1877/pdf/DennisKirchbergDissertation.pdf).

**Kirchenamt der Evangelischen Kirche in Deutschland / Sekretariat der Deutschen Bischofskonferenz (Hg.):** Beteiligung am Produktiveigentum. Hameln 1993.

**Kisters-Kölkes, Margret:** Arbeitsrecht und betriebliche Altersversorgung durch Entgeltumwandlung, in: Wolfgang Drols (Hg.): Handbuch betriebliche Altersversorgung. Wiesbaden 2004, S. 3–38.

**Klages, Helmut:** Werte und Wertewandel, in: Bernhard Schäfers / Wolfgang Zapf (Hg.): Handwörterbuch zur Gesellschaft Deutschlands (Lizenzausgabe der Bundeszentrale für politische Bildung). Bonn 1998, S. 698–709.

**Ders.:** Wertorientierungen im Wandel. Rückblick, Gegenwartsanalyse, Prognosen. Frankfurt a. M. 1984.

**Klein, Markus / Pötschke, Manuela:** Gibt es einen Wertewandel hin zum „reinen" Postmaterialismus? Eine Zeitreihenanalyse der Wertorientierungen der westdeutschen Bevölkerung zwischen 1970 und 1997, in: Zeitschrift für Soziologie, Jg. 29, 2000, H. 3, S. 202–216.

**Klein-Schneider, Hartmut:** Gestaltungsinteressen der Gewerkschaften bei betrieblichen Sozialleistungen, in: Angestelltenkammer Bremen / Armin Mittelstädt (Hg.): Betriebliche Sozialpolitik. Hamburg 1993, S. 22–30.

**Koch, Peter:** Zur Geschichte der betrieblichen Altersversorgung in Deutschland, in: Arbeitsgemeinschaft für betriebliche Altersversorgung (Hg.): Jubiläumsschrift zum 50-jährigen Bestehen der ABA Arbeitsgemeinschaft für betriebliche Altersversorgung e. V. Heidelberg 1988, S. 1–18.

**Koch, Wolfgang:** Die betriebliche Wohnungsfürsorge als Teil der Unternehmenspolitik. Diss. Köln 1968.

**Kocka, Jürgen:** Unternehmensverwaltung und Angestelltenschaft am Beispiel Siemens 1847–1914. Zum Verhältnis von Kapitalismus und Bürokratie in der deutschen Industrialisierung (Industrielle Welt. Schriftenreihe des Arbeitskreises für moderne Sozialgeschichte, Bd. 11). Stuttgart 1969.

**Kolb, Meinulf:** Sozialleistungen, betriebliche und Sozialeinrichtungen, in: Eduard Gaugler / Walter A. Oechsler / Wolfgang Weber (Hg.): Handwörterbuch des Personalwesens. 3. Aufl., Stuttgart 2004, Sp. 1741–1753.

**Kreutz, Johannes:** Die Unterstützungskasse in der betrieblichen Altersversorgung, in: Wolfgang Drols (Hg.): Handbuch betriebliche Altersversorgung. Wiesbaden 2004, S. 499–524.

**Krüger, Claudia:** Mitarbeiterbeteiligung. Unternehmensfinanzierung und Mitarbeitermotivation. Köln 2008.

**Kruse, Uwe / Kruse, Silke:** Renaissance oder Abbau freiwilliger betrieblicher Sozialleistungen? In: Sozialer Fortschritt 12/2002.

**Kurdelbusch, Antje:** Variable Vergütung in deutschen Großunternehmen: Entgeltsysteme zwischen Flexibilisierung und Flächentarifvertrag. Bochum 2003 (http://www-brs.ub.ruhr-uni-bochum.de/netahtml/HSS/Diss/KurdelbuschAntje/diss.pdf).

**Lampert, Heinz:** Sozialpolitik, staatliche, in: Willi Albers / Karl Erich Born / Ernst Dürr / Anton Zottmann (Hg.): Handwörterbuch der Wirtschaftswissenschaft, Bd. 7. Stuttgart/New York/Tübingen/Göttingen/Zürich 1988, S. 60–76.

**Ders. / Althammer, Jörg:** Lehrbuch der Sozialpolitik. 7. Aufl., Berlin 2004.

**Langerbein, Birgitt:** Pionierentscheidungen in der betrieblichen Sozialpolitik, dargestellt am Beispiel der Versorgung im Krankheitsfall und der Altersversorgung. Paderborn 1983.

**Lesch, Hagen / Stettes, Oliver:** Eine theoretische und empirische Analyse auf Basis des IW-Zukunftspanels (Forschungsberichte aus dem Institut der deutschen Wirtschaft Köln, Nr. 35). Köln 2008.

**Lindner, Ulrike:** Gesundheitspolitik in der Nachkriegszeit. Großbritannien und die Bundesrepublik Deutschland im Vergleich. München 2004.

**Lippmann, Christa:** Sozialarbeit und Sozialpolitik im Betrieb. Stuttgart 1980.

**Lubinski, Christina:** Familienunternehmen in Westdeutschland. Corporate Governance und Gesellschafterkultur seit den 1960er Jahren (Schriftenreihe zur Zeitschrift für Unternehmensgeschichte, Bd. 21, hg. v. Christian Kleinschmidt / Werner Plumpe / Raymond Stokes). München 2010.

**Ludsteck, Walter:** Wenn die Mitarbeiter das Börsenfieber ergreift, in: Süddeutsche Zeitung vom 22.12.1988, S. 22 (auch in: SAA 20/Lt 393).

**Luh, Andreas:** Betriebssport zwischen Arbeitgeberinteressen und Arbeitnehmerbedürfnissen. Eine historische Analyse vom Kaiserreich bis zur Gegenwart. Aachen 1998.
**Lutter, Marcus:** Die zieladäquate Umsetzung des 4. Vermögensbildungs-Gesetzes in der unternehmensrechtlichen Praxis, in: Gert Laßmann / Eberhard Schwark (Hg.): Beteiligung der Arbeitnehmer am Produktivvermögen. Grachter Symposion vom 8. und 9. März 1984 (Zeitschrift für Unternehmens- und Gesellschaftsrecht, Sonderheft 5). Berlin/New York 1985, S. 85–110.
**Lutz, Roman:** Determinanten betrieblicher Zusatzleistungen. Diskussionspapiere des Lehrstuhls für VWL, insbes. Arbeitsmarkt- und Regionalpolitik, Prof. Dr. Claus Schnabel, an der Friedrich-Alexander-Universität Erlangen-Nürnberg, Nr. 35, Mai 2005.
**Macharzina, Klaus:** Informationspolitik. Unternehmenskommunikation als Instrument erfolgreicher Führung. Wiesbaden 1990.
**Maslow, Abraham A.:** Motivation und Persönlichkeit. Olten 1977.
**Matschoß, Conrad:** Werner Siemens. Ein kurzgefaßtes Lebensbild nebst einer Auswahl seiner Briefe, Bd. 1. Berlin 1916.
**Mayerhöfer, Helene:** Mitarbeiterberatung und -förderung, in: Eduard Gaugler / Walter A. Oechsler / Wolfgang Weber (Hg.): Handwörterbuch des Personalwesens. 3. Aufl., Stuttgart 2004, Sp. 1213–1221.
**Meier-Mannhardt, Helmut:** Wie Mitarbeiter zu Aktionären werden können, in: Süddeutsche Zeitung vom 25.8.1983 (auch in: SAA 20/Lt 393).
**Meinzer, Lothar:** 100 Jahre Betriebskrankenkasse der BASF – ein historischer Rückblick, in: BASF Aktiengesellschaft (Hg.): Betriebliche Krankenversicherung. 100 Jahre Betriebskrankenkasse der BASF Aktiengesellschaft. Gütersloh 1984, S. 9–75.
**Mengel, Anja:** Erfolgs- und leistungsorientierte Vergütung. 5. Aufl., Berlin 2008.
**Melchiors, Hans H.:** Die Pensionsfonds als fünfter Durchführungsweg in der betrieblichen Altersversorgung, in: Wolfgang Drols (Hg.): Handbuch betriebliche Altersversorgung. Wiesbaden 2004, S. 577–605.
**Meyer, Jörn-Axel / Tirpitz, Alexander:** Betriebliches Gesundheitsmanagement in KMU. Widerstände und deren Überwindung (Kleine und mittlere Unternehmen, Bd. 14, hg. v. Jörn-Axel Meyer). Lohmar 2008.
**Mittelstädt, Armin:** Betriebliche Sozialpolitik. Relikt vergangener Zeiten, überflüssiger Luxus oder Gestaltungsebene mit Zukunft? in: Angestelltenkammer Bremen / Armin Mittelstädt (Hg.): Betriebliche Sozialpolitik. Relikt vergangener Zeiten, überflüssiger Luxus oder Gestaltungsebene mit Zukunft? Hamburg 1993, S. 9–16.
**Moderegger, Hermann A.:** Betriebliche Sozialleistungen. Vom Fürsorge- zum Leistungsprinzip? In: Personal, 1995, H. 4, S. 187–189.
**Müller-Schneider, Thomas:** Freizeit und Erholung, in: Bernhard Schäfers / Wolfgang Zapf (Hg.): Handwörterbuch zur Gesellschaft Deutschlands (Lizenzausgabe der Bundeszentrale für politische Bildung). Bonn 1998, S. 221–231.
**Nieberding, Anne:** Unternehmenskultur im Kaiserreich. Die Gießerei J.M. Voith und die Farbenfabriken vorm. Friedr. Bayer & Co. München 2003.
**Neuheiser, Jörg / Rödder, Andreas:** Eine Geschichte vom Werteverfall? Die Deutschen und ihre Einstellungen zur Arbeit nach 1945, in: Hauptsache Arbeit. Wandel der Arbeitswelt nach 1945. Begleitbuch zur Ausstellung im Haus der Geschichte der Bundesrepublik Deutschland, Bonn, 2. Dezember 2009 bis 5. April 2010, und im Zeitgeschichtlichen Forum Leipzig der Stiftung Haus der Geschichte der Bundesrepublik Deutschland, 15. Dezember 2010 bis 8. Mai 2011. Bielefeld 2009, S. 31–37.
**Neumeyer, Fritz:** Der Werkwohnungsbau der Industrie in Berlin und seine Entwicklung im 19. und frühen 20. Jahrhundert. Ing.-Diss. TU Berlin 1978.
**Nipperdey, Thomas:** Deutsche Geschichte 1866–1918. München 1990.
**Oechsler, Walter A.:** Funktionen betrieblicher Sozialleistungen im Wandel der Arbeitswelt, in: Eduard Gaugler / Günther Wiese (Hg.): Gegenwartsprobleme und Zukunftsperspektiven betrieblicher Sozialleistungen. Baden-Baden 1996, S. 25–41.
**Ders. / Kastura, Birgit:** Betriebliche Sozialleistungen – Entwicklungen und Perspektiven, in: Wolf-

gang Weber (Hg.): Entgeltsysteme. Lohn, Mitarbeiterbeteiligung und Zusatzleistungen. Festschrift zum 65. Geburtstag von Eduard Gaugler. Stuttgart 1993, S. 341–363.
**Opaschowski, Horst W.:** Einführung in die Freizeitwissenschaft. Opladen 1997.
**Osswald, Richard:** Lebendige Arbeitswelt. Die Sozialgeschichte der Daimler-Benz AG von 1945 bis 1985. Stuttgart 1986.
**Otte, Rainer:** Gesundheit im Betrieb. Leistung durch Wohlbefinden. Frankfurt 1994.
**O. V.:** Arbeiter-Aktionäre, in: Die Zeit 7/1951 vom 15.2.1951, S. 6.
**O. V.:** „Sie wissen zu sparen", in: Süddeutsche Zeitung vom 30.8.1965.
**Peez, Christoph:** Die Problematik der Mitarbeiterbeteiligung durch Belegschaftsaktien. Frankfurt 1983.
**Peterssen, Klaus:** Die Belegschaftsaktie (Betriebswirtschaftliche Schriften, Heft 24). Berlin 1968.
**Pierenkemper, Toni:** Unternehmensgeschichte – Perspektiven und Analyseansätze, in: ders. (Hg.): Unternehmensgeschichte. Stuttgart 2011, S. 7–52.
**Ders.:** Was kann eine moderne Unternehmensgeschichte leisten? Und was sollte sie tunlichst vermeiden? In: ders. (Hg.): Unternehmensgeschichte. Stuttgart 2011, S. 213–231.
**Ders.:** Unternehmensgeschichte. Eine Einführung in ihre Methoden und Ergebnisse. Stuttgart 2000.
**Plettner, Bernhard:** Abenteuer Elektrotechnik. Siemens und die Entwicklung der Elektrotechnik seit 1945. München/Zürich 1994.
**Plumpe, Werner:** Wirtschaftskrisen. Geschichte und Gegenwart. München 2012.
**Ders.:** Unternehmen, in: Gerold Ambrosius / Dietmar Petzina / Werner Plumpe (Hg.): Moderne. Eine Einführung für Historiker und Ökonomen. 2. Aufl., München 2006, S. 61–94.
**Pogarell, Hans Hermann / Pohlenz, Michael:** Betriebliche Sozialpolitik 1951–1963: Der Aufbau einer mittel- und langfristig orientierten Sozialpolitik, in: Klaus Tenfelde / Karl-Otto Czikowsky / Jürgen Mittag / Stefan Moitra / Rolf Nietzard (Hg.): Stimmt die Chemie? Mitbestimmung und Sozialpolitik in der Geschichte des Bayer-Konzerns. Essen 2007, S. 151–176.
**Pohl, Hans (Hg.):** Staatliche, städtische, betriebliche und kirchliche Sozialpolitik vom Mittelalter bis zur Gegenwart (Vierteljahrschrift für Sozial- und Wirtschaftsgeschichte, Beiheft 95). Stuttgart 1991, S. 7–44.
**Ders. (Hg.):** Betriebliche Sozialpolitik deutscher Unternehmer seit dem 19. Jahrhundert (Zeitschrift für Unternehmensgeschichte, Beiheft 12). Wiesbaden 1978.
**Ders. / Wessel, Horst A.:** Einführung in das Forschungsprojekt: Erfolgsbeteiligung und Vermögensbildung von Arbeitnehmern ausgewählter deutscher Unternehmen von der Mitte des 19. Jahrhunderts bis zum Zweiten Weltkrieg, in: Christoph Conrad: Erfolgsbeteiligung und Vermögensbildung der Arbeitnehmer bei Siemens (1847–1945), hg. v. Hans Pohl / Wilhelm Treue (Zeitschrift für Unternehmensgeschichte, Beiheft 36). Stuttgart 1986, S. 1–23.
**Pole, William:** Wilhelm Siemens. Berlin 1890.
**Pull, Kerstin:** Übertarifliche Entlohnung und freiwillige betriebliche Leistungen. Personalpolitische Selbstregulierung als implizite Verhandlung. München/Mering 1996.
**Dies. / Sadowski, Dieter:** Recht als Ressource. Die Aushandlung freiwilliger Leistungen in Betrieben. Trier 1996.
**Raasch, Markus:** „Wir sind Bayer". Eine Mentalitätsgeschichte der deutschen Industriegesellschaft am Beispiel des rheinischen Dormagen (1917–1997). (Düsseldorfer Schriften zur Neueren Landesgeschichte und zur Geschichte Nordrhein-Westfalens, Bd. 78). Essen 2007.
**Reichwald, Ralf:** Arbeit, in: Eduard Gaugler / Walter A. Oechsler / Wolfgang Weber (Hg.): Handwörterbuch des Personalwesens. 3. Aufl., Stuttgart 2004, Sp. 37–45.
**Reichwein, Roland:** Funktionswandlungen der betrieblichen Sozialpolitik. Eine soziologische Analyse der zusätzlichen betrieblichen Sozialleistungen (Dortmunder Schriften zur Sozialforschung, Bd. 26). Köln/Opladen 1965.
**Ribbe, Wolfgang / Schäche, Wolfgang:** Die Siemensstadt. Geschichte und Architektur eines Industriestandorts. Berlin 1985.
**Richardi, Reinhard:** Arbeitsverfassung und Arbeitsrecht, in: Hans Günter Hockerts (Hg.): Geschichte der Sozialpolitik in Deutschland seit 1945, Bd. 5, 1966–1974, Bundesrepublik Deutschland. Eine Zeit vielfältigen Aufbruchs. Köln 2005, S. 225–276.

**Rödder, Andreas:** Wertewandel im geteilten und vereinten Deutschland, in: Kirche und Gesellschaft, hg. v. d. Katholischen Sozialwissenschaftlichen Zentralstelle Mönchengladbach, Nr. 389, 2012.

**Ders.:** Wertewandel und Postmoderne, Gesellschaft und Kultur der Bundesrepublik Deutschland 1965–1990. Stuttgart 2004.

**Rosen, Rüdiger von:** Aktienorientierte Vergütungssysteme, Vortrag auf dem Kapitalmarkt-Kolloquium der Ludwig-Maximilians-Universität München am 3.6.1997, http://www.dai.de/internet/dai/dai-2–0.nsf/0/6F25203648D4C5EAC125748900328D 3D/$FILE/2461373D1BFBF3 9EC125747C0053B0BC.pdf?openelement&cb_content_name_utf=aktienverguetung.pdf, abgerufen am 1.7.2011.

**Ders.:** Chancen der Mitarbeiterbeteiligung, in: Börsen-Zeitung vom 5.12.1997, S. 11.

**Rosenberger, Ruth:** Experten für Humankapital. Die Entdeckung des Personalmanagements in der Bundesrepublik Deutschland. München 2008.

**Dies.:** Von der sozialpolitischen zur personalpolitischen Transformationsstrategie. Zur Verwissenschaftlichung betrieblicher Personalpolitik in westdeutschen Unternehmen 1945–1980, in: Hartmut Berghoff / Werner Plumpe / Jakob Tanner (Hg.): Zeitschrift für Unternehmensgeschichte, Jg. 50, 2005, S. 63–82.

**Rosenstiel, Lutz von:** Wertewandel, in: Alfred Kieser / Gerhard Reber / Rolf Wunderer (Hg.): Handwörterbuch der Führung. Stuttgart 1998, Sp. 2175–2189.

**Rosette, Christine / Schneider, Hans J.:** Mitarbeiter-Beteiligung. Eine Strategie zum Unternehmenserfolg. Bamberg 1986.

**Rump, Jutta:** Mitarbeiterinformation, in: Eduard Gaugler / Walter A. Oechsler / Wolfgang Weber (Hg.): Handwörterbuch des Personalwesens. 3. Aufl., Stuttgart 2004, Sp. 1232–1240.

**Ruppert, Regina:** Individualisierung von Unternehmen. Konzeption und Realisierung. Göttingen 1994.

**Sachse, Carola:** Siemens, der Nationalsozialismus und die moderne Familie. Eine Untersuchung zur sozialen Rationalisierung in Deutschland im 20. Jahrhundert. Hamburg 1990.

**Sadowski, Dieter:** Der Handel mit Sozialleistungen – Zur Ökonomie und Organisation der betrieblichen Sozialpolitik, in: Die Betriebswirtschaft, Jg. 44, 1984, S. 579–590.

**Ders. / Pull, Kerstin:** Können betriebliche Sozialleistungen die staatliche Sozialpolitik entlasten? In: Winfried Schmähl (Hg.): Betriebliche Sozial- und Personalpolitik. Neue Herausforderungen durch veränderte Rahmenbedingungen (Schriften des Zentrums für Sozialpolitik, Bd. 9). Frankfurt/New York 1999, S. 66–103.

**Schanz, Günter:** Entwicklungsstadien und Perspektiven der Mitarbeiterbeteiligung, in: Wolfgang Weber (Hg.): Entgeltsysteme. Lohn, Mitarbeiterbeteiligung und Zusatzleistungen. Festschrift zum 65. Geburtstag von Eduard Gaugler. Stuttgart 1993, S. 271–283.

**Schäfer, Claus:** Betriebliche Kapitalbeteiligung der Arbeitnehmer: Verbreitung, Strukturen, Wirkungen, in: Bruno Köbele / Bernd Schütt (Hg.): Erfolgsbeteiligung. Ein neuer Weg zur Vermögensbildung in Arbeitnehmerhand. Köln 1992, S. 99–143.

**Schäfer, Dirk:** Systeme der betrieblichen Altersversorgung im Vergleich. Inhalte – Stärken/Schwächen – Perspektiven. Bamberg 1997.

**Schäfers, Bernhard:** Gesellschaft der Bundesrepublik Deutschland 1945/49–1990, in: ders./Wolfgang Zapf (Hg.): Handwörterbuch zur Gesellschaft Deutschlands (Lizenzausgabe für die Bundeszentrale für politische Bildung). Bonn 1998, S. 232–241.

**Schawilye, Ramona:** Belegschaftsaktien in der mittelständischen Aktiengesellschaft. Analyse am Beispiel von Softwareunternehmen. Wiesbaden 1998.

**Schildt, Gerhard:** Die Arbeiterschaft im 19. und 20. Jahrhundert (Enzyklopädie deutscher Geschichte, Bd. 36, hg. v. Lothar Gall). München 1996.

**Schmidt, Manfred G.:** Sozialpolitik in Deutschland. Historische Entwicklung und internationaler Vergleich. 2. Aufl., Opladen 1998.

**Schmähl, Winfried:** Sozialpolitisches Handeln von Unternehmen zwischen staatlichen Pflichtaufgaben und Eigenverantwortung der Mitarbeiter, in: Winfried Schmähl: Betriebliche Sozial-

und Personalpolitik. Neue Herausforderungen durch veränderte Rahmenbedingungen. Frankfurt a. M. 1999, S. 13–40.

**Schmitz, Jöns-Peter / Laurich, Martin:** Die Pensionskasse – einer der attraktivsten Durchführungswege der betrieblichen Altersversorgung, in: Wolfgang Drols (Hg.): Handbuch betriebliche Altersversorgung. Wiesbaden 2004, S. 541–576.

**Schnabel, Claus / Wagner, Joachim:** Betriebliche Altersversorgung: Verbreitung, Bestimmungsgründe und Auswirkungen auf die Personalfluktuation, in: Bernd Frick / Renate Neubäumer / Werner Sesselmeier (Hg.): Die Anreizwirkungen betrieblicher Zusatzleistungen. München/ Mering 1999, S. 69–93.

**Schneevoigt, Ihno:** Plädoyer für eine betriebliche Altersversorgung, in: Boy-Jürgen Andresen / Norbert Rößler / Jochen Rühmann: Betriebliche Altersversorgung im 21. Jahrhundert. Rechtliche, personalpolitische und finanztechnische Herausforderungen. Festschrift für Wolfgang Förster zum 60. Geburtstag. Köln 2001, S. 355–372.

**Schneider, Hans:** Erfolgsbeteiligung der Arbeitnehmer in: Eduard Gaugler / Walter A. Oechsler / Wolfgang Weber (Hg.): 3. Aufl., Stuttgart 2004, Sp. 712–722.

**Schneider, Hans-J. / Fritz, Stefan / Zander, Ernst:** Erfolgs- und Kapitalbeteiligung der Mitarbeiter. 6. Aufl., Düsseldorf 2007.

**Schroer, Markus:** Individualisierung, in: Nina Baur / Hermann Korte / Martina Löw / Markus Schroer (Hg.): Handbuch Soziologie. Wiesbaden 2008, S. 139–161.

**Schultz, Reinhard:** Gewinn- und Kapitalbeteiligung der Arbeitnehmer (Vermögensbildung), (Innenpolitik in Theorie und Praxis, Bd. 15, hg. v. Lutz-Rainer Reuter / Rüdiger Voigt). München 1987.

**Schulz, Günther:** Gesamtbetrachtung, in: ders. (Hg.): Geschichte der Sozialpolitik in Deutschland seit 1945, Bd. 3, 1949–1957, Bundesrepublik Deutschland. Bewältigung der Kriegsfolgen, Rückkehr zur sozialpolitischen Normalität. Köln 2005, S. 935–960.

**Ders.:** Wiederaufbau in Deutschland. Die Wohnungsbaupolitik in den Westzonen und der Bundesrepublik von 1945–1957 (Forschungen und Quellen zur Zeitgeschichte, Bd. 20). Düsseldorf 1994.

**Ders.:** Perspektiven europäischer Wohnungspolitik 1918–1960, in: ders. (Hg.): Wohnungspolitik im Sozialstaat. Deutsche und europäische Lösungen 1918–1969 (Forschungen und Quellen zur Zeitgeschichte, Bd. 22). Düsseldorf 1993, S. 11–45.

**Ders.:** Betriebliche Sozialpolitik in Deutschland seit 1850, in: Hans Pohl (Hg.): Staatliche, städtische, betriebliche und kirchliche Sozialpolitik vom Mittelalter bis zur Gegenwart (Vierteljahrschrift für Sozial- und Wirtschaftsgeschichte, Beiheft 95). Stuttgart 1991.

**Scott, John Dick:** Siemens Brothers 1858–1958. London 1958.

**Seidel, Frank / Brauns, Birgit:** Belegschaftsaktien (Schriftenreihe der Forschungsstelle für Betriebswirtschaft und Sozialpraxis). München 1966.

**Seifert, Theresia:** Gestaltungsmöglichkeiten eines Anreizsystems für Führungskräfte. Aachen 2001.

**Sesselmeier, Werner:** Was ist betriebliche Sozialpolitik? In: Sozialer Fortschritt 2/2003, S. 31–39.

**Siebke, Jürgen:** Belegschaftsaktie, in: Erwin Dichtel / Otmar Issing (Hg.): Vahlens Großes Wirtschaftslexikon, Bd. 4. München 1987, S. 197–198.

**Ders.:** Sparprämiengesetz, in: Erwin Dichtel / Otmar Issing (Hg.): Vahlens Großes Wirtschaftslexikon, Bd. 4. München 1987, S. 1713–1714.

**Ders.:** Vermögensbildungsgesetz, in: Erwin Dichtel / Otmar Issing (Hg.): Vahlens Großes Wirtschaftslexikon, Bd. 4. München 1987, S. 1950.

**Siemens, Georg:** Carl Friedrich von Siemens – Ein großer Unternehmer. 2. Aufl., Freiburg/München 1962.

**Ders.:** Der Weg der Elektrotechnik – Geschichte des Hauses Siemens, 2 Bde. 2. Aufl., Freiburg/München 1961.

**Siemens, Werner von:** Lebenserinnerungen, hg. v. Wilfried Feldenkirchen. 19. Aufl., München 2004.

**Siemens, Werner von:** Wissenschaftliche und technische Arbeiten. Bd. 1: Wissenschaftliche Abhandlungen und Vorträge. 2. Aufl., Berlin 1889; Bd. 2: Technische Arbeiten. 2. Aufl., Berlin 1891.
**Siemens plc (Hg.):** Sir William Siemens – a Man of Vision. London 1993.
**Statistisches Bundesamt** in Zusammenarbeit mit dem Sonderforschungsbereich 3 der Universitäten Frankfurt und Mannheim (Hg.): Datenreport 1987. Zahlen und Fakten über die Bundesrepublik Deutschland (Schriftenreihe der Bundeszentrale für politische Bildung, Bd. 257). Bonn 1987.
**Steffes, Dirk N.:** Statistisches Berichtssystem der betrieblichen Altersversorgung. Bestandsaufnahme, Analyse und Ausblick. Diss. Trier 1994.
**Stehle, Heinz:** Mitarbeiterbeteiligung – ein Mittel zur Leistungssteigerung und Unternehmensfinanzierung (Rechtsratgeber für die Wirtschaftspraxis, Bd. 12). Stuttgart 1985.
**Steinbrink, K.:** Belegschaftsaktie, in: Hans E. Büschgen (Hg.): Handwörterbuch der Finanzwirtschaft. Stuttgart 1976, Sp. 133–139.
**Steiner, André:** Bundesrepublik und DDR in der Doppelkrise europäischer Industriegesellschaften. Zum sozialökonomischen Wandel in den 1970er Jahren, in: Zeithistorische Forschungen/Studies in Contemporary History, Online-Ausgabe 3/2006, H. 3. URL:<http://www.zeithistorische-forschungen.de/16126041-Steiner-3-2006>, abgerufen am 21.4.2011.
**Steinmeyer, Heinz-Dietrich:** Betriebliche Altersversorgung und Arbeitsverhältnis. Das betriebliche Ruhegeld als Leistung im arbeitsvertraglichen Austauschverhältnis. Habil.-Schrift Bonn 1986.
**Stercken, Vera / Lahr, Reinhard:** Erfolgsbeteiligung und Vermögensbildung der Arbeitnehmer bei Krupp. Von 1811–1945 (Zeitschrift für Unternehmensgeschichte, Beiheft 71). Stuttgart 1992.
**Stickel, Georg:** Betriebliche Altersversorgung, Personalwirtschaft und implizite Anreize. Aachen 2001.
**Süß, Dietmar:** Mikropolitik und Spiele: Zu einem neuen Konzept für die Arbeiter- und Unternehmensgeschichte, in: Jan-Otmar Hesse / Christian Kleinschmidt / Karl Lauschke (Hg.): Kulturalismus: Neue Institutionenökonomik oder Theorienvielfalt. Eine Zwischenbilanz der Unternehmensgeschichte (Bochumer Schriften zur Unternehmens- und Industriegeschichte, Bd. 9). Essen 2002, S. 117–136.
**Tagungsbericht HT 2012:** „Gab es den Wertewandel?" 25.09.2012–28.09.2012, Mainz, in: H-Soz-u-Kult, 18.10.2012, http://hsozkult.geschichte.hu-berlin.de/tagungsberichte/id=4423, abgerufen am 18.10.2012.
**Tagungsbericht** „Wertewandel zwischen Moderne und Postmoderne. Neue Schlaglichter auf den gesellschaftlich-kulturellen Wandel seit den 1960er Jahren". 12.04.2012–14.04.2012, Mainz, in: H-Soz-u-Kult, 22.09.2012, http://hsozkult.geschichte.hu-berlin.de/tagungsberichte/id=4390, abgerufen am 22.9.2012.
**Tenfelde, Klaus / Czikowsky, Karl-Otto / Mittag, Jürgen / Moitra, Stefan / Nietzard, Rolf (Hg.):** Stimmt die Chemie? Mitbestimmung und Sozialpolitik in der Geschichte des Bayer-Konzerns. Essen 2007.
**Thalheim, Karl C.:** Grundfragen der betrieblichen Sozialpolitik, in: Archiv für Angewandte Soziologie, IV. Jg. 1931/32, S. 121–132.
**Tofahrn, Klaus W.:** Arbeit und Betriebssport. Eine empirische Untersuchung bei bundesdeutschen Großunternehmen im Jahre 1989 (Betriebswirtschaftliche Schriften, H. 132). Berlin 1991.
**Ders. unter Mitarbeit von Spiekerkötter, Ulrich:** Die Bedeutung des Betriebssports für die Unternehmenskultur, in: Jürgen Rode / Horst Philipp (Hg.): Sport in Schule, Verein und Betrieb. 11. Sportwissenschaftlicher Hochschultag der dvs vom 22.-24.9.1993 in Potsdam (Schriften der deutschen Vereinigung für Sportwissenschaft, 64). St. Augustin 1995.
**Uhle, Carlhans:** Betriebliche Sozialleistungen: Entwicklungslinien und Ansätze einer Erklärung ihrer Bereitstellung (Märkte, Branchen, Unternehmungen, Bd. 7). Köln 1987.
**Ulich, Eberhard:** Arbeitspsychologie. 7. Aufl., Stuttgart 2011.
**Ders. / Wülser, Marc:** Gesundheitsmanagement im Unternehmen. Arbeitspsychologische Perspektiven. Wiesbaden 2009.

**Verkehrsverein Erlangen e.V., Stadtarchiv, Heimat- und Geschichtsverein Erlangen e.V. u.a. (Hg.):** Siemensstadt Erlangen. Stadtgeschichtlicher Spaziergang 7. Erlangen 2000.
**Vogt, Britta:** „Wir gehören zur Familie". Das Unternehmensleitbild der Siemens AG anhand der Selbstdarstellung. Marburg 2005. (auch in: SAA 17714)
**Volz, Peter:** Mitarbeiterbeteiligung in Europa, Japan und den USA. In: Friedrich-Ebert-Stiftung (Hg.): Staatliche Rahmenbedingungen für finanzielle Beteiligungsmodelle. Bonn 2007.
**Wagner, Dieter:** Cafeteria-Systeme, in: Eduard Gaugler / Walter A. Oechsler / Wolfgang Weber (Hg.): Handwörterbuch des Personalwesens. 3. Aufl., Stuttgart 2004, Sp. 631–639.
**Ders. / Grawert, Achim / Doyé, Thomas / Langmeyer, Heiner / Legel, Alexander:** Flexibilisierung und Individualisierung von Entgeltbestandteilen, in: Ernst Zander / Dieter Wagner (Hg.): Handbuch des Entgeltmanagements. München 2005, S. 153–180.
**Wehler, Hans-Ulrich:** Deutsche Gesellschaftsgeschichte, 1949–1990. Bonn 2010 (Lizenzausgabe für die Bundeszentrale für politische Bildung).
**Wehrli, Max:** Mitbeteiligung der Arbeitnehmer durch Belegschaftsaktien. Problematik und Erfahrungen. Diss. Zürich 1969.
**Weiher, Sigfried von / Goetzeler, Herbert:** Weg und Wirken der Siemens-Werke im Fortschritt der Elektrotechnik 1947–1980. 3., aktualisierte Auflage, Berlin/München 1981.
**Welskopp, Thomas:** Betriebliche Sozialpolitik im 19. und frühen 20. Jahrhundert. Eine Diskussion neuerer Forschungen und Konzepte und eine Branchenanalyse der deutschen und amerikanischen Eisen- und Stahlindustrie von den 1870er bis zu den 1930er Jahren, in: Archiv für Sozialgeschichte 34, 1994, S. 333–374.
**Wessel, Horst:** Kontinuität und Wandel. 100 Jahre Mannesmann 1890–1990. Gütersloh 1990.
**Wetzel, Walter:** Industriearbeit, Arbeiterleben und betriebliche Sozialpolitik im 19. Jahrhundert. Eine Untersuchung der Lebens- und Arbeitsbedingungen von Industriearbeitern am Beispiel der chemischen Industrie in der Region Untermain (Europäische Hochschulschriften, Reihe V: Volks- und Betriebswirtschaft, Bd. 2313). Frankfurt a. M./Berlin/Bern/New York/Paris/Wien 1997.
**Wiedemann, Gerd:** Die historische Entwicklung der betrieblichen Altersversorgung unter besonderer Berücksichtigung des Arbeitsrechts. Diss. Erlangen-Nürnberg 1990.
**Wischermann, Clemens:** Unternehmenskultur, Unternehmenskommunikation, Unternehmensidentität, in: Clemens Wischermann / Anne Nieberding / Britta Stücker (Hg.): Unternehmenskommunikation deutscher Mittel- und Großunternehmen. Theorie und Praxis in historischer Perspektive. Dortmund 2003, S. 21–40.
**Wittendorfer, Frank:** Das Haus Erlangen 1945–1955, in: Jürgen Sandweg / Gertraud Lehmann: Hinter unzerstörten Fassaden. Erlangen 1945–1955. Erlangen 1996, S. 433–457.
**Wobbe, Gerd:** Arbeitswissenschaft zwischen Humanisierung und Emanzipation (Dokumentation Arbeitswissenschaft, Bd. 7). Köln 1982.
**Wöhe, Günter / Döring, Ulrich:** Einführung in die Allgemeine Betriebswirtschaftslehre. 20. Aufl., München 2000.
**Wunderer, Rolf:** Führung und Zusammenarbeit. 9. Aufl., Köln 2011.
**Zapf, Wolfgang / Breuer, Sigrid / Hampel, Jürgen / Krause, Peter / Mohr, Hans-Michael / Wiegand, Erich:** Individualisierung und Sicherheit. Untersuchungen zur Lebensqualität in der Bundesrepublik Deutschland. München 1987.
**Zimmermann, Clemens:** Von der Wohnungsfrage zur Wohnungspolitik. Die Reformbewegung in Deutschland 1845–1914 (Kritische Studien zur Geschichtswissenschaft, Bd. 90). Göttingen 1991.
**Zollitsch, Wolfgang:** Arbeiter zwischen Weltwirtschaftskrise und Nationalsozialismus (Kritische Studien zur Geschichtswissenschaft, Bd. 88). Göttingen 1990.

# REGISTER

## PERSONEN

Abbé, Ernst 18, 52, 97 Fn. 15
Baake, Werner 120 Fn. 125, 121 Abb. 12, 121 Fn. 127, 127 Fn. 140, 134 Fn. 168, 156 Fn. 277, 159 Fn. 289 und 291 und 292, 163 Fn. 306, 167 Fn. 321, 170 Fn. 335, 172 Fn. 340, 174 Fn. 355, 175, 177 Fn. 378, 182 Fn. 410, 194 Abb. 21, 198, 203 Abb. 24, 229 Fn. 608 und 610
Burhenne, Karl 18 Fn. 7, 19 Fn. 8, 39, 40 Fn. 112, 52 Fn. 37, 81 Fn. 62, 82, 82 Fn. 67, 84, 84 Fn. 73 und 74, 85, 85 Fn. 77, 97 Fn. 16, 217 Fn. 544 und 545, 223 Fn. 585, 294 Fn. 898 und 899, 296, 296 Fn. 908 und 909, 303 Fn. 934, 372 Fn. 3, 391
Fischer, Guido 142, 143
Gerhards, Max 322, 322 Fn. 1043
Halske, Johann Georg 67
Kaske, Karlheinz 74, 74 Fn. 31
Kley, Gisbert 34, 85, 85 Fn. 78, 88, 88 Fn. 90, 101 Fn. 33, 104 Fn. 46, 106 Fn. 57, 107 Fn. 59, 108 Fn. 66 bis 68, 109 Fn. 74, 113 Fn. 87, 114, 114 Fn. 93, 115 Fn. 97, 116, 237, 266 Fn. 786, 268 Fn. 799, 275 Fn. 827, 276 Abb. 41, 276 Fn. 831, 277 Fn. 835, 289, 289 Fn. 887, 290 Fn. 890, 292 Fn. 896, 372
Krupp, Alfred 18, 52
Kühne, Gerhard 335
Lindrath, Hermann 180, 180 Fn. 401
Lohse, Adolf 147 Fn. 238, 148, 148 Fn. 239
Meissner, Kurt 84, 84 Fn. 73 und 74, 85, 85 Fn. 77, 296 Fn. 909
Michel, Anton 308 Fn. 963, 350 Fn. 1188
Närger, Heribald 127 Fn. 140, 157 Fn. 279 und 281, 158 Fn. 286, 159 Fn. 290, 163, 163 Fn. 304, 172 Fn. 340 und 342, 177 Fn. 381, 178 Fn. 387, 182 Fn. 410, 188 Fn. 433, 190 Fn. 443, 193 Fn. 445 und 446, 197, 198 Fn. 464 bis 467
Nell-Breuning, Oswald von 130, 130 Fn. 148, 176 Fn. 375
Oertzen, Joachim von 34, 88, 88 Fn. 88, 198 Fn. 464, 308 Fn. 962, 312, 312 Fn. 986, 324 Fn. 1053, 340, 372

Plettner, Bernhard 39, 39 Fn. 108, 74, 74 Fn. 30 und 33, 183 Fn. 414, 344, 349 Fn. 1182, 399
Quandt (Familie) 179 Fn. 393
Riedrich, Lenore 35, 35 Fn. 93, 332 Fn. 1086, 335, 335 Fn. 1106, 339, 339 Fn. 1129
Scharowsky, Günther 69, 69 Fn. 10
Schlitzberger, Hans Hugo 34, 188 Fn. 433, 310, 310 Fn. 976, 341, 341 Fn. 1136, 350 Fn. 1188, 363, 363 Fn. 1262, 372, 378, 379 Fn. 10
Siemens, Arnold von 67, 69 Fn. 10
Siemens, Carl Friedrich von 38 Fn. 106, 67, 67 Fn. 3, 69, 69 Fn. 10, 82 Fn. 68, 127 Fn. 140, 176 Fn. 369, 222, 264, 289, 348, 349, 359, 359 Fn. 1233, 368 Fn. 1290, 372
Siemens, Ernst von 69, 69 Fn. 10, 73, 74, 325, 343 Fn. 1149, 344, 349 Fn. 1182, 368 Fn. 1290, 372
Siemens, Hermann von 69, 69 Fn. 10, 253, 349, 349 Fn. 1183, 362, 362 Fn. 1255, 363, 363 Fn. 1260
Siemens, Peter von 75, 180, 180 Fn. 401, 267 Fn. 790, 349 Fn. 1182
Siemens, Werner von 18, 19, 38, 38 Fn. 103, 39, 39 Fn. 109, 40, 52, 67, 67 Fn. 1, 72 Fn. 23, 87, 87 Fn. 85, 89, 97, 97 Fn. 17, 150, 217, 218 Fn. 545, 229, 259, 289, 303 Fn. 934, 343, 345, 351, 368 Fn. 1290, 369 Fn. 1291, 372
Siemens, Wilhelm von 67
Spiecker, Helmut 147 Fn. 238, 148, 148 Fn. 239
Stinnes, Hugo 129 Fn. 146
Stührk, Gustav 361
Tacke, Gerd 68 Fn. 7, 74 Fn. 28, 84, 85, 85 Fn. 75, 98 Fn. 20, 158 Fn. 286, 169 Fn. 329, 174 Fn. 353, 177 Fn. 383, 180 Fn. 398, 382
Tausig, Eugen 320 Fn. 1032
Thünen, Johann Heinrich von 97 Fn. 15
Turek, Ferdinand 113 Fn. 87, 114 Fn. 93, 115, 117 Fn. 107, 198, 297 Fn. 914

Witzleben, Wolf-Dietrich von 69 Fn. 10, 82, 82 Fn. 68, 218 Fn. 549, 220 Fn. 565, 221 Fn. 565, 222 Fn. 575 und 577, 265 Fn. 778

Zeier, Brigitte 338

# FIRMEN

AEG, siehe Allgemeine Elektricitäts-Gesellschaft
Allgemeine Elektricitäts-Gesellschaft (AEG) 70, 73, 73 Fn. 25, 75
Allianz Versicherungs-AG 145, 153, 155
Automobiles Peugeot 17, 17 Fn. 3, 32, 37, 291 Fn. 893, 292
Badische Anilin- & Soda-Fabrik AG (BASF) 37 Fn. 97, 145, 150, 153, 155, 166, 172, 178, 275 Fn. 827, 277, 328, 328 Fn. 1078
BASF, siehe Badische Anilin- & Soda-Fabrik AG
Bayer AG 37, 37 Fn. 99 und 100, 145, 150, 153, 155, 166, 275 Fn. 827, 276, 277, 291, 291 Fn. 893, 292, 360
Bayerische Hypotheken- & Wechsel-Bank AG 145, 155
Bayerische Motorenwerke (BMW) 119
Bayerische Vereinsbank 155
BBC, siehe Brown, Boveri & Cie.
Bergmann-Elektricitäts-Werke AG 169 Fn. 331
BMW, siehe Bayerische Motorenwerke
Bosch-Siemens Hausgeräte GmbH (BSHG) 73, 119, 169 Fn. 331, 275 Fn. 827, 277
Brown, Boveri & Cie. (BBC) 70, 275 Fn. 827, 277
BSHG, siehe Bosch-Siemens Hausgeräte GmbH
Constructa-Werke GmbH 169 Fn. 331
Daimler-Benz AG 37, 37 Fn. 98, 41 Fn. 121, 119, 173, 179, 179 Fn. 393, 240, 306, 307 Fn. 958
Demag AG 145
Deutsche Bank AG 37 Fn. 97, 152, 161, 166 Fn. 318, 168 Fn. 328, 179 Fn. 393, 183, 185
Deutsche Grammophon-Gesellschaft mbH 73, 158, 273
EAG, siehe Elektrizitäts-Aktiengesellschaft vorm. Schuckert & Co.

Elektrizitäts-Aktiengesellschaft vorm. Schuckert & Co. (EAG) 67 Fn. 2
Flick-Konzern 179 Fn. 393
Ford 119, 275 Fn. 827, 277, 292, 292 Fn. 896
Fürsorgestiftung Siemensstadt GmbH 71, 86
Fusi Denki Seizo KK 71
Gagfah, siehe Gemeinnützige Aktiengesellschaft für Angestellten-Heimstätten
GE, siehe General Electric Co.
Gehag, siehe Gemeinnützige Heimstätten AG
GHH, siehe Gutehoffnungshütte
Gemeinnützige Aktiengesellschaft für Angestellten-Heimstätten (Gagfah) 269 Fn. 801
Gemeinnützige Heimstätten AG (Gehag) 269 Fn. 801
General Electric Co. (GE) 75
Gesellschaft für elektrische Apparate mbH 67 Fn. 4
Gutehoffnungshütte (GHH) 206 Fn. 482
Hartmann, Rud. A. Hartmann Unterstützungskasse GmbH 248
Hell, Dr.-Ing. Rudolf Hell KG/GmbH 169 Fn. 331
Hoechst AG 145, 148, 150, 153, 155, 173, 183, 206 Fn. 482, 275 Fn. 827, 277
IBM, siehe International Business Machines
IG Farben, siehe I.G. Farbenindustrie AG
I.G. Farbenindustrie AG (IG Farben) 41, 70
International Business Machines (IBM) 75
International Telephone and Telegraph Corp. (ITT) 71
ITT, siehe International Telephone and Telegraph Corp.
KAV, siehe Kraftwerk-Union Altersversorgung GmbH
Klangfilm GmbH 67 Fn. 4, 227 Fn. 602
Kraftwerk Union AG (KWU) 73, 75, 169, 252 Fn. 713
Kraftwerk-Union Altersversorgung GmbH (KAV) 250, 254 Fn. 723
Kranken- und Sterbekasse der Maschinenbauarbeiter in Berlin 217, 294
Krupp 36, 36 Fn. 94, 37 Fn. 97, 41, 41 Fn.

121, 129 Fn. 146, 206 Fn. 482, 263, 275 Fn. 827, 276, 277, 364 Fn. 1266
KWU, siehe Kraftwerk Union AG
Mannesmann AG 37 Fn. 97, 145, 153, 155, 174, 174 Fn. 356, 176, 178
McKinsey (& Company) 89
Neue Maschinenbauer-Krankenkasse (eingetragene Hilfskasse) 294 Fn. 898
Nixdorf Computer AG 75
Opel 119
Osram GmbH KG 67 Fn. 4, 75, 76
Pensions-, Witwen- und Waisenkasse (von Siemens & Halske) 18, 206, 217
Polygram 169 Fn. 331
Radio Corp. of America (RCA) 71
RCA, siehe Radio Corp. of America
Rosenthal AG 155
S&H, siehe Siemens & Halske AG
SAF, siehe Siemens-Altersfürsorge GmbH
SBK, siehe Siemens-Betriebskrankenkasse
SHG, siehe Siemens-Heimbau GmbH
Siemens AG 33, 34 Fn. 91, 35 Fn. 93, 41 Fn. 121, 67, 71, 71 Fn. 19, 72, 72 Abb. 2, 73, 73 Fn. 24, 74 Fn. 28 und 30, 75, 75 Fn. 38 und 40, 76 Fn. 41, 77 Abb. 3, 77 Fn. 46 und 48, 78, 78 Fn. 52, 79 Fn. 59, 80, 80 Fn. 60, 82 Fn. 68, 85 Fn. 75, 87 Fn. 83, 88, 88 Fn. 88, 110 Fn. 79, 111, 113 Abb. 10, 121 Abb. 12, 127 Fn. 140, 134 Fn. 168, 151, 151 Fn. 253, 154, 156, 157, 158, 159, 160, 160 Fn. 294 und 295, 161, 162 Fn. 303, 163 Fn. 304 und 305, 167 Fn. 321, 168, 168 Fn. 326 und 328, 169, 170, 171, 172 Fn. 343, 175 Fn. 368, 176 Fn. 370, 180, 183 Fn. 412 und 413, 184 Fn. 419 bis 421, 186, 186 Fn. 426 und 427, 187 Fn. 430, 188 Fn. 436, 189 Fn. 437 bis 439, 190 Fn. 440 und 441, 191 Fn. 444, 194 Abb. 21, 194 Fn. 451, 195 Abb. 22, 195 Fn. 452, 197 Fn. 460, 201 Fn. 473, 219 Fn. 555, 220 Fn. 563, 239, 241, 248, 252 Fn. 713, 253, 253 Fn. 717, 254, 254 Fn. 723, 258, 260 Fn. 748 und 749, 280, 285 Abb. 43, 285 Fn. 879, 286 Abb. 44, 286 Fn. 883, 287 Abb. 45, 288 Abb. 46, 288 Fn. 886, 301, 310 Fn. 972, 312, 312 Fn. 985, 317 Fn. 1010 und 1011, 324 Fn. 1052, 332 Fn. 1086 und 1087, 335 Fn. 1106, 337 Fn. 1117, 338 Fn. 1120 und 1123 und 1124, 339 Fn. 1129 und 1130, 341 Fn. 1136, 353 Fn. 1201, 354 Fn. 1206, 367, 370 Fn. 1295, 377

Siemens & Halske AG (S&H) 33, 67 Fn. 2 und 4, 69, 69 Fn. 8 und 10, 70, 71, 77 Abb. 3, 81, 81 Fn. 62 und 63, 82, 84, 85, 85 Fn. 75 und 78, 97, 98 Abb. 7, 98 Fn. 20, 99, 99 Fn. 23, 102, 103, 104, 107, 111 Fn. 84, 112, 112 Fn. 85, 113 Fn. 87, 115 Fn. 98, 130, 134, 135, 135 Fn. 172, 136, 136 Fn. 174, 137, 137 Fn. 183 bis 185, 138, 138 Fn. 191 und 193, 139, 139 Fn. 195, 140, 140 Fn. 199 und 203, 141, 141 Fn. 206, 143 Fn. 218, 144, 144 Fn. 222, 145, 146, 146 Fn. 229 bis 233, 147 Fn. 234, 148, 148 Fn. 239, 149, 152, 206 Fn 482, 217, 218, 218 Fn 545, 219 Fn. 552, 227, 227 Fn. 601, 233, 235, 237, 237 Fn 649 und 650, 239, 246, 246 Fn. 694, 252, 253, 256 Fn 734, 265, 266 Fn. 782, 272, 273, 275 Abb. 40, 276, 277, 282 Fn. 861 und 862, 283 Fn. 867 und 868 und 872, 294, 296 Fn. 911, 303, 303 Fn. 933, 334, 306, 317, 317 Fn. 1009, 334, 341 Fn. 1136, 342, 349 Fn. 1181, 347, 350 Fn. 1184, 356 Fn 1215, 357 Fn. 1219, 361 Fn. 1250
Siemens-Altersfürsorge GmbH (SAF) 35, 86, 87, 168 Fn. 325, 169 Fn. 329, 211 Fn. 505, 218, 218 Fn. 549, 219, 219 Fn. 551 und 555, 220, 220 Fn. 561 und 565, 221 Fn. 565 und 567 und 569 bis 571, 222, 223, 223 Fn. 581 bis 584, 224, 224 Fn. 586 und 590, 225, 226, 226 Fn. 594 und 599, 227, 227 Abb. 27, 227 Fn. 600 und 602, 228, 228 Abb. 28, 229, 229 Fn. 610 und 611, 230 Fn. 615, 231, 231 Fn. 619 bis 621, 232, 232 Fn. 622, 233, 233 Fn. 627 bis 630, 234, 234 Fn. 631 bis 638, 235, 235 Abb. 30, 235 Fn. 639 bis 643, 236, 236 Fn. 644 bis 647, 237 Fn. 651, 238, 238 Fn. 652 und 653 und 655, 239, 239 Fn. 657 bis 661, 240 Fn. 662 und 663 und 665 und 667, 241, 241 Fn. 668 bis 670 und 673, 242, 243, 243 Fn. 682 und 685 und 686, 244 Abb. 31, 245 Fn. 689 und 691, 248 Abb. 35, 248 Fn. 706, 249, 249 Fn. 707 und 709 und 710, 250, 250 Abb. 36, 250 Fn. 711 und 712, 251 Abb. 37, 251, 251 Fn. 713, 252, 252 Abb. 38, 252 Fn. 713 und 715, 253, 253 Fn. 716 bis 720, 254, 254 Fn. 721 und 723, 256, 258, 259, 374
Siemens-Altersfürsorge G.m.b.H. Zweigstelle West 223
Siemens-Bauunion GmbH KG 67 Fn. 4, 73

Siemens-Betriebskrankenkasse (SBK) 35, 42, 44, 86, 87, 294, 294 Fn. 900 bis 902, 295, 295 Fn. 903, 296, 296 Fn. 910 und 911 und 913, 297, 297 Abb. 47, 297 Fn. 914, 298, 298 Fn. 915 und 918, 299, 299 Fn. 920 und 921, 300, 300 Fn. 922 bis 927, 301 Abb. 48, 301 Fn. 928 und 929, 302, 302 Abb. 49, 302 Fn. 930 und 931, 306 Fn. 949, 315, 328, 328 Fn. 1076 und 1077, 329, 329 Fn. 1079 und 1080 und 1082, 330, 333

Siemens-Electrogeräte AG/GmbH 70, 73

Siemens-Heimbau GmbH (SHG) 267, 267 Fn. 789, 272, 274, 277, 280, 280 Fn. 856, 281 Abb. 42, 281

Siemens Nixdorf Informationssysteme AG 75

Siemens-Planiawerke AG für Kohlefabrikate 67 Fn. 4, 73

Siemens-Reiniger-Altersfürsorge GmbH 239, 248

Siemens-Reiniger-Werke AG 67 Fn. 4

Siemens-Schuckertwerke GmbH/AG (SSW) 33, 67 Fn. 2, 68 Fn. 7, 69, 69 Fn. 10, 70, 71, 74 Fn. 30, 77 Abb. 3, 81, 81 Fn. 63, 82, 82 Fn. 64, 84, 84 Fn. 73, 85, 85 Fn. 75 und 78, 88 Fn. 88, 97, 98 Abb. 7, 98 Fn. 20, 99, 99 Fn. 21, 102, 103, 103 Fn. 40, 104, 104 Fn. 49, 107, 109 Fn. 72 und 73, 111 Fn. 84, 112, 112 Fn. 84 und 85, 113 Fn. 87, 115 Fn. 98, 134, 135, 135 Fn. 172, 136, 136 Fn. 174, 137 Fn. 185, 144 Fn. 222, 146 Fn. 229 bis 233, 147 Fn. 234, 218, 219 Fn. 552, 233, 235, 237, 237 Fn. 649 und 650, 239, 246 Fn. 694, 252, 253, 256 Fn. 734, 265, 270, 270 Fn. 806 und 807, 273, 275 Abb. 40, 276, 277, 282 Fn. 861 und 862, 283 Fn. 867 und 872, 296 Fn. 911, 303, 306, 306 Fn. 946, 317, 317 Fn. 1009, 320, 324 Fn. 1055, 342, 347, 350 Fn. 1184, 357 Fn. 1219, 359 Fn. 1232, 361, 361 Fn. 1247 und 1250, 364

Siemens-Wohnungsgesellschaft mbH (SiWoGe) 35, 264, 264 Abb. 42, 265, 265 Fn. 776 und 777 und 779, 266, 266 Fn. 783 und 784, 267, 267 Fn. 789, 272, 273, 273 Fn. 819 und 821 und 822 und 824, 274, 274 Abb. 39, 275, 276, 280, 280 Fn. 854 und 856, 281, 281 Abb. 42, 286, 286 Fn. 884 und 885, 287 Fn. 885, 291

Sigri Elektrographit GmbH 158

SiWoGe, siehe Siemens-Wohnungsgesellschaft mbH

SSW, siehe Siemens-Schuckertwerke GmbH/AG

Tanne AG 129 Fn. 146

Tela Versicherungs-Aktiengesellschaft für elektrische Anlagen 158, 169 Fn. 331, 296 Fn. 911

Telegraphen-Bauanstalt von Siemens & Halske 67, 97, 217

Thyssen 174, 174 Fn. 356

Transformatoren Union AG 73, 75, 169 Fn. 331, 250, 252 Fn. 713, 254 Fn. 723

Vacuumschmelze AG/GmbH & Co. KG 158, 273, 296 Fn. 911

Vereinigte Eisenbahn-Signalwerke GmbH (VES) 67 Fn. 4, 227

VES, siehe Vereinigte Eisenbahn-Signalwerke GmbH

VES Altersfürsorge GmbH 227

Volkswagenwerk (VW) 17, 17 Fn. 3, 18 Fn. 4, 37, 38, 38 Fn. 102, 291 Fn. 893, 292

VW, siehe Volkswagenwerk

Western Electric Co. 71

Westinghouse Electric and Manufacturing Co. 71, 71 Fn. 17

Wohnungsgesellschaft Siemensstadt GmbH 264, 264 Fn. 771

Zuse Altersfürsorge GmbH 249

Zuse KG 169 Fn. 331